2016年度国家社会科学基金重点项目（批准号：16AZS008）

河北师范大学历史文化学院
双一流学科建设文库

清代内外洋划分及其管辖权研究

王宏斌 著

A Study of the Division and Administration of
Inner and Outer Seas in the Qing Dynasty

中国社会科学出版社

图书在版编目(CIP)数据

清代内外洋划分及其管辖权研究 / 王宏斌著. —北京：中国社会科学出版社，2020.10

（河北师范大学历史文化学院双一流学科建设文库）

ISBN 978 - 7 - 5203 - 7171 - 1

Ⅰ.①清… Ⅱ.①王… Ⅲ.①海防—军事史—研究—中国—清代 Ⅳ.①E294.9

中国版本图书馆 CIP 数据核字（2020）第 170494 号

出 版 人	赵剑英
责任编辑	宋燕鹏
责任校对	周　昊
责任印制	李寡寡

出　　版	中国社会科学出版社
社　　址	北京鼓楼西大街甲 158 号
邮　　编	100720
网　　址	http://www.csspw.cn
发 行 部	010 - 84083685
门 市 部	010 - 84029450
经　　销	新华书店及其他书店
印　　刷	北京君升印刷有限公司
装　　订	廊坊市广阳区广增装订厂
版　　次	2020 年 10 月第 1 版
印　　次	2020 年 10 月第 1 次印刷
开　　本	710×1000　1/16
印　　张	36
插　　页	2
字　　数	590 千字
定　　价	198.00 元

凡购买中国社会科学出版社图书，如有质量问题请与本社营销中心联系调换
电话：010 - 84083683

版权所有　侵权必究

《河北师范大学历史文化学院双一流文库》
编辑委员会

主　任　贾丽英　杨　峰
副主任　王　坚　王向鹏　贺军妙
委　员（以姓氏笔画为序）
　　　　　王文涛　邢　铁　汤惠生　武吉庆　陈　丽
　　　　　张怀通　张翠莲　吴宝晓　杨晓敏　赵克仁
　　　　　徐建平　倪世光　崔红芬　康金莉　董文武

《河北师范大学历史文化学院双一流文库》
序　　言

河北师范大学历史学科学脉源远流长，底蕴深厚，1952年独立建系。1996年由原河北师范学院历史系、原河北师范大学历史系合并组建成河北师范大学历史文化学院。

在长期的演进中，张恒寿、王树民、胡如雷、黄德禄等曾在此弘文励教，苑书义、沈长云等仍耕耘在教学科研第一线，这些史学名家为学科发展奠定了坚实基础。多年来，几代学人筚路蓝缕，以启山林，学院一直呈现良好的发展态势。

目前，学院拥有中国史、考古学两个一级学科博士学位授权点、世界史一级学科硕士学位授权点，设有中国史博士后科研流动站。本科开设历史学、考古学、外国语言与外国历史三个专业。历史学专业是河北省强势特色学科、教育部第三批品牌特色专业。钱币学二级学科博士学位授权点为国内独家。考古学专业拥有河北省唯一涵盖本、硕、博的考古人才培养完整体系。2016年，我院中国史入选河北省"国家一流学科建设项目"，考古学入选河北省"世界一流学科建设项目"。2019年，历史学入选国家一流本科专业。

河北师范大学历史文化学院作为学校的重点学科，秉承"怀天下，求真知"校训，坚持学术立院、学术兴院的基本精神，瞄准国际和学科前沿领域，做真学问、大学问。以"双一流"建设之契机，本院决定编辑《河北师范大学历史文化学院双一流文库》，出版我院学者的学术论著，集中展示河北师范大学历史文化学院的整体学术面貌，从而更好地传承先辈学者的治学精神，光大学术传统，进一步推动学科和学术的发展。

《河北师范大学历史文化学院双一流文库》编辑委员会

目　录

绪言 ··· (1)
　一　问题的提出 ··· (1)
　二　学术史回顾 ··· (3)
　三　存在的问题与努力的方向 ···················· (12)
　四　本书的主要内容和观点 ······················· (13)

概论 ··· (20)
　一　关于内洋与外洋的划分 ······················· (20)
　二　巡洋制度的建立与完善 ······················· (26)
　三　内洋与外洋的管辖权 ·························· (34)
　四　中国"外洋"与西方"领海"观念之异同 ···· (44)
　论余 ··· (51)

第一章　清代前期广东内外洋划分与水师职责 ··· (54)
　一　东上路：潮州府的内外洋 ···················· (55)
　二　东下路：惠州府的内外洋 ···················· (63)
　三　中路：广州府的内外洋 ······················· (68)
　四　西上路：肇庆府和高州府的内外洋 ······· (82)
　五　西下路：雷州府、琼州府与廉州府的内外洋 ··· (90)
　六　关于广东水师的巡洋会哨规定与章程 ··· (102)
　七　广东水师对内外洋的管辖权 ··············· (120)
　结论 ··· (139)

第二章　清代前期福建内外洋划分及水师管辖范围 …………（141）
　　一　不同时空下关键词语的概念 ………………………（141）
　　二　福宁府的内外洋划分及兵力配置 …………………（147）
　　三　福州府的内外洋划分及兵力配置 …………………（152）
　　四　兴化府与泉州府的内外洋划分及兵力配置 ………（161）
　　五　漳州府的内外洋划分及兵力配置 …………………（169）
　　六　澎湖列岛的内外洋划分及兵力配置 ………………（171）
　　七　台湾岛中南部的内外洋划分及兵力配置 …………（173）
　　八　台湾岛北部的内外洋划分及兵力配置 ……………（177）
　　九　内洋与外洋的界线 …………………………………（183）
　　十　纵横交错的台湾海峡海道 …………………………（188）
　　十一　环台湾岛海道的开辟与钓鱼岛管辖权补证 ……（194）
　　结论 ………………………………………………………（198）

第三章　清代前期浙江划分内洋与外洋的准则和界线 …（200）
　　一　划分内洋与外洋的起讫时间 ………………………（201）
　　二　舟山群岛的内洋外洋及其划分准则 ………………（206）
　　三　嘉兴府与宁波府的内外洋及其划分准则 …………（215）
　　四　台州府的内洋与外洋及其划分准则 ………………（223）
　　五　温州府的内洋与外洋及其划分准则 ………………（226）
　　六　内洋与外洋的四至界线 ……………………………（239）
　　结论 ………………………………………………………（246）

第四章　清代前期江苏的内外洋与水师巡洋制度 ………（249）
　　一　江苏内外洋的四至界线 ……………………………（249）
　　二　江苏水师巡洋制度——以苏松镇为例 ……………（262）
　　三　苏松镇水师总兵官的督巡制度 ……………………（271）
　　四　从江苏水师巡洋事件看巡洋制度的兴废 …………（302）
　　结论 ………………………………………………………（314）

第五章　清代前期山东内外洋与水师巡洋制度 …………（316）
　　一　山东的内洋与外洋 …………………………………（316）

二　山东水师的巡洋活动 ································ (324)
　　三　山东水师的职责 ···································· (330)
　　四　巡洋制度的弊端与海防危机的到来 ····················· (337)
　　结论 ·· (341)

第六章　直隶内外洋划分与天津水师的四度兴废 ·············· (344)
　　一　直隶的内洋与外洋 ·································· (344)
　　二　天津水师营的第一次设立与裁撤(1725—1767) ··········· (348)
　　三　天津水师营的第二次设立与裁撤(1816—1826) ··········· (354)
　　四　天津水师营的第三次设立与裁撤(1842—1843) ··········· (358)
　　五　天津水师营的第四次设立与裁撤(1858—?) ·············· (364)
　　结论 ·· (367)

第七章　清代前期奉天府的内外洋与八旗水师巡洋制度 ········ (370)
　　一　奉天府的内洋与外洋 ································ (370)
　　二　康雍乾时期盛京水师的巡洋活动 ······················· (373)
　　三　嘉道时期盛京水师的巡洋活动 ························· (376)
　　结论 ·· (380)

第八章　两次鸦片战争期间海患与水师巡洋制度之恢复 ········ (381)
　　一　两次鸦片战争期间中国洋面海匪活动的猖獗 ············· (382)
　　二　提镇大员必须亲自巡洋 ······························ (393)
　　三　水师巡洋章程的修订与执行 ·························· (398)
　　四　水师战船之修造与商船之雇募 ························ (407)
　　五　参劾提镇大员 ······································ (424)
　　六　英国鸦片走私贩在深沪被劫杀案 ······················· (430)
　　七　中英海军合力镇压海匪 ······························ (435)
　　结论 ·· (445)

第九章　晚清"外洋"词义嬗变之历史学解析 ················· (449)
　　一　从清实录看"外洋"词义之嬗变 ························ (449)
　　二　中国内河内外洋逐渐成为外国兵船阑入之地 ············· (454)

三　传统水师装备之更新与海患之消弭 …………………… (465)
　　四　水师巡洋制度之坚持 ……………………………………… (472)
　　五　中国管辖之"外洋"词义之消失 ………………………… (506)
　结论 ……………………………………………………………… (523)

附论　清代南海帆船海道考 ……………………………… (527)

参考征引文献资料 …………………………………………… (545)

主题词索引 …………………………………………………… (557)

绪　　言

一　问题的提出

由于近代西方列强对于中国的入侵大都是从海上发动的，所以，建立强大的海军，建筑海防的钢铁长城，是1840年以来中华民族梦寐以求的强国目标。晚清中国的海防建设与海军兴衰问题始终是一个充满活力的重大历史研究课题，尤其是海防建设的现实发展需要为该课题的深入研究提供了永久的动力。

海防危机、海防建设与海防史的研究始终紧密联系在一起。第一次鸦片战后，魏源的《海国图志》《道光洋艘征抚记》、夏燮的《中西纪事》、梁廷枏的《夷氛闻记》等著作相继问世。第二次鸦片战后，关于海防建设的奏折和文章大量出现。甲午战后，人们沉痛反思中国海军失败的教训，发表了许多文章，也出版了一些著作，例如姚锡光《东方兵事纪略》。20世纪30年代，《汉纳根向北洋大臣报告公文》《中日海战史料》《中日黄海海战纪略》《中日威海海战纪略》等海战史料相继刊登在《清华学报》、《大公报》和《海事》杂志上，引起了人们研究的兴趣。但总的来说，由于连续的国内政治动荡分散了人们的注意力，高水平的海防史和海军史专著在中华人民共和国成立之前很难见到，不尽如人意。

中华人民共和国成立后，学术研究如同其他事业一样有计划展开，"中国史学会"主编的《中国近代史资料丛书》的出版，一批档案资料的相继公布，为研究者提供了极大便利，加快了研究步伐。尤其是1977年以来，学术界经过长期积累，出版了一批质量颇高的海军史专著，成就喜人。1977年，（台北）中华书局出版了包遵彭的《中国海军史》；1981年，山东人民出版社出版了戚其章的《北洋舰队》，黑龙江人民出版社出版了孙克复等的《甲午中日海战史》；1983年，山东教育出版社出版了戚其章的《中日甲午战争史论丛》，辽宁人民出版社出版了张玉田等的《中国近代军事史》；1984年，台湾文史哲出版社出版了王家俭的《中国近代海军史论集》；1989年，海军出版社出版了张墨等的《中国近代海军史略》，解放军出版社出版了吴杰章等的《中国近代海军史》；1990年，人民出版社出版戚其章的《甲午战争史》，大连出版社出版了胡立人、王振华的《中国近代海军史》，厦门大学出版社出版了驻闽海军军事编纂室编著的《福建海防史》，国防大学出版社出版了鲍中行的《中国海防的反思》；1991年，上海交通大学出版社出版了姜鸣的《龙旗飘扬的舰队——中国近代海军兴衰史》；1994年，海潮出版社出版了集体编著的《近代中国海军》；1995年，生活·读书·新知三联书店出版了茅海健的《天朝的崩溃——鸦片战争再研究》，解放军出版社出版了海军军事研究所编的《甲午海战与中国海防》；1998年，人民出版社出版了戚其章的《晚清海军兴衰史》；2002年，社会科学文献出版社出版了王宏斌的《清代前期海防：思想与制度》；2003年，社会科学文献出版社出版了许毓良的《清代台湾的海防》；2004年，天津古籍出版社出版了王家俭的《洋员与北洋海防建设》，中华书局（香港）有限公司出版了钱刚的《大清海军与李鸿章》；2005年，商务印书馆出版了王宏斌的《晚清海防：思想与制度研究》，海洋出版社出版了杨金森的《中国海防史》，福建人民出版社出版了刘传标的《中国近代海军职官表》；2006年，中国海洋大学出版社出版了刘仲民的《中国近代海防思想史论》；2008年，生活·读书·新知三联书店出版了王家俭的《李鸿章与北洋海军》；2009年，辽宁大学出版社出版了高新生的《中国海防散论》，山东画报出版社出版了陈悦的《北洋海军舰船志》；2010年，中山大学出版社出版了罗欧的《广东海防史》；2011年，军事科学出版社出版了高新生的《中外海防发展比较研究》和王士强的《中外海防发展比较研究》；2012年，中国社会科学出版社出版了王宏斌的《晚清海防地理学发展史》，广东人民出版社出版了张建雄的《清代前期广东海防体制研究》，厦门大学出版社出版了韩栽茂的《厦门海防百年》；2012年，齐鲁书社出版了戚海莹的《北洋海军与晚清海防建设》，宁波出版社出版了张亚红的《宁波明清海防研究》。国外的研究成果，诸如1974年出版的欧·邦尼波恩的《甲午中日战争中国政策形成的背景》，1991年出版的萨缪尔等人合编的《李鸿章和中国的早期现代化》。

从上述国内外出版的著作情况可以看出，1995年以前的专著主要集中在北洋海军的研究上，此后主要集中在近代中国海防问题上。尽管以上这些著作质量有高下优劣之别，但是反映了一个不争的事实，就是海防史的研究特别受到重视，并且成果十分丰富。同时，还可以看到，2012年之后，该领域呈现强弩之末之势，亟须开拓新的研究领域。

二 学术史回顾

历史研究的对象，无论是人物、事件，还是政策、制度，作为长时段的问题都必须关注其历史的因果关系。笔者在研究晚清海防问题时，发现晚清对于海防危机的应对措施，大都与前期的海防思想、政策和制度存在着某些内在联系。于是，不得不寻根求源，研究1840年以前的海防问题。清代的海防问题显然是一个错综复杂的不可割裂的一个系统。将清代整体历史拆分为1840年前后两个时段，从事断代分工研究，久而久之，不仅各个学科壁垒森严，而且前后两个时段相互隔绝。仅仅就晚清海防问题开展研究，显然不利于宏观历史认识水平的提升。整体性原则是系统论的一个非常重要的原则，要求人们在研究历史问题时，要牢固地树立全局观念，把研究对象看作一个有机的整体。"中国近代"或"晚清"的概念已成为制约该学科发展的瓶颈，应当适时加以调整，回归"清代"这一相对整体性的概念。

任何一位研究者都需要了解国内外先行者长期积累的研究成果，以形成有关该领域的初始知识，然后才能在前人研究的基础上开展创新研究。任何无视前人研究成果的研究，其学术态度和成果都是令人怀疑的。正是为了学术研究的规范和快速发展，学术界历来重视学术史回顾。在此我们有必要将1978年以来的40年间清代海防研究成果做一回顾，以期促进该学科的健康发展。

在此需要说明的是，史学界关于清代海防问题的研究大致可以分为六个方面：海防思想、海防政策、海防制度、海防地理、海防军队和海防战争。由于40年来研究成果累累，在一篇文章中难以全面胪述。并且由于著作内容丰富，三言两语无法涵盖。笔者认为，在各种报刊上公开发表的论文，大致可以代表该学科的主要观点和基本水平；并且认为近海管辖权问题属于海防制度方面的探讨。因此，学术史回顾应当侧重于报刊上公开发表的关于海防制度方面的学术论文。

（一）关于清代前期海防制度的研究

有清一代，海患问题不断出现，历经康熙、雍正、乾隆和嘉庆四代皇帝的经营，曾经建立了比较严密的海防制度。例如，乾隆、嘉庆时期广东海防的重点东路，这在有些学者看来，与该时期的海盗活动存在着紧密的联系①。清代前期，广东沿海构建了严密的海防体系，部署了星罗棋布的海防军队，并采取了一系列加强海防的制度。然而在以"防"为主的思想指导下，以"禁"为基本特征的海防实践，对我国海防事业的发展产生了相当大的消极影响②。

对于鸦片战争失败原因的探讨由来已久，早期共同的看法是，清朝社会制度的腐败和经济技术的落后造成的，这是中国在鸦片战争中遭到失败的根本原因。这一看法无疑是正确的。而社会制度的腐败和经济技术的落后，反映在军事上，就是军事制度、军队素质和武器装备等一系列问题③。

关于鸦片战争的失败的原因，论者可以举出诸如社会生产力落后、武器装备陈旧、封建政治腐败、军事指挥不灵等等，见仁见智，均有灼见。然而，事实上在这些原因之外，黄顺力认为还有一个应该值得重视的原因，就是传统心态对中国人的思想束缚，影响了清朝统治者去正确客观地认识变动着的世界，而且在失败之后还不思改革进取，不得不继续吞下连连败绩的苦果④。王宏斌认为鸦片战争中国失去海上作战能力，乃清代前期造船制度不良导致的⑤。

---

① 曾小全：《清前期的海防体系与广东海盗》，《社会科学》2006 年第 8 期。
② 陶道强：《"制贼"与"防夷"——以清代前期广东海防为中心的考察》，《枣庄学院学报》2010 年第 3 期。
③ 沈波：《从清朝海防看鸦片战争失败原因》，《杭州大学学报（哲学社会科学版）》1993 年第 2 期。
④ 黄顺力：《鸦片战争时期传统海防观的影响与扬弃》，《厦门大学学报（哲学社会科学版）》1992 年第 2 期。
⑤ 王宏斌：《论清代海上机动作战能力的丧失》，《史学月刊》1997 年第 5 期；《鸦片战争中清军海上机动作战能力丧失的原因》，《光明日报》1997 年 11 月 25 日，理论版。

中国自汉代以来儒学的"尚文"精神是其军事文明的首要特征。传统"华夏夷狄"观的惯性思维抑制国人扬弃西洋军事科学技术的热情。清廷海防战略的深层次失误在于统治集团对火器促进民主化趋势的抵触。在刘鸿亮看来，此种思想对军事技术的发展起了阻碍作用，影响着鸦片战争的结局①。

（二）关于海防建设成效的研究

首先是关于近代海防建设迟滞原因的探索。第一次鸦片战后20年间，中国的海防建设迟迟未能启动。为什么会出现这种奇怪的现象？王宏斌从地理位置分析了前后方将领和知识分子的心态，认为鸦片战争时期，前线将帅在与英军接仗以前，都对以众击寡、以逸待劳、以主待客等古老战略战术原则和战争形势充满胜利信心，只是在经过战场较量之后他们对于英军"船坚炮利"才有了真实体验，大多改变了看法，主张仿造西方船炮，"师夷长技以制夷"。而后方官绅缺乏战场体验，在战后多数仍然停留在战前的认识水平上，他们把清军的失败完全归咎于前线将帅指挥无能和军队缺乏训练，未能正确估价武器装备优劣对于战争结局的影响，不愿坦然承认落后挨打的事实。由于"师夷制夷"主张未能得到朝野确认，军事工业近代化进程因此迟迟不能启动②。

关于洋务派海防建设作用。陈明端、张毅东认为，中国近代海防工业的建立与发展，是中国近代军事工业建设的主旋律。它酝酿、起步于两次鸦片战争和太平天国革命时期。在1864年开始的长达30多年之久的洋务运动中，近代海防工业建设得到长足的发展，建立起一系列军事工业，组建了第一支近代海军。中日甲午战争的爆发和北洋水师的全军覆没，使中国近代海防工业遭受沉重打击，陷入停顿、萎缩的困境③。从1875年开始，海防建设才真正成为中国国防建设的重点。清廷在进行海防建设过程中，对北洋海防实行优先发展的政策，采取了许多措施着重加强北洋海防。北洋海防建设情况是清末海防建设的缩影。史滇

---

① 刘鸿亮：《19世纪中叶中西方军事技术优劣的思想层面探析》，《自然辩证法研究》2013年第2期。
② 王宏斌：《鸦片战争后中国海防建设迟滞原因探析》，《史学月刊》2004年第2期。
③ 陈明端、张毅东：《中国近代海防工业建立与发展的历史教训》，《军事历史》1991年第1期；《晚清海防工业畸形发展的历史教训》，《国防》1991年第4期。

生、李少莉等人着重探析了北洋海防建设的成败得失,认为洋务官员的海防建设,在抵抗外侮方面起到了一定积极作用①。

关于近代中国海防实践失败原因的研究。张仁善认为,中国近代海防实践肇始于19世纪40年代,经过四五十年的缓慢发展,到90年代,海防建设初具规模,但由于近代海防建设的筹划者是腐朽没落的统治阶级,又是在半封建半殖民地社会的历史条件下进行的,成为近代中国海防实践失败的主要原因②。在艾跃进看来,海洋和海洋文明孕育了一个又一个强国,而一支强大的海军又是一个强大国家的重要标志。近代中国之衰落无疑同其海防的衰败相关。封建专制、腐败和意识形态落后,特别是在海洋问题上的陈腐观念,导致中国在近代被列强欺辱③。

与洋务运动兴衰命运一样,近代福建船政则经历了萌芽、发展、短暂兴盛及衰亡的历程。船政近代化的历程显示,任一事物近代化的指导思想必须是先进的、成熟的。由于海防思想本身的不成熟,最终导致船政近代化的断裂④。陈静则强调福建船政局的设立,不仅保障了东南沿海及台湾的商贸交通安全,而且促进了台湾开发⑤。

(三) 关于各个海区建设情况的研究

关于海区战略地位的研究。1840年以后,海洋方向的防御日益成为清王朝整个国防战略的重要组成部分,而中国有18000多千米漫长海岸线,又使海防布局问题成为晚清政治家们所关注的焦点所在。

关于广东海防制度的研究。道光时期,广东官员主张"以守为战",这标志着中国"近海防御重心"的确立。鲁延召认为,内伶仃岛不设防暴露了其防御部署的缺陷⑥。道光后期,鉴于英军已经占领香港,为了吸取第一次鸦片战争失败的教训,当局力图重整海防武备,开始着力加强中路海防工程建设。以九龙城寨为代表的一系列海防工程反

---

① 史滇生:《论清末北洋海防建设》,《军事历史研究》1991年第2期;李少莉:《论清末洋务派的海防建设》,《辽宁师范大学学报》1992年第5期。
② 张仁善:《简析近代中国海防实践失败的原因》,《历史教学》1993年第3期。
③ 艾跃进:《从海防意识看中国近代衰落的原因》,《南开学报》2004年第6期。
④ 赵勇:《近代中国海防思想与船政近代化研究》,《广西社会科学》2012年第4期。
⑤ 陈静:《福建船政与台湾海防建设》,《黑龙江史志》2009年第7期。
⑥ 鲁延召:《从内伶仃岛不设防看近海防御的局限性》,《兰台世界》2014年第28期。

映了那个时代的炮台建筑特点,体现了清廷对英国入侵所采取的应对举措①。

关于福建海防体系的研究。清代前期,朝廷对于福建和台湾的战略地位非常重视,采取了一系列措施,重点加强其海防②。第一次鸦片战争后,厦门开始构建近代海防体系。经过多年建设,形成了一定规模的海防力量。但厦门海防建设主政者的思维还停留在以陆为主的传统基调上,以致厦门并未建成严格意义上的近代海防。

关于台湾海防建设问题的研究。清初统一台湾后,台湾作为沿海数省之门户,其海防战略地位得以确立。清朝统治者开始重视台湾的海防建设,在台湾驻兵之多、设防之周密,均史无前例。在卢建一看来,自清初统一后到鸦片战争前的一个多世纪中,台湾海防曾对东南海疆安定发挥过积极作用③。1874年,日本出兵侵犯台湾。事件平息后,沈葆桢提出移驻巡抚、添设郡县、开山"抚番"、招垦开禁、整顿营务、充实军备等一系列加强海防的措施。1875年,丁日昌继任,提出购铁甲船、练水雷军、造炮台、练枪炮队、购机器、开铁路、建电线、开矿开垦等加强台防的具体措施。1883年,中法战争爆发,刘铭传被任命为福建巡抚、督办台湾事务大臣,遵旨整顿海防,加强台北防务。陈在正对于上述三人关于台湾海防措施进行了探讨④。黄俊凌、李非凡认为,唐定奎所部十三营淮军奉命渡台之后,修筑炮台,加强海防,并承担"开山抚番"重任,对于台湾海防建设做出了重要贡献⑤。

关于浙江海防建设问题的研究。刘庆对于清前期浙江的海防战略地位做了初步研究,勾勒出明清浙江海防战略地位演变的主要轨迹⑥。在方堃、张炜看来,浙江战略地位在清廷海防战略中渐次弱化,它折射着

---

① 巢娟:《清道光后期(1840—1847)广东中路海防建设——以九龙城寨兴筑为中心》,《海洋史研究》2015年第2辑。
② 王宏斌:《清代前期关于福建台湾海防地理形势的认识》,《史学月刊》2001年第2期。
③ 卢建一:《论清初统一后的台湾海防》,《福建论坛(人文社会科学版)》2003年第3期。
④ 陈在正:《中法战争前后的台湾海防》,《台湾研究辑刊》1992年第4期。
⑤ 黄俊凌、李非凡:《淮军十三营与清末台湾的海防建设及后山开发》,《闽台文化研究》2014年第3期。
⑥ 刘庆:《明清(前期)浙江海防战略地位的演变》,《军事历史研究》2009年第3期。

晚清海防战略的本质及其基本走向①。清代前期，浙江海防制度主要有巡洋会哨制度、海禁制度与保甲制度。廖玉原认为，这三个制度构成了一个全方位、多层次的浙江海防体系②。清代浙江衢山岛封禁自顺治至康熙年间相沿成例，光绪时期获得解除。认为清代封禁岛屿的海防措施，既不利于海岛开发，也不利于海防③。

关于江苏的海防建设问题。清前期，绿营水师是江苏江海防体系的中坚力量，八旗、绿营陆师是江海防体系的协防力量，沿海沿江各口岸炮台和水师战船是江海防体系的重要保障。历经康、雍、乾等朝，清廷逐步在江苏建立起水陆相维、岛岸相依的陆基江海防体系④。

关于山东海防建设问题。第一次鸦片战争失败后，山东巡抚托浑布在道光帝的督促下，提出了山东海防的建设方案。这一方案主要包括五个方面：改造船炮，增加水师兵额，加强水师训练，修筑炮台，建设军储仓。尽管这一方案具有保守性和滞后性，但从某种意义上说，它是对晚清山东海防建设的探索⑤。透析山东巡抚托浑布的筹海举措，并没有跳出传统思维模式的窠臼，根本不能适应近代战争的需要⑥。中法战争时期，山东海防出现了新气象，但仍未跳出以岸为守的传统布防窠臼⑦。有的人对清代前期胶东的海防体系作了研究，认为胶东地区形成了以军港、海湾、岛屿等要塞为依托的水陆相维的海防体系⑧。

（四）关于清代海防机构的研究

关于海军衙门的研究。晚清海军机构的近代化演进经历了在总理衙门下辖海防股、建立海军衙门以及成立海军部等三个阶段，海军机构始

---

① 方堃、张炜：《晚清浙江海防战略地位的弱化及原因透视》，《历史档案》1996年第1期。
② 廖玉原：《清前期浙江的海防制度》，《黑龙江史志》2014年第5期。
③ 祝太文：《清代浙江衢山岛封禁历史研究》，《浙江海洋学院学报（人文科学版）》2016年第10期。
④ 谢茂发：《清前期江苏江海防体系考略》，《军事历史》2015年第5期。
⑤ 赵红：《论两次鸦片战争期间的山东海防建设》，《鲁东大学学报（哲学社会科学版）》2006年第3期。
⑥ 赵红、曹鲁超：《第一次鸦片战争时期的山东海防——以山东巡抚托浑布的筹海举措为中心》，《齐鲁学刊》2007年第1期。
⑦ 赵红：《论中法战争中的山东海防》，《兰台世界》2012年第6期。
⑧ 沈岩：《清代前期胶东地区海防建设刍论》，《枣庄学院学报》2014年第1期。

正式与国际惯例接轨。晚清海军机构的近代化历程与清末政局变化息息相关，历程曲折，是当时社会急剧变化的缩影①。

关于海防同知的研究。王宏斌重点考察了广州府海防同知，认为该机构是在虎门和澳门受到英国、西班牙等国兵舰威胁情况下设立的。自1744年4月被批准设立之日起至1849年8月葡萄牙人"钉关逐役，抗不交租"为止，广州府海防同知对于澳门的行政管理起了非常重要的作用，权责十分明确，有效地捍卫了中国主权。而从1849年到1887年，该海防同知尽管从法理上仍然拥有对澳门民番事的行政、司法管理权以及对进出口澳门港船只的稽查权，实际上已经无法履行其职责，名不副实。从1887年到1911年，该海防同知完全丧失了对澳门的控制权，只有一些兼辖事务，形同虚设②。厦防同知是在台湾纳入清帝国版图后设立的。吕俊昌认为厦防同知的主要职责是管理台运船只，转运在台官兵骸骨、饷银以及传递公文、递解犯人等事务③。有的学者考察了杭州府同知的职能，认为与其他各府海防同知有所不同，杭州府海防同知只是专门负责兴修海塘，很少参与海防事务④。

关于其他机构的研究。浙江巡检司设置与该省海防形势变化、海防政策的推行、沿海水陆师驻地的调整等密切相关，颇受沿海经济社会发展的影响⑤。祝太文认为，清代中国东南沿海行政区划调整，具有与海防形势变化相随的阶段性特征。例如，定海县、玉环厅、石浦厅、南田厅的设立，都着重地考虑了相应区域的海防因素⑥。乾嘉年间浙江沿海诸道参与打击海盗活动。鸦片战争期间，浙江沿海诸道督办军需、监管海防建设、招募水勇，参与了对英交涉⑦。

---

① 王双印：《晚清海军机构的筹设及其近代转型》，《学术研究》2013年第7期。
② 王宏斌：《简论广州府海防同知职能之演变》，《广东社会科学》2012年第2期。
③ 吕俊昌：《清代前期厦防同知与闽台互动关系初探》，《社会科学辑刊》2014年第1期。
④ 杨丽婷：《清代杭州府海防同知与钱塘江海塘》，《浙江水利水电学院学报》2017年第4期。
⑤ 祝太文：《清代浙江沿海巡检司的驻防地理及其海防意义》，《绍兴文理学院学报》2016年第11期。
⑥ 祝太文：《清代浙江省行政区划变动的海防因素》，《求索》2015年第3期。
⑦ 祝太文：《清代浙江沿海诸道海防活动考论》，《嘉兴学院学报》2018年第1期。

（五）关于清代炮台建筑技术的研究

清代海防工程主要表现为两个方面：一是城堡的非军事化趋向；二是炮台取代城堡居于海防一线地位。从军事工程学角度考察炮台在规模、筑材、布局、附设、选址等技术问题，有助于拓宽明清海防研究的领域①。谢茂发和王晓禾考察了清代前期江苏和浙江两省炮台修筑情况，认为依山傍水乃是当时炮台选址的特点。除此之外，则侧重于战略地位的价值。由于定海县为全浙屏障，镇海为定海屏护，乍浦为杭州湾要害入口，因此，浙江海防炮台主要集中在乍浦、定海、镇海三地。江苏江海防要地首推吴淞江口，其次为江阴、江宁、镇江等地，因此该省炮台多建于上述各地②。有的学者对于清末长江下游的炮台遗址作了研究。认为从技术层面来看，清朝末期的长江江防炮台在选址、建筑材料以及新技术等方面取得了一定的进步。但是由于长期以来海防江防一体化战略指导思想的错误，过高估计炮台的实战作用，而无法取得实战的胜利③。

梁增剑探讨了厦门炮台建筑技术，认为厦门炮台建设存在严重局限性，在英军攻击下不堪一击④。参照第二次鸦片战争期间的相关实战经历，佐证第一次鸦片战争大沽口军事布防的合理性。唐立鹏探讨了鸦片战争时期天津大沽口炮台的建设情况⑤。叶祖珪《沿江沿海各省炮台图说》绘制于1899年末至1900年初。有的学者对此作了研究，认为该图具有近代军事史研究价值⑥。大炮在炮台上的摆放位置的变化标志着炮台技术的进步。刘鸿亮、刘怡萍认为从清初到清末，中国江海地区炮台里的大炮摆放经历了从墙头到地面，再到半地下的三步演变。建筑材料

---

① 唐立鹏：《从城堡到炮台：清初广东海防工程嬗变考略》，《地方文化研究》2016年第2期。
② 谢茂发、王晓禾：《晚清江浙两省江海防炮台考略》，《军事历史》2016年第5期。
③ 周阿江：《长江下游清朝末期炮台遗址研究初探》，《中国港口》2016年第S1期。
④ 梁增剑：《论第一次鸦片战争时期厦门的海防要塞建设》，《宿州教育学院学报》2018年第1期。
⑤ 唐立鹏：《鸦片战争时期天津大沽口炮台的建设及其作用》，《工程研究》2017年第8期。
⑥ 贾浩：《〈沿江沿海各省炮台图说〉与叶祖珪的海防思想》，《中国国家博物馆馆刊》2016年第8期。

从条石墙体到内为砖石和外覆三合土的墙体,再到进口的水泥和钢板的结构。炮台形制从城堡式到炮洞式,再到明台暗道式的西式建筑,经历了复杂演变①。

(六) 关于海上疆界问题的探讨

有的学者认为,鸦片战争以后,在西方殖民势力入侵和中国传统社会架构内海洋性因素缓慢成长的双重作用下,中国近代海疆观念开始缓慢地形成。中国近代海疆观念的形成与西方近代海疆观念的产生相比,具有明显的滞后性。中国近代海疆观念的形成加速了近代中国民族国家的构建,促进了近代中国社会思想观念的变革②。此处所说"中国近代海疆观念开始缓慢地形成",只不过是一个假设,明显缺乏历史根据,由此展开的一系列推论自然是靠不住的。

王宏斌对于清代前期内外洋的划分进行了研究,认定清代将接近大陆海岸和岛岸的海域划分成三个部分:一是内洋,这部分海域由于靠近大陆海岸或岛岸,以一些小岛为标志,由沿岸州县和水师官兵共同负责管辖。二是大洋、深水洋或黑水洋,这部分海域无边无际,"非中土所辖",类似于现代的公海。三是介于二者之间的一条洋面,清人称其为外洋,这部分海域通常以距离中国海岸、岛岸最远的岛礁为标志,由于超出了文官的管辖能力,主要委派水师官兵来巡洋会哨③。对于清代沿海各省的海洋疆界,王宏斌进行了考察,明确指出,清初,朝廷将沿海水域划归各省管辖。盛京管辖的海域包括辽东半岛三面,北以鸭绿江口与朝鲜比邻,西以山海关老龙头与直隶为界。直隶管辖的海面,分别以老龙头与大口河与盛京、山东为界。山东所辖海面西自大河口,东达成山外洋,南以赣榆县车牛山与江南为界,北以北隍城岛与铁山之间的中线与盛京为界。江南管辖崇明至尽山一带海域,北以赣榆县车牛山,南以大衢山与山东、浙江为界。浙江所辖海面分别以大衢山、沙角山与江

---

① 刘鸿亮、刘怡萍:《鸦片战争前后中国江海"炮台"技术研究》,《自然辩证法通讯》2017 年第 3 期。

② 李德元:《论中国近代海疆观念的形成》,《厦门大学学报(哲学社会科学版)》2014 年第 3 期。

③ 王宏斌:《清代内外洋划分及其管辖问题研究——兼与西方领海观念比较》,《近代史研究》2015 年第 3 期。

南、福建为界。福建管辖的海域包括福建沿海、台湾、澎湖岛屿周围海域，南以巴士海峡与菲律宾为邻，北以沙角山为标志与浙江分界，西南以南澳岛中线与广东为界。广东管辖的海域包括本省大陆海岸和环琼州岛岸的所有海面，东以南澳岛为标志与福建分界，西以亚婆山、亚公山西南洋面为标志，与越南分界①。

雍正、乾隆时期，朝廷谕令各省划分了内外洋管辖范围。基本原则是，凡靠近海岸或县厅治所岛岸的岛屿和洋面均划入内洋。反之，凡远离海岸或县厅治所岛岸的岛屿和洋面均划归外洋。例如，浙江划分内洋的界限是以海岸或县厅级衙门所在岛岸为基点向外划分的。"内洋"大致限制在距离海岸或设立县治、厅治所岛岸 5 千米以内的洋面。"外洋"以海道为外缘，与海岸和岛岸之间没有固定的距离。"外洋"的宽度少则 50 千米，多则 110—180 千米②。广东、福建、江苏、山东、直隶和奉天无不如此划分。例如广东，凡是靠近海岸或府治、厅治岛岸的岛屿均划入内洋，凡是远离海岸或府治、厅治岛岸的岛屿和洋面均划入外洋。这里的"靠近"是指 5 千米以内，"远离"是指 5 千米以外。外洋的外缘通常以帆船行走的海道为标志，与海岸或岛岸的距离是不规则的，有的距离不过数十里，有的距离 250 里以外（例如，外洋之白龙尾岛距离海南岛岸约有 126 千米）③。

三　存在的问题与努力的方向

纵观四十年来清代海防史研究成果，我们不仅看到史学界出版了一批专著，发表了数百篇论文，从数量上远远超过了以往，而且在质量上也远远超过以往的成果，取得了长足的发展。不过从学术发展的需要来看，清代海防史的研究还存在一些问题，有待于加强和完善。

---

① 王宏斌：《清代前期广东内外洋划分与水师职能》，《红旗文稿》2015 年第 23 期。
② 王宏斌：《清代前期浙江划分内洋与外洋的准则和界限》，《社会科学辑刊》2016 年第 2 期。
③ 王宏斌：《清代前期广东内外洋划分准则》，《广东社会科学》2016 年第 1 期；王宏斌：《清代前期台湾内外洋划分与水师辖区——中国对钓鱼岛的管辖权补证》，《军事历史研究》2017 年第 3 期；王宏斌：《清代前期江苏的内外洋与水师巡洋制度研究》，《安徽史学》2017 年第 1 期；王宏斌：《清代直隶的内外洋划分与天津水师的四度兴废》，《河北学刊》2017 年第 6 期。

第一，清代海防史资料的整理有待加强。研究历史必须有丰富的历史资料。专题性的研究需要专题性的历史资料。清代资料极其庞大纷繁，在数量上远远超过古代史，并且分散杂乱，给史学研究者带来不少困难。中国史学会主编的《鸦片战争》《第二次鸦片战争》《太平天国》《洋务运动》《甲午战争》《戊戌变法》和《辛亥革命》等历史档案资料，极大地促进了各个学科大发展。就清代海防史来说，笔者所看到的重要资料汇编仅有两种：一是卢坤、邓廷桢主编，王宏斌校点的《广东海防汇览》（河北人民出版社2005年版）；二是张侠主编的《清末海军史料》（海洋出版社1982年版）。没有充足的史料发掘，考镜源流、重建历史就是一句空话。事实上，清代海防史资料非常丰富，不仅中国国家第一历史档案馆藏有大量关于海防的谕旨和奏折，而且在沿海各省的地方志书中保存有大量海防实践的资料。整理出版此类资料，将会大大推动清代海防史研究的深入发展。

第二，清代海防制度研究有待于深化。就海防制度来说，还有一些研究空间。例如，在康熙、雍正和乾隆时期，已将中国近海划分为内外洋，加以行政和军事的管辖。这一管辖权在晚清有哪些变化？与西方国家的领海观念有何异同？这些问题显然需要史学界给予明确的答复。

四 本书的主要内容和观点

基于上述研究状况，鉴于当前海防斗争的严峻国际形势，本书着重探讨清代近海管辖权问题。此处所说的"近海"，是指广东省、福建省、浙江省、江苏省、山东省、直隶省和奉天府根据朝廷旨意划定的"内洋和外洋"的岛屿和洋面，暂不涉及中国政府对于南海诸岛（东沙群岛、中沙群岛、西沙群岛和南沙群岛）的"历史性权利"。此处所说的"管辖权"是指国家机关对于发生在内洋和外洋的一切人、物和事件行使管辖的权利，即行政的、军事的和治安的管辖权。

本书提示读者，必须使用历史考据法，尽可能地搜集充足的证据，通过严谨的分析、归纳和演绎推理，做出正确的判断和可靠的结论，并在相关地方比较中国与西方国家领海观念之异同。经过三年来的艰辛探索，加之前期研究成果，我们已经发表了16篇文章，并形成了这部书稿，提出了一系列观点。现将重要观点胪举如下。

（一）据《钦定大清会典则例》记载：1689 年，议准：水师总兵官不亲身出洋督率官兵巡哨者，照规避例革职。1704 年，又议准：广东沿海地方派定千把总带兵会哨，副、参将每月巡察，每年春秋之际委令总兵统巡。由此来看，江、浙、闽、粤各省水师于统一台湾之后，已经开始在近海巡逻会哨，具体的时间应是 1684 年。是年，清廷宣布："各省先定海禁处分之例，应尽行停止。"商人开始浮海经商，渔民开始下海捕捞，为维持近岸海域治安起见，水师开始巡洋会哨。不过，从史料来看，是时尚未明确划定内洋、外洋的界线。

（二）经过详细考订，我们认为，沿海七省区无一例外，都遵照清廷的旨意，划分了内洋、外洋。1717 年，是划分内洋、外洋的重要时间节点。是年，左都御史范时崇建议减轻内外洋面失事对于文官的处分。他认为，商船在外洋被劫，应当追究负责洋面治安的水师官员的责任，而不应题参文官。因为外洋距离海岸遥远，超越了文官的管辖能力。兵部官员经过讨论，认为这个建议合理，应当明确划分内洋、外洋的界限，以便区分文官与武官的责任。康熙皇帝批准了这一建议。1724 年，浙江已经题定沿海各营所管内外洋界限。但是，划分内洋、外洋应是一个逐渐完成的过程，若以绘制内外洋图为标志，则该项工程完成于 1736 年。道光年间编纂的《广东通志》和《广东海防汇览》中分别保留了两套关于内外洋的地图。由于缺乏精确的测量数据，又没有严格按照比例绘制，阅读这两套地图比较困难。尽管如此，我们从这两套地图和相关文献中看到，广东的内洋、外洋划分是比较清晰的比较系统的。内洋的基线是海岸线或设立府治、厅治的外缘岛岸线；内洋、外洋的交界线是距离海岸线、岛岸线 5 千米左右，与该海岸线和岛岸线平行移动的点连成的线。海道是外洋的外缘线，海道与海岸线和岛岸线不是平行关系，是一条海船安全行走的习惯航线。因此，外洋的外缘线与海岸线和岛岸线的距离是不规则的，近者数十里，远者数百里（例如，外洋之白龙尾岛距离海南岛岸约有 126 千米）。

（三）台湾海峡在清代前期已经形成了"两纵八横一环"的海道网络。凡是国内海道附近的海域均划入中国的内洋、外洋，纳入地方文官、水师官兵的行政或军事管辖范围，大致包括台湾海峡全部水域和台湾岛周围海道以内的内外洋水域。"两纵八横一环"海道网络的形成，既反映了海峡两岸人民来往的密切，又标志着两岸统一市场的形成，商品经济借助于海洋这个载体迅速发展。而两岸经济的发展显然得到了水师战船和官兵的保护。台湾岛周围在乾隆时期就形成了环形海道。在这个环形海道上,台湾西南面的澎湖列岛,南面的琉球屿、七星岩,东面的兰屿(红头屿)、绿岛(火烧屿),北面的鸡笼、花瓶屿、棉花屿、钓鱼台等岛屿均是内洋、外洋的标志性岛礁。钓鱼岛作为商船、渔船、兵船或海盗船只的临时港口及其所在洋面是清代环台湾海道的重要组成部分,已经纳入水师巡哨、管控范围,应是今日中国蓝色国土的不可分割的一部分。这是对于2012年9月25日中华人民共和国国务院新闻办公室发表的《钓鱼岛是中国的固有领土》白皮书的重要补证,可以加强关于"中国对钓鱼岛实行了长期管辖"的论点。

(四)山东、直隶和奉天近岸海域同样划分为内洋、外洋。查阅档案,我们看到,凡是靠近海岸的岛屿和洋面均划入内洋,凡是远离海岸的岛屿和洋面均划入外洋。在黄海,山东省的外洋距离海岸十分遥远,大体以商船行驶的海道为外洋的外缘线;在渤海,由于庙岛列岛全部划入外洋,山东水师的管辖范围,北到渤海海峡之中间线为止,奉天八旗水师管辖辽东半岛三面海域,在铁山与对面的山东水师管辖的洋面互相衔接,在天桥厂与直隶水师管辖的洋面互相衔接。这样,渤海全部划入内洋或外洋,事实上已经成为中国的内湖。

(五)清代的"内洋"是文官与武官共同的管辖区,与现代国际海洋法规定的"内水"相比,尽管划分方法不同,而本质相近。"内水",又称内海水(internal waters),是指沿岸领海基线向陆地一面至海岸线的水域。内水是国家领水的组成部分,具有与国家陆地领土相同的地位。清代的"内洋"包含了两部分水域:一部分是紧接海岸或设立府治、县治、厅治的岛岸的一条宽5千米左右的水域带;另一部分是划入内洋岛屿以内的内水。二者均是国家领水的重要组成部分,具有与国家领土相同的地位。清代的"外洋"与现代海洋国际法认定的"领海"也是近似的。

(六)清代中国所辖"外洋"是水师官兵的管辖区,与西方国家的"领海"概念既有相似地方又有一些区别。"领海"与"外洋"二者的不同点在于:其一,领海是国家主权扩展于其陆地领土及其内水以外邻接其海岸的一带海域;外洋尽管也是以距离中国海岸或岛岸最远的岛礁为标志,却不仅仅向外划分,而是以此为中心向四周划分海域,并将这些海域相互连接在一起,形成一条广阔的带状海域,也就是说,"外洋"既包含了现今的领海部分又与中国的一部分内海相重叠。其二,在没有岛屿和内海的情况下,领海的划分直接以海岸为基线向外划分,而外洋的划分则与此稍有不同,通常将靠近海岸附近的海域首先划分为内洋,然后在内洋之外再划分外洋,甚至以远离中国海岸的帆船航线作为"外洋"的界线。其三,领海的划分强调的是沿海国家配置在海岸或岛岸的武器装备对于海域的有效控制宽度,而外洋的划分强调的是水师官兵对于外缘岛屿周围海域的安全控制范围。尽管存在上述三点区别,但这三点并非本质区别,只是划分的方式有所差异而已。

我们承认历史统一中的多样性特点,但同时也赞美多样性中的统一性原则。就"领海"与"外洋"划分的共同点来说,二者都是介于内海与公海之间的一条沿海岸或岛岸延伸的海域地带,二者都是以海岸或岛岸为标志向其他国家宣示本国海域的主权范围。正是由于这两个共同点,决定了二者的本质的相近。由此可见清代的"外洋"与"领海"共性大于差异。正像中国的名家与西方的逻辑学一样,"领海"与"外洋"名虽异而实相近。因此,我们可以把清代内洋、外洋的划分看成是当时的中国人向世界各国宣示类似于西方领海的主权。这种宣示领海主权的方法之所以到今天尚未引起中外学者的关注,是因为它是用汉语表达的,是按照典型的中国思维方式处理的。因此,可以说,清代中国虽无领海之名却有领海之实,应是当时世界各国领海划分方式之一,只不过是一种典型的中国方式而已。

(七)清代水师是军警合一的机构,既是海上唯一的武装力量又是海上执法机构。其职能主要是保卫国家领土领水主权,抗击外敌入侵;缉拿海盗,维持近海治安;查禁各种违禁品,保护合法贸易;查禁非法越境人员,消弭海上隐患;搜救遇难船只,抚恤遇难船员;管理商渔船只,维护正常生产秩序。清代水师与美国海岸警卫队相比,尽管组织模式和职责十分相近,但是,一个属于古代的传统武装力量,寿终正寝,很快被人们遗忘;一个属于现代的海上执法机构,体制健全,不断被复制和改造。不过,我们必须看到,清代水师开始在近岸海域巡逻会哨的时间是1685年,而美国的海岸警卫队整合于1915年,其时间相差230余年。

(八)为了督促水师在内外洋面认真巡逻会哨,清廷制定了一系列巡洋章程。在执行过程中，各省督抚根据本省海域的特点和兵力部署，多次进行修改，使巡洋制度符合本省海域形势需要。例如，广东水师建立了分路（东上路、东下路、中路、西上路、西下路）分段（西下路东海段、西下路雷琼段、下下路廉州段）巡洋会哨制度，不仅明确划分了各个水师镇、协、营的管辖范围，而且严格规定了统巡、总巡、分巡、协巡人员的职责，还周密安排了巡洋会哨的时间、地点和方法，其目的在于督促水师官兵巡洋会哨尽职尽责，确保内洋外洋行船安全，确保沿海地区生产生活秩序不受外敌侵扰，不受海盗破坏。再如，江苏的巡洋期限，先是规定为六个月，分为两期，春哨为三月至五月，秋哨为六月至八月。后来增加两个月，巡期为八个月，春哨为二月至五月，秋哨为六月至九月。再后来巡期又改为全年，分为春、夏、秋、冬四季，每季三个月。就巡洋兵力配置来说，有分巡，有总巡，又有随巡或委巡。不仅有督巡官（又称统巡）不时监督其勤惰，复有定期定点会哨制度，以确保巡洋兵力在洋常川梭织巡缉。不仅有疏防处分督责其尽职尽责，又有奖叙制度，鼓励水师官兵奋发努力。通过不断修订和完善，清代前期水师，以江南为例，建立了比较严密的巡洋制度。在完成督巡任务之后，总兵官必须立即向皇帝奏明本次督巡的主要经过，不仅要奏报所属洋面是否安静，有无违例搭寮私捕，船照、腰记是否相符，还要奏报鱼汛、蜇汛期内商人渔民获利情形，本地是否风调雨顺，粮食收成如何。这些奏折虽然是千篇一律的格式化公文，而确确实实证实了巡洋制度的成熟性、完备性和日常性。这一制度一直到1911年为止，虽是夕阳残照，余晖却未尽。

（九）天津水师四次设立，又四次裁撤。这是一种非常奇特的历史现象。导致天津水师旋设、旋撤的主要的原因可以归结为其地理位置的特殊性。就局部来说，天津作为京城的海上门户，战略地位十分突出。为了京师的安全，必须在天津设立水师。因此，朝廷多次酝酿在此设立水师。然而就海防全局来看，只要在军事上控制了蓬莱、庙岛群岛和铁山一线的渤海海峡安全，也就确保了整个渤海的安全。渤海处于安全状态，天津作为海上门户自然是安全的。

（十）两次鸦片战争期间（1840—1861），中国内外洋面的海匪活动异常猖獗，沿海水师相形见绌，无力应付。根据英国驻厦门领事的报告，1847年12月，厦门、福州之间有海匪2000人；1849年，台湾海峡内有海匪3000人。两次鸦片战争期间中国洋面海匪活动猖獗,得不到有效镇压,既是外国力量怂恿扶持的结果,又是中国社会治理失衡造成的;既有外交上难以应付的原因,又有水师巡洋力量难于因应时势的因素。

（十一）随着洋务运动的兴起,中国轮船制造业的发展,以及近代海军的出现,以蒸汽为动力的各省水师,无论是创建的北洋水师,还是传统水师（江苏水师、浙江水师、福建水师和广东水师）装备的更新换代,对于中国沿海孳生的海匪都构成了绝对的机动作战优势。尽管沿海的社会矛盾并未解决,海匪的活动并未彻底消弭,但是沿海的海匪活动被机动兵船压缩限制在零星活动状态。海洋抢劫事件逐渐减少,沿海各省督、抚、提、镇关于追究内外洋失事责任的奏报相应减少,以辑录奏折和上谕为主的《清实录》反映的中国管辖之"外洋"语词频率自然减少。从同治、光绪时期水师改造、轮船配备以及巡洋章程来看,除了对于内洋、外洋水师的营数、人员、轮船进行调整更新之外,如同道光、咸丰时期一样,对于清代前期逐渐形成的水师巡洋制度只是继续坚持和微调,没有大的改变。从事实来看,同治、光绪和宣统时期,广东水师巡洋会哨是一项持久的近海军事活动,除了1884年由于中法战争影响之外,一直没有中断。这种巡洋活动既是对于清代前期形成的近海管辖制度的良好传承,又是面临复杂多变国际形势下的一种近海管辖权的自我坚持。清朝官员之所以坚持这一制度原因可以归结为,既在于历史的继承性又在于现实的实用性。

（十二）光绪、宣统时期,各省提、镇的奏报几乎千篇一律,不是说巡历的洋面均皆安静,就是讲海岛港澳并无盗艘藏匿。虽然偶尔提及海上不无零星盗匪,无不奏明及时拿办。这些公文虽是形式化的体现,却也反映了丰富的内涵。光绪、宣统朝在清代历史上的确是海盗较少的时期。既没有形成比较大的海匪团伙,也没有漏网的江洋大盗。如前所说,道光、咸丰时期活动在东南沿海的广东艇匪,凭借着艇船的优势,一度使沿海水师无可奈何,越剿越多。自从同治时期清军水师开始配备轮船之后,这种优势立即显现出来。无论是追击盗船还是围攻匪穴,其战绩明显提升。就此而言,洋务运动的轮船建造虽然在"求强"方面效果不佳,而在控制近海治安方面效果甚为明显。正所谓"失之东隅,收之桑榆"。

（十三）清朝前期外海水师的主要职能：一是巡缉盗匪，保护内外洋商船渔船安全生产和运输；二是在内外洋往来梭巡，救助中外海难船只和民人；三是监视和防范外国船只侵犯中国海域和城镇；四是查缉走私贸易船只，维护分口贸易制度，晚清的水师不仅丧失了对外防御和监视外国船只的职能，其查缉走私的职能在相当程度上也被海关取而代之。巡缉盗匪和救助海难两种职能逐渐成为晚清水师的一种常态，而这种新常态显然是对先前多种职能的一种背离。广东水师各镇总兵的奏报从未涉及第三、四两项职能。因此，传统水师职能的蜕变，不能不说是中国之"外洋"一词在光绪、宣统两朝减少的原因之一。

（十四）欧洲各国法学家在讨论领海的管辖范围，对于领海的宽度各有不同主张，但无不认同一个国家管辖的海域范围取决于它的有效控制这一基本原则。清代前期中国的内外洋划分的理论依据与上述基本原则相同。与西方人强调大炮的射程不同，清朝人强调的是水师兵船的有效控制范围，因此最早形成一套严密的巡洋制度，并且一直坚持到清末为止。中国在同日本进行交涉"远洋渔业团"侵渔案和"二辰丸"军火走私案时，本来可以按照清代内外洋的划分和持久的巡洋制度，公开说明其近海管辖的合法权利和历史权利。但是，很遗憾，他们虽然提及西方不同的领海宽度主张，也曾提及中国对于渤海的历史权利，却没有依据清初以来国家机关对于内外洋管辖条例论证其合理性与合法性，既显得被动又显得苍白无力。

以上是我们通过一系列研究，做出的判断，形成的解释，得出的结论。就全书的结构来说，主要采用横向与纵向相结合的方法。先是概论，对于研究内容进行综合性陈述。而后，分为九章具体探讨内外洋划分情况和近海管辖权。前七章，分别按省区自南而北横向探讨清代前期内外洋划分以及巡洋会哨和管辖情况；后二章，将1842年到1911年分为两个时期，纵向探讨第一次鸦片战争之后，清朝的巡洋会哨制度面临的挑战，内外洋管辖制度发生的蜕变。

概　　论*

"领海",是指沿海国主权管辖下与其海岸或内水相邻接的一定宽度的海域。是国家领土的重要组成部分。领海问题,自荷兰法学家格劳秀斯(Hugo Grotius)于1625年提出[①],到《联合国海洋法公约》在1982年确定为12海里,经历了357年的复杂演变。在"领海"观念传入中国以前,中国对于近海水域的管理早已形成严密的制度,只是这种制度的名称不叫"领海"而已。此处将重点探讨清代划分内洋、外洋的意义,以及清廷是如何管辖近海水域的,同时通过比较,简单说明中国"外洋"与西方"领海"的异同。

一　关于内洋与外洋的划分

首先,需要指出的是,有的学者认为,中美《望厦条约》与中瑞《广州条约》中关于救护海难船只的条款中所说的"中国洋面",[②]是西方人对于中国领海的最初表述。这种看法则是完全错误的。

清初,沿袭明朝制度,亦将沿海水域划归各省管辖。盛京管辖的海域包括辽东半岛三面,北以鸭绿江口与朝鲜比邻,西以天桥厂海面与直

---

* 本文原题目是《清代内外洋划分及其管辖问题研究——兼与西方领海观念比较》,发表于《近代史研究》2015年第3期。由于该文概括了第一章至第七章的部分内容,因此可以作为概论置于本书之前。为了避免文字重复,删去第一部分内外洋划分情况,其他内容不变。特此说明。

① "国家似乎可以以取得其他地区主权的同样方式,即利用其人员或者依托其领土,取得对部分海域的主权。"[荷]格劳秀斯:《战争与和平法》第二卷,马呈元等译,中国政法大学出版社2016年版,第60页。

② 王铁崖编:《中外旧约章汇编》第一册,生活·读书·新知三联书店1957年版,第55、76页。

隶为界；直隶管辖的海面，分别以天桥厂与大河口与盛京、山东为界；山东所辖海面西自大河口，东达成山外洋，南以莺游山与江南为界，北以隍城岛与铁山之间的中线与盛京为界①；江南管辖崇明至尽山一带海域，北以莺游山，南以大衢山与山东、浙江为界；浙江所辖海面分别以大衢山、沙角山与江南、福建为界；福建管辖的海域包括福建沿海、台湾、澎湖岛屿周围海域，南以巴士海峡与菲律宾为邻，北以沙角山为标志与浙江分界，西南以南澳岛中线与广东为界；广东管辖的海域包括本省大陆海岸和环琼州岛岸的所有海面。

为了行政和军事管辖的便利，按照水域的大小和远近，清朝官员进一步将临近中国大陆海岸和岛岸附近的水域区分为内洋与外洋两个部分：凡是靠近大陆海岸和设立府、州、县、厅衙门岛屿的岛岸的岛礁和海面均划为内洋，责成州县官员与水师官弁共同管辖；凡是远离大陆海岸和设立府、州、县、厅衙门岛屿的岛岸的岛礁和海面均划为外洋，由于超出了州县等文官的管辖能力，遂将这一带海域的巡哨任务全部赋予水师官兵来负责。乾隆朝《大清会典则例》明文规定："内洋失事，文武并参；外洋失事，专责官兵，文职免其参处。"② 这就是雍正时期河东总督田文镜所说的"外洋责之巡哨官兵，内口（洋）责之州县有司"③。

清代内洋与外洋划分的时间，应当始于康熙晚期。"康熙四十八年（1709年）覆准：闽粤江浙四省每年轮委总兵官亲领官兵，自二月初一日出洋，在所属本汛洋面周遍巡查，至九月底撤回。遇有失事、获贼，

---

① 1714年，规定：山东与盛京水师官兵各巡本管洋面，金州之铁山、旧旅顺、新旅顺、海帽坨、蛇山岛、并头双岛、虎坪岛、筒子沟、天桥厂、菊花岛等皆系盛京所属，令该将军派拨官兵巡哨；北隍城岛、南隍城岛、钦岛、砣矶岛、黑山岛、庙岛、长山岛、小竹岛、大竹岛至直隶交界武定营等处止，并成山头、八家口、芝罘岛、崆峒岛、养马至江南交界等处止，皆归山东所属，令登州总兵官派拨官兵巡哨。至铁山与隍城岛中间相隔一百八十余里，其中并无泊船之所。规定自铁山起，九十里之内归盛京将军官兵巡哨，自隍城岛起九十里归山东官兵巡哨，如遇失事，各照划定疆界题参。[程嘉谟编：《钦定大清会典则例》（乾隆朝）卷一一五，第47—48页，乾隆二十九年（1764）编，见《文津阁四库全书》第623册。]

② 程嘉谟编：《钦定大清会典则例》（乾隆朝）卷26，第40—41页，乾隆二十九年（1764）编，《文津阁四库全书》第623册。

③ 《世宗宪皇帝朱批谕旨》卷一二六之二三，第36页。《文渊阁四库全书》史部。

照例分别题参、议叙。"① 我们不知道这是不是沿海各省内洋与外洋划分的开端,但是,可以确认康熙晚期浙江已经划定其界限。王元仕纂修的《定海县志》刊刻于康熙末年。是书不仅详细记载了内外洋岛屿名称,而且详细说明了每一个岛礁的四至界限(详见表0-1)。由此可知,康熙晚期浙江内外洋界限已经初步划定。

表0-1　　　　康熙时期定海镇三营所辖内外洋岛屿一览

营别	汛别	划入内洋岛屿	划入外洋岛屿
中营	旗头洋青龙港汛	定海县岛屿:乌龟山、摘箬山、小渠山、大渠山、六横山、小猫山和虾岐山;镇海县岛屿:旗头山、青龙山、朴蛇山、梅山、箬帽屿山、杨三山和升罗山;象山县岛屿:汀齿山、佛肚山、屿山、西屿山、东屿山、五爪山(内外洋交界)、将军帽山、白岩山、虾簖门山	
	淡水门石浦汛	象山县岛屿:青门山、馒头山、牛扼山、牛门山、珠山、大目山(内外洋交界)、桃仁山、桃核山、外担门山、中擎山、里担门山、脑门山、平峰山(内外洋交界)、三岳山(内外洋交界)、半边山、鹁鸪嘴山(内外洋交界)、淡水门山、牛栏基台山(内外洋交界)、獭鳗嘴山(宁波台州分界)、石浦老城山(宁波台州分界)	
左营	沈家门汛	定海县岛屿:十六门、拗山、大干山、马泰门山、卢家屿山、分水礁、顺母塗山、登埠山、蚂蚁山、点灯山、桃花山、金钵盂山、菜花礁	
	普陀汛	定海县岛屿:普陀山、大珞珈山、小珞珈山(内外洋交界)、洋屿门山(内外洋交界)、白沙港山(内外洋交界)、朱家尖山、树枕山、缸爿礁	

---

① 乾隆《福宁府志》卷三,见《中国地方志集成》(福建府县志辑)第12辑,上海书店、巴蜀书社、江苏古籍出版社2000年影印本,第45页。

续表

营别	汛别	划入内洋岛屿	划入外洋岛屿
	长塗汛	定海县岛屿：长塗山（内外洋交界）、考鳌山、竹屿港山、兰山、青黄肚山、吊门山、螺门山、梁横山、茭杯礁、分水礁、葫芦山	定海县岛屿：西寨山、东寨山、菜花山、西福山、东福山
	倒斗陶汛		定海县岛屿：大衢山、癞头屿山、琵琶礁、癞冬瓜山、小衢山、霜子山、鼠狼虎山、三星山、半洋狮子礁、黄星山、庙子湖山、青帮山、浪冈山、环山
右营	黄岐港汛	定海县岛屿：竹山、盘屿山、寡妇礁、鸭蛋山、蟹屿山、螺头门山、洋螺山、大猫山、穿鼻山、大榭山、黄由礁、半洋礁、野鸭山、鸟屙礁、外钓山、中钓山、里钓山、孤次山；镇海县岛屿：茅礁、三山	
	岱山汛	定海县岛屿：册子山、马目山、瓜连山、五屿山、龟山、鳌山、中山、官山、秀山、长白山、王山、擎山、五虎礁、茭杯礁、双合山、花果山（内外洋交界）、岱山、东垦山、西垦山、燕窝山（内外洋交界）	定海县岛屿：大渔山、小渔山、鱼醒脑山、练挝山、鲨篷礁、虾爬礁、寨子山、大羊山（羊山之南属浙江，以北属江南）
	沥港汛	镇海县岛屿：蛟门山、黄茅山、七里墅山、游山、虎蹲山、泥螺山；慈溪县岛屿：茭杯礁；定海县岛屿：金塘山、菜花山、刁柯山、鱼龙山、兰山、沥表嘴山、太平山、捣杵山	慈溪县岛屿：黄山、浒山；镇海县岛屿：七姊妹山、西霍山、东霍山

资料来源：本表内容系根据光绪《定海厅志》卷二十附载之康熙《定海县志》内容录入，见《中国地方志集成》，浙江府县志辑第38辑，江苏古籍出版社、上海书店、巴蜀书社1993年影印本，第249—255页；光绪《慈溪县志》卷十三，见《中国地方志集成》，浙江府县志辑第35辑，江苏古籍出版社、上海书店、巴蜀书社1993年影印本，第309页。

对照现代地图，阅读康熙《定海县志》所提供的四至界限，大致可以看到定海镇各营各汛水师官弁巡哨范围，但难以说明内洋与外洋划分的原则和标准。关于内洋与外洋划分的标准，笔者没有找到清廷的明确旨意。不过，有这样一条资料，大致可以反映沿海各省划分内洋与外洋的基本原则。"中外诸洋，以老万山为界。老万山以外汪洋无际，是为黑水洋，非中土所辖。老万山以内，如零丁、九洲等处洋面，是为外洋，系属广东辖境。其逼近内地州县者，方为内洋，如金星门，其一也。"①显而易见，清朝人自内而外将海洋分为三个部分：一是靠近州县行政中心的海面，这一部分被称为"内洋"，由地方政权和水师官弁来共同管辖；二是以老万山为标志附近海面，这一部分海面被称为"外洋"，属于中国的领水，为"广东辖境"，由水师官弁专门负责巡哨；三是老万山以外的黑水洋（即深水洋），"非中土所辖"，这一部分海域就是现代意义的公海。问题是内洋、外洋的界线在哪里？这条界线距离海岸或岛岸究竟有多远？

康熙《定海县志》为我们不仅提供了定海镇辖区各个岛礁的内外洋属性以及四至界限，而且在一些地方还特别注明是"内外洋交界"还是相邻水师辖区的接界处，由此我们可以看到内外洋划分的基本标准。现在将该书标注"内外洋交界"的地方全部汇集在一起（表0-2），共有12处，然后一一对照2017年出版的《浙江省军民两用交通地图册》。不难发现，凡是书中注明"内外洋交界"的地方，不是岛礁就是海角。凡是注明"内外洋交界"，且与大陆相连的狭长地方，都是突出海中若干里的海角。因此，海角成为划分内外洋的标志之一。例如，鹁鸪嘴、獭鳗嘴和燕窝山。凡是注明"内外洋交界"的岛礁，与海岸或岛岸垂直距离一般在5千米左右。这里说的海岸是指大陆海岸，岛岸是指比较大的岛屿的岛岸。具体到定海县来说，比较大的岛屿是指舟山、金塘、秀山、岱山、衢山、朱家尖、普陀山、桃花岛和六横等。除了较远的衢山岛划入外洋之外，其余各岛因邻近舟山主岛，居民稠密，均划入内洋，其周围海域的小岛以其远近分别划入内洋或外洋。

---

① 方濬师：《海洋纪略》，《蕉轩随录》卷八，中华书局1995年版，第38页。

表 0-2　定海镇水师辖区内外洋交界岛屿距离海岸和岛岸一览

地名	四至界限	与海岸岛岸垂直距离
五爪山	内外洋交界。东至大洋，南至大目山水程九十里，西至屿山六十里，北至六横山六十里	五爪山，即大小蚊虫岛、笔架山、砚瓦山等，位于六横岛东南，距离十里左右
大目山	内外洋交界。东至韭山大洋约计水程一百二十里，南至外担门山五十里，西至珠山十里，北至将军帽山七十里	大目山，即大漠山，位于大目洋西部，距离海岸不足十里
平峰山	内外洋交界。东至大洋，南至牛栏基台山水程五十里，西至脑门山三里，北至担门中擎山二十五里	平峰山，即屏风山，距离象山海岸十里左右
鹁鸪嘴	内外洋交界。东至大洋，南至淡水门山水程十里，西联象山老岸，北至半边山七里	鹁鸪嘴，即鹁鸪山，位于象山县东陈乡盐田东面，半边山南面，与海岸相连
牛栏基台山	内外洋交界。东至大洋，南至秤锤山水程六十里，西至淡水门山三里，北至平峰山五十里	牛栏基台山，即牛栏基岛，位于象山石浦港东面，西距石浦镇陆岸七里
獭鳗嘴	内外洋交界。东至大洋，南至黄标大洋，西联象山老岸，北至淡水门山约计水程十里	位于石浦镇东南面，西联象山海岸
小珞珈山	内外洋交界。东、南属东海大洋，西至缸爿礁水程五十里，北至大珞珈山五里	位于大珞珈山南面海域，距朱家尖岛不足十里
洋屿门	内外洋交界。东、南属东海大洋，西至白沙港山水程十里，北至普陀山二十里	洋屿门，位于珞珈山之南，西至白沙港山水程十里
白沙港	内外洋交界。东至洋屿门山水程十里，南至东海大洋，西至朱家尖山五里	位于珞珈山之南海域，西距朱家尖岛五里左右
大长塗山	内外洋交界。东至大海，南至普陀山计水程一百五十里，西至考鳖山十里，北至大衢山一百三十里	位于岱山岛东面海域，距离岱山十里左右

续表

地名	四至界限	与海岸岛岸垂直距离
花果山	内外洋交界。东至双合山水程四里，南至茭杯山六里，西至练挞山十五里，北至虾爬礁十五里	花果山，即花鼓山，位于岱山岛西面海域，东距岱山岛十里左右
燕窝山	内外洋交界。东至左营水汛琵琶礁计水程四十里，南至岱山三里，西至虾爬礁四十里，北至江省双头大山一百二十里	位于岱山岛西北面，与岱山岛断续相连

资料来源：本表内容系根据光绪《定海厅志》卷二十附载之康熙《定海县志》内容录入，见《中国地方志集成》（浙江府县志辑）第38辑，江苏古籍出版社、上海书店、巴蜀书社1993年影印本，第249—255页；《浙江省军民两用交通地图册》，星球地图出版社2017年版，第20—21、28—29页。

此处需要指出的是，清代人在使用"内洋"这个词语时通常是严谨的，很少是泛称，而在使用"外洋"这个词语时，有时泛指非中国官府管辖的所有海洋，甚至包括非中国以外的各个国家。[①] 因此，在阅读清代文献时，需要仔细辨析。本书所探讨的"外洋"概念严格限制在"中土所辖"的范围之内，是狭义的"外洋"，是纳入清朝行政管辖的邻近"内洋"的一条带状海洋区域，属于国家领水的重要组成部分。关于各省内外洋划分情况，详见第一至第七章。

二 巡洋制度的建立与完善

划分内洋与外洋，目的是为了加强国家机关对于近海水域的行政、军事和经济管理，便于维护中外商人的贸易利益和行船安全，维护沿海居民的生产和生活安全，维护国家的领水权益。

根据巡洋任务的轻重、海域范围的大小以及实际需要情况，清廷在

---

① 例如，直隶总督王文韶曾于附片奏陈采购外国机器，铸造银元时说："定购外洋机器于九十月间先后运到。"此处的外洋，显然指的是外国。（《王文韶奏为定购外洋机器试铸银元事》光绪二十二年十二月二十二日，北京中国第一历史档案馆藏录副奏折，档号：03—9532—088）

沿海地区设立了不同规模的水师，一共配备了826艘外海战船。由于福建的防海任务最艰巨，配置的外海战船多达342艘；其次为浙江，配备197艘；依次为广东166艘，江南83艘，山东24艘；直隶与盛京的海防任务最轻，配置的外海战船分别为8艘和6艘。[①] 外海战船战时用于征战，平时用于巡洋会哨。承担巡洋任务的官弁按照分防范围的大小和职位的高低，区分为专汛（有时称为专巡）、协巡、分巡、委巡、总巡、统巡。千总、把总为专汛，外委为协巡，这是最基层的巡洋单位；都司、守备为分巡；委署的官员参与巡哨叫委巡[②]；副将、参将、游击为总巡，需要周巡一营负责之内外洋；总兵官巡洋被称为统巡，又称督巡。统巡是指总兵官与相邻水师镇协的定期会哨活动。

1836年，兵部议准《闽浙二省巡洋弁兵处分酌改章程》。该章程规定："一，洋面巡弁以千、把为专巡，外委为协巡，都、守为分巡，副、参、游击为总巡，总兵为统巡。遇有失事，初参限满，不获，将专巡、协巡、分巡各官均降一级留任，贼犯限一年缉拿；二参，不获，各降一级调用，贼犯交接巡官照案缉拿。一，内河内洋附近汛口地方失事，即照陆路例，将专汛、兼辖、统辖官分别开参，亦以二参完结。初参，不获，专汛官降一级留任；二参，不获，降一级调用。兼辖官初参罚俸一年，二参，降一级留任。统辖官初参，罚俸六个月，二参，罚俸一年。如专汛、兼辖各官限内有轮派出洋事故，均照陆路例，扣除公出日期。遇有调台之差，仍准照离任官罚俸一年完结。一，总巡系周巡一营洋面，统巡系按期分路会哨。情势不同，旧例一律议处，未免无所区别。嗣后初参限满，不获，将总巡官罚俸一年，统巡官罚俸六个月，俱限一年缉拿。二参，不获，总巡官降一级留任，统巡官罚俸一年。一，随巡官按各省开报册内，有随统巡者、有随总巡者、有随分巡者，倘遇失事，各按所随之人处分，一律议处。一，委巡今改为协巡，应将委巡一项名目删除。一，海洋失事，该督抚查明失事地方界址，据实开参。如

[①] 程嘉谟编：《钦定大清会典则例》（乾隆朝）卷一一五，第64—67页，乾隆二十九年（1764）编，见《文津阁四库全书》第623册。
[②] 各省水师署任人员轮派出洋巡哨，遇有失事，如在疏防限内撤巡，并卸委署之任者，照离任官例议结。如已经撤巡，而署任尚未交卸者，仍照承缉官例，议处。如

有统巡而无总巡,或有分巡而无随巡者,准其疏内声明,以免驳查。"①

各省水师官兵,驾驶巡船,沿海上下往来巡逻,以诘奸禁暴。水师官兵按照分防的洋面进行巡哨,参与巡哨的每一艘战船官兵和装备均有额数限制。倘若出洋之后,水手不如额配足②,以致巡哨船只不能管驾,遭风损坏,负责调度的官员要受严重的革职处分,同时参与巡哨的官兵要承担巨大的经济损失。条例明文规定:"将派拨之员革职,船只著落巡哨各员赔造。不行稽查之总巡官,降二级调用;总兵,降一级调用。"③

由于季风的影响,南北洋情况不同,各省水师巡洋的时间和班次亦不同。"江南省巡洋官兵以三个月为一班;广东省巡洋官兵以六个月为一班,每年分为上下两班;福建省巡洋官兵每年自二月起至五月止为上班,六月起至九月止为下班,十月起至次年正月按双、单月轮班巡哨;浙江省巡洋官兵每年二月至九月以两个月为一班,十月至次年正月以一个月为一班;山东登州水师每年于三月内出洋巡哨,于九月内回哨。各省水师俱令总兵统率,将备弁兵亲身出洋巡哨,遇有失事,分晰开参,照例议处。"④

则例规定:水师各营配兵出洋巡哨,必须选择明干弁兵,实力巡哨。倘若该弁兵等在洋遇有匪船退缩不前,转被盗劫,该督抚等查明,即将本船弁兵严行治罪,并将负责派拨的官员参奏革职。仍令自备资斧于洋面效力三年,方准回籍。该总巡、总兵降三级调用。⑤ 凡是巡海船只,在未出口之前,应取同船兵丁不敢抢劫为匪连名甘结,在船该管官加结申送上司存案。会哨之日,仍取同船兵丁在洋并无抢物为匪、扶同隐匿事发愿甘并坐甘结,送该上司查核。如弁兵在洋抢夺商人财物,该管官不是同船,失于觉察,照失察营兵为盗例,议处;若该管官通同隐

---

① 《清宣宗实录》卷二八九,道光十六年九月辛丑,《清实录》第37册,中华书局1985年影印,第456—457页。

② "春秋会哨外洋之例,艍船定额,每只配兵四十名,罟艚船每只配兵二十名,快哨船每只配兵一十五名。"(《世宗宪皇帝朱批谕旨》卷一四三,第4页。)

③ 严如煜:《洋防经制上》,《洋防辑要》卷二,第10页。

④ 同上书,第3页。

⑤ 同上书,第10页。

匿、庇护，革职提问；督、抚、提、镇不题参者，照徇庇例议处。①

邻境的盗匪被官兵追缉到汛，在洋巡哨的官兵必须协力缉拿。倘若巡缉之员不协力缉拿，盗犯被其它汛地官兵缉获归案，供出追捕地方并经由月日。条例规定：将该汛未能协捕之巡洋各员弁降二级留任，总巡上司降一级留任。

统巡是水师总兵官的按期督察活动，用意在于防范各哨官兵畏怯风涛，偷安停泊，不能在洋梭织游巡。"是以总兵官每于春、秋二季不时亲坐战船出洋督哨。"② 康熙、雍正、乾隆时期，苏松水师所属内外洋汛，按照规定由本标中营、左营、右营、奇营以及川沙营、吴淞营按照各自疆界分月巡查。总兵官于春、秋两季不时督巡。例如，1773年，苏松水师除轮派总巡中营游击许文贵、分巡右营守备童天柱带领本标四营以及川沙、吴淞二营随巡官兵于5月21日开赴外洋巡哨之外，总兵官陈奎于5月30日乘坐战船前往吴淞会操，然后前往大戢山、小戢山、徐贡山、马迹山、尽山等处统巡。③

定海水师总兵官也是这样，通常于舟山捕鱼繁忙季节，亲自带领战船巡海。例如，1743年春末夏初，黄鱼起汛，闽浙沿海渔船三千余艘齐集舟山群岛捕鱼，蔚为壮观，商贾携带银钱买鲜，就近晾晒，"海岸成市"。④ 闽浙总督那苏图担心渔民得利则返，无利则易于在洋面为盗，因此饬令定海镇总兵官顾元亮亲自率领战船加紧巡哨内外洋面。

有时候，沿海省区的总督、巡抚也亲自参与巡海活动。例如，1744年3月19日，浙江巡抚常安亲自巡海，先到镇海，再到定海内洋、外洋。⑤

从上述情况来看，清朝前期关于水师官兵巡洋的规定涉及方方面

---

① 程嘉谟编：《钦定大清会典则例》（乾隆朝）卷一一五，第51页，乾隆二十九年（1764）编，见《文津阁四库全书》第623册。
② 《江南水师总兵陈伦炯奏报外洋督巡情形》，雍正十三年十月十五日，北京中国第一历史档案馆藏朱批奏折，档号：04—01—30—0199—022。
③ 《江南苏松水师总兵陈奎奏报春季统巡内外洋面安静情形事》，乾隆三十八年六月初三日，北京中国第一历史档案馆藏朱批奏折，档号：04—01—03—0029—022。
④ 《闽浙总督那苏图奏为巡历内外洋面闽浙二省渔期告竣事》，乾隆八年六月十三日，北京中国第一历史档案馆藏朱批奏折，档号：04—01—01—0095—027。
⑤ 《浙江巡抚常安奏为查勘定海内外洋面情形事》，乾隆九年二月二十日，北京中国第一历史档案馆藏朱批奏折，档号：04—01—01—0109—013。

面，相当严密。事实上，水师官兵巡洋制度的建立，经历了一个不断发现流弊、不断探讨对策、不断修改规定，条例由疏渐密的完善过程。

1689 年，规定：海洋巡哨，水师总兵官不亲身出洋督率者，照规避例，革职。①

1704 年，规定：广东沿海以千总、把总会哨，副将、参将、游击每月分巡，总兵官每年于春、秋两季出洋总巡。

1708 年，规定：江南苏松、狼山二镇总兵官各于本管洋面亲身总巡，每岁一轮，年终将出洋回汛日期呈报该提督查核。又规定，浙江定海、黄岩、温州三镇总兵官出洋总巡，每年定于二月初一日起至九月底止。

1714 年，规定：盛京海洋以佐领、防御、骁骑校为分巡，协领为总巡。如有行船被盗，由该将军题参，将分巡、总巡各官照江、浙、闽、广之例，议处。

1716 年，规定：福建水师五营、澎湖水师二营、台湾水师三营分拨兵船，各书本营旗号，巡逻台湾海峡，每月会哨一次，彼此交旗为验。"如由西路去者，提标哨至澎湖交旗，澎湖哨至台湾交旗，送至台湾协查验；由东路来者，台湾哨至澎湖交旗，澎湖哨至厦门交旗，皆送提督察验。如某月无旗交验，遇有失事，则照例题参。"

1717 年，由于山东登州水师营员较少，不能如浙江、福建等省按照总巡、分巡各名目轮派。规定山东水师分为南、北、东三汛：南汛以千总、把总为专汛，以胶州游击为兼辖；北汛以千总、把总为专汛，以登州守备为兼辖；东汛以千总、把总为专汛，以成山守备为兼辖，俱以该镇总兵为统巡统辖，遇有疏防案件，照闽浙海洋失事例议处。②

同一年又规定：福建提督水师、台湾、澎湖两协副将每年必须率领三艘战船亲身出巡各本管洋面，两协游击、守备分巡各本汛洋面，海坛、金门二镇各分疆界为南北总巡，每年提标拨出十艘战船，以其中六艘归巡哨南洋总兵官调度，四艘战船归巡哨北洋总兵官调度。其台湾、澎湖二协副将、金门、海坛总兵官均于二月初一日起至九月底

---

① 程嘉谟编：《钦定大清会典则例》（乾隆朝）卷一一五，第 46 页，乾隆二十九年（1764）编，见《文津阁四库全书》第 623 册。
② 严如煜：《洋防经制上》，《洋防辑要》卷二，第 4 页。

止期满，撤回至各营。分巡官兵挨次更换，如果遇到海洋失事，各照例题参。

1718年，规定：南澳镇总兵、琼州水师副将各率营员专巡各本管洋面。自南澳以西，平海营以东分为东路，以碣石镇总兵官、澄海协副将轮流为总巡，率领镇协标兵以及海门、达濠、平海各营员为分巡；自大鹏营以西，广海寨以东分为中路，以虎门、香山两协副将为总巡，率领两协营员及大鹏、广海各营员为分巡；自春江协以西，龙门协以东分为西路，以春江、龙门两协副将轮为总巡，率领两协营员及电白、吴川、海安、硇洲各营员为分巡。共分为三路，每年分为两班巡察，如遇失事，照例题参。

1730年，规定：福建、浙江巡哨官兵、船两月更换一次，如风潮不顺，到汛愆期，应俟到汛交代，具报该上司查核。

1735年，规定：福建南澳镇左营以及金门镇之铜山洋汛归南澳镇巡察，每年上班巡期委右营守备与广东镇协会哨，左营游击与海坛、金门两镇会哨，该总兵官驻镇弹压；下班巡期委右营游击出巡，总兵官亲率兵船与两镇会哨，以左营游击留营弹压。

1736年，规定：广东西路洋面分为上下二路：自春江至电白、吴川、硇洲为上路，上班以春江协副将为总巡，下班以吴川营游击为总巡，率领春江、电白、吴川、硇洲各营员为分巡，均于放鸡洋面会巡至硇洲一带。自海安至龙门为下路，上班以海安营游击为总巡，下班以龙门协副将为总巡，率领海安、龙门各营员为分巡，均于琼州洋面会巡所属一带。至上路之电白营游击上班随巡，听春江协副将统领；电白营守备下班随巡，听吴川营游击统领。

1747年，两江总督尹继善奏请加派官兵巡海，由原来的两个营改为四个营，每班四个月改为两个月，一年轮巡一次，得到乾隆皇帝批准。① 从此开始，每年二月至九月，苏松镇标中、左、右、奇四营之游击、守备八人分为四班，每营游击各巡两个月，各营守备与游击错综换班，每人随游击分巡两个月，川沙、吴淞二营之参将、守备共四人，每人分巡两个月，未轮班之各营委拨弁兵驾船随巡。至于十月至正月，则

---

① 《两江总督尹继善奏为酌定水师各营内外洋巡防章程事》，乾隆十二年四月初九日，北京中国第一历史档案馆藏朱批奏折，档号：04—01—01—0146—002。

令镇标四营、川沙、吴淞二营每营各管二十日，如有失事，将分管之营题参。该镇总兵官仍亲身巡察。所有出洋回汛日期报总督、提督稽核。狼山镇标于二月初一日起，右营游击率领中、左、右三营官兵在于内外洋面巡哨，至九月底期满回营，该镇总兵官亦亲身巡察，将出洋、回汛日期呈报总督、提督查考。

1752 年，规定，山东省登州镇水师，每年五、六、七、八月间，官兵出洋，分为南、北、东三汛，各汛在该管地界，彼此往来巡防。福建省海坛镇于三月初一、九月初一与金门镇会哨于涵头港，五月十五日与浙江温州镇会哨于镇下关；金门镇于三月初一、九月初一与海坛镇会哨于涵头港，六月十五日与南澳镇会哨于铜山大澳；南澳镇于六月十五日与金门镇会哨于铜山大澳。会哨之期，总督预先派遣标员前往指定处所等候，如两镇同时并集，即取联衔印文缴送；或一镇先到，点验兵船，取具印文，先行缴报，即准开行；一镇后到，别取印文缴送，以两镇到达指定处所为准，如迟至半月以后不到者，察系无故偷安，即行参处。至分巡洋汛相离本不甚远，一月会哨一次，该镇总兵官差员取结通报，如有违误，即行揭参，若徇隐及失察，一并参处。又规定，浙江省定海镇于三月十五、九月十五日与黄岩镇会哨于健跳汛属之九龙港；五月十五日与江南崇明镇会哨于大羊山；黄岩镇于三月初一、九月初一日与温州镇会哨于沙角山，三月十五、九月十五日与定海镇会哨于九龙港；温州镇于三月初一、九月初一日与黄岩镇会哨于沙角山，五月十五日与福建海坛镇会哨于镇下关。其会哨之期，总督预先派遣标员前往指定处所等候，及两镇出具印文缴送之处，均同福建之例行。同年又规定，广东省水师各营总巡指定地点，定期会哨。如会哨官兵同时到达，即联衔具文通报。倘因风信不便，到达时间先后参差，先到者，即具文通报，巡回本辖洋面；后到者，于到达之日，具文通报，然后巡回本营所辖洋面。至于各分巡官每月与上下邻境会哨一次，或先西后东，或先东后西，预先约定。一经会面，即联衔通报。

1760 年，江南提督王进泰认为，既往巡哨规定虽然严密，但仍有漏洞。例如十月至正月这四个月 120 天，尽管由六个营各自负责 20 日，而各营以风大浪急，例不出巡，致使此四个月内外洋面并无巡哨，"遇有失事，该管镇营彼此不无推诿，难以查参"。为此，他建议在此四个月中，轮值各营应派遣少量官兵，继续前往尽山一带外洋游巡，弹压奸匪。①

1789年，温州镇李定国带领战船巡洋会哨，因风大难行，停泊小门洋，没有按照规定于九月初一前往沙角山与黄岩镇会哨，为了逃避不按时会哨处分，伪造印文，希图蒙混交差。这件事情被揭发之后，经浙江巡抚题报，将李定国革职，遣送伊犁效力，以示惩戒。乾隆皇帝认为，巡洋会哨毕竟不是出兵打仗，若届期遇有飓风突然发作，该镇总兵官担心迟误，身获重谴，委派官兵冒险放洋，使专汛官兵冒险于暴风巨浪之中，则是对巡洋官兵身家性命不负责任。因此谕令："嗣后，各该镇定期会哨，如实有风大难行，许其据实报明督抚，并令该镇等彼此先行知会，即或洋面风大，虽小船亦不能行走，不妨遣弁由陆路绕道札知，以便定期展限，再行前往。但该督抚等务须详加查核。设有藉词捏饰，即应严参治罪。若果系为风所阻，方准改展日期，以示体恤而崇实政。"② 考虑到江南、浙江、福建和广东沿海九月份飓风较多，乾隆皇帝谕令各督抚，各处洋面不必拘泥于三月、九月会哨。旋据伍拉纳覆奏，"海坛、金门二镇每年三、九两月于涵头港会哨之期，因其时风信靡常，并多海雾，改为四、八两月"③。

1800年，发现沿海水师"向例设有统巡、分巡及专汛各员出洋巡哨，近因各省奉行日久，渐有代巡之弊，即如统巡一官，系总兵专责，今则或以参将、游击代之，甚至以千总、把总、外委及头目兵丁等递相代巡，遇有参案到部，则又声明代巡之员，希图照离任官例，罚俸完结。殊非慎重海疆之道"。为此，专门制订《巡洋水师人员代巡处分则例》，规定各省水师人员按季巡洋，应照新定章程轮派，不得滥行代替。无论何省，总以总兵为统巡，亲身出洋督率将备巡哨，以副将、参将、游击为总巡，都司、守备为分巡。倘总兵遇有紧要事故，不能亲身出洋，只准以副将代替统巡；副将遇有事故，偶以参将代之，不得援引为常例。游击、都司不准代替总兵为统巡，都司、守备不准代副、参、游

---

① 《江南提督王进泰奏为请严外洋巡哨事》，乾隆二十五年三月二十一日，北京中国第一历史档案馆藏录副奏折，档号：03—0463—018。
② 严如煜：《洋防经制上》，《洋防辑要》卷二，第3页。
③ 同上。

击为总巡,千总、把总,不准代都、守为分巡,头目兵不准代千总、把总、外委为专汛。派员出洋,责令统巡总兵专司其事,按季轮派,一面造册送部,一面移送督抚、提督查核。如于造册报部后,原派之员遇有事故,不能出洋,应行派员更换者,亦即随时报明,出具印、甘各结。倘违例,滥派代替,或无故滥行更换者,该督抚、提督据实严参,将统巡总兵官降二级调用。督抚、提督如不据实查参,率行转报、题咨者,将督、抚、提、督降一级调用。倘本官畏怯风波,不肯出洋,临期托病,私行转委所属员弁代替,经总督、提督、总兵查出,揭参者,将本官革职提问。[①]

综上所述,对于内洋,清廷实行的是文武兼辖制度;对于外洋,则主要依靠沿海水师官兵来巡哨。为了加强内洋与外洋的行政和军事管理,清廷不断根据情况变化,制订和修改条例,形成了一套相当严密的水师巡洋制度。沿海水师巡洋,不仅按照专汛、协巡、分巡、总巡、统巡区分所辖海域的责任和义务,而且按照季节的不同,规定了会哨的方法、时间和地点,同时为了限制水师官员逃避风险和责任,还规定水师高级官员必须亲自带领战船在内洋和外洋巡哨,不得以低级官弁代巡,借此督促在洋巡哨的官兵尽职尽责。此外,为了确保巡洋制度的顺利贯彻,清廷还制订了明确的问责条例。

三 内洋与外洋的管辖权

无论是内洋与外洋的划分,还是巡洋制度的建立与完善,都是为了确保国家机关对于近海水域的管辖权。为此,有必要解释一下管辖权的含义。管辖权的概念有狭义和广义的分别,狭义的管辖权(Jurisdiction),是指法院对案件进行审理和裁判的权力或权限;广义的管辖权,是指国家对其领域内的一切人和物进行管辖的权利,自然也包含了司法管辖权。本书使用的管辖权是广义的概念。与此管辖权相关的还有独立权和自卫权等。独立权,是指国家按照自己的意志处理内政、外交事务,而不受他国控制和干涉的权利。自卫权,是指国家保卫自己生存和独立的权利。下面我们着重探讨一下清代前期关于内洋

---

① 严如煜:《洋防经制上》,《洋防辑要》卷二,第7页。

与外洋的管辖权。

(一) 保护和救助外国商船

"外国商民船,有被风飘至内洋者,所在有司拯救之。疏报难夷名数,动公帑给衣食,治舟楫,候风遣归。若内地商民船被风飘至外洋者,其国能拯救资赡、治舟送归,或附载贡舟以还,皆降敕褒奖。"①这是救助外国商船的早期条例规定。

1729年初,澳门番人前往越南贸易,在琼州府会同县外洋遭遇暴风袭击,商船损坏。该汛把总文秀等人驾舟搬取船上货物。登岸之后,止还事主缎匹、银器数件,其余藏匿不还。这一见利忘义事件传闻到京师,雍正皇帝非常震怒。他认为此等贪残不法之事,其他沿海地区在所难免,"此皆地方督抚、提镇等不能化导于平时,又不能稽查、追究于事后,以致不肖弁兵等但有图财贪利之心,而无济困扶危之念也"。为此,雍正皇帝于1729年8月15日(雍正七年七月二十一日)谕令内阁道,"各省商民及外洋番估携资置货、往来贸易者甚多,而海风飘发不常,货船或有覆溺,全赖营汛弁兵极力抢救,使被溺之人得全躯命,落水之物不致飘零。此国家设立汛防之本意,不专在缉捕盗贼也"②。要求沿海督、抚、提、镇就此事各抒己见,提出从重治罪方案。议奏到后,九卿会议制订惩罚专条。"抚难夷。外洋夷民航海贸易,猝遇飘风,舟楫失利,幸及内洋、海岸者,命督抚饬所属官加意抚绥,赏给储粮,修完舟楫。禁海滨之人利其资财,所携货物,商为持平市易,遣归本国,以广柔远之恩。"③

乾隆皇帝对于外国商船也主张加以保护,1737年,下达谕旨说:"今年夏秋间,有小琉球国装载粟米、棉花船二只遭值飓风,断桅折舵,飘至浙江定海、象山地方,随经该省督抚察明人数,资给衣粮,将所存货物一一交还,其船及器具修整完固,咨送闽省,附伴归国。朕思沿海

---

① 允裪等撰:《钦定大清会典》(乾隆朝)卷五六,第10页,见《文津阁四库全书》第619册,商务印书馆2006年版。
② 李绂等编:《世宗宪皇帝上谕内阁》卷八三,雍正七年七月二十一日,第22页。《文渊阁四库全书》本。
③ 允裪等撰:《钦定大清会典》(乾隆朝)卷一九,第5页,见《文津阁四库全书》第619册,商务印书馆2006年版。

地方常有外国夷船遭风飘至境内者。朕胞与为怀，内外并无歧视。外邦民人既到中华，岂可令一夫失所。嗣后如有似此被风漂泊之船，著该督抚督率有司，加意抚恤，动用存公银，赏给衣粮，修理舟楫，并将货物给还，遣归本国，以示朕怀柔远人之至意，将此永著为例。"①

1795 年 6 月 19 日，一艘琉球国商船在温州南麂山附近外洋被拦劫，船上所载海参、银两、衣物被洗劫一空。事发之后，温州镇总兵谢斌立即派兵缉拿，很快捕获案犯。②

1801 年，兵部进一步明确了水师官兵保护外国商船安全的责任和义务。规定："外国夷船被劫，巡洋各弁失于防范，初参，限满，不获，将分巡、委巡、专汛、兼辖各官降二级调用，总巡、统辖降一级调用。盗犯交接巡各官，勒限缉拿，统巡总兵降一级留任。"③ 这种保护外国商船的措施，比起清朝官府承担的对于本国商船保护力度强得多。

从以上这些条例、事例可以看出，尽管没有国际海事条约的相互约束，清朝官府已经自觉承担了对内洋和外洋航行的外国"商民船"的安全保护责任和救死扶伤义务。

（二）外夷兵船不准驶入内洋

与自觉承担保护和救护外国商船的责任和义务的同时，清朝官府为捍卫领水主权，明确表示反对外国兵船进入内外洋，尤其是对于寻衅滋事侵犯中国主权的外国兵船则采取坚决措施，加以驱逐。

嘉庆、道光时期，海盗活动猖獗，外国兵船借口保护商船，开始频繁到达中国所辖内外洋面。清廷对此越来越不安，多次谕令，不准外国兵船在中国外洋停泊，不准外国兵船阑入中国内洋。例如，1814 年，两广总督蒋攸铦奏报广州中外贸易情形，"近来英吉利国护货兵船不遵定制，停泊外洋，竟敢驶至虎门，其诡诈情形，甚为叵测"。为此，他奏请整顿水师，慎重海防。嘉庆皇帝肯定蒋攸铦"所奏俱是"。谕令："嗣后所有各国护货兵船仍遵旧制，不许驶近内洋；货船出口，亦不许

---

① 程嘉谟编：《钦定大清会典则例》（乾隆朝）卷五三，第 91—92 页，乾隆二十九年（1764）编，见《文津阁四库全书》第 623 册。
② 《浙江巡抚奏为已获盗犯林玉顶认行劫琉球国商船地点系在南麂山外洋事》，乾隆六十年，北京中国第一历史档案馆藏朱批奏折，档号：04—01—01—0466—052。
③ 伯麟等修《钦定兵部处分则例》卷三七，道光朝刻印本，第 5 页。

逗留。如敢阑入禁地，即严加驱逐。倘敢抗拒，即行施放枪炮，慑以兵威，使知畏惧。"① 1835年，两广总督卢坤针对外国护航兵船擅自进入澳门，侵犯中国内外洋的情形，提出了针锋相对的措施："嗣后各国护货兵船如有擅入十字门及虎门各海口者，即将商船全行封舱，停止贸易，一面立时驱逐，并责成水师提督，凡遇有外夷兵船在外洋停泊，即督饬各炮台弁兵加意防范，并亲督舟师在各海口巡守，与炮台全力封堵……务使水陆声势联络，夷船无从闯越。"② 为此还专门制订了《防范贸易夷人酌增章程八条》，第一条即明确规定："外夷护货兵船不准驶入内洋。"③

（三）查验和驱逐非法进入中国内洋夷船

为了加强海防管理，1757年，规定江、浙、闽三个海关继续管理日本、朝鲜、琉球等东洋南洋贸易，粤海关重点管理西洋各国贸易④。英国商人在对华贸易不断扩大时，对于粤海关、十三行贸易体制日益不满，多次派船前往宁波试探。

1832年，一艘英国商船到达浙江洋面，"欲赴宁波海关销货"。浙江巡抚富呢扬阿得到报告，立即采取措施，加以驱逐。"当饬该管道府明白晓谕，不准该夷船通商。咨会提镇督令分巡各弁兵前往驱逐。该夷船挂帆开行，放洋而去。又飞咨江南、山东、直隶督抚饬属巡防，毋令阑入。并将未能先事预防之备弁等奏请交部议处。"道光帝认为英国商船前往宁波贸易，违犯先前规定，著令沿海各省总督、巡抚，"严饬所属巡防将弁认真稽查。倘该夷船阑入内洋。立即驱逐出境，断不可任其就地销货"⑤。1833年，道光皇帝得知英国鸦片走私船在江南、浙江、山东一带活动，再次下达谕令："英吉利夷船不准往浙、东等省收泊，定例綦严。嗣后，著责成该省水师提督严督舟师官兵，在近省之外洋至

---

① 《清仁宗实录》卷三〇〇，嘉庆十九年十二月戊午，《清实录》第31册，中华书局1985年影印，第1121页。
② 梁廷枏：《粤海关志》卷二八，粤东省城龙藏街业文堂刻本，第29页。
③ 《清宣宗实录》卷二六四，道光十五年三月癸酉，《清实录》第37册，中华书局1985年影印，第46页。
④ 王宏斌：《乾隆皇帝从未下令关闭江浙闽三海关》，《史学月刊》2011年第6期。
⑤ 《清宣宗实录》卷二一三，道光十二年六月壬午，《清实录》第36册，中华书局1985年影印，第139页。

万山一带,及粤闽交界洋面实力巡查。一遇夷船东驶,立令舟师严行堵截,并飞咨上下营汛及沿海州县一体阻拦,务令折回粤洋收口。倘再有阑入闽浙、江南、山东等省者,即著将疏玩之提镇、将弁据实严参,分别从重议处。"①

西洋商船在广州贸易,通常由官方选派的引水带进黄埔,经过丈量船只规模、查验货物,缴纳货税、船钞之后,方准开仓贸易。如果违反上述规定,擅自进入内洋,走私贸易,水师官兵须"从严驱逐,不容任意逗留"。1834 年,外国鸦片商在中国沿海的走私贸易越来越猖獗。道光皇帝再三发出谕旨,"毋许夷船阑入内洋"②,要求沿海督抚认真查究鸦片走私,从重拟办。

1836 年,道光皇帝谕令:严禁外国鸦片走私船进入内洋,不许在外洋停泊逗留。"著邓廷桢等严饬各营县及虎门各炮台,随时查察,严行禁阻、防范。并谕饬澳门西洋夷目派拨夷兵在南湾一带巡哨,勿使烟船水手人等登岸滋事,仍即驱逐开行回国,毋令久泊外洋。倘该夷人不遵法度,竟肆桀骜,立即慑之以威,俾知儆惧。"③

(四) 盘查海船违禁货物

1684 年,清廷准许开海贸易,规定:"直隶、山东、江南、浙江、福建、广东等省民人许令海上贸易、捕鱼。其东洋、南洋准令福建、广东、江南、浙江商民前往贸易,各于沿海州县给领照票,填明籍贯、年貌、系往何处贸易,于出口、入口之时呈明守口官查验。"④ "凡海舶贸易出洋者,给之照以稽察之,其出洋归港,皆凭照为信,因按其照税之有藏匿奸匪、私带违禁之物者,论如法。"⑤

开海贸易政策实施后,清廷对于贸易违禁品的种类规定越来越多,

---

① 《著沿海各省督抚按照已定章程严防外国船只侵入内地洋面事上谕》,道光十三年正月二十日,《鸦片战争档案史料》第一册,第 137 页。
② 《清宣宗实录》卷二五〇,道光十四年三月壬辰,《清实录》第 36 册,中华书局 1985 年影印,第 784 页。
③ 《清宣宗实录》卷二七七,道光十六年正月己酉,《清实录》第 37 册,中华书局 1985 年影印,第 276 页。
④ 严如煜:《洋防经制上》,《洋防辑要》卷二,第 11 页。
⑤ 允裪等撰:《钦定大清会典》(乾隆朝)卷一六,第 4 页,见《文津阁四库全书》第 619 册,商务印书馆 2006 年版。

限制越来越严，诸如商船、渔船之建造规模和技术、火炮火药等军器、金银铜铁等金属、丝绸、米粮、大黄等生活日用品、鸦片等违禁品以及水手人员等均有严格限制。① 这方面的研究成果已经很多，毋庸赘述。这里我们需要指出的是，除了守口文武官弁之外，负责巡洋的水师官兵亦负有查验上述违禁品的责任和义务。

1712年，明文规定："海洋巡哨官弁盘获形迹可疑之船，如人数与执照不符，并货物与税单不符者，限三日内稽查明白。如系贼船，交与地方官审究，果系商船，即速放行，申报该上司存案。如以贼船作为商船释放，或以商船作为贼船，故意稽延扰害者，皆革职；索取财物者，革职提问；该上司察出揭参者，免议。如释放贼船，该上司失察者，照失察讳盗例，议处；稽延扰害商船，该上司失察者，照失察诬良为盗例，议处。"②

（五）盘查渔民和海岛居民

凡是前往台湾、澎湖、舟山等大小岛屿谋生的民人，必须持有地方官发给的印票，由守口员弁稽查验放，同时饬令巡洋的官兵不时盘查。如果有无照人员偷渡台湾、澎湖，或者有人私自进入内外洋岛屿，搭盖房屋，均视为非法偷渡，概行驱逐。条例规定："各省海岛除例应封禁者，不许民人、渔户扎搭寮棚居住、采捕外，其居住多年，不便驱逐之海岛村墟及渔户出洋采捕，暂在海岛搭寮栖止者，责令沿海巡洋各员弁实力稽查，毋致窝藏为匪。倘不严加稽查，致海岛居民及搭寮采捕之渔户有引洋盗潜匿者，将沿海巡洋各员均降三级调用，水师总兵及提督降一级留任。如沿海巡洋各员知情贿纵者，革职提问，水师总兵及提督降一级调用。"③ 因此，我们知道巡洋官弁负有盘查内外洋居民的责任。1793年10月3日，苏松镇水师总兵官孙全谋统巡外洋，内容包括督促

---

① 例如，1834年12月7日，香山协官兵在担杆外洋查获贩卖鸦片团伙，首犯梁显业等拒捕，被官兵杀死4名，擒获鸦片贩子梁亚兴等26名，缴获红单船一只，鸦片14000余斤。（《两广总督卢坤奏为拿获在洋贩卖鸦片犯梁显业等审明定拟事》，道光十五年正月二十八日，北京中国第一历史档案馆藏录副奏折，档号：03—4006—038）

② 程嘉谟编：《钦定大清会典则例》（乾隆朝）卷一一五，第47页，乾隆二十九年（1764）编，见《文津阁四库全书》第623册。

③ 严如煜：《洋防经制上》，《洋防辑要》卷二，第19页。

巡洋各哨在洋梭织巡游、检查各个岛屿居住的渔民、农户是否合法等。返回驻地后,照例奏报说:"查点在山六澳厂头网户二百二十名,俱有地方官印给腰牌,并无无照之人……洋中均各宁静。"①

(六) 海洋失事处分则例

除了短时期的征战之外,水师官兵巡洋的重要的任务就是缉拿海盗,行使司法管辖权。为了有效维护中国内洋与外洋的航行安全,为了督促水师官兵尽职尽责,清廷制订了严密的海洋失事处分条例。②

顺治时期,关于缉拿海盗的条例较为粗疏,只是规定:沿海督、抚、提、镇严饬官弁及内地所属地方官立法擒拿海盗,务期净尽。如果无海盗,令该管官按季具结,申报督、抚、提、镇,报部。倘具结之后,此等海盗经其它汛拿获,供出从前潜匿所在,将供出之该管汛口地方官降二级调用。③

康熙时期,缉拿海盗的司法条例日趋严密。例如,1707 年规定:江、浙、闽、广海洋行船被劫,无论内外洋,将分巡、委巡、兼辖官各降一级,留任;总巡、统辖官各罚俸一年,限一年缉拿盗犯。不获,将分巡、委巡、兼辖官各降一级调用,总巡、统辖官各降一级,罚俸一年。如被盗地方有专汛官,照分巡官例,议处。其巡哨期内,本汛并无失事,而能另外拿获一艘海盗船者,将专汛、分巡、委巡、兼辖各官各记录一次;拿获二只海盗船者,将专汛、分巡、委巡、兼辖各官各记录二次,总巡、统辖各官记录一次;拿获多只盗船者,按数递加奖励。

雍正、乾隆时期,对于海洋失事条例又进行了重新厘订,主要是分

---

① 《江南苏松水师总兵官孙全谋奏报外洋督巡情形事》,乾隆五十八年九月二十一日,北京中国第一历史档案馆藏朱批奏折,档号:04—01—04—0018—006。

② 清代惩罚文武官员过失有三种处分:一是罚俸,二是降级,三是革职。其中罚俸最轻,因为俸禄收入有限,官员大多不依赖俸禄。降级分为留任、调用两种,留任等于现代的行政警告,个人权利不受大的影响;调用是比较严重的处分,是从高级降一级或二级使用,对于官员仕途影响很大。革职,是勒令致仕,即罢官,通常还伴随边疆效力等处罚。有的革职,亦有留任的变例,这种革职留任,虽没有俸禄,不能升转,但保留有特旨开复的机会。雍正四年规定,四年无过,可以开复。所以,革职留任处分,与降一级调用大体相当,虽名义上受处分,但权责不受影响。

③ 程嘉谟编:《钦定大清会典则例》(乾隆朝)卷一一五,第 58 页,乾隆二十九年(1764)编,见《文津阁四库全书》第 623 册。

别内洋与外洋不同情况，确定了问责的对象。1729年，议准：海匪从外洋行劫，咎在出洋巡哨之官，将守口官免议。至于海匪在外洋行劫之后，散伙登岸，混入海口，守口官弁失于觉察者，罚俸一年。如果海匪由海口夺船出洋行劫，将失察之守口官弁，降一级留任，限期一年缉拿盗犯，全获者，开复；限满，不获，照所降之级调用。若本案盗犯被其它海汛侦破，以三年为期，有能拿获另案盗犯者，或本汛并无失事者，该督抚具题，准其开复。① 1736年，进一步规定："内洋失事，文武并参；外洋失事，专责官兵，文职免其参处。其内洋失事，文职官员处分照内地无墩防处所武职处分之例，初参，停其升转；二参，罚俸一年；三参，罚俸二年；四参，降一级留任。"②

（七）惩处内外洋失事文武官员的若干事例

1727年7月2日（雍正五年五月十四日），澄海县商人张合利带领舵手、水手，驾驶商船前往南澳贸易，于7日中午行至七星礁外洋，遇到海盗袭击，船中银钱、货物被洗劫一空。事发之后，诏安知县得知消息，迅速派人侦缉，很快破获案件，除盗首林阿士逃逸外，其余七名海盗全部被捉拿归案。是案疏防期限为四个月，并未到期。经过层层报告，最后由两广总督郝玉麟题参，"外洋失事文职职名例应免开，所有分巡七星礁外洋水汛疏防武职系南澳镇标左营游击邱有章，总巡系署理金门镇总兵官印务、延平协副将李之栋"③。

1752年7月1日（乾隆十七年五月二十日），一艘台湾商船在大甲溪南首对面洋面，被海匪登船抢去番银五百元，铜钱二千五百文，衣物食品若干。事主徐得利在鹿耳门报案，经文武官员勘验，失事地点离牛骂山有三十余里，系属内洋，属诸罗县管辖。④福建巡抚陈弘

---

① 程嘉谟编：《钦定大清会典则例》（乾隆朝）卷一一五，第61页，乾隆二十九年（1764）编，见《文津阁四库全书》第623册。
② 程嘉谟编：《钦定大清会典则例》（乾隆朝）卷二六，第40—41页，乾隆二十九年（1764）编，《文津阁四库全书》第623册。
③ 《两广总督郝玉麟题报》雍正十年九月十五日，张伟仁辑：《清代法制研究》第2册，台北"中央"研究院历史语言研究所专刊之七十六，案例第12，第111—117页。
④ 《福建巡抚陈弘谋题为禀报事》，乾隆十八年九月二十二日，张伟仁辑：《清代法制研究》第3册，台北"中央"研究院历史语言研究所专刊第七十六，案例第108，第192—193页。

谋为此开列疏防文职官员。"专辖系前署彰化县虎仔港巡检事诸罗县佳里兴巡检王朝槐,印官系欠彰化县别案奉参知县程运青,兼辖官系台湾府淡水同知王鹗、不同城知府系前署台湾府别案参革知府陈玉友,统辖系前分巡台湾道别案解任丁忧副使金溶。"① 武职官员则由闽浙总督题参。此案系乾隆十七年五月二十日失事,封印日期为一个月,台湾四参,限满为十个月,扣至十八年四月二十日,疏防限满,未能获盗。

1824年7月24日（道光四年闰七月初一日）,镇海县商人张翘的货船在定海县双屿港外洋被数艘海盗船抢劫。浙江省疏防例限六个月,限满,赃盗无获。按照规定,定海镇开具武职疏防人员名单:专汛系定海中营把总徐元龙、协汛系定海中营外委高奇彬、兼辖分巡系前署定海中营守备左营千总余云龙、统辖总巡系定海镇总兵龚镇海,全部按照规定予以处分。②

1833年4月20日（道光十三年三月初一日）,金安法商船在广东澄海协县所辖南皋表外洋遇见盗船。该商船逃至凤屿洋面,被匪船追上,一名水手被枪杀。此案自道光十三年三月十一日商船在外洋被匪围劫起,扣至七月十一日,四个月疏防限满,未获一盗。为此,两广总督卢坤照例题参武职人员。"专汛系澄海协右营把总马化龙暂行革职留任;协防系署右营外委千总事记委陈盛高,无职任之弁,应重责二十棍;兼辖系代办澄海协右营守备事署该营左哨千总南澳镇右营把总蔡得高,分巡系澄海协右营守备余英龙,应请摘去顶戴,勒限一年缉拿,俟限满有无弋获,另行核办;统辖系前护理澄海协副将事候补都司得志,该员于五月十六日疏防限内卸事,业已告病回旗。所有接缉副将赖英扬应俟扣满一年例限,另行查参。统巡系南澳镇总兵沈镇邦,相应附参,听候核议。"③

---

① 《福建巡抚陈弘谋题为禀报事》,乾隆十八年九月二十二日,张伟仁辑:《清代法制研究》第3册,台北"中央"研究院历史语言研究所专刊第七十六,案例第108,第194页。
② 《浙江巡抚韩克均题为详参文职事》,道光六年十一月十六日,张伟仁辑:《清代法制研究》,台北"中央"研究院历史语言研究所专刊之七十六,案例第45,第2册,第310—313页。
③ 《两广总督卢坤奏为商船在洋遇盗限满未获请旨将疏防专汛澄海协右营把总马化龙等饬部分别议处事》,道光十三年十一月初六日,北京中国第一历史档案馆藏朱批奏折,档号:04—01—16—0141—113。

1839年8月13日至31日（道光十九年七月初五日至二十三日），在短短19天时间内，连续有四艘商船分别在荣成县苏山岛、鸡鸣岛、蓬莱县北隍城岛、大竹山岛被劫，由于这些岛屿均被划为外洋，按照海洋失事条例规定，荣成、蓬莱二县文职免参。苏山岛系登州水师前营东汛，千总杨成功为专汛，署任守备杨成功为分巡；鸡鸣岛、大竹山岛系水师前营北汛，把总李思志为专汛，守备车万清为分巡；北隍城岛系水师前营把总赵得福为专汛，守备车万清为分巡；前营游击、成山汛守备周耀廷为总巡。按照商船连续被劫疏防事例，摘去总巡、分巡、专汛官周耀廷、赵得福、车万清、杨成功、李思志的顶戴，勒令他们在三个月内缉拿盗犯。①

1847年10月26日（道光二十七年九月初八日），周乾太商船驶至崇明县黑连沙尾洋面，系属内洋，被海匪围劫，并将事主姜微益殴伤。被劫货物估赃约值银五百两。疏防例限四个月，以道光二十七年九月初八失事之日起，扣至二十八年正月初八日满，赃、盗无获。江苏巡抚陆建瀛开列疏防文官职名："印官系前署崇明县知县李纶泰，捕官系崇明县县丞徐承恩，督捕系不同城太仓州州同罗景烜，督缉系不同城太仓州知州徐家槐，兼辖系不同城苏松太道咸龄。"②

1847年10月22日（道光二十七年九月十四日），张德润商船在黑沙嘴洋面，系属内洋，被海匪抢走银两、衣物，估值银一百三十四两。疏防例限四个月。以道光二十七年九月十四日起，扣至二十八年正月十四日满，赃、盗无获。江苏巡抚陆建瀛按例题参文官职名："印官系前署崇明县知县李纶泰，捕官系崇明县县丞徐承恩，督捕系不同城太仓州州同罗景烜，督缉系不同城太仓州知州徐家槐，兼辖系不同城苏松太道咸龄。"③

---

① 《护理山东巡抚杨庆琛奏为水师前营东汛千总杨成功等巡缉不力致使商船在外洋连续被劫请先行摘去顶戴勒限严缉事》，道光十九年九月二十五日，北京中国第一历史档案馆藏录副奏折，档号：03—2910—002。
② 《江苏巡抚陆建瀛题为详参疏防文职事》，道光二十八年六月初六，张伟仁辑：《清代法制研究》，台北"中央"研究院历史语言研究所专刊之七十六，案例第112，第3册，第211—214页。
③ 《江苏巡抚陆建瀛题为详参疏防文职事》，道光二十八年六月初六，张伟仁辑：《清代法制研究》，台北"中央"研究院历史语言研究所专刊之七十六，案例第113，第3册，第215—217页。

上述这些惩罚文武官弁的内外洋失事案例，足以说明清廷对于内外洋的管辖是有效的，外洋如同内洋、内地一样，属于清廷的有效的行政、军事、治安管辖范围。

总而言之，从上述内容来看，清廷对于内洋、外洋实行了有效的管辖权。无论是对于进入中国所辖内洋外洋的外国兵船进行监督、查验和驱赶，还是对于外国商船货物的检查、保护和救护，无不体现了清廷对于内洋、外洋的完全管辖权，无不体现了官兵捍卫国家主权的意志和能力。无论是在内洋对于中国商船、渔船、海岛货物、人员的查验、保护、救援，还是在外洋梭巡，缉拿海盗，无不体现了中国文臣武将对于内洋和外洋商业、渔业秩序的管理职能和行政、司法责任。

四 中国"外洋"与西方"领海"观念之异同

由于清代的内洋类似于现代的内海，沿海国家对于内海的有效管理都是符合人类自然惯例的。这里我们重点关注的是清朝前期关于"外洋"的管辖问题。在笔者看来，17世纪和18世纪，中国与欧洲之间表面上是相互隔绝的，但实际上都回应着一些相似的问题。

1603年，阿姆斯特丹舰队在马六甲海峡捕获一艘名为"凯瑟琳"的商船，并将这艘船只带回荷兰，将该船所载货物交由捕获法院判决。该法院于1604年9月裁决这些货物的大部分应归荷兰东印度公司。然而，该公司的许多股东反对任何形式下的战争，不同意法院的判决和政府给予的优惠。这样，荷兰政府和东印度公司受到广泛批评和质疑。因此，格劳秀斯（Hugo Grotius）受雇于东印度公司，为其立场进行辩护。1608年，荷兰与西班牙的谈判遇到障碍，西班牙人拒绝低地国家同东方的贸易权。格劳秀斯遂将《捕获法》中的第十二章修改后单独发表，即为《论海洋自由》。在这一本书中，格劳秀斯主张，根据自然法和万民法，海洋是不能被任何国家占有的，荷兰人有权参与东印度的贸易，并拥有航海权。[①]

---

① Hugo Grotius, *The Freedom of the Seas*, translated by Ralph Van Deman Magoffin, Oxford University Press, 1916, p. 32.

在格劳秀斯发表《论海洋自由》之后，他的主张受到一部分学者的质疑和批评。为回应关于海洋自由的批评，格劳秀斯在《战争与和平法》中继续坚持其海洋不得为任何国家占有，也不应为任何国家控制，而应为各国自由利用的基本观点。但他同时也承认可以从岸上控制的那部分海域属于沿岸国所有，可以用战船控制的那一部分海域属于沿岸国家所有。[①] 后人将格劳秀斯所说的海洋自由理论引申为公海制度，而将其修正后的部分海洋的有限主权主张引申为领海制度。因此，在欧洲领海概念是与公海制度同时产生和确立的。

1702年，荷兰法学家平刻斯舒克（Cornelius van Bynkershoek）在其《海洋领有论》中第一次提出，以大炮的射程来规定国家管辖的海域宽度。在他看来，沿海国对于部分海域的占有权应以武器威力的范围为范围的，因而，"最好的规则是以大炮射程所及范围为限"。这一理念逐渐成为法国、荷兰等西欧国家关于领海的基本主张。1745年，丹麦最早宣布对于距离海岸1里格（相当于4海里）的海域行使管辖权。1760年，西班牙宣布实行6海里领海管辖权。1782年，意大利提出了以3海里作为领海宽度的界线。此后，西欧各国都相继提出了自己的领海宽度主张。瑞典、挪威和冰岛主张4海里，葡萄牙主张6海里，多数国家则主张3海里。不过，法学家的意见以及各个国家的实践，在领海宽度问题上是很不一致的。

中华人民共和国中央人民政府1958年9月4日声明："中国大陆及其沿海岛屿的领海以连接大陆岸上和沿海岸外缘岛屿上各基点之间的各直线为基线，从基线向外延伸12海里的水域是中国的领海。在基线以内的水域，包括渤海湾、琼州海峡在内、都是中国的内海，在基线以内的岛屿，包括东引岛、高登岛、马祖列岛、白犬列岛、乌岳岛、大小金门岛、大担岛、二担岛、东碇岛在内，都是中国的内海。"[②]

清代关于"外洋"的划分与西方国家关于"领海"的概念既有相同的地方又有相异的区别。"领海"与"外洋"二者的不同点在于：其

---

① ［荷］格劳秀斯：《战争与和平法》，马呈元等译，第二卷，中国政法大学出版社2016年版，第60—61页。Hugo Grotius. *The Rights of War and Peace*, Book 2, Edited and With an Introduction by Richard tuck, p. 470.

② 国家海洋局政策法规办公室编：《中华人民共和国海洋法规选编》，海洋出版社2001年版，第1—2页。

一，领海是国家主权扩展于其陆地领土及其内水以外邻接其海岸的一带海域；外洋尽管也是以距离中国海岸或岛岸最远的岛礁为标志，却不仅仅向外划分，而是以此为中心向四周划分海域，并将这些海域相互连接在一起，形成一条广阔的带状海域，也就是说，"外洋"既包含了现今的领海部分又与中国的一部分内海相重叠。其二，在没有岛屿和内海的情况下，领海的划分直接以海岸为基线向外划分，而外洋的划分则与此稍有不同，通常将靠近海岸附近的海域首先划分为内洋，然后在内洋之外再划分外洋。甚至以远离中国海岸的帆船航线作为"外洋"的界线。其三，领海的划分强调的是沿海国家配置在海岸或岛岸的武器装备对于海域的有效控制宽度，而外洋的划分强调的是水师官兵对于外缘岛屿周围海域的安全控制范围。尽管存在上述三点区别，但这三点并非本质区别，只是划分的方式有所差异而已。

就"领海"与"外洋"划分的共同点来说，二者都是介于内海与公海之间的一条沿海岸或岛岸延伸的海域地带，都是以海岸或岛岸为标志向其他国家宣示本国海域的主权范围。正是由于这两个共同点，决定了二者的本质的相近。由此可见清代的"外洋"与"领海"共性大于差异。正像中国的名家与西方的逻辑学一样，"领海"与"外洋"名虽异而实相近。因此，我们可以把清代内洋、外洋的划分看成是当时的中国人向世界各国宣示类似于西方领海的主权。这种宣示领海主权的方法之所以到今天尚未引起中外学者的关注，是因为它是用汉语表达的，是按照典型的中国思维方式处理的。因此，可以说，清代中国虽无领海之名却有领海之实，应是当时世界各国领海划分方式之一，只不过是一种典型的中国方式而已。

我们考察的结果是，清代的"外洋"与西方的"领海"是一种不完善的近似。语言的贫乏迫使人们以同一语词表示不同的事物。同样，语言的多样性又使人们用不同的词语表达相同的事物。就划分、管辖内海与公海之间的一带海域来讲，中国人与西方人的思想是相通的。无论是关于管辖权的认定，还是在具体案件的处理方法上都是相近的。下面我们再以若干案例，对照一下彼此观念的相同之处。

其一，任何外国武装船只均可无害通过领海和外洋。格劳秀斯认为，海洋对不同的民族、不同的人乃至对地球上所有的人都应当是自由的，每个人都可以在海洋上自由航行，"海洋无论如何不能成为任何人的私有财产"①。19 世纪末,无害通过的习惯法得以确立。"一国疆内有狭海,或通大海,或通邻境,不可禁止他国无损而往来。"② 随着这种思想的传播,随着领海制度的建立,无害通过逐渐成为一项航海权利。这种权利是沿海国家领海主权与公海航行自由权的相互平衡和妥协的产物。在1958年的《领海与毗邻区公约》,1982年《联合国海洋法公约》中得以完善。无害通过最初的准确表述是外国商船在领海享有无害通过权,这一点,至今都没有任何异议。问题是这种无害通过思想观念在中国是否有过呢?尽管在清代前期的海洋理论中我们没有看到这种公开的主张,而在海洋实践中却不乏这类事例。

1792年,英国女王以给乾隆皇帝祝寿为名,派遣马戛尔尼(George Macartney)出使中国。次年8月使团到达大沽口,受到清廷官员热情接待。9月,马戛尔尼在热河行宫谒见乾隆皇帝,提出开放宁波、天津为通商口岸,占据舟山一个岛屿,以便囤积货物的蛮横要求,加之叩拜礼仪之争,乾隆皇帝拒绝了英国的请求。在马戛尔尼离开京师后,乾隆皇帝担心马戛尔尼空手返回,在中国沿海地区挑起战争事端,为此谕令沿海军队严阵以待。

> 英吉利在西洋诸国中较为强悍,今既未遂所欲,或致稍滋事端。虽天朝法制森严,万方率服,英吉利僻处海外,过都历国,断不敢妄生衅隙。但观该国如此非分干求,究恐其心怀叵测,不可不留心筹计,豫为之防。因思各省海疆最关紧要,近来巡哨疏懈,营伍废弛,必须振作改观,方可有备无患。前已屡次谕知该督抚等督饬各营汛,于英吉利使臣过境时务宜铠仗鲜明,队伍整肃,使之有所畏忌,弭患未萌。今该国有欲拨给近海地方贸易之语,则海疆一带营汛,不特整饬军容,并宜豫筹防备。即如宁波之珠山等处海岛及附近澳门岛屿,皆当相度形势,先事图维,毋任英吉利夷人潜行占据。该国夷人虽能谙悉海道,善于驾驶,然便于水而不便于陆,

---

① [荷]格劳秀斯著(Hugo Grotius):《论海洋自由》,马忠法译,上海人民出版社2005年版,第30页。
② [美]惠顿(Henry Wheaton):《万国公法》,丁韪良(Martin, William)等译,上海书店出版社2002年版,第73页。

且海船在大洋亦不能进内洋也。果口岸防守严密，主客异势，亦断不能施其伎俩。著传谕各该督抚饬属认真巡哨，严防海口。若该国将来有夷船驶至天津、宁波等处妄称贸易，断不可令其登岸，即行驱逐出洋。倘竟抗违不遵，不妨慑以兵威，使知畏惧。此外，如山东庙岛地方，该使臣曾经停泊，福建台湾洋面，又系自浙至粤海道，亦应一体防范，用杜狡谋。各该督抚惟当仰体朕心，会同该省提督及沿海各镇等，不动声色，妥协密办，不可稍有宣露，致使民情疑惧。如或办理疏懈，抑或过涉张皇，俱惟该督抚等是问。①

从以上这道谕旨可以明显看出，乾隆皇帝对于马戛尔尼率领的军舰采取了既严加防范，又允许其安全通过"外洋"的方针。清廷对于马戛尔尼的这种处置方案，与当今的领海无害通过原则基本吻合。

其二，任何外国兵船不得侵犯中国所辖内外洋的主权。按照国际惯例，当两国进入战争状态时，任何敌对一方的船只逃入非交战国的领海，无论商船还是兵船，任何外国兵船都不得进入非交战国的领海进行追捕。"船只既入此处，即不许敌船追捕。"②

1743年7月，一场飓风之后，有两艘英国大型战舰突然闯入虎门，停泊于狮子洋。史料如此记载道：

> 癸亥六月，海大风，有二巨舶进虎门，泊狮子洋，卷发狰狞，兵械森列，莞城大震。制府策公欲兴兵弹压，布政使富察托公庸笑曰：无须也，但委印令料理，抵精兵十万矣。公白制府曰：彼夷酋也，见中国兵，恐激生他变，某愿往说降之。即乘小舟，从译者一人，登舟诘问，方知英夷与吕宋仇杀，俘其人五百以归，遇风飘入内地，蓬碎粮竭，下椗收船。五百人者，向公号呼乞命。公知英酋有乞粮之请，而修船必须内地工匠，略捉搦之，可制其死命，乃归告制府及托公，先遏粟以饥之，再匿船匠以难之。英酋果不得已，

---

① 《清高宗实录》卷一四三六，乾隆五十八年九月辛卯，《清实录》第27册，中华书局1985年影印，第196—197页。

② [美] 惠顿（Henry Wheaton）：《万国公法》，丁韪良（Martin, William）等译，第73页。

命其头目叩关求见。公直晓之曰：天朝柔远，一视同仁，恶人争斗，汝能献所俘五百人，听中国处分，则米禁立开，当唤造船者替修篷桅，送汝归国。英酋初意迟疑，既而商之群酋，无可奈何，伏地唯唯。所俘五百人焚香欢呼，其声殷天。制府命交还吕宋，而一面奏闻，天子大悦，以为驭远人，深得大体，即命海面添设同知一员，而迁公驻扎焉。①

这是说，英国两艘军舰在海上遭风，需要修理，需要补充粮食，紧急停泊于狮子洋。在布政使托庸的建议下，两广总督策楞委派东莞县知县印光任带领翻译登上英国战舰，询问事由。印光任得知"英夷"与"吕宋"之间爆发战争，英军捕获了五百名"吕宋"俘虏，准备返回英国，不幸在海上遭遇大风，篷碎粮竭，不得不停泊于中国内洋。船上的"吕宋"俘虏求救于印光任。印光任返回后，向总督策楞建议，"先遏粜以饥之，再匿船匠以难之"，如此这般，可以救出"吕宋"战俘。策楞采纳了印光任的建议，依计而行。英军舰长无可奈何，只得听从中国官员处分，交出了俘虏。这一事件得以平息。

这一资料中所说的"英夷"与"吕宋"之间的仇杀事件，是指英国与西班牙之间因奥地利皇位继承而爆发的战争。1740年10月20日，奥地利皇帝查理六世（Charles Ⅵ，1685—1740）逝世，没有男性后嗣。根据查理六世于1713年所颁布的《国事遗诏》，其长女玛利亚·特蕾西娅（Maria Theresa，1717—1780）有权继承其奥地利大公之位，她的丈夫弗兰茨·斯蒂芬则可以承袭奥地利王位。对于这一事件，欧洲国家分成两大对立的同盟国。西班牙与法国、普鲁士、巴伐利亚、萨克森、撒丁、瑞典和那不勒斯等国试图瓜分哈布斯堡王朝领地，拒绝承认玛利亚·特蕾西娅的继承权，不承认弗兰茨斯蒂芬的帝位；而英国、荷兰、俄国等国从各自利益出发，则支持奥地利，赞同玛利亚·特蕾西娅继承权。由此两个联盟之间爆发了长达8年之久的所谓奥地利王位继承战争。这场战争虽然以欧洲为主要战场，而战火事实上也蔓延到美洲和亚洲。英国借此机会，派出两支舰队，试图一举夺取西班牙在中美洲和亚

---

① 袁枚：《小仓山房文集》卷三五，第24—25页，上海图书集成印书局，光绪十八年（1892年）铅印本。

洲的殖民地，一支袭击墨西哥湾，另一支攻取吕宋，结果均未成功。前述事件即是英国与西班牙战争进行到第三年，发生在中国海面，引起中英官员交涉的一场风波。这里需要引起我们注意的是，在英国兵舰撤离之后，中国官员按照条例规定，派船遣送了西班牙的俘虏。1744 年 4 月，西班牙人"以赍书谢恩"为借口，派遣三艘兵船，停泊于澳门十字门外洋鸡颈地方，"欲待英吉利商船以图报复"。对此，清朝官员明确表示，中国所辖洋面绝对不允许成为西班牙与英军的战场，"调度巡船相机弹压"，经海防同知印光任等力劝之后，西班牙舰队撤走。①

第二年 7 月，英国 6 艘战船在澳门附近之鸡胫地方集结，"诡言将往日本贸易"。印光任接到报告，一面调集巡洋舟师，"分布防范"，一面派人劝其从中国所辖内外洋面撤退。是年 9 月 14 日，英国战舰扬帆起航，准备夺取即将到达的法国商船。法国商人告急，印光任接到报告，当即与香山协副将林嵩一起调动水师战舰，一字横截海面，"且遣澳门夷目宣谕威德"。傍晚西南风起，法国三只船只迅速驶入澳门，"红夷计沮，乃逡巡罢去"②。

从这一事件的处理过程来看，无论是采取果断措施反对英国兵船进入中国内外洋追捕西班牙船只，还是坚决用水师战船驱逐英国、西班牙兵船，借以防范在中国所辖洋面可能发生的海战，清朝官员的主张及其采取的措施与西方国家相关的规定都是不约而同的。

其三，任何外国商船不得在中国内外洋进行走私贸易。按照国际惯例，任何一国的商船进入其他国家的领海以后，即不准擅自开仓卸货；如果要卸货，必须向该国海关缴纳进口货税之后，方可进行。否则一概被视其为走私活动。英国、美国对于进入其领海的各国商船是这样管辖的，"英国海旁有大湾数处，名为王房，亦属本国专主，船只既入此处，即不许敌船追捕，且不许商船于三十五里内开仓卸货，如欲卸货，必纳进口税。美国之例亦同。二国法院皆以此例与公法甚吻合也"③。

---

① 《两广总督马尔泰署理广东巡抚策楞广东提督林君升奏明查办吕宋夷船缘由事》，乾隆九年四月十一日，北京中国第一历史档案馆藏录副奏折，档号：03—0459—013。
② 印光任、张汝霖：《澳门纪略》上卷，张海鹏主编《中葡关系史资料集》上册，四川人民出版社 1999 年版，第 508 页。
③ ［美］惠顿（Henry Wheaton）：《万国公法》，丁韪良（Martin，William）等译，第 73 页。

清朝前期中国对于进入内洋和外洋的商船亦是这样处理的。1835年5月6日，一艘西洋商船擅自驶入不该驶入的福建所辖内洋，福州将军乐善立即调动水师官兵查办、驱逐。据奏报："本年四月初九日，闽省洋面有夷船一只，径由五虎门之偏东乘潮驶入熨斗内洋停泊。当经该将军等调派文武员弁驰往驱逐，稽查弹压。该夷船乘兵船未集之时，于初九日夜用小船剥载夷人十四名欲图阑入内港。经调集会堵之镇将等写帖晓谕，饬令回棹，藐抗不遵，当即施放枪炮拦阻。该夷船始知畏惧，窜入小港，经该把总林朝江等驾船赶及，宣示国威，随将该夷船牵引出港。"① 1837年，又有外国走私船借口风向不利，偏离传统航路，停泊于惠来县属内洋。两广总督邓廷桢认为，这艘商船长时间在海门营所辖汛地停泊，不无走私鸦片嫌疑，该营官兵未能及时盘查、驱逐，自然属于严重失职。为此，奏请追究失职者的责任。②

从以上这些事例来看，无论是对无害通过原则的认同，还是关于兵船的严格防范，抑或是关于商船停泊地点的限制性规定，中国人与西方人对于外洋与领海的管辖观念都是十分相近的，这也从另一个侧面证明了外洋与领海本质上的相近。"新海权时代产生于西欧的原因，是与近代资本主义的发生、发展与胜利有连带关系的。"③ 中国的"外洋"与西方的"领海"观念为何如此相近，却是一个待解之谜。这一问题的发现将迫使我们重新认识清代历史，重新认识世界文化交流史。

论　余

最后需要附带指出的是，《清史稿》的一段话很容易被误读。"蒲安臣（Anson Burlingame）等至美递国书，并增定条约，其要目有八：一，美国与他国失和，不得在中国洋面夺货劫人……其时，曾国藩鉴于

---

① 《清宣宗实录》卷二六六，道光十五年五月乙酉，《清实录》第37册，中华书局1985年影印，第92页。
② 《两广总督邓廷桢奏为海门营把总李英翘、参将谭龙光于夷船被风寄椗外洋汛弁玩不自禀应行斥革事》，道光十七年七月初一日，北京中国第一历史档案馆藏录副奏折，档号：03—2902—037。
③ ［美］拉铁摩尔：《中国的亚洲内陆边疆》，唐晓峰译，江苏人民出版社2010年版，第4页。

道咸条约失利,特建议遣使往订此约,于领海申明公法,于租界争管理权,于出洋华工谋保护,且预防干涉内治。"① 这一段话可能被误读为中国领海观念始于同治时期。查阅中美《续增条约》,我们看到的第一条规定是:"大清国大皇帝按约准各国商民在指定通商口岸及水陆洋面贸易行走之处,推原条约内该款之意,并无将管辖地方水面之权一并议给。嗣后如别国与美国或有失和,或至争战,该国官兵不得在中国辖境洋面即准外国人居住行走之处与美国人争战、夺货、劫人;美国或与别国失和,亦不在中国境内洋面及准外国人居住行走之处有争夺之事。有别国在中国辖境先与美国擅起争端,不得因此条款禁美国自行保护。"② 从这一条款的行文来看,所谓"中国辖境洋面"和"中国境内洋面",无论是其表达的方式还是强调的内容,都是清朝人的传统说法。当然,这种说法也是基本符合国际法关于领海的界定的。如前所述,由于中国的"外洋"划分以及巡洋制度,除了在划分的方法上有所不同之外,与西方的领海观念在本质上十分接近,难怪《清史稿》的作者认定这一条款符合国际"公法"关于领海的界定。在此必须强调,不可将上述资料误读为中国争取"领海"的开端。

事实上,汉语的"领海"一词真正开始频繁使用是光绪末年。是时,各项新政逐渐展开,爱国人士开始关注日本人对于渤海捕鱼权的侵夺。辽宁盖平沿海每年夏季鱼汛旺盛,分别出现黄花鱼汛、鲅鱼汛、快鱼汛,每逢这个季节山东烟台、威海渔民纷纷驾船前往。1906年,盖平设立渔业公司,配置兵轮加以保护,并适当征收保护费用,"渔户皆乐输将"。日本人看得眼红,也设立公司,派遣兵轮,在鲅鱼圈西河套一带到处张贴告示,引诱中国渔民悬挂日本国旗,"按船纳捐"。1907年,盛京将军赵尔巽以鲅鱼圈等处属于中国领海,向日本领事馆发出抗议照会,强烈谴责"日人恃强越境,征收渔捐,实属背约妄行"。要求"该日人等一律退出我国领海,并将所收船费如数偿还"③。正是在这一

---

① 关于曾国藩的建议,笔者暂时没有查出出处。《清史稿》卷一五六,志一三一,邦交四,中华书局1976年版,第4583页。
② 《续增条约》1868年7月28日,王铁崖编:《中外旧约章汇编》第1册,生活·读书·新知三联书店1957年版,第261—262页。
③ 刘锦藻编《皇朝续文献通考》卷三八○,实业考三,商务印书馆1955年版,第11276页。

交涉案件中，中日双方都援引国际法关于领海的概念进行了激烈辩驳。

　　孔子说："名不正则言不顺，言不顺则事不成。""名"在中国儒学中是一套人们借以思考的概念系统。这个体系中的"名"一旦乱了，或者被外来的"名"覆盖了，替代了，则传统价值体系就乱了，其理论势必被别人牵着走。

第一章　清代前期广东内外洋划分与水师职责

　　清代广东省辖十府一州，其中八府滨海，即东路之潮州府和惠州府，中路之广州府，西路之肇庆府、高州府、雷州府、廉州府和琼州府。滨海地区东至南澳，与福建分界；西至芒街附近与越南邻接，南至海南岛及其附属岛屿，所辖近海水域十分辽阔。现在保存的广东省内外洋信息也是非常丰富的。道光年间，广东地方文献留下了两套非常珍贵的"海防图"：一套是道光二年两广总督阮元主修的《广东通志》卷一二四中绘制的由40幅相互衔接而组成的《广东内洋外洋海防图》①，在这一套军事地图中不仅明确标记了广东内洋与外洋岛屿划分情况，而且详细绘出了沿海炮台的位置和水师官兵分防范围；另一套是道光十六年两广总督卢坤和邓廷桢主编的《广东海防汇览》卷一中绘制的由90幅相互衔接而组成的《广东海防要塞图》②。两套地图的性质同为海防，但前者更加注重水防，对于内外洋标注得比较详细；后者偏于陆路要塞，对于海岸炮台位置以及海口水道绘制得比较明确。不过，由于当时缺乏精细的测量数据，这两套地图不仅绘制得比例大小失当，而且内外洋岛屿所在的四至方位、距离远近、岛礁大小，均缺乏精度。加之古今地名的变化，阅读起来还是比较费力的。③

除了这两套珍贵的海防地图之外，道光十六年出版的《广东海防汇

---

　　① 阮元主修：《广东通志》卷一二四，道光二年（1822）刊刻本，见《续修四库全书》第671册，上海古籍出版社2013年版，第731—770页。
　　② 卢坤、邓廷桢主编：《广东海防汇览》，王宏斌等校点，河北人民出版社2009年版，第3—28页。
　　③ 按语：这两套地图在原书中均无题名，笔者为了本书写作的便利，特此命名，以示区别。

览》内容相当丰富，系统反映了第一次鸦片战争前广东海防的基本情况。此外，国家第一历史档案馆和各府州县志书也保存了很多关于海防的资料，可以互相补正。

现在的主要任务是对照古今地图，依据清代档案和地方文献资料，着重探讨广东省的内外洋划分情况，并分析水师官兵的职责，比较美国海岸警卫队的职能，探讨清代水师巡洋制度的利弊得失。这里我们首先以道光初年所修《广东内洋外洋海防图》为主，同时对照《广东海防要塞图》，然后参考地方文献和国家第一历史档案馆的档案，自东而西依次观察广东沿海各府的内外洋划分情况。①

一 东上路：潮州府的内外洋

明清时期，人们非常重视潮州的海防战略地位。"潮郡东南皆海也，左控闽漳，右临广惠，壮全潮之形势，为两省之屏藩。春夏之交，南风盛发，扬帆北上，经闽省出烽火、流江，翱翔乎宁波、上海，然后穷尽山、花鸟，过黑水大洋，游奕登莱、关东、天津间，不过旬有五日耳。秋冬以后，北风劲烈，顺流南下，碣石、大鹏、香山、崖山、高、雷、琼、崖，三日可历遍也。外则占城、暹罗，一苇可杭（航）。噶啰吧、吕宋、琉球，如在几席。东洋日本不难扼其吭，而捣其穴也。全潮海疆不过五百里，上自南澳，下迄甲子门，中间岛屿澳港，历历可数。"②

潮州府辖九县一厅，滨海者为饶平县、澄海县、潮阳县、揭阳县、惠来县、南澳厅。清初，南澳岛一分为二，部分归漳州诏安县管辖，部分归潮州府饶平县管辖，于1732年设厅，合置为南澳厅。但近海水域仍然一分为二，隆澳及其以西水域归南澳镇右营管辖，以东则归南澳镇左营管辖。此处之所以驻扎重兵，是因为时人认为南澳是漳、潮两郡之门户，商船往来之要冲。③

---

① 关于清代前期广东内外洋划分情况，笔者在《清代前期广东内外洋划分准则》（《广东社会科学》2016年第1期）一文中已经详细论及，不过限于刊物篇幅，当时删除了《广东海防要塞图》，现在补上。
② 蓝鼎元：《潮州海防图说》，《鹿洲初集》卷一二，第38页。
③ 卢坤、邓廷桢主编：《广东海防汇览》，王宏斌等校点，第7页。

南澳，东悬海岛，捍卫漳之诏安，潮之黄冈。澄海，闽粤海洋适中之要隘，外有小岛三，为北澎、中澎、南澎，俗呼为三澎。南风，贼艘经由暂寄之所，内自黄冈、大澳而之澄海、放鸡、广澳、钱澳、靖海、赤澳，此虽潮郡支山入海，实为潮郡贼艘出没之区。①

明朝弃南澳而不守，仅在柘林设水寨。清朝于南澳设立重镇，柘林处于肘腋地位，是以汛防定制以黄冈协营守备防守柘林，于鸡母澳炮台驻防官兵84人，在西虎仔屿炮台驻防官兵24人，皆为陆汛，归黄冈协营管辖。其炮台之下一片汪洋，俱属南澳镇水师管辖。

乾隆朝《潮州府志》记载：潮阳县属：内洋：南炮台、钱澳、河渡门、葛洲、角石汛、广澳、莲澳、放鸡山；外洋：钱澳表、广澳表。揭阳县属：内洋：北炮台、青屿。饶平县属：内洋：虎仔屿、鸡母澳、大小金门；外洋：深澳、隆澳、腊屿、洋屿、西阁、长山尾、前江澳、王屿、侍郎洲、海山、溪南、溪北。惠来县属：内洋：靖海港、神泉港、澳脚、溪东、华埔、金东洲、赤洲、文昌、石狮尾、石碑澳；外洋：东澳、澳芦、园茭、梭西澳、赤沙澳、华涌、乌塗尾、排兜。澄海县属：内洋：莱芜、溪东港、东港口、沙汕头、三湾、南洋、山头仔、樟林、盐灶。②

根据上述记载，我们观察道光朝《广东通志》卷一百二十四《广东内洋外洋图》图1-1-图1-5，可以看到划入潮州府的内洋岛澳有：大金门、小金门、青屿、东虎、牛流、腊屿、娘宫湾、桥墩、鸡笼山、羊屿、落虎山、盐灶、五屿、隆澳、青澳、南澎、三澎、七星礁、石桥头、江前澳、大莱芜、侍郎洲、小莱芜、钱澳、宰猪澳、后澳、莲澳、溪东港、锅盖屿、广澳、河渡门、即石牌、靖海港、澳脚、赤澳等；而标注外洋的是：沙脚、南高表、龙头鼻、乌涂、钱澳、圭湖墩（今名归湖）等。③

---

① 卢坤、邓廷桢主编：《广东海防汇览》，王宏斌等校点，第32页。
② 乾隆《潮州府志》卷四《疆界》，光绪十九年重刻乾隆四十年本。
③ 阮元主修：《广东通志》卷一二四，道光二年刊刻本，见《续修四库全书》第671册，第731—734页。

图 1-2
《广东内洋外洋图·潮州府》(二)

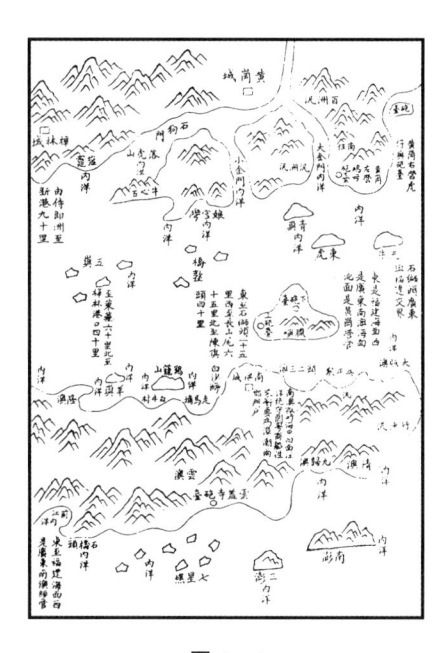

图 1-1
《广东内洋外洋图·潮州府》(一)

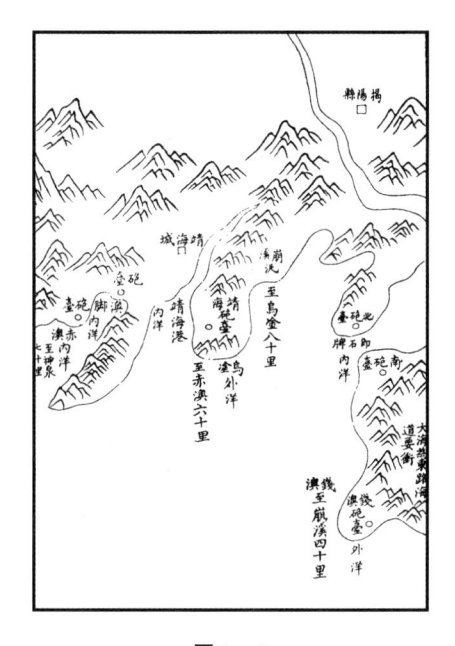

图 1-4
《广东内洋外洋图·潮州府》(四)

图 1-3
《广东内洋外洋图·潮州府》(三)

图 1-5
《广东内洋外洋图·潮州府》（五）

图片来源：阮元主修《广东通志》卷一二四，道光二年（1822）刻本，见《续修四库全书》第 671 册，第 731—735 页。

《广东海防汇览》记载的潮州沿海内洋岛澳有：虎仔屿、鸡母港、大小金门、莱芜、溪东港、东港、沙汕头、三湾、南洋、山头仔、樟林、盐灶、南炮台、钱澳、河渡门、角石汛、葛洲、澳头、莲澳、靖海港、神泉港、澳脚、溪东、华埔、金泉洲、赤州、文昌、石师尾、石碑澳。外洋洋面为：深屿、隆澳、蜡屿、洋屿、西阁、长山尾、前江澳、王屿、侍郎洲、海山、溪南、溪北、钱澳、广澳、东澳、芦园、菱梭、西溪、赤沙澳、华澳、乌涂尾、排兜。①

而在《广东海防要塞图》的相应图中，我们看到内外洋的标注比较简略：内洋只有东虎、大金门、小金门、三澎、腊屿、鸡笼山、七星礁、莲澳、五屿、盐灶、钱澳、宰猪澳、后澳、河渡门等，外洋则只标注有龙头鼻、乌涂、圭湖墩。② 两套地图相比，前者标注得比较详细，

---

① 卢坤、邓廷桢主编：《广东海防汇览》，王宏斌等校点，第 2—3 页。
② 同上书，第 2—4 页。

后者标注得比较简略。前者标注的内外洋范围包括了后者标注的岛澳。

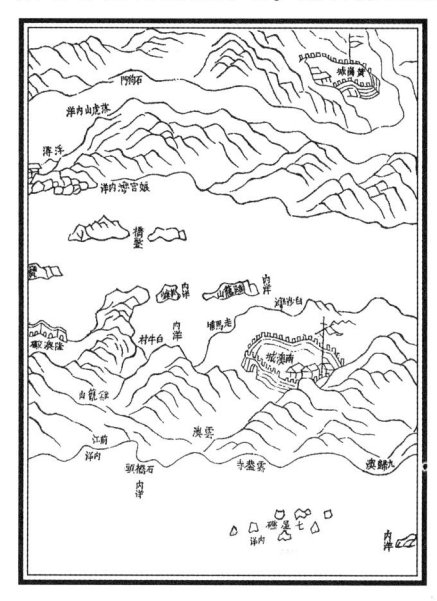

图 1-7
《广东海防要塞图·潮州府》（二）

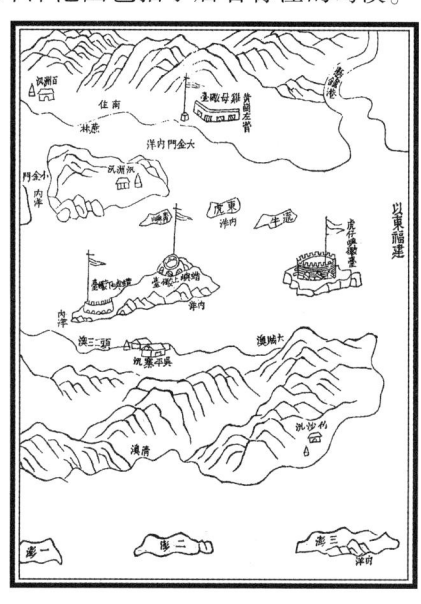

图 1-6
《广东海防要塞图·潮州府》（一）

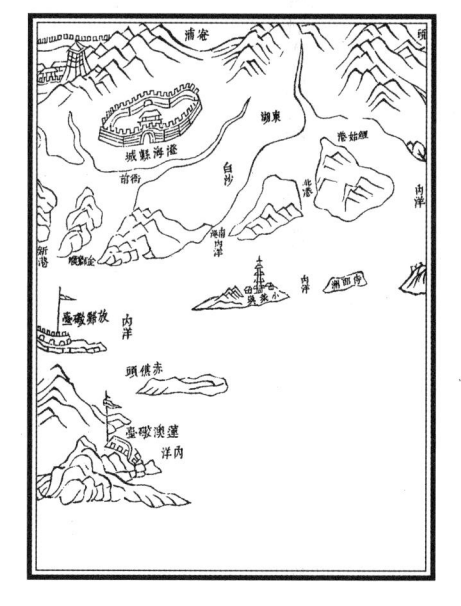

图 1-9
《广东海防要塞图·潮州府》（四）

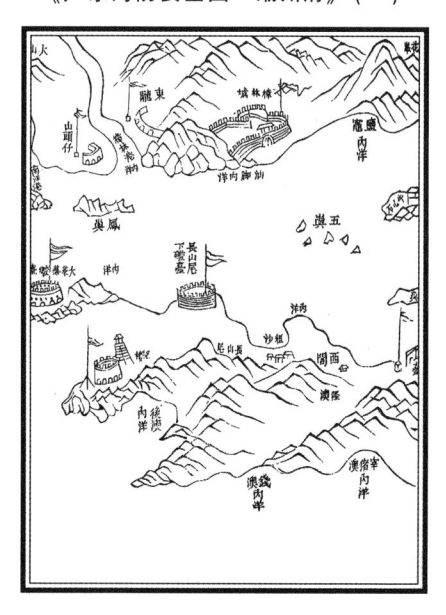

图 1-8
《广东海防要塞图·潮州府》（三）

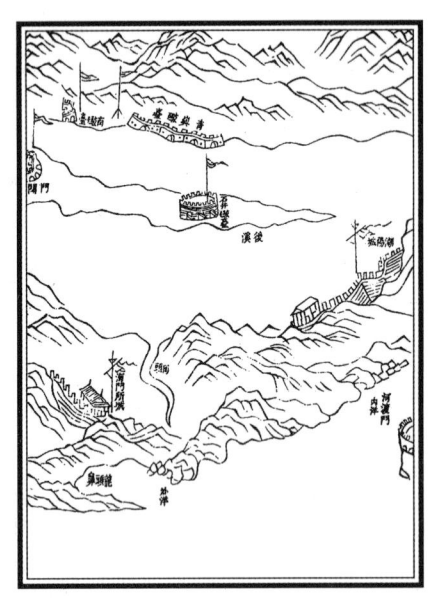

图 1-11
《广东海防要塞图·潮州府》（六）

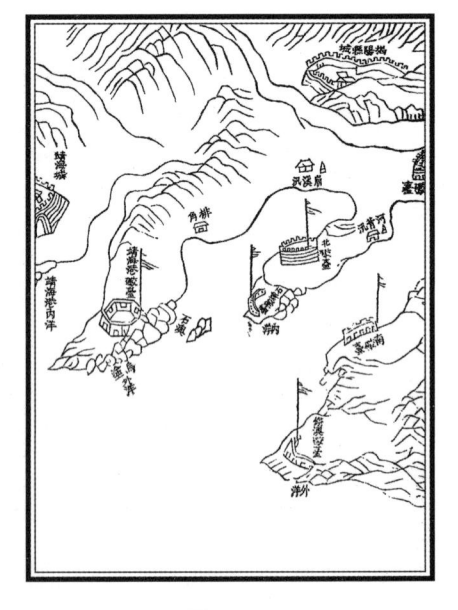

图 1-10
《广东海防要塞图·潮州府》（五）

图 1-13
《广东海防要塞图·潮州府》（八）

图 1-12
《广东海防要塞图·潮州府》（七）

图 1-14
《广东海防要塞图·潮州府》（九）

以上图片来源：卢坤、邓廷桢主编《广东海防汇览》，王宏斌等校点，第2—4页。

仔细观察当时划分内外洋的标准，正如清人陈善圻所言："内洋，各洋以枕近某岛屿为洋名，里数详海岛；外洋，各洋以枕近某岛屿为洋名，里数详海岛。"① 这一记载非常重要，对于我们理解清代划分内洋和外洋的标准很有价值。可惜的是，陈氏的记载只是涉及内外洋岛屿与县城的距离，而没有具体说明这些内外洋岛屿及其洋面距离海岸的垂直距离。

仔细比较两套"海防图"和文献记载的内外洋岛澳名称，我们看到内洋与外洋的一部分岛澳名称是重叠的。例如，两套海防图均将"钱澳""隆澳""广澳"和"侍郎洲"等划入内洋，而文献记载则是外洋。这既不是绘图者的错误，也不是记载者的错误。合理的解释是，在标注或记载外洋时，由于其洋面没有合适的岛礁作为标志，只好以附近的内洋岛澳，或海岸地理名称加以称呼。真实的含义可以理解为与内洋某岛澳相邻接的外洋洋面。这是清代划分内外洋的一种相当普遍的现

---

① 陈善圻编：《澄海县舆地图说》，"海岛"，国家图书馆藏彩图，共29页。

象，毋庸置疑。

　　由于南澳岛设为厅治，对照现在的地图，我们不难看到，凡是靠近海岸和南澳岛岸的岛礁和洋面均划入内洋，凡是远离海岸和岛岸的岛礁和洋面均划入外洋。比较特殊的一个例子是，两套"海防图"均将"三澎"划入内洋。"三澎"，即北澎、中澎和南澎，现在称其为南澎列岛。南澎列岛距离南澳岛的垂直距离将近20千米。按照浙江和福建划分内外洋的标准，凡是距离海岸和设置府、县、厅治岛岸5千米以外的岛屿均划入外洋。"三澎"是不应划入内洋的。

　　我们继续查阅资料，看到南澳镇的分防汛地是："每年二月至五月，左营游击一员总巡本辖内外洋面；千总二员分巡本辖内外洋面；外委把总一员专巡三澎外洋海汛；额外外委一员协巡三澎外洋海汛；把总一员专巡洋林湾内洋海汛。正月至六月，右营守备一员总巡本辖洋面；千把总二员分巡本辖洋面。七月至十二月，游击一员总巡本辖洋面；千把总二员分巡本辖洋面。六月至九月，总兵官带领左右营把总各一员、外委千把总各二员总巡粤闽洋面；守备各一员分巡本辖内外洋面，左营千总一员专巡三澎外洋海汛；把总一员专巡洋林湾内洋海汛。"① 在这一资料中，"三澎"是被划入外洋的，南澳镇每年定期委派左营或右营官兵分巡"三澎外洋"。

　　清代地理学者陈伦炯在《海国闻见录》中也将"三澎"划入外洋："南澳东悬海岛，捍卫漳之诏安，潮之黄冈、澄海，闽粤海洋适中之要隘，外有小岛三，为北澎、中澎、南澎，俗呼为三澎，南风，贼艘经由暂寄之所。内自黄冈大澳而至澄海、放鸡、广澳、钱澳、靖海、赤澳，此虽潮郡支山入海实为贼艘出没之区。"② 这两条资料，非常重要。虽然还不足以证明"三澎"确属外洋岛屿，但完全符合清代划分内洋与外洋的惯例。

　　"三澎"，究竟是属于内洋还是外洋？目前存在上述两种截然不同的记载，还需要寻找更直接更权威的资料，才能判别正误。暂且存疑待考。

---

① 阮元主修：《广东通志》卷一二三，见《续修四库全书》第671册，第709—710页；乾隆《南澳志》卷八，《海防》，见《中国地方志集成》，上海书店、巴蜀书社、江苏古籍出版社2000年影印本，第451—452页。
② 陈伦炯：《海国闻见录》卷上，《文渊阁四库全书》第594册，史部，地理类，台湾商务印书馆1983年版，第5页。

二 东下路：惠州府的内外洋

惠州府在广东为大郡，负山面海。① 滨海三县：陆丰、海丰和归善（1913年改为惠阳县，今称惠阳区）。"海在府城南百十里，自府东南以迄西角，皆以海为险。"②

观察《广东内外洋图》图1-15至图1-20，划入惠州内洋的岛澳是：苏公澳北、海甲、浅澳、碣石港、乌坎港、白沙湖、遮浪澳、龟龄、汕尾、长沙港、鲘门、芒屿、盐洲港、小星、圣筶、斗下、舜潦、三管笔、大鹿角、风湾等。划入外洋的岛屿是：甲子表、苏公澳南、东桔、羊牯石、西桔、锣鼓石、石狮头、金屿、遮浪表、莱屿、牛脚川、牡江、猴跳石、暖帽山、小漠港、乌山头、东碇、西碇、大星簪、鸭白、钓鱼翁等③。此外，还可以看出，划分内洋与外洋的标准是非常明确的，完全是按照垂直海岸或岛岸的距离划分的。

图1-16
《广东内洋外洋图·惠州府》（二）

图1-15
《广东内洋外洋图·惠州府》（一）

---

① 邓抡斌、陈新铨纂：《惠州府志》卷二，舆地，光绪七年（1881）刻本，第1页。
② 卢坤、邓廷桢主编：《广东海防汇览》，王宏斌等校点，第60页。
③ 阮元主修：《广东通志》卷一百二十四，见《续修四库全书》第671册，第735—741页。

图 1-18　　　　　　　　　　　　图 1-17
《广东内洋外洋图·惠州府》（四）　　《广东内洋外洋图·惠州府》（三）

图 1-20　　　　　　　　　　　　图 1-19
《广东内洋外洋图·惠州府》（六）　　《广东内洋外洋图·惠州府》（五）

图片来源：阮元主修《广东通志》卷一百二十四，见《续修四库全书》第 671 册，第 736—741 页。

《广东海防要塞图》所标注的惠州内洋岛澳是：甲子港、苏公澳北、碣石港、乌墩湾、白沙头、遮浪澳、碣石港、小漠港、大星表、小星、圣箜、斗下、稔山、三管笔等；外洋洋面是：甲子棚、甲子表、苏公澳南、羊牯石、东桔、西桔、锣鼓石、遮浪表、莱屿、牡江、猴跳石、锣鼓石、埠颈、东碇、西碇、大星簪、鸭白等。

对照这两套海防图，不难发现，其内外洋划分是一致的，只是前者详于后者，并包含后者而已。

《广东海防汇览》关于内洋与外洋划分情况如下。内洋：亚妈礁、港心石、鸡尿礁、旗石澳、金狮凹、许公礁、小屿石、东礁门、洲狮澳、大白礁、礁子、滴水凹、棘石、奇石港、大湾、叠西、峡石、锣鼓石、二虎、虎头、乌墩港、金屿；外洋：纲尾礁、乌礁、赤礁、羊牯屿、草屿。①

图1-22	图1-21
《广东海防要塞图·惠州府》（二）	《广东海防要塞图·惠州府》（一）

---

① 卢坤、邓廷桢主编：《广东海防汇览》，王宏斌等校点，第61页。

图 1-24　　　　　　　　　　　　图 1-23
《广东海防要塞图·惠州府》（四）　　《广东海防要塞图·惠州府》（三）

图 1-26　　　　　　　　　　　　图 1-25
《广东海防要塞图·惠州府》（六）　　《广东海防要塞图·惠州府》（五）

图 1-28
《广东海防要塞图·惠州府》（八）

图 1-27
《广东海防要塞图·惠州府》（七）

图 1-30
《广东海防要塞图·惠州府》（十）

图 1-29
《广东海防要塞图·惠州府》（九）

图 1–32　　　　　　　　　　　　　　　图 1–31
《广东海防要塞图·惠州府》（十二）　　《广东海防要塞图·惠州府》（十一）

以上图片来源：卢坤、邓廷桢主编《广东海防汇览》，王宏斌等校点，第 4—6 页。

对照两套地图和文献记载，我们查阅现代地图，得出来的结论是，凡是靠近惠州府海岸的岛澳均划入内洋，凡是远离惠州府海岸的岛澳均划入外洋。

三　中路：广州府的内外洋

广州是广东省的省会，历来是海防重地。"广东省会襟江带海，其东出海，则有虎头门，而虎头门之东则为南头，省会之门户也。其西出海则为崖门，崖门之西则为广海卫，而香山澳在省会西南，夷人住泊于此，称密迩焉。"① 广州府辖县十四，而濒海者八：即南海、番禺、顺德、东莞、新宁（今台山）、香山、新会、新安。八县之中，战略地位特别重要者五。"广东海防，以广州为中路。而广州海防，又以香山海

---

① 卢坤、邓廷桢主编：《广东海防汇览》，王宏斌等校点，第 64 页。

防为中路,左则东莞、新安,右则新会、新宁。"① 其战略要冲:"曰屯门,曰鸡踏,曰鸡啼,曰冷水角,曰老万山,曰三门,曰东洲,曰南亭,曰广海,曰沙湾,曰黄浦,曰急水,曰沿栢,皆广郡冲险。而虎头门、澳门、南头、崖门为要。"②

查阅《广东内洋外洋图》,我们看到广州府的内洋岛澳自东而西是:大鹿角、风湾、北港、沱宁、竹篙屿、月眉、南澳、娘船澳、木门、天后宫、田下湾、鲤鱼门、鸡闸门、红坎、仰船洲、急水门、空船洲、琵琶洲、上磨刀、下磨刀、赤湾、箫洲、大屿山、西乡、福永、茅洲、碧头、亭步、沙角、三门、太平汛、镇远炮台、横档大炮台、新炮台、小虎山、东洲门、南湾、犸遛洲、十字门、困仔、青洲、东村、白藤洲、分水洲、三门、大虎、赤鼻、古兜、独崖、二崖、二虎、三虎、燕子排、黄茅、小林、大林、草鞋洲、大奈、浪白滘、鸡心洲、三角、大排、鹅嘴、大麻、小麻、烽火角、蒲草湾、沙澜、麒麟角、豹湾、望头、狮子洲、五里排、横山、上川、下川等。

外洋洋面自东而西是:黑岩头、青洲、鸡公头、莱洲、福建头、佛堂门、双箸门、蒲台、香港、下鸭里、上鸭里、担扞山、校椅洲、大白、小白、平洲、长洲山、一门、二门、伶仃、外伶仃、鸡澎、三门山、涌鞋、之洲、校椅湾、龙穴山、北坞、南坞、蛟洲、竹洲、万山、腊杂尾、九洲、三角、东澳港、大岩、大头山、鸡颈洋、亚婆尾、九澳角、上滘、下滘、大潺、桅夹洲、灶口湾、双箸门、三灶、横石基、高澜、荷包湾、大金、二金、穿龙、笔架、牛角、亚婆髻、黄芽头、飞沙、高冠、乌猪、桅夹门、亚公湾、黄糜洲、北风湾、荔枝湾、鹰洲、鹿嘴、木壳洲、青湾、打鹿嘴、麦子洲、琵琶洲、黄甫洲、野牛场、南澳涌、亚公角、那腰、大坦、蔡家潦、漭湾、泥澳、礜石、娘澳、大澳嘴、南澎等。

---

① 卢坤、邓廷桢主编:《广东海防汇览》,王宏斌等校点,第75页。
② 金烈编:《广州府志》卷七,乾隆二十四年(1759)刻本,第2页。

图 1-34　　　　　　　　　　　　　图 1-33
《广东内洋外洋图·广州府》（二）　　《广东内洋外洋图·广州府》（一）

图 1-36　　　　　　　　　　　　　图 1-35
《广东内洋外洋图·广州府》（四）　　《广东内洋外洋图·广州府》（三）

图 1-38　　　　　　　　　　　　图 1-37
《广东内洋外洋图·广州府》（六）　　《广东内洋外洋图·广州府》（五）

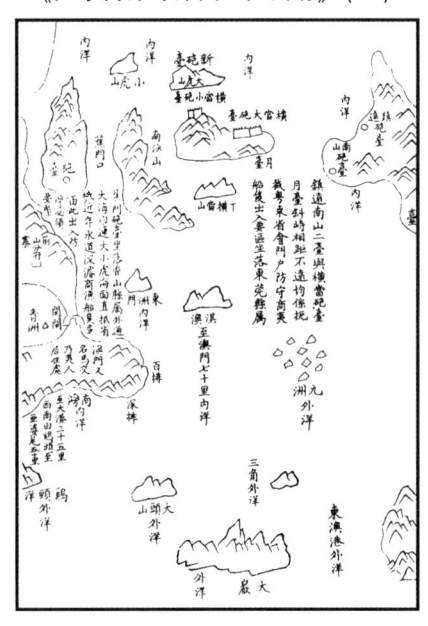

图 1-40　　　　　　　　　　　　图 1-39
《广东内洋外洋图·广州府》（八）　　《广东内洋外洋图·广州府》（七）

图 1-42
《广东内洋外洋图·广州府》（十）

图 1-41
《广东内洋外洋图·广州府》（九）

图 1-44
《广东内洋外洋图·广州府》（十二）

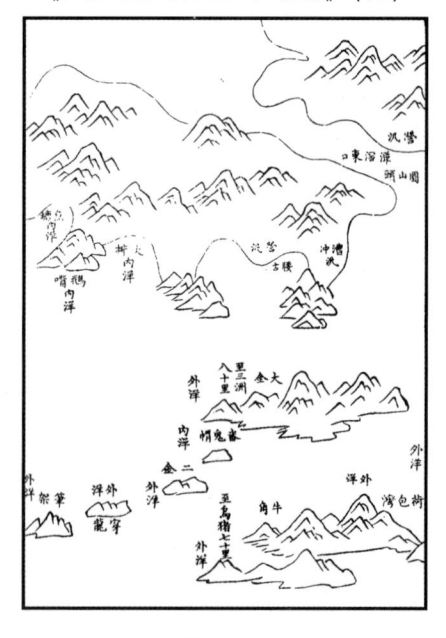

图 1-43
《广东内洋外洋图·广州府》（十一）

第一章　清代前期广东内外洋划分与水师职责　73

图 1-46
《广东内洋外洋图·广州府》（十四）

图 1-45
《广东内洋外洋图·广州府》（十三）

图片来源：阮元主修《广东通志》卷一二四，见《续修四库全书》第 671 册，第 742—755 页。

而从《广东海防要塞图》中，我们看到的内洋岛屿是：小鹿角、凤澳、北港、月眉、竹篙屿、娘船澳、下湾、鲤鱼门、鸡闸门、急水门、鸡闸门、鸡澎、赤湾、箫洲、西乡、福永、芽洲、三门口、南山炮台、小虎、南湾、十字门、马齿门、青洲、大虎、二虎、三虎、大排、大麻、小麻、烽火角炮台、麒麟角、钓湾、望头、亚公角、横山炮台、五里排、狮子洲、东平、上川岛、下川岛等。

外洋是：钓鱼翁、南澳、礐石头、青洲、鸡公头、莱洲、福建头、木门、佛堂门、担扞山、大白、小白、香港、上鸭头、下鸭头、一门、二门、三门、外伶仃、涌鞋、之洲、内伶仃、北坞、蛟洲、南坞、竹洲、老万山、大角、九洲、三角、大岩、大头山、九澳角、上溜、下溜、双箸门、大潦、鹤洲、横石基、草鞋洲、荷包湾、大金、二金、亚婆髻、笔架、乌猪、盐灶、高冠、黄甫洲、黄麋洲、南澳涌、鹰洲、大坦、泥澳、蔡家寮、潺湾、那腰、娘澳、黄花湾、礐石、大澳嘴等。

图 1-48　　　　　　　　　　　　　图 1-47
《广东海防要塞图·广州府》（二）　　《广东海防要塞图·广州府》（一）

图 1-50　　　　　　　　　　　　　图 1-49
《广东海防要塞图·广州府》（四）　　《广东海防要塞图·广州府》（三）

图 1-52
《广东海防要塞图·广州府》（六）

图 1-51
《广东海防要塞图·广州府》（五）

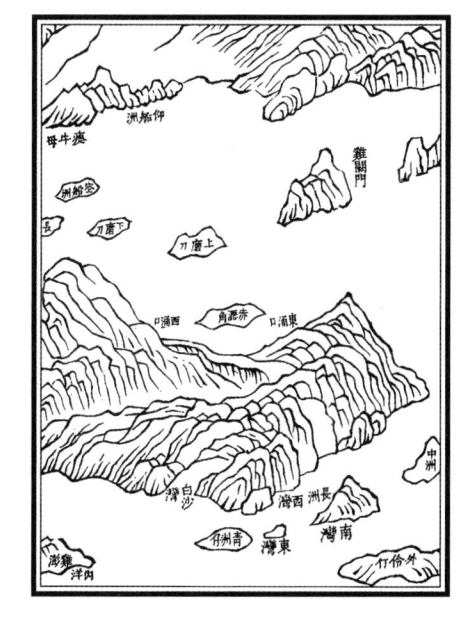

图 1-54
《广东海防要塞图·广州府》（八）

图 1-53
《广东海防要塞图·广州府》（七）

图 1-56
《广东海防要塞图·广州府》(十)

图 1-55
《广东海防要塞图·广州府》(九)

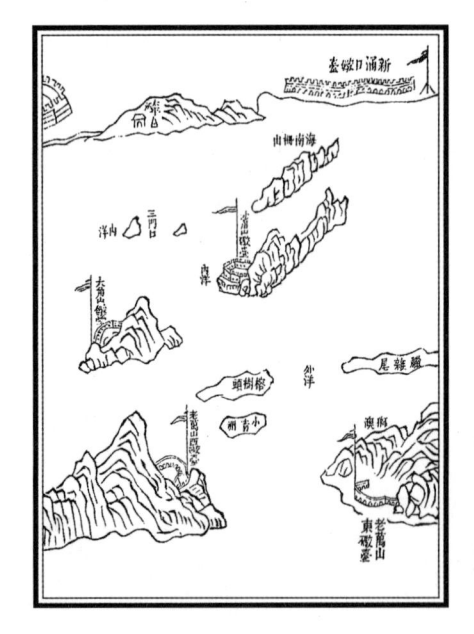

图 1-58
《广东海防要塞图·广州府》(十二)

图 1-57
《广东海防要塞图·广州府》(十一)

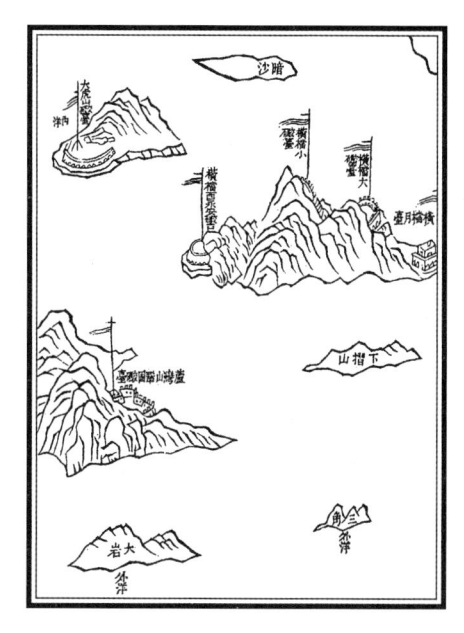

图 1-60
《广东海防要塞图·广州府》（十四）

图 1-59
《广东海防要塞图·广州府》（十三）

图 1-62
《广东海防要塞图·广州府》（十六）

图 1-61
《广东海防要塞图·广州府》（十五）

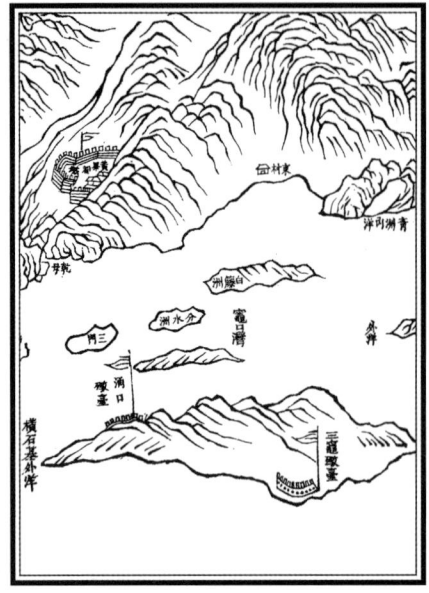

图 1-64　　　　　　　　　　　　图 1-63
《广东海防要塞图·广州府》（十八）　《广东海防要塞图·广州府》（十七）

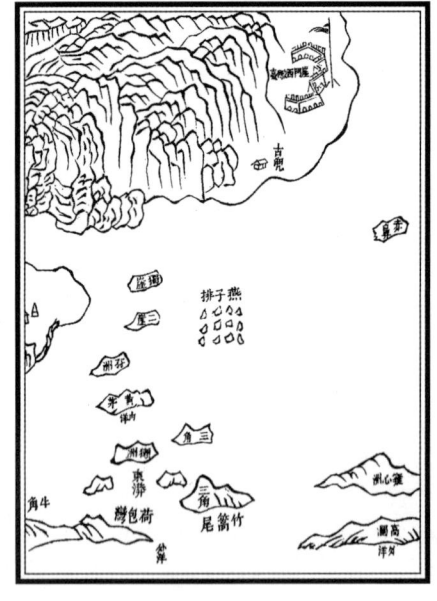

图 1-66　　　　　　　　　　　　图 1-65
《广东海防要塞图·广州府》（二十）　《广东海防要塞图·广州府》（十九）

图 1-68
《广东海防要塞图·广州府》(二十二)

图 1-67
《广东海防要塞图·广州府》(二十一)

图 1-70
《广东海防要塞图·广州府》(二十四)

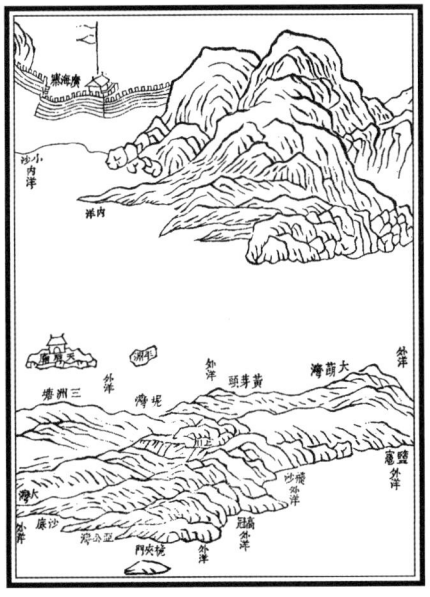

图 1-69
《广东海防要塞图·广州府》(二十三)

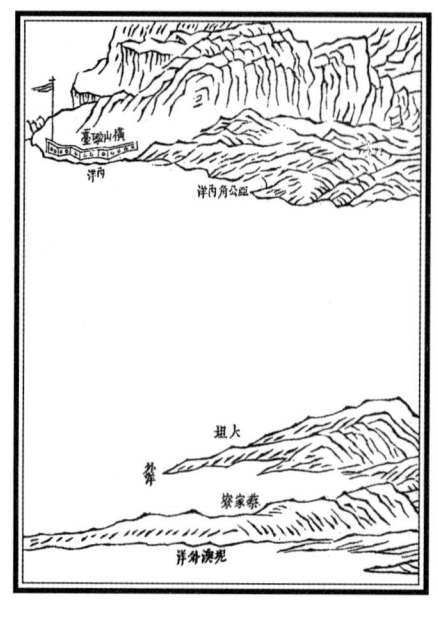

图 1-72　　　　　　　　　　　　　图 1-71
《广东海防要塞图·广州府》（二十六）　《广东海防要塞图·广州府》（二十五）

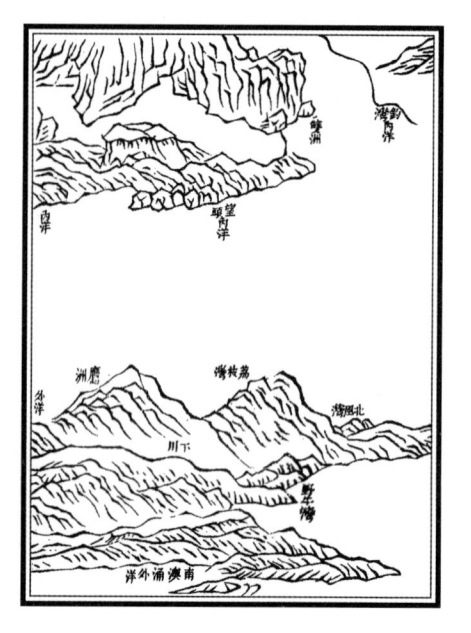

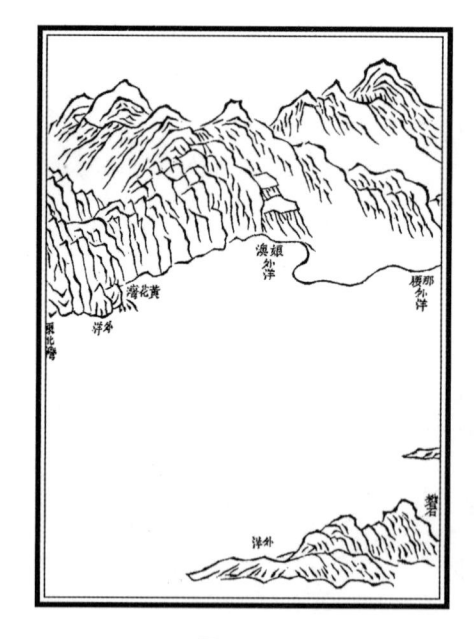

图 1-74　　　　　　　　　　　　　图 1-73
《广东海防要塞图·广州府》（二十八）　《广东海防要塞图·广州府》（二十七）

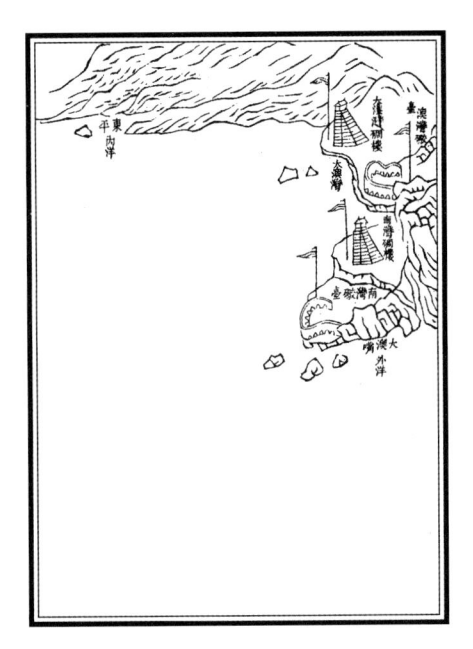

图 1-75
《广东海防要塞图·广州府》(二十九)

以上图片来源：卢坤、邓廷桢主编《广东海防汇览》，王宏斌等校点，第9—16页。

仔细比较上述两套地图标注的内外岛澳名称，仍然是前图详于后图，只有个别内外洋名称相异。《广东海防汇览》卷三提供的内洋与外洋信息只是新会县的部分。其内洋是：独崖、东窖口、鱼塘湾、鹿胫、旗坛、西窖口、胡椒石、白蕉湾、大排、小沙湾、台冲、麒麟阁、莆草角、青兰角、沙兰涌、牛头湾、椰子角、双洲口、望头前、蓢箕角、官涌口、泥嘴、横山、上川岛、下川岛。外洋是：黄茅洲、大角头、铜鼓角、大金岛、小金岛、笔架岛、穿龙岛、乌猪岛、桅甲门、沙底洋、平洲、黄麖门、木壳洲、琵琶洲、狗练角、蟒洲岛、亚公角、神洲、鬼洲、北渡津、娘澳等。从中也可以看出，香港岛以北的岛澳均划入内洋，香港及其以南的岛屿和附近的洋面均划入外洋。

划分准则与潮州府、惠州府一样，凡是距离海岸较近的岛澳均划入内洋，凡是距离海岸较远的岛屿和洋面均划入外洋。鸦片战争前，两广总督阮元谈及广州的海防，曾经指出："沙角以外为外洋，虎门以内为内洋。自虎门至黄埔皆系深水，自黄埔至省城渐入浅水。"① 鸦片战争时期，又有人概括内外洋划分情况说："零丁、九洲等处洋面是为外洋，系属粤东辖境；其逼近内地州县者，方为内洋。"② 这话并不准确。如果将"逼近州县者"改为"逼近海岸"，就符合实际情况了。

四　西上路：肇庆府和高州府的内外洋

（一）肇庆府的内外洋

清代肇庆府辖区为西北与东南走势，主要行政区在内陆，惟有阳江县滨海。"肇庆为郡，北依万山，南傅于海，而阳江县则当大海之滨，北津其要害也。"③

海陵岛位于广东省阳江县西南端，距阳江市区40余里，东经111.9°，北纬21.62°，面积为108平方千米，是广东省第四大岛。自北津寨渡海30余里，长80余里，广40余里。自平港渡，直过止十余里。海陵山高三百丈，周二百里，列为数峰，上有磐石，非人力可致。下有平章港，受海陵涨潦，以达于海。西南为马鞍山，山下为碱船澳。西北为鸦洲山，海陵巡检设于此地。④

查阅《广东内洋外洋图》，我们看到，阳江的岛屿距离海岸较远，主要是南鹏列岛和海陵岛，大都划入外洋。除了马尾山、複鱼、双鱼、筊杯洲等划入内洋之外，其余岛屿，即礜石、南澎、犁头山、海陵头、大镬、小镬、板挟排、青洲等均划入外洋。

---

① 阮元：《两广总督阮元密奏预防英吉利事宜折》，详见中国第一历史档案馆编《香山明清档案辑录》，上海古籍出版社2006年版，第78页。
② 《筹办夷务始末》道光朝，第一册，中华书局1964年版，第28页。
③ 卢坤、邓廷桢主编：《广东海防汇览》，王宏斌等校点，第102页。
④ 杜臻：《粤闽巡视纪略》卷二，（台北）文海出版社，据岳雪楼本1985年影印，第9页。

图 1-77
《广东内洋外洋图·肇庆府》（二）

图 1-76
《广东内洋外洋图·肇庆府》（一）

图 1-78
《广东内洋外洋图·肇庆府》（三）

图片来源：阮元主修《广东通志》卷一二四，道光二年刊刻本，见《续修四库全书》第671册，第756—758页。

而《广东海防要塞图》相应部分标注的内洋岛屿是：筊杯洲、双鱼等；外洋洋面是：南澎、犁头山、海陵头、大镬、二镬、板挟排、三山、大角、青洲等均划入外洋。比较两套地图关于阳江内外洋的划分，完全一致。

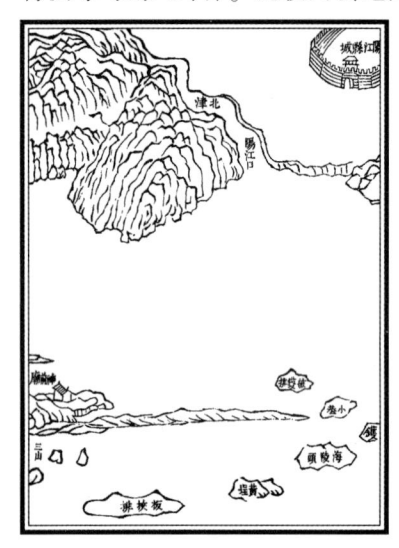

图 1-80
《广东海防要塞图·肇庆府》（二）

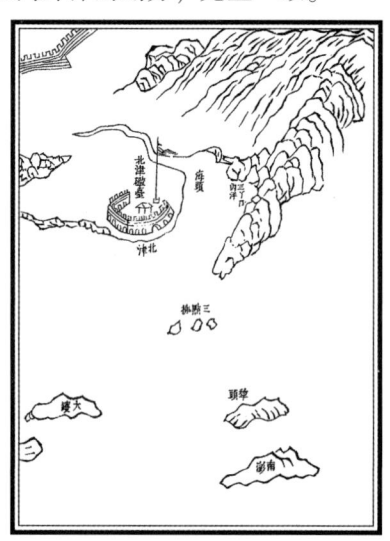

图 1-79
《广东海防要塞图·肇庆府》（一）

图 1-82
《广东海防要塞图·肇庆府》（四）

图 1-81
《广东海防要塞图·肇庆府》（三）

图 1 - 84　　　　　　　　　　　　　　图 1 - 83
《广东海防要塞图·肇庆府》（六）　　　《广东海防要塞图·肇庆府》（五）

以上图片来源：卢坤、邓廷桢主编《广东海防汇览》，王宏斌等校点，第 18—19 页。

（二）高州府的内外洋

高州府，北接肇庆府，南邻雷州府，西接廉州府，越海与琼州府相望。"襟巨海而带三江，接雷、廉而引柳、桂。南曰吴川，东南曰电白，两邑临海，据重洋限门之险，实为天池。"① 清代高州府辖茂名、高州、电白、信宜、化州、廉江、石城（今雷州市廉江）、吴川等县，其中茂名、电白、化州、吴川（今属雷州市）和石城滨海。在此五县中，电白与吴川的地位最为重要。"白蕉之南三里，为鸡笼山，滨邻大海，遥对大小放鸡山。南门、博贺两港中分，为海舶必经水道。地势如莲头、博贺，东西鼎峙，四面环海，扼要据险。""电白在东南，其外洋有大小放鸡山，西为吴川，其外洋有硇洲营，下邻雷州之白鸽寨、锦囊所，南至于海安营。自放鸡山而南至于海安，中悬硇洲暗礁、暗沙处处皆有；洋匪罕敢出入，故高郡海防较他郡为稍易。"②

---

① 郝玉麟主修：《广东通志》卷四，《文渊阁四库全书》第 562 册，台北商务印书馆 1983 年版，第 56 页。
② 光绪《吴川县志》卷四，见《中国地方志集成》，广东府县志辑第 42 辑，上海书店、巴蜀书社、江苏古籍出版社 2000 年影印本，第 160 页。

其战略要地为鸡笼山、莲头港、汾州山、大小放鸡山、限门和硇洲岛。光绪《电白县志》卷一中有一幅地图，明确标注了该县所辖内外洋岛屿。靠近海岸的青洲岛、莲头山等岛屿均划入内洋，比较大的岛屿有竹岛、鸡天石和大小放鸡岛等，博贺炮台控制着博贺港。青洲岛和莲头山以南的岛屿和洋面均划入外洋，例如大小放鸡山等①。该书卷三明确记载：该县境濒临洋面，东与阳江竹洲洋交界，西与吴川那菉湾洋交界，所辖洋面一百五十里。"内洋十一：莲头（有岛，在大放鸡洋之东南，周围三十余里，居民旋住岛下）、西海（在莲头洋之西，有溪）、沙尾、涧底、兴平（有岛，在博贺洋之北，周围不满二里）、博贺、西葛、三洲、白庙、尖山、山后（有岛，在小青洲之北，周围十余里，居民环住）；外洋九：小青洲洋（有岛，在阳江属大青洲洋之西，周围一里）、竹洲洋（有岛，在小青洲洋之西，周围数里）、大放鸡洋（有岛，在竹洲洋之西，周围二十余里）、小放鸡洋（有岛在大放鸡洋之东，周围数里，波浪湍急）、南海洋、三沙洋、澳里海洋（有岛，在吉兆洋西，周围四里）、吉兆洋（有岛，在澳里海洋之东，周围数里）、宴镜洋（有岛，在赤水洋之西南，周围十余里）。"②

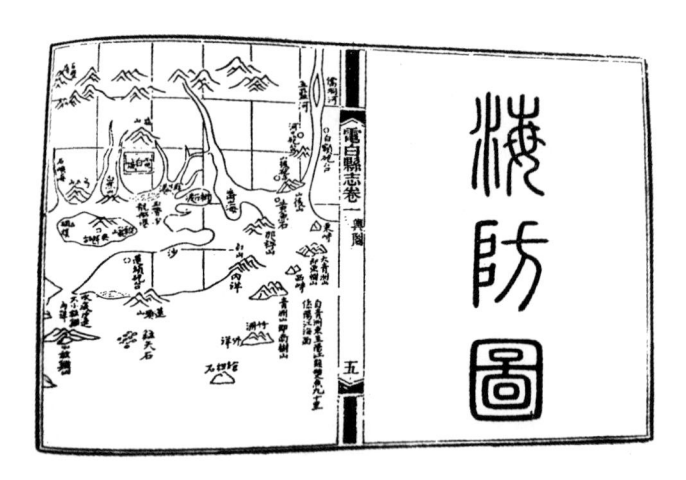

图 1-85
光绪《电白县志·海防图》（一）

---

① 光绪《电白县志》卷三，见《中国地方志集成》，广东府县志辑第41辑，上海书店、巴蜀书社、江苏古籍出版社2000年影印本，第5页。

② 同上书，第33页。

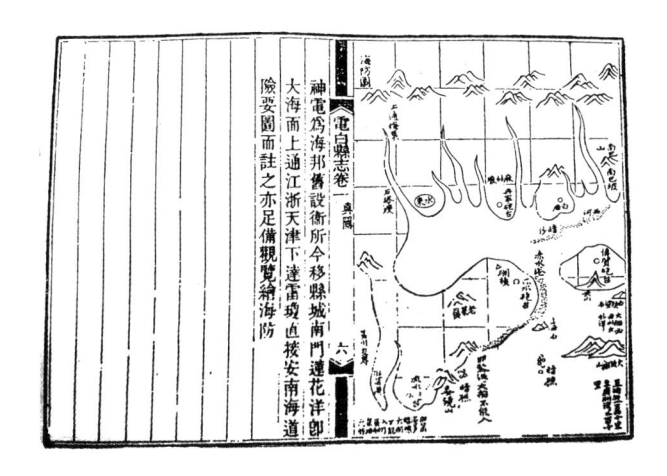

图 1-86
光绪《电白县志·海防图》（二）

图片来源：孙铸修、邵祥龄纂《电白县志》卷一，光绪十八年（1892）刻本，第5页。

查阅《广东内洋外洋图》，我们看到，划入内洋的岛澳是：北额港、沙塞、莲头、龙珠、鸡笼山、麻姑、兴平、大放鸡岛北、限门、前津、硇洲、锦囊头、东海等；划入外洋岛屿洋面的是，青洲、竹洲、鸡尿、大放鸡岛南、小放鸡、五鬼沙等。

图 1-88
《广东内洋外洋图·高州府》（二）

图 1-87
《广东内洋外洋图·高州府》（一）

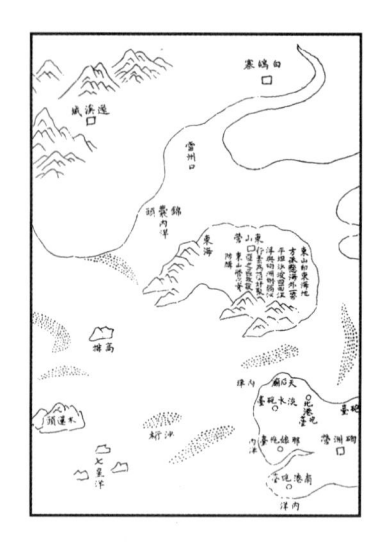

图 1-89
《广东内洋外洋图·高州府》（三）

图片来源：阮元主修《广东通志》卷一二四，见《续修四库全书》第 671 册，第 759—762 页。

而《广东海防要塞图》对应高州部分标注的内洋是：北额港、莲头、小放鸡、大放鸡、鸡笼山、麻姑、哈镜、白茂、限门、梅箓、东山港、硇洲等。外洋是：青洲、珠洲、鸡尿。

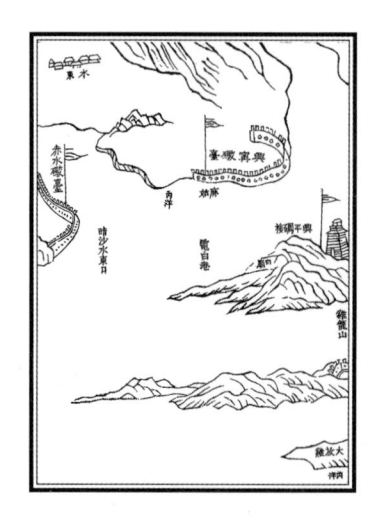

图 1-91
《广东海防要塞图·高州府》（二）

图 1-90
《广东海防要塞图·高州府》（一）

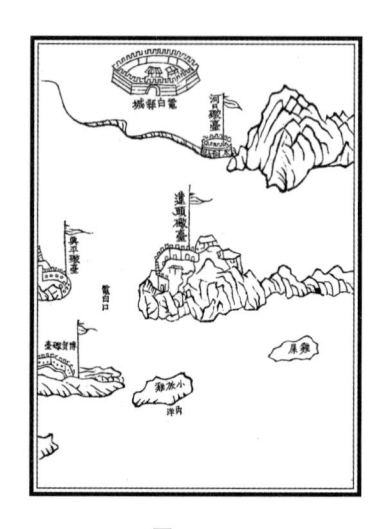

图 1-93
《广东海防要塞图·高州府》(四)

图 1-92
《广东海防要塞图·高州府》(三)

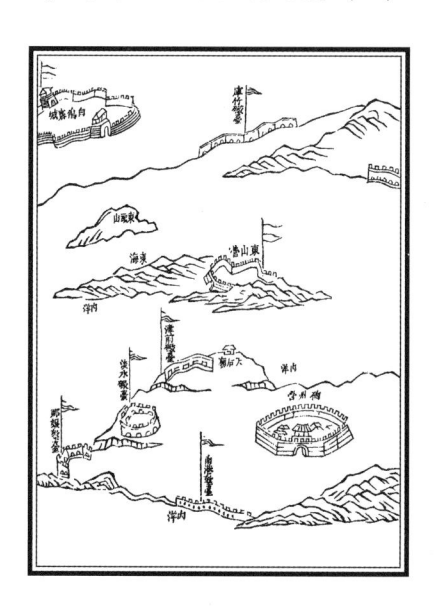

图 1-95
《广东海防要塞图·高州府》(六)

图 1-94
《广东海防要塞图·高州府》(五)

以上图片来源：卢坤、邓廷桢主编《广东海防汇览》，王宏斌等校点，第19—20页。

对照两套海防图关于内外洋的标注,除了《广东内洋外洋图》将大小放鸡山划入外洋,《广东海防要塞图》将其划入内洋之外,其余部分大致相同。在笔者看来,光绪《电白县志》的记载更为详细,应无异议。大放鸡山距离海岸9.5千米,小放鸡山距离海岸7千米,二者垂直海岸的距离均超过了5千米,因此,二者均应划入外洋。前者为是,后者为非。①

五 西下路:雷州府、琼州府与廉州府的内外洋

(一)雷州府与琼州府的内外洋

雷州府与琼州府,中隔琼州海峡相望。由于《广东内洋外洋海防图》的绘图者将两府内外洋绘制在一起。因此,我们也将两府放在一起来观察。

雷州府位于雷州半岛,三面滨海,形势孤悬。所属海康、遂溪、徐闻三县皆滨海。雷州东部,"系遂溪县湛川司地,僻处东隅,为雷州左臂。其东南为硇州,东北为广州湾,正东则大海无际。"嘉庆时期,地方官因其险远,不能时常稽察。"啸聚之徒,如吴十一指、乌十二等跳梁于惊波骇浪中,出外洋,则掳商船;入内河,则劫村庄,皆以此地港口为安泊销赃之所。"②

琼州府,周环皆海,屹立万里汪洋中,为全粤西南之保障。所辖十二州县,星罗匝布,广袤千有余里。"形势之雄,中原未有也。郡北十里,为海口。渡海六十里,为徐闻。距广东省城一千七百里。附郭曰琼山,居海外全岛之极北。崖州居岛之极南。东陲万州,西陲儋州。实分四隅,而峙焉。由琼山东行八十里为定安,百六十里为文昌,二百九十里为会同,三百五十里为乐会,四百七十里为万州,五百八十里为陵水,一千一百一十里为崖州。此琼岛东方诸州县,惟定安为腹里,其余皆滨海也。由琼山西行六十里为澄迈,二百三十里为

---

① "莲头山在县南二十里,高八十余丈,二峰并峙海中,若并头莲⋯⋯下有砂碛,自东迤逦而西,控扼海门如带。小放鸡山在县南二十里,又旁有汾州子山。大放鸡在县南三十里,飘渺涛中,上有神庙,航海者皆祀以鸡。三十里为放鸡山。四十里有晏镜山,与汾洲、放鸡屹为三峰。"邵祥龄纂:《电白县志》卷二,光绪十八年(1892)刻本,第5页。

② 陈昌齐等纂:《雷州府志》卷十三,海防,嘉庆十六年(1811)刻本,第4页。

临高，三百七十里为儋州，六百五十里为昌化，九百里为感恩，一千一百里为崖州，此琼岛西方诸州县，皆遵海而西而南者也。其海道周环俱通。"①

查阅《广东内洋外洋图》之图33-36，我们看到琼州海峡两岸均划入内洋，雷州半岛的内洋是：江坎、博张炮台、姬头、三墩、宫角尾、响伶角、乌石港、海康港、暗铺港、永安港。其外洋则是：红排、大龙沙、斜阳、涠洲等。琼州环岛内洋是：铺前港、海口、牛屎港、石矍、石排、将军澳、放马角、新英港、棋子湾、北黎、三丫（即三亚）、乐会等。

图1-97
《广东内洋外洋图·雷州府与琼州府》
（二）

图1-96
《广东内洋外洋图·雷州府与琼州府》
（一）

---

① 蓝鼎元：《琼州府图说》，《鹿洲初集》卷十二，（台北）文海出版社1985年影印，第12—13页。

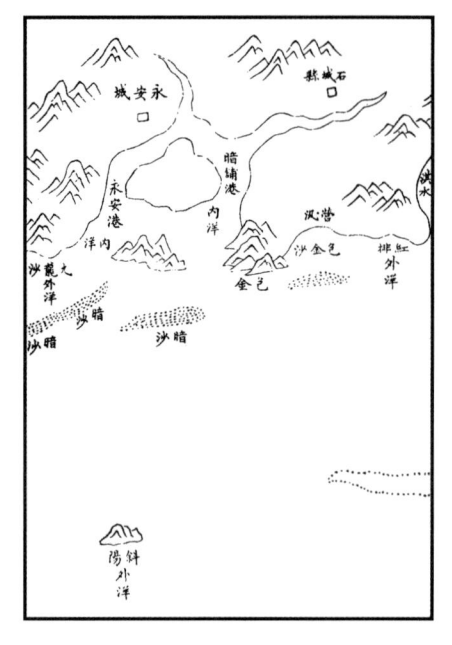

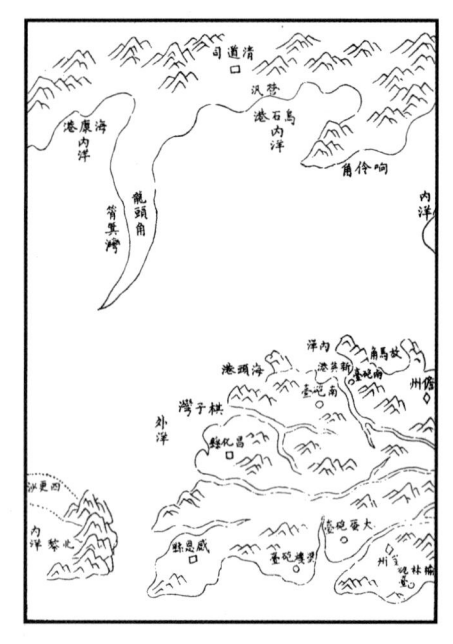

图 1 - 99　　　　　　　　　　图 1 - 98
《广东内洋外洋图·雷州府与琼州府》　《广东内洋外洋图·雷州府与琼州府》
（四）　　　　　　　　　　　　　（三）

图片来源：阮元主修《广东通志》卷一二四，见《续修四库全书》第 671 册，第 763—768 页。

查阅《广东海防要塞图》，我们看到，标注雷州半岛的内洋是：磊嘴门、广州湾、北港炮台、东山港、东海岛、硇洲岛、锦囊头、宫角尾、响伶角、乌石港、红坎、哈镜港等。其外洋则是斜阳、涠洲等。①

琼州内洋自东而西，环岛内洋名称是：木栏头、铺前港、铜锣沙、海口、牛始港、盐灶、东水炮台、马袅港、临高、石牌炮台、将军澳、放马角、新英港、新潮港、番人塘、大蛋港、小椅、榆林港、蚂蟥洲、桐栖港、那乐港、新潭、锣鼓大山等。

---

① 卢坤、邓廷桢主编：《广东海防汇览》，王宏斌等校点，第 20—22 页。

图 1-101
《广东海防要塞图·雷州府与琼州府》
（二）

图 1-100
《广东海防要塞图·雷州府与琼州府》
（一）

图 1-103
《广东海防要塞图·雷州府与琼州府》
（四）

图 1-102
《广东海防要塞图·雷州府与琼州府》
（三）

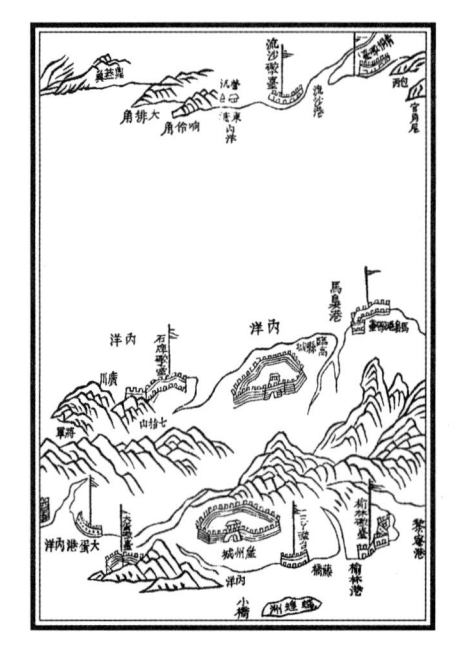

图 1 - 105　　　　　　　　　　　　图 1 - 104
《广东海防要塞图·雷州府与琼州府》　　《广东海防要塞图·雷州府与琼州府》
（六）　　　　　　　　　　　　　　（五）

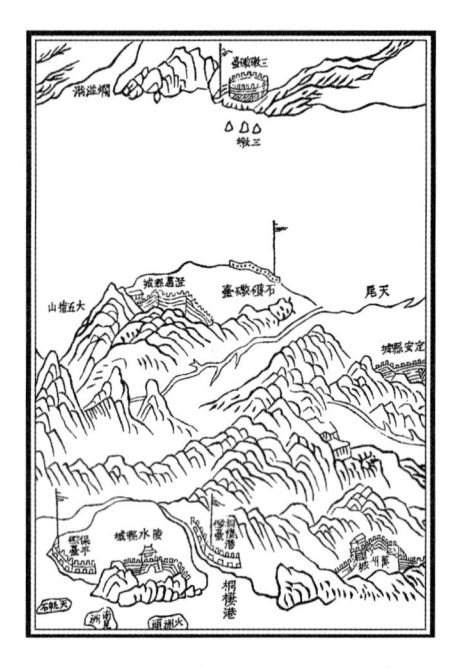

以上图片来源：卢坤、邓廷桢主编《广东海防汇览》，王宏斌等校点，第21—22页。

比较两套海防图，我们认为内外洋标识，只有繁简之别，名称基本一致。观察这些内外洋岛澳，可以得到的结论仍然是，凡是靠近海岸和岛岸的岛澳和洋面均划入内洋，凡是远离海岸和岛岸的岛屿和洋面均划入外洋。

（二）廉州府的内外洋

廉州府，山势逶迤，川流萦曲，南拱冠头，北拥五黄，大廉镇于东北，巨浸涌于西南，西辖钦州，濒海而治，诸山合抱，结为龙门，锁钥衿喉，钦江、渔洪二水夹流，会龙门以入海。海中的涠洲岛在明代就是海防重地，曾经设立涠洲水营游击。① 合浦、钦州滨海。尤其是钦州，

---

① 杜臻：《粤闽巡视纪略》卷一，（台北）文海出版社，据孔氏岳雪楼本1985年影印，第9页。

控临大海，邻接越南，"为藩篱要防，折冲重地"①。光绪年间，划出钦州西部地区，设置防城县，仍隶属广东。

我们在《广东内洋外洋图》中看到，内洋是：冠头岭、大冠港、急水湾、乌雷、三墩北、牙山炮台、芒山、横山、岳山、狐狸门、下摆、石壁港等。外洋则是：川江港、牛屎港、珠场港、南湾、北湾、南沙、电白寮、白虎沙、涠洲、三墩南、棋盘石、钓鱼台、珍珠墩、小白龙、牙排、西头沙、白龙尾、槟榔洲、孖洲、琵琶洲、小老鼠、大老鼠、古大门、双门、狗头山、青梅头、青澜湾、观澜、混沌洲、雾水洲、乌囊等。

图 107
《广东内洋外洋图·廉州府》（二）

图 106
《广东内洋外洋图·廉州府》（一）

---

① 顾祖禹：《读史方舆纪要》卷一〇四，第 12 册，中华书局 2005 年版，第 4757 页。

图 109　　　　　　　　　　　　　图 108
《广东内洋外洋图·廉州府》（四）　　《广东内洋外洋图·廉州府》（三）

图片来源：阮元主修《广东通志》卷一二四，见《续修四库全书》第 671 册，第 767—770 页。

在《广东海防要塞图》中，我们看到廉州府的内洋是：乌雷、急水湾、三墩北、北仑河口、芒山、石壁港、牙山炮台、岳山、芒山、横山、狐狸门、下摆。外洋是：斜阳、涠洲、南沙、三墩南、钓鱼台、棋磐石、三牙排、槟榔洲、小白龙、珍珠墩、青梅头、孖洲、琵琶洲、双门、古大门、小老鼠、大老鼠、观澜、青澜湾、狗头山、混沌洲、雾水洲、乌囊等。两套海防图相比，内容基本一致。

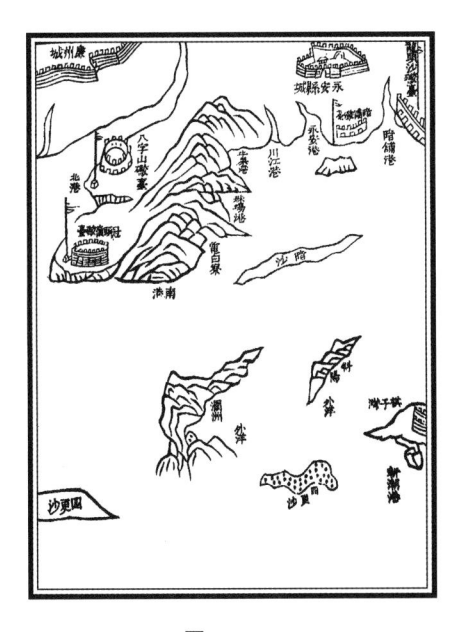

第一章 清代前期广东内外洋划分与水师职责

图 1-111
《广东海防要塞图·廉州府》（二）

图 1-110
《广东海防要塞图·廉州府》（一）

图 1-113
《广东海防要塞图·廉州府》（四）

图 1-112
《广东海防要塞图·廉州府》（三）

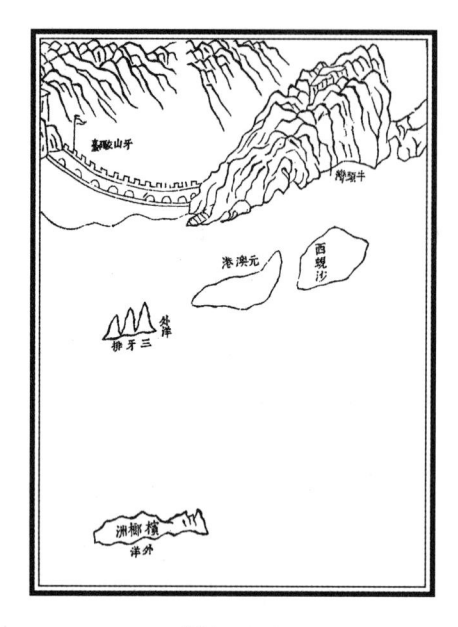

图 1–115
《广东海防要塞图·廉州府》（六）

图 1–114
《广东海防要塞图·廉州府》（五）

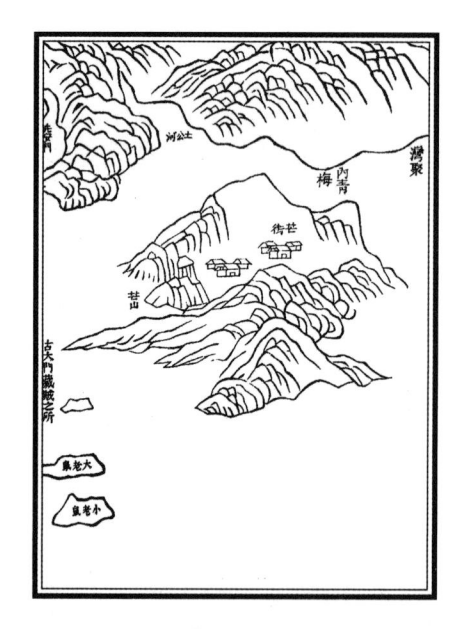

图 1–117
《广东海防要塞图·廉州府》（八）

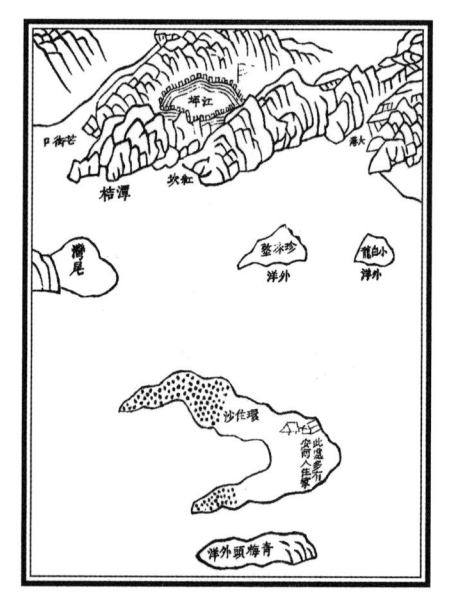

图 1–116
《广东海防要塞图·廉州府》（七）

图 1－119　　　　　　　　　　图 1－118
《广东海防要塞图·廉州府》（十）　　《广东海防要塞图·廉州府》（九）

以上图片来源：卢坤、邓廷桢主编：《广东海防汇览》，王宏斌等校点，第 22—24 页。

这里必须指出，在道光时期，中国与越南的边界在亚婆山、亚公山西南一线。当时的芒街及其东南面的岛屿，即三都八峒地方，包括芒山、横山、岳山、狐狸门、下摆、石壁港等内洋岛澳，槟榔洲、小老鼠、大老鼠、古大门、双门、狗头山、青梅头、孖洲、琵琶洲、青澜湾、观澜、混沌洲、雾水洲、乌囊等外洋岛屿均属中国。《广东内洋外洋图》与《广东海防要塞图》对此标注的非常明确，根本不是"飞地"。1886 年，中越划界谈判，法国出兵将其占领，以所谓"飞地"名义，于 1887 年 6 月 20 日强迫中国代表将其划归越南。1890 年 4 月 14 日，总理衙门多罗庆郡王奕劻、工部左侍郎孙毓汶与法国代表恭思当正式签订广东边境中越划界条约。该条约第一图规定："一，从北向南所划之线，正过茶古社东山山头，即照北南线，东各州归中国，西各州及九头山归越南。一，边界自竹山起界，系循河自东向西，到东兴、芒街，此段作河心为界限，罗浮、东兴等处分别为中国地界；帽豸、伍仕、紫京、彔林等处归春兰社管；又，芒街归万春社管，此界分别为越南地界。一，在东兴、芒街到嘉隆、北市边界，自西到北，河势弯曲，仍分别中国之那至（即那芝）、望兴、嘉隆等处，分别越南之宁阳、万春及滩潘、北市等处。"①

这样，芒山、横山、岳山、狐狸门、下摆、石壁港等内洋岛澳，槟榔洲、小老鼠、大老鼠、古大门、双门、狗头山、青梅头、孖洲、琵琶洲、青澜湾、观澜、混沌洲、雾水洲、乌囊等外洋岛屿（均位于现今越南芒街东面之姑苏群岛）被迫划给越南。至于白龙尾岛，则是中国政府于1957年让予越南的。

此外，还需提及的是，涠洲在乾隆晚期曾经一度讨论驻军300名的问题。两广总督福康安认为，遂溪县属之涠洲，孤悬外洋，易滋奸宄，请酌拨守备、千把、外委等员，并兵300名移驻该处，以资巡守。兵部也表示同意，咨复福康安在案。但是，经过雷琼镇苍保、雷琼道俞廷垣、雷州府知府冯埛、署遂溪县知县孙树新等综合考察，他们一致认为，"涠洲孤峙海中，其地虽在雷州府属洋面，而实介雷、琼、廉三郡洋海之间，距海安、海口、龙门各协营海岸二三百里不等。因其地居险僻，洋匪间有潜赴汲取淡水，燂洗船只。若于此处移驻弁兵，匪船不能泊近，且可截摄追擒，于洋面形势实为扼要"。但是，涠洲四面大洋，时有飓风猝发，飞沙走石，猛烈非常，加之该岛四面俱系礁石，随潮浮现，异于狂风，战舰难以湾泊。不便作为军港，防守颇为困难。最后决定，"涠洲无庸专设汛防，添置兵额……请循照福康安原奏，拨兵三百名之数，即于海安、龙门两协营水师中每营派兵一百五十名，每月责成龙门协副将、海安营游击饬令千把、外委各一员，带领目兵各七十五名，配驾哨船会赴涠洲，梭织游巡，具结联衔通报。下月，仍由各协营先期派拨，更番出巡……其涠洲东南之斜阳一岛，与涠洲相距三四十里，一体责令各弁兵顺带巡查，以昭缜密。如此则无驻兵设汛之名，而有缉盗巡洋之实"②。由此可知，从乾隆时期，涠洲和斜阳等岛屿已是水师官兵重点管控的外洋海岛之一。

从上述两套海防图和文献记载情况看出，除了个别地方需要存疑待考之外（例如三澎），我们得到的结论是，凡是靠近海岸或府厅治岛岸

---

① 《粤越界约》1893年12月29日，王铁崖编：《中外旧约章汇编》第一册，第555页。
② 《署理两广总督郭世勋奏为确勘涠洲海岛情形及筹办巡哨请旨事》，乾隆五十七年七月二十九日，中国第一历史档案馆藏朱批奏折，档号：04—01—01—0446—002。

表 1-1　清代广东省内外洋岛澳垂直距离海岸或岛岸一览　　　　　　　　　　单位：千米

	南澳	三澎	海山岛	广澳湾	海门湾	靖海湾	神泉港	甲子港	碣石湾	遮浪表	龟龄岛	长沙港	小漠港	沱宁	将军澳	沙角	大角	大杙岛	海陵	海陵湾
内洋距离	9.0	19.0	1.0	0	0	0	0	0	0	2.5	4.5	0	0	4.0	0	0	0	3.1	4.0	0
内洋	青洲岛	竹洲	博贺港	水东港	博茂港	东海岛	硇洲岛	东头山岛	雷州湾	新寮	海安湾	角尾湾	乌石港	海康港	安铺港	钦州湾	珍珠港	抱虎角	铺前港	临高角
距离	3.0	4.0	0	0	0	2.0	3.0	1.5	0	1.9	0	0	0	0	0	0	0	0	0	0
外洋	莱屿岛	牧江	香港岛	担扦列岛	外伶仃	万山	蒲台岛	大屿山	黄茅岛	内伶仃	淇澳岛	荷包岛	上川岛	下川岛	乌猪	浮洲	大镬	二镬	大放鸡	小放鸡
距离	9.5	5.0	5.0	29.0	28.5	19.5	14.0	5.2	10.0	6.0	5.0	8.5	9.0	5.0	29.0	9.5	10.0	19.0	9.5	7.0
外洋	涠洲岛	斜阳	大洲岛	七洲洋	白龙尾岛															
距离	57.0	47.5	12.0	21.0	126.0															

的岛澳均划入内洋，凡是远离海岸或府厅治岛岸的岛屿和洋面均划入外洋。那么，这个结论中的"靠近"和"远离"的确切含义是什么？因此，我们需要进一步观察。

本书依据的两套地图主要是满足军事需要，所标记的岛礁是比较详细的。我们在比对时，发现现代地图比例尺较大，标注的岛屿太少，加之古今地名变化较大，在现代地图中很难一一找到其内洋与外洋岛屿的对应位置。为了观察的便利，我们暂时以古今地图名称完全一致的岛礁为代表，计算其与海岸或岛岸的垂直距离。

从表1-1中可以看出，内洋与海岸或岛岸的垂直距离一般不会超过5千米，外洋与海岸或岛岸的距离一般在5千米以上。因此，我们得到的结论是：凡是靠近海岸或府厅治岛岸的岛澳均划入内洋，凡是远离海岸或府厅治岛岸的岛屿和洋面均划入外洋。这里的"靠近"是指5千米以内，这里的"远离"是指5千米以外。外洋的外缘距离海岸或岛岸的距离是不规则的，有的距离不过数十里，有的距离125千米以外（例如，白龙尾岛距离126千米）。

六 关于广东水师的巡洋会哨规定与章程

（一）康熙、雍正与乾隆时期关于巡洋会哨的规定与章程

从康熙时期开始建立巡洋制度，一直到嘉庆年间，经历了一系列复杂的演变。① 现在仅以广东为例，说明其演变历程。②

1689年，议准：水师总兵官不亲身出洋督率官兵巡哨，照规避例革职。③

1704年，议准：广东沿海地方派定千把总带兵会哨，副、参将每月巡察，每年春秋之际委令总兵统巡。④

1709年，议准：闽、粤、江、浙四省每年轮委总兵官亲领官兵，

---

① 王宏斌：《清代内外洋划分及其管辖问题研究》，《近代史研究》2015年第3期。
② 王宏斌：《清代前期广东水师巡洋会哨章程述论》，《国家航海》第15辑，上海古籍出版社2016年版，第57—70页；王宏斌：《海防图中看南海》，《光明日报》2016年7月24日图像笔记版。
③ 严如煜：《洋防辑要》，卷二，《洋防经制上》，学生书局1975年影印，第4页。
④ 程嘉谟编：《钦定大清会典则例》（乾隆朝）卷一一五，第46页，乾隆二十九年（1764）编，见《文津阁四库全书》第623册。

自二月初一日出洋，在所属洋面周遍巡查，至九月底撤回，遇有失事、获贼，照例分别题参、议叙。如总兵官不亲身出洋巡哨者，令该督、抚、提指名题参。①

1710—1712 年，福建同安人吴升任广东水师副将，曾经亲自前往所辖洋面巡阅。"自琼、崖，历铜鼓，经七洲洋、四更沙，周遭三千里，躬自巡视，地方宁谧。"② 由此可知，康熙晚期，水师已经对海南岛周围的海域实施了军事管辖。

1718 年，议准：南澳属闽、粤交界，琼州孤悬海外，额设南澳总兵及琼州水师副将，应令各带标员专巡本管洋面，自南澳而西，平海营而东，分为东路，以碣石总兵、澄海水师副将轮为统巡，带领协镇标员及海门、达濠、平海等营员为分巡。自大鹏营而西，广海寨而东，分为中路，以虎门、香山两协水师副将轮为统巡，带领两协标员及大鹏、广海两营游守等官为分巡。自春江协而西，龙门协而东，分为西路，以春江、龙门两协水师副将轮为统巡，带领两协标员及电白、吴川、海安、硇洲等营员为分巡。共派为三路，每年分为两班巡查，如遇失事，照例查参。③

1725 年，广东提督万际瑞奉旨，与琼州镇总兵黄助会商该省巡洋会哨事宜。"臣等愚见，各营分遣游、守等官，龙门协巡至海安，海安营巡至硇州，硇洲营巡至吴川，吴川营巡至电白，电白营巡至春江，春江协巡至广海，广海寨巡至香山。香山东至南澳亦一体交环。无事则来往游巡，保固汛防；有警则奋力追擒，无分疆界。上下各汛联络，循环交相巡哨，则奸船自无可乘之隙矣。且所巡洋面已于遍历，务限一月之内往复一周，始则自东而西，继则自西而东。各取地方官印结查验，以杜中途停泊之弊。再，或按季轮委总兵、副将一员，亲历巡查，以稽查各汛之勤惰。如有巡哨不力者，立即揭参。"④

1736 年，议准：广东西路洋面分为上下二路，自春江至电白、吴川、硇洲为上路。上班以春江协副将为总巡，下班以吴川营游击为总巡。率领春江、电白、吴川、硇洲各营员为分巡，均于放鸡洋面会巡至

---

① 卢坤、邓廷桢主编：《广东海防汇览》，王宏斌等校点，第 659 页。
② 怀荫布主修，黄任、郭赓武等纂：《泉州府志》卷五六，乾隆二十八年（1763）刻本，第 43—44 页。
③ 程嘉谟编：《钦定大清会典则例》（乾隆朝）卷一一五，第 50 页，乾隆二十九年（1764）编，见《文津阁四库全书》第 623 册。
④ 《世宗宪皇帝朱批谕旨》卷一五九，乾隆三年（1738）刻本，第 3 页。

硇洲一带。自海安至龙门为下路，上班以海安营游击为总巡，下班以龙门协副将为总巡。率领海安、龙门各营员为分巡，均于琼州洋面会巡所属一带。至上路之电白营游击上班随巡，听春江协副将统领，电白营守备下班随巡，听吴川营游击统领。如遇本营洋面失事，分别题参。①

雍正、乾隆之际，水师巡洋缺乏章程约束，比较随意散漫。蓝鼎元指出："官兵巡哨但出稍远，略观港口、岛澳，虽有贼船，何处停泊，岂果必发矢开枪，而有拒敌之患乎？大帅小弁分哨、会哨，非不耀武扬威，昂然身登战舰，张大其事。名曰：出师。乃南澳出师不过长山尾，澄海出师不过沙汕头，达濠出师不过河渡，海门出师不过猷湾，碣镇出师不过甲子、天妃庙，坐守数月，及瓜而还，罕有离岸十余里，试出海面优游者，商船被劫，虽城下也诿之外洋，虽营边亦移之邻境，彼此互推，经年不倦。若其海菜鱼虾，微利所在，战胜攻取，如临大敌，太平无事，习于性成。"②

1750年11月，《题定巡哨章程》"春江协属水师右营，所管阳江县属洋面，从前议准自春江至电白、吴川、硇洲为西上路，上班以春江协副将为统巡，带领协镇员弁及春江、电白、吴川、硇洲各营员为分巡，其每年上班副将带领协标、随巡千把，配驾兵船于二月初一日出海，统巡西上路一带洋面。三月初十日，东与虎门协副将会哨于广海大澳洋面，嗣于乾隆十二年内奉行，与左翼镇会哨。五月初十日，西与海安营游击会哨于硇洲洋面，均照例联衔会印通报。五月底撤师。春江协标水师右营守备，所管阳江县属洋面，从前议准，原定巡期每年上班右营守备于二月初一日出洋，分巡所属洋面，听本协副将统巡，每月照例酌定与上下邻营会哨各一次，通报。上半月西与电白营洋巡员弁舟师会哨于春江、电白交界之青洲洋面，下半月东与广海寨洋巡员弁舟师会哨于春江、广海交界之葛洲洋面。五月底撤师。春江协标中军都司，每年下班轮派带领随巡千把，配驾兵船于六月初一日出洋，分巡协属右营海面，听吴川营都司统巡，原定巡期每月照例酌定与上下邻营会哨各一次，通报上半月西与电白营洋巡员弁舟师会哨于春江、电白交界之青洲洋面，下半月东与广海寨洋巡员弁舟师会哨于春江、广海交界之葛洲洋面。九月底撤师。"③

乾隆二十五年三月十六日，两广总督李侍尧认为，广东左翼镇总兵官

---

① 卢坤、邓廷桢主编：《广东海防汇览》，王宏斌等校点，第661页。
② 蓝鼎元：《潮州海防图说》，《鹿洲初集》卷一二，第42—43页。
③ 卢坤、邓廷桢主编：《广东海防汇览》，王宏斌等校点，第675—676页。

原来驻扎在顺德县，统辖标下三营，均系内河水师，兼辖虎门、香山、春江、广海各协营俱是外海水师。于乾隆二十二年，前任总督，以镇臣驻扎内河，不能亲历外洋，调度难合机宜，奏请将左翼镇总兵以及标下中营、右营游击移驻虎门，改为外海水师，虎门副将、都司移驻顺德县，改为内河水师，镇标左营改为新塘营，就近归提督统辖，附近虎门之新安营游击改为镇标左营，仍驻新安。兵部批准在案。移驻之后，虽有该镇随时带领标员稽查内河、外海，以为声援之语，而每年二月至五月上班统巡，仅以标下中、右二营游击轮流派委，缺少镇臣应于何时出洋条例规定。如此，水师总兵于巡海舟师徒有统辖之名，"究无亲身调度之实"。相比而言，碣石、南澳二镇每年俱系按照班期，率领将备，坐驾船只出洋游巡会哨。而左翼镇总兵驻扎的虎门系广东海防第一要区，"乃止令其移驻海口，并不定期巡洋，其于海面岛屿之扼要，风云沙线之险夷，全未周知，安能使之提纲挈领，措置咸宜。况粤省各路上下两班洋巡，俱以总兵、副将等官为统巡，参、游以下为随巡，俾令有所统摄"。为此，他奏请："臣愚以为，左翼总兵既改为外海水师，即应照碣石、南澳二镇之例，一体出洋游巡，以重职守。应请嗣后轮巡中路洋面，上班以左翼镇总兵带领标员为统巡，仍于中、右二营游击中酌留一员驻扎该处弹压稽查；其下班统巡，原系香山协副将，应照旧例遵行。"①

乾隆前期，规定：南澳镇统巡闽粤洋面，带领本标左营兵船三只、右营兵船三只，水师提标兵船二只，六月十五日，东与福建金门总镇会哨于铜山大澳；九月初十日，西与澄海协副将会哨于莱芜。右营守备带领千总、把总二员，战船三只，每月初十日，西与澄海协营都守会哨于五屿；每月二十四日，东与本标左营会哨于虎仔屿；右营游击带领千总、把总二员，战船三只，会哨处所、日期，每月与守备相同。澄海协都司巡哨带领左右营千把二员，战船三只，每月初十日，东与南澳镇标右营会哨于五屿，每月二十日，与达濠营守备会哨于莲澳交界。澄海协副将统巡，都守轮派一员，千、把各一员随巡，兵船四只，七月初十日，西与香山协副将会哨于平海大星澳；九月初十日，东与南澳总镇会哨于莱芜；随巡守备会哨处所、日期与每月都司同。海门营参将巡哨，带领千把一员，战船二只，每月初十日，东与达濠营守备会哨于钱澳之

---

① 《两广总督李侍尧奏请酌定镇臣巡洋并酌复都守轮防老万山之旧例以重海疆事》，乾隆二十五年三月十六日，中国第一历史档案馆藏朱批奏折，档号：04—01—01—0242—006。

外龙头鼻交界；每月二十日，西与碣石镇左营游击会哨与神泉交界。守备巡哨，带领千把一员，战船二只，会哨处所、日期与每月参将巡哨同。达濠营守备巡哨兵船一只，每月初十日，西与海门营参将会哨于钱澳之外龙头鼻交界，每月二十日，东与澄海协营守备会哨于莲澳交界。千总巡哨，兵船一只，会哨处所、日期与每月守备巡哨同。①

大致说来，在乾隆四十五年以前，广东省已经初步形成了一套巡洋会哨章程。"系分东、中、西三路，各镇、协、营分为上、下两班，统带兵船，出海巡游，自澄海至平海为东路，上班以碣石镇为统巡，下班以澄海协副将为统巡；自大鹏至广海为中路，上班以左翼镇为统巡，下班以香山协副将为统巡；自春江至硇洲为西上路，上班以春江协副将为统巡，下班以吴川营都司为统巡；自海安至龙门为西下路，上班以海安营游击为统巡，下班以龙门协副将为统巡，海口营本管洋面，上班以参将为统巡，下班以右营守备为统巡。向来由臣衙门（即两广总督衙门）派拨。上班自二月初一日起至五月底止；下班自六月初一日起至九月底止出洋巡哨。其自十月至次年正月底止，向未派拨统巡。"② 由于十月初一至正月底止长达四个月的时间里虽有季巡、随巡员弁，并无统巡大员在洋，兵部认为有关海疆安危，于是奏请皇帝饬令广东修订巡洋会哨章程，完善巡洋制度。两广总督巴延三接到皇帝谕令，遂决定改变巡逻会哨时间。"各路洋巡每年改定六个月为一班，上班自正月初一日起至六月底止，下班自七月初一日起至十二月底止，递相更换，周而复始，于洋面较为周密。至统巡各员例应会哨，上班仍以三月初十、五月初十为期，毋庸更易。下班统巡各员，既改于七月初一日出海，而旧定会哨之期系于是月初十，为期太迫，恐难如期会哨。应将下班会哨之期改为八月初十、十月初十，俾免迟误。仍查照向例，委员按期稽查，使无捏饰之弊。其会哨处所，俱照原定洋名，以免纷更。"③

上述章程最后得到清廷批准："遵照部议酌改巡洋会哨日期案内，请将外海水师各镇、协、营各路巡洋每年改定六个月为一班，分为上下

---

① 周硕勋纂：《潮州府志》卷三六，兵防，光绪十九年（1893）重刻本，第51—53页。
② 《两广总督巴延三奏为酌改巡洋日期事》，中国第一历史档案馆藏录副奏折，档号：03—04666—057。
③ 《两广总督巴延三奏为酌改巡洋日期事》，中国第一历史档案馆藏录副奏折，档号：03—04666—057。

两班递相更换,周而复始。统巡各员,上班会哨日期仍以三月初十日、五月初十日为期,毋庸更易,下班统巡各员会哨日期改为八月初十日、十月初十日,俾免迟误。其会哨处所,仍俱照原定洋名。"①

(二) 嘉庆七年《核定洋巡章程》

乾嘉之际,东南海防危机陡然爆发,中国海盗横行于江、浙、闽、粤洋面,安南海盗船也趁机窜犯广东洋面,不仅公然袭击商船,甚至敢于登岸袭击村镇居民。因海盗充斥,自南澳至琼崖,千有余里,广东水师战船虽有大小百数十号,仅能分防本营洋面,不敷追捕,以致商船报劫频闻。因战船质量不佳,难于深入大洋,历年捕盗俱赁用东莞米艇,而船只不多,民闻苦累。两广总督筹款十五万两,制造二千五百石大米艇四十七艘,二千石中米艇二十六艘,一千五百石小米艇二十艘。限三月造竣,按通省水师营,视海道远近,分布上下洋面,配兵巡缉,以佐旧船所不及。②

1801年2月22日(嘉庆六年正月初十日),一股安南海盗由白龙尾外洋而来,试图在雷州府遂溪县田头和东头山等地方登岸,抢夺沿海民人什物,先后被陆路清军击退。③

面对日益严峻的形势,两广总督吉庆集中三路兵船,寻找战机,试图一举消灭海盗。他认为,旧的巡洋会哨制度效果不佳,现在不必坚持。"其洋巡会哨不过循例举行,从未见获盗。现在正当需兵捕盗之际,若由三路捕船及防守炮台兵丁内抽拨巡哨,是以有用之兵,置之无用,于捕务实无裨益。"为此,他奏请道:"所有粤省各营巡洋会哨,请俟海洋肃清,三路兵船撤回后,再行循照旧例举行。"④

然而,北京的官员认为巡洋会哨可以消弭危机,要求沿海各省认真执行巡洋会哨条例和章程。兵部参奏:"广东省本年秋冬海洋统巡官俱系千把代巡,并不遵例委派大员,请将该督交部议处。"嘉庆五年二月,

---

① 卢坤、邓廷桢主编:《广东海防汇览》,王宏斌等校点,第666页。
② 赵尔巽等撰:《清史稿》卷一三五《兵志六》,中华书局1976年版,第3985—3986页。
③ 《两广总督吉庆署理广东巡抚瑚图礼奏为夷洋盗匪潜入粤洋督饬严拿事》,嘉庆六年二月十七日,中国第一历史档案馆藏朱批奏折,档号:04—01—01—0483—034。
④ 《两广总督吉庆奏为粤省各营巡洋会哨请俟海洋肃清三路兵船撤回后再循例举行事》,嘉庆四年八月初五日,中国第一历史档案馆藏朱批奏折,档号:04—01—03—0037—022。

清廷为此发出上谕："各省沿海水师，其统巡系专责，嗣因日久生懈，委他员替代，甚至有以千把外委等员辗转替代者，殊非慎重海疆之道。曾经降旨通饬沿海省份各督抚，毋得仍前滥派，以杜借端规避之弊。久经部臣行知。该督抚自应钦遵办理。乃此次吉庆所派总巡各员，俱仍系千把代替，殊属非是。巡洋本系总兵专责，即偶遇事故，亦当遴委副、参大员前往代巡，何至派及千把末弁。岂该督接奉前旨，竟不遵照办理耶！所有原派之总督吉庆、率行题报之署总督瑚图礼及不遵例开送之提督孙全谋，均著明白回奏。"①

孙全谋复奏，说明本年下班巡洋舟师因一时乏人而委派千把代巡，违犯了巡洋制度，难辞其咎②。两广总督吉庆承认，因水师镇将乏人，始派就近之员通融办理，并自请严议。署理总督瑚图礼也承认，于移交派委统巡洋面武员要务，并未细心查核，率行题报。嘉庆皇帝为此发出谕令，谴责说："海洋统巡，例应总兵大员前往，即委员代巡，该省岂无副、参、游、都各员，可以派去，何至差委千把微末。自系因循积习，漫不经心，殊属非是。吉庆、瑚图礼，俱著交部议处。至孙全谋身为提督，海洋巡哨是其专责，率行派委末弁，自难辞咎。"③

在这种情况下，两广总督吉庆和水师提督孙全谋不得不考虑变通方案，既要保障各路缉盗兵船的总体力量，又要适当分配力量继续坚持巡洋会哨制度。"总期不致顾此失彼方为妥善。"④ 经过几番商议，于1801年《核定洋巡章程》，"将粤洋区分东、中、西上、西下四路设立洋巡船只，就各镇协营所辖洋面地方，派拨镇将备弁等员，率带本管兵丁，每船三、四、五十名不等，配置炮火器械，定为统巡、总巡、分巡、会哨各名目，分别上、下两班，先将各员职名造册送部，遇有失事，即按照原报各职名题参疏防"⑤。

---

① 《署理两广总督瑚图礼奏为奉旨据实回奏未经细心查核巡洋武员率行题奏请交部议处事》，嘉庆五年十二月二十三日，中国第一历史档案馆藏朱批奏折，档号：04—01—16—0091—153。

② 《广东提督孙全谋奏为遵旨明白回奏本年下班巡洋舟师一时乏人以千把总代巡事》，嘉庆五年十二月二十六日，中国第一历史档案馆藏朱批奏折，档号：04—01—16—0091—154。

③ 《清仁宗实录》卷七八，嘉庆六年正月癸巳，见《清实录》第29册，中华书局1986年版，第7页。

④ 《两广总督吉庆奏为遵例派拨巡洋镇将事》，嘉庆六年正月二十二日，中国第一历史档案馆藏朱批奏折，档号：04—01—16—0092—004。

⑤ 卢坤、邓廷桢主编：《广东海防汇览》，王宏斌等校点，第673页。

第一章 清代前期广东内外洋划分与水师职责　109

1802年3月，两司议定的巡洋会哨章程，重点规定了相邻两个水师营、协、镇会哨的时间和地点，意在督促水师官兵在洋巡逻尽职尽责。

表1-2　　　　　　　　广东水师巡洋会哨时间地点一览

区别	上班	下班
东路	统巡：澄海协与左翼镇三月初十日在归湖会哨。 总巡：除随统巡会哨外，南澳镇右营与碣石镇中营五月初十日在归湖会哨。 分巡：除随统巡、总巡会哨，澄海协左营与达濠营正、二、五各月每月二十日在莲澳表会哨，海门营与碣石镇左营正、三、五各月每月二十日在归湖会哨，澄海协左营与南澳镇右营二、四、六各月每月二十五日在五屿会哨，海门营与达濠营二、四、六各月每月二十五日在龙潭鼻会哨	统巡：南澳镇与碣石镇八月初十日在归湖会哨。 总巡：除随统巡会哨外，海门营与碣石镇左营十月初十日在归湖会哨。 分巡：除随统巡、总巡会哨外，澄海协都司与南澳镇右营七、九、十一各月每月二十五日在五屿会哨，澄海协右营与达濠营七、九、十一各月每月二十五日在莲澳表会哨，澄海协都司与澄海协右营八、十、十二各月每月二十日在莱芜会哨，海门营与达濠营八、十、十二各月每月二十日在龙潭会哨
中路	统巡：左翼镇与澄海协三月初十日在归湖会哨，左翼镇与春江协五月初十日在广海大澳会哨。 总巡：除随统巡会哨外，碣石镇中营与南澳镇右营五月初十日在归湖会哨，平海营与左翼镇左营二月初十日在笤州会哨，广海寨与电白营二月初十日在大澳会哨，平海营与碣石镇中营四月初十日在乌山头会哨，左翼镇左营与广海寨四月初十日在龙穴会哨。 分巡：除随统巡、总巡会哨外，碣石镇右营与平海营正、三、五各月每月二十日在乌山头会哨，碣石镇左营与海门营正、三、五各月每月二十日在归湖会哨，左翼镇左营与左翼镇中营正、三、五各月每月二十日在龙穴会哨，香山协左营与香山协右营正、三、五各月每月二十日在三灶会哨，碣石镇右营与碣石镇左营二、四、六各月每月二十日在东桔会哨，左翼镇中营与香山协右营二、四、六各月每月在龙穴会哨，左翼镇右营与香山协左营二、四、六各月每月二十五日在龙穴会哨，大鹏营与平海营二、四、六各月每月二十五日在三管笔会哨	统巡：碣石镇与南澳镇八月初十日在归湖会哨，高州镇与碣石镇十月初十日在广海大澳会哨。 总巡：除随统巡会哨外，碣石镇左营与海门营十月初十日在归湖会哨，香山协与春江协都司九月初十日在大澳会哨，大鹏营与左翼镇中营九月初十日在笤洲会哨，大鹏营与碣石镇左营十一月初十日在乌山头会哨，香山协与左翼镇中营十一月初十日在龙穴会哨。 分巡：除随统巡、总巡会哨外，碣石镇中营与碣石镇右营七、九、十一各月每月二十五日在归湖会哨，左翼镇左营与左翼镇右营七、九、十一各月每月二十五日在龙穴会哨，香山协右营与香山协左营七、九、十一各月每月二十五日在三灶会哨，平海营与大鹏营七、九、十一各月每月二十五日在三管笔会哨，平海营与碣石镇右营八、十、十二各月每月二十日在乌山头会哨，左翼镇左营与大鹏营八、十、十二各月每月二十日在笤州会哨，香山协左营与广海寨八、十、十二各月每月二十日在燕子排会哨，香山协右营与左翼镇右营八、十、十二各月每月二十日在龙穴会哨

续表

区别	上班	下班
西上路	统巡：春江协与雷琼镇三月初十日在硇洲会哨，春江协与左翼镇五月初十日在广海大澳会哨。 总巡：除随统巡会哨外，电白营与广海寨二月初十日在大澳会哨，硇洲营与雷州营二月初十日在广州湾会哨，电白营与硇洲营二月初十日在广州湾会哨。 分巡：除随统巡、总巡会哨外，春江协右营与电白营正、三、五各月每月二十日在青洲会哨，吴川营与硇洲营正、三、五各月每月二十日在广州湾会哨，春江协右营与广海寨二、四、六月每月二十五日在葛州会哨，吴川营与雷州营右营二、四、六各月每月二十五日在广州湾会哨	统巡：高州镇与龙门协八月初十日在硇洲会哨，高州镇与碣石镇十月初十日在广海大澳会哨。 总巡：除随统巡会哨外，春江协都司与香山协九月初十日在大澳会哨，吴川营与雷州右营九月初十日在广州湾会哨，春江协都司与吴川营十一月初十日在白茂会哨。 分巡：除随统巡、总巡会哨外，电白营与吴川营七、九、十一各月每月二十五日在那蒌湾会哨，广海寨与春江协右营七、九、十一各月每月二十五日在葛州会哨，电白营与春江协右营八、十、十二各月每月二十日在青洲会哨，硇洲营与雷州右营八、十、十二各月每月二十日在广州湾会哨
西下路	统巡：雷琼镇与春江协三月初十日在硇洲会哨。 总巡：除随统巡会哨外，雷州营与硇洲营二月初十日在广州湾会哨，海口营与雷州营四月初十日在高排会哨，海口营与崖州营在新英港会哨。崖州营僻处琼州之南，距海口洋面遥远，会哨不能指定日期，应令崖州营总巡随时酌量情形与海口营总巡会哨一次，毋庸定以日期。 分巡：除随统巡会哨外，龙门协左营与海安营正、三、五各月每月二十日在涠洲会哨，龙门协左营与龙门协右营二、四、六各月每月二十五日在三口浪、乌雷二汛适中海面会哨，海安营与海口营左营二、四、六各月每月二十五日在铜锣沙会哨，海口营左营与崖州营在新英港会哨。崖州营僻处琼州之南，距海口洋面遥远，分巡会哨不能指定日期，应令崖州营分巡随时酌量情形与海口分巡会哨一次，毋庸定以日期	统巡：龙门协与高州镇八月初十日在硇洲会哨。 总巡：除随统巡会哨外，雷州营右营与吴川营九月初十日在广州湾会哨，海口营与雷州营右营十一月初十日在高排会哨，海口营与雷州营在东澳港会哨。崖州营僻处琼州之南，距海安洋面遥远，总巡会哨不能指定日期，应令崖州营总巡随时酌量情形与海安营总巡会哨一次，毋庸定以日期。 分巡：除随统巡、总巡会哨外，龙门协右营与海安营七、九、十一各月每月二十五日在涠洲会哨，龙门协右营与龙门协左营八、十、十二各月每月二十日在三口浪、乌雷二汛适中海面会哨，海口营右营与海安营八、十、十二各月每月二十日在铜锣沙会哨，海口营右营与崖州营在东澳港会哨。崖州营僻处琼州之南，距海口洋面遥远，分巡会哨不能指定日期，应令崖州营分巡随时酌量情形与海口营分巡会哨一次，毋庸定以日期

资料来源：卢坤、邓廷桢主编：《广东海防汇览》，王宏斌等校点，第 680—684 页。

从表1-2中可以看出，该章程对于水师官兵的巡洋会哨地点做了明确规定。但是，由于处在闽、浙、粤海盗活动特别猖獗时期，水师官兵必须全力以赴镇压艇匪，定期巡洋力量难免单薄，不仅战船难以保证，而且抽调士兵巡洋，也是挖东墙补西墙，到处捉襟见肘，巡洋会哨章程自然很难执行到位。执行力是制度刚性的体现，当现实条件缺乏执行力时，二者之间必然发生矛盾，必须加以调整和变通。"嗣因洋匪充斥，盗艘日聚，师船亦渐加增，每船兵数亦加配至七八十名，或百余名，何处报有匪船，即往何处缉捕，师船不能守定一方，又未便分帮散处，以致常川出洋，竟无宁岁。且出洋官兵为数过多，则水师应管之各口岸、炮台、汛堡不能不以陆路兵丁贴防、代守，纷纷征调，不特经费多縻，而以陆兵派守水汛，既未能追捕海盗，转致陆路营汛兵单，不足以资防御。"①

（三）1810年《巡洋会哨章程》

两广总督百龄于1809年5月到任。是时，各帮匪船百十为群，纵横海面，不得不以剿灭海盗为其首要任务。翌年，大股海盗或被消灭，或已投诚，海洋趋于平静，巡洋制度因之需要调整。在百龄看来，若仍令舟师以缉捕为名，连樯聚泊海港，固然不可。但若恢复旧的巡洋会哨制度，"以本汛之官兵巡本汛之洋面，船则零星散布，兵则各守一隅，于声势未能联络。设本境有聚匿之匪艇，或闽洋有逃窜盗帮，势难迅速兜擒，亦不足以昭慎重"②。是时，新旧米艇数量较多，加之投诚船只，广东水师拥有的船只较多，水师兵丁也陆续增加了八百余名，总数达到20000余人，可谓"兵充船足之际"。根据水师现状，百龄遂决定于160号师船内挑出140只，拟以虎门迤东大鹏营辖之佛堂门起至迤西广海寨之大澳一带洋面，区分为中路，设船30号；南澳镇、澄海协、达濠、海门等营所管洋面，区分为东上路，设船30号；碣石镇、平海营所辖洋面区分为东下路，设船20号；新设之阳江镇、广海、电白、东

---

① 《两广总督百龄广东巡抚韩崶奏为筹议分路派船巡缉洋面章程事》，嘉庆十五年八月初六日，中国第一历史档案馆藏朱批奏折，档号：04—01—01—0518—040。

② 同上。

山等营所辖洋面，区分为西上路，设船20号；新设之海口协、龙门协、海安、崖州等营所辖洋面，区分为西下路，设船30号。"仍定以统巡、总巡、分巡、会哨名目，责成各镇将备等官，率带各路兵丁按照派定界限，分别上下两班，实力巡哨、搜捕。"如此这般，"仍令提督于每年春秋两次亲往东、西两路分查洋面，夏、冬二季游巡内河，并校阅水师技艺。仍将查过情形自行陈奏，并咨报总督衙门，以便派员覆查。如此纲举目张，星罗棋布，海路既不致空虚，水师亦得均劳逸。船虽分而势合，兵虽少而用精，于巡防益昭严密"①。

两广总督与广东布政使、按察使等为此共同厘定了《分段派拨巡洋章程》，规定水师各镇、协、营的巡洋会哨的时间和地点和频率，大致情况如表1-3。

表1-3　　　　　　　广东水师兵力配置与巡洋会哨一览

区别	巡洋战船与兵力配置	上班	下班
东上路②	设立师船30号，配南澳右营，澄海左、右营，海门、达濠各营水师兵1500名，巡缉南澳镇右营，澄海协左、右二营，达濠、海门二营所辖洋面	统巡为澄海协副将；总巡为南澳镇右营游击；分巡为澄海协左营守备、海门营守备、达濠营守备，分巡各营派定洋面。以千把总作为协巡，每年三月、五月订定日期，至碣石甲子洋面，与碣石镇会哨	统巡为南澳镇总兵；总巡为海门营参将；分巡为澄海协中军都司、南澳镇右营守备、澄海协右营守备，分巡各营派定洋面。海门、达濠二营守备派在上班分巡，下班无守备，每年八月、十一月订定日期，至碣石甲子洋面与碣石镇会哨

---

① 《两广总督百龄广东巡抚韩崶奏为筹议分路派船巡缉洋面章程事》，嘉庆十五年八月初六日，中国第一历史档案馆藏朱批奏折，档号：04—01—01—0518—040。
② 南澳、澄海、达濠、海门各营，共额设水师兵三千七百四十一名，除配驾师船一千五百名外，尚存营兵二千二百四十一名。

续表

区别	巡洋战船与兵力配置	上班	下班
东下路①	设立师船20号，配碣石镇标三营、平海营水师兵1000名，巡缉碣石镇中左右三营，及平海营所属洋面	统巡为平海营参将，总巡为碣石镇中营游击，分巡为碣石镇右营都司、碣石镇左营守备，分巡各营派定洋面，每年三月、五月订定日期，东上甲子洋面与南澳镇会哨	统巡为碣石镇总兵；总巡为碣石镇左营游击；分巡为碣石镇中营守备、碣石镇右营守备、平海营守备，分巡各营派定洋面，每年八月、十一月东上甲子洋面与南澳镇会哨，九月、十二月西下大鹏、佛堂门洋面与中路提督会哨
中路②	设立师船30号，配水师提标中左右三营、香山协左右营、大鹏营水师兵1500名，巡缉水师提标中、左、右三营，香山协，大鹏营所辖各洋面	统巡为香山协副将；总巡为水师提标中营参将；分巡为水师提标左营游击、水师提标右营守备、香山协左营都司、香山协右营守备、大鹏营守备，分巡各营派定洋面，每年三月、五月驶往大澳洋面与阳江镇会哨	统巡为大鹏营参将；总巡为水师提标右营游击；分巡为水师提标左营守备、水师提标中营守备、香山协右营都司、香山协左营守备，分巡各营派定洋面。出洋以该营千把总为协巡，每年九月、十二月驶往大鹏、佛堂门洋面与碣石镇会哨
西上路③	设立师船20号，配阳江镇标左右营、广海寨、东山营水师兵1000名，巡缉阳江、广海、电白、东山各营所辖洋面④	统巡为阳江镇总兵；总巡为广海寨游击；分巡为阳江镇右营都司、阳江镇左营守备，分巡各营派定洋面。出洋以该营千把总作为协巡。每年三月、五月往大澳洋面与中路虎门师船会哨	统巡为海口协副将；总巡为阳江镇中军游击；分巡为阳江镇右营守备、广海寨守备、东山营守备，分巡各营派定洋面。每年八月、十一月驶往吴川洋面与东海兵船会哨

① 碣石、平海各营共额设水师兵三千二百七十七名，除配驾师船一千名，尚存营兵二千二百七十七名。

② 水师提督不时出洋督巡，每年春季二月往西巡至龙门，秋季八月往东巡至南澳，稽查各镇协营洋面，并阅水师营伍，夏季六月、冬季十二月往内河各营游巡，外海、内河有无盗匪情形，提督按春、秋二季自行陈奏一次，并咨报总督衙门查考。

③ 新设阳江镇、东山营及广海寨共额设水师兵二千六百零七名，除配驾师船一千名外，尚存营兵一千六百零七名。西路东海地方设立师船十号，酌驾吴川、硇洲各营兵丁五百名，即派硇洲营都司、吴川营都司、吴川营守备并带各营千把总于东海、硇洲、广湾洲洋面巡缉。吴川、硇洲二营共额设水师兵一千三百三十二名，除配驾师船五百名外，尚存营兵八百三十二名，足敷防守。每年三月、五月驶往吴川与西下路西海师船会哨，八月、十一月与西上路兵船在吴川洋面会哨。

④ 西上路新设阳江镇、东山营及广海寨共额设水师兵二千六百零七名，除配驾师船一千名外，尚存营兵一千六百零七名。

续表

区别	巡洋战船与兵力配置	上班	下班
西下路①	西下路设立师船30号，配海口左、右营、海安、龙门协左、右营、崖州营兵丁1500名，巡缉西海之海口、乌石、草潭、涠洲、沙桁及琼州所属澄临、儋崖、昌感各洋面	统巡为崖州营参将；总巡为海口协中军都司、龙门协左营都司；分巡为龙门协右营守备、海安营守备、海口协左营守备，分巡各营派定洋面。出洋应以本营千、把总作为协巡。每年三月、五月驶往吴川洋面与东海兵船会哨	统巡为龙门协副将；总巡为海安营游击、龙门协右营都司；分巡为龙门协左营守备、崖州营守备、海口协右营守备，分巡各营派定洋面。出洋应以本营千把总作为协巡。每年九月、十一月往西巡至龙门、白龙尾，平时在海口、乌石、草潭、涠洲、沙桁及琼州所属洋面常川巡缉

资料来源：卢坤、邓廷桢主编：《广东海防汇览》，王宏斌等校点，第685—691页；嘉庆《雷州府志》卷十三记载："西下路共派米艇船三十只，本营配驾七只，每年哨巡：上班派崖州营参将为统巡，本营守备为分巡；下班派龙门副将为统巡，本营游击为总巡。上班于三、五两月每月巡至吴川洋面，与东海兵船会哨；下班于九、十一月每月巡至龙门白龙尾洋面，平时在海口、乌石、草潭、涠洲、沙桁及琼州等处洋面常行巡缉。"（《中国地方志集成》，广东府县志辑第43辑，上海书社、巴蜀书社、江苏古籍出版社2000年影印本，第340页。）

从表1–3中可以看出，无论是统巡、总巡，还是分巡，何人负责巡洋，何时何地会哨，均有明确规定。与1801年的章程基本配套。不过，制度设计总是有严密的地方也有比较粗疏的地方。相对而言，对于阳江以东地区的巡洋规定是比较细密的，而对于西下路的兵力配置不仅比较粗疏，而且比较单薄。

（四）1811年《雷琼镇派拨巡洋章程》

1811年，针对西下路章程规定比较粗疏的缺点，又厘定了《雷琼镇派拨巡洋章程》，对西下路分防范围、会哨的地点和时间又进行了补

---

① 龙门、海口、海口、崖州各营共额设水师兵四千四百三十一名，除配驾师船一千五百外，尚存营兵二千九百三十一名。

充性规定①，详如表6。

表1-4　　广东西下路水师巡洋会哨时间地点上下班对照一览

区别	上班	下班
西上路	统巡：阳江镇总兵。统巡镇标左、右二营、广海寨、吴川、硇洲营、东山营各属洋面。 总巡：阳江镇右营都司。总巡阳江镇左、右二营、广海寨各属洋面。 分巡：阳江镇左营守备、广海寨守备分巡本管洋面，并各营管驾千把总。每年三月初十日，在黄茅洲洋面，与中路虎门师船会哨；五月初十日，在硇洲洋面，与西下路海口师船会哨	统巡：阳江镇中军游击。统巡镇标左、右二营、广海寨、吴川营、硇洲营、东山营各属洋面。 总巡：广海寨游击。总巡镇标左、右二营，广海寨各属洋面。 分巡：阳江镇右营守备。 协巡：广海寨，并各驾千把总，每年八月初十日在黄茅洲洋面，与中路虎门师船会哨，十一月初十日在硇洲洋面，与西下路海口师船会师
西上路东海地方	总巡：硇洲营都司。总巡硇洲营、吴川营、东山营所属硇洲、广州湾、东海洋面。 分巡：吴川营守备。 协巡：东山营，并各营管驾千把总。每年上班洋巡遇会哨之期，未便随同统巡官往他处会哨，应令专在东海、硇洲、广洲湾洋面巡缉	总巡：吴川营都司。总巡吴川营、硇洲营、东山营所属广洲湾、硇洲、东海洋面。 分巡：东山营守备，分巡本营洋面。兼分巡硇洲营洋面。 协巡：并各营管驾千把总。每年下班洋巡遇会哨之期，未便随同统巡官往他处会哨，应令专在东海、硇洲、广州湾洋面巡缉
西下路	统巡：海口协副将。统巡海口协左、右二营、海安营、崖州营各属洋面。 总巡：崖州营参将。总巡崖州营海口协左、右二营、海安营各属洋面。 分巡：海安营守备、海口协右营守备。 协巡：崖州营，并各营管驾千把总。每年三月初十日在涠洲洋面与龙门协兵船会哨，五月初十日在硇洲洋面西上路与阳江兵船会哨	统巡：雷琼镇总兵。统巡海口协左、右二营、海安营、崖州、龙门协左、右二营各属洋面。 总巡：海安营游击总巡海安营、海口协左、右二营、崖州营洋面。 分巡：海口协中军都司、崖州营守备。 协巡：海安营，并各管驾千把总。每年八月初十日在涠洲洋面，与龙门协兵船会哨，十一月初十日在硇洲洋面，与西上路阳江兵船会哨

① 《雷琼镇厘定派拨巡洋章程》嘉庆十六年，卢坤、邓廷桢主编：《广东海防汇览》，王宏斌等校点，第692—698页。

续表

区别	上班	下班
西下路龙门协	总巡：龙门协右营都司。总巡龙门协左、右二营所属白龙尾及涠洲洋面。 分巡：龙门协左营守备，分巡龙门协左、右二营所属白龙尾及涠洲洋面。 并两营管驾千把总。每年三月初十日在涠洲洋面，与海口师船会哨，五月初十日巡至白龙尾。该处系夷洋交界，无由会哨，责成钦州文武禀报，并令雷琼镇不时稽察，务使常川巡缉	统巡：雷琼镇总兵。统巡龙门协左、右二营所属白龙尾、涠洲及海口协、海安营、崖州营各属洋面。 总巡：龙门协左营都司。总巡龙门协左、右二营所属白龙尾及涠洲洋面。 分巡：龙门协右营守备，分巡龙门协左、右二营所属白龙尾及涠洲洋面。并两营管驾千把总。每年八月初十日在涠洲洋面，与海口、海安师船会哨，十一月初十日巡至白龙尾，系夷洋交界，无由会哨，责成钦州文武禀报

资料来源：卢坤、邓廷桢主编：《广东海防汇览》，王宏斌等校点，第692—698页；民国《阳江县志》卷十九，见《中国地方志集成》，广东府县志辑第40辑，上海书店、巴蜀书社、江苏古籍出版社2000年影印本，第367页。

1834年以后，广东水师巡洋范围又有所调整。光绪《崖州志》记载崖州协水师营的分防范围是："儋州所属洋面，自新英炮台以南，向归崖州协巡缉。道光十四年，护道长堉春与总兵陈步云、谢德彰等巡至儋。筹度形势，以崖州协舟师单弱，且隔四更沙，险阻难越，不能兼顾，添设儋州水师营，自四更沙起，拨属儋州营巡缉……崖州协水师营分管洋面，东自万州东澳港起，西至昌化县四更沙止，共巡洋面一千里。南面直接暹罗、占城夷洋，西接儋州营洋界，东接海口营洋界。"①当年水师主要在海道上巡逻，有的海道接近海南岛岸，有的地方远离海南岛，巡逻界线甚至远达"暹罗、占城夷洋"。此处的"夷洋"是指接近安南海岸的海域。

由于春夏之间，海南岛的渔民大都在西沙群岛海面和南沙群岛进行捕鱼活动。据英国人记载觅出礁，"西历正月至五月，琼州艇船咸集此礁以围鱼"②。觅出礁，即大现礁（Daxian Jiao），英语称为 Discovery

---

① 钟元棣主修：《崖州志》卷十二，"海防"，光绪二十六年（1900）刻本，第2页。
② 陈寿彭译编：《新译中国江海险要图说》补编卷一，光绪丁未（1907）广雅书局刻印，第13页。

Reef，系南沙群岛珊瑚礁之一，位于郑和群礁西南，是一长条形环礁，长13千米，面积24.8平方千米。低潮时露出。礁湖水深，无礁门。现在已被越南侵占。

英国人记载林康岛说："林康岛在怕母拉西尔岛之东南……长十一迷当，并有数石如砥柱，然尚经石勘也。当东北风时，此岛之下，可得停泊善地，约在距岸半迷当处，深八至十拓，底为海树。岛之中央一椰树，不甚大。并有一井，乃琼州渔人所掘以滤咸水者。"① 林康岛，即西沙群岛之东岛，在永兴岛东南约50千米，是西沙群岛中面积第二大岛。该岛呈长方形，岛周围有沙堤环绕，岛中部地势低洼。面积1.7平方千米。这里是中国渔船和商船的避风港。

英国人记载高尖石说："高尖石，小而尖圆也，高十七尺，在林康岛西南，又南半向，七迷当又四分迷当之一，凡华船至此，常有错误。"② 高尖石，位于中国西沙群岛宣德群岛的东岛环礁中，是西沙群岛唯一露出水面的火山岛。高尖石是由含生物屑的玻屑—岩屑凝灰砾岩、玻基辉橄岩等组成的岩石小岛，为第四纪火山喷发作用产物，是西沙群岛最老的岛屿。该岛呈圆柱状塔形，三级海蚀阶地清晰，在-14米处形成裙礁。周围陡峭壁立，远望似帆船，故古时就被称为"双帆"。

英国人记载树岛说："树岛，上覆榛栗，矮丛树，约近中央处有槟榔树，独高三十尺，足为标的，周围之滨皆白沙。岛上恒有中国渔人，岛之西，水深十三尺，足为华船避风停泊所。由礁南向之水道，测至停泊处，低水时深四至六尺。"③ 树岛，位于西砂群岛之宣德群岛（英国人称其为莺非土莱特列岛）之一。这里是中国商船和渔船的避风港。

从上述资料来看，南沙群岛、西沙群岛和中沙群岛都是中国渔民的传统渔场，或者是中国商船与渔船的避风港，中国政府对此拥有无可争辩的主权。

---

① 陈寿彭译编：《新译中国江海险要图说》补编卷一，光绪丁未（1907）广雅书局刻印，第14页。
② 同上。
③ 同上书，第17页。

国内海道是水师官兵管控的主要对象。清代之所以特别重视对于白龙尾、涠洲、斜阳和七洲洋等外洋岛屿的控制,是因为这些岛屿正好处在国际国内的海道上。顾祖禹早在清初就指出了白龙尾的航标地位:"其海道自廉州乌雷山发舟,北风一日可抵交之海东府;若沿海岸以行,则乌雷山一日至永安州白龙尾,白龙尾二日至玉山门;又一日至万宁州万宁,一日至庙山,一日至屯卒巡司;又二日至海东府海东,二日至经熟社,有石堤,陈氏所筑,以御元兵者;又一日至白藤海口,过天寮巡司,南至安南海口;又南至涂山海口,又南至多渔海口,各有支港以入交州。"①《西洋针路》指引的往返安南的海道是:"镇海卫太武山打水↔大小柑橘屿↔南澳坪山↔大星尖↔东姜山↔弓鞋山↔南亭门↔乌猪山↔七洲山、七洲洋②↔黎母山↔海宝山↔交阯东京;或从七洲洋↔铜鼓山↔独珠山↔交阯洋↔广南。"③ 于此可见,控制海道,中外商人保护行船安全乃是水师巡洋的主要任务。

古代中国人航海特别重视观察海道上的山形水势,专门绘制《山形水势图》,便于判断自己的海船的坐标。海员判断其海船的坐标,主要靠目测来完成。现在发现的《航海指南》等书对于目测距离很少有记录。现在我们不得不借助航海学物标地理能见距离公式,大致说明古代航海者在海上的观察距离。所谓物标地理能见距离 Do (geographic range of an object),指的是能见度良好,仅由于地面曲率和地面光线的折射率的影响,具有一定眼高的测者,理论上能够看到物标的最大距离称为物标地理能见距离。能见地平距离 $Do = 2.09\sqrt{e} + 2.09\sqrt{h}$;其中 e 为眼高;h 为观察对象的高度。

例如:广东水师某巡船的观测者眼高为 9 米,白龙尾岛中部山高为 61.5 米,求该巡船的视距,该山的能见地平距离及该山的地理能见距离。

解:视距:$De = 2.09\sqrt{9} = 6.27$ n mile;该山的能见地平距离:$Dh = 2.09\sqrt{61.5} = 15.49$ n mile;该山的地理能见距离:$Do = Dh + De =$

---

① 顾祖禹:《读史方舆纪要》卷一一二,贺次君等点校,中华书局 2005 年版,第 13 册,第 4991 页。

② 在文昌东一百里海中,连起七峰,内有泉,舟过此极险,稍贪东便是万里石塘,东之石塘海也,舟犯希脱者一百三十托,若往交阯东京单申针,五更取黎母山。

③ 张燮:《东西洋考》卷九《舟师考》,中华书局 1981 年版,第 173 页。

25.08 n mile = 40.30 千米。也就是说，广东水师的这一艘巡船前往白龙岛，在接近 40 千米的地方才能看见白龙岛的顶峰。（注意：观测者与物标之间的距离大于 Do 时，是看不到物标的。但要注意，当距离小于 Do 时，由于能见度不佳，也有可能看不到物标。）

总之，到第一次鸦片战争前夕，广东省的《巡洋会哨章程》几经修订，日臻严密。其大员各按季订期巡哨，其属弁各按月轮派。分巡总于各营，毗连洋面到期会哨。由于洋面宽阔，汛地宜专责成。故定期以会哨，复轮班以专巡，而总以各分界址为要。盖分定界址则责有专归，内外洋面据此各分所管之地。军机大臣也好，兵部尚书也罢，对此均无异议，都认为，"布之以分巡，辖之以总巡，而又制之以统巡，兵船往来，上下梭织"①。这是当时人们设想的最严密的巡洋会哨章程。其成败得失只有经历第一次鸦片战争，才能得到彻底检验。

任何一项制度的演变，都是社会成员间相互博弈的过程。社会成员之间的博弈可能存在许多均衡，一项制度的最终确立是其多种矛盾相互平衡的结果。社会成员之间的博弈是随时随地发生的，因此制度本身也是不断演变的。上述巡洋会哨章程的演变，就是巡洋会哨制度演化的真实路径。巡洋会哨制度的确立必须得到中央和地方官员，以及水师官兵的上下认可。大多数参与者的认可又进一步使该项制度得到强化和确立。

再完善的制度，如果得不到认真的执行，也是无济于事的。巡洋会哨制度在道光初年是被认真执行的。不仅总巡、分巡按期按班进行，统巡大员定期出海，而且水师提督也要出洋巡阅。每次提督巡阅之后，照例要向皇帝奏报其出洋校阅情况。这方面留下了很多奏折。例如，1821 年 6 月，广东水师提督沈烜如是奏报道："本年三月二十六日，酌带外海师船三只，自虎门起程，由广海、阳江、电白、吴川、东山、硇洲、海安、海口、崖州而至龙门一带洋面稽查，俱皆安静，亲历斜阳、涠洲，各岛屿亦无奸民潜居、偷种等情事。接遇统巡镇、将带领分、协随巡师船，俱各按段巡缉，咸称益无匪踪。奴才即经面饬将、弁实力梭巡，勿因洋面安静，稍涉懈弛。一面将配缉官兵就洋点验技艺，尚俱熟

---

① 《军机大臣曹振镛兵部尚书王宗诚等奏为会议御史史达镛奏陈水师隔省会哨章程广储人才事》，道光十年八月十四日，中国第一历史档案馆藏录副奏折，档号：03—2978—066。

练，操演水师，驾驶把舵，转蓬上桅、折戗、泅水等技亦皆便捷。"①

七 广东水师对内外洋的管辖权

清代（除了清末几年外）军队既担负着保卫国家的军事职责，又担负着维护社会治安的警察职责，广东水师作为国家武装力量的重要组成部分，同样拥有军事和警察两种职责。综合研究水师的任务，我们看到具有以下几种职责。

（一）保卫内洋、外洋，抗击外敌入侵

事例之一：1743 年 7 月，一场飓风之后，有两艘英国大型战舰突然闯入虎门，停泊于狮子洋。史料如此记载道："癸亥六月，海大风，有二巨舶进虎门，泊狮子洋，卷发狰狞，兵械森列，莞城大震。制府策公欲兴兵弹压，布政使富察托公庸笑曰：无须也，但委印令料理，抵精兵十万矣。公白制府曰：彼夷酋也，见中国兵，恐激生他变，某愿往说降之。即乘小舟，从译者一人，登舟诘问，方知英夷与吕宋仇杀，俘其人五百以归，遇风飘入内地，篷碎粮竭，下碇收船。五百人者，向公号呼乞命。公知英酋有乞粮之请，而修船必须内地工匠，略捉搦之，可制其死命，乃归告制府及托公，先遏粜以饥之，再匿船匠以难之。英酋果不得已，命其头目叩关求见。公直晓之曰：天朝柔远，一视同仁，恶人争斗，汝能献所俘五百人，听中国处分，则米禁立开，当唤造船者替修篷桅，送汝归国。英酋初意迟疑，既而商之群酋，无可奈何，伏地唯唯。所俘五百人焚香欢呼，其声殷天。制府命交还吕宋，而一面奏闻，天子大悦，以为驭远人，深得大体，即命海面添设同知一员，而迁公驻扎焉。"②

这是说，英国两艘军舰在海上遭风，需要修理，需要补充粮食，突然侵入中国内洋，停泊于狮子洋。在广东布政使托庸的建议下，两广总

---

① 《广东水师提督沈炯奏为稽查西路洋面校阅营伍事》，道光元年五月十七日，中国第一历史档案馆藏朱批奏折，档号：04—01—18—0030—054。

② 印光任、张汝霖：《澳门纪略》卷首，传一，《中国方志丛书》第 109 号，成文出版社 1966 年版，第 1—3 页。

督策楞委派东莞县知县印光任带领翻译登上英国战舰，询问事由。印光任得知英国与"吕宋"之间爆发战争，英军捕获了五百名"吕宋"俘虏，准备返回英国，不幸在海上遭遇大风，因为风帆损坏，缺少粮食，不得不停泊于中国内洋。船上的"吕宋"俘虏求救于印光任。印光任返回后，向总督策楞建议，"先遏粜以饥之，再匿船匠以难之"，如此这般，可以救出"吕宋"战俘。策楞采纳了印光任的建议，依计而行。英军舰长无可奈何，只得听从中国官员处分，交出了俘虏。这一事件得以平息。

这一资料中所说的英国与"吕宋"之间的仇杀事件，是指英国与西班牙之间因奥地利皇位继承而爆发的战争。1740年10月20日，奥地利皇帝查理六世（Charles Ⅵ，1685—1740）逝世，因王位继承问题，欧洲国家分成两大对立的同盟国。由此两个联盟之间爆发了长达8年之久的所谓奥地利王位继承战争。这场战争虽然以欧洲为主要战场，而战火事实上也蔓延到美洲和亚洲。英国借此机会，派出两支舰队，试图一举夺取西班牙在中美洲和亚洲的殖民地，一支袭击墨西哥湾，另一支攻取吕宋，结果均未成功。前述事件即是英国与西班牙战争进行到第三年，发生在中国海面，引起中英官员交涉的一场风波。

事例之二：嘉庆时期，海盗活动猖獗，外国兵船借口保护商船，开始频繁到达中国所辖内外洋面。由于处在特殊时期，广东曾经制订章程，允许外国兵船停泊外洋，严禁进入内洋。该章程第一条规定："外夷兵船应停泊外洋，以肃边防也。外夷来广贸易，先将货船停泊伶仃等处外洋，报明引进黄埔河面，以便查验开舱，从不许护货之兵船驶入内港，近年以来渐不恪守旧章。嗣后各国货船到时，无论所带护货兵船大小，概不许擅入十字门以及虎门各海口，如敢违例擅进，经守口员弁报明，即行驱逐，一面停止贸易。庶边防严肃，该夷人等不敢萌轻视之心。"①

但是，英国兵船继续在虎门附近海口往来游弋，"屡经驱逐，倏去倏来，情形诡谲"。英国兵船的猖獗活动，使清朝官员越来越不安。例如，1814年夏间，一只美国货船正在进口时，被一艘叫做"嘌呋吀"的英国兵船衔尾追赶。美国独立之后，英国和美国长期处于对峙状态，

---

① 卢坤、邓廷桢主编：《广东海防汇览》，王宏斌等校点，第918页。

双方在各地猎获对方商船。但是，英国兵船胆敢在中国内外洋面追赶正在进口的美国商船，显然是对中国主权的蔑视和侵犯。中国守口员弁"登时将该船逐出外洋"。两广总督蒋攸铦一面委派佛冈同知福荫长偕同香山县知县马德滋亲赴澳门，对于该大班嗌花臣面加诘责。为何不遵中国约束和管理。"据通事译，据该大班禀称，实因米利坚曾在外洋抢过该国货船，挟有仇隙，希图乘间报复等语。"蒋攸铦明确指出，外国商船、兵船在中国洋面必须遵守中国法律和制度，必须服从中国水师管辖。"该二国在海外有无蛮触，一面之词，不足深究，兹既驶至内地洋面，即应凛遵天朝禁令，何得妄思报复？应速饬该国兵船远泊外洋，等候货船护送回国。如敢不遵，不但将该兵船立时击沉，定当奏明大皇帝停止该国贸易。若米利坚国兵船有违功令，亦应一体照办……并不稍存偏护，亦不能稍为姑息等。"①

事例之三：1822年（道光二年），澳门发生一起驱逐理事官，自立"番差兵头"事件。两广总督阮元与广东巡抚陈中孚奏报："在澳贸易大西洋夷人居住澳门地方。该国自设番差兵头等官。番差管辖番众，如内地文员；兵头管辖番兵，如内地武员。上年闻澳门众夷因番差、兵头亏缺库项，竟将番差等驱逐，自立番差兵头。"该事件发生后，阮元与陈中孚认为，这是外夷之事，中国不予干涉，"应该国自为办理"。然而这一事件在葡萄牙政府看来是不合法的，于1823年6月5日派遣兵船一只，到达澳门附近的鸡颈外洋，准备用武力恢复先前"番差兵头"的统治地位。阮元和陈中孚得知消息，认为葡萄牙固然向来管辖澳夷，"但不应派兵来粤"②。"内地本可不必过问，而澳门则系天朝境地，不容该夷等稍有妄为。且内地洋面，亦不容夷船久泊。"③ 于是委派广州府知府钟英、署督标中军副将苏兆熊前往查问，饬令其将公事办妥，"即速开行回国"。从这一事件的处理过程来看，中国官府对于澳门葡萄牙人的头目更换采取了不干涉立场。但是，明确宣布，葡萄牙不应派兵来粤，外国兵船不准停泊中国鸡颈外洋。

---

① 卢坤、邓廷桢主编：《广东海防汇览》，王宏斌等校点，第920—921页。
② 阮元、陈中孚：《查办大西洋与小西洋争派澳门地方志兵头番差一案折》，张海鹏主编：《中葡关系史资料集》上册，第538页。
③ 同上。

事例之四：1832年，一艘英国商船到达浙江洋面，"欲赴宁波海关销货"。浙江巡抚得到报告，立即谕令沿海水师官员驱逐。"当饬该管道府明白晓谕，不准该夷船通商。咨会提镇督令分巡官兵前往驱逐。该夷船挂帆开行，放洋而去。又飞咨江南、山东、直隶督抚饬属巡防，毋令阑入。并将未能先事预防之备弁等奏请交部议处。"道光帝认为英国商船前往宁波贸易，违反先前规定，著令沿海各省总督、巡抚，"严饬所属巡防将弁认真稽查。倘该夷船阑入内洋。立即驱逐出境，断不可任其就地销货"①。1833年，道光皇帝得知英国鸦片走私船在江南、浙江、山东一带活动，再次下达谕令："英吉利夷船不准往浙、东等省收泊，定例綦严。嗣后，著责成该省水师提督严督舟师官兵，在近省之外洋至万山一带，及粤闽交界洋面实力巡查。一遇夷船东驶，立令舟师严行堵截，并飞咨上下营汛及沿海州县一体阻拦，务令折回粤洋收口。倘再有阑入闽浙、江南、山东等省者，即著将疏玩之提镇、将弁据实严参，分别从重议处。"②

事例之五：1834年7月，律劳卑（William John Napier）来华，称系管理英国广州贸易事务之商务监督，携带女眷幼孩五口，寄住澳门。兵船有水手190名，停泊外洋。要求与中国官员用"平行款式"交往，遭到两广总督卢坤拒绝。不久，据水师参将高宜勇禀报：英吉利国复来兵船一只，与前来兵船同在虎门口外九州、沙沥洋面停泊。其水手亦系190名。两广总督卢坤复咨水师提督及香山协"一体加紧防堵"，并札饬沿海各县严禁商船渔艇靠近夷船，交易接济。卢坤怀疑律劳卑有不可告人之目的，主张封舱，以停止贸易惩罚律劳卑的桀骜不驯。"该夷目总不将办理何事说明原委，必欲与内地官员通达文移书信，且擅出告白，令各散商不必以断绝贸易为虑，是其有心抗衡，不遵法度……粤海关近年征收夷船商税，英吉利国约计银五六十万两。在帑藏原无关毫末，而国用为重，亦不敢不通盘筹划。惟夷情贪得无厌，愈示含容，则愈形傲睨。现在外洋私贩鸦片夷船日多，正

---

① 《清宣宗实录》第二一三卷，道光十二年六月壬午，《清实录》第36册，中国书局1985年影印本，第139页。
② 《著沿海各省督抚按照已定章程严防外国船只侵入内地洋面事上谕》，道光十三年正月二十日，中国第一历史档案馆编：《鸦片战争档案史料》第1册，天津古籍出版社1992年版，第137页。

在设法整顿。又来此谬妄之夷目，即便姑容，亦必得步进步，另生妄想。亦不得不少示裁抑。"

道光皇帝认为卢坤采取的措施是正确的，"所办尚妥，所见亦是"。卢坤接到谕令，下令停止中英贸易。律劳卑于是命令英国军舰强行进入虎门，向中方示威。1834 年 9 月 7 日中午，英国两艘护卫舰（安德洛玛刻号和伊莫金号）和一艘巡逻艇（露依莎号）同时起航。最初沿岸的晏臣湾炮台和附近的清廷水师发空炮示警，但是英舰没有理睬。9 月 9 日下午，双方展开炮战，虎门要塞被摧毁。9 月 11 日，英国军舰抵达黄埔。卢坤下令将 12 艘大船沉于珠江河底，又从各地调动舰只 28 艘，士兵 1600 人保卫内河，英舰进退失据。9 月 14 日，律劳卑向广州的英商宣布自己决定离开广州。同时要求中国官员，不可向撤退中的英舰作任何无礼举动。卢坤表示同意，律劳卑等于 9 月 21 日离开广州，26 日抵达澳门，期间全程均受到水师官兵的监视。9 月 27 日，中英贸易重开。"所有调防各处水陆官兵概行撤回，分别归伍归巡。"①

事例之六：1835 年，两广总督卢坤针对外国护航兵船擅自进入澳门，侵犯中国内外洋的情形，提出了针锋相对的措施："嗣后各国护货兵船如有擅入十字门及虎门各海口者，即将商船全行封舱，停止贸易，一面立时驱逐，并责成水师提督，凡遇有外夷兵船在外洋停泊，即督饬各炮台弁兵加意防范，并亲督舟师在各海口巡守，与炮台全力封堵……务使水陆声势联络，夷船无从闯越。"② 为此还专门制定了《防范贸易夷人酌增章程八条》，第一条即明确规定："外夷护货兵船不准驶入内洋，应严申禁令，并责成舟师防堵也。查贸易夷人酌带兵船自护其货，由来已久，向例只准在外洋停泊，俟货船出口，一同回飘，不许擅入海口。自嘉庆年间以来，渐不恪守旧章，上年又有闯入海口之事，虽该夷船驶入内河浅水之处，毫无能为，而防范总应周密。除虎门一带炮台现在分别增建，移设填铸大炮，筹备堵御外，应申严例禁。嗣后各国护货兵船如有擅入十字门及虎门各海口者，即将夷商货舱全行封舱，停止贸易，一面立时驱逐，并责成水师提督，凡遇有外夷兵船在外洋停泊，即

---

① 卢坤、邓廷桢主编：《广东海防汇览》，王宏斌等校点，第 1057—1063 页。
② 梁廷枏：《粤海关志》卷 28，粤东省城龙藏街业文堂刻本，第 29 页。

饬各炮台弁兵加意防范,并亲督舟师在各海口巡守,与炮台合力防堵。弁兵倘有疏懈,严行参处,务使水陆声势联络,夷船无从闯越。"①

从上述五个事件中,我们看到水师担任了监视、示威、驱逐和抗击的主要角色,因此,抗击外敌入侵毫无疑问是水师的重要职能之一。同时,我们看到,18世纪和19世纪初期,以西班牙、葡萄牙和英国为代表的欧洲人对于中国海域的渗透尚处于初期阶段,始终是边缘性的。

(二)"消弭贼匪,卫安商旅"

"消弭贼匪,卫安商旅",乃是水师的主要职责之一。1779年11月19日,广东商人李万利的商船行驶至电白县属内洋,被盗匪抢劫。为了进一步完善巡洋制度,为了督促水师官兵尽职尽责,兵部与广东省官员围绕着这一案件进行了长达一年之久的讨论。在这场讨论中,兵部特别强调了水师巡洋会哨"消弭贼匪,卫安商旅"的重要职能。

李万利商船被劫案件发生后,按照《大清律例》规定,广东督抚应将疏防的专汛、兼辖、统辖等官一并开列职衔②,咨报兵部备案,以便第一个、第二个勒限缉拿期满,追究相应文武官员的责任。但是,在此次呈报的疏防人员中,没有统辖官的姓名职衔。兵部为此发出咨文,请两广总督予以说明。"据两广总督觉罗巴延三覆称:查电白营递年出洋,分为上下两班,上班统巡于二月初一日起至六月初一日止,下班统巡自六月初一日起至十月初一日止,船户李万利系乾隆四十四年十月十二日被抢,是时班期已满,并无统巡。"③

兵部官员认为巴延三的咨文尽管符合实际,但原来的巡洋章程似乎存在漏洞,应当予以修正。他们建议说:"各省水师营分巡查洋面,原有旧定章程,粤省统巡官据该督查明,每年自二月起至九月止,分为上下两班出洋巡查,其自十月起至次年正月止,向因是时海内风信靡常,未有统巡之员。虽属相沿旧例,但思海洋重地,特派官兵按期轮哨,原以消弭贼匪,卫安商旅,自宜递相更换,周而复始。今该省自十月起至

---

① 卢坤、邓廷桢主编:《广东海防汇览》,王宏斌等校点,第928页。
② 清代规定:文职以各州县为分巡,各府为督巡,各道为总巡;武职以千把、都守为分巡,游击、参将为总巡,总兵为总巡。具体到某地而言,又有灵活规定,不可一概而言。
③ 卢坤、邓廷桢主编:《广东海防汇览》,王宏斌等校点,第665页。

次年正月止，竟无统巡之员，若虑冬令风信靡常，则李万利船只被抢正在撤巡期内，商船既可行驶，巡船岂独不能出巡？况季巡、随巡，冬令既仍在洋巡哨，何独统巡竟不出洋？且在洋之季巡、随巡多系千把微弁，恐无大员弹压，心存怠惰，以致有名无实，殊非慎重海防之道。臣等未敢以该省遵行已久，因循照覆，相应奏明，请旨敕交该督，将粤省所属洋面，或按营分添设一班轮流巡哨，或将巡期改为六月一班，递相更换之处，按照地方情形悉心筹酌，覆奏到日再议……如此分别酌改，庶洋面哨巡并无空缺，稽查较为严密，于海疆稍有裨益。"①

保护商船乃是水师官兵的重要职责之一。1784年10月24日，顺德县一艘商船在在新宁县属黄茅洲外洋被劫；11月7日，又有一艘商船在电白县莲头山外洋被劫。由于商船连续在外洋被劫，引起肇庆府、广州府知府的高度重视，很快侦破案件，先后拿获李亚广等盗犯，"究出同夥三十四人在洋行劫二次"。分别治罪在案。②

福建、广东海洋定例，水师官兵按期轮流巡洋会哨，若行商被劫，无论内外洋面，"初参，限满不获，专汛、兼辖、分巡各官住俸，外委停其拔补，限一年缉贼。二、三参，限满不获，专汛、兼辖分巡各官降一级留任，外委二参不获，重责二十棍；三参【不获】，革去顶戴；四参不获，专汛、兼辖、分巡各官降一级调用，外委，革退"③。1833年4月30日，一位名叫金安发的商人在澄海县南皋外洋被海盗船只追击，至凤屿洋面杀伤水手，到是年8月25日，四个月疏防限满，未获一盗。为此，两广总督卢坤奏请：将专汛官（澄海协右营把总马化龙）暂行革职留任，将协巡官（署右营外委千总陈盛高）重责二十棍，将兼辖官（澄海右营守备事署该营左哨千总南澳镇右营把总黎得高）、分巡（澄海协右营守备余英龙）摘去顶戴，勒限一年。俟限满，有无弋获，另行核办。其统辖官是护理澄海协副将事候补都司得志，该员于疏防限内已经因病卸任回旗，不再追究责任；其接任督缉官副将赖英扬，应俟

---

① 卢坤、邓廷桢主编：《广东海防汇览》，王宏斌等校点，第665页。
② 《广东巡抚孙士毅奏报拿获外洋行劫盗犯谈秀拱等审明定拟并请议叙获盗之员事》，乾隆五十年五月十七日，中国第一历史档案馆藏录副奏折，档号：03—1272—020。
③ 《两广总督卢坤奏为商船在洋遇盗限满未获请旨将疏防专汛澄海协右营把总马化龙等饬部分别议处事》，道光十三年十一月初六日，中国第一历史档案馆藏朱批奏折，档号：04—01—16—0141—113。

一年限满,根据弋获匪盗情况,另行查参。①

于此可见,建立巡洋会哨制度,就是为了维持近海良好的治安秩序,就是为了商船航行安全。"消弭贼匪,卫安商旅",显然是水师官兵的最主要职责之一。

(三) 查禁违禁品,贯彻国家政策和法令

1684年,清廷准许开海贸易,规定:"直隶、山东、江南、浙江、福建、广东等省民人许令海上贸易、捕鱼。其东洋、南洋准令福建、广东、江南、浙江商民前往贸易,各于沿海州县给领照票,填明籍贯、年貌、系往何处贸易,于出口、入口之时呈明守口官查验。"②"凡海舶贸易外洋者,给之照以稽察之,其出洋归港,皆凭照为信,因按其照税之有藏匿奸匪、私带违禁之物者,论如法。"③

开海贸易政策实施后,清廷对于违禁品的种类随着时间的推移不断有所调整。总的来说规定越来越多,限制越来越严,诸如火炮、火药等军器,金、银、铜、铁等金属,米粮、丝斤、大黄等生活日用品、鸦片等违禁品。④ 这里我们需要指出的是,除了驻守海口的文武官弁之外,负责巡洋的水师官兵亦负有查验这些违禁品的职责。

1. 查禁火炮火药等军器

1684年,规定:焰硝、硫黄、军器、樟板等物违禁,私自载运出洋,接济奸匪者,照例治罪;该管汛口文武官弁盘察不实者,革职;知情、受贿、放纵者,革职提问。兼辖官,降四级调用;统辖官,降二级

---

① 《两广总督卢坤奏为商船在洋遇盗限满未获请旨将疏防专汛澄海协右营把总马化龙等饬部分别议处事》,道光十三年十一月初六日,中国第一历史档案馆藏朱批奏折,档号:04—01—16—0141—113。

② 托津等编:《钦定大清会典事例》(嘉庆朝)卷五百七,绿营处分例,海禁一,(台北)文海出版社1985年影印,第1页。

③ 允祹等撰:《钦定大清会典》(乾隆朝)卷16,第4页,见《文津阁四库全书》第619册,商务印书馆2006年版。

④ 例如,1834年12月7日,香山协官兵在担杆外洋查获贩卖鸦片团伙,首犯梁显业等拒捕,被官兵杀死4名,擒获鸦片贩子梁亚兴等26名,缴获红单船一只,鸦片14000余斤。(《两广总督卢坤奏为拿获在洋贩卖鸦片犯梁显业等审明定拟事》,道光十五年正月二十八日,录副奏折,档号:03—4006—038)

留任；提督，降一级留任。①

1703 年，规定：商船军器，以防不虞。定数火炮不得过两门，鸟枪不得过八杆，片刀、腰刀不得过 15 把，火药不得过 30 斤。②

1720 年，规定：沿海各省出洋商船，炮械、军器一概禁止携带。其原有炮械、军器，俱令该地方官查收。从此之后，如有商船仍带炮枪、军器出海者，查出，从重治罪，其地方官一并严加议处。③

1730 年，规定：前往东洋、南洋贸易的大船，准其携带大炮每船不得超过两位，火药不得超过三十斤。造炮时呈明地方官给予印票，赴官局制造。完竣之日，地方官必须亲自查验。錾凿"某县某人姓名某年月日制造"字样，并于执照内注明所带之炮轻重、大小，便与海关及守口官弁察验。返回之日，缴官、贮库。再次开船时，再次请领。倘本船遭遇风暴，导致大炮沉失，即于失事处所向官方报明，免其治罪。如其船安全无恙，妄称沉失，即行讯究。若商船内买有外番红铜炮，许其带回，呈交地方官。官方按时价收买，以充铸造制钱之用。④

2. 查禁米粮私自出口

1736 年，规定：如有奸徒偷运米谷接济外洋者，照出洋船只多带米粮接济外洋例，拟绞立决。其有希图厚利，但将米谷偷运出口贩卖，并无接济奸匪情弊者，计算偷运米一百石以上，谷二百石以上，照将铁货潜出海洋货卖二百斤以上例，发边卫充军；米一百石以下，谷二百石以下，照偷越关津律治罪，杖一百，徒三年；至有米不及十石，谷不及二十石者，照违制例，杖一百，仍枷号一月，示警。为从及船户知情者，各减为首一等；米谷船只，照例变价入官。其在内地河港贩运，接济民食，并不出口过海者，不在违禁之例。地方文武官弁不得藉词拦阻，致滋事端。至偷运米石出口及在洋接济奸匪者，该管文武各官除通同受贿，知情故纵，仍照违禁货物出口律治罪外，如失察偷运米一百石以上，谷二百石以上者，将各该员弁均降一级，留任；米一百石以下，

---

① 允禄等编：《大清会典》（雍正朝）卷一三九，兵部二十九，海禁，（台北）文海出版社 1985 年影印，第 4 页。
② 同上书，第 7 页。
③ 同上书，第 13 页。
④ 托津等编：《钦定大清会典事例》（嘉庆朝）卷五〇七，绿营处分例，海禁一，第 9 页。

谷二百石以下者，罚俸一年；米不及十石，谷不及二十石者，罚俸六月。①

1748年，又规定：嗣后有将杂粮、麦豆偷运出洋，接济奸匪者，照偷运米谷例，拟绞立决。如审系止图渔利，并无接济奸匪情弊者，计所偷运石数，照二谷一米之例，分别科断。其为从及知情不首之船户，亦照米石例，减等，问拟。船只货物入官。其文武官弁失察故纵处分，均照失察米石定例办理。②

嘉庆时期，海盗横行闽、浙、粤海面。于是，有人建议实行清初的禁海措施，嘉庆皇帝就此征求两广总督觉罗吉庆的意见。1799年3月13日（嘉庆四年二月初八日），觉罗吉庆复奏明确表示反对禁海。他说："粤东州郡大半滨临洋面，而孤悬海外之琼州，又产米无多，专藉高、雷二郡之米以资接济。潮州一郡则赖闽省之台湾及葛拉巴等处运米粜售。是琼、潮两郡人烟稠密，地窄山多，米谷均需海运。倘一经严禁，不但于民食大有妨碍，甚至民间一切买卖应用之物，俱不能照旧流通，滨海之民无可谋生，所关甚重。即如疍户一项，平日捕鱼为业，以海为生，不异农民之以田为命。且粤东关盐向由海运，更难禁其出洋。此粤东不能海禁之实在情形也。"在他看来，正确的方针是查禁军火，派令镇将带领兵船，"节节实力搜拿"，而不是实行海禁。"外海盗匪多有藏匿夷洋，乘风来粤及闽浙各海面行劫。海禁一严，势必登岸抢夺。粤东地方辽阔，海道几及三千里，其沿海港口虽有炮台，而澳边山脚居民颇多，实难以逐处设兵防御。惟有严饬文武于各海口认真缉捕，严密查拿，勿使内地奸商渔户人等私带米石出洋，以济盗贼。铁斤、火药一体严禁，不容稍有透漏。如此办理，盗匪不能久留洋海，自必日渐逃散。"③

1805年，两广总督那彦成也认为，大清律例规定将偷运米谷，潜出外洋，接济奸匪者，拟绞立决，不分数量多少，未免过于严酷。"现经拿获通盗济匪各犯，其审系积惯通贼者，自属无法宽贷。惟有一种滨

---

① 托津等编：《钦定大清会典事例》（嘉庆朝）卷五〇八，绿营处分例，海禁二，第1—2页。
② 卢坤、邓廷桢主编：《广东海防汇览》，王宏斌等校点，第882页。
③ 同上书，第891页。

海愚民不过为细微小利,冒法行险。如内地买价一两,盗匪可出数倍,移贱就贵,其实亦不知例禁之严,至于立决。现被拿获之犯,往往有数两之赃,而亦不得不按例定拟。若其中私通接济至盈千累万,或如船只军火等项,或实有勾结情事,自不容少道,而无知之民私相买卖,为数无多,实觉赃轻法重。"①

3. 查禁铜器铁器大量出口

1732年元月1日,广东布政使杨永斌奏称:铁器一项所关极重,不许出境货卖,律有明条,粤东出产铁锅,凡洋船货买,历来禁止。乃夷船出口所买铁锅有自一百连至二、三百连,甚至五、六百连、一千连者。查铁锅一连,约重二十斤,如一船带至五百连、千连,即无虑一、二万斤。计算每年出洋之铁为数甚多,诚有关系。嗣后请照废铁之例,一体严禁。违者,该商船户人等即照例治罪。官役通同徇纵,亦照徇纵废铁例议处。凡遇洋船出口,仍交与海关监督,一体稽察。雍正皇帝认为,"杨永斌所奏甚是"。于是谕令沿海各省严禁铁锅大量出口。"嗣后稽察禁止及官员处分,商人船户治罪之处,悉照所请行。倘地方官弁视为具文,奉行不力,经朕访闻,或别经发觉,定行从重议处。粤东既行查禁,则他省有洋船出海之处,悉照所请行。著该部通行晓谕,永著为例。"②

后来又规定:一切废铁除内地贩卖,听从民便,无庸禁止。如有将废铁潜出边境及海洋货卖,立即拿究,照例治罪。该管官知情故纵者,革职;受贿者,革职提问。③

1829年,规定,出洋贸易,如有私将铜斤、铁斤以及铜铁器物携带货卖图利者,按照斤数,分别首从,治罪。货物、铜斤、船只入官。其关汛武职员弁知情故纵、不行查拿者,革职;卖放者,交刑部治罪;失察者,降一级调用;自行盘获者,免议。

4. 查禁丝斤私贩出口

1759年,由于市场上丝斤价格高昂,清廷认为是大量出口造成的。

---

① 《两广总督那彦成奏为奸徒偷用米谷潜出外洋接济奸匪酌量情形请申明禁例事》,嘉庆十年闰六月二十六日,中国第一历史档案馆藏,档号:001—08—0083—014。

② 托津等编:《钦定大清会典事例》(嘉庆朝)卷五〇七,绿营处分例,海禁一,(台北)文海出版社1985年影印,第9—10页。

③ 同上书,第10页。

因此规定：丝斤私贩出洋，照米石出洋之例：超过一百斤，照米过百石例，发边卫充军；不及百斤者，杖一百，徒三年；不及十斤者，枷号一月，杖一百，船只货物俱行入官；失察之汛口文武各官，亦照米石出洋之例，分别议处。①

1762年，准许丝斤少量出洋。前因出洋丝斤过多，内地市值翔踊，是以申明限制，俾裕官民织纴。"然自禁止出洋以来，并未见丝斤价平，亦犹朕施恩，特免米豆税，而米豆仍然价踊也。此盖由于生齿日繁，物价不得不贵。有司恪守成规，不敢通融调剂，致远夷生计无资，亦堪轸念。著照该督等所请，循照东洋办铜商船配搭绸缎之例，每船准其配买土丝五千斤，二蚕湖丝三千斤，以示加惠外洋至意。其头蚕湖丝及绸绫缎匹，仍禁止如旧。"②

1764年，进一步放宽限制，但仍规定：每船准带生丝一万斤，饬令统在上丝及二蚕粗丝内匀配，其头蚕湖丝、缎匹等项，务须严行查禁，不得影射夹带滋弊。凡将生丝运到广州出口，责令该道府、监督逐层盘查，妥协办理。

5. 查禁大黄私载出口

大黄乃是一种药物。1789年，为了惩罚俄罗斯在边境的挑衅行为，谕令严禁出口。限制外国商人，"每年只准携带五百斤，俾资疗疾，使其仅数自给，不能转售他境。经军机大臣议奏，令该督等转饬通事，明切晓谕，以天朝因不与俄罗斯通市，恐各国多贩大黄转售，是以不准多带，非与各国有所吝惜，俟俄罗斯通市之后，仍听照常卖运，毋庸复设禁防等因"。1792年，与俄罗斯恢复贸易，于是两广总督郭世勋奏请解除禁令，"大黄仍准各夷商照常买运"。

6. 禁止鸦片私贩进口

1796年，由于鸦片危害日渐严重，清廷下令禁止进口。道光年间，鸦片走私贸易在英国东印度公司的扶持下，日益猖獗。"凡贩鸦片烟者，一入老万山，先以三板艇剥赴趸船，然后入口省城，包买户谓之窑口，议定价值，同至夷馆免价给单，即雇快艇至趸船，凭单交土。其快艇名

---

① 卢坤、邓廷桢主编：《广东海防汇览》，王宏斌等校点，第922—923页。
② 《清高宗实录》卷六六〇，乾隆二十七年五月甲辰，见《清实录》第17册，中华书局1985年版，第390页。

快蟹，亦名扒龙，炮械必具，每艇壮丁百数十人，行驶如飞，兵船追拿不及。"① 道光皇帝多次谕令严厉禁止而无实效。1834 年 10 月 12 日（道光十四年九月初十日），道光皇帝再次谕令严禁，"著该督等督饬所属，即将趸船设法驱逐，快蟹严密查拿，勿任仍前停泊，致启售私漏税等弊。该夷船如或驱此泊彼，巧为避匿，即责成巡哨水师认真巡缉，从严惩办，毋得稍有讳饰。并著将查办情形先行据实具奏"②。在此必须指出，当时水师官兵缉私效果低下，甚至出现执法犯法的现象。例如，鸦片陋规从每箱 16 两上涨到 80 两。水师副将韩肇庆在查缉鸦片走私时，公开标价受贿，每百箱抽取一箱。如果鸦片走私船忙不过来，他带领的战船还负责运送鸦片，每箱鸦片的运价是 100 个墨西哥银元。

执行国家法令，查禁各种违禁品，近现代社会应当是海关缉私队的责任，当年属于水师的重要职能之一。

（四）防范偷越国境，消弭安全隐患

清代前期为了防微杜渐，清廷对于偷越边境和国境的人员，始终采取严禁政策。

1. 严禁中外人员偷越国境

雍正三年，规定：无照民人，夹带船内偷渡者，发觉之日，将管督、提一并议处。澳门夷船往南洋贸易，及内地商船往安南贸易，准其行走，不在禁例。如出口夹带违禁货物，并将中国之人偷渡出样者，驻扎海口的官弁徇情、疏纵者，革职。至入口之时，亦将船号、人数、姓名逐一验明，申报督抚存案。"不许夹带入口及容留居住。若稽查不到，将守口及地方该管各官照失察例议处。"③

1741 年，又议准，拿获偷渡之人，讯明从何处开船，该驻扎海口官弁照疏纵偷渡外洋例，按人数分别议处。拿获者，照拿获偷渡外洋例，按人数分别议叙。④

1747 年，又议准：民人偷渡外洋，该汛官弁拿获十名以上者，专

---

① 卢坤、邓廷桢主编：《广东海防汇览》，王宏斌等校点，第 922—923 页。
② 同上。
③ 托津等编：《钦定大清会典事例》（嘉庆朝）卷五〇八，绿营处分例，海禁二，（台北）文海出版社 1985 年影印，第 6 页。
④ 同上书，第 3 页。

管官纪录一次，兼辖官毋庸议叙，兵各赏银二两；二十名以上者，专管官纪录二次，兼辖官纪录一次；兵各赏银四两；三十名以上者，专管官加一级，兼辖官记录二次，兵各赏银六两，等等。①

2. 依法管理商船、渔船出入海洋

1712 年，规定："海洋巡哨官弁盘获形迹可疑之船，如人数与执照不符并货物与税单不符者，限三日内稽查明白。如系贼船，交与地方官审究；果系商船，即速放行，申报该上司存案。如以贼船作为商船释放，或以商船作为贼船，故意稽延扰害者，皆革职。"②

1756 年，两广总督杨应琚发出禁令：商船贸易务须报明所往地方，约略远近，何时收港，登册存案，俟返回时查对。倘有买卖未宜，因转贩其它地方，超过期限，亦须在指定地方取有执照，方免治罪。至渔船梁头五尺以下者，止许在本港采捕，朝出暮归。其梁头五尺以上渔船，应需三日、五日、十日归港一次者，许该地方官查明，饬移该守口员弁照限分别查办，不得逾违。如逾限三日以上，笞四十；每一日，加一等罪，止杖一百。再犯，递加一等，杖一百，枷号一个月。倘有连结船户，扰乱成法，及抗违越境采捕等弊，即将船户、舵水由陆路递解回籍，交该县，照站洋违禁律治罪，船只变价入官，澳甲人等分别治罪。若果被风飘阻，人力难施，暂停别港守风，报明沿海各汛，转报移县，即逾十日，免议。沿海弁目，俱刊戳记一方，如遇该船禀报阻风，回帆照例盖朱红戳记，用墨笔书明日期，俟船入口查验放行。如无汛戳钤盖，移地方官详究。倘风阻之处，营汛刁难勒掯，不与盖戳，许渔户就近报明州县，通禀查究。③

3. 凡是划入外洋的岛屿，不准民间搭盖房屋，不准私行垦种

用意在于控制产物，防止被海盗利用。乾隆五十四年，两广总督福康安奏报：雷、廉二府交界海面之涠州，其迤东斜阳地方俱系孤屿荒地，今竟有在该二处搭寮居住者，日聚日多，不免与洋盗串通滋事，于是派遣饬地方官将其私垦者逐一递回原籍，并将草寮烧毁，勿使再有窝

---

① 托津等编：《钦定大清会典事例》（嘉庆朝）卷五〇八，绿营处分例，海禁二，第 13 页。
② 程嘉谟编：《钦定大清会典则例》（乾隆朝）卷一一五，第 46 页，乾隆二十九年编，《文津阁四库全书》第 623 册。
③ 卢坤、邓廷桢主编：《广东海防汇览》，王宏斌等校点，第 870—871 页。

留。同时，对于其它外洋岛屿现在也逐一查禁。军机大臣对于福康安采取的措施毫无异议，建议："应如福康安所奏，严饬地方官，逐一递回原籍营生，草寮悉行烧毁。凡属外洋洲岛一律清查，照例严禁，庶内杜勾串之缘，外绝窝藏之路，于缉匪防奸较为有益。"①

（五）搜救遇难船只，抚恤海难人员

"外国商民船，有被风飘至内洋者，所在有司拯救之。疏报难夷名数，动公帑给衣食，治舟楫，候风遣归。若内地商民船被风飘至外洋者，其国能拯救资赡、治舟送归，或附载贡舟以还，皆降饬褒奖。"②这是救助外国商船的早期条例规定。

1729年初，澳门番人前往越南贸易，在琼州府会同县外洋遭遇暴风袭击，商船损坏。该汛把总文秀等人驾舟搬取船上货物。登岸之后，止还事主缎匹、银器数件，其余藏匿不还。这一见利忘义事件传闻到京师，雍正皇帝非常震怒。他认为此等贪残不法之事，其他沿海地区在所难免，"此皆地方督抚、提镇等不能化导于平时，又不能稽查、追究于事后，以致不肖弁兵等但有图财贪利之心，而无济困扶危之念也"。为此，雍正皇帝于1729年8月15日（雍正七年七月二十一日）谕令内阁道，"各省商民及外洋番估携资置货、往来贸易者甚多，而海风飘发不常，货船或有覆溺，全赖营汛弁兵极力抢救，使被溺之人得全躯命，落水之物不致飘零。此国家设立汛防之本意，不专在缉捕盗贼也"③。要求沿海督、抚、提、镇就此事各抒己见，提出从重治罪方案。议奏到后，九卿会议制订惩罚专条。"抚难夷。外洋夷民航海贸易，猝遇飘风，舟楫失利，幸及内洋、海岸者，命督抚饬所属官加意抚绥，赏给储粮，修完舟楫。禁海滨之人利其资财，所携货物，商为持平市易，遣归本国，以广柔远之恩。"④

---

① 卢坤、邓廷桢主编：《广东海防汇览》，王宏斌等校点，第871页。
② 允祹等撰：《钦定大清会典》（乾隆朝）卷五六，见《文津阁四库全书》第619册，商务印书馆2006年版，第10页。
③ 李绂等编：《世宗宪皇帝上谕内阁》雍正七年七月二十一日，第八三卷，《文津阁四库全书》第414册，商务印书馆2006年版，第21—22页。
④ 允祹编：《钦定大清会典》（乾隆朝）卷一九，见《文津阁四库全书》第619册，商务印书馆2006年版，第4—5页。

是年9月，福建巡抚刘世明奏报吕宋夷船被风飘入闽广地方。雍正帝谕令内阁：吕宋被风夷船既已开往广东佛山，"著广东督抚查照，给与口粮，加意抚恤听其趁风回国。嗣后凡有外国船只遭风飘入内地者，俱著该地方官查明缘由，悉心照料，动支公项，给与口粮，修补船只，俾得安全回其本国，以副朕恩恤远人之至意"①。

乾隆皇帝同样认为救护难民，修理遇难船只乃是中国沿海文武官员的应尽义务。1742年12月，英国一艘护商兵船遭风损坏，飘至澳门海面。其船长派遣夷目，撑驾三板小船，到达省城，恳求接济水米。"后经督抚准令湾泊内海，接济口粮，采买木料，修理船只，俟风信便时，饬令出口。"然而由于英国三板船到达广州时，"沿途水塘汛弁绝无盘诘稽查"，说明水师防务空虚。两广总督策楞随将海口毫无查察之副将王璋、并不早为揭报之总兵焦景竑题参。乾隆皇帝认为"题参固当"，水师需要整顿，遂谕令马尔泰到任后，"当亟力整顿之"②。

从以上这些条例、事例可以看出，尽管没有国际海事条约的相互约束，清朝官府已经自觉承担了对内洋和外洋航行的外国"商民船"的安全保护责任和救死扶伤义务。

（六）渔政执法管理，保护渔民生产

凡是前往台湾、澎湖、舟山等大小岛屿谋生的民人，必须持有地方官发给的印票，由守口员弁稽查验放，同时饬令巡洋官兵不时盘查。如果有无照人员偷渡台湾、澎湖，或者有人私自进入内外洋岛屿，搭盖房屋，均视为非法偷渡，概行驱逐。条例规定："各省海岛除例应封禁者，不许民人、渔户扎搭寮棚居住、采捕外，其居住多年，不便驱逐之海岛村墟及渔户出洋采捕，暂在海岛搭寮栖止者，责令沿海巡洋各员弁实力稽查，毋致窝藏为匪。倘不严加稽查，致海岛居民及搭寮采捕之渔户有引洋盗潜匿者，将沿海巡洋各员均降三级调用，水师总兵及提督降一级留任。如沿海巡洋各员知情贿纵者，革职提问，水师总兵及提督降一级

---

① 《世宗宪皇帝圣训》卷三五，乾隆三年（1725）刻本，第21页。
② 《清高宗实录》卷一九八，乾隆八年八月甲寅，见《清实录》第11册，中华书局1985年版，第544—545页。

调用。"① 因此，我们知道巡洋官兵负有盘查内外洋居民的责任。

维持海上生产秩序，禁止越境采集和捕捞。乾隆十三年七月，两广总督策楞、广东巡抚岳濬、提督黄有才会同发出牌示，限制广东沿海各县渔船出海采集和捕捞，不得越境，不得站洋过久。牌示称：沿海各县渔船出海采捕，"止许在其本境洋面朝出暮归，越境站洋，即干严例"。近日，不法渔船"每以司照为护符，出入海涛，动逾旬月；或越入别境之内，假腌制而贩卖私盐；或勾通港汊小船，借口粮而贩米出海。稽其踪迹，几于无所不为。其本船之人又多半皆属生监，利其分肥饱索，在于陆路弥缝捕巡汛弁致送规礼，塘兵衙役亦有例钱，久站洋面不归，设词风信不顺，出海越境采捕，谓其被风漂流。而地方文武各官又以稽查太密，恐疍民无以为生计，或失所流离，日事因循，莫能遏抑。现拖风船只岁益增多，事关海洋，不可不防微杜渐"②。"今应于旧例内酌为变通，除造船之时取结编号，出入口营汛挂验放行，米粮盐斤数目仍照前例办理外，其有违限十日以上，并站洋滋事者，无论是否遭风及船主知情与否，将本管船户一体坐罪，并将原船拆毁，勒令改业。"③

1811 年（嘉庆十六年），署两广总督韩崶上奏道：现在严饬沿海州县，确查大小渔船，逐一编号印烙，造册通报。其拖风等项大号渔船仍照向例，由县给发牌照，饬令注明渔户、梢水、姓名、年貌、籍贯，限定归港日期，验照出入；小渔船每只由县给予腰牌，只许朝出暮归，不得在洋漂泊，均责成守口台汛营弁查验放行，由该管将备按旬列折，禀报督抚衙门查考。如有渔船久出不归，守口汛弁即应报告营县官，查拿严究。禁止弁兵人等不许借端勒掯、扰累。一经拿获盗匪，究明何处出口，即将守口弁兵，提省确审。如仅止失察，即予斥革示惩，倘知情故纵，即当从重治罪。

1832 年（道光十二年），雷琼道王铸、雷州府徐宝森禀称：沿海渔疍船只均应编号给照，在本境内采捕，早出暮归，不得站洋寄泊，尤不准越境捕鱼。如敢愆期不归，出境逗留，沿海营汛官弁查拿，解究。例禁极严，历经饬查驱逐在案。琼郡四面汪洋，农三渔七，滨海人户全赖

---

① 严如煜：《洋防经制上》，《洋防辑要》卷二，第 19 页。
② 卢坤、邓廷桢主编：《广东海防汇览》，王宏斌等校点，第 869 页。
③ 同上书，第 869—870 页。

耕海为生，本不容外来渔船结队前来，侵占采捕。乃近闻沿海各州县每有广、肇一带虾罟、拖风等项船只驶来海港，日久停泊，占据捕鱼，儋、崖二州尤甚。此等渔艇越海远来，名为采捕，难保不无伺劫情弊。现值捕务吃紧之际，亟应查拿解究，以清盗源。叠经出示严禁晓谕，并札行各属一体查办。嗣后如有前项北海渔船复来琼属海面，寄泊采捕者，责成守口员弁查拿，由陆路解送本营州县，审实，即照站洋违禁律办理，船只变价入官，澳甲、兵役人等得规纵庇，察出，一并治罪。渔户以船为家，似此认真查拿，俾渔户各保身家，"不但越境站洋之风可以稍戢，而盗匪亦不至混迹矣"。

从上述水师担负的职责来看，与各国海岸警卫队十分相似。各国海岸警卫队大多师法于美国。美国海岸警卫队（United States Coast Guard），是负责沿海水域、航道的执法、水上安全、遇难船只及飞机的救助、污染控制等任务的武装部队。它隶属于国土安全部，致力于保护公众、环境和美国经济利益，以及海域内的国家安全。美国海岸警卫队系由灯塔局、缉私巡逻艇局、航海轮船检查局和救生局合组而成。灯塔局，是最早的机构，成立于1789年；缉私巡逻艇局，成立于1790年；救生局，成立于1831年；航海与轮船检查局，成立于1852年。1915年1月20日，美国国会通过《组建海岸警卫队》法令。根据法令规定，救生局和缉私巡逻艇局合并为海岸警卫队。"海岸警卫队在任何时候都是一个武装部门，在需要时，转隶属于美国海军，为其提供援助。"1939年，灯塔局隶属于海岸警卫队；1942年，航海与轮船检查局也并入海岸警卫队。从美国海岸警卫队历史发展来看，显然有一个从分立到整合的趋势。"分立"意味着相互牵制、削弱和混乱；"整合"则标志着管理的统一、加强和整齐。

考察和描述在人类整个历史进程中或在世界体系转变过程中的不同事件的同时性和相关性，这种尝试肯定是困难的，但是，这是历史研究向着正确的方向迈出的关键的第一步。美国海岸警卫队的任务和职责大体可以分为五个方面。其一，保护美国领土完整，维护美国陆地和海洋权益。在战时，执行总统的命令，隶属于海军，或直接参战，或为海军提供后备人员，或负责后勤援助等事宜。在和平时期，作为联邦政府的海上执法机构，负有海防任务，主要管控海面、海口和海岸安全，以防止来自海上的各种危险发生。其二，美国海岸警卫队，既是军队又是警察，既具有军事武装力量的特征又拥有广泛的执法权。按照宪法规定，美国的执法机构必须有法院的正式授权才能执法，唯独海岸警卫队不受该规定限制。而美国海岸警卫队在没有法律部门批准的情况下，有权登船，实施安全检查，打击走私、贩毒、越境等犯罪活动。其三，搜救遇难海员和船只，维护海上安全是美国海岸警卫队任务之一。现在，美国海岸警卫队负责的海上安全管理，包括海上救助、货船安全管理、渔船安全管理、客船安全管理、海员执照和港口安全等事宜。其四，负责导航、引水和航线等海上交通管理事宜，确保各种船只在近海的航行安全。具体任务是，负责灯塔维护，发布导航、气象信息，管理航线和水上作业等。其五，负责海洋环境保护与资源保护。主要通过教育、宣传、预防和应急反应与恢复等手段，以确保美国的近海生态环境不受污染和破坏。①

基于上述情况，马大正先生指出："美国是世界上最早组建海岸警卫队的国家，美国海岸警卫队是世界各国海岸警卫队的鼻祖，是美国海上惟一的综合执法机构，也是当今世界最强大的海上执法队伍之一，其执法体制和执法模式或为世界各国海上执法之典型，为许多国家所效仿。其职能覆盖了相当于我国当今海军、公安边防武装海警部队、交通、海洋、渔业、海关等部队和部门的大部分海上执法职能。"②

比较清代水师与美国海岸警卫队，除了保护海洋环境一项职责之外，二者的组织模式和职责十分相近，二者均是军警不分的近海武装力量，二者均担负着保卫国家主权、巡逻海洋、缉拿海盗、维护海上治安、查禁走私越境、救助海难和渔业管理等职能。但是，二者也有明确的区分：其一，从发展历程来看，清代水师自始至终就是一个统一的军事组织，承担着各种海防任务。而美国海岸警卫队最初是各个分立的执法机构，最终合并为一个庞大的海上执法机构，既有明确分工又有合作和协调。其二，清代水师的职责始终是混沌的，缺乏明确的内部分工。没有明确的岗位分工，对于各级军事单位和个人来说，就缺乏责任、权利和利益。军队缺乏责任、权利和利益，则可能导致内部出现有权无责、有利无责、互相推诿、互相掣肘等各种弊端。因此执法效率难免低

---

① 李培志编译：《美国海岸警卫队》，社会科学文献出版社 2005 年版，第 138—201 页。
② 马大正：《〈美国海岸警卫队〉序》，见李培志编译《美国海岸警卫队》，第 3 页。

下。美国海岸警卫队的职能一开始就是明晰的，分工与合作机制是健康的，因此执法水平和效率很高。其优劣不言而自明。总之一句话，二者的职能尽管相近，而功效却有很大差别。

结 论

（一）据《钦定大清会典则例》记载：1689年议准：水师总兵官不亲身出洋督率官兵巡哨者，照规避例革职①。1704年又议准：广东沿海地方派定千把总带兵会哨，副、参将每月巡察，每年春秋之际委令镇臣统巡。由此来看，广东水师于1689年以前已经开始在近海巡逻会哨。具体的时间应是1685年。是年，吏部侍郎杜臻、内阁学士石柱奉旨前往广东沿海，宣布开海复界。商人开始浮海经商，渔民开始下海捕捞，为维持近岸海域治安起见，水师开始巡洋会哨。不过，从史料来看，是时尚未划定内洋、外洋的界线。

（二）为了明确沿海地区文武官员的责任，便于考核和奖惩，如同其他沿海各省一样，广东省的近岸岛屿和洋面于康熙晚期或雍正时期也被严格划分为内洋、外洋。道光时期的两套海防地图，由于缺乏精确的测量数据，又没有严格按照比例绘制，阅读起来，比较困难。尽管如此，我们从《广东内洋外洋图》和《广东海防要塞图》和相关文献中看到，广东的内洋、外洋划分是比较清晰的比较系统的。内洋基线是海岸线或设立府治、县治、厅治岛屿的外缘岛岸线；内洋与外洋的交界线是距离海岸线、岛岸线5千米左右，与该海岸线和岛岸线平行移动的点连成的线。外洋的外缘线是海道，海道与海岸线和岛岸线不是平行关系，是一条海船安全行走的习惯航线。因此，外洋的外缘线与海岸线和岛岸线的距离是不规则的，近者数十里，远者数百里（例如，外洋之白龙尾岛距离海南岛岸约有126千米）。

（三）除了明确各级文武官员的内外洋的管理界线之外，由于海域辽阔，广东水师还建立了非常严密的分路（东上路、东下路、中路、西上路、西下路）分段（西下路东海段、西下路雷琼段、西下路廉州段）

---

① 程嘉谟编：《钦定大清会典则例》（乾隆朝）卷一一五，乾隆二十九年（1764）编，见《文津阁四库全书》第623册，第46页。

巡洋会哨制度，不仅明确划分了各个水师镇、协、营、汛的管辖范围，而且严格规定了统巡、总巡、分巡、委巡、协巡、专汛人员的职责，还周密安排了巡洋会哨时间、地点和方法，其目的在于督促水师官兵巡洋会哨尽职尽责，确保内洋外洋行船安全，确保沿海地区生产生活秩序不受外敌侵扰，不受海匪破坏。

（四）清代水师是军警合一的机构，既是海上唯一的武装力量又是海上执法的唯一机构。其职能主要是保卫国家领土领水主权，抗击外敌入侵；缉拿海盗，维护近海治安；查禁各种违禁品，保护合法贸易；查禁非法越境人员，消弭海上隐患；搜救遇难船只，抚恤遇难船员；管理商渔船只，维护正常生产秩序。

（五）清代水师与美国海岸警卫队相比，尽管组织模式和职责十分相近，但是，一个属于古代的传统武装力量，寿终正寝，很快被人们遗忘；一个属于现代的海上执法机构，体制健全，不断被复制和改造。不过，我们必须看到，清代水师开始在近岸海域巡逻会哨的时间是1685年，寿终正寝于1911年；而美国的海岸警卫队整合于1915年，与清代水师开始综合执法的时间相差230余年，与清代水师覆灭的时间相差只有4年。令人遗憾，到目前为止，我们尚不清楚清代水师巡洋制度的国际影响如何。历史学家对于一个国家和一个区域的纵向历史很敏感，但是对于远距离的横向历史联系则视而不见。整合的历史学是通过探索、描述和解释这种平行的历史现象，去发现历史的重大意义。

第二章　清代前期福建内外洋划分及水师管辖范围

1807年，两广总督吴熊光在《粤东缉捕情形现须另行变通折》中称："闽浙等省只有外洋，粤省多一内洋。"① 此话大错特错，与基本事实完全相左。就事实来说，沿海各省无一例外，不独广东划分了内洋、外洋，浙江、江苏、山东、直隶和奉天府划分了内外洋，福建也同样划分了内外洋。针对两广总督吴熊光的错误说法，本章的主要任务是考察福建划分内洋、外洋的情况以及福建水师的管辖范围，并且在学术界既往关于钓鱼岛的历史主权研究成果的基础上，对于清代关于钓鱼岛的管辖权进一步提出新的补证。

一　不同时空下关键词语的概念

在考察福建省的内外洋划分情况之前，我们需要首先了解"内洋""外洋"，"内海""外海"，"分巡""总巡"，"会哨""合巡"等一系列关键词语的基本概念。

清朝人自内而外将海洋分为三个部分：一是靠近府、厅、县行政中心的海面，这一部分被称为"内洋"，近似于内水，由地方文官和水师官兵来共同管辖；二是"外洋"，属于中国的领水，为"中土所辖"，由水师官兵专门负责巡哨、管控；三是"非中土所辖"，这一部分海域就是现代意义的公海。此处需要指出的是，清代人在使用"内洋"这个词语时通常是严谨的，很少是泛称，而在使用"外洋"这个词语时，有时泛指非

---

① 《清仁宗实录》卷一七七，嘉庆十二年四月癸未，见《清实录》第30册，中华书局1985年影印，第330页。

中国官府管辖的所有海洋，甚至包括中国以外的各个国家。

由于"外洋"是一个具有两个含义的名词，在不同场合难免出现一些误解。不仅今人对此有所误解，而且早在乾隆初期就存在误解。据《廉州府志》记载："内外洋界，止就中国所管洋面分内外，并非以华夷分内外也。时人多错认内洋属中国，外洋属夷地，初不解其何故。检得旧牍中有乾隆二年原钦州参牧陈涛所造《内洋外洋册》，于册尾注明以上内洋系钦县所管，以上外洋俱交趾所管。吁！其悖已甚。"①

因此，在阅读清代文献时，需要仔细辨析。本书所探讨的"外洋"，概念严格限制在"中土所辖"的范围之内，是狭义的"外洋"，是纳入清朝行政和军事管辖的邻近"内洋"的一条带状海洋区域，属于国家领水的重要组成部分。②

与广东、浙江、江南三省相比，在清代福建省的史料中，"内洋"和"外洋"信息存量较少，但"内海"与"外海"的记载却很多。因此，我们必须了解"内海"和"外海"这两个词语的基本概念。

现在政治地理中"内海"是指领海基线向内一侧的全部海水，包括：（1）海湾、海峡、河口湾；（2）领海基线与海岸之间的海域；（3）被陆地所包围或通过狭窄水道连接海洋的海域。《中华人民共和国领海及毗连区法》第二条第三款规定："中华人民共和国领海基线向陆一侧的水域为中华人民共和国的内水。"据此，我国的内海海域包括直线基线与海岸之间的海域、直线划入的领湾、领峡、港口、河口湾等，包括琼州海峡、渤海湾以及沿海分布的几百个商港、军港、渔港、工业港、专用港等港口在内的全部海域都是我国的内海。在清代的典籍中，"内海"的概念完全等同于"内洋"，彼此可以互相替换。这方面的例证很多，正文中有大量举证，在此不必举例说明。

"外海"的内涵则稍宽一些，有时单指"外洋"，有时指的是"海面"。近于海面的"外海"，自然包含了"内洋"和"外洋"两个部分，甚至更大的范围，通常与"内河"一词对应使用。例如，在清代，人们将水师和战船分为两个部分：一是"内河水师"和"内河战船"，

---

① 乾隆《廉州府志》卷二，《疆域》。
② 王宏斌：《清代内外洋划分及其管辖问题研究——兼与西方领海观念比较》，《近代史研究》2015年第3期。

二是"外海水师"和"外海战船"。顾名思义,"内河水师""内河战船"主要用于江、河、湖面作战和巡逻,"外海水师""外海战船"主要用于海面作战和巡哨。

例证一,1725年,兵部议准:"江南外海战船于苏、扬、镇三府水次设总厂三,每年委道员一人监修,遴选副将或参将一人公同监督。届修造之期,会同布政使司确估兴工。三厂事繁,道员许遴委同知、通判每厂各一人,副将许遴委都司守备每厂各一人,分司其事。广东、福建、浙江、山东外海战船均照江南之例。至江南、江西、浙江、湖广、广东内河战船,皆在内河巡哨,无庸别委官设厂,仍照旧修理。"①

例证二:1738年,兵部议准:"水师原有内河、外海之殊,人材亦有宜于内河、外海之别,若不分晰,恐致误用。但内河水师之缺较之外海甚少,内河水师各官亦有熟悉水性宜于外海者,若必俟内河员缺方许题补,未免壅滞。嗣后该督抚、提镇将内河水师各官详加考核,宜于内河者仍以内河用,宜于外海者即题补外海,并准其豫行保举,仍先分别造册送部。倘未经造册之先,有将内河水师各官因其熟悉水性题补外海员缺及豫行保举者,该督抚提镇即将该员熟悉外海水性之处,于疏内声明,亦准其题补豫保。"②

例证三,1747年,两江总督协办河务尹继善议覆:"据苏松水师营总兵官胡贵条奏水师各事宜。一,请陆路员弁志愿改为外海水师者,应先出洋演试。查定例:外海水师误用陆路内河者,准其改调,原欲收人才之实用。若不加试验,何从得悉。应如所奏,嗣后陆路将、备欲改外海水师者,发海营演习。如果去得,方准改调。"③

上述三个例证,内河与外海完全对应。含义甚为明确。但是,具体到福建来说,"外海"在通常情况下等同于"外洋"。不过,如同广义的"外洋"一样,外海的含义有时也有变化,语言的使用极为复杂,不可一概而论。福建有关内洋(内海)、外洋(外海)划分的记录,由

---

① 程嘉谟编:《钦定大清会典则例》(乾隆朝)卷一三五,乾隆二十九年(1764)编,见《文津阁四库全书》第623册,第48页。
② 程嘉谟编:《钦定大清会典则例》(乾隆朝)卷一〇六,乾隆二十九年(1764)编,见《文津阁四库全书》第623册,第18—19页。
③ 《清高宗实录》卷二八九,乾隆十二年四月己丑,见《清实录》第12册,中华书局1985年影印,第88页。

于时间久远，已经碎片化，但只要将这些分散的资料搜集在一起，加以考证和连缀，还是可以还原历史真相的。

在清代水师的巡洋制度中，"专汛""委巡""分巡""总巡""统巡""会哨""合巡"，分别代表不同层次不同规模的巡洋活动。"专汛"，又称"专巡"，是指千总、把总等带领兵船的巡哨活动；"协巡"，是指外委带领兵船的巡哨活动；"分巡"，是指都司、守备带领兵船的巡哨活动；"总巡"，是指游击带领兵船的巡哨活动；"统巡"，是指总兵带领兵船的巡哨活动。不过，台湾水师活动比较特殊，"向例副将总巡，游、守分巡，应请仍照旧例遵行"①。

"会哨"是指两支军队按照规定的时间规定的地点会合，互相取证，以备长官查验的巡逻活动。这种方法无论在边疆还是内地，无论在江海还是陆地，有清一代均被广泛推行。本文说的"会哨"，是指在洋面的水师会哨。这种制度在康熙、雍正时期已经推行，到1750年（乾隆十五年）趋于严密。是年，闽浙总督喀尔吉善认为既往建立的会哨制度非常重要，可以督促水师官兵履行巡洋职责。"每年二月初一日起至九月底止，镇臣照题定统辖洋面总巡，各营照题定界址分巡，仍与上下接界总巡、分巡官兵指定岛屿会哨。是总巡会哨一法，非特联络声援，实可稽核勤惰。"但是由于无从考核，出现了官兵巡洋会哨虚应故事，不负责任的偷安现象。这种流弊不加杜绝，势必严重影响洋面的治安效果。"现在各镇臣未尝不出洋巡查，然出巡之期或疏或密，巡历洋面或近或远，竟无一定。更或因办理营务，不能久历外洋，出巡未久，随报回棹者……总巡大员出洋督察之日少，分巡将、备、千、把懈弛偷安，势所不免。即使按期呈报出洋哨巡，或湾泊近岛，或寄碇深澳，其是否在洋梭织游巡，茫无稽考。至于交界会哨，惟凭一纸报文，其实于何时何处会哨，亦未可证验。洋匪窥伺，巡奕稍疏，乘间剽劫，为害商贾，殊非慎重海防之道。臣查镇臣总巡洋面近者不过数百里，远亦不出千里。"②

为此，喀尔吉善建议酌定新的总巡会哨办法，严格查验制度。他提出的总巡会哨办法是，自二月出巡，至九月撤巡，计期八个月，每两月

---

① 《闽浙总督喀尔吉善奏请酌定所属两省巡洋会哨办法事》，乾隆十五年八月二十九日，中国第一历史档案馆藏朱批奏折，档号：04—01—01—0190—035。

② 同上。

与接界总巡官兵会哨一次。于应会哨月份,上汛先巡北洋,后巡南洋。下汛先巡南洋,后巡北洋。浙江定海镇,先巡北洋,与江南崇明镇会哨于大羊山,后赴南洋,与黄岩镇会哨于石浦港;黄岩镇则先巡南洋,与温州镇会哨于沙角山,后赴北洋,与定海镇会哨于石浦港;温州镇则先巡北洋,与黄岩镇会哨于沙角山,后赴南洋,与闽省海坛镇会哨于南关;海坛镇则先巡南洋,与金门镇会哨于门扇后洋,后赴北洋,与温州镇会哨于南关;金门镇则先巡北洋,与温州镇会哨于门扇后洋,后赴南洋,与南澳镇会哨于将军澳。如此这般,"则上下两镇哨期不致歧误,可免守候耽延之弊。督臣于各镇应会哨月分,先遣标下员弁赍捧令箭,径赴会哨岛屿等候,必俟两镇会齐,取其会印报文,以为证验。仍令各镇将历过洋面,各营分巡防汛兵船逐一查点,分别勤惰,据实开报,听督臣察核、惩究、参处"①。

至于分巡,"上下洋面不出数百里,应请定以一月会哨一次,亦照总巡会哨之法。上汛先北后南,则下汛先南后北,定期于分界岛屿会哨。其会哨时,先令总巡镇臣派船差弁,赍令箭前往会哨处所等候,必俟两汛兵船到齐,取具钤记押结通报。如迟误不到,揭报参究。"②

在他看来,"如此立定限期,实力督巡,不特分巡将弁偷安、规避有可稽察,即镇臣有不实力督巡,如期会哨者,一经查出,亦以规避巡洋参处。既符总巡之成例,更收会哨之实效。似于绥靖海洋之道,不无小补"③。这一建议得到乾隆皇帝的重视和批准,立即在闽浙等沿海省区推行。

巡洋会哨制度的演变是一个制度的替代、转换与博弈的过程,对于先前的规定来说,既有继承也有创新。因此,可以理解为一种效益更高的制度对于前一制度的替代或改良的过程。现在以金门镇为例,我们看一看这种巡洋会哨制度是怎样运行的。

"每年总兵官于二月初一日就两营各汛,拨出战船六只,配随官各一员出洋总巡。例于四月初一日,北至涵江与海坛镇汛会哨,督粮道到

---

① 《闽浙总督喀尔吉善奏请酌定所属两省巡洋会哨办法事》乾隆十五年八月二十九日,中国第一历史档案馆藏朱批奏折,档号:04—01—01—0190—035。
② 同上。
③ 同上。

处监视。六月十五日南至铜山大澳与南澳镇会哨,汀漳龙道到处监视。八月初一日再往北洋与海坛镇汛会哨,兴泉永道到处监视。九月三十日,撤回。其十月、十一月应左营游击出洋总巡;十二月、正月应右营游击出洋总巡。左、右营游击每年二月起至五月止,带战船三只出洋分巡;左右营守备六月起九月止带战船三只出洋分巡。每月初六驾赴围头与水师提标会哨石狮,县丞到处监视。十九日,驾赴湄洲菜籽屿与海坛镇标会哨。二月起至五月止,平海县丞到处监视;六月起至九月止凌厝巡检到处监视。其右营每月十九日系驾赴六鳌、将军澳与铜山会哨盘陀,巡检到处监视;每年十月至正月,左、右营将、备照单、双月轮班出洋巡哨,单月游击;双月守备。"①

在这个巡洋会哨制度中,主要是加强了监督的机制。巡洋制度的认真贯彻和执行,既是为了保障国家近海治安秩序的良好环境,也是维护水师官兵公平和公正的一种激励手段。这种制度依赖于相对独立的评价体系和机制。通过道员、巡检等官员对于会哨时间和地点加以监视,而后做出勤与懒,尽职尽责与玩忽职守的价值判断,再通过奖勤罚懒激励机制加以保证。激励有正激励和负激励之分。认真巡洋的,应当得到奖励,这是正激励;违反了制度规定,玩忽职守的,应当受到处罚,这是负激励。因此巡洋制度的制定、实施,是和奖惩条例密不可分的。通过即时奖惩,从而维护巡洋官兵的整体利益,也就是追求近海治安效果的最大化。

"合巡",是在特殊时期组成的联合舰队巡洋活动。1836 年,东南沿海鸦片走私船只日益猖獗,海防形势日渐严峻。闽浙总督钟祥、福建巡抚魏元烺、浙江巡抚乌尔恭额经过商议,决定增强巡洋的力量,建立新的合巡制度。所谓"合巡",就是在正常水师巡逻力量之外,把福建和浙江近海水域分为两段,加派兵船进行巡逻。福建增加兵船十三只,以八只船巡逻南段,以五只船巡逻北段。浙江增加十只兵船,四只合巡南段,六只合巡北段。合巡船队必须"连帮巡缉",无论南来还是北往,凡是经过的洋面,必须汇合例巡船只一道巡缉。"嗣后,各该合巡船只会齐之后,闽省总须八船、五船,浙省总须四船、六船,连舯合巡。不准退歇、短少,仍各按划定南北营分,自首至尾,往回周历,方

---

① 刘敬纂:《金门县志》卷一二,见《中国地方志集成》,福建府县志辑第 28 册,上海书店、巴蜀书社、江苏古籍出版社 2000 年影印,第 547 页。

准轮替。所有例巡船只于合巡至汛,亦总须跟随,巡至下段交代,再回本段巡缉。"① 这种"合巡"制度,只是暂时增强了水师的巡洋声势,而无法根本消弭日益严峻的海洋危机。19世纪前半期中国的经济能力和科学技术水平,特别是武器装备的状况,直接制约着当时军事制度的演变。一般说来,军事制度的演变与经济条件、科学技术水平,特别是武器装备的状况是相互匹配的,是难以超越的。

二 福宁府的内外洋划分及兵力配置

清代的福建省,位于台湾海峡两岸,包括台湾岛和澎湖岛在内(1885年始独立建省,1895年被日本侵占),地处中国东南部,陆域介于北纬21°45′25″(台湾屏东县七星岩南端)至28°22′(浦城县北端),东经115°51′(武平县西端)至124°34′30″(宜兰县赤尾屿)之间,北与浙江省毗邻,西北横贯武夷山脉与江西省交界,西南与广东省相连,海洋与海防战略地位极为重要。"海之在东南也,为利甚溥,而防守亦最切。闽地山稠壤狭,资海为田,浪舶云帆,交于域外,此其利之溥也。然岛屿丛杂,汊港歧互,往往藏污纳秽,防制纷然。"②

清代福建省十府,六府滨海,自北而南为福宁府、福州府、兴化府、泉州府、漳州府,东面是台湾府。一般来说,靠近大陆海岸和府治、县治、厅治所在岛岸的岛屿和洋面,由于便利开垦,便利文官管辖,均被划入内洋;远离大陆海岸和府、县、厅治所在岛岸的岛礁和洋面,由于不便开垦,不便文官控制管辖,均被划入外洋。福建布政使张廷枚曾经谈及这种划分条件和范围。"其沿海各岛屿,如闽县查报之上竿塘、连江县查报之下竿塘、长乐县查报之东狮、白犬沙、霞浦县查报之大嵛山、小嵛山、南关山、烽火山、浮鹰山、福安县查报之鹭鸶岛、澎湖厅查报之东吉、西吉、花屿、半屏、大屿、凤山县查报之小琉球,俱各孤立洋中,四面俱海,易滋接济盗贼米粮、薪水之弊……惟外洋各

---

① 《洋政条款》,《福建省例·船政例》,见《台湾文献史料丛刊》第199种,台湾大通书局、人民日报出版社2009年版,第729页。
② 陈寿祺、魏敬中等纂:《重纂福建通志》卷八六,同治十年(1871)正谊书院刻本,第1页。

岛屿仍然严禁，不许民人移居及搭寮、采捕。"① 下面我们依次探讨各府内外洋的划分及其兵力配置情况。

笔者在第三章中认为，清代划分内洋、外洋的重要时间节点是1717年。② 是年，左都御史范时崇认为，洋面失盗，对于所辖文武官员的处分太重，建议分别内洋、外洋的不同情况加以处理，得到康熙皇帝的批准。兵部要求各地绘制图册，上报朝廷，以便稽查。沿海省区划分内洋、外洋，并绘制洋图，是在乾隆初年完成的。因此，在此后的志书中大都会有这方面的记载。

明代，福宁为直隶州，领三县。清初，仍其旧，至1734年（雍正十二年），升为府，领寿宁、霞浦、福鼎、福安、宁德五县。明清时期，人们认为福宁府的海防要塞是霞浦县的三沙港、东冲口、白匏山，福鼎县的烽火门、峡门、大嵛山、小嵛山，福安县的白马门，宁德县的飞鸾汛、金鳌渡等。

三沙港，乃是海船湾泊的重要港口；东冲口距离郡城不过百余里，接连"下浒、罗浮、斗米等汛，外临笔架、芙蓉、马鞍等山，船只随潮入口……最为冲要"。白匏山在东冲口内，为霞浦、福安、宁德三县交界内港冲要；烽火门地方两山对峙，在福鼎东南九十里，"外临屏风、筼竹、大嵛、小嵛、七星、四礵等山，内有白鹭、南镇、黄岐等汛，与沙埕、三沙相为犄角，其为冲要"。峡门，与黄岐对峙，为烽火门外冲，亦属要汛；沙埕汛当福鼎港口，孤悬海外，与南镇、白鹭对峙，上接关山，下连烽火，内有桐山营汛兵防守；大嵛山、小嵛山，均是烽火门外岛屿；白马门在福安县东百余里，两山对峙如门，随潮溯流而上可至福安县，"亦属冲要"；飞鸾汛在宁德县南三十里，"亦属冲要"；金鳌渡，在县南十里，"设有福宁镇标游击带兵防守"③。

县志保存了福宁府内外洋划分的零星资料。据《福鼎县志》记载了福建烽火营所辖海域的内外洋划分情况："沙埕虎头鼻起，红【牵】至

---

① 《福建布政使张廷枚奏为外洋孤立岛屿仍请严谨开垦等事》，雍正十三年十月十五日，第一历史档案馆藏朱批奏折，档号：04—01—30—0274—013。

② 王宏斌：《清代前期浙江划分内洋与外洋的准则和界限》，《社会科学辑刊》2016年第2期。

③ 本节引文俱见：朱珪修，李拔纂《福宁府志》卷三，海防，成文出版社（据乾隆二十七年修光绪六年刻印本）1967年影印，第13页。

鼠尾礁止，系深水内洋，南属水师烽火门汛辖，北属浙江瑞安营辖。鼠尾礁东为南关山，山上红【牵】，出外洋，台山南属闽，北属浙。南关红【牵】至鸳鸯屿为内洋，外为深水，属崳山，外洋无专属，内洋属烽火。鸳鸯屿红【牵】西南至七都港，青湾岚属福鼎桐山营，外五澳属霞浦三沙汛。"① 这是说，南关岛以西海域系深水内洋，南关岛以东的台山列岛属于外洋，南关山和台山列岛一线乃是浙江与福建的海域内外洋分界线。由南关山向西南到达鸳鸯屿一线以西属于内洋，以东是深水外洋，属崳山。内洋属烽火营管辖，外洋无专汛。由鸳鸯屿向西南至七都港，青湾岚属于福鼎桐山营管辖，外五澳属于霞浦三沙汛管辖。又据《霞浦县志》记载："霞邑三面当海，有事均宜布防。然盐田至白瓠山纯属内港，东冲虽属外洋，而水浅且港汊纷歧，舟入，非熟于水程者有戒心焉。惟三沙为深水外洋，大船可直抵至岸。"② 由此可以看出，福鼎与霞浦作为福建最北部的两个县不仅详细划分了内外洋的界限，而且明确区分了沿海各县各水师营的管辖海域。

参与福宁府海防的清军很多，诸如福宁镇、桐山营等。但是，其海上巡哨主力毫无疑问是烽火门水师营。据《福宁府志》记载：烽火门水师营，参将1员，守备1员，千总2员，把总3员，步战守兵912名，战船13只。参将带领把总1员，兵299名驻扎秦屿，其余分防海汛和陆汛。兵力和战船配备如下，"烽火汛，艇船一只，兵六十名；秦屿汛，哨船一只，兵十六名；拨守姆屿、南透二处烟墩，瞭望共兵六名；出洋分巡，本营将、备轮班带兵二百四十名，战船四只；拨守大小崳山烟墩，瞭望共兵六名；分防外海三沙汛，千总一员，协防外委千总一员，兵九十名，战船二只；拨守三沙、五澳二处烟墩，瞭望共兵六名；分防外海斗米汛，把总一员，协防外委把总一员，兵八十名，战船二只；拨守斗米山烟墩，瞭望兵三名；分防海外南关汛，千总一员，协防外委千总一员，兵九十名，战船二只；拨守南关、屏风二处烟墩，瞭望兵共六名；拨守崳山汛把总一员，兵三十名，战船一只；分防外海沙

---

① 嘉庆《福鼎县志》卷五，见《中国地方志集成》，上海书店、巴蜀书社、江苏古籍出版社等2000年影印本，第130—131页。
② 民国《霞浦县志》卷一七，见《中国地方志集成》，上海书店、巴蜀书社、江苏古籍出版社等2000年影印本，第164页。

埕汛把总一员，共八十名，战船二只；拨守南沙埕、南镇二处烟墩，共兵六名。"① 从这一条资料来看，烽火水师营分防的汛地既有陆汛也有海汛，既有内海也有外海。内海汛地是秦屿汛、三沙汛、烽火门汛和南关汛；外海汛地，也就是外洋汛地，是斗米汛②、沙埕汛、大、小嵛山汛（位于福瑶列岛）③。另外，参将和守备也负有外海巡哨任务。他们的职责是率领水师兵弁 240 名，战船 4 只，在内洋、外洋穿梭巡逻，藉以维护内洋和外洋的航行安全和生产秩序。④

除了斗米汛、沙埕汛和大、小嵛山属于外洋之外，福宁东面的四礵列岛、台山列岛亦同样划入外洋。一项条例规定对此说得清清楚楚。"严禁外洋孤山断屿毋许搭寮挂网，以防盗匪潜踪也。各县海口岛屿，离县窎远，虽有汛兵防守，稽察难周。至如外洋岛屿孤悬，四面环海，更难查察。从前因奸民在彼搭寮窝置，曾经勒碑永远示禁。按季出具并无客留印结，汇送咨部。近来舟师懈弛，并不巡逻驱逐，印结亦属具文……霞浦县属之马砌、魁山、笔架山、四礵山、君竹、台山、火焰山、大目屿、小目屿、淳鹰、东涌等处，奸渔搭盖寮屋，插桩挂网，在所不免。"⑤

从上述内容可以看出，福宁府不仅同沿海各省一样，大体划分了内洋、外洋，而且按照其战略地位的轻重，配置了相应的兵力，严格区分了巡洋官兵的汛地和职责。《福建通志》卷首为我们保存了一套非常宝贵的《福宁海防图》。在这套地图中我们不仅看到绘图者不仅用大浪和小浪图画明确区分了内洋、外洋，而且绘出了内外洋之间的界线，还特

---

① 乾隆《福宁府志》卷三，见《中国地方志集成》，福建府县志辑第 12 辑，上海书店、巴蜀书社、江苏古籍出版社 2000 年影印本，第 97—101 页。
② 此处的斗米汛，是指斗米外洋。"（嘉庆）十年四月，兼署福建水师提督；奉旨：'李长庚调福建水师提督，镇将皆其统辖。著将擒捕蔡牵一事，责成专办；一切机宜，悉听调度。'闰六月，蔡牵闻长庚至，遂由台湾北窜入浙；长庚追击之青龙港，获其船一、沉其船二，擒彭求等二十八人。得旨：'李长庚自统舟师以来，具报剿贼均无虚饰；俟闽、浙洋面一律清平，必加懋赏。'又奉上谕：'李长庚总统水师，温州、海坛二镇总兵为左、右翼，听李长庚调遣，俾事权归一。'八月，长庚追蔡牵于台州大陈斗米洋，攻击三昼夜，烧其船一、沈其船一，生擒七十三人。寻以浙江提督孙廷璧不谙水师，奉旨：'浙江提督，仍著李长庚调补'。"（《李长庚传》，《国朝耆献类征选编》卷十一，（台北）文海出版社 1987 年影印，第 1375—1376 页）
③ 大、小嵛山，"与台山相峙外洋，福宁门户也。滋湾、西洋、沙埕、官湾，商舶所经。"（参考郝玉麟主修《福建通志》卷一六，乾隆二年刻本，第 69—70 页。）
④ 郝玉麟主修：《福建通志》卷一六，乾隆二年刻印本，第 69—70 页。
⑤ 《洋政条款》，《福建省例·船政例》，见《台湾文献史料丛刊》第 199 种，台湾大通书局、人民日报出版社 2009 年版，第 708 页。

第二章　清代前期福建内外洋划分及水师管辖范围　151

备用文字标明界线以内为内洋，界线以外为外洋。这套地图对于清代内外洋的划分方法做了最直观的说明，弥足珍贵。

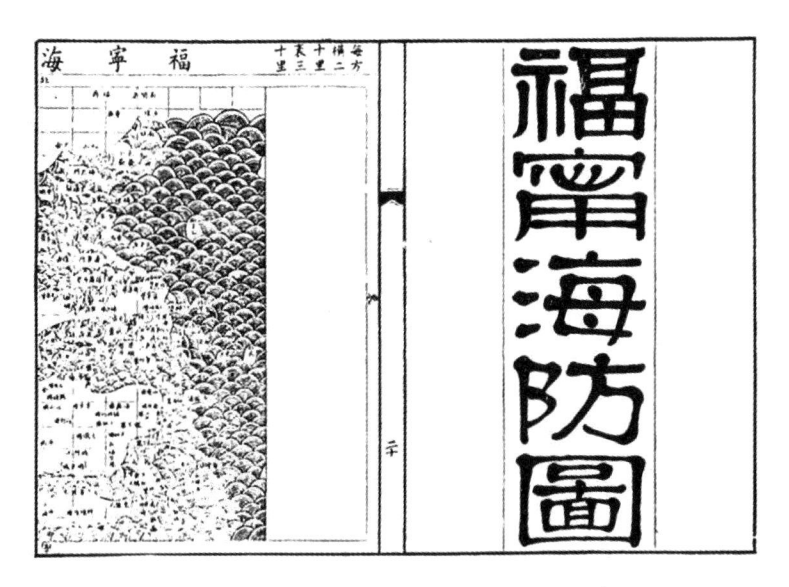

图 2-1　《福宁海防图》书影（一）

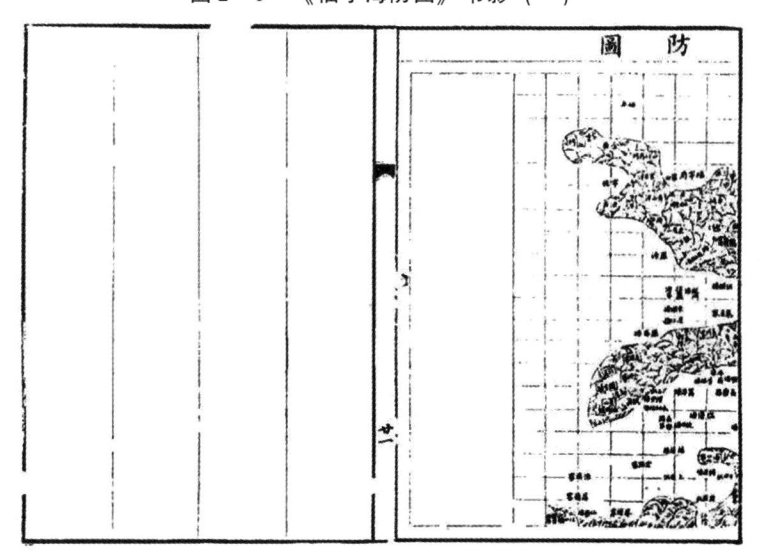

图 2-2　《福宁海防图》书影（二）

图片来源：陈寿祺等纂，魏敬忠等续纂《重纂福建通志》，上海书店等据同治十一年（1872）刊印本复印，第 20—21 页。

三　福州府的内外洋划分及兵力配置

福州府，位于闽江下游，东濒东海，西邻南平、三明，北接宁德，南接莆田。沿海多天然良港，主要有福清湾、罗源湾、兴化湾等。海坛岛乃是福建省第一大岛，中国第五大岛，面积250余平方千米，比较大的岛屿还有妈祖列岛、白犬列岛、浪岐岛、东洛岛、东库岛和大练岛等。

清代前期，此处军队驻扎可谓犬牙交错，极为复杂。一是镇守福州将军。率领汉军旗兵，"聚居会城之东偏"，分为镶黄、正白、镶白、正蓝四旗，每旗各设协领1员，参领1员，防御5员，骁骑校5员，康熙初年，旗兵仅1026名，后来增加至2042名。[1] 雍正年间，增设水师旗营，驻扎闽县洋屿地方，协领1员，佐领1员，防御2员，骁骑校6员，教习外委3员，领催30员，兵匠共609名，配备大小战船14只（大战船6只，小战船8只），每岁春秋在三江口演习，地距洋屿25里。将军标下左、右二营。马、步、守兵共有1860名。[2]

二是闽浙总督标下三营和水师营。中、左、右三营各有马、步、守兵1107余名（其中马兵201名，步兵298名，守兵608名）。水师营，参将1员，守备1员，千总2员，把总4员，外委千总2员，外委把总4员，配兵900名（步兵450名，守兵450名），大小战船10只（内有赶缯船2只，双蓬圆底船4只，八桨哨船4只），"巡防汛地，上自闽县南台大桥沿江一带水面，下至闽安镇金刚腿海口止"[3]。驻防的炮台有中洲炮台、罗星塔炮台。

三是福建巡抚标下左、右二营。各由参将等官带领，各有马、步、守兵645名（马兵140名，步兵160名，守兵345名）[4]

四是福州城守营。下辖左、右二营，各由都司等官带领，左营配兵1110名（马兵96名，步兵435名，守兵579名）；右营配兵951名

---

[1] 徐景熹主修：《福州府志》卷一二，见《中国地方志集成》，福建府县志辑第1辑，上海书店、巴蜀书社、江苏古籍出版社2000年影印，第283页。
[2] 同上书，第283—284页。
[3] 同上书，第285—286页。
[4] 同上书，第286—287页。

(马兵 96 名,步兵 356 名,守兵 499 名)。①

五是闽安水师营。由副将 1 员带领,驻扎闽安镇。分为左、右二营。左营游击 1 员,守备 1 员,千总 2 员,把总 4 员,外委千总 2 员,外委把总 4 员,步兵 391 名,守兵 425 名,配备双蓬艍船 8 只。右营游击 1 员,守备 1 员,千总 2 员,把总 4 员,外委千总 2 员,外委把总 4 员,步兵 391 名,守兵 425 名,赶缯船 5 只,双蓬艍船 8 只。除分防陆汛之外,分防的海汛范围是,"南界海坛,北界福宁。东冲、罗湖、大金、西洋、芙蓉、鸭池等汛,沿边西案属陆汛,东属大洋"②。

六是长福营。参将 1 员,驻扎福清县城,下辖左、右二营。左营守备 1 员,配兵 623 名(马兵 56 名,步兵 234 名,守兵 333 名),右营都司 1 员,配兵 532 名(马兵 56 名,步兵 197 名,守兵 279 名)。③

七是海坛镇营。总兵官 1 员,驻扎平潭地方,下辖左、右二营。左营游击 1 员,兵 1152 名(步兵 552 名,守兵 600 名),配备战船 19 只(大赶缯船 5 只,中赶缯船 2 只,小赶缯船 3 只,双蓬艍船 2 只,双蓬罟船 4 只,平底艋船 3 只)。除分防的陆汛之外,海汛有盐埕塘、磁澳塘、鼓屿塘、万安门扇后塘;右营游击 1 员,兵 1152 名(步兵 552 名,守兵 600 名),配备战船 20 只(大赶缯船 5 只,中赶缯船 2 只,小赶缯船 3 只,双蓬艍船 7 只,双蓬罟船 3 只)。除分防的陆汛之外,分防的海汛有观音澳塘、夯尾塘、娘宫塘、壁头塘、三江口塘、南日塘、湄洲塘和平海塘。④

八是连江营。属福宁镇管辖,驻扎连江。"马兵七十五名,步兵二百七十七名,守兵三百九十八名。官坐马匹二十二匹,战马七十五匹。东岱南北岸哨船二只,可门哨船一只。"⑤

九是罗源营,属福宁镇管辖,驻扎罗源。游击 1 员,"马兵七十五名,步兵二百七十七名,守兵三百九十八名。官坐马二十二匹,战马七

---

① 徐景熹主修:《福州府志》卷一二,见《中国地方志集成》,福建府县志辑第 1 辑,第 287 页。
② 同上书,第 289—290 页。
③ 同上书,第 290—291 页。
④ 同上书,第 291—292 页。
⑤ 同上书,第 292—293 页。

福州府环山滨海,"邑之隶郡者十,海之环邑者五",闽安、长乐、罗源、福清和连江。②"闽安镇,距省城八十里,为省会咽喉,极冲要口,商舶往来辐辏。"③"五虎门,在大海中,冲险海汛……洋中有进屿、芭蕉、虎橱、熨斗等屿。其熨斗、琯头、妈祖庙可舶船。五虎门东向水洋四十里至南北竿塘,南向水洋一百八十里至白犬东沙,二百四十里至猫屿,北向水洋七十里至定海,一百三十里至黄岐。"④"南竿塘,冲要海汛,与连江北竿塘毗连。南北竿塘兼白犬、东沙,置战船四只,拨千把总一员防守。"⑤马江之中有两处要塞:员山水寨和罗星塔汛。员山水寨,江面三十里,由督标水师管辖,配哨船二只,上界罗星塔汛,下至金刚腿汛,与闽安镇汛交界。罗星塔汛,当省会要冲,由抚标拨兵防守,设炮台一座,哨船四只。⑥除了上述比较大的岛屿之外,还有一些小岛划入外洋,例如鸡笼屿、东涌等。

1832年6月11日(道光十二年五月十三日),一艘长乐县商船在鸡笼屿洋面被劫;7月2日(六月初五日)诏安县一只商船在东涌洋面被劫,4人被杀。商船遭受连续抢劫,且被杀害4人,显然属于特大盗劫案件。该处海洋南属闽安,北属福宁,属于汛地交界地方。事发之后,为了追查责任,确认该处洋面究竟属于何营管辖,福建按察使立即派员前往查勘,确认"失事洋面在于东涌之东南外洋,系闽安右营管辖"。福建巡抚为此上奏,特参巡洋不力员弁。他指出:"闽安副将所辖洋面,自五月十三日至六月初五,一月之内,盗劫两案,且沈兴泰被劫系拒杀事主、舵、水四命重情,屡经严饬之后,该营将弁不将各案赃盗全数缉获……自应从严参办。相应请旨将署闽安协副将事准补浙江瑞安协副将之福建铜山营参将林松摘去顶戴,仍留闽省督缉;闽安左营外委林瑞雄、右营把总江壮图、额外外委陈朝安先行革职,留洋协缉,勒

---

① 徐景熹主修:《福州府志》卷一二,见《中国地方志集成》,福建府县志辑第1辑,第293页。
② 徐景熹主修:《福州府志》卷一三,见《中国地方志集成》,福建府县志辑第1辑,第306页。
③ 同上书,第311页。
④ 同上。
⑤ 同上书,第312页。
⑥ 同上。

限三个月,严拿赃盗。"①

长乐县之文石、筹港、泽里、厚福等四汛,俱临海要冲,各设烟墩瞭望。外洋白犬、东沙为"冲要海汛"。沿边陆汛属长福营。文石与琅琦相对,在梅花所之上,其险天设。梅花所,与文石联络,"临海据险要冲"。设战船一,拨千总一员巡防。"白犬东沙,冲要海汛,极外孤岛,属闽安营"②。岐寨,在十五都,属于"临海要冲"。外海岛屿有磁澳、猫屿、凉伞等岛,属海坛营。澳,在十五都,"孤岛周七里,系深水,可寄碇,非湾泊处。置战船二,拨千把总一员巡防,设烟墩瞭望。东属外洋,西与仙岐对峙,属长福营。水程南一百六十里至鼓屿,二百二十里至平潭,北至猫屿,适中与闽安营交界"。梁焦山寨,在十五都,滨海,"东有磁澳,为舟舶出没之冲"。垅下寨,在二十都,亦临海要冲。洋中有糖屿、横屿、小暗澳、人背、钓鱼翁、仙桃、东洛、西洛、十南王母礁、北王母礁、茭迹、石栏杆礁、小厝、大厝、算盘仔礁、磁澳共使六岛,属海坛营。③"松下塔直至吉兆、鼓屿、竹排礁、青湾岙外洋三洲屿,为长福二县分界处,北属长乐,南属福清。"④

1761年(乾隆二十六年),杨瑞接任福建海坛镇总兵,到任之后,他循例奏报说:"于七月初一日统带舟师出洋督巡辖属内外洋汛及闽安、烽火各营分巡兵船,梭织哨捕,毋致偷安。"并按照条例规定,于三月初一日前赴南洋,与金门镇总兵会哨于涵头港,五月十五日前赴北洋与浙江温州镇总兵会哨于壁下关;九月初一复与金门镇总兵会哨于涵头港;俱经闽浙总督杨廷璋差员查点兵船。事竣,返回任所。⑤

连江县之荻芦门,与熨斗山毗连,在县东南海中,僻险要汛,与五虎汛对峙。"沿边是连江陆汛,内洋有七澳,乌猪岛属闽安水汛。"⑥东

---

① 《署闽浙总督福建巡抚魏元烺奏为特参巡洋不力致有失事之林松等将弁请旨分别摘顶革职勒限严缉事》,道光十二年十二月二十六日,中国第一历史档案馆藏朱批奏折,档号:04—01—12—0428—021。

② 徐景熹主修:《福州府志》卷一三,见《中国地方志集成》,福建府县志辑第1辑,第312页。

③ 同上书,第313页。

④ 同上书,第314页。

⑤ 《福建海坛镇总兵杨瑞奏报会哨巡洋情形及粮价事》乾隆二十六年十月初八日,中国第一历史档案馆藏朱批奏折,档号:04—01—03—0025—004。

⑥ 徐景熹主修:《福州府志》卷一三,见《中国地方志集成》,福建府县志辑第1辑,第314页。

岱汛，县东十里，属于沿海要汛。小埕汛，为省会门户，在定海所前。"定海，极冲要汛，凭山俯踞……南界五虎汛，北界黄岐汛，西界长澳桥、小埕汛。洋中有目屿、青屿、贵屿、王官等岛，有乐平沙（又名牛皮沙）。""黄岐，冲要海汛……西界定海汛，北界二髻屿、北茭汛，沿边陆岸属本营陆汛，洋中岛屿有东鼓、竹排礁、二髻屿，属水汛。"①"北茭，东、南、北三面临海，要紧海汛。置战船三只，拨千总一员巡防。"②南北竿塘，位于连江县东大海之中，乃"冲要海汛"。南竿塘属闽县，北竿塘属连江。北竿塘有八使澳、下目、白沙、七澳、进屿等岛礁。③可门，为"冲僻海汛"，北与罗源廉澳门汛对峙，澳内下宫口、下屿里均可停泊大船。海中有担屿、前屿、下屿、东洛、西洛等岛屿。其中"下屿海汛，系内洋，四面环海。属本营，与廉澳门毗连"④。

罗源县的廉澳门也是"险僻海汛，与连江可门对峙……中有担屿分界，南属连江，界北茭；北属本营，界东冲汛。外洋属闽安水汛。"⑤虎尾山，与霞浦县东冲对峙，海洋相距五十余里，中有白礁分界，东属福宁东冲汛，西属鉴江本汛。罗湖系临海要汛，属霞浦县，南与东冲毗连，北至大金与烽火营交界。洋中有鹿耳、草屿、东涌等岛礁。西洋山，"系外洋孤岛，紧要海汛"⑥。西南属连江，东北属霞浦。洋中有大东、小东、马鞍等岛礁。芙蓉山，"是外洋孤岛，紧要海汛。设烟墩瞭望，属霞浦县。洋中有马砌、魁山、四礵山"。大金汛，"是外洋紧要海汛。设烟台瞭望，属霞浦。洋中有岛屿有笔架山，山南系罗湖汛，山北界烽火营，水汛属闽安"⑦。

福清县之镇东卫，以在海口镇之东，故名，属于"临海要冲"。海口镇在方民里，与海坛交接，北对松下、塔仔。海中有屿头、猫屿、吉兆、鼓屿和钟门等。沿岸并内港陆汛属长福营，港外水汛属海坛。"屿头，内洋孤岛。周二十里，堪以湾泊取水。"鼓屿门汛，"周十里，系

---

① 徐景熹主修：《福州府志》卷一三，见《中国地方志集成》，福建府县志辑第 1 辑，第 315 页。

② 同上。
③ 同上。
④ 同上。
⑤ 同上书，第 316 页。
⑥ 同上。
⑦ 同上。

南北往来经由之处,可以停泊取水,不可避风。置战船一。拨千把总一员巡防,山顶设烟墩瞭望。东至糖屿、竹排礁,北至东洛、西洛、钓鱼翁、石栏干、松下,直至三洲屿,西至吉兆、芦港、乌礁、牛宅、港南、山尾,南至屿头、九娘礁、青屿、石牌洋、分流屿,与万汛交界,俱属海坛镇"①。后营、连盘、泽朗、下俞,俱临海要冲。其东北面海中有沙坞、分流屿、猴探屿、金口、东壁等水汛,俱属海坛镇,沿岸陆汛归长福营管辖。万安、连盘、门扇后三汛亦是"临海要冲"。"洋中有金井礁、银台礁、麻疯屿、草屿、纺车礁等。其内洋汛属海坛营,陆汛属长福营。"②牛头、前薛二汛,亦"临海要冲",其内洋中有牛头门、沙礁、野马、转埕、鼠尾礁、桃仁礁、小麦、东进等屿一带水汛属海坛营,沿岸陆汛和内港属长福营。峰头、上迳二汛,亦"临海要冲",西南至江口桥,与兴化交界;东至东澳山,设烟墩瞭望。其下即江阴、壁头等岛礁,属海坛镇管辖。沿边陆汛归长福营管辖。江阴壁头汛,系孤岛,"周四十里,置战船一,拨千把总一员巡防,东有牛头门、野马、龟屿,界南日汛"③。三江口汛,属兴化协,"港外涂尾属壁头汛,置战船一,拨千把总一员巡防"④。南日,系孤岛,"周六十里,田园绣错,船舶经由,东北属福清县,西南属莆田县,水汛与兴化象城对峙,置战船二,拨千把总一员巡防。山顶设烟墩瞭望。北会哨至松下、南茭,与小埕会;南会哨于平海之湄洲……洋中有小日、乌垢、东甲、西甲为最要地。又有大麦、小麦、大饼、赤屿、西罗盘、东罗盘、旗山、鼓山、分流礁、五虎礁、兔屿等岛"⑤。湄洲、平海二汛,"东系乌垢外洋,西属兴化陆汛,北界南日山,南界菜子屿,与金门汛交界。洋中鹭鸶屿、箭屿、后澳、双蓬屿、进屿等岛,水汛属海坛营。置战船三,拨千把总二员巡防"⑥。

海坛岛,距福清县一百二十里,广袤七百里。山势远望如坛,故名。因有岚气往来,又名东岚山。"水汛自竹屿起,北至磁澳与闽安汛

---

① 徐景熹主修:《福州府志》卷一三,见《中国地方志集成》,福建府县志辑第1辑,第317页。
② 同上书,第318页。
③ 同上书,第319页。
④ 同上书,第320页。
⑤ 同上。
⑥ 同上。

交界;西北沿边至菜子屿与金门汛交界,属右营;平潭至海口水程二十里,洋中有大练、小练、鼓屿、钟门、东庠、小庠、大姨、草屿、东甲、西甲等屿。"① 盐埕澳汛,"兼防钟门,属海坛。置战船二,拨千把总一员巡防"②。大、小练二山,对峙如门,相去仅十里许,系孤岛,"南北要冲,商船多会于此"③。东庠汛,系孤岛,周二十里,非湾泊避风处。"水程至流水四十里,至平潭六十里,东北系大海,数百里外,鸡笼、淡水界。"④ 苏澳,临海澳口,属盐埕汛。观音澳,连海坛山,置战船二,拨千把总一员巡防。"洋面外接牛山外洋,中有吉兆、糖屿。"⑤ 夯尾汛,"属观音汛",置战船一,拨千把总一员巡防。安海汛,"属观音澳"。娘宫汛,"属观音澳汛,置战船一,拨千把总一员巡防。""草屿,系孤岛,周二十里,与万安汛对峙,属观音澳汛。船可寄碇,水程至平潭七十里。"⑥

对照现在地图,可以看到,划入外洋的岛屿,自北而南,主要有马祖列岛(包括南竿岛、北竿岛、高登岛、西引岛、东引岛等)、白犬列岛(包括东犬岛、西犬岛、林坳等)、牛山岛(包括吉兆、糖屿)、南日群岛(以乌坵为代表,包括小日岛、东沙屿、大麦屿、小麦屿、大饼、赤屿、西罗盘、东罗盘、旗山、鼓山、分流礁、五虎礁、兔屿等岛在内)。⑦ 另外,位于南日群岛的大嵩、小嵩也划入外洋。闽浙总督汪志伊于1811年(嘉庆十六年)奏报说:"福清县所辖之大嵩、小嵩两岛系在外洋,向例封禁,并无民人居住。"⑧

---

① 徐景熹主修:《福州府志》卷一三,见《中国地方志集成》,福建府县志辑第1辑,第320页。

② 同上书,第320—321页。

③ 同上书,第321页。

④ 同上。

⑤ 同上。

⑥ 同上书,第322页。

⑦ 从乾隆末年开始到道光初年,中国沿海海盗活动十分猖獗,广东、福建和浙江的内洋外洋乃是清军水师与海盗帮派激烈厮杀的主要战场。嘉庆十六年吴属帮九只船只"在乌坵外洋游弈"。清水师战船闻讯赶来,追至青水一带外洋,开始向盗船发动攻击,生擒盗犯黄实等六十九名,并获盗船一只,劈山百子炮六门及火药器械。"因日暮风作,不敢穷追,收回崇武。"(《奏为在乌坵外洋拿获盗犯黄实等并获盗船一只片》嘉庆十六年,第一历史档案馆藏朱批奏折,档号:04—01—08—0083—031》

⑧ 《闽浙总督汪志伊福建巡抚张师诚奏为委员查勘外洋禁岛遭风淹毙并该处私搭寮房现已全数烧毁事》嘉庆十六年十月二十五日,第一历史档案馆藏朱批奏折,档号:04—01—03—0045—021。

划入内洋的岛屿众多，在此不必一一列举。因此，我们得到一个结论：凡是靠近大陆海岸和海坛岛岸的岛礁和洋面，无论大小均划入内洋，凡是远离大陆海岸和海坛岛岸的岛屿和洋面，无论大小均划入外洋。

嘉庆时期当地发生的一起水师战船损毁谎报事件对此做了有力证明。1814年6月8日（嘉庆十九年四月二十日），闽安右营把总朱渥到平潭同知衙门呈报：所驾"胜"字第二十七号战船，配载官兵五十六名，奉闽安协派遣，护运火炮前往台湾。于本月十五日午刻驶抵白犬洋面遭风，舵折，船只随风漂流，至十五夜五更时候，飘至鼓屿门外洋撞沉，水礁击破战船，寸板无存，"原配炮械并各兵口粮、蓬索、银两俱遭沉失。该把总与船目、舵水均各溺水，兵丁四十五名擒扶风帆板片，遇救得生，尚有黄水、董连贵等六名生死莫知"①。而当地人的报告则是，"本年四月十九日访闻，大扁岛四屿地方有营船一只冲礁搁浅，官兵炮械运登岛岸，即将船只自行拆毁"。白犬属于外洋，大扁岛属于内洋，位于福清三山镇附近的海坛海峡之中，两地相距100余里之遥。福州府平潭同知李维铮以同一事件，说法如此矛盾，事关重大，即于二十日夜三更时分亲身驾坐小船，在大扁岛侦查，在北楼地方起获八百斤、七百斤、五百斤、四百斤大炮各一门。"询诸居民，佥称：该船于十五日辰刻冲礁搁浅，官兵用小船渡载炮械登岸，挥令渔船自行拆毁船只，并未溺毙人口，其小炮三门未及起岸。"他又会同署海坛左营守备汪龙带领该把总朱渥等人前往失事处所质证，在物证和人证面前，朱渥与舵工、水手只好老实交代，供称战船失事处所，"实系大扁岛之尾屿内洋，并非白犬外洋，当场绘图"②。而后在大扁岛尾屿附近捞获小炮二门，查获该船大桅一根，头桅一根及其他战船各零部件，案件于是真相大白。

朱渥最后供认："驾坐营船护送载炮船只往台，原配兵丁五十六名。除患病五名告假外，实兵五十一名。四月十五日在洋遇风，午后驶至尾屿地方碰礁搁浅，喊令附近小船渡载登岸，船内炮械及口粮、蓬索、银两并把总札付俱已沉水。十六日，潮退，水浅，即同各兵捞获大炮四门，就近寄放地保家里。把总一时糊涂，心想营船在内港冲礁，管驾不

---

① 《闽浙总督汪志伊护理福建巡抚王绍兰奏为水师营船实在内港冲礁搁浅捏报外洋遭风击碎飘失兵丁并藏匿炮位之把总请旨革审事》，嘉庆十九年五月十六日，中国第一历史档案馆藏朱批奏折，档号：04—01—03—0078—001。

② 同上。

慎，应赔船只、炮械，遂起意捏诈外洋遭风击碎，寸板无存，炮械沉失情由禀报。并将告假回家兵丁黄水等六名捏说不知下落。"① 此处我们关注的是战船失事的地点是内洋大扁岛之尾屿，而非白犬外洋。因为这牵涉到水师官兵的赔偿责任问题。经历海难事故之后，朱渥惊魂未定，为何编造这个谎言？一个最底层的军官尚且知道战船在内洋与外洋损坏当事人承担的责任是不同的，将内洋失事捏称外洋，避重就轻，企图逃避赔偿船只与炮械的严重处分。由此可以证明划分内洋与外洋在沿海各省是一致的，福建省是不能例外的。

查阅乾隆二年所修《福建通志》卷十六，我们看到"内海"有时代替了"内洋"，"外海"代替了"外洋"，尽管词语有所变化，但是内外洋划分情况与沿海各省是一样的（见表2-1）。

表2-1　　　　福州府的内海与外海汛地及兵力配置一览

镇协名称	营别	兵力配置	内海汛地名称	外海汛地名称
闽安镇	左营	游击1员，守备1员，千总1员，把总4员，步战兵816名，战船14只。除分防镇城、陆汛、内河之外，其余分巡内外洋	分巡内洋梅花水汛（把总1员，步战兵50名，战船1只）；分巡内海五虎门（把总1员，步战兵50名，战船一只）	驻泊外海定海所（千总1员，兵120名，战船2只）；轮防外洋南北竿塘、兼辖白犬、东沙及出洋（游击1员，兵210名，战船4只）；驻泊外海黄歧汛（把总1员，兵50名，战船1只）
	右营	游击1员，守备1员，千总2员，把总3员，步战兵816名，战船14只。除分防镇城、陆汛、内河之外，其余分巡内外洋	分防北茭内洋海汛（千总1员，兵180名，战船3只）	分防外海濂澳门（把总1员，兵80名，战船2只）；分防外海东冲口（把总1员，兵70名，战船2只）；驻防外海大西洋，兼防芙蓉山及出洋（守备1员，把总1员，兵200名，战船3只）

---

① 《闽浙总督汪志伊护理福建巡抚王绍兰奏为水师营船实在内港冲礁搁浅捏报外洋遭风击碎飘失兵丁并藏匿炮位之把总请旨革审事》嘉庆十九年五月十六日，中国第一历史档案馆藏朱批奏折，档号：04—01—03—0078—001。

续表

镇协名称	营别	兵力配置	内海汛地名称	外海汛地名称
海坛镇	左营	游击1员，守备1员，千总2员，把总4员，步战守兵1152名，战船19只。除分防陆汛、炮台之外，其余分防内外洋	驻防海坛汛（游击1员，守备1员，千总2员，把总2员，兵757名，战船11只）；分防内海万安一带水汛（把总1员，兵80名，战船2只）	分防外海滋澳水汛，兼防盐埕澳、鼓屿门汛，（把总1员，兵280名，战船6只）
	右营	游击1员，守备1员，千总2员，把总3员，步战守兵1152名，战船20只。除分防陆汛、炮台之外，其余分防内外洋	驻防海坛汛（游击1员，守备1员，千总2员，把总2员，兵724名，战船11只）；分防内海万安一带水汛（把总1员，兵80名，战船2只）	分防外海观音澳，兼辖夸尾、娘宫、前江、阴壁、头三江等汛（千总1员，兵195名，战船5只）；分防外海南日汛，兼辖湄洲、平海澳等汛（把总1员，兵195名，战船4只）

资料来源：郝玉麟主修：《福建通志》卷一六，乾隆二年（1737）刻本，第22—28页；徐景熹主修：《福州府志》卷一二，见《中国地方志集成》，福建府县志辑第1辑，上海书店、巴蜀书社、江苏古籍出版社2000年影印版，第218—325页。

四 兴化府与泉州府的内外洋划分及兵力配置

由于金门镇管辖的范围包括泉州、兴化二府内外洋面。因此，我们的研究需要将兴化府和泉州府的海防视为一个不可分割的单元。清代的兴化府，旧治在今莆田市，领莆田、仙游二县。东南濒临台湾海峡，有兴化湾、平海湾，海面有南日群岛为之屏蔽。清代的泉州府，辖晋江、南安、同安、惠安、安溪、永春、德化七县，其中惠安、晋江、南安、同安滨海，有湄洲湾、泉州湾和围头湾三大海湾，比较重要的岛屿有金门岛、厦门岛、湄洲岛和浯屿，均划入内洋。金门岛距离海岸和岛岸较远，划入内洋的原因比较特殊，因为它是金门镇的驻地。厦门岛、湄洲岛、浯屿等划入内洋，自然而然。关于浯屿汛的驻防情况，《厦门志》的记载比较准确。"浯屿汛，在厦门南，孤悬大海中，距厦水程七十里。

水道四通，外控大、小担屿之险，内绝海门、月港之奸，为澄、厦扼要地也……康熙间，设浯屿营游击；寻，改设提标中营，守备驻防。如守备公干驻厦，委以千总、把总分驻，领兵防守。东至九节礁一里，与金门右营交界；南至大礁半里，外海与金门右营水汛交界，内海五里至岛美，辖汛与漳镇右营陆汛接壤；西至青屿十五里，与小担水汛交界；北至刺屿尾镜台礁，与海门汛交界。"①

道光《晋江县志》记载有本县内外洋的分界：

> 五堡：外港要口，上至祥芝，下至东埔。水程二里内系内洋，二里外系外洋。
>
> 东埔：外港要口，上至五堡，下至东店。水程二里内系内洋，二里外系外洋。
>
> 东店：外港要口，上至东埔，下至厝上。水程一里内系内洋，一里外系外洋。
>
> 厝上：外港要口，上至东店，下至沙堤塘。水程三里内系内洋。
>
> 沙堤：外港要口，上至厝上塘十里，下至寨下塘。水程三里内系内洋，三里外系外洋。
>
> 寨下：外港要口，上至沙堤，下至永宁。水程五里内系内洋，五里外系外洋
>
> 永宁：外港要口，距县东南五十里。水程五里内系内洋，五里外系外洋。
>
> 梅林：外港要口，上至永宁，下至鲁东澳六里。水程五里内系内洋，五里外系外洋。
>
> 鲁东：外港要口，上至梅林塘十里，下至深沪十里。水程六里内系内洋，六里外系外洋。
>
> 乌浔：外港要口，在县东南九十。水程五里内系内洋，五里外系外洋。②

---

① 周凯纂：《厦门志》卷四，《防海略·汛地》，见《台湾文献史料丛刊》第95种，台湾大通书局、人民日报出版社2009年版，第111—114页。
② 《晋江府志》卷五，《海防志》，福建省图书馆藏道光九年（1829）刻本，第2—8页。

从上述记载可以看出,晋江县的内外洋与海口之间的距离是不等的。少则一二里,多则五六里。此处的外港要口大致可以理解为海岸。问题是当时人对于内外洋与海岸之间的距离划分为何如此参差不齐。实际上这是由于海岸地理凹凸不齐,无法直接将其投射到洋面造成的。为了简便起见,只能在洋面划出一条红线,以区分内洋和外洋,因此就出现了与这条线的不等距离。该县县志附有一幅海防图,对此做了最直观的说明。从《晋江县海防图》中我们看到内外洋之间绘有一条明显的界线,靠近海岸的一边标为内洋,另一边则标为外洋。内洋的海浪波纹平缓一些,线条要细一些;外洋的波浪起伏明显要大一些,线条也要粗一些,使人对于内洋与外洋的认识可以一目了然。图中还明确标出"北属惠安管,南属晋江管";"安海西桥,晋南交界"等字样。由此可见,晋江县及其相邻各县不仅划分了内洋和外洋,而且曾经以地图明确区分了文武官员的职责,同时还明确标出了北与惠安、南与同安之间管辖内外洋的界线。《晋江县海防图》与前述《福宁海防图》一样,十分珍贵。

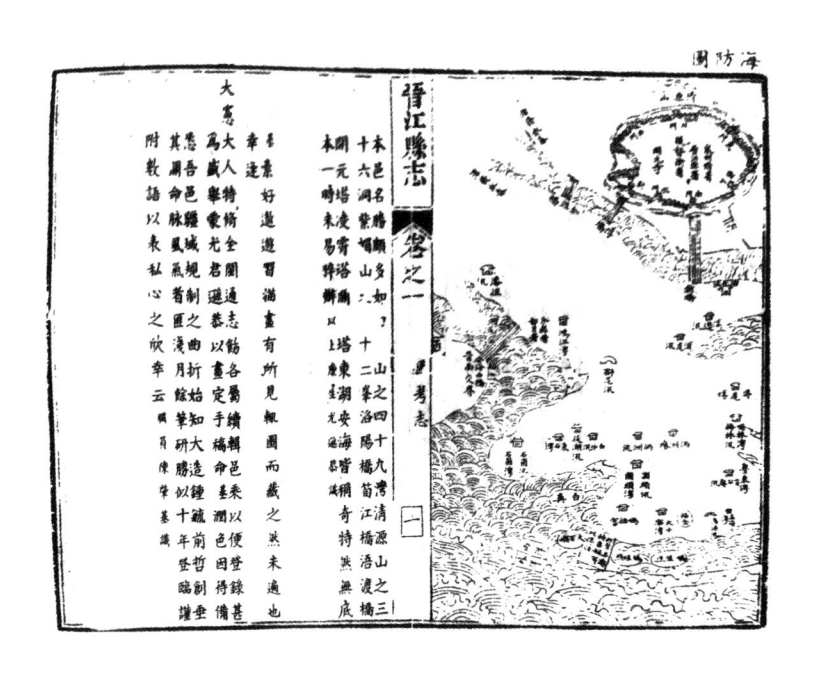

图 2-3 《晋江县海防图》书影(一)

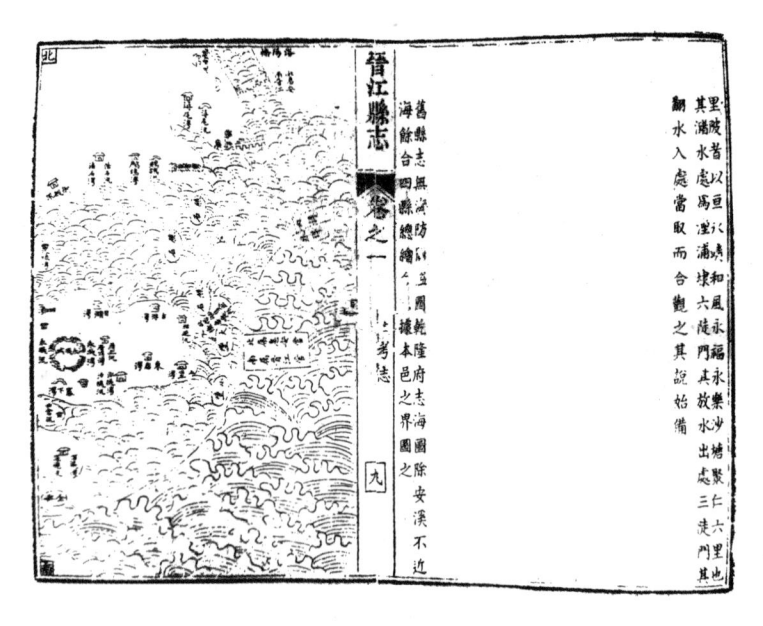

图 2-4 《晋江县海防图》书影（二）

图片来源：《晋江县志》卷一，福建省图书馆藏道光九年（1829）刻本，第9—10页。

《福建通志》又为我们保存了一套《兴泉漳海防图》。在这套地图中，我们同样看到小浪区为内洋，大浪区为外洋；在大浪区与小浪区之间有一条交界线，界线以西以北为内洋，界线以东以南为外洋。于此我们可以看到兴化府、泉州府和漳州府的内洋四至界线十分明确。令人比较遗憾的是，图中缺少外洋的外缘线。

兴化府与泉州府巡防任务主要由驻扎在厦门的福建水师和金门镇承担。福建水师提督，辖中、左、右、前、后五营。各营由参将率领，辅以守备、千总、把总等官，配兵960名，大小战船14只。分防汛地与巡哨职责以及兵力配置大致如表2-1。从表中不难看出，福建水师承担的主要任务是驻防厦门，巡哨外洋。也就是说，水师提督各营是一支海上随时机动作战的力量，除了分防驻地周围的汛地之外，主要任务是巡逻外洋。1748年4月25日（乾隆十三年三月二十八日），福建水师提督张天骏奏报了他到任履行职责的情况。"本年正月初三日出京，顺途至臣辖烽火门阅看官兵，事竣，由省旋厦。三月初三日接印视事。臣凛遵圣谕，督率臣标五营将备等，派定营分，查找局次，逐日亲加操练，务

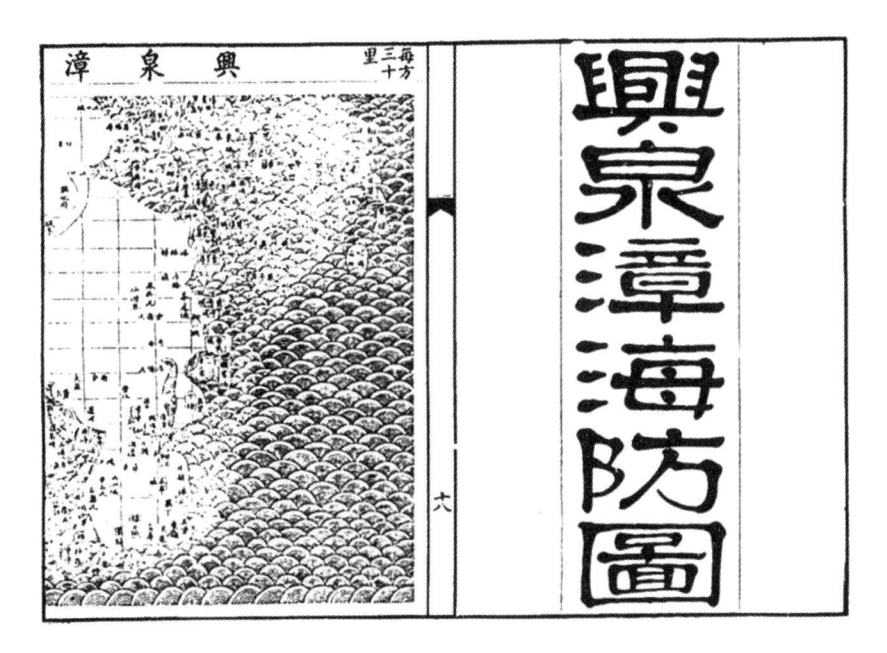

图 2-5 《兴泉漳海防图》书影（一）

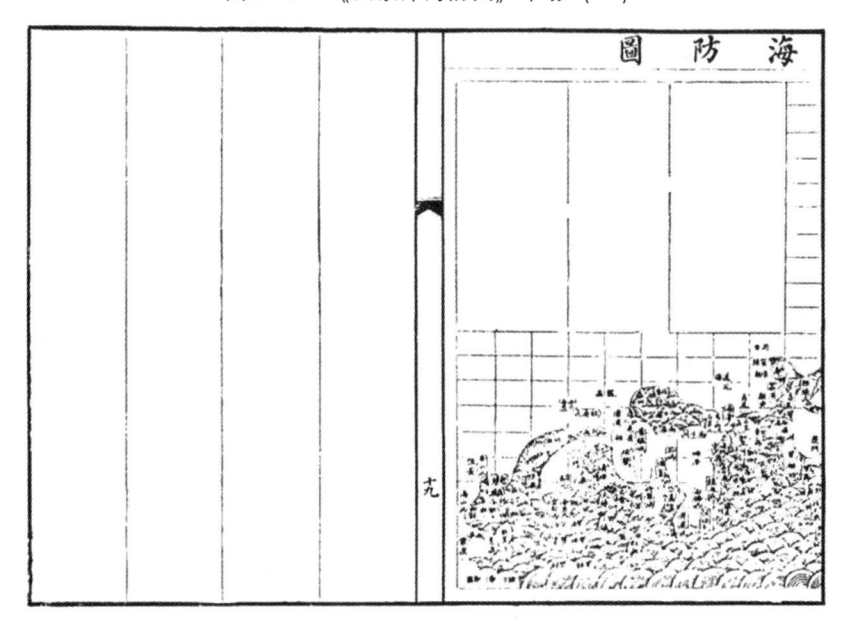

图 2-6 《兴泉漳海防图》书影（二）

图片来源：陈寿祺等纂，魏敬忠等续纂：《重纂福建通志》，上海书店等据同治十一年（1872）刊印本复印，第18—19页。

令官兵技艺日臻纯熟，以备防御，以收实效。其赶【缯】、艍大小船只，除南北洋哨巡及分防各水汛外，臣现将本标存营战舰配足兵械，亲带赴大担外洋，审度风潮，教习往来驾驶、转蓬、捩舵、抢风、折戗各事宜，切实操演，不敢懈怠。"①

表2-2　　　　　福建水师各营分防汛地与巡哨职责一览

水师镇名	营别	兵力配置	内海汛地名称	外海汛地名称
福建水师（提督1员，驻扎厦门）	中营	参将1员，守备1员，千总2员，把总4员，步战兵960名，战船14只	分防浯屿汛，兼辖集美汛（守备1员，兵196名，战船1只）；分防海门汛，兼辖容川、青浦等汛（千总1员，兵193名，战船2只）；分防大担门（兵40名，战船1只）	驻防厦门，巡哨外洋（参将1员，千总1员，把总2员，兵558名，战船10只）
	左营	游击1员，守备1员，千总2员，把总4员，步战兵960名，战船14只。拨防陆汛和炮台之外，其余分防海汛	拨防大担门（兵40名，战船1只）	驻扎石码镇（游击1员，千总1员，兵250名），随防厦门，巡哨外洋（守备1员，千总1员，把总3员，兵591名，战船13只）
	右营	游击1员，守备1员，千总2员，把总4员，步战兵960名，战船14只。拨防陆汛和炮台之外，其余分防海汛	拨防大担门（兵40名，战船1只）	驻防厦门，巡哨外洋（游击1员，守备1员，千总2员，把总3员，兵689名，战船13只）
	前营	游击1员，守备1员，千总2员，把总4员，步战兵960名，战船14只。拨防陆汛和炮台之外，其余分防海汛	拨防大担门（兵40名，战船1只）	驻防厦门，巡哨外洋（游击1员，守备1员，千总1员，把总3员，兵778名，战船13只）
	后营	游击1员，守备1员，千总1员，把总4员，步战兵960名，战船14只。除拨防陆汛和炮台之外，其余分防海汛	拨防大担门（兵40名，战船1只）	驻防厦门，巡哨外洋（游击1员，守备1员，千总2员，把总2员，兵704名，战船13只）

资料来源：郝玉麟主修：《福建通志》卷一六，乾隆二年刻本，第38—41页。

---

① 《福建水师提督张天骏奏为遵旨操练官兵带赴外洋教习驾驶等各事宜》，乾隆十三年三月二十八日，中国第一历史档案馆藏朱批奏折，档号：04—01—01—0161—002。

清代前期,福建水师兵力在全国最强,除了水师提督统辖的五营兵力之外,还兼辖海坛镇、金门镇、南澳镇、台湾镇等。金门镇,总兵官驻扎金门,下辖左、右二营,除了驻防金门,巡哨外洋之外,还要轮防自金门至湄洲湾的内洋各汛,即深沪、祥芝、黄岐、崇武、烈屿、围头、将军澳、镇海、料罗、井尾、官澳等汛。是时,人们认为,"金门一镇孤悬海岛,与厦门对峙,控制外洋,实为台澎之屏障,最关紧要"①。"金门镇地方有明季废城,登坤一望,内外洋面,帆樯往来,瞭然在目,官兵屯驻其间,实居形胜。"② 各个汛地名称与兵力、战船配置情况详如表3。按照条例规定,金门镇总兵不仅必须带领兵船出洋"督察本标左、右两营内外洋汛",而且还要负责督察海沧等营分防汛地情况。六月十五日,前往南洋之铜山大澳与南澳镇总兵督标参将会哨,九月初一前往北洋与海坛镇总兵会哨于兴化府属之涵头港。③

表2-3　　　　　　　　金门镇各营分防汛地与巡哨职责一览

		兵力配置	内海汛地	外海汛地
金门镇(总兵官驻扎金门)	左营	游击1员,守备1员,千总2员,把总4员,步战兵1152名,战船17只。除拨防陆汛和炮台之外,其余分防海汛	轮防深沪、祥芝、黄崎等汛(千总或把总各1员,兵各35名,战船各1只);轮防崇武汛(千把总1名,兵70名,战船1只);拨防烈屿汛(兵83名,战船2只)	驻防金门,巡哨外洋(游击1员,守备1员,千总1员,把总1员,兵805名,战船11只)
	右营	游击1员,守备1员,千总2员,把总4员,步战兵1152名,战船16只。除拨防陆汛和炮台之外,其余分防海汛	轮防围头汛、将军澳汛(千把总各1员,兵各35名,战船各1只);轮防镇海汛、料罗汛(千把总1员,兵各85名,战船各2只);轮防井尾汛(千把总1员,兵70名,战船2只);拨防官澳汛(兵45名,战船1只)	驻防金门,巡哨外洋(游击1员,守备1员,千总1员,把总1员,兵695名,战船7只)

资料来源:郝玉麟主修:《福建通志》卷一六,乾隆二年刻印本,第41—43页。

---

① 《世宗宪皇帝朱批谕旨》卷二一四之六,乾隆三年(1738)刻本,第42页。
② 《世宗宪皇帝朱批谕旨》卷七五,乾隆三年(1738)刻本,第12页。
③ 《福建金门镇总兵谈秀奏报督巡洋面情形及庄稼长势粮价等事》,乾隆二十七年十月十五日,中国历史第一档案馆藏朱批奏折,档号:04—01—03—0026—003。

从地方志记载来看，泉州府沿海岛屿和洋面也划分了内洋与外洋，从《清实录》来看也是这样。1806年5月10日（嘉庆十一年三月二十二日），嘉庆皇帝明确指出，"蔡逆匪船因鹿仔港不能进口，乘风逃回内洋，窜至惠安县属之尖峰洋面"①。此处的"蔡逆"，是指蔡牵；此处的"尖峰洋面"指的是湄洲湾辋川附近的海域。于此可见，湄洲湾在乾嘉时期是被划入内洋的。

按照垂直海岸距离8.2千米，金门岛应当划入外洋。但是，由于金门乃是金门镇驻地，其周围岛屿和洋面自然划入内洋。1798年7月29日（嘉庆三年六月十七日），嘉庆皇帝谕令查处奏折失窃案件时明确指出："金门系属内洋，今有盗船多只围劫折差之事，可见闽省洋面盗风尚炽。"②

图 2-7 《福建海防图》截图

图片来源：福建论坛网站截图。

从下面这张福建海防截图中可以看出，各个水师提、镇、协、营之间的管辖范围相当明确，没有任何飞地。图中共有四条红线：第一条红线自同安县向东向南划定。图中明确标注为"水师提督、金门镇总兵管辖洋面分界"，这是福建水师提督与金门镇总兵管辖的海域南北分界。第二条红线自厦门向东直达澎湖列岛。在这条红线以南乃是水师提督与澎湖水师协共同管辖范围。第三条红线划在金门和澎湖之间。这条红线区分了水师提督、金门镇和澎湖协的东西之间

---

① 《清仁宗实录》卷一五八，嘉庆十一年三月庚午，见《清实录》第30册，中华书局1985年影印本，第44页。

② 《清仁宗实录》卷三一，嘉庆三年六月己酉，见《清实录》第28册，中华书局1985年影印本，第360页。

的界限。第四条红线沿海岸向北划定。其红线两侧均属内洋，主要用于区分同安县与金门镇之间的管辖范围。图中还将东碇、北碇以东和澎湖岛以北的广阔海域明确标注为"深水外洋"。由此可以看到，台湾海峡已经完全纳入清朝水师管辖范围。

五 漳州府的内外洋划分及兵力配置

漳州府治龙溪县（今福建漳州市）。明代辖境相当于福建省九龙江上、中、下流域及其西南地区。清代辖境缩小，仅相当福建省九龙江中、下游流域及其西南地区。清代漳州府辖七县一厅，即龙溪（今漳州市）、海澄（今龙海）、漳浦、龙岩、长泰、平和、诏安和南靖和云霄散厅，其中滨海者五，即龙溪、海澄、漳浦、诏安和云霄。著名海湾有浮头湾、东山湾、诏安湾和大埕湾，有古雷半岛和东山半岛，最大的岛屿是南澳岛，与广东一分为二，加以管辖。南澳镇水师提督每年督率所辖左、右二营官兵，"上下、往来、分合哨捕"。① 承担漳州府沿海海防任务的是南澳镇左营。与此同时，漳浦营、海澄营、诏安营、铜山营和云霄营也有一部分海防职责。南澳镇左营负责管辖划归福建省的部分，设立游击1员，守备1员，千总2员，把总4员，步战兵1159名，战船15只，除分防陆汛和炮台之外，其余拨防海汛。具体分工是，驻防南澳镇城，守备1员，千总1员，把总1员，兵615名，战船8只。分防南澳岛的深澳口等汛，配备把总1员，兵81名，战船1只；分防洋林湾，配备把总1员，兵81名，战船2只；其余分巡漳州府沿海一带外洋，配备游击1员，千总1员，兵281名，战船4只。②

漳浦营、海澄营、诏安营、铜山营和云霄营主要负责沿边陆汛和内洋汛地。详细情况略如表2-3。对照地图，不难看出，漳州府沿海岛屿无多，除了三个海湾和两个半岛是海防要塞之外，南澳岛成为福建、广东两省的枢纽和连接地点，特别受到当局的关注。从《宁泉漳海防

---

① 《闽粤南澳镇总兵林国彩奏报督巡洋面亲阅营伍并地方米价情形事》乾隆四十四年十月十七日，中国第一历史档案馆藏朱批奏折，档号：04—01—03—0030—007。
② 郝玉麟主修：《福建通志》卷十六，乾隆二年（1737）刻本，第52—53页。

图》中，我们看到漳州府的内外洋界线如同福宁府、兴化府、泉州府一样，是相当明确的，毋庸置疑。

表 2-4　　　　　　漳州府沿海各营分防内海汛地一览

营别	兵力配置	内海汛地
漳浦营	游击1员，守备1员，千总2员，把总4员，步战兵817名，除分防海汛外，其余拨防陆汛和炮台	分防旧镇汛，兼辖东墩炮台（把总1员，兵60名，巡船1只）；分防赤湖汛，兼辖南景将军澳汛（千总1员，兵80名，巡船一只）；分防集美汛，兼辖连江、井尾等汛（千总1员，兵127名，巡船1只）；分防杜浔汛，兼辖屿头等塘汛（千总1员，兵140名，巡船1只）
海澄营	游击1员，守备1员，千总2员，把总3员，步战兵879名，哨船2只，除分防海汛外，其余拨防陆汛和炮台	分防浮宫海门汛，兼辖娘妈汛等（把总1员，兵179名，巡船2只）
云霄营	游击1员，守备1员，千总2员，把总3员，步战兵779名，哨船2只，除分防海汛外，其余拨防陆汛和炮台	分防荷步寨汛，兼辖市蛇尾汛（千总1员，兵101名，巡船2只）
诏安营	游击1员，守备1员，千总2员，把总3员，步战兵779名，哨船2只，除分防海汛外，其余拨防陆汛和炮台	分防悬钟宫口，兼辖洋林寨、龟山炮台等（把总1员，兵149名，巡船1只）
铜山营	游击1员，守备1员，千总2员，把总3员，步战兵1200名，战船16只，除分防海汛外，其余拨防陆汛和炮台	驻防铜山镇（参将1员，守备1员，千总1员，兵499名，战船4只）；分防陆鳌水汛（把总1员，兵140名，战船3只）；分防古雷汛（把总1员，兵137名，战船2只）；分防悬钟水汛（把总1员，兵140名，战船3只）；派拨内港汛（兵30名，战船1只）；分防八尺门汛等（千总1员，兵185名，战船3只，八桨船3只）

资料来源：郝玉麟主修《福建通志》卷一六，乾隆二年（1737）刻本，第47—52页。

六 澎湖列岛的内外洋划分及兵力配置

澎湖列岛位于台湾岛西部的台湾海峡中东部，因港外海涛澎湃，港内水静如湖而得名。由台湾海峡东南部 64 个岛屿组成，主要岛屿有澎湖本岛、渔翁岛（曾名西屿）和白沙岛（曾名北山屿），总面积 126.9 平方千米，面积超过 1 平方千米的岛屿还有虎井、吉贝、望安等 8 个，其余 53 个岛屿的面积都在 1 平方千米以下。岛屿分布范围甚广，从北端的目斗屿（北纬 23°45.7′）至南端的七美屿（北纬 23°09.7′），长 60 余千米；从东边的东吉屿（东经 119°42.9′）至西缘的花屿（东经 119°18.1′），宽 40 余千米。澎湖列岛的早期开发可以追溯到秦汉以前，随着航海技术的发展，该岛逐渐成为台湾海峡两岸交通的枢纽。澎湖列岛有良好的港湾，是台湾海峡中商渔船只活动的集散地。澎湖列岛居台湾海峡的中枢位置，扼亚洲东部海道要冲，因此被称为中国之"锁钥"，江浙闽粤之"左护"。明清时期，澎湖列岛被认为是进攻或保卫台湾军事要塞。郑成功率领将士收复台湾，刘国轩调集重兵保卫台湾，施琅用兵统一台湾，无一不把澎湖作为战略战术目标。

1684 年，施琅统一台湾后，遂留重兵驻扎，建置为协。澎湖水师协下辖左、右二营，战守兵 2000 余人，战船 36 只，最高长官为副将。在清代管辖的海域包括澎湖周围内外洋面，意在控制战略要塞澎湖，保障福建金门、厦门与台湾的海道安全。如同台湾岛一样，在康熙、雍正时期，澎湖水师协虽负有巡哨澎湖列岛内外洋面的职责，而无内海与外海的明确区分。但是，到了乾隆初年，澎湖列岛的内海、外海划分立即明确起来。现在，根据四种台湾方志，将澎湖水师协左、右两营分防内海和外海的汛地名称整理为表 2-5。

表2-5　　　　　　澎湖水师协兵力配置及分防汛地一览

水师协镇	营别	兵力与战船配置	内海汛地名称	外海汛地名称
澎湖水师协（副将1员，驻扎澎湖）	左营	游击1员，守备1员，千总2员，把总四员，战守兵1000名，战船18只，以"绥"字为首编号①	妈宫汛、妈宫澳汛、新城港汛、东港汛	八罩汛、挽门汛、水垵汛、将军澳汛、嵵里汛、双头跨汛、风柜尾汛、文良港汛、龟鳖港汛
	右营	游击1员，守备1员，千总2员，把总4员，步战守兵1000名，战船18只，以"宁"字为首编号②	妈宫汛、新城汛、西港汛、妈祖澳港口汛	西屿头汛、内外堑汛、竹篙湾汛、缉马湾汛、小门汛、大北山汛、瓦硐港汛、赤崁澳汛、通梁港汛

资料来源：郝玉麟主修《福建通志》卷一六，乾隆十二年编纂，文渊阁四库全书本，第80—81页；刘良璧编《重修福建台湾府志》卷一〇，兵制，见《台湾文献史料丛刊》第74种，台湾大通书局、人民日报出版社2009年版，第315—324页；范咸编《重修台湾府志》卷九，武备一，见《台湾文献史料丛刊》第105种，台湾大通书局、人民日报出版社2009年版，第293—310页；王必昌编《重修台湾县志》卷八，见《台湾文献史料丛刊》第113种，台湾大通书局、人民日报出版社2009年版，第241—247页；余文仪编《续修台湾府志》卷九，武备一，见《台湾文献史料丛刊》第121种，台湾大通书局、人民日报出版社2009年版，第367—384页。

---

① "左营步战守兵一千名。内以二百二十七名驻防内海妈宫汛，以二十八名轮防内海妈宫澳新城内海港口，以七十八名拨防内海妈宫澳新城东港并港口，以二百八十四名分防外海八罩汛、兼辖外海八罩、挽门、水垵、将军澳等汛并将军澳炮台，以一百三十五名分防外海嵵里汛兼辖双头跨、风柜尾、文良港、奎壁港等汛，以一百名拨随副将出洋总巡，以一百四十七名分巡八罩洋面。战船十八只，俱绥字号。妈宫汛七只，拨防内海妈宫澳新城东港并港口一只，分防外海八罩汛二只，分防外海嵵里汛二只，拨随副将出洋总巡二只，分巡八罩洋面四只。"（王必昌编：《重修台湾县志》卷八，见《台湾文献史料丛刊》第113种，台湾大通书局、人民日报出版社2009年版，第246—247页）。

② "右营步战守兵一千名。内以三百三十三名驻防内海妈宫汛，以五十六名拨防妈宫澳新城并内海新城西港，以五十名分防内海妈宫澳港口，以一百七十三名分巡外海西屿头内外堑兼辖竹篙湾、缉马湾、小门等汛，以一百名分巡外海大北山、瓦硐港、赤嵌澳、通梁港等汛，以九十名拨随副将出洋总巡，以一百九十八名分巡西屿头洋面。战船十八只，俱宁字号。妈宫汛九只，妈宫澳港口一只，分巡外海西屿头内外堑等汛一只，分巡外海大北山、瓦硐港等汛一只，随副将出洋总巡二只，分巡西屿头洋面四只。"（王必昌编：《重修台湾县志》卷八，见《台湾文献史料丛刊》第113种，台湾大通书局、人民日报出版社2009年版，第247页）

七 台湾岛中南部的内外洋划分及兵力配置

1684年（康熙二十三年），清廷统一台湾后，在台湾设立台湾府，下辖台湾、凤山和诸罗三县。随着台中盆地和彰化平原的开发，1723年（雍正元年），在原来诸罗县内增设彰化县和淡水厅。1727年（雍正五年），将分巡台厦道分为二道，兴泉永道驻厦门，台湾道专门统领台湾和澎湖，并新设澎湖厅，由台湾府派出一名通判常驻。1787年（乾隆五十二年），诸罗县改为嘉义县。到1812年（嘉庆十七年），随着噶玛兰的开发，增设噶玛兰厅。到1875年（光绪元年），在艋舺创建台北府、基隆厅、卑南厅和埔里社厅，增设恒春、淡水两县，淡水厅改为新竹县，噶玛兰厅改为宜兰县。1885年，清廷正式下诏在台湾建省。福建政务由闽浙总督兼管，福建巡抚改为台湾巡抚，首任巡抚为刘铭传。1887年，实现闽台分治，台湾单独设省。原来的2府8县4厅（埔里社相当于厅），增为3府11县3厅1直隶州。并于省城所在地新设台湾府及台湾县，原台湾府改称台南府，原台湾县改称安平县。1894年增添南雅厅（表2-5）。1895年，台湾被日本侵占。

表2-5　　　　　　　　台湾省分区一览（1894年）

台北府	台湾府	台南府	台东
宜兰县 基隆厅 淡水县 南雅厅 新竹县	苗栗县 台湾县 彰化县 埔里社 云林县	嘉义县 凤山县 恒春县 澎湖厅 安平县	直隶州

查阅康熙二十四年蒋毓英等人所修《台湾府志》、康熙三十五年高拱乾所修《台湾府志》和康熙五十七年周元文等的《重修台湾府志》，均无内外洋划分的明确信息。但是，到了乾隆初年，关于内外洋划分的资料一下子就丰富起来。1737年（乾隆二年），闽浙总督郝玉麟监修的《福建通志》付梓，卷一六记载了许多有关内洋与

外洋划分的信息。接着在刘良璧编修的《重修福建台湾府志》（乾隆六年刊刻），范咸编撰的《重修台湾府志》（乾隆十二年刻印），王必昌编纂的《重修台湾县志》（乾隆十七年刻印），余文仪编撰的《续修台湾府志》（乾隆二十九年刻印），均保存了内洋与外洋划分的大量信息。

清季在台湾驻军的最高长官为提督，下辖镇标3营，其次为安平水师协副将、澎湖水师协副将、南路营参将、北路营参将、艋舺营参将等。台湾行政机构是陆续添设的，台湾的驻军也是陆续调拨的，台湾府的内洋与外洋的划分也是逐渐完成的。

刘良璧编纂的《重修福建台湾府志》刊刻于1741年（乾隆六年），在卷十中记录了台湾兵力情况。"武职大小共一百一十二员，战守兵一万二千六百七十名，战船九十八只。"① 其中有两支水师：一是台湾水师协镇，二是澎湖水师协镇。仔细阅读各家志书所载，我们认为，关于台湾水师协的兵力、战船配置和分防汛地情况，同出一源。范咸编《重修台湾府志》卷九，王必昌编《重修台湾县志》卷八，余文仪编《续修台湾府志》卷九，均采用了刘良璧所编《重修福建台湾府志》卷十的资料，而略有增删。现在将这四家志书的资料整理如表12。大致说来，台湾水师协的大本营在安平镇，在康熙、雍正和乾隆时期管辖的海域，北起彰化县的鹿仔港，南至屏东县的大鹏湾一带的海域。中营负责巡哨云林县的笨港至台南县的蚝港一线的内外洋面；左营负责巡哨鹿仔港至蚊港一线的海域；右营负责巡哨蚝港至大鹏湾一线的内外洋面。于此可见，当时清军水师的战略重点在于控制台湾中南部，因此驻扎在安平镇。

1788年（乾隆五十三年），福康安在镇压台湾林爽文起义过程中，逐渐认识到这一事件的发生与台湾军事制度出现的流弊有一定关系。7月9日，他在奏折中提出纠正流弊的五点措施："水师兵丁宜按期出洋巡哨也"；"严总兵巡查之例以肃营制也"；"兵丁贸易离营等宜严禁也"；"禁革四项兵目名色以杜包差弊也"；"换防戍兵宜分交水陆提督

---

① 刘良璧纂：《重修福建台湾府志》卷一〇，兵制，见《台湾文献史料丛刊》第74种，台湾大通书局、人民日报出版社2009年版，第324页。

互相觳验也"。针对水师巡哨的流弊，福康安指出："台湾、澎湖为海疆重地，额设水师战船以为巡哨之用，例应将、备带领弁兵按月出巡所辖洋面及本汛地方，缉拿盗贼。近年以来，营伍不能整饬，将、弁等心存涉险畏难之见，怠惰偷安，不谙舟楫，有巡防之名无巡哨之实。洋面盗劫频闻，莫能禁戢，殊非慎重海疆之道。"海盗虽是亡命之徒，未尝不顾惜其性命。不仅其取水无不选在偏僻之处，就是出洋也要避开台风、飓风。只要巡哨官兵善于把握时机，留心搜捕，断无不破获之理。"嗣后应令水师将、弁按期亲自出洋，周历各处，实力哨查，不得装点军容，张扬声势，欲驱贼匪远避，徒衍虚文。仍将出汛、回汛日期报明督、提各衙门稽核，务将港澳之险易，风信之向背，及驾船之舵缭、斗砲诸事讲求通晓，时时操演，自可渐臻纯熟。如能擒拿盗贼匪徒者，准其记功、升用。倘敢空文申报，仅在内港往来，虚应故事，查出，立即严参究办。"①

清代前期，台湾水师之所以驻扎在安平镇，是因为港湾条件良好，战略地位重要，乃天设险要。但是，沧海桑田，到了道光年间这种情况就发生了重要变化。第一次鸦片战争爆发时，台湾道姚莹考察了安平港的地理情况，他指出："今则海道变迁，鹿耳门内形势大异。上年七月风雨，海沙骤长。当时但觉军工厂一带沙淤，厂中战舰不能出入；乃十月以后，北自嘉义之曾文南至郡城之小北门外四十余里，东自洲仔尾海岸西至鹿耳门内十五六里，弥漫浩瀚之区，忽已水涸沙高，变为陆埔，渐有民人搭盖草寮，居然鱼市。自埔上西望鹿耳门，不过咫尺。北线内深水二、三里，即系浅水，至埔约五、六里。现际春水潮大，水裁尺许，秋冬之后，可以撩衣而涉。自安平东望埔上鱼市，如隔一沟。昔时郡内三郊商货，皆用小船由内海驳运至鹿耳门，今则转由安平大港外始能出入。目前如此，更数十年，继长增高，恐鹿耳门即可登岸，无事更过安平。则向之所谓内险，已无所据依。北路空虚，殊为可虑！非于鹿耳门对岸埔上，建筑炮台，守以偏师，几无屏幛矣！"②

---

① 《钦定平定台湾纪略》卷六三，第1—2页。
② 姚莹：《议建鹿耳门炮台》《东槎纪略》卷一，台北：文海出版社影印，第32页。

表2-6　　　　　　　台湾水师协兵力配置及分防汛地一览

水师镇名	营别	兵力与战船配置	内海汛地名称	外海汛地名称
台湾水师协（副将1员，驻扎安平镇）	中营	游击1员，守备1员，千总2员，把总4员，步战守兵850名，战船19只，以"平"字为首编号①	安平镇汛、鹿耳门汛、盐水港汛	蚊港汛、北门屿、马沙沟、青鲲身、大港汛、鲲身头、蛲港等汛
	左营	游击1员，守备1员，千总2员，把总3员，战守兵800名，战船18只，以"定"为首字编号②	安平镇汛、水城海口、笨港汛、猴树港汛、三林港汛、鹿仔港汛	
	右营	游击1员，守备1员，千总2员，把总3员，步战守兵850名，战船19只，以"澄"字为首编号③	鹿耳门汛、安平镇汛、打鼓、岐后、西溪、东港、淡水港汛	打狗汛、岐后、万丹、西溪、东港、下淡水港、茄藤港、放索、大昆麓等汛

资料来源：刘良璧编《重修福建台湾府志》卷一〇，兵制，见《台湾文献史料丛刊》第74种，台湾大通书局、人民日报出版社2009年版，第315—328页；范咸编《重修台湾府志》卷九，武备一，见《台湾文献史料丛刊》第105种，台湾大通书局、人民日报出版社2009年版，第293—310页；王必昌编：《重修台湾县志》卷八，见《台湾文献史料丛刊》第113种，台湾大通书局、人民日报出版社2009年版，第241—247页；余文仪编《续修台湾府志》卷九，武备一，见《台湾文献史料丛刊》第121种，台湾大通书局、人民日报出版社2009年版，第367—384页。

---

① "内除二百一十五名分防诸罗县蚊港、盐水港等汛、五十名贴防北路营半线汛外，以四十名随防安平镇，以八十五名分防内海安平镇汛，以一百五十名轮防内海鹿耳门汛，以六十名分防外海大港汛，兼辖外海鲲身头、蛲港等汛，以九十名拨随副将出洋总巡，以一百六十名分巡鹿耳门外中路洋面。战船一十九只：平字号一至十八，又波字第七号，内除诸罗县蚊港汛二只外，实在安平镇汛七只，鹿耳门汛三只，大港汛一只，拨随副将出洋总巡二只，分巡鹿耳门外中路洋面四只。"（王必昌编：《重修台湾县志》卷八，见《台湾文献史料丛刊》第113种，台湾大通书局、人民日报出版社2007年版，第241—243页）

② "内除二百八十名分防诸罗县笨港等汛外，以一百名驻防安平镇汛，以七十名随防安平镇城，以一百三十名分防内海安平镇汛、兼辖内海水城海口，以四十名拨随副将出洋总巡，以一百八十名拨巡本汛洋面。战船一十八只。定字号一至六、九至十八，又波字第五、第六号。内除诸罗县笨港、三林港、鹿仔港共六只外，实在安平镇汛七只，又拨随副将出洋总巡一只，拨巡本汛洋面四只。"（王必昌编：《重修台湾县志》卷八，见《台湾文献史料丛刊》第113种，台湾大通书局、人民日报出版社2007年版，第243—245页）

③ "内除二百五十名分防凤山县打鼓等汛、五十名贴防北路营半线汛外，以一百名驻防安平镇汛，以七十名随防安平镇城，以一百五十名轮防内海鹿耳门汛，以五十名拨防本标左营游击出洋总巡，以一百八十名分巡本汛洋面。战船一十九只。澄字号一至十八，又波字第八号。内除凤山县打鼓汛及淡水港等汛洋面共五只外，实在安平镇汛六只，鹿耳门汛三只，拨随本标左营游击出洋总巡一只，分巡本汛洋面四只。"（王必昌编：《重修台湾县志》卷八，见《台湾文献史料丛刊》第113种，台湾大通书局、人民日报出版社2009年版，第245—247页）

表 13 关于台湾划分内洋与外洋的情况，在第一次鸦片战争奏报中得到了有力的佐证。据台湾道姚莹 1840 年 7 月 21 日（六月二十三日）报告：7 月 16 日下午 2 点钟（六月十八日未时），鹿耳门汛兵"瞭见双桅夷船一只，由西驶至鹿耳门外马鬃隙深水外洋游奕"。姚莹接到报告，立即与台湾府知府熊一本以及安平协副将江奕喜等布置海防事宜。事后他向闽浙总督邓廷桢禀报说："该协调护中营游击事守备翁秀春、署右营都司事守备林得义，督带三营，原派在洋防堵夷船之大号哨船及出洋巡缉师船十只，分为左、右翼。该护协江奕喜，亲自坐驾安海船兵船一只为中路。又雇派渔船二十只往来接应，兼防奸民出海。沿海多备旌旗，时放枪炮，以壮声威。该夷船在外洋游奕，不敢驶进内洋。"① 于此可见，在姚莹等人的眼中台湾的内洋、外洋的界线是十分明确的。

按照条例规定，台湾镇、澎湖水师协"每年二月起率带哨船，配足兵械、军火在洋梭织巡缉、会哨，遇匪兜擒，历经遵办在案"②。

八　台湾岛北部的内外洋划分及兵力配置

1806 年（嘉庆十一年），蔡牵自沪尾登岸，蹂躏新庄、艋舺，清军被迫调整军事部署。"乃移（台湾）水师左营游击驻淡水之艋舺，兼辖水陆；移兴化协守备驻沪尾，为水师守备；移延平协守备为游击中军，新设噶玛兰营，亦归艋舺辖焉。噶玛兰营始设守备一员，驻五围城内，战守兵二百一十五名。千总一员，驻头围，兵六十名。把总二员：一驻五围城内，一驻溪洲汛，兵四十名。外委二员：一驻五围城内，一驻北关汛，兵四十名。额外三员：二驻五围城内，一驻隆隆岭，兵二十名。

---

① 姚莹：《夷船初犯台洋击退状》庚子六月二十三日，《东溟文后集》卷四，（台北）文海出版社影印，第 11 页。
② 《福建台湾镇总兵爱新泰福建台湾道遇昌奏为巡洋哨船遭风击碎淹毙弁兵查明恭报事》，嘉庆四年十月初三日，中国第一历史档案馆藏朱批奏折，档号：04—01—03—0037—004。

一围汛兵十名,乌石港口炮台塘兵十名。"① 1810 年,"乃设艋舺一营,兼辖水陆兵一千四百"②。

从《清实录》来看,宜兰和花莲的海面纳入清军的内外洋管理体制是从嘉庆年间开始的。例如,嘉庆二十五年,皇帝谕令军机大臣等:根据水师提督王得禄的奏报,台湾嘉义县地方强盗多人,连劫店铺,为害居民。王得禄渡台之后,督饬兵弁,晓谕绅耆,在宜兰县等洋面拿获逸盗八十余名,"所办尚好"。而后严肃告诫道:"王得禄系水师提督,洋面皆伊所辖,责无旁贷。此等匪船若不及早扑灭,听其勾结,又成大帮,必致滋蔓难图。著该提督即分饬舟师出洋擒捕,查明游奕盗船共有几只,责令悉数埽除。倘迁延不办,再令扰及内洋。该提督不能辞其咎也。"③ 由此来看,台湾北部的内洋、外洋划分是明确的,水师提督的职责亦是明确的。④

1823 年(道光三年),"增设都司一员,驻五围城内,而改驻守备于头围,以其地当北关,东扼乌石港,人烟稠密也。头围千总改驻薩薩岭汛,为淡兰二厅交界,接三貂岭,俯瞰鸡笼卯鼻,茂林峻岭,匪民之所逃匿。千总一员,驻五围城内,移五围城把总驻马赛草山,以外为苏澳,接界生番,东临大海,可泊大小百艘,故于山上建立炮台,置战守兵五十名以防之。外委二员:一驻五围城,一驻头围。额外一人,驻加礼远港,在东势大溪出海之口,沿港皆番社,港口容小船出入,率兵三十名稽查挂验。增战守兵三百名,五围城内一百四十五名,头围四十名,薩薩岭汛三十名,马赛草山五十名,加礼远港三十名,乌石港口炮台塘五名,而改艋舺游击为参将"⑤。

嘉庆、道光时期,台湾北部的行政机构为淡水厅和噶玛兰厅,军事

---

① 蒋师辙:《台湾日记》卷二,见《台湾文献史料丛刊》第 6 种,台湾大通书局、人民出版社 2009 年版,第 62 页。

② 姚莹:《东槎纪略》卷一,道光己丑(1829)刻本,第 18 页。

③ 《清宣宗实录》卷八,嘉庆二十五年十一月壬戌,见《清实录》第 33 册,中华书局 1985 年影印,第 178 页。

④ 王宏斌:《清代前期台湾内外洋划分与水师辖区:中国对钓鱼岛的管辖权补证》,《军事历史研究》2017 年第 3 期。

⑤ 蒋师辙:《台游日记》卷二,见《台湾文献史料丛刊》第 6 种,台湾大通书局、人民出版社 2009 年版,第 63 页。

建置为艋舺营、沪尾水师（归艋舺营参将节制）和噶玛兰营（归艋舺营参将节制）。艋舺营驻地在今台北市中华路万华车站附近。艋舺营属于台湾镇台湾北路协节制。还有一种说法是，艋舺营主力是台湾水师协左营移驻，因此归该水师协所辖。艋舺营、沪尾水师营和噶玛兰营所辖陆路地方，大致相当于今台中市以北地区，包括今台中县大部、苗栗县、新竹县、新竹市、桃园县、台北县、台北市、宜兰县。具体说来，艋舺营所辖西自龟仑岭与北路右营交界止，东至三貂鱼桁仔与噶玛兰营交界止，北至关渡门与沪尾水师交界止。沪尾水师所辖陆路地方，东自关渡门与艋舺陆路交界起，西临大海，南至南澳与北路右营交界，北至野柳与艋舺陆路交界止。噶玛兰营所辖地方，东临大海，南至苏澳，北至三貂鱼桁仔与艋舺陆路交界。

艋舺营参将统辖的洋面，南自大安港起，沿岛岸线向北到达石门，然后向东到达三貂角，再折向南，至于苏澳，大约有720里。即"南自淡防厅属大安与台协左营交界，北至噶玛兰属苏澳止，计水程七百余里"①。按照此前清廷对于近海的管辖制度，清朝官员也将该区划分为内洋与外洋两个部分加以管理。"沿边临海五里为内洋，黑水为外洋。归艋舺参将统辖，沪尾水师守备兼辖。"②"沿边临海五里为内洋，黑水为外洋"，可以理解为，由岛岸线垂直向外，五里以内为内洋，超越五里以外的洋面，例如，台湾海峡的黑水沟，即为外洋。《淡水厅志》和光绪朝《苗栗县志》所载地图为此提供了无可辩驳的佐证。在《淡水厅志》和《苗栗县志》的沿海形势图中，我们看到近岸海域没有绘制波浪纹，而绘有波浪纹的地方则明确标注为外洋。因此，我们可以把绘有波浪纹和没有绘制波浪纹的连接处看成是内外洋的交界线，这是不会有错误的。

---

① 《台湾兵备手钞·艋舺营所辖地方洋面程途里数》，见《台湾文献史料丛刊》第222种，台湾大通书局、人民出版社2009年版，第22页。
② 同上。

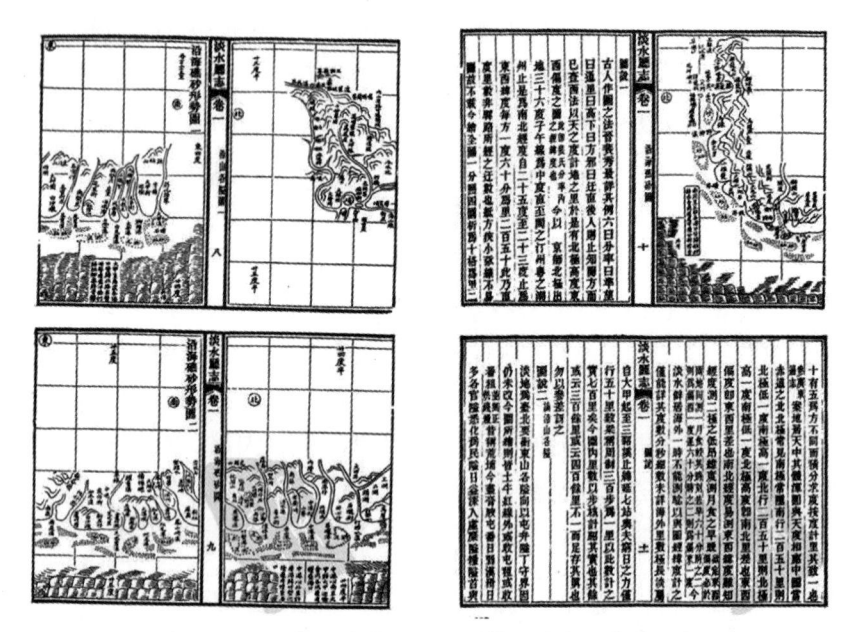

图 2-8 同治《淡水厅志》所载"淡水厅全图"部分

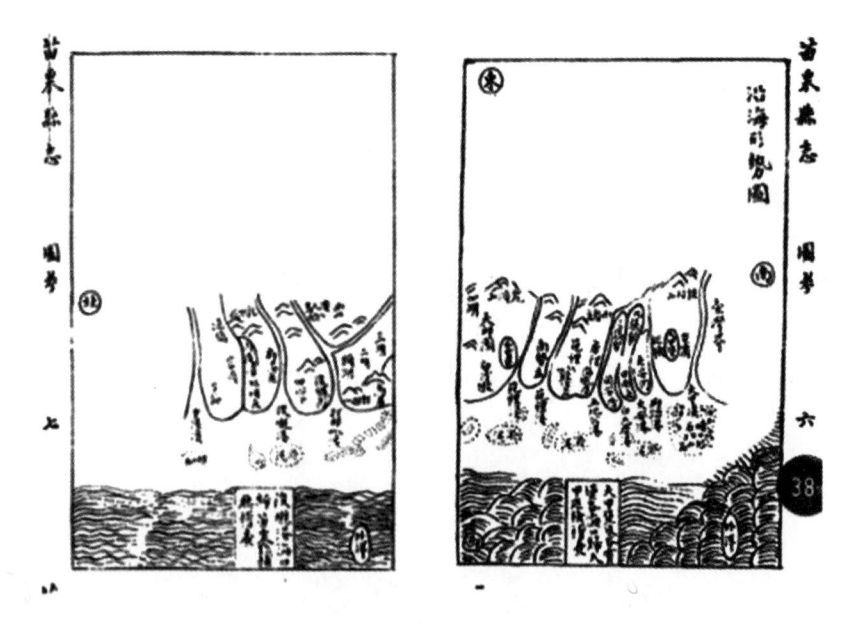

图 2-9 《苗栗县志》中的《沿海形势图》

图片来源：光绪朝《苗栗县志》，上海书店、巴蜀书社、江苏古籍出版社 2000 年影印本，第 6—7 页。

第二章　清代前期福建内外洋划分及水师管辖范围　181

　　这是一个非常重要的内外洋划分准则。以此分析台湾水师协、澎湖水师协所管辖的内海和外海，显然是适合的，以此作为分析福建沿海划分内洋、外洋的标准也同样是适合的。另外，陈寿祺等纂《福建通志》有一幅《台湾海口大小港道总图》，这一副图共有4张，从图的名称可以看出，该图重点绘制的台湾西部自南而北的海口、河道和港湾的情况，但它保留了清朝前期台湾划分内洋、外洋的重要信息。该图不仅用一条横线画出了内外洋之间的界线，而且在每一页的内外洋界线两侧都明确标注"内洋""外洋"字样，同时还以画线轻重区分内洋、外洋的海况。在这些地图中，我们看到内外洋之间的那条界线基本是循着台湾岛岸的凹凸情形划分的。由此可以判断，内洋与岛岸之间的距离大致是平行的，前面引述的"沿边临海五里为内洋"的说法是有充分依据的。

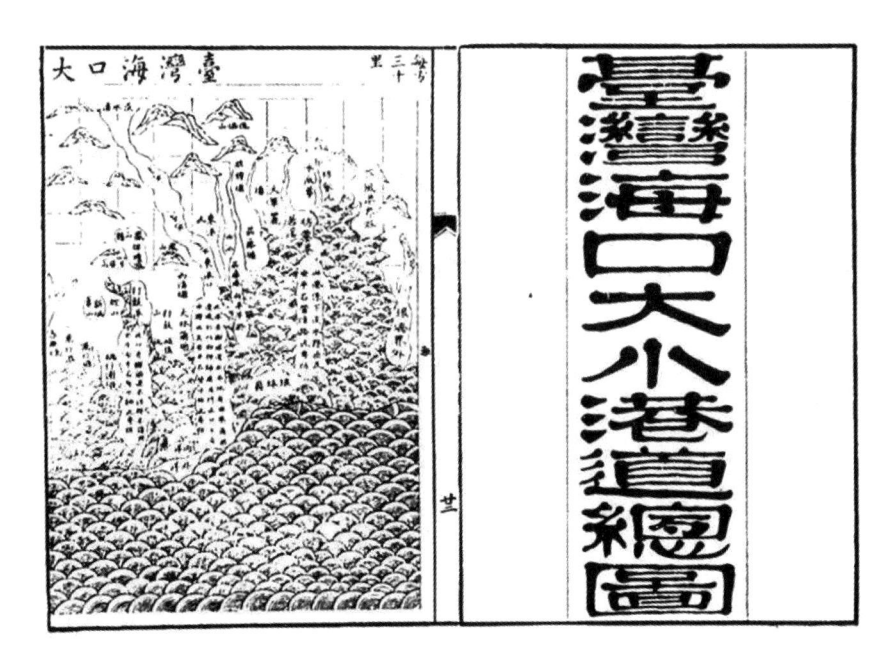

图2-10　《台湾海口大小港道总图》书影（一）

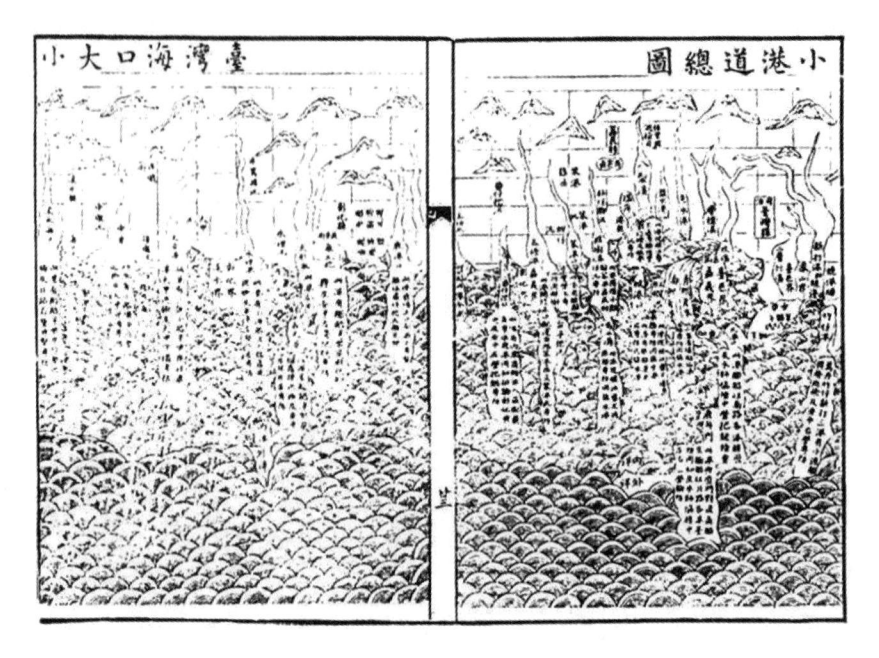

图 2-11　《台湾海口大小港道总图》书影（二）

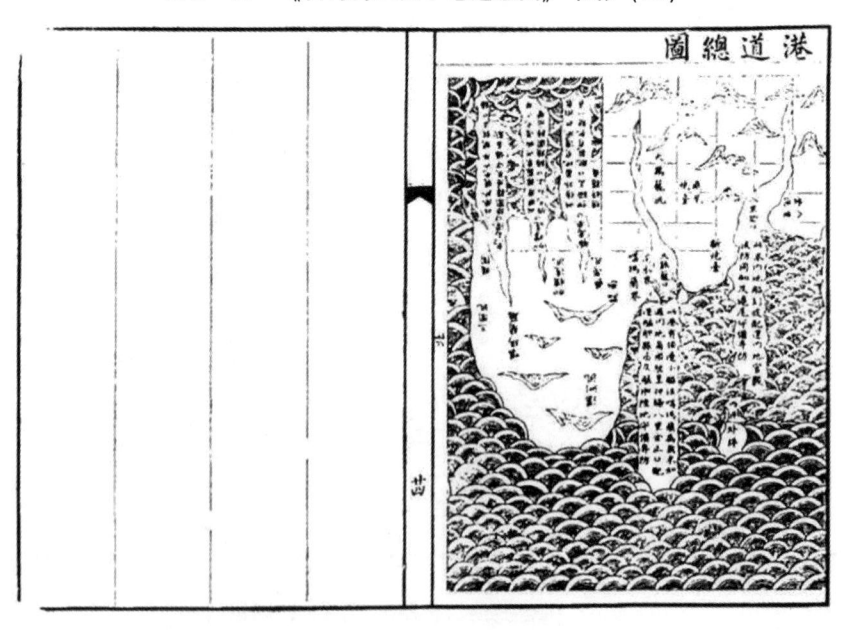

图 2-12　《台湾海口大小港道总图》书影（三）

图片来源：陈寿祺等纂，魏敬忠等续纂《重纂福建通志》，上海书店等据同治十一年（1872）刊印本复印，第 22—24 页。

九 内洋与外洋的界线

现在我们来考察福建沿海和台湾岛的内洋、外洋界线。首先要确定的是福建沿海内洋、外洋的南北部界线。"福建下游福、兴、泉、漳四郡皆滨大海,以厦门为重镇。自厦门而上,由南日、小埕,出烽火门,为浙江界;自厦门而下,由铜山、诏安而南达南澳,为广东界。"[1]

依据大量文献资料,福建与浙江内洋、外洋的界线,大致以沙埕镇以东的台山列岛的西台山为界,以南属于福建,以北属于浙江。由于福建与广东的交界的海岸线呈现的是东北和西南走向,两省的内外洋界线大致以南澳岛的中部为端点垂直向外延伸,东北岛澳和内洋归福建管辖,西南岛澳和内洋划归广东来管辖,其外洋归南澳镇管辖。至于澎湖群岛和台湾岛的内外洋的起讫点,大致是一个沿着不规则物体向外垂直延伸的环形状,任何一点都可以看成起点,同时也可以看作终点。这是由于岛屿或群岛的孤悬性质所决定的。

关键的问题是如何确定福建沿海、台湾岛和澎湖岛的内洋的基线、内洋与外洋的交界线和外洋的外缘线?在这三条界线中,内洋基线应是以大陆海岸线或设立府、县、厅衙门岛屿的岛岸线为基点垂直平移形成的界线。

下面,我们来考察内洋与外洋的交界线和外洋的外缘线。前文,我们在总结清人划分内洋外洋原则时,一般用"凡是靠近海岸,凡是靠近府、县、厅级行政主要岛屿的岛岸",说明内洋岛礁的所处位置。此处的"靠近",具体到福建省来说,究竟是指几里?《艋舺营所辖地方洋面程途里数》:"艋舺营参将水师海洋,南自淡防厅属大安与台协左营交界,北至噶玛兰属苏澳止,计水程七百余里。沿边临海五里为内洋,黑水为外洋。归艋舺参将统辖,沪尾水师守备兼辖。"这是就台湾北部的情况而言。这一准则在台湾中南部,在澎湖群岛,在福建大陆海岸是否适应呢?在"并无海岛浮屿"的海岸和岛岸,5里尽管可以作为划分内洋与外洋的交界线。那么,在拥有岛礁的海岸和岛岸附近如何划分内

---

[1] 《奏报闽浙粤海面近年洋盗猖獗事》,嘉庆元年,第一历史档案馆藏录副奏折,档号:03—1684—083。

洋与外洋的分界线呢？解读文献资料的真实涵义固然重要，而实地考察得到的结论更加可靠。现在我们依据文献记载的内外洋岛屿，参考地图，结合实际地理情况，我们得到表2-7数据。

从统计可以看出，凡是列入内洋的岛屿一般不会超过5千米，只有金门岛和南澳岛是个例外。但这是可以理解的。因为金门镇和南澳镇分别驻扎在金门岛和南澳岛，清朝官员自然将金门岛和南澳岛视同内洋岛屿。至于妈宫、新城、西港和妈祖澳之所以列入内洋，肯定是与本岛距离比较接近的缘故。列入外洋的岛屿一般在5千米以上，最远的是钓鱼岛附近的黄尾屿，距离台湾岛岸线201千米，其次是钓鱼岛为175千米，再次是兰屿，距离台湾岛岸有97千米。由此，我们得到一个结论，内洋、外洋界线大致在距离海岸或岛岸5千米以内的地方，凡是超过海岸线或岛岸线5千米的岛屿和洋面均划入外洋。

在没有相反的资料被发现情况下，台湾姑且以"沿边临海五里"作为内洋与外洋的分界点，将这些点沿着海岸或岛岸平行移动所形成的连接线可以视为台湾内洋与外洋的分界线。《苗栗县志》《淡水厅志》所载海防图已经给出直观证明，岛岸与海浪之间的空白处显然为内洋，海浪区域标明为外洋。福建大陆海岸和澎湖岛岸暂时以距离5千米，作为内洋与外洋的分界点，将这些点沿着海岸和岛岸平行移动所形成的连接线可以视为福建沿海和澎湖岛的内洋与外洋分界线。

在完成以上考察任务之后，我们现在来观看《福建海防全图》之寓意。从这幅地图可以看到，临近海岸的一带水域是由细小的波纹绘成的小浪区，在细小波纹的外侧是用粗线条绘成的大浪区。当我们观看了该书所载《福宁海防图》、《兴泉漳海防图》和《台湾海口大小港道总图》之后，就一清二楚了。该图的细小波纹海区显然标志着内洋，而粗大波纹海区显然代表着外洋。在细小波纹与粗大波纹的交界处便是内外洋的分界线。问题是在大浪区的外侧好像也有一条与海岸大致平行的界线，这是不是外洋的外缘线？由于缺乏相关文字说明和旁证资料，我们暂时不便推断。

外洋的外缘线在哪里？一种说法是"水道俱属外洋"[①]，这是说中

[①] 《清高宗实录》卷八三七，乾隆三十四年六月庚午，见《清实录》第19册，中华书局1985年影印，第174页。

第二章 清代前期福建内外洋划分及水师管辖范围

表 2-7　清代福建省内洋外洋岛屿与海岸或岛岸垂直距离一览

单位：千米

内洋岛屿名称	长表岛	浮鹰岛	东洛岛	西洛岛	五虎礁	青屿	粗芦岛	琅崎岛	小练岛	大练岛	屿头岛	小麦屿	牛屿	海坛岛	厦门	横屿	金门	南澳岛	妈宫	新城	西港	妈祖澳
与海岸或岛岸垂直距离	1.84	3.60	4.10	2.80	0.80	1.22	0.81	0.84	4.10	1.30	2.05	4.10	2.40	1.82	0.80	3.22	8.20	9.90	不详	不详	不详	不详

外洋岛屿名称	台山岛	大扁山	四礵岛	西洋岛	东引岛	西引岛	北竿塘	妈祖岛	东犬岛	西大岛	东洲屿	竹排屿	东洋岛	牛山岛	草屿	东甲岛	目屿	大麦屿	南日岛	乌坵屿	湄洲岛	东碇岛
与海岸或岛岸垂直距离	46.30	9.20	27.60	22.08	58.88	31.28	17.12	20.50	26.65	22.55	5.30	5.20	5.00	12.30	7.80	8.20	12.60	40.80	8.4–36.	88.44	18.40	18.20

外洋岛屿名称	火烧屿	吉贝屿	西屿	凤柜	桶盘屿	虎井屿	白沙岛	八罩岛	大猫屿	七美屿	东吉屿	琉球屿	兰屿	龟山岛	基隆屿	花瓶屿	棉花屿	彭佳屿	钓鱼岛	黄尾屿	赤尾屿
与海岸或岛岸垂直距离	20.40	15.50	5.10	5.00	7.20	5.00	5.20	20.40	30.60	40.80	45.50	35.70	15.60	97.00	15.10	5.10	35.70	46.00	66.30	175.00	202.8

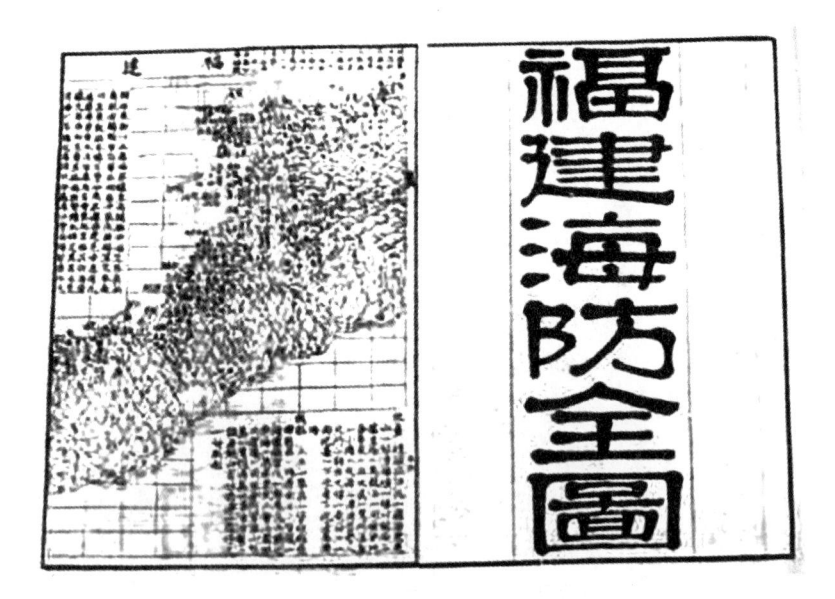

图 2-13 《福建海防全图》书影(一)

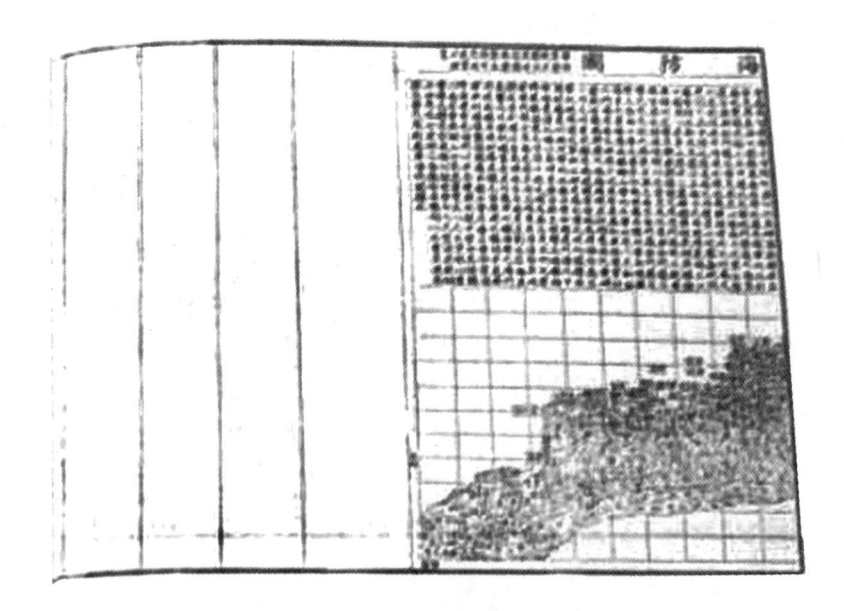

图 2-14 《福建海防全图》书影(二)

图片来源:陈寿祺等纂,魏敬忠等续纂:《重纂福建通志》,上海书店等据同治十一年(1872)刊印本复印,第17—18页。

国商船南来北去经过的水道就是外洋。支持这种说法的资料很多。① 按照《清史稿》记载：至迟在康熙晚期开始，清廷已经赋予水师官兵在海道上保护商船的职责。1703年（康熙四十二年），为了防止海匪袭击商船，康熙皇帝专门派人考察海道，绘制海图。他说："历年福建商船于六月内到天津，候十月北风始回。朕因欲明晰海道，令人坐商船前往，将地方所经之路，绘图以供，知之甚悉。"② 1714年（康熙五十三年），福建巡抚陈瑸奏请："台湾、金、厦防海贼又与沿海边境不同，沿海边境患在突犯内境，而台、厦患在剽掠海中。欲防台、厦海贼，当令提标及台、澎水师定制会哨，以交旗为验。商船出海，令台、厦两汛拨哨船护送。又令商船连环其结，遇贼首尾相救。不救以通同行劫论罪。"③ 这一奏折到达京师，康熙帝谕令兵部讨论。兵部官员认为陈瑸提出的巡洋会哨方法烦琐，康熙帝不以为然，复令九卿再议，这种巡洋会哨方法最终得到批准、推行。

1750年，以闽浙海洋绵延数千里，远达异域各国，"所有外海商船、内洋贾舶，借水师为巡护，尤恃两省总巡大员督饬弁兵，保商靖盗。而旧法未尽周详，自二月出巡，至九月撤巡，为时太久。乃令各镇总兵官每阅两月会哨一次。其会哨之月，上汛则先巡北洋，后巡南洋。下汛则先巡南洋，后巡北洋。定海、崇明、黄岩、温州、海坛、金门、南澳各水师总兵官，南北会巡，指定地方，嬗递相联，后先上下，由督抚派员稽察"④。从这一段话可以看出，无论是在外洋航行的大型商船，还是在内洋行驶的小型贾舶，均纳入水师官兵的保护之下。换句话说，在内外洋保护商船乃是水师官兵应尽的责任和义务。

---

① "其海道遥远，逼近外洋。"（《清高宗实录》卷二八六，乾隆十二年三月辛丑，见《清实录》第12册，中华书局1985年影印，第733页）"查从前外洋战船大小不一，各就海道情形均匀配造，相沿已久，且规制宽宏，气象雄壮，用以装载多兵，施放火器，实缓急足备，其利用原不止于捕盗一端。将将各项战船，均仍其旧，无庸改造。"（《清高宗实录》卷一三六一，乾隆五十五年八月丙寅，见《清实录》第26册，中华书局1985年影印，第1361页）"谕军机大臣曰：长麟奏：英吉利国遣官探听该国贡使曾否到京？……倘尔以奉国王之命，令由外洋找寻，仍欲由海道行走，本部院即当飞咨各海口一体照料。"（《清高宗实录》卷一四二九，乾隆五十八年五月庚寅，见《清实录》第27册，中华书局1985年影印，第117页）

② 《清圣祖实录》卷二一三，康熙四十二年九月戊午，见《清实录》第3册，中华书局1985年影印，第161页。

③ 赵尔巽等编：《清史稿》卷二七七，《陈瑸传》，中华书局1976年版，第10092页。

④ 赵尔巽等编：《清史稿》卷一三五，《兵志六》，中华书局1977年版，第3985页。

1793年（乾隆五十八年），"因广东海道充斥，自南澳至琼崖千有余里，水师战船虽有大小百数十号，仅能分防本营洋面，不敷追捕，致商船报劫频闻，历年捕盗俱赁用东莞米艇，而船只不多，民闻苦累，乃筹款十五万两，制造二千五百石大米艇四十七艘，二千石中米艇二十六艘，一千五百石小米艇二十艘，限三月造竣，按通省水师营，视海道远近上下洋面配兵巡缉，以佐旧船所不及"①。于此可见，水师战船是在海道上巡逻的，海道就是外洋的一部分。福建省的海道也是由水师官兵巡逻管辖的。"查金门、海坛、闽安、烽火门各镇协营所辖海道相连，每营不过二三百里，如果各于所辖之二三百里内实力巡查，则匪船自无从寄泊。臣今严饬各营派兵四百名，配带缯艍各船，分作两班，每班二百名，专派备弁带领各兵，于所辖之洋面轮流出巡，一月一换。如有失事，按照所辖之洋面从严治罪。"②清朝官员大都认为，水师官兵的职责是保障海道的安全。"外洋贾舶与内地商渔络绎往来，汪洋浩瀚之中，汛守防护所不能及，惟藉游巡舟师实力哨巡，驶奸究无从窥伺，商贾方获安宁。"③尤其是海商非常清楚，"商船利走外洋，无礁屿，便昼夜兼行，风利帆驶，难拦劫。若从沿边迂回，挂号，贼遂得截劫于必经之地。至巡哨之船当以南北风信为准，不得泛行分汛"④。商船利在外洋行走，因此要求水师巡洋必须在外洋巡逻会哨。由此可见，海道划入了各省外洋，在海道上巡逻会哨乃是外海水师官兵的重要职责。

十　纵横交错的台湾海峡海道

海道是世界上最为宽广的路，但是，由于风云变化莫测，也是凶险多端的海路，只有胆大心细惯于海上行走的舵水手，才敢于驾驶船只，无畏无惧踏上征途。海道是航海者根据长期航海实践逐渐总结得到的比较便捷比较安全的航线。海道的形成与其地理状况和特点有着密切关

---

① 赵尔巽等编：《清史稿》卷一三五，《兵志六》，中华书局1977年版，第3986页。
② 《钦定平定台湾纪略》卷三一，见《台湾文献史料丛刊》第102种，台湾大通书局、人民日报出版社2009年版，第483—484页。
③ 《闽浙总督喀尔吉善奏请酌定所属两省巡洋会哨办法事》，乾隆十五年八月二十九日，中国第一历史档案馆藏朱批奏折，档号：04—01—01—0190—035。
④ 蔡世远：《二希堂文集》卷九，第28页。

系。台湾海峡大部分水深小于 80 米，平均水深约 60 米。西北部较平坦，东南部坡度较大，中间有岛屿和浅滩构成弧形降起带。东、西两侧各有 20 米和 50 米水深的两级阶地。东侧阶地较窄，50 米等深线距岸一般为 10—20 千米；西侧阶地向外延伸，宽度较大，50 米等深线距岸达 40—50 千米，并在几处河口外有横切的峡谷。南口有台湾浅滩，与西南阶地相连，由 900 余个水下沙丘组成，呈椭圆形散布，东西长约 140 千米，南北宽约 75 千米，水深 10—20 米，最浅处 8.6 米，滩上有急流，水文情况复杂。台湾岛台中以西有台中浅滩，与东部阶地相连，东西长 100 千米，南北宽 18—15 千米，水深最浅处 9.6 米。两浅滩之间为澎湖列岛岩礁区，南北长约 70 千米，东西宽 46 千米，由岛屿、礁石和许多水下岩礁组成，北部岛礁分布较集中，水道狭窄；南部岛礁分散，水道宽阔。澎湖岛与台湾岛之间为澎湖水道，南北长约 65 千米，宽约 46 千米，为地壳断裂形成的峡谷，水深由北部 70 米向南渐深至 160 米；再往南延伸，水深达 1000 余米，为海峡最深处，连通南海海盆。澎湖水道为台湾岛西岸南北之间和台澎之间连系的必经通道。另一峡谷为八罩水道，东西走向，宽约 10 千米，水深 70 余米，分澎湖列岛为南北两群，为通过澎湖列岛的常用通道。

正是由于这种特殊的地理构造，加之海面风应力驱动形成的风生运动（如风生海流和风生环流），再加上天体引力作用产生的潮汐运动以及海水运动速度切变产生的湍流运动，导致台湾海峡气象万端，海流湍急。清代史书经常提及台湾海峡中的"黑水沟"的险恶情况。例如说，海峡"潮流只分南北。舟人以罗盘按定子午横流而渡，抵夏，乾向；抵台，巽向。其中黑水二沟：一在澎湖之东，广可八十余里，为台澎分界处，名曰小洋；一在澎湖之西，亦八十余里，澎厦分界处，名曰大洋。风静时尚可寄碇。小洋则不可寄碇，湍激悍怒，险过大洋逾甚"[①]。

现在的问题是台湾海峡与台湾岛的"海道"在哪里？据康熙三十四年所修《台湾府志》记载："今之往来船只必以澎湖为关津，从西屿头入，或寄泊峙内，或妈宫，或八罩，或镇海屿，然后渡东吉洋（即甘吉），凡四更，船至台湾，入鹿耳门。则澎湖乃台湾之门户，而鹿耳门

---

① 无名氏：《台府舆图纂要》，见《台湾文献史料丛刊》第 181 种，台湾大通书局、人民日报出版社 2009 年版，第 4 页。

又台湾之咽喉也……至若台湾郡治之海道，自鹿耳门北至鸡笼十九更；船自鹿耳门南至沙马矶头十一更；船苟遇飓风，北则坠于南风气（气者，海若呼吸之气），一去不可复返；南则入于万水朝东，皆险也。"①这是施琅统一台湾之后，关于厦门至澎湖、澎湖至台湾鹿耳门、鹿耳门台北鸡笼、鹿耳门至台湾南端沙马矶"海道"的早期记录。是时，人们对于汪洋无际的太平洋怀有恐惧之感，对于匪夷所思的海峡海流等现象难免存在"南风气"和"万水朝东"之类猜想。②

1717 年（康熙五十六年），陈梦林在其所编之《诸罗县志》记载道："邑治海道：由青鲲身南至鹿耳门水程二十里，西至厦门水程十一更，利东南风信。由青鲲身北过青峰阙、蚊港、猴树港、笨港（笨港与澎湖遥对）、海丰港、三林港、鹿仔港、崩山港、后垄港（后垄与兴化南日遥对）、中港、竹堑港（竹堑与海坛遥对）、南嵌港（南嵌与福州闽安镇遥对）、淡水港（淡水与北茭洋遥对）、鸡笼港（鸡笼与烽火门遥对）水程一十八更，利正南风信。由鸡笼西北至福州水程七更，淡水西北至福州水程八更，利东南风信。由鸡笼西南至厦门水程一十二更，淡水西南至厦门水程十一更，利东北风信。由鸡笼东北至日本水程七十二更，利西南风信。由鹿耳门南至吕宋水程七十更，利西北风信。"③从这一资料我们看到，除了厦门至澎湖、澎湖至青鲲身以及台湾岛西面海道之外，又开辟了四条横渡台湾海峡的海道和两条国际海道。新开辟的海峡海道是：台北鸡笼至福州的海道、鸡笼至厦门的海道、淡水港至

---

① 高拱乾：《台湾府志》卷一，《山川附海道》，见《台湾文献史料丛刊》第 65 种，台湾大通书局、人民日报出版社 2009 年版，第 25—26 页。

② 中国航海通常以更计算航海距离。这种计算方法不太科学，只是一种概略估计。下面两段资料有助于今人理解。"海洋行舟，以筒漏实细沙悬之，沙从筒眼渗出，复承以【筒】。上筒沙尽，下筒沙满为一更，每更舟行四十余里。计鹿耳门至澎湖四更。《樵书二编》以日夜为十更，定焚香几枝为度。船在大洋，风潮有顺逆，船制有利钝，法以木片投于船首海中，人从船首疾之船尾，木片与人齐至为准。先后则皆未合。夫大海洪涛之中，难以里计。六十、四十以数，亦约言，而非确据矣。"（无名氏：《台府舆图纂要》，见《台湾文献史料丛刊》第 181 种，台湾大通书局、人民日报出版社 2009 年版，第 4 页）定更之法：以焚香几枝为度。船在大洋，风水有顺逆，驾驶有迟速，水程难辨。以木片从船首置入海中，人自船首速行至尾，木片与人行齐至，则更数准。若人行至船尾，木片尾至，为不及更；或木片反先人至，则为过更；均非更度也。（王瑛曾编纂：《重修凤山县志》卷一，山川附海道，见《台湾文献史料丛刊》第 146 种，台湾大通书局、人民日报出版社 2009 年版，第 27 页）

③ 陈梦林编纂：《诸罗县志》卷一，见《台湾文献史料丛刊》第 141 种，台湾大通书局、人民日报出版社 2009 年版，第 19 页。

福州的海道、淡水港至厦门的海道。开通的国际海道是：鸡笼至日本的海道和鹿耳门至菲律宾的海道。

康熙五十九年的所修《凤山县志》也记载了当时台湾商船航行的国际国内海道："邑治由七鲲身南至打鼓仔港，水程三更；打鼓港至沙马矶头，水程四更，则以北风为顺。西北至厦门，水程一十一更，以东南风为顺。由沙马矶南至吕宋，水程六十四更，以北风为顺。由七鲲身西北至日本，水程七十余更，以东南风为顺。北至福州闽安镇港口，水程一十五更，以南风为顺。"①

雍正时期，黄叔璥为巡台御史，他记录了福州闽安镇与台北淡水港的海道初期开通情况。"北路淡水直对福州省城，海道山石错列，碍于大舟往来。南路赤山，直对南澳。"②

道光时期所修的《彰化县志》记载说，"由鹿港至泉之蚶江，水程九更；泉之獭窟八更。以东北、东南风为顺，西风为逆。由鹿港至厦门十二更，以东北风为顺。"③ 这一资料记载了鹿港与泉州之蚶江、獭窟以及鹿港至厦门的海道开辟情况。

从横向海道来看，到道光时期，福建省增加了七条横越台湾海峡的海道；即福州闽安镇与安平港、厦门与鸡笼（基隆）、厦门与淡水、闽安镇与鸡笼、闽安镇与淡水、泉州獭窟与鹿港、厦门与鹿港；国际上则增加了从台湾府城前往吕宋，或从鸡笼前往日本的两条海道。

从纵向海道来看，到乾隆时期，清代台湾海峡有两条纵贯南北的海道：一条是自古以来形成的中国传统海道，可以称其为台湾海峡的西海道。在这条海道上，江浙闽粤商人南来北往，运载货物，为了躲避接近大陆的岛礁和暗沙，同时为了躲避黑水沟和飓风袭击，准备随时停靠海港，其帆船一般选择靠近台湾海峡中部偏西的海面一侧航行，水师战船亦在这一海道上按期穿梭巡逻。这一条海道比较宽阔，一般以西面的海岸、海岛为航海标志，既可以随时进港避风，装卸货物，又可以远离海

---

① 陈文达编修：《凤山县志》卷二，《海道》，见《台湾文献史料丛刊》第124种，台湾大通书局、人民日报出版社2009年版，第9—10页。
② 黄叔璥：《台海使槎录·赤嵌笔谈》卷一，见《台湾文献史料丛刊》第4种，台湾大通书局、人民日报出版社2009年版，第7页。
③ 周玺：《彰化县志》卷一，《海道》，见《台湾文献史料丛刊》第156种，台湾大通书局、人民日报出版社2009年版，第21页。

岸和海岛，放大洋直达目的地。下面的这条资料，比较详细地说明了厦门至旅顺的最靠近海岸和海岛的海道和海港情况。

> 厦门往北洋沿堆海道，至浙江宁波四十八更，至江南上海五十六更。自厦门出大担门，北行至金门料罗，系同安县界。过围头、深沪、峻里至永宁，俱晋江县界。又过祥芝头至大坠，为泉州港口。经惠安县之獭窟至崇武，可泊船数十。复经莆田县之湄洲至平海，可泊船数百。其北即南日，仅容数艘，莆田、福清交界。从内港行，经门扇后、草屿至海坛官仔前，有盐屿，即福清港内。过古屿门，为长乐县界。复沿海行，经东、西洛至磁澳，回望海坛诸山，环恃南日、古澳之东，出没隐现，若近若远。再过为白犬，为关潼，可泊船船数百，乃福省半港处。入内，即五虎门山。关潼一潮水至定海，可泊船数百余。复经大垟、黄岐至北茭，为连江县界。再过罗湖、大金抵三沙、烽火门，由三沙山饿驶，一潮水过东壁、大小目、火焰山、马屿，进松山港，即福宁府。由烽火门过大小嵛山、蓁屿、水澳至南镇、沙埕，直抵南北关闽浙交界。由北关上至金乡大澳，东有南屺屿，可泊千艘。其北为凤凰澳，系瑞安县港口。又北为梅花屿，即温州港口。过陇内、三盘，伪郑【成功】常屯扎于此。再过王大澳、玉环山、坎门、大鹿山至石塘，内为双门卫。复经鲎壳澳、深门、花澳、马蹄澳、双头洞至川礁，为黄岩港口。从牛头门、柴盘抵石浦门。由龙门港崎头至丁屠澳，澳东大小叠出，为舟山地。赴宁波上海在此分艅。从西由定海关进港数里，即宁波。从此过岑港至沈家门，东出即普陀山，北上为尽山（陈钱山俗名尽山）、花鸟屿。尽山西南有板椒山，属苏州府界。又有羊山，龙神甚灵。凡船到此，须稍寂而过，放大洋，抵吴淞。进港数里即上海，北风可泊羊山屿。由羊山屿向北过崇明外五条沙，转西三十四更，入胶州口。由崇明、五条沙对北三十二更至成山头，向东北放洋十一更至旅顺口。①

---

① 周凯：《厦门志》卷四，《防海略·附海道》，见《台湾文献史料丛刊》第 95 种，台湾大通书局、人民日报出版社 2009 年版，第 139—140 页。

另一条海道是台湾西面的海道，可以称其为台湾海峡的东部海道。这一海道是随着台湾经济的开发很快形成的，沿着这一海道清军设置了许多战船，依照分防汛地，按期往返巡逻。一般来说，渔船和盐船形制较小，只能依傍内海行驶。商船形制较大，不惧风浪，通常远离岛岸，在外洋行驶。台湾方志对此有明确的记载。"淡水、台府盐船、澎湖尖艚船均傍内海往来。有时勾串陆路贼匪同船抢夺，但止能行劫小船，不敢行劫大船。然则此外无抢劫乎？曰：有。商船遭风，寄碇搁浅口岸，匪类群起，搜其货，折其船者，控案累累。厅县几视为家常矣。"① 这是台湾海峡东海道的基本情况。

总而言之，在清代前期台湾海峡仅就福建来说就有 2 条南北纵向海道，加上横越台湾海峡的 8 条海道，共有 10 条海道，这样就形成了"两纵八横"的海峡海道网。在这些四通八达的海道上，既有南来北去、东往西返的商船，又有飘忽不定、伺机抢劫的盗船，还有按期巡逻会哨的兵船以及办理各种公务的官船。天堑已经变成通途。正是经济上的互相依存迫使台湾海峡两岸人民保持极其密切的贸易往来。海道的数量与贸易的发展应是一种正比例关系。

除了以上国内海道之外，还有一条南来北往的国际海道贯穿于台湾海峡。清代前期，"各省海洋，如广东、福建、浙江、江苏、山东、直隶、盛京皆有海口，而外洋所至贸易者，则东有琉球、日本、朝鲜，西南有安南、吕宋、葛喇吧、苏禄、暹罗、马六甲、宋居老等番，重洋几万余里，片帆往来，计日可达"②。无论是中国商船前往上述诸国贸易，还是各国商船到达中国海口活动，大都要通过台湾海峡。因此，穿越台湾海峡的国内海道又与国际海道相互重叠。由于目的地不同，商船穿越台湾海峡之后，就要及时寻找其航海坐标。

例如，频繁来往于中国和琉球的中国帆船就是这样。1719 年（康熙五十八年），册封副使徐葆光指出："福州往琉球，出五虎门，必取鸡笼、彭家等山，诸山皆偏在南，故夏至乘西南风，参用辰巽等针，袤

---

① 陈淑均等纂：《噶玛兰厅志》卷五，风俗上，《台湾文献史料丛刊》第 160 种，台湾大通书局、人民日报出版社 2009 年版，第 213—214 页。
② 《福建按察使王丕烈奏为敬陈海洋事宜以严防范事》乾隆六年八月二十四日，载中国第一历史档案馆编：《乾隆年间议禁南洋贸易史料》，《历史档案》2002 年第 2 期。

绕南行以渐折而正东。琉球归福州,出姑米山必取温州南杞山,山偏在西北,故冬至乘东北风,参用乾戌针,衺绕北行以渐折而正西。"① 在福州前往琉球的这条国际航道上,事实上不仅鸡笼和彭家屿是主要坐标,钓鱼岛及其附属岛屿也同样是非常重要的坐标。1683 年(康熙二十二年)册封正使汪楫之《使琉球杂录》《册封疏钞》,1756 年(乾隆二十一年)册封副使周煌之《琉球国志略》,1800 年(嘉庆五年)册封副使李鼎元之《使琉球记》,1808 年(嘉庆十三年)册封正使齐鲲之《东瀛百咏》等书籍,对此均有详细记载。

十一　环台湾岛海道的开辟与钓鱼岛管辖权补证

　　1762 年(乾隆十七年)刊刻的《重修台湾县志》记载了环台湾岛海道的开辟情况。"环台皆海也,自邑治计之,南至凤山县之沙马矶头,旱程二百九十六里,水程七更;北至淡水厅之鸡笼鼻头山,旱程六百三十里,水程一十九更;西北至鹿耳门,水程二十五里。鹿耳门西北至澎湖,水程四更,约一百八十里。澎湖西北至厦门,水程七更,约三百里。邑治内优大山之东曰山后,归化生番所居。舟从沙马矶头盘转,可入卑南觅诸社。山后大洋之北,有屿名钓鱼台,可泊巨舟十余艘。崇爻山下薛坡兰港,可进三【舢】板船。"②

　　此处的"钓鱼台",就是现在的钓鱼岛;"崇爻山"指的是台湾东海岸中部大山;"薛坡兰"是指北回归线附近的秀姑兰溪的入海口。原住民阿美族称其为"芝波兰",汉人记载为"薛坡兰",或"泗波澜"等。③《重修台湾县志》提供的这一条资料非常重要,它不仅记载了环台湾岛的海道形成情况,而且明确记载了"山后大洋之北,有屿名钓鱼

---

　　① 徐葆光:《中山传信录》,《国家图书馆藏琉球资料汇编》中册,北京图书馆出版社 2000 年版,第 35 页。
　　② 王必昌纂:《重修台湾县志》卷 2,见《台湾文献史料丛刊》第 113 种,台湾大通书局、人民日报出版社 2009 年版,第 50 页。
　　③ 道光年间编纂的《噶玛兰志略》,对于"崇爻山"和"薛坡兰"的位置均有明确记载。"泗波澜为十八社番,与奇莱通,且连界。《府志》作薛坡兰,属凤山界,亦在崇爻山后,可知奇莱即嘉义之背,泗波澜,即凤山之脊。"(柯培元:《噶玛兰志略》卷一四,《杂识志》,见《台湾文献史料丛刊》第 92 种,台湾大通书局、人民日报出版社 2009 年版,第 199 页)

台，可泊巨舟十余艘"。这一资料尽管是转引自黄叔璥的《台海使槎录》[①] 但由于此书是地方志，尤其是卷二为《山川志》，主要记载的是当年台湾县属的溪流、港湾、潭水、海澳、岛屿和海道，就主权与管辖权来说，在法理上显得尤为重要，在逻辑上显得更为有力。由此我们不仅看到环台湾岛的海道在1752年已经完全形成，而且更重要的是我们看到钓鱼岛所在洋面是台湾岛环形海道的重要组成部分。也就是说钓鱼岛早在乾隆时期已经成为中国台湾北部海道的重要标志和临时港口。作为临时港口，可能有商船和渔船停泊，也可能有海盗船只停泊。由于水师官兵承担着在内外洋面保护商渔船只安全，跟踪缉拿盗船的双重任务，因此将钓鱼岛等岛屿纳入水师战船的巡哨和监控范围是自然而然的。这一资料无可辩驳地向世界各国证明，钓鱼岛及其附属岛屿和洋面在18世纪中期已处于中国官府和军队管辖之下。

另有一条资料对于台湾环形海道的开辟以及漳州、泉州人经常在钓鱼岛、"泗波澜"（薛坡兰）活动的情况做了进一步说明。"宜兰县，南与奇莱社番最近……泗波澜有十八社番，与奇莱相近，属凤山县界，亦在崇爻山后。可知奇莱，即嘉义之背；泗波澜，即凤山之脊。由此而卑南觅，而沙马矶头，回环南北一带。则后山诸地，自㴘鼻至琅桥，大略与山前千余里等耳。海舟从沙马矶头盘转而入卑南觅诸社。山后大洋之北有屿，名钓鱼台，可泊巨舟十余艘；崇爻山下泗波澜，可进杉板船，漳泉人多有至其地者。"[②]

另外，陈寿祺在《重纂福建通志》第八十六卷《海防·各县冲要》中，专门介绍了噶玛兰厅所属之乌石港、苏澳、钓鱼台和薛坡兰等四个港口情况，特别强调了对于这些岛屿的主权。"噶玛兰，即厅治，北界三貂，东沿大海，生番聚处，时有匪舶潜踪。又，治西有乌石港，与海中龟屿相对。夏秋间港流通畅，内地商船集此，设炮台防守……苏澳港在厅治南，港门宽阔，可容大舟，属噶玛兰营分防。又，后山大洋北有

---

① "山后大洋北有山，名钓鱼台，可泊大船十余；崇爻之薛坡兰，可进舢板。"黄叔璥：《台海使槎录》卷二，《武备》，乾隆元年（1736）初刻，第13页。
② 《台湾生熟番舆地考略》，《台湾文献史料丛刊》第51种，台湾大通书局、人民日报出版社2009年版，第6—7页。

钓鱼台，港深可泊大船千【十】艘。崇爻之薛坡兰，可进杉板船。"①

清代《台海使槎录》《台湾府志》等官方文献详细记载了对钓鱼岛的管辖情况。1871年（清同治十年）刊印的陈寿祺等编纂的《重纂福建通志》卷八十六将钓鱼岛列入海防冲要，隶属台湾府噶玛兰厅（今台湾省宜兰县）管辖。②毫无疑问，这些资料是重要的，对于钓鱼岛的管辖主张是有历史根据的。不过，在上述列举的资料中，缺少1752年（乾隆十七年）刊刻的《重修台湾县志》卷二"海道"的记载，更重要的是，尚未从环台湾海道是中国的外洋，属于水师管辖范围的角度立论。

本书的考察可以作为"白皮书"的重要补证，可以加强关于"中国对钓鱼岛实行了长期管辖"的论点。上述三条资料不仅证明清朝人将基隆以北的广阔洋面（包括钓鱼列岛在内）划入外洋，纳入了水师官兵的巡哨范围，而且强调了中国对于钓鱼岛的主权，纳入水师官兵的巡哨、管控范围。1895年以前，中国对于钓鱼岛不仅拥有主权，同时拥有治权，主权与治权是合一的。1811年4月（嘉庆十六年三月）开始，蔡牵余部吴属、黄茂、陈乌清、塘沙五等四帮海盗一直活动在台湾海峡、大鸡笼以北、宜兰县以东的外洋。他们时来时去，聚散无定，伺机抢夺商船，"实为商旅之害"，甚至敢于拒杀官兵，"劫夺官船炮械"，"攻打府城"。清军为了消灭这股海盗，曾经调派多支水陆军队进行征剿，无可奈何。双方斗智斗勇，持续了四年之久，犹如一场没完没了的猫与老鼠之间的动画大战。一直到1815年8月（嘉庆二十年七月），清军才在一场飓风的帮助下最终摧毁了这帮海盗。③

---

① 陈寿祺、魏敬中等纂：《重纂福建通志》卷八六，同治十年（1871）正谊书院刻本，第31页。
② 中华人民共和国国务院新闻办公室：《钓鱼岛是中国的固有领土》白皮书，人民出版社2012年版，第2—3页。
③ 《福建台湾镇总兵武隆阿福建台湾道张志绪奏为拿获内洋首犯张顺添等审明办拟事》嘉庆十六年八月二十四日，中国第一历史档案馆藏朱批奏折，档号：04-01-01-0533-027；《闽浙总督汪志伊福建巡抚张师诚奏报舟师攻剿在洋盗船并堵捕窜匪情形事》嘉庆十七年八月十九日，中国第一历史档案馆藏朱批奏折，档号：04-01-01-0536-062；《闽浙总督汪志伊福建巡抚张师诚奏缉获海道黄茂事》嘉庆十八年十一月二十六日，第一历史档案馆藏录副奏折，档号：03-1696-053；《福建台湾镇总兵武隆阿福建台湾道糜奇瑜奏为内洋盗船窜台伺劫官兵拿获盗匪审明分别办拟并捕盗出力各员请送部引见事》嘉庆二十年九月二十四日，中国第一历史档案馆藏朱批奏折，档号：04-01-03-0048-001。

同治、光绪时期，台湾岛东南面的绿岛和兰屿，亦已成为中国商船的停泊地，绘入清朝舆图。编纂于同治年间的《台湾府舆地纂要》曰："自沙马矶东折二百余里为红头屿，再上东北为火烧屿、官爷屿、麻丹屿。火烧屿近有居民。西转，可入琅峤山背之卑南觅崇爻大山。"① 火烧屿，即绿岛；红头屿，即兰屿。绘制于 1879 年（光绪五年）的《台湾舆图》也说："红头屿，在恒春县东八十里……又有火烧屿者，横直二十余里，与红头屿并峙，水程距卑南六十里，有居民五百余丁。商船避风，间有至其地者。"②

从上述资料记载，结合其他史料来看，在清代环台湾岛的海道上，除了澎湖本岛和鸡笼属于内洋岛屿之外，澎湖岛的附属岛屿、钓鱼台列岛、龟山岛、火烧岛、红头屿、七星岩和琉球屿均是环台湾海道上的外洋岛屿。③ 这些外洋岛屿垂直距离台湾岛岸少则数十千米（如琉球屿、七星岩等），多则近百千米（如红头屿、彭佳屿），甚至达到二百千米（钓鱼岛），由此可见，台湾的外洋海道是十分宽阔的。宽阔的海道为中国各种船只（商船、渔船、兵船、官船和盗船）提供了自由驰骋的海上疆域。在海道附近的岛屿为各种海船提供了淡水和避风港。因此，清军在搜查海盗时，通常以停泊各种海船的岛屿为重点搜查对象。例如，小琉球，在 1786 年之前，虽然已经纳入台南行政管辖之下，但是很少派遣水师巡哨。1787 年，在镇压林爽文起义过程中，福康安派遣水师官兵前往小琉球搜查。他说："查东港大洋内有小岛一处，地名小琉球，为向来巡哨不到之地，亦分派水师前往查缉，务使山陬海噬，处处穷搜，以期尽绝根株。"④

环绕台湾岛的海道起初开辟于台湾南部和西部（这一部分与台湾海峡东海道重叠），逐渐延伸至台湾北部和东部，最迟于 1752 年（乾隆十七年）已经开通环岛航线。因此，我们说在台湾海峡和台湾岛周围形

---

① 无名氏：《台湾府舆图纂要》，见《台湾文献史料丛刊》第 181 种，台湾大通书局、人民日报出版社 2009 年版，第 76 页。按语：书中颇多叙及嘉庆、道光、咸丰以及同治元年的事件，可以推断，该书编纂刻印于同治年间。

② 夏献纶：《台湾舆图》，光绪五年（1879）刻印，第 50—51 页。

③ 雍正十三年已将凤山县之小琉球列入水师管辖的外洋岛屿，"不许民人移居及搭寮、采捕"。《福建布政使张廷枚奏为外洋孤立岛屿仍请严谨开垦等事》，雍正十三年十月十五日，第一历史档案馆藏朱批奏折，档号：04-01-30-0274-013。

④ 《平定台湾纪略》卷五七，第 4 页。

成了"两纵八横一环"的海道,形如罗网一般。

除了"两纵八横一环"之外,可能还有一些记载不详的海道。"江浙、广东等处地方皆有海道,迳达台湾。"① 至于台湾岛对于菲律宾和日本航线开通之后,加之早已开通的漳州与日本、漳州与琉球、漳州与南洋各国的传统海道,在台湾海峡至少有五条国际海道。因此,可以说台湾海峡和台湾岛周围海域在清代前期已经形成了四通八达的国内国际通道。

总而言之,台湾海峡和台湾岛"两纵八横一环"海道作为福建外洋的一部分,在清代前期已经置于地方官和水师官兵保护、监视和管辖之下。海道既是商人运输货物的最为便捷的途径,又是海盗袭击商船,杀人越货的场地,更是兵船穿梭巡哨,履行治安职责,保卫国家主权的地方。

结　论

根据以上对大量资料的综合分析和推理,我们可以得到如下六点结论。

(一)经过对历史碎片的仔细搜索、整理和连缀,我们认为,福建沿海六府(福宁府、福州府、兴化府、泉州府、漳州府和台湾府)无一例外,不仅严格按照朝廷旨意,划分了内洋与外洋,明确了水陆汛地,而且建立了比较严格的总巡、分巡、合巡和会哨等制度。两广总督吴熊光认为只有广东划分了内外洋的说法,是完全错误的。吴熊光的错误在于他不了解福建典籍中的"外海"词义。

(二)凡是靠近大陆海岸和设置府(台湾府)、厅(南澳厅、平潭厅、澎湖厅)治岛岸的岛屿和洋面均划入内洋,由地方文官和水师官兵共同负责其治安管辖;金门岛除外,凡是远离大陆海岸和设置府、厅治岛岸的岛屿和洋面均划入外洋,由水师官兵负责其海岛和海道航行安全。这里的"靠近"是指5里或10里以内,"远离"是指5里或10里以外。大致说来,《厦门志》作者的下面这个概括是符合实际的——

---

① 《钦定平定台湾纪略》卷六二,见《台湾文献史料丛刊》第102种,台湾大通书局、人民日报出版社2009年版,第964页。

"南北沿海各汛近处谓之内洋，外海深水处谓之外洋。"①

（三）如同其他沿海各省一样，福建的内洋基线是海岸线和设有府、厅岛屿的岛岸线；内洋与外洋之间的界线是垂直于大陆海岸和内洋岛岸5—10里的点连成的线，这条线与海岸线和内洋岛岸线是互为平行的关系。而外洋的外缘线大致以国内海道为标志。外洋的宽度取决定于海道距离海岸和岛岸的远近，因此，外洋的外缘界线与内外洋的分界线不是互相平行的关系。

（四）台湾海峡在清代前期已经形成了"两纵八横一环"的海道网络。凡是国内海道附近的海域均划入中国的内洋或外洋，纳入地方文官、水师官兵的行政或军事管辖范围，大致包括台湾海峡全部水域和台湾岛周围海道以内的内外洋水域。"两纵八横一环"海道网络的形成，既显示了海峡两岸人民来往的密切，又标志着两岸统一市场的形成，商品经济借助于海洋这个载体迅速发展。而两岸经济的发展显然得到了水师战船和官兵的保护。

（五）台湾岛周围在乾隆时期就形成了环形海道。在这个环形海道上，台湾西南面的澎湖列岛，南面的琉球屿、七星岩、东面的兰屿（红头屿）、绿岛（火烧屿），北面的鸡笼、花瓶屿、棉花屿、钓鱼台等岛屿，均是内洋或外洋的标志性岛礁。

（六）钓鱼岛作为商船、渔船、兵船或海盗船只的临时港口及其所在洋面是清代环台湾海道的重要组成部分，已经纳入水师巡哨、管控范围，应是今日中国蓝色国土的不可分割的一部分。这是对于2012年9月25日中华人民共和国国务院新闻办公室发表的《钓鱼岛是中国的固有领土》白皮书的重要补证，可以加强关于"中国对钓鱼岛实行了长期管辖"的论点。

---

① 周凯：《厦门志》卷四，道光十九年刊本。

第三章　清代前期浙江划分内洋与外洋的准则和界线

　　1684年，统一台湾之后，清廷谕令沿海各省将近海水域划分为相互衔接的管辖区，并制定了一系列条例，厘清沿海文臣武将的责任，要求严格管理近海水域，逐渐形成了一套相当严密的近海管辖制度①。在阅读资料过程中，我们看到清代官员的确是以岛礁及其所在洋面划分内洋与外洋的，然而由于没有找到划分内洋与外洋的最原始的文件，有几个问题一直萦绕在心。诸如，是何时划分内洋和外洋的？当年划分内洋与外洋的准则是什么？内洋与外洋的界线在何处？外洋的边缘在哪里？

　　由于年代久远，地理环境和行政区划变迁，公文档案资料散佚，加之古今地名的不同，现在要想彻底弄清当年划分内洋与外洋的情况相当困难。比较清人编修的《盛京通志》、《畿辅通志》、《山东通志》、《江南通志》、《福建通志》和《广东通志》、《浙江通志》中所保留的内洋与外洋资料最为系统。这些资料可以让我们重新勾勒清朝前期划分内洋与外洋的历史，并对推动这个过程的思想原则加以探索。即令如此，仅仅依据《浙江通志》，我们要想弄清上述问题仍然是困难的，因为历史的链条中难免断裂的环节。基于这种现状，我们需要借助宫廷档案和其他史志资料，对于清代前期划分内洋和外洋情况加以综合分析和归纳，力求弄清当时划分内外洋的思想准则和具体界线。

---

　　① 王宏斌：《清代内洋与外洋的划分及其管辖权研究——兼与西方领海观念比较》，《近代史研究》2015年第3期。

一 划分内洋与外洋的起讫时间

关于清代"内洋"与"外洋"划分的具体时间,尽管在前面两章已经提及,但由于广东、福建保留的这方面的资料有限,因此没有展开深入讨论。这里,结合浙江省的文献继续加以研究,很有必要。

至少在明朝已经出现内洋、外洋的说法,不过那时的"内洋"含义类似于"内地","外洋"含义类似于"远洋",这两个词语的内涵都比较宽泛。清初,由于实行"禁海迁界"政策,没有必要划分"内洋"和"外洋"。1684年,清军攻占台湾,朝廷宣布解除海禁,沿海贸易活动逐渐复苏。"出洋贸易"是官方文书对于沿海贸易活动的泛称。这种情况到1707年尚无明显变化。因为这一年,"题准江、浙、闽、广海洋行船被盗,无论内外洋面,将分巡、委巡、兼辖官各降一级留任;总巡、统辖官各罚俸一年。盗限一年缉拿。不获,将分巡、委巡、兼辖官各降一级调用;总巡、统辖官各降一级,罚俸一年。如被盗地方有专汛之官,照分巡官例议处"①。该条例虽有"内外洋"之说法,而对于文武官员的责任和处分并无明确区分。

1712年(康熙五十一年)的条例规定,若遇洋面失事,"将守口官罚俸一年。至盗从外洋窃发,非守口官所能越汛稽查发觉,咎在分巡、委巡,将守口官免议。外洋行劫之后,散党登岸,混冒入口,守口官失于觉察,仍照例罚俸。其盗由海口以内夺船偷越出洋,失事发觉,将失察守口各官照海洋失事初参例,降一级留任,巡缉"②。此处的"守口官"指的是负有海岸防御职责的文武官员。"分巡、委巡"是指负有洋面巡逻任务的下层水师官员,一般是千总、把总或外委人员。这一条例初步厘清了沿海文武官员的不同海防职责。

现在看来,1716年,乃是划分内洋、外洋的重要节点。是年,原任闽浙总督范时崇在调任左都御史后曾经建议说:商船出海,在外洋被

---

① 程嘉谟编:《钦定大清会典则例》(乾隆朝)卷一一五,乾隆二十九年(1764)编,见《文津阁四库全书》第623册,第59—60页。

② 托津等编:《钦定大清会典事例》(嘉庆朝)卷九七,《吏部·处分例》,(台北)文海出版社1991年影印,第6—7页。

劫，应当追究负责洋面治安的水师官员的责任，不应题参文官，因为外洋距离海岸遥远，超越了文官的管辖能力。"惟责之分巡、总捕等官，限一年缉获；限满不获，分别议处。"① 兵部官员经过讨论，认为在海洋缉拿盗犯比陆地更为困难，不仅应当免除文官的责任和处分，而且应当适当减轻水师官兵的处分，"海洋缉盗较陆地倍难，无论内外洋面，但能获一半者，各官皆免议处。"② 为了防止文官武将互相推诿的弊端。兵部官员认为，应当进一步明确划分内洋、外洋的界线，以便区分文官与武官的责任。为此奏请说，"其各省内外洋名，臣部无凭稽查，应令该督抚造册咨部，以备查核"。康熙皇帝立即批准了这一建议。由此看来，作为与处分条例相配套的措施，划分内洋、外洋的界线，绘图条说，并呈交兵部备案，可以说正式开始于1716年（康熙五十五年）③。

　　这一规定分别了"内洋失事"和"外洋失事"等不同情形，进一步厘清了文官与武官承担的不同责任。它显然是基于文武官员所承担的海防职责和能力确定的。按照规定，沿海文武官员均负有一定的海防责任。但是，这种责任是有轻重区别的。文官由于行政事务繁忙，加之没有配备大型战船，只能负有靠近海岸和岛岸的洋面（即内洋）的治安职责。水师官兵拥有各种型号的战舰，不仅要在内洋和外洋巡逻，而且具有一定规模的海战能力，对于近海水域，无论内洋，还是外洋，均负有不可推卸的责任。正是基于这种海防能力和责任的不同认定，嘉庆朝《钦定大清会典事例》才明确规定："内洋失事，文武并参。外洋失事，专责官兵，文职免其参处。其内洋失事文职处分，照内地无墩防处所；武职处分之例，初参，停其升转；二参，罚俸一年；三参，罚俸二年；四参，降一级留任。"④

　　雍正时期，"外洋"的含义已经相当明确。1726年，以福建水师常驻内地，不耐风浪，浙江水师尤甚，乃制订条例，要求该省外海水师于

---

① 程嘉谟编：《钦定大清会典则例》（乾隆朝）卷一一五，乾隆二十九年（1764）编，见《文津阁四库全书》第623册，第60页。
② 同上。
③ 《清圣祖实录》卷二六八，康熙五十五年闰三月辛酉，中华书局1986年影印，第6册，第627页。
④ 托津等编：《钦定大清会典事例》（嘉庆朝）卷一〇三，《吏部·处分例》，（台北）文海出版社1991年影印，第16—17页。

本省内洋巡逻之外，每年还要选派官兵，配备战船，"在闽、浙外洋，更番巡历会哨，以靖海氛"①。人们在使用"外洋"这一词语时，已经与"外邦"作了区分。例如，1727年，一位名叫陈魏的漳州商人自噶喇吧返乡，被官府捉拿到案。在漳州知府审问时，该商人这样辩护说：本人于康熙五十三年自广东贩卖茶叶前往噶喇吧，五十五年在外邦娶妻生子。由于康熙五十六年禁止南洋贸易，中国商船稀少，回来不得。雍正七年，回到家中，雍正十年在苏州捐了个监生，继续经营茶叶生意。雍正十一年五月到达大担门，准备把家眷送回同安，因身无牌照，被捉拿到官。"生今次未曾请得牌照，汛口盘诘严谨，为此雇了小船，由大担外洋回家。犯生从前羁留外邦，实非得已。并不是甘心住在番邦的，若忘了故土的人，于今就不挈眷回乡了。只求详察。"② 同时，表示愿捐谷一万三千担，以赎前愆。经过审问，漳州知府认为，该生所供属实，向闽浙总督高其倬做了汇报。高其倬认为，"该犯携眷回籍情形，依恋故土，与甘心异域者有间"，奏请准其捐赎，予以自新。

　　水师巡洋会哨条例还对文武官员之间可能出现的互相推诿的现象进行了预防性规定，试图以此防范其流弊的发生。然而，这种预防性的条例规定在执行过程中却收效甚微。1736年8月26日（乾隆元年七月二十日），浙江按察使胡瀛指出："商渔船只出入海洋，全赖水师官兵驾船巡哨、飞渡、擒拿，以除奸宄。至于沿海州县同有稽察之责，是以定例：内洋失事，凡疏防承缉文官照内地四参不获降调之例，一并议处。伏思内洋形势实与内地迥别，虽有山屿岛屿名色在州县原未经由，每遇失事之日虑及四参不获，即干降调，故为驳诘，推诿外洋，兼卸邻邑，辗转移查，经年不结，并有关提船户、事主前往失事处所指认内外洋面及某省某县界址者，以致事主拖累无穷。"③ 在他看来，只有明确划分内洋、外洋的界线，才能避免互相推诿责任的现象。为此他奏请乾隆皇帝饬部行文沿海各督抚，除了一向有定界，不需复查者外，凡是两县及

---

① 赵尔巽等编：《清史稿》卷一三五，《兵志六·水师》，中华书局1976年版，第3982页。
② 《世宗宪皇帝朱批谕旨》卷二一四之六，乾隆三年（1738年）刻本，第26—28页。
③ 《浙江按察使胡瀛奏为沿海内外洋盗案承缉文官驳诘推诿请饬部勘明内外洋省县界限事》，乾隆元年七月二十日，中国第一历史档案馆藏朱批奏折，档号：04—01—12—0004—001。

两省相邻界线不清之处,凡是内外洋界线不清之处,应由沿海各州县官会同水师官弁,一一勘明。"在内在外洋面、山屿岛屿名色、某省某县界址,逐一绘图造册详报督抚,汇齐送部存案。遇有盗案发觉,州县官会同营员即日照图讯明的实处所,按供通报,则文武各官自无耽延推诿之弊矣。"① 据此,我们认为,尽管兵部于1716年已经奏请朝廷谕令各省开始绘制内外洋图册,但是直到1736年,这项工作似乎并未最终完成。

乾隆初期,各省全面开展了内外洋的绘制工作,宫廷档案中应当有比较完整的备案图册。任何一项法律条例的形成和修订,无不凝结了制订者的智慧和演变的轨迹。1763年至1764年,江苏沿海发生多起抢劫案件,先后杀死七条人命。乾隆皇帝震怒,谕令:"上紧缉获,立正典刑,毋使一人窜逸,致稽显戮。"并要求制订巡防海洋章程,以防此类恶性案件连续发生。在侦破龚"老大特大抢劫杀人案件"之后②,于1765年11月30日(乾隆三十年十月十八日),新任两江总督高晋和江苏巡抚庄有恭奏报筹办巡防海洋事宜。在他们看来,巡洋官兵对于外洋失盗之所以互相推诿责任,那是因为海道经过外洋地方,四顾茫茫,仅以放洋更次为记录,即使带领事主前往勘验,亦不能确切指明失盗地方所致。为了预防这一流弊继续发生,他们建议,今后外洋失盗事件发生,事主不拘何时何地可以向当地衙门报案,只要在洋图上指明地点即可,而不必亲自带领官兵前往外洋勘验。"外洋失事应免其会勘,以杜推诿,以省羁累也。"为此,他们建议说:"江省洋面自某县前至某县,计有里数若干,各营久已绘有定图。应请将前绘洋图再加较(校)正,饬覆沿海州县,并送部存案。嗣后,内洋失事,仍照旧例,文武带同事主会勘外,如外洋失事,事主于随风漂泊进口之处,带同舵水赴所在文武不拘何衙门呈报。但向隔别汛明由何处放洋,行至被劫处所约有里数若干,即将该事主开报赃物报明各该管印官、营员。该文武即查照洋图,定为何州县营汛所辖。倘有规避处分,互相诿卸,指使失主捏报他

---

① 《浙江按察使胡瀛奏为沿海内外洋盗案承缉文官驳诘推诿请饬部勘明内外洋省县界限事》,乾隆元年七月二十日,中国第一历史档案馆藏朱批奏折,档号:04—01—12—0004—001。

② 《江苏巡抚庄有恭奏明审拟龚老大等在海洋行劫杀人案件缘由事》,乾隆三十年八月初五日,中国第一历史档案馆藏录副奏折,档号:03—1252—052。

界者，查出，即干严参。该文武查明洋界，一面飞关所在州县会营差缉，其事主即予释宁，毋庸候勘。"①

这一建议当即得到乾隆皇帝批准，为了防范外洋邻接汛地出现文武官员互相推诿责任的现象，兵部制订了相应的条例。"内洋失事，文武带同事主会勘外，如外洋失事，应听事主随风飘泊进口之处，带同舵水赴所在不拘文武，不拘何衙门呈报。该衙门即隔别讯明，由何处放洋？行至被劫处所约有里数若干？将该事主开报赃单报明该处印官。该文武印官即查照洋图，定为何州县营汛所辖。一面飞关所辖州县会营差缉，其事主即行宁释，毋庸候勘。"② 根据以上这些资料，我们知道，内外洋"久已绘有定图"，只是在1765年以后又进行了"较（校）正"工作而已。由此可见，乾隆初年沿海各地已经完成了洋图的绘制工作。1765年以后，商船在洋面失事，事主可以指图说明，而不必亲身带领文武官员前往失事洋面勘验了。

以上这些条例规定，显然不是针对一时一地发生的某一事件应急反应，而是全局性的严格规定。既然条例是全局性的规定，各省文武官员必须严格执行。因此，内洋与外洋的划分，也必定是全国一致的。顺便在此指出，嘉庆时期，两广总督吴熊光认为沿海各省中只有广东近海水域划分了内洋与外洋，完全是昏聩之言③。

综上所述，笔者认为，划分内洋与外洋的时间始于1716年。是年，兵部官员为了区分文武官员的责任和稽查的便利，奏请朝廷敕令沿海各省绘制内外洋图册。1736年，浙江按察使胡瀛奏请绘制内外洋图册，以便区分文武官员的海防职责。这说明内外洋图绘制工作至少在浙江尚未进行。到了1765年，两江总督高晋和江苏巡抚庄有恭指出洋图"久已绘有"。此后对于已经绘制成的内外洋图需要"再加较（校）正"。这说明绘制内外洋图册的工作完成于1765年以前。总之一句话，划分

---

① 《两江总督高晋江苏巡抚庄有恭遵旨筹办巡防海洋事》乾隆三十年十月十八日，第一历史档案馆藏录副奏折，档号：03—0464—010。

② 托津等编：《钦定大清会典事例》（嘉庆朝）卷五〇九，《兵部·绿营·处分例》，（台北）文海出版社1991年影印，第5—6页。

③ "吴熊光奏粤东缉捕情形现拟另行变通一折。闽浙等省只有外洋，惟粤省多一内洋。海道辽阔。又多渔船采捕。难保无通盗济匪之患。"（《清仁宗实录》卷一七七，嘉庆十二年四月癸未，中华书局1985年影印，第30册，第330页）

内洋、外洋，大致以绘制内外洋图为标志，有一个逐步完善的过程。内外洋图册的绘制完成标志着内外洋划定工作的完成。

二 舟山群岛的内洋外洋及其划分准则

浙江沿海，北自平湖新仓镇与江南交界，历海盐向西南至钱塘江口，然后折向东南，经慈溪、镇海而达定海，舟山群岛为杭州湾之天然门户；自定海跨海向南，历宁波、台州和温州三府，在苍南县之南关岛与台山列岛之西台山一线洋面与福建省交界。浙江省历来是我国海防的重点省区之一。因此，有人指出浙江是，"上枕江淮，脉通呼吸；下襟闽粤，相依唇齿。沿海奇雄控扼，舟山险堃，天生以为瓯越屏藩，实形胜之区也"①。就浙江沿海而论，虽然处处都是海防重地，然相较而言，舟山与玉环二岛战略地位最为重要。"论防内海，则嘉兴之乍浦、澉浦，海宁之洋山，杭州之鳖子门，绍兴之沙门为要；论防外海，则定海县与玉环厅皆鼓峙大洋，定海为甬郡之屏藩，玉环为温、台之保障。"②

舟山群岛，乃是浙东天台山脉向海延伸的余脉。在1万年至8000年前，由于海平面上升将山体淹没才形成今天的岛群。群岛的最高峰是桃花岛上的对峙山，海拔544.4米。整个群岛属于低山丘陵地貌类型。海平面的升降，长期的海浪冲蚀群岛，不断发育着海蚀阶地和洞穴。舟山岛上10米高的海蚀阶地到处可见，30米高的阶地更为清晰。普陀山岛的潮音洞则属于海蚀洞穴。潮流犹如一个辛勤的搬运工把大量泥沙不断搬运到该群岛的隐蔽地方，沉积下来，逐渐把几个岛屿连接在一起，形成堆积平原。舟山岛、朱家尖、岱山岛都是由于沉积物的堆积而形成的比较大的岛屿。舟山群岛岛礁众多，星罗棋布，是中国第一大群岛，共有岛礁1390个，相当于中国海岛总数的20%，分布在东经121°30′—123°18′、北纬29°30′—30°54′之间，海域面积22000平方千米，陆域面积1371平方千米。其中1平方千米以上的岛屿58个，主要岛屿有舟山岛、岱山岛、衢山岛、朱家尖岛、六横岛、金塘岛等，其中舟山

---

① 卫杰：《海口图说》，海疆史志编委会编：《海疆史志》第24册，全国图书馆文献缩微复制中心2005年版，第311页。

② 赵尔巽等撰：《清史稿》卷一三八，《兵志九》，中华书局1976年版，第4109页。

岛最大，面积为502.65平方千米，为中国第四大岛①。

该群岛自唐代开始建县，至今已有1200多年的县治历史。清初，定海县原名舟山县。1687年，"以山名为舟，动而不静"，康熙皇帝认为不祥，钦定改为今名。在清代，自西而东，滩浒山、大白山、大小洋山、大小戬山、徐公山、马迹山和花鸟山一线岛屿划归江南水师管辖，大体相当于现今的滩浒山、崎岖列岛和嵊泗列岛。而七姊妹山、东霍、西霍和四平岛附近的洋面则划归镇海县管辖。当时舟山县管辖的范围是："其南内洋至六横，与镇海县接界；西内洋至金塘，与镇海县蛟门山接界；北外洋而上为羊山、徐公山（今名徐公岛），则江浙连界；若西南之梅山、青龙港、穿鼻港、旗头洋，则属镇海县……西北内洋之游山、七里墅、虎蹲、招宝、蛟门，固属镇海县；而外洋之东西霍、七姊妹，亦附镇海县；黄盘（即王盘山，包括上盘山、下盘山和劈开山）则为江南省金山卫，对出滩浒二山，在羊山西北者，俱属江南省汛；惟乍浦属嘉兴府之平湖县；东北外洋至浪冈犹江浙联界；而花脑（今名花鸟山）、洛华（今名绿花岛，位于马鞍列岛西部）、梳头（泗礁山之一）、马迹（位于嵊泗列岛西南部）、裘子（明朝人称求芝）、壁下（位于马鞍列岛中南部）、东库（与西库相邻，位于马鞍列岛）、大小盘（大盘山和小盘山，位于壁下山与绿华岛之间）、陈钱（即嵊山，位于马鞍列岛南部）、李西（今名枸杞岛，古称里西或李西，位于马鞍列岛南端），则专属江南省汛地。"②

根据史料记载，清廷于1690年（康熙二十九年）对于江南和浙江两省的近海界线做了明确划定。是年，两江总督傅拉塔与闽浙总督兴永朝分别委派江南苏州镇左奇营游击丁际昌、郭龙和浙江定海镇左、右两营游击叶纪、袁尔怀等四人会同查勘江浙洋面③。他们查勘之后，共同禀报称："马迹在羊山之东，羊山在马迹之西，东西对峙，中间虽隔有

---

① 舟山群岛1950年设专区，1962年分设五县（定海县、岱山县、大衢县、嵊泗县、普陀县）。1964年，撤销大衢县，其辖地分别并入岱山县、嵊泗县，其行政区划包括今天舟山市岱山县北部的衢山镇和嵊泗县西部的洋山镇，即舟山群岛的衢山岛、鼠浪湖岛、大洋山、小洋山、滩浒岛及周围属岛。1987年1月，舟山专区改为市，下辖二区（定海区、普陀区）、二县（岱山县、嵊泗县）。现在，我们研究的对象是清代的定海县和定海镇。

② 沈翼机等编：《浙江通志》卷三，第29—30页。

③ 是时，闽浙总督驻扎福州，兼辖福建和浙江。

海洋及山峦，南北参差不一。今议以羊山、马迹两山南面之诸山及海面总属浙江，北面者总属江南，是以两山之南北分界非以两山之东西为界线也。今除羊、马两山南面各山系浙省之汛外，其陈钱（今嵊泗县嵊山镇）、苏窦（泗洲山之别名）、蒲岙、小七（今名小戢山）、大七（今名大戢山）等山相应备册，呈送核定，颁发碑文，前赴羊、马两山勒石可也。"①

又据定海镇游击叶纪等禀称："海洋向有界线（有马迹山龙山宫所遗石碑为证），为吴淞游兵把总祝梓寿汛地。且羊山有大小之分，明季嘉靖年间倭寇，吴淞同金山营官兵协守于小羊山。浙江兵船亦驻泊于老羊山，同江南船只交相会哨，则小羊山尚属江南所辖。岂马迹反属江浙两界之山乎！况自定海山而抵马迹水程千有余里，若吴淞关出高家嘴，即是小羊山；出瞭角嘴即是马迹山，相距远近不啻天渊，应照历来江浙官兵会哨之处，以大羊山为止，南属浙省，北属江省，其先到者于大羊山太子岙插立木牌而转，建碑勒石以垂永久。嗣后浙江海汛以大羊山为界，大羊山脚以北之洋、岛属江南管辖；江南海汛以马迹山为界，马迹山脚以南之洋、岛属浙江管辖。自西至东，山岛、洋面俱以二山为准，各照分定界线巡哨，勒石羊山永为定例。"② 由此可见，前一资料的记载准确无误。因此，按照制度规定，江浙两省水师官兵每年春秋两季必须定期前往这一分界线上巡洋会哨。③

清代海防兵力布置分为两个兵种三个梯次。两个兵种是指陆地守兵和水师战兵：陆地守兵星罗棋布在海岸和岛岸上，依托炮台和瞭望台等设施，并在汛地之间来往巡逻，借以保护沿海城镇、港口和军事要塞的安全；水师战兵驾驶大小战船，按照划定的区域进行巡逻会哨，防止海盗袭击沿海商船、居民和城池，借以维护近海水域的商船运输和渔业生

---

① 沈翼机等编：《浙江通志》卷九六，第1—2页。
② 同上书，第2—3页。
③ 定海水师每年定期前往崎岖列岛、嵊泗列岛和马鞍列岛南部界线巡洋。在完成巡洋任务后，定海镇总兵按照惯例要向朝廷奏报当年巡洋情况。例如，乾隆十一年六月初七日，总兵官陈鸣夏奏报道："今江省已于羊山设有小哨船二只，声援弹压。臣自抵任定【海】后，历于出洋督巡时，率带舟师由羊山而马迹、尽山，每岁一至再至，熟悉海外要害，设有声息，即可应援，庶无负天生定、崇两island为捍御江浙之门户也。"（《浙江定海总兵陈鸣夏奏为于四月初八渔汛巡洋由海外各要害处逐一巡历等情形事》，乾隆十一年六月初七日，中国第一历史档案馆藏朱批奏折，档号：04—01—19—0002—005。

产秩序。这被称为:"设立炮台以为经,设立师船以为纬。"① 由于近海水域情况极其复杂,不仅海口大小不一,而且港口港湾海水深浅不同,按照实际情况,战兵又分为两个梯次:一部分水师官兵驾驶中小型战船按班按季在划定的内洋区域巡逻会哨,另一部分水师官兵则驾驶大中型战船按班按季在划定的外洋区域巡逻会哨。定海镇的兵力配置是这样,浙江沿海的军力配置全是这样。

定海镇驻扎定海县,② 总兵官统辖标下中、左、右三营游击、守备、千总、把总、外委等官44员,兵2841名,战哨船42只。守兵,依托炮台,③ 分防海岸和岛岸陆上汛地;战兵,按期驾驶战船,轮流出洋巡哨。表3-1是定海镇中、左、右三营陆上汛地位置及其管辖的炮台名称。

表3-1　　　　　　　定海镇陆汛名称与炮台分布一览

定海镇	汛地名称	地理位置	所辖炮台	炮台位置
中营	盐仓汛	在定海县西南,与紫岙、刈河两岙接壤	晓峰台	晓峰山在县西南六里盐仓岙北
	螺头汛		螺头台	在盐仓岙南
	紫薇汛	自岑港峡门岭过峡为紫岙	天童台	天童山距县西北16里
	大沙汛	在县西南连岑港,北对长白港	郎家山台	北对长白,东界小沙
	小沙汛	在县北,东通马岙	崎山台	东通马岙,西接紫薇
	马岙汛	在县西北40里,北与秀山近	三江台 袁家台	西连小沙,南通刈河
	干览汛	距县25里	干览台	北接马岙,南临白泉

---

① 贾桢等纂:《筹办夷务始末》(咸丰朝)卷五五,(台北)文海出版社1966年影印,第21页。

② 原驻定海,即今镇海,康熙二十二年(1683)移驻舟山,改为舟山镇;康熙二十五年(1686)改舟山为定海,仍为定海镇。

③ 清初,在禁海迁界时开始在沿海营建炮台。康熙五十四年(1715),禁止南洋贸易令下达之后,又开始在沿海地大规模营建炮台。康熙五十七年(1718),兵部议复闽浙总督满保奏疏时,曾经指出,"浙江海洋极冲、次冲地方,有原无炮台者,有旧有炮台、城寨倾圮倒塌者,有原设汛防兵数应酌量增添者,修筑炮台城寨,分别极冲、次冲,如平阳之乍浦等五十处安设炮四百六十位,添造营房,派拨弁兵,分防汛守,以固海疆。"(《清圣祖实录》卷二七七,康熙五十七年正月甲申,中华书局1986年影印,第6册,第716页)

续表

定海镇	汛地名称	地理位置	所辖炮台	炮台位置
左营	甬东汛	在县东附郭南际道头	青垒台	在县东南 7 里，青雷头山外
	吴榭汛	去甬东 20 余里，三面绕山	榭浦台	在县东 20 里烟墩山，临海
	舵岙汛	在县东，三面环海，外即莲花洋	石墈台	在烟墩山临海
	大展汛	南接芦花岙，西连洞岙	赤石台 塘头台	在县东北 50 里赤石山
	白泉汛	西界干拗汛，东接北墈汛	程家山台	在北墈岙北
	道头汛	在甬东岙南	道头台	
	沈家门汛		沈家门台	
	普陀汛	西接莲花洋，南接朱家尖、石牛港诸汛		
右营	岑港岙汛	在定海县西北，即横水洋	岑港台	

资料来源：沈翼机等编《浙江通志》卷九七，《文渊阁四库全书》第 519 册，台湾商务印书馆 1986 年版，第 32—34 页。

一则地方志资料概述了定海县内洋、外洋的划分情况。"东自沈家门至塘头嘴（今塘头村）、普陀、大小洛伽、朱家尖、树茨、洋屿、梁横、葫芦、白沙，南自龟山至大小渠山、小猫、六横、虾峙，西自大榭、金塘至野鸭、中钓、外钓、册子、菜花、刁柯鱼、龙兰山、太平、捣杵，北自灌门至菱杯、官山（原名龟山，改名观山，又改名官山）、秀山（又名兰秀）、长白（在秀山岛西）、龟鳖山（在岱山岛北）、岱山、峙中、双合、东垦、西垦、燕窝（位于岱山岛北部），东南自十六门至大小干拗山、桃花山、顺母涂、登埠（又名登步岛）、蚂蚁、点灯、马秦，西南自竹山至鸭蛋、盘屿（今名外圆礁）、螺头、洋螺、蟹屿、寡妇礁、摘箬、大猫、穿鼻,西北自里钓至马目、爪莲、菰茨(今名富翅岛)、五屿(今名五峙)、桃花女,东北自钓门至螺门、兰山、青黄肚、栲鳖、竹屿、东西岳、长涂、剑山、五爪湖、扑头王山,俱内洋也;若东之浪冈、福山,北之大小衢山、鲞蓬(位于岱山之北,形似铁墩,又称铁墩山)、寨子烂、东爪、西北之大小渔山(今名大小鱼山)、鱼醒脑(位于火山列岛),东北之香炉花瓶(今名花瓶山)、青浜、庙子湖、鼠浪湖、东西寨(即东寨岛和大西寨岛)、黄星(今名黄兴岛)、三星(位于鼠浪湖周围)、双子(今名双子山)、菜花(西南邻东西寨山)、环山,则皆外洋也。"①

现在,我们能够看到的舟山群岛的内外洋划分资料有三种:一是康熙《定海县志》,这是最早的记录,略显粗疏;二是雍正《浙江通志》,这是清代前期比较详细的记载;三是光绪《定海厅志》,系根据绿营档案整理而成。比较这三种资料,康熙《定海县志》与雍正《浙江通志》多有出入,与光绪绿营档案相比较,"亦复不同"②。这三种资料各有千秋,都是权威资料。只是因为记载的时间不同,营制、汛地或有变更,所记内容难免有所出入。

现在,我们以雍正《浙江通志》所载定海镇水师分防汛地为例(表3-2),可以看出,清代定海县的内洋,包括舟山岛、六横岛、桃花岛、登步岛、朱家尖岛、普陀山、梁横山、秀山岛、岱山岛、金塘岛在内及其附近的小岛和海域。定海县的外洋则包括南面的佛渡岛、梅散列岛,西面的七姊八妹列岛之东西霍山,西北面的火山列岛、北面的衢山列岛、川湖列岛、东北面的中街山列岛、东寨岛、西寨岛、浪岗山列岛等,由于岛屿名称众多,在此似不再一一列举。

---

① 沈翼机等编雍正《浙江通志》卷三,《文渊阁四库全书》第519册,台湾商务印书馆1986年版,第28—29页。
② 光绪《定海厅志》卷二〇,见《中国地方志集成》,浙江府县志辑第38辑,江苏古籍出版社、上海书店、巴蜀书社1993年影印本,第249页。

表 3-2　　　　　　　　　定海镇水师分防汛地一览

定海镇	汛地名称	所辖内洋岛屿及其周围洋面	所辖外洋岛屿和洋面
中营	旗头汛	辖内洋岛屿33个：小盘屿、吞铁港、火烧门、大渠山、小渠山、摘箬山、虎颈头、乱石港、箬帽门、狮子礁、小茅山、猫门、粮长岙、升罗山、旗头洋、虾岐门、虾岐山、稻篷礁、插排山、瓦泥港、六横山、椒潭、田岙、缸爿礁、大涂面、官山头、朴蛇山、梅山港、上梅山、箬帽屿、梅山南、杨三山、黄牛礁	外洋岛屿6个：双屿山、双屿港（位于六横岛与佛渡岛之间的水道）、白马礁、尖仓山（即大尖仓岛）、五爪山（梅散列岛之一）、四礁头
中营	青龙汛	辖内洋岛屿25个：青龙山、青龙港、下梅山、汀齿港、汀齿山、佛肚山、温州屿、汀齿、东孝顺洋、蒲门、乾门、东屿、西屿、鸡娘礁、鸡笼山、金地袄、道人港、乱礁洋、馒头山、将军帽山、白岩山、白岩洋、碗盏礁、石擎礁、青门宫（兼辖鞍子头山）	
左营	沈家门汛	内洋岛屿37个：道场礁、十六门（即石同山）、野猪礁、鲚鱼礁、嵩山、拗山、大乾山、长屿、马秦门、马秦山、老鼠山、大佛头山、桃花山、马蚁山、点灯山、登埠山（南为桃花山）、树茨山、鸡冠礁、乌沙门、卢沙屿（北接沈家门）、沈家门、藕颈头、分水礁、金钵盂山（位于莲花洋中）、顺目涂山、石牛港（又名香火礁）、朱家尖、白沙港、缸爿礁、莲花洋、普陀山、大洛迦山、洛迦门、小洛迦山、羊屿、东闪、西闪	外洋岛屿25个：倒斗岙、庄前竹、癞头屿（位于小衢山之南）、小衢山、石子门、潮头门、大衢山、衢东、鼠狼湖、烂冬瓜山、狮子礁、五爪湖、霜子山、环山、西寨山、东寨山、菜花山、黄星山、庙子湖、青帮山、三星山、霍山、羊鞍山、船礁、九礁（山南洋汛属中营辖）
左营	长涂汛	辖内洋岛屿30个：塘头嘴、蟆头礁、筊杯礁、香炉花瓶山、黄大洋、官山、秀山、灌门、梁横山、钓门山、青肚山、黄肚山、螺门、分水礁、泥礁、竹屿港、长途港、栲鳌山、南庄门、东剑山、西剑山、牧羊头、东岳嘴山、西岳嘴山、衢港洋、大衢山、礁潭、乍浦门、黄沙岙、沙塘岙	

续表

定海镇	汛地名称	所辖内洋岛屿及其周围洋面	所辖外洋岛屿和洋面
右营	岑港汛	辖内洋岛屿33个：竹山门、盘屿、盘屿港、大王脚板、鸭蛋港、寡妇礁（位于竹山门西）、蟹屿、蟹屿港、螺头门、洋螺山、横水洋、半洋礁（又名碗盏礁）、鸟屙礁、外钓山、中钓山、里钓山、岑港、潭头、泥湾、黄牛礁、双尖、三山、茅礁、黄岐港、穿鼻港、大榭山、水蛟门、寿门、售门、白鸭屿、大猫山、猫港、长柄	辖外洋岛屿19个：姚姓浦、尖刀头、售港门、东沙角、篦箕礁、栲门、燕窝山、鲞篷礁、东垦山、西垦山、双合山、分水礁、筊杯山、花果山、虾爬礁、大渔山、练槌山、小渔山、鱼醒脑山（北与乍浦营接界）
	沥港汛	辖内洋岛屿15个：沥港、天打岩、金塘山、横档山、西后门、小李岙、刁柯山、鱼龙山、菜花山、插翅山、兰山、桃夭门、系马桩、爪连山、五屿	
	岱山汛	辖内洋岛屿18个：岱山、蒲门、高亭、南浦、五虎礁、拿山、鳖山、龟山、龟鳖洋、长白山、长白港、马目山（一名马墓）、马目港、虎磲头、爪连山、桃花女山、韭菜塘、八斗岙	

资料来源：沈翼机等编《浙江通志》卷九七，《文渊阁四库全书》第519册，台湾商务印书馆1986年版，第34—40页。

将舟山群岛各个岛屿和洋面区分为内洋、外洋，在雍正和乾隆时期有几个问题需要综合考量："一则恐外来认垦之徒奸良莫辨；一则恐垦熟之日私米下海；一则恐添设官员所费不赀故也。"① 这是雍正时期清廷划分玉环及其周围岛屿的内外洋依据，自然也是舟山群岛区分内外洋的标准。当时官方首先考虑的是岛屿有无农业开垦价值；其次考虑的是产物（米盐和铁器）能否得到有效控制；第三考虑的是驻军防守和行政管理的成本如何。这三个问题可以看作是清朝前期划分内洋、外洋的三个基本条件。1744年（乾隆九年），浙江巡抚常安对此做了具体说

---

① 《浙江巡抚李卫浙洋玉环山官兵疏》雍正四年十一月二十日，《世宗宪皇帝硃批谕旨》卷一七四之二，第55页。

明,"定海虽处海中,实与镇海相为声援。所有内洋岛屿多与定邑相近,镇臣驻于城内,易于巡查。如金塘、册子、岱山、普陀、朱家尖、桃花、六横等山悉皆沃壤,泉甘土肥,洵足以裕民生而拓地利。若夫外洋如衢山之属,非不广衍。但外海悬山,惟候潮汐风信以为来去,万难定理计程。其中藏奸甚易,防奸甚难。设有无籍之民,其米粮转恐暗资洋匪,而煎烧所出之盐铁,兴贩私醝,制为器械,尤足贻害地方。纵有巡哨之弁兵,实属鞭长不及,此从前禁止之所由来"①。"臣此番查勘之后,于内洋垦种未尽者,仍谕令地方官劝谕招徕。凡涉外洋之山,会同督臣再行饬禁,并咨移提、镇各臣一体加意,断不令一人开垦,即采捕、煎烧等类亦一概禁止,庶地方文武员弁见既经查勘,更加严紧,益知外洋之不可以容人托足,彼此同心稽察,凡属无籍之民必不敢复萌觊觎之念矣。"②

按照表3-2所列岛礁名称,对照古今地图,我们不难看出,正是舟山岛、六横岛、桃花岛、登步岛、朱家尖岛、普陀山、梁横山、秀山岛、岱山岛和金塘岛等岛屿符合上述三个基本条件。因此,这些岛屿及其周围的附属岛礁和洋面均划入内洋,而远离这些岛屿的岛礁和洋面均划入外洋。由此,我们相信清朝官员划分定海县内洋和外洋似乎有一个重要准则,即凡是靠近设置县衙岛岸的岛屿和洋面无论大小均划入内洋,凡是远离设置县衙岛岸的岛屿和洋面无论大小均划入外洋。

从上述资料中我们还可以看到,清朝文人有一个非常重要的习惯——在叙述岛屿事件时通常只列举列岛中最具代表性的岛礁。时人之所以形成这种习惯,一是舟山群岛的岛礁数量巨大,不仅难以识别,即使识别之后,也难以一一列举;二是清朝人缺乏当代比较严谨的列岛、群岛等海洋地理学概念。这种习惯,不仅存在于时人的著述中,而且存在于官方文书中;不仅在舟山群岛如此,在沿海其他岛礁众多的地区也同样如此。在阅读清代海防地理资料时,我们应当了解清代文人的这种书写习惯。

---

① 《浙江巡抚常安奏为查勘定海内外洋面情形并报起程及回署各日期事》,乾隆九年二月二十日,中国第一历史档案馆藏朱批奏折,档号:04—01—01—0109—013。
② 同上。

三 嘉兴府与宁波府的内外洋及其划分准则

浙江所有近海水域，如同舟山群岛一样，也以岛屿为主要标志划分为内洋和外洋。现在我们自北而南依次说明其划分情况，并探索其划分准则。

嘉兴府，南控大海，北枕震泽。东滨大海者为平湖、海盐二县，南澉浦，北乍浦，其间延袤一百七十余里，为出入大海之门户，历来属于海防重地。古人云："乍浦一关尤称紧要，控据海岸，翼蔽金山，外通羊洿大洋，实与江省相为唇齿。"[①]

康熙时期，嘉兴附近的内外洋面归定海镇管辖。1729年（雍正七年），浙江总督李卫条奏，本省水陆营制事宜。第一条是"沿海营汛辖属宜有统摄也"。他认为，乍浦当江浙之冲，为海洋要口。此处陆汛为嘉兴协右营守备分防，而洋面则为定海镇右营汛地，"轮流配船巡哨"，两地相隔遥远，巡防不及。1724年（雍正二年），在乍浦添设水师营，诚属因地制宜。但是，一城之中，水、陆两营不相统属，呼应不灵，应将嘉兴协右营原来设防之西山嘴炮台、天妃宫汛地陆兵撤回，改归乍浦水师营管辖，拨千总一员轮防。右营陆兵守备应归乍浦水师营游击管辖，乍浦水师营游击听嘉兴协副将节制。如此，彼此联属，不致号令两歧。兵部官员认为，李卫建议乍浦驻军彼此联属，交相控制，甚属得宜。"应如该督所请，准其改拨管辖。"[②]

因此，清朝前期，嘉兴府沿海的驻军不仅有城守营，专司陆路，兼辖乍、澉二城，而且设立有乍浦水师营，巡防洋汛，此外还有满洲水师营驻扎乍浦所城，弹压海疆要地。嘉兴协营副将统辖左右二营参将、守备、千总、把总等官14员，兵1450名。除了驻守府城，分防内地各汛外，其沿海设立乍浦、澉浦二汛。乍浦所城，右营守备防守，驻兵153名，快哨船2只；澉浦所城，左右两营分拨把总轮防，驻兵100名，快哨船1只。于天妃宫口和西山嘴口各建1座炮台，每座炮台驻兵30名。乍浦水师营参将统辖守备、千总、把总、外委等官7员，兵500名，战

[①] 沈翼机等编：《浙江通志》卷九七，第4页。
[②] 沈翼机等编：《浙江通志》卷九二，第19页。

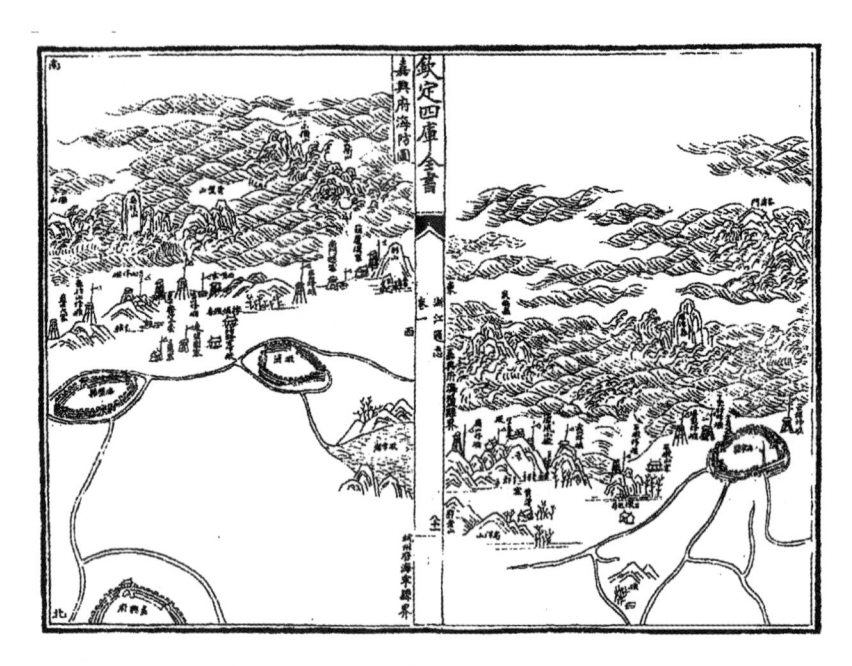

图 3-1 《宁波府海防图》书影（一）

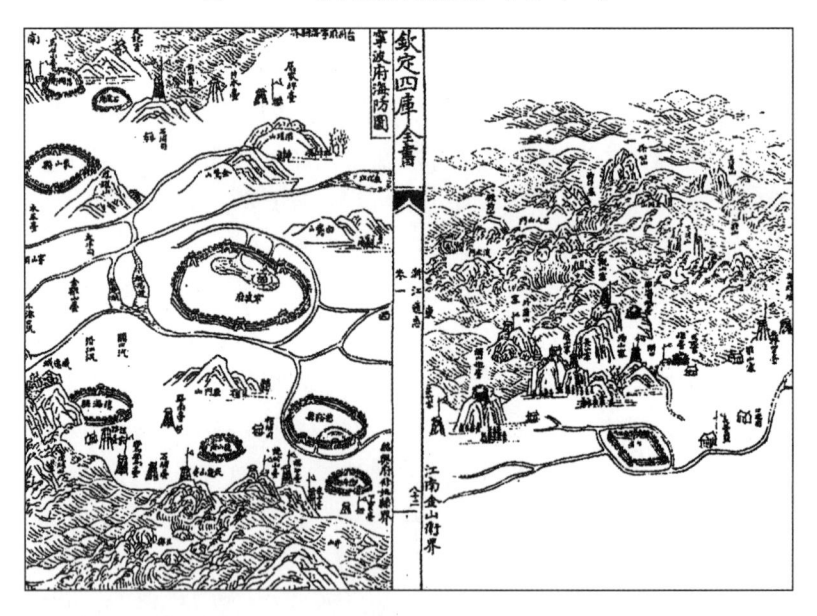

图 3-2 《宁波府海防图》书影（二）

图片来源：沈翼机、傅王露等纂《浙江通志》，《文渊阁四库全书》第 519 册，台湾商务印书馆 1986 年版，第 81b—82a 页。

船10只（内水艍船2只，南缯船4只，哨船4只）。按期酌配官兵，编定专汛，更番出洋巡哨。乍浦海汛，由游击、守备、千总、把总4员，配兵驾船4只轮巡，两月一换，所辖外洋水域与定海镇、镇海营、江南水师营相邻接，共有七座岛屿：大羊山（今名大洋山）、小羊山（今名小洋山）、滩山、浒山、黄盘山（今名王盘山）、中四屿山、筊杯山①。乍浦满洲水师营副都统，统辖协领、佐领、防御、骁骑校等官42员，满洲、蒙古拔什库旗兵1600名，绿旗水手兵400名，战船22只（内大赶缯船9只，小赶缯船9只，南缯船4只），主要防守乍浦各海口以及莱荠山等内洋，兼管西山嘴炮台②。

杭州府，枕江负海，江口两山夹峙，南曰龛山，北曰赭山，旁有小山，曰鳖子山，谓之海门。钱塘江水流自府西而南，东接海宁县界，出海门流入大海，故鳖子山成为省会的门户。而海宁县南临大海，石墩、凤凰、黄湾等山，皆是海防重地。清代前期，杭州附近驻守有杭州协城守营和钱塘内河水师二营，城守营副将统辖千总、把总和外委等官13员，兵857名，除分防内地各汛外，兼防海宁县汛地；水师营守备统辖千总、把总等官11员，兵656名，除分防内地各汛外，兼防鳖子门河庄山汛。此汛由千总、把总轮防，驻兵81名，领哨船4只，巡防钱塘江入海口水域。海宁县汛地由千总、把总轮流驻防，兵88名，辖炮台18座：潘家坝、华家弄、将军殿、关帝殿、马牧港、牛皮墩、秧田庙、庙前台、五里亭、十里亭、二十里亭、范家堰、周家墩、石墩、小尖山、大尖山、谈山岭和凤凰山等。③

绍兴府北为杭州湾，是时，余姚县归绍兴府管辖。因此，自三江所（距今沥海镇西北30里）至龙山（今慈溪市龙山镇），延袤三百余里，其中宋家溇、临山（今余姚临山镇）、泗门（今余姚泗门镇）、胜山（今慈溪市胜山镇）、古窑（今慈溪市掌起镇北端）、松浦均为明清当时海防的要冲。清代前期，加强了定海的防守力量，杭州湾事实上已经成为堂奥，但是，清廷仍在绍兴滨海地区设立5个陆汛，配置兵力，加强防守。三江

---

① 沈翼机、傅玉露等纂：《浙江通志》卷九七，第8—10页。
② 同上书，第10页。
③ 由于资料比较详细，我们可以全部胪列沿海陆汛名称、兵力配置、所辖炮台和地面四至情况。但是，由于主题所限，以下涉及陆汛情况，为了节约文字，仅举汛地名称。参见沈翼机、傅玉露等纂：《浙江通志》卷九七，第3页。

图 3-3 《杭州府海防图》书影

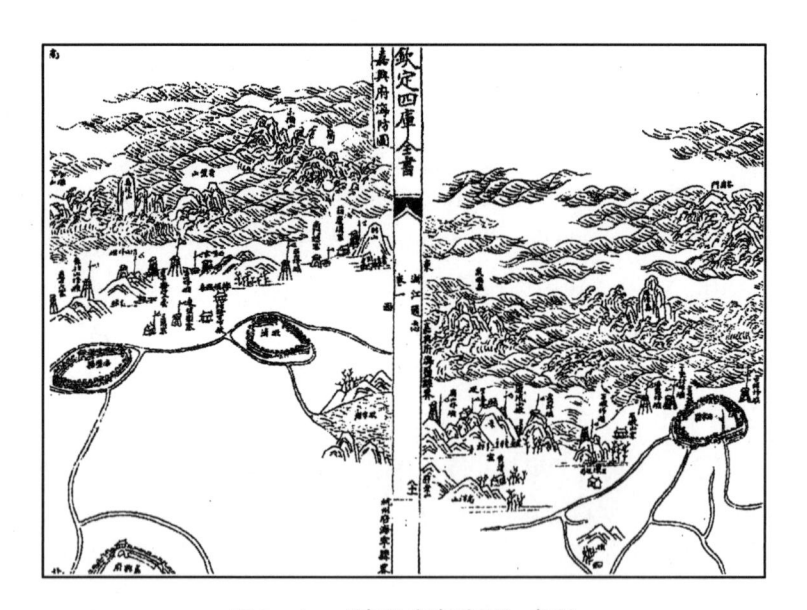

图 3-4 《嘉兴府海防图》书影

图片来源：沈翼机等纂《浙江通志》，《文渊阁四库全书》第519册，台湾商务印书馆1986年版，第125a—125b页。

所汛，由绍兴协城守营左营千总、把总轮防，驻兵 50 名，辖炮台 5 座、口次 1 个：即龟山台、党山台、蒙池台、宣港台、桑盆台和称浦口次。沥海所（今上虞区沥海镇）汛，也由左营千总、把总轮防，驻兵 94 名，辖炮台 2 座、口次 1 个，即北门台、踏浦台和西汇嘴口次。夏盖山汛（今上虞市盖北镇附近），由城守营右营千总、把总轮防，驻兵 29 名，夏炮台 2 座，即荷花台和顾家台。临山卫汛，由左营中军守备驻防，兵 144 名，夏炮台 2 个，口次 1 个，即谢家台、方家台和黄家路口次。周巷汛（今慈溪市周巷镇），由右营千总把总轮防，驻兵 99 名，辖炮台 5 座：胜山台、道唐台、垫桥台、崔家台、赵家台。观海卫（今慈溪市观海卫镇），右营千总、把总轮防，驻兵 119 名，辖炮台 7 座：曲塘台、东山台、下宝台、称浦台、旗山台、古窑台和松浦台①。由于与海宁相对，其间不仅水域狭窄，而且没有近岸岛屿，因此不设水师。

杭州东南则有绍兴协、宁波提督及城守营，并接连镇海等汛地；东北则有凤凰山炮台，再往东北则有嘉兴协、海盐、澉浦等汛地，乍浦又设有八旗水师。此外，又有定海镇官兵巡逻外洋，扼要犄角拥护。鉴于这种情况，杭州府、绍兴府之近海，即钱塘江门户不设水师巡哨。②

宁波府，地处中国海岸线中段，位于长江三角洲南翼。东有舟山群岛为天然屏障，北濒杭州湾，西接绍兴府的应余姚、上虞、新昌，南与台州的三门、天台相连。宁波与海洋息息相关，地名即取自"海定则波宁"，简称"甬"。浙江提督驻札宁波府，弹压海疆，节制全省水陆官兵，设总镇于定海，兼辖象山协、昌石、镇海三营，巡防海汛要地。提督统辖标下中、左、右、前、后五营参将、游击、守备、千总、把总等官 40 员，兵 4235 名。除驻防府城外，其沿海仍设穿山、扩瞿、大嵩所、瞻崎、盐场、足头、湖头渡、应家棚等 8 处陆汛③。

---

① 沈翼机等纂：《浙江通志》卷九八，第 7—9 页。
② 按语：临山卫曾经设周家路一台。于康熙五十六年奉旨裁撤。雍正十三年，因松江发生盗网伤人案件。事后，李卫以会勘洋汛等事，题请增水师一汛。驻官兵 54 名，战船 2 只。但文献很少记载其活动。（乾隆《绍兴府志》卷二三，《中国地方志集成》，浙江府县志辑，第 39 辑，江苏古籍出版社、上海书店、巴蜀书社 1993 年影印本，第 553 页）
③ 沈翼机等纂：《浙江通志》卷九七，第 28—31 页。

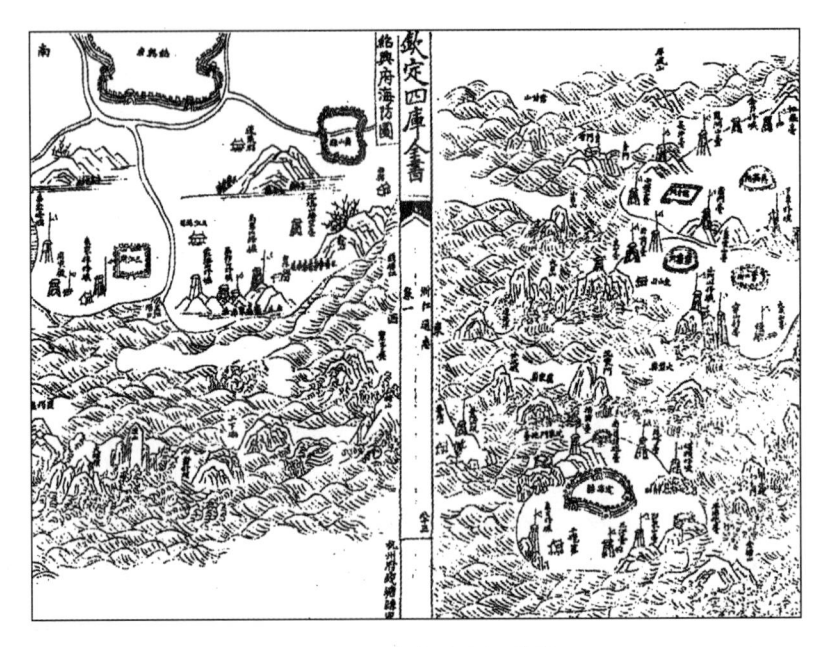

图 3-5 《绍兴府海防图》书影（一）

图片来源：沈翼机等纂《浙江通志》，《文渊阁四库全书》第 519 册，台湾商务印书馆 1986 年版，第 126b 页。

镇海水师营，驻扎镇海县城，参将统辖守备、千总、把总、外委等官 14 员，兵 1155 名，除内守县城外，其余分防沿海陆汛和海汛。陆汛，计有镇海关口、招宝山（下辖沿江汛、滚江汛、清水浦和三官台）、笠山（下辖小港口次、竹山台、张师山台、打鼓山台、路石山台、东港契汛、石门汛、慕孝陈汛、大跳嘴和青屿汛）和龙山（下辖汪家路台、鹭鸶台、路南台、蟹浦台、青溪山台、石塘台、伏龙山台、施公山台、金家岙汛、丘家洋汛、宣家堰汛、松浦汛、息桥汛、坂底塘汛）等①。所辖内外洋汛 11 处（内洋 9 处，外洋 2 处），分防官兵与汛地名称如表 3-3。

---

① 沈翼机等纂：《浙江通志》卷九七，第 44—46 页。

表 3-3　　　　　　　　镇海水师营所辖内外洋汛地一览

分防官兵和装备	内洋	外洋
督巡参将、守备1员，专巡千总、把总1员，随巡千总、把总、外委等官4员，俱二月一换，领哨船8只（内水䑸船1只，赶缯船1只，各配兵80名，快哨船2只，各配兵40名，哨船4只，各配兵30名）	镇海港（在县城南，自蛟门海洋分派为支江，向西沲流，谓之大浃港）、蛟门山（在县东去岸约15里，环锁海口，吐纳潮汐，又名嘉门山，出此即大洋。东面是定海镇右营洋汛）、虎蹲山（在县东5里海中，登岸即小港口次）、捣杵山（北系定海镇右营港汛）、金塘山（山东南北俱系定海镇右营洋汛）、太平山（山之东北系定海镇右营洋汛）、表牾山（东北系定海镇右营汛）、后海山（在县东南65里）	东霍山（东北是定海镇右营洋汛西霍山，北系乍浦营洋汛）、七姊妹山（山北系乍浦营洋汛）

资料来源：沈翼机等纂：《浙江通志》卷九七，《文渊阁四库全书》第519册，台湾商务印书馆1986年版，第46页；民国《镇海县志》卷九，见《中国地方志集成》，浙江府县志辑第34辑，江苏古籍出版社、上海书店、巴蜀书社1993年影印本，第290—291页；雍正《宁波府志》卷一五，见《中国地方志集成》，浙江府县志辑第31辑，江苏古籍出版社、上海书社、巴蜀书社1993年影印本，第583—584页。

在象山县沿海担负海防任务的是象山城守营和昌石水师营。象山城守营[①]，驻扎象山县城，副将统辖参将、守备、千总、把总、外委等官25员，兵1262名，除内守县城外，其余分防沿海钱仓寨、爵溪城、关头、四洲头、西周、海口、湖头、朱溪等8个汛地[②]。

昌石水师营，雍正八年改设，参将、游击统辖千总、把总、外委等官5员，兵565名，战船6只，驻防昌国卫、石浦所，分巡沿海陆汛、海汛。昌国卫陆汛，由守备负责防守，把总随防，辖炮台6座：乌石山台、田下岭台、王家溇台、松岙台、灵岙台、小太平台。石浦所陆汛，由千总防守，辖炮台4座：竹山台、前山台、厉家坪台、井水台。

---

① 顺治三年（1646）设，初隶黄岩镇，雍正七年（1729）十月，改隶定海镇。
② 沈翼机等纂：《浙江通志》卷九七，第40—42页。

表 3-4　　石浦水师营所辖石浦汛内外洋汛地一览

汛名	专汛官	战船	汛地
石浦汛	外委、千总、把总巡防	双蓬䑸船 2 只（各配兵 50 名）	内洋：石浦港、铜钱礁（又礁大铜钱，位于石浦港中）、铜瓦门（东门岛）、獭鳗嘴山（宁台分界，北至淡水门，南接黄标洋汛）、牛栏基（半招列岛之主岛之一，山顶设瞭台一座，南至秤锤山，属黄标洋汛）、金沙滩、淡水门（东为铜头岛嘴，南为铜板礁）、外淡水门、鹁鸪觜（淡水门南，铜板礁西）、锁门（锁门山南为半边山，山北为横长山）、鸡鸣涂、鸡鸣礁（今名鸡娘礁）、里旦门（即旦门山岛）、锁门北
淡水门汛	千总、把总巡防		内洋：中擎山（东至外旦门）、外旦门、屏峰山（今名屏凤山，旦门、中擎之南）、桃仁桃核山（南至中擎，北至珠山）、岳头港、锯门、珠山（西为龙洞口）、龙洞口（里旦门北）、大目山（外旦门北，东为韭山）、大目洋、小目山、虾箳门（东近青门，南近牛栀）、筊杯礁、棉花礁、牛门（西距象山县十里北近牛栀山）、牛扼山（西距爵溪所十五里）、青门宫（今名青门山，位于虾箳门东，位于大彦洞岛西，山南属本营辖，山北属定标中营辖）、鞍子头（在青门宫东面）
外洋汛	守备、千总轮巡，两月一换	赶缯船 2 只（各配兵 60 名）快哨船 2 只（各配兵 30 名）	外洋：三岳山（又名三仙岛，由一岳、二岳、三岳、门头礁、中岳礁、鸡冠礁组成）、将军帽山（南韭山列岛最南端的岛屿）、南韭山（即韭山列岛主岛）、九龙港、八亩礁（今名百亩田礁）

资料来源：沈翼机等纂：《浙江通志》卷九七，《文渊阁四库全书》第 519 册，台湾商务印书馆 1986 年版，第 42—43 页。

对照古今地图仔细观察，上述资料中显然遗漏了南田岛及其附属小岛（高塘岛、花岙岛、南山、对面山和檀头岛）划分情况。南田岛位于宁波、台州两府连界地方，自明初开始成为禁山。该岛四面环海，惟北面与象山县石浦地方仅隔水程十余里，是以该处陆路向归宁波之象山县管辖，水路向归台州之宁海县管辖。根据地方志记载，该岛本有居民、房屋，因海寇屡至抢掠，明洪武年间遂徙其民而墟其地，一直到清光绪年间仍实行封禁政策，只准春、冬二汛渔民在于各山岙搭盖棚厂，晾网晒鱼。事毕，即行驱逐、拆毁。"每年照例委员，季巡岁哨，以防藏匿。此历来办理之章程也。"① 1750 年，御史欧阳正焕到福建出差，了解到当地人稠田少情形，认为该岛周围百有余里，平地山坳可以耕种田地不下十万余亩，为此奏请解除禁令，允许民间开垦南田等岛屿。闽浙总督喀尔吉善奉旨讨论，他认为南田等岛屿"内有三十余墺，外有平沙，总名南田"。但开垦价值似乎不大，"宜禁而不宜开"。这一奏折到达北京后，乾隆皇帝谕令军机大臣讨论。军机大臣经过议论，否定了欧阳正焕的主张。他们说："查该御史虽似有所见，而实未身履其地。方今生齿日繁，地无遗利，况南田近在内洋，与海疆无关，自可听民开垦。然自明初封禁，至今已阅四百余年。即前督臣李卫奏请开垦玉环、舟山二处，而此独未经讲求者，亦必确有不便之处。今喀尔吉善等既称细察形势，不应开垦。臣等愚见，似毋庸再行查办。"② 由这一资料我们得到的答案是，南田岛及其附属小岛距离象山海岸十余里，在军事上被划入内洋，但属于禁山。

通过以上考察，我们不仅看到了嘉兴府和宁波府沿海驻军关于陆地分汛的细密分工情况，而且看到了水师官兵洋汛地点相互紧密衔接的精心设计，对照古今地图，可以看到，靠近海岸的岛屿和洋面均划入内洋，而杭州湾的盘山列岛（包括王盘山、上盘山、下盘山和劈开山）、七姊八妹列岛，东海中的韭山列岛、半招列岛，均划入外洋。从中不难发现，当时划分内洋与外洋的思想准则是，凡是靠近海岸的岛屿和洋面均划为内洋，凡是远离海岸的岛屿和洋面均划入外洋。

四 台州府的内洋与外洋及其划分准则

台州府，位于浙江中部沿海，北靠绍兴府和宁波府，南与温州府毗邻。三面阻山，一面滨海，南自温州蒲岐，北抵宁波昌国，海岸长达

---

① 《闽浙总督庆保浙江巡抚帅承瀛奏为浙省南田地方历久封禁大略情形拟委员前往确勘事》，道光二年四月二十七日，中国第一历史档案馆藏朱批奏折，档号：04—01—22—0044—038。

② 《清高宗实录》卷四一二，乾隆十七年四月丙午，中华书局1985 年影印，第 14 册，第 396 页。

500余里,四塞孤悬,七港错列。近海有12个岛群691个岛屿,主要有台州列岛和东矶列岛。沿海驻军与分防汛地如下。

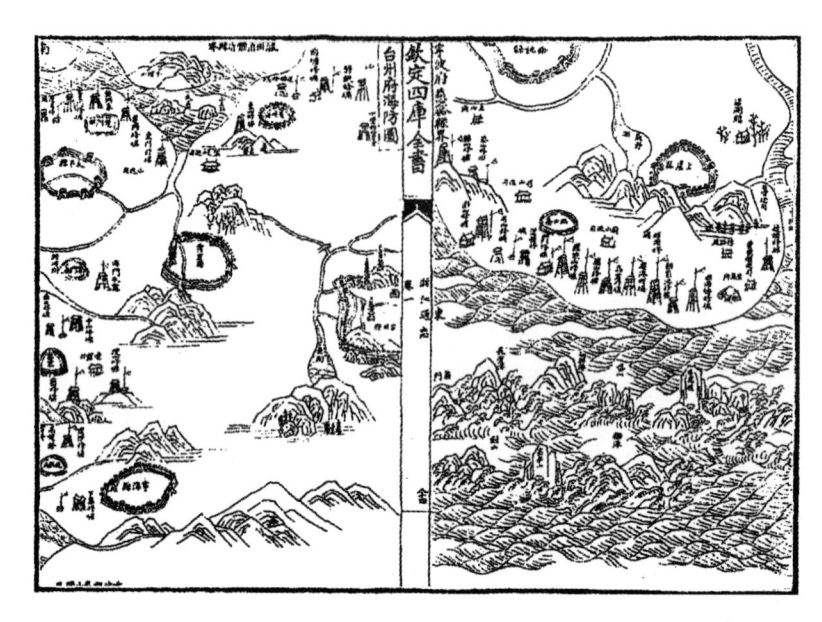

图3-6 《台州府海防图》书影

图片来源:沈翼机等纂:《浙江通志》,文渊阁四库全书本,第127b页。

黄岩镇①,驻札黄岩县城,兼辖台州协、宁海、太平二营。总兵官统辖标下中、左、右三营游击、守备、千总、把总、外委等官42员,兵2575名,战哨船25只(其中水艍船3只,大犁缯船4只,中犁缯船1只,赶缯船1只,双篷艍船3只,双篷罟船10只,八桨哨船3只)分防海门卫陆汛(下辖炮台6座:牛头颈台、家子汛台、棚浦汛炮台、山山台、烽堠台和界牌头台),并按期酌配官兵驾船,更番出洋巡哨②。由于兼辖的宁海营也负有部分巡洋任务,现将宁海营与黄岩镇三营洋面分汛情况表整理如表3-5。

---

① 顺治十一年(1654),调定海镇驻黄岩;十四年(1657),改为宁绍台镇,驻府城;康熙二年(1663),移右路水师镇驻黄岩;八年(1669),改设黄岩协,移宁绍台镇,驻宁海;九年(1670)裁宁海镇,改黄岩协为宁台总镇;十五年(1676),改为水师提督;十九年(1680),复为宁台镇。寻,复改黄岩镇。

② 沈翼机等纂:《浙江通志》卷九八,第19页。

表 3-5　　黄岩镇与宁海营分防洋汛一览

	内洋岛礁名称	外洋岛礁名称
宁海营	健跳海汛①，辖洋面 21 处：靖寇门（南属黄标左营汛）、狗头门、茶盘洋、五屿门、满山、宁台屿、三门、罗汉堂、玉夷、长山门、九龙港、石浦所（北属定标中营汛）、林门、南田山、大佛头、罗源、珠门（南属黄标左营汛）、急水门、花岙、青门、迷江山	
左 营	内洋牛头门汛：辖洋面 5：牛头门（位于浦坝港出海口北面，白岱门北，是三门湾的岬角）、白岱门（又称白带门，东南为米筛门）、米筛门（南为圣堂门）、圣堂门（南属本标中营汛）、靖寇门（北属宁海营健跳汛）②	外洋汛：辖洋面 5：鹅冠山（位于东矶列岛北端，今小鹅冠岛）、雀儿岙（今雀儿岙岛，东矶列岛之一）、东屿、西屿、大渔山（今渔山列岛）
中 营	内洋主山汛：辖洋面 7：主山（在麂青山东山顶设炮台一座）、黄礁门（西至深门）、深门（东北为三山）、三山（今名三山头，西北至海门口，东北距老鼠屿）、老鼠屿（东为川礁娘娘宫）、川礁娘娘宫（东北为麂青山）、纪青山（东即主山）	外洋汛：辖洋面 4：大陈山（即台州列岛，包括上大陈岛、下大陈岛、蛇山岛等，中营与左营分界）、凤尾山（位于下大陈岛）、东箕山、西箕山
右 营	内洋鲎壳岙汛：辖洋面 7：鲎殻岙（山顶设炮台一座）、沙镬门（位于南北沙镬之间，西南至龙王堂）、龙王堂、鸡脐山（东南为杨柳坑）、杨柳坑（东至石塘山）、石塘山（山顶设炮台 1 座安兵 7 名，包括附近的一蒜岛、二蒜岛和三蒜岛）、椰机山（北属本标中营汛）	外洋汛：辖洋面 3：钓棚（今内外钓浜岛）、蟥洋、洞正山（今称洞精岛，西南属与温州镇标玉环营分界）

资料来源：沈翼机等纂《浙江通志》卷九八，《文渊阁四库全书》第 519 册，台湾商务印书馆 1986 年版，第 19—21 页、26—27 页；比较详细的岛屿和洋面划分情况，载于光绪《黄岩县志》卷一二附录《文房备览》，见《中国地方志集成》，浙江府县志辑第 51 辑，江苏古籍出版社、上海书店、巴蜀书社 1993 年影印本，第 228—229 页；民国《临海县志》卷九，见《中国地方志集成》，浙江府县志辑第 46 辑，江苏古籍出版社、上海书店、巴蜀书社 1993 年影印本，第 197 页。

---

① 驻扎健跳，距县城 150 余里，左营守备驻防，领把总 1 员，兵 250 名，战哨船 6 只，内水艍船 2 只，系黄岩镇标拨入；八桨哨船 4 只，系定海镇标拨入，汛期酌配兵船出洋巡哨。

② 据该县《文房备览》记载：左营洋汛：曰圣堂门，中、左二营分界，设立界牌一座，南、中营汛，北、左营汛；曰桃渚门，曰桃渚嘴，曰双屿，曰米筛门，曰箬兰头，曰椰机塔，曰羊角礁，曰叠砖山，曰长览头，曰白岱门，曰竹山宫，曰乌礁，俱平夷；曰牛头门，险要；曰两爿礁，险要；曰牛头宫，曰肩头山，曰平礁，俱平夷；曰牛桩、曰牛腿，俱险要；曰蒋花湾，曰鱼西，俱平夷；曰北沙，险要；曰南泽，曰北泽，曰鸡笼山，俱平夷；曰墩帮，平夷，与宁海健跳汛分界，设立界牌一座，南属本标左营，北属健跳汛。以上内洋，俱临海县管辖。（光绪《黄岩县志》卷一二附录《文房备览》，见《中国地方志集成》，浙江府县志辑第 51 辑，江苏古籍出版社、上海书店、巴蜀书社 1993 年影印本，第 228 页）

宁海营驻扎宁海县城，参将统辖左、右二营守备、千总、把总、外委等官 20 员，兵 1173 名，除内守县城外，其余分防沿海之石桥汛、西廓汛、大横渡汛、窦岙汛、海游寨汛、曼澳汛、东岙汛、牛腿汛、东山汛、越溪寨汛、柘浦汛、胡陈汛、大胡汛、溪下应汛、上下浦汛、缸窑汛、海口汛、西垫汛等陆汛①，此外还承担健跳洋汛（见表 19 第 4 栏）。

台州协城守营，副将统辖中、左、右三营参将、守备、千总、把总、外委等官 36 员，兵 2073 名，除驻札府城（清朝台州府治在今临海县城，1913 年废），内守县城外，其余分防沿海之赤坎汛、涇浦汛、关头寨汛、桃渚寨汛、垦埠汛、梅岙汛、泗淋汛、小雄寨汛、小圆山炮台、吴都汛、三石汛和前所寨等陆汛②。

太平营驻札县城（清代名太平县，1914 年改为温岭县），参将统辖守备千把等官 6 员，兵 775 名，除内守县城之外，其余分防沿海之松门卫汛、隘顽寨汛、江下汛、金清汛等陆汛。③

从台州府沿海驻军划分洋面、汛地情况来看，渔山列岛、东矶列岛、台州列岛均划为外洋，其余岛屿由于靠近大陆海岸均划入内洋。这再一次证明，清代前期划分内洋、外洋有一个准则，凡是靠近海岸的岛礁和洋面，均划入内洋，凡是远离海岸的岛礁和洋面，均划为外洋。

五 温州府的内洋与外洋及其划分准则

温州府，位于浙江省东南部，瓯江下游南岸，因此简称为"瓯"。其地"虽隆冬恒燠"。意思是温州地处温峤岭以南，冬无严寒，夏无酷暑，气候温润，因此称为温州。温州总镇驻札温州府城，兼辖平阳、瑞

---

① 沈翼机等纂：《浙江通志》卷九八，第 24—26 页；光绪《宁海县志》卷六，《中国地方志集成》，浙江府县志辑第 37 辑，江苏古籍出版社、上海书店、巴蜀书社 1993 年影印本，第 143 页。

② 沈翼机等纂：《浙江通志》卷九八，第 21—23 页。

③ 沈翼机等纂：《浙江通志》卷九八，第 27—28 页；参考嘉庆《太平县志》卷七，《中国地方志集成》，浙江府县志辑第 50 辑，江苏古籍出版社、上海书店、巴蜀书社 1993 年影印本，第 132—133 页。

安、乐清、大荆、磐石、玉环各协营[1]，巡防海疆要地。

玉环岛地理位置比较特殊，与舟山群岛一样，属于海防的重地。在此我们首先探讨玉环岛周围的内洋与外洋划分情况。玉环岛位于台州半岛之南，是清初迁界禁海的重点区域之一，当年居民被强迫迁移之后，该地长期处于荒芜状态。附近农民、渔民潜入其中私垦私捕，屡禁而不止。在民间一再强烈呼吁之下，闽浙总督李卫于1726年（雍正四年）奏请复垦，并设立厅治加以管理。他首先指出玉环山不仅具有重要农业开垦价值，而且具有军事价值。

> 臣等细查玉环山虽孤悬海面，然由彼而至内地，各有港口。西则由乌洋进蒲岐所，可至乐清县地方。西北则由乌洋直过黄花关进磐石口，可至温州府郡城。惟西北则由楚门横渡，水面仅里许，即登岸逾岭，直至太平县地方。其东南有黄、坎二门。出此则为外洋矣。此山周围约计七百余里，其中有杨岙、正岙、姚岙、三峡、潭渔岙、塘洋墩等处，皆宽平如砥，约田三万余亩。乃现在成田，即可耕种者。若聚族开垦，尚可广充五六万亩，总计垦田约可得十万余亩。而土性肥饶，又各岙口有潮水浸灌成滩者，尚可煎盐。且此地外临大海，内近温、台、太平等处，实为海疆诸郡屏障往来之要区。况有山可以瞭远，海盗不能掩其形。有口可以防查，洋匪难以潜其迹。查各处水师，闻有洋盗而不能即至救护者，多缘海潮退时，船不能出。待至潮涨，贼已远扬。总由内地口岸遥远，贼艘风帆迅速，追获维艰。职此故耳。若设兵此山，只由黄、坎二门出哨追贼，则无远莫能及之虑矣。此玉环山之外内情形也。[2]

针对当时可能发生的各种流弊，李卫认为通过采取相应的行政措施，可以预防。"从前督抚诸臣非不见及于此，而究未议作何保安者，一则恐外来认垦之徒，奸良莫辨；一则恐垦熟之日，私米下海；一则恐

---

[1] 原管处、金、衢三协，康熙四十九年（1710）八月设处州镇，处金衢三协改归处州镇管辖。玉环营系雍正六年（1728）新设。

[2]《浙江巡抚李卫浙洋玉环山官兵疏》，雍正四年十一月二十日，《世宗宪皇帝朱批谕旨》卷一七四之二，第54—55页。

添设官员，所费不赀故也。今臣等愚见，现在浙省生齿日繁，有人多地少之势，莫若以本省近地之民，或有家室而愿往者，或虽无家室，而有亲族确保者，皆由该地方官召募，取结给照，方准往垦。到彼仍严行保甲，连环编牌，稽查窝隐。其他闽广无籍之人概不收录，则奸良不难分晰矣。至其所收米谷，若虑出洋私卖，亦有变通之法，赋税不徵条银，止令输纳租米。所余除留为食用外，俱令由口岸汛地禀明给照，止许往温郡、乐清、太平地方运卖。并将黄、坎二门隘口，设汛严防，颗粒不许入海，则私卖之弊可除矣。"①

最后，李卫特别指出，通过"就近酌量抽拨"官兵等手段，可以实现不增兵、不添饷，达到"所需俸饷无甚增设"的效果。"至于添设文武经费之处，臣等亦为熟筹。查，玉环山实海口门户，此处一设官兵，则内地亦可以资藩篱。其不甚冲要处所，原额官兵不妨稍减，就近酌量抽拨。即有不足，添亦无须过多。文职须拨同知一员，管理词讼，征比粮租，给散兵米。省出内地米价，亦可添饷。再设巡检一员，以听巡查差遣。武职则调游击一员，守备水、陆各一员，千总四员，把总八员，兵丁八百名。内将一半分防玉环山陆路隘口，其余一半分汛水师，巡哨洋面。除出哨大船于温、黄二镇量为移拨外，其哨船惟择灵便式样，毋徒阔大耗费。所需俸饷，无甚增设。再于山口开浚船路，便于出入。至其官署营房，查取临近深山树木，可以备用。惟工匠、人夫饭食、哨船等项，俟果定添设之议，确估所需若干，或于关税赢余银两内动支应用，谅不致有縻费之处。此虽设官添兵，不过调遣料理，稍费人力。原非大为更张矣。"②

1728年，玉环厅设立，隶属于温州府，其海防则由新设的玉环营担任。玉环半岛周围岛屿众多，其中钓艚峹最为险要（钓艚东即鹰捕峹）。北车首头与东北木杓山斜对，中为栈头港，东通灵门港，外列虎叉、鸡冠、羊屿诸山，东南至鹿门。外洋虎叉，以东为披山，外洋以北为白马嘴，嘴东有沙角、镫台、茅草诸山。西有花岩浦，西北接后峧汛。进此曰漩门，两山钤束，一水中流，航路最险。其西为分水山，北

---

① 《浙江巡抚李卫浙洋玉环山官兵疏》，雍正四年十一月二十日，《世宗宪皇帝朱批谕旨》卷一七四之二，第55—56页。
② 同上书，第56—57页。

为苔山。分水以东为楚门港，以南为乌洋港，西接浦岐港。又南为西青屿、乌岩，北为大青（今名大青山）、小青，迤西为茅岘岛。又西茅坦山。其南大乌、小乌，又南为莲屿，西南为大门、小门。迤东南为黄大岙，中有重山。黄大岙之西，重山之北，中曰天门。又东南为状元岙，为三盘山。东北为鹿栖山，西北至大岩头。又北接梁湾汛，东南即黄门（今名黄门山，附近又有内黄门山）。黄门东为南排山、北教场隩、里隩。

1728年，设立玉环营，参将统辖左右两营守备、千总、把总、外委等官19员，兵896名，战哨船16只。左营负责陆汛要地，配备八桨船4只，右营巡防海汛，配备战船8只，快哨船4只。玉环营设立之后，黄岩镇右营负责巡逻的一部分洋面也自然转交玉环营承担。"黄标右营巡防之女儿洞、干江（位于干江镇附近）、冲担屿（位于干江镇附近海域）、沙头（今名下栈台）、长屿（今名鸡山岛）、洋屿（今名羊屿）及外洋之披山（附近有小披山、上浪铛山）、大鹿、小鹿、前山（今名上前山和下前山）等洋汛俱应就近归玉环营管辖，以沙头、长屿、洋屿东北洋面为黄镇右营汛地，西南洋面为玉环营汛地；其外洋则以洞正（今名大小洞精岛）属之黄标，披山属之玉环为界。"①

表3-6　　　　　玉环右营分防洋汛岛礁和炮台一览

汛名	分防官员兵	管辖炮台和洋面
坎门汛	千总、把总专防，兵65名，战船1只，两个月一换	辖炮台7处：坎门、大岩头、梁湾、乌洋港、大乌山、小乌山、方家屿
长屿汛	外委、千总、把总专防，兵34名，战船1只	辖内外洋面9处。内洋：车首头、分水山、女儿洞、干江、冲担屿、沙头、羊屿；外洋：大鹿（包括大鹿、小鹿、上前山、下前山）、披山（大披山、小披山、上浪铛岛）
乌洋汛	外委、千总、把总轮巡，两个月一换，哨船一只	内洋：乌洋
梁湾汛	外委、千总、把总轮巡，两个月一换，哨船一只	内洋：梁湾

---

① 沈翼机等纂：《浙江通志》卷八，第50—51页。

续表

汛名	分防官员兵	管辖炮台和洋面
黄门汛	外委、千总、把总轮巡,两个月一换,哨船一只	内洋:黄门
沙头汛	外委、千总、把总轮巡,两个月一换,哨船一只	外洋:沙头

资料来源:沈翼机等纂《浙江通志》卷九八,《文渊阁四库全书》第519册,台湾商务印书馆1986年版,第47—48页。光绪《玉环厅志》卷八所载洋汛与雍正《浙江通志》略有不同,大汛为坎门汛和长屿汛,小汛有大岩头、梁湾汛、黄门汛、乌洋汛、大青山、小青山、茅岘山、方江屿、小门山、车首头、分水山、横址山、女儿洞和干江等。详见《中国地方志集成》,浙江府县志辑第46辑,江苏古籍出版社、上海书店、巴蜀书社,1993年影印本,第83—839页。

玉环左营,参将、守备驻守杨岙寨城,负责陆汛,驻兵98名,配备八桨船4只,于汛期巡逻内港,二月一换。玉环营左营分防的沿海陆汛有后岙、楚门和大城岙三汛。①

上述玉环营的内外洋划分现状,一直维持到嘉庆时期,才有人针对不合理现象提出异议。1807年10月10日,闽浙总督阿林保、浙江巡抚清安泰奏请加以调整。"奴才清安泰因巡察口岸,抽查保甲,亲诣温台一带,往返数次,查得东臼等六山距温州府属乐清县城计水程一百七十里,距温州镇标中营衙门计水程二百四十里。该文武官于平时稽察种地居民及春末夏初约束闽省钓鱼船只实均有鞭长莫及之势。"而玉环厅同知和参将驻扎城垣,距离东臼等山,不过六十余里,且与该厅所管辖的黄门、坎门相连。两相比较,玉环厅管理这些岛屿更为便利。他分析说,之所以出现这种舍近就远的现象,是因为"划界定制在未设玉环厅以前。"经过与闽浙总督阿林保、布政使崇禄、按察使朱理等共同商议,一致认为应当将温州所属外洋的东臼、口筐、札不断、鲳鱼澳、山坪、鹿西等相互连接的6座小岛划归玉环厅管辖②。

---

① 沈翼机等纂:《浙江通志》卷九八,第46—47页。
② 《闽浙总督阿林保浙江巡抚清安泰奏请将温州府属外洋山岛改隶玉环厅版图其洋面改归玉环营管辖事》,嘉庆十二年九月初十日,中国第一历史档案馆藏朱批奏折,档号:04—01—01—0503—044。

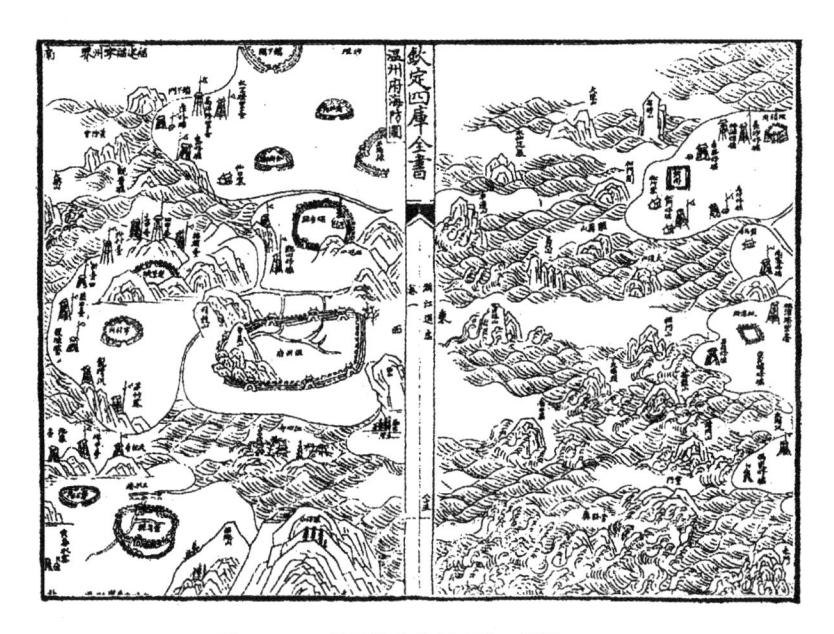

第三章　清代前期浙江划分内洋与外洋的准则和界线　231

图 3-7　《温州府海防图》书影（一）

图 3-8　《温州府海防图》书影（二）

图片来源：沈翼机等纂《浙江通志》，《文渊阁四库全书》第519册，台湾商务印书馆1986年版，第127b—128a页。

我们通过以上资料可以看出，玉环岛以西的所有岛屿，以南的横址山、黄门岛、南排山，以东的冲担屿、羊屿、沙头、鸡山岛、茅草山均划入内洋，惟有大、小鹿、上、下前山、大、小披山、上浪铛岛、回头斋以及大、小洞精岛划入外洋。黄岩镇右营与玉环营分防的海域界线在大、小洞精岛与大、小披山之间。玉环岛划分内外洋的准则，与前述舟山群岛的情况完全一致，凡是县治、厅治所在岛屿周围的大小岛礁和洋面，均划入内洋；凡是远离县治、厅治所在岛屿的岛礁和洋面，均划入外洋。

温州镇驻扎府城，统辖标下中、左、右三营游击、守备、千把、外委等官42员，兵2528名，战哨船22只①，战兵主要分防海汛，按期驾船，更番出洋巡哨，守兵则分防千石汛、状元桥汛、宁村寨城、宁村寨汛、梅头汛和蒋岭等陆汛。② 兼辖平阳、瑞安、乐清、大荆、磐石、玉环各营。

平阳营，驻扎平阳县城，副将统辖都守千把外委等官25员，兵1177名，除内守县城外，其余分防沿海之江口汛、宋埠汛、墨城汛、南岸汛、蒲壮寨和城镇下关等陆汛。③

瑞安营，驻扎瑞安县城，副将统辖左、右两营都司佥书千把外委等官17员，兵932名，战船9只，除内守县城外，余巡防水陆汛地。陆汛有二：江岸汛和飞云北岸汛。④

乐清营，驻扎乐清县城，副将统辖都司、佥书、千总、把总等官7员，兵890名，除内守县城外，其余分防沿海之蒲歧汛、大崧汛、清江渡汛、后所汛和南岸汛等。⑤

大荆营，驻扎大荆城，游击统辖守备、千把、外委等官13员，兵671名，分防沿海之大荆城、水涨汛、巽坑汛、横山汛、大芙蓉汛和蔡岙汛等。⑥

---

① 原管船27只，雍正二年（1724）八月，奉文右营题改陆路，瑞安营改为水师右营，分管战船九只拨归瑞安营管驾；雍正六年（1728）五月，奉拨快哨战船四只归中营2只，左营2只。
② 沈翼机等纂：《浙江通志》卷九八，第38—39页。
③ 同上书，第40—41页。
④ 同上书，第41—42页。
⑤ 同上书，第42—44页。
⑥ 同上书，第44—45页。

1724年（雍正二年），闽浙总督满保奏请，改"浙江大荆营参将为游击，瑞安营陆路副将为水师副将，镇海营陆路参将为水师参将，磐石营陆路游击为水师参将，其温州镇右营水师弁兵俱为陆路"①。这样，温州镇直接参与海洋巡哨活动的水师营共有四个：即温州镇中营、左营、磐石营和瑞安营②。当时将温州府所辖洋面自南而北分为4段，交给温州镇中营、左营、瑞安营和磐石营巡防：第一段，自镇下关与福建烽火门海汛接壤起，经北关、官山、金乡、琵琶、南麂，至大四屿与左营海汛交界止，归瑞安营管辖；第二段，南自大四屿与瑞安营海汛接壤起，经凤凰山、铜盘山、南龙山、大瞿山，北至白脑门与中营海汛交界止，归左营管辖③；第三段，南自左营白脑门海汛接壤起，经霓澳、黄大澳、三盘、大门、长沙、鹿西、双排，北至横址与磐石营海汛交界止，归中营管辖④；第四段，南自鹿西横址与中营海汛接壤起，经大岩头、梁湾、黄门、坎门、乌洋、大青山、小青山、茅砚山、方江屿，北至车首头与黄岩镇标洋汛交界止，归磐石营管辖。

磐石营，驻扎磐石寨城，都司统辖千把等官3员，兵297名，分防沿海各陆汛。本营自1670年设立，驻扎寨城，分防天妃台、馆头汛、马山、拨下、印拨、西一铺、木台、西山台、东一铺、木台、洋田台、大桥汛、池岙台、曹田台、黄华关、寨城、歧头台、百华浦汛、地团汛、地团台、翁垟汛、沙头汛、沙头台⑤。于1724年本营改水师，将馆头汛、马山、拨下、印拨、沙头汛、沙头台，裁归乐清营管辖，将温州镇标右营所管海汛自小门起至车首头止，汛内所辖梁湾、大岩头、黄门、坎门、乌洋港、大乌山、小乌山、茅岘山、方家屿等汛，拨归本营巡防。1728年，李卫奏请开禁玉环山，请设玉环水

---

① 《清世宗实录》卷一六，雍正二年二月庚申，见《清实录》第7册，中华书局1985年影印本，第276—277页。
② 沈翼机等纂：《浙江通志》卷九八，第39—40页。
③ 光绪《永嘉县志》卷八，见《中国地方志集成》，浙江府县志辑第60册，江苏古籍出版社、上海书店、巴蜀书社1993年版，第180页。
④ 光绪《永嘉县志》卷八，见《中国地方志集成》，浙江府县志辑第60册，江苏古籍出版社、上海书店、巴蜀书社1993年影印本，第179页。
⑤ 沈翼机等纂：《浙江通志》卷九八，第45页。

师营,将磐石营改为陆路,其磐石营所管各海汛,划归玉环营管辖。本营仍分防天妃台、西一铺、西山台、东一铺、洋田台、大桥汛、池岙台、曹田台、黄华关、岐头台、百华浦、地团汛、地团台、翁垟等陆汛①。

在此需要指出的是,《浙江通志》所记载的温州镇中营、左营和瑞安营分防的洋面并未明确加以区分。而乾隆《温州府志》和光绪《永嘉县志》关于海防的记载正好可以弥补这个缺失。

温州镇中营水师游击带领水战守兵 294 名,战船 4 只,专防三盘口,贴防长沙海汛,俱两个月一换,巡逻内外洋。根据 1724 年(雍正二年)题定,该营战船巡哨洋面有七:即霓澳、黄大澳、三盘、大门、长沙鹿西和双排。霓澳,在温州府东一百余里,又名前山屿,旁有黄石礁,北有北村屿、深门、状元澳、天意澳,中有鸡笼屿,其西南洋面属右营;黄大澳,前面有青苓屿、鸟雀嘴与黄华港等;三盘,在温州府东二百余里,内有鱼东、东廊、西廊等澳,东冲、乾山二门;大门,山嘴西北有沉水礁,门外有豆腐岩、尾澳及龙泉头;长沙,与黄裙山、虎头屿俱属外洋,进入洞头门,即为内洋;鹿西,最为要冲,附近有大小笔架、观音礁、稻杆屿等,俱属外洋;双排,也是外洋岛屿,东为口筐、横址。横址西北洋面,属于玉环营管辖②。

左营水师游击带领水战守兵 246 名,战船 4 只,专防凤凰山,贴防南龙海汛。俱两个月一换,巡哨该营所辖内外洋岛屿。根据 1724 年题定,该营战船巡哨得洋面有五:凤凰山、铜盘山、南龙山、大瞿山和白脑门③。凤凰山,山势高大,如鸟形。其西面为内洋,以东为外洋,其附近有对屿、纱阁屿、五凤楼、卯礁、小丁山、牛头屿和大丁山等;铜盘山,其西为内洋,东为外洋,附近有长腰屿、鸡冠屿等;南龙山,属于外洋,附近有半洋礁、水东礁等;大瞿山,以西为内洋,以东为外

---

① 沈翼机等纂:《浙江通志》卷九八,第 45—46 页。
② 乾隆《温州府志》卷八,见《中国地方志集成》,浙江府县志辑第 58 册,江苏古籍出版社、上海书店、巴蜀书社 1993 年影印本,第 102—103 页。光绪《永嘉县志》卷八,见《中国地方志集成》,浙江府县志辑第 60 册,江苏古籍出版社、上海书店、巴蜀书社 1993 年影印本,第 180 页。
③ 沈翼机等纂:《浙江通志》卷九八,海防四,记载,该营所辖洋面为七:凤凰山、大丁山、小丁山、铜盘、南龙、白脑门和北麂。此处采用乾隆《温州府志》的说法。

洋，附近有小瞿山；白脑门，属内洋，其北与温州镇中营汛地接界。附近有南策山，南策山属外洋，与北策山相望①。

瑞安营海防巡哨由右营守备负责，带领水战兵202名，战船2只，专防北关洋，贴防官山洋。"巡防平阳县属之琵琶、炎亭、官山、金乡、王孙、北关，南至镇下关，与福建烽火门海汛接壤，兼管本县所属南鹿海汛。"② 根据1724年（雍正二年）题定，该营战船巡哨要地有六，即北关、官山、金乡大澳、琵琶、南鹿山和四大屿。北关，小屿在镇下门之东，与福建南关相望，附近有观音礁、草屿；官山在北关北，与老公头相望；金乡大澳，其北岸有石坪礁，东为草鞋礁，东南为菱杯；琵琶，以山形为名，东北为炎亭，西北为平阳江口之洋屿；南鹿山为外洋汛地，北与凤凰山相望，西有竹屿山、马鞍山和百亩礁等；四大屿，在瑞安江口，东北有长屿、大屿、小屿、二屿、三屿，其间若断若通，以至四大屿③。

1728年，磐石营的海防任务移交玉环营负责。玉环营右营守备带领水战守兵186名，战船4只。专防坎门和长屿。长屿汛所辖洋面有九。内洋：车首头（在坎门东北）、分水山、女儿洞、乾江、冲担、沙头（以上五处俱在车首头以北）和洋屿；外洋：大鹿（在坎门之东南外洋，又有小鹿山）、披山（即大披、小披，在坎门外洋，与大陈山相望）。坎门所辖内洋三小汛外洋一小汛。内洋三小汛是指乌洋汛（在大小乌山之前）、梁湾汛和黄门汛；外洋小汛是指沙头汛。

根据以上记载，现将1728年（雍正六年）温州镇中、左二营以及瑞安营、玉环营分防各段内外洋面情况整理如表3-7。

---

① 乾隆《温州府志》卷八，见《中国地方志集成》，浙江府县志辑第58册，江苏古籍出版社、上海书店、巴蜀书社1993年影印本，第102—103页；光绪《永嘉县志》卷八，见《中国地方志集成》，浙江府县志辑第60册，江苏古籍出版社、上海书店、巴蜀书社1993年影印本，第179页。
② 乾隆《瑞安县志》卷六，见《中国地方志集成》，浙江府县志辑第58册，江苏古籍出版社、上海书店、巴蜀书社1993年影印本，第117页。
③ 乾隆《温州府志》卷八，见《中国地方志集成》，浙江府县志辑第58辑，江苏古籍出版社、上海书店、巴蜀书社1993年影印本，第102—103页。

表 3-7　　　　　温州镇兼辖各营分防洋汛一览（1728）

营别	配备战船	管辖内外洋面
瑞安营	4 只内洋巡哨，5 只外洋巡哨	内洋：烽火门、北关、大门山、官山、金乡、琵琶、大四屿（与镇标左营汛接界）；外洋：台山、七星岩、南麂（即南麂列岛，包括后麂山、上马鞍岛、下马鞍岛、大擂山等）
左营	4 只	白脑门属内洋，其北与温州镇中营汛地接界，附近有南策山，南策山属外洋；凤凰山西面为内洋，东面为外洋；铜盘山以西为内洋，以东为外洋；大瞿山，以西为内洋，以东为外洋；南龙山，属于外洋
中营	4 只	内洋：霓澳、黄大澳、三盘、大门；长沙与黄裙山、虎头屿俱属外洋，进入洞头门，即为内洋；鹿西、大小笔架、观音礁、稻杆屿等俱属外洋；双排、口筐为外洋
玉环营右营	8 只	内洋：车首头、分水山、女儿洞、乾江、冲担屿、横址、梁湾、乌洋、黄门和坎门；外洋：大鹿、小鹿、大披、小披和沙头

资料来源：沈翼机等纂《浙江通志》卷九八，《文渊阁四库全书》第 519 册，台湾商务印书馆 1986 年版，第 42 页；第 39—40 页；光绪《永嘉县志》卷八，见《中国地方志集成》，浙江府县志辑第 60 册，江苏古籍出版社、上海书店、巴蜀书社 1993 年版，第 179—180 页；李桓编《国朝耆献类征初编》卷三〇八，卷三〇九，光绪十七年（1891）湘阴李氏刻本，第 9—48、1—2 页；《闽浙总督阿林保浙江巡抚清安泰奏请将温州府属外洋山岛改隶玉环厅版图其洋面改归玉环营管辖事》，嘉庆十二年九月初十日，中国第一历史档案馆藏朱批奏折，档号：04—01—01—0503—044。

乾隆时期，《海国闻见录》的作者记载说："自宁波、台州、黄岩沿海而下，内有佛头、桃渚、崧门、楚门，外有茶盘、牛头、积谷、鲎壳、石塘、披山、大鹿、小鹿，在在皆贼艘出没经由之区。南接乐清、温州、瑞安、金乡、蒲门，此温属之内海；乐清东峙玉环，外有三盘、凤凰、北屺、南屺而至北关以及闽海接界之南关；实温、台内外海迳寄泊樵汲之区，不可忽也。"[①] 是书作者陈伦炯，祖籍福建同安高浦，历任广东高雷廉镇、江南崇明镇、狼山镇总兵，对于海防地理颇有研究。

---

① 陈伦炯：《天下沿海形势录》，《海国闻见录》卷上，《文渊阁四库全书》第 594 册，第 3 页。

书中提及的"外有三盘、凤凰、北屺、南屺"的"外"是指外海,与前面的"内海"相对应。对照古今地图,我们知道,"三盘"是指"大三盘岛",乃是铜头列岛的主要岛屿之一;岛屿是"凤凰",即凤凰山,乃是大北列岛主要岛屿之一;"北屺"指的是北麂岛,乃是北麂列岛的主岛;"南屺",指的是南麂岛,乃是南麂列岛的主岛。这种记载主要岛屿的简略方式非常符合当时文人的书写习惯。从事实来看也是这样。

蓝廷珍,字荆璞,福建漳浦人。1705年,授温州镇右营游击。是年,"追贼于南麂外洋,乘风纵击,获其人船赃械。复在凤凰外洋巡捕贼艘,昼夜穷追至青水大洋,沈其一舟,又获其一;斩首十五级,生擒二十七人。当事以为能,调温镇中营游击。甲午夏,在官山外洋捕贼,复追至青水大洋,斩首二十一级,夺二巨舰,擒六十四人"。从这一资料可以看出,南麂所在的南麂列岛、凤凰所在的大北列岛均属外洋。至于"官山",指的是苍山县大渔湾以东的官山岛,属于内洋岛礁。所谓"官山外洋",应是官山岛以东的洋面。

冯建功,江苏宝山人。由行伍而提拔为吴淞营外委。1785年,升南汇营都司。1796年,随黄岩镇总兵岳玺追捕海盗于黄岩镇管辖洋面,盗船窜入台州列岛大陈山洋面,"偕游击吴奇贵击贼于披山外洋,歼毙洋匪无数;复驶至大陈山搜获余匪林阿春等五名并通盗接济之林窗等四十二名,沈其船一,获器械无算"①。

1789年,闽浙总督伍拉纳奏报:署定海营参将张殿魁带领战船,缉拿洋盗,"到大门外洋遇有贼船六只,该署参将当即放炮"②。在激战中,张殿魁受伤,落水而死。外委、兵丁等俱有均被杀伤。这一奏折所说的"大门",指的是苍南县大渔湾以东的"大门山",属于内洋;所谓"大门外洋",指的是大门山以东的外洋。

1795年,两广总督吉庆奏报琉球货船在洋被劫一案。"拿获盗犯林玉顶等供出,盗首林发枝、蔡大等曾在温州南麂山外洋行劫,并于所获

---

① 《冯建功传》,《国朝耆献类征初编》卷三〇五,《将帅四十五》,光绪十七年(1891)刊本,第2页。
② 《清高宗实录》卷一三三三,乾隆五十四年六月戊寅,中华书局1985年影印,第25册,第1053页。

盗船内起出番衣番布旗等物，是琉球货船。其为林发枝等劫去无疑。"①于此可见，南麂岛所在的南麂列岛毫无疑问属于外洋。

吴奇贵，浙江定海人。由行伍历拔定海镇标左营把总。1795年，"随黄岩镇总兵孙全谋击贼于南韭外洋。首先跃过匪船，连斫二贼，生擒贼首陈言等十七名。嘉庆元年，在大陈山外洋获叠次行劫官米之贼首纪梦奇等十三名，升瑞安右营都司。二年二月，随黄岩镇总兵岳玺击贼披山外洋，擒林启忠等十七名。四月，复假商船诱贼至披山外洋，歼毙无算。获郑阿猫，夺盗船一。又驶至大陈山，搜获林阿春等五十三名。"② 由此可见，披山和南韭山所在的韭山列岛一样，划为外洋。

邵永福，江苏江阴人。由武举隶水师行伍，补为京口右营千总，逐渐升任温州镇总兵。1835年，调补浙江温州镇总兵。"先是，洋匪陈沉于瑞安营所辖之南麂山外洋，停泊销赃；（道光）十六年二月，复装载米石，往来洋面。永福侦知贼踪，击沉其舟。"③

上述事例与陈伦炯的记载完全一致，温州东面的洞头列岛、大北列岛、北麂列岛、南麂列岛均被划入外洋。

从乾隆《温州府志》和光绪《永嘉县志》的记载情况来看，温州东面海域的大小岛屿和海面（即现在的洞头列岛和大北列岛）均按照清廷旨意，于1724年划分为内洋、外洋，加以行政和军事管辖。这里的记载有一点值得关注：即凤凰山、铜盘山和大瞿山成为内外洋的分界线，即西为内洋，东为外洋。另外，洞头门的铁炉头也划分为内洋。尽管这四座岛屿都是距离大陆海岸较近的岛屿，但都超过了5千米，甚至远达10千米之外。我们不知道这是因为凤凰山作为中营的驻地，抑或是晚清时期行政区域做了新的调整的缘故。存疑待考。

通过以上分析，我们在本节得到的结论是，凡是靠近海岸的洋面，凡是靠近县治、厅治所在岛岸的岛礁和洋面均划入内洋；凡是远离海岸

---

① 《清高宗实录》卷一四八四，乾隆六十年八月己丑，中华书局1985年影印，第27册，第837页。
② 《吴奇贵传》，李桓原编：《国朝耆献类征选编》卷一，（台北）文海出版社1985年版，第1349页。
③ 《邵永福传》，李桓原编：《国朝耆献类征选编》卷二，（台北）文海出版社1985年版，第1529页。

的洋面,凡是远离县治、厅治所在岛岸的岛礁和洋面均划归外洋。这个结论与前三节得到的结论完全一致。因此,我们可以相信,这一准则就是清人划分内洋、外洋的基本准则。

六 内洋与外洋的四至界线

研究地理问题,要有四至观念。所谓四至观念,指的是某一地方在东、西、南、北四个方向上与其邻接的比较明确的界标和界线。

浙江内洋、外洋的南北界线。如前所说浙江北部的界线,除了浪岗山列岛之外,大致以崎岖列岛的大洋山、嵊泗列岛的马迹为界,南面之诸山及海面归属浙江,北面的岛礁和洋面划归江南,"是以两山之南北分界。非以两山之东西为界限也"①。浙江内洋、外洋的南部界线也很明确,大致以苍南县的南关岛与福鼎市的台山列岛的西台山一线洋面为界,以南属于福建,以北属于浙江。

清代划分洋面由内而外,形成三条界线:一是海岸线和岛岸线,二是内洋与外洋的分界线,三是外洋与公海的分界线。具体到浙江来说,内洋与外洋之间的分界线在哪里?外洋与公海的分界线在哪里?

内洋与外洋的分界线。通过实地考察和测算,我们认为,内洋基线是海岸线或设立县衙、厅治的岛岸线;内洋与外洋的分界点大致在距离海岸或岛岸 5 千米左右。因为,划入内洋的岛屿,均在 5 千米以内(详见表 3-8)。我们认为,将距离海岸和岛岸 5 千米的内外洋分界点沿着海岸或岛岸平行移动,所形成的连接线可以视为内洋与外洋的分界线。

表 3-8   浙江内洋主要岛屿距离海岸岛岸一览

海岸	距离(千米)	内洋岛名	岛岸	距离(千米)	内洋岛名
苍南县海岸	1.3	北关岛	玉环县岛岸	1.2	黄门岛
苍南县海岸	3.5	官山岛	玉环县岛岸	0.5	南排山
温岭市海岸	3.5	沙镬岛	虾峙岛岸	4.9	六横岛

① 沈翼机等纂:《浙江通志》卷九六,第 1—2 页。

续表

海岸	距离（千米）	内洋岛名	岛岸	距离（千米）	内洋岛名
台州市海岸	0.5	白果山岛	桃花岛岸	3.4	虾峙岛
三门县海岸	0.3	扩塘山岛	登步岛岸	2.1	桃花岛
象山县海岸	3.1	南山	朱家尖岛岸	3.2	登步岛
象山县海岸	2.9	旦门山岛	舟山岛岸	2.5	普陀山岛
象山县海岸	2.5	竹屿岛	舟山岛岸	1.5	梁横山岛
象山县海岸	3.1	东屿山	舟山岛岸	2.9	秀山岛
象山县海岸	2.8	道人山	秀山岛岸	1.2	关山岛
宁波市海岸	1.1	大榭岛	岱山岛岸	2.3	长涂岛
宁波市海岸	3.1	大猫岛	舟山岛岸	1.8	长白岛
平湖市海岸	2.2	莱荠山	舟山岛岸	1.5	册子岛
海盐县海岸	2.3	马腰岛	册子岛岸	2.2	金塘岛

从上述情况可以看出，清代的"内洋"与现代联合国认定的"内水"的概念也是不同的。沿岸领海基线向陆地一面至海岸线的水域，称为"内水"（internal waters），又称内海水。内水是国家领水的组成部分，具有与国家陆地领土相同的地位，完全处在一国管辖之下，非经该国许可，他国船只不得进入。而"内洋"不仅包括了一部分岛岸领海基线向陆地一面至海岸线的水域，同时还包括海岸和外缘岛岸向外一定宽度的水域。清代对于"内洋"的控制如同"内地"一样，非常严格。

外洋和大洋的分界线。一种说法是海道俱属外洋[①]，这是说中国商船南来北去，经过的海道就是外洋。支持"海道"为外洋的这种说法资料很多[②]，其中上海至鹰游门的海道资料最具权威性（详见第四章），

[①] 《清高宗实录》卷八三七，乾隆三十四年六月庚午，见《清实录》第19册，中华书局1985年影印，第174页。

[②] "其海道遥远，逼近外洋。"（《清高宗实录》卷二八六，乾隆十二年三月辛丑，见《清实录》第12册，中华书局1985年影印，第733页）；"查从前外洋战船大小不一，各就海道情形均匀配造，相沿已久，且规制宽宏，气象雄壮，用以装载多兵，施放火器，实缓急足备，其利用原不止于捕盗一端。请将各项战船，均仍其旧，无庸改造。"（《清高宗实录》卷一三六一，乾隆五十五年八月丙寅，见《清实录》第26册，中华书局1985年影印，第1361页）"谕军机大臣曰：长麟奏：英吉利国遣官探听该国贡使曾否到京？……倘尔以奉国王之命，令由外洋找寻，仍欲由海道行走，本部院即当飞咨各海口一体照料。"（《清高宗实录》卷一四二九，乾隆五十八年五月庚寅，见《清实录》第27册，中华书局1985年影印，第117页）

这一资料不仅详细记载了该航线的里程、方向和各种标志，而且明确说明了沿海水师在这条航线上分汛巡逻的界线。

长江口以北的"海道"之所以远离海岸线，清代学者对此做了非常清晰的解释，"凡舟行过佘山，即四顾汪洋，无岛屿可依。行船用罗盘格定方向，转针向北略东行，如东南风则针头偏东一个字；如西南风，则针用子午。查江南佘山与山东铁槎山南北遥对，为之南槎、北槎，行船应用子午正针。因江境云梯关迤东有大沙一道，自西向东接涨甚远，暗伏海中，恐东风过旺，船行落西。是以针头必须偏东一个字，避过暗沙，再换正针。此沙径东北积为沙埂，舟人呼为沙头山。若船行过于偏东，一直上北，便见高丽诸山。故将至大沙时，仍须偏西，始能对成山一带也"①。

同样道理，来往于江、浙、闽、粤海道上的中外商船亦无不受到在外洋巡逻的清军水师的保护。1726年（雍正四年）秋季，有海盗六七十人结伙，拥有大小海船4只，鸟枪一二十杆，在福建、浙江洋面连续抢劫商船。闽浙总督高其倬得到报告，立即采取措施，缉拿海盗。"臣查浙江太平营参将陈勇现在闽浙水师各员中，熟谙海道无有过之者，今运谷到闽。臣委令出洋遍巡。并派闽安协守备、烽火门千总带领兵丁，配给船只、赏与盘费、口粮，令陈勇带往，自闽而浙，遍历各岛澳，直抵尽山、花鸟哨巡缉捕。其浙江一带水师之巡哨者，俱令在各所辖之外洋，与之合哨。则各员不能躲懒，而哨巡益严密矣。"② 从这一史料可以看出，在外洋的"海道"上游巡，缉拿海盗，乃是福建和浙江水师官兵的主要职责。

为了确保水师官兵在外洋巡哨的船只和人数，除了各营汛所辖的船只巡洋会哨之外，闽浙总督高其倬为了提高水师官弁的航海知识和能力，又增派了一哨水师，往返游巡于福建和浙江两省外洋。在他看来，水师将领关于航海的技能大致可以分为三等：第一等者，不但熟知本处海洋情形，而且熟悉各处港口、沙线以及气候变化；第二等者，熟知本处海洋情形；第三等者，坐船时不能上下跳动自如，仅不晕吐而已。

---

① 《航海图说》，王锡祺编：《小方壶斋舆地丛钞》第九帙，光绪三年（1877）著易堂藏版，第23页。

② 《世宗宪皇帝朱批谕旨》卷一七六之五，乾隆三年（1738年）刻本，第42页。

"现在闽浙水师将弁兵丁之中,如第一等者或一营之中竟无其人,或仅有二三人,而年近老迈,筋力就衰者居半,所有之好者、次好者不过第二等。第三等之人,而仅不晕吐,不能上下跳动运用器械者参半。"① 此等不知港沙之可以行走与否,不知岛澳之可以寄泊与否,难免行船搁浅、撞礁,全船人员立有性命之虞。这些人无论在内洋还是外洋巡捕,很难期望其有所缉获。"臣愚昧所见,惟设法勤令操演,则二等者可至一等,三等者可至二等,或亦至一等。即仅不甚晕吐者,亦可使之能上下跳动,运使器械,渐习渐精。" 提高水师官兵的具体方法是扩大其巡洋范围。"查闽浙之例,本处巡哨之兵只在本处洋面巡哨,即总巡、分巡之员亦只福建者巡福建,浙江者巡浙江。如此行走操练,止熟本处,不知他处;止知本省,不知他省。臣欲为稍为变通,每年总巡、分巡及在本洋巡哨者,俱仍令照常巡哨外,臣每年再于此外另派熟悉之员,带领官兵,配给船只,南风起时,令自闽省直巡到浙省尽头;北风起时复令自浙省回棹,直巡到闽省尽头。并令俱经由外洋岛澳,令本处巡船之在彼合哨,不到者据实揭报、题参。如此则各处哨船不能偷安,而外洋大盗亦难藏闪,且各处巡哨官兵常到外洋,经历既熟,自渐无畏怯,不惮远出矣。"② 这种旨在提高海洋官兵知识和技能的方法,虽然得到雍正皇帝的肯定,朱批是:"此一料理,实于水师裨益不浅,勉为止。"③ 但这种跨省巡洋的方案仅在闽浙两省短暂实验,未能演变为沿海水师官兵的巡洋制度,殊为令人遗憾。

1752 年,两广总督阿里衮、会同广东巡抚苏昌、调任广东提督林君升奏请道:"粤东海道绵长,且与闽省连界,向未定有会哨之法,请照闽浙两省一例会哨。"这是说,既往的制度尽管规定了水师战船必须在海道上穿梭巡逻,但是,由于没有会哨制度,难于检验水师战船在海道上的巡逻活动是否正常,需要建立会哨制度,加以督促。乾隆皇帝认为这一请示合理,"从之",遂令该督抚等"严饬总巡各镇及分巡员弁实力奉行"④。由此可以看出,在海道上穿梭巡逻乃是沿海各省水师的

---

① 《世宗宪皇帝硃批谕旨》卷一七六之六,乾隆三年(1738 年)刻本,第 4—5 页。
② 同上。
③ 同上书,第 5 页。
④ 《清高宗实录》卷四一八,乾隆十七年七月壬戌,中华书局 1985 年影印,第 14 册,第 474 页。

主要任务。

1804年，广东巡抚孙玉庭奏报防剿洋匪情形。在他看来，水师战船在洋征剿，成效不大。"从古以来治海疆，论海防，而未闻海战，是以此时以严守口岸，添驻兵丁为第一要务。"言外之意是，应当放弃水师在洋面剿匪的战略，专守海岸和海岛，通过坚壁清野等措施，迫使海盗束手就范。孙玉庭明显不懂水师的机动作战作用，其想法不过是清初"禁海迁界"措施的翻版而已，局限性十分明显。对此，嘉庆皇帝批驳道："孙玉庭以洋面绵亘三千余里，兵分势单，营员又不得力，是以注意防守，以保护村庄之计，所奏不为无见。但所谓海防者，亦非专事株守，竟置舟师于不用。粤东官运盐船及贸易船只俱由海道行走，若无兵船巡护，任令盗匪抢劫，亦不成事体。仍应责成营员于洋面梭织巡查，往来缉捕，与防兵互相接应。"① 从嘉庆皇帝的朱批中我们看到，保护盐船，保护商船，乃是广东水师的最基本的职责。战船的梭织巡逻范围毫无疑问包括了广东省的内洋、外洋的"海道"。

1818年，闽浙提督王得禄因参与镇压以蔡牵为头领的大股海盗有功，前往京城陛见皇帝。在回任途中，自宁波开始乘坐战船巡阅在闽浙海道上巡逻的水师官兵。返回厦门之后，他在奏折中表示要"尽心竭力整顿水师，认真缉捕"，以此报答皇帝的赏识②。同时在附片中说："奴才因起程进京计有五月，未知洋面情形，是以行抵浙江，由宁波驾坐海船从浙属至闽洋福宁、闽安沿海一带查巡，在洋接遇闽浙各镇将兵船，按段巡防周密，仰赖圣主洪福，环海均称宁谧。第闽洋沿海贫民以采捕为生，因届岁暮，闻有一二不法奸徒藉捕鱼为名，整驾小船，在内外港汊乘间抢劫。奴才现在确查，会同督抚臣严饬镇将实心实力认真搜捕。总期有盗必获，洋面肃清，仰副皇上垂念海疆，除匪安良之至意。合将奴才由海道查巡回闽缘由附片奏闻。"③ 由此可见，浙江的水师官兵如同沿海各省水师官兵一样，是在"海道"上执行巡逻会哨任务的。显然，海道乃是浙江外洋的一部分。

---

① 梁廷枏：《粤海关志》卷二〇，兵卫，广东人民出版社2014年版，第401页。
② 《福建水师提督王得禄奏为回任日期并合家感戴下忱事》，嘉庆二十三年十二月二十日，中国第一历史档案馆藏朱批奏折，档号：04-01-02-0143-067。
③ 《福建水师提督王得禄奏报由浙海道查巡回闽情形事》，嘉庆二十三年十二月二十日，中国第一历史档案馆藏朱批奏折，档号：04-01-01-0578-025。

明清时期，人们已经意识到海上交通线的重要性，认为"海道"既是沿海社会的经济命脉，又是海上军事行动的捷径。周弘祖说："海道，南自琼崖，北达辽碣，回环二万里，鱼盐之饶下被于民，挽输之利上济于国，而挞伐之方，戍守之备所系綦重矣。"① 顾祖禹说："夫海道之险不可不备，而海道之利不可不由，与时推移，是在救时之君子哉！"② 明清时期，帆船在我国沿海的航行路线有五条：一是由福建厦门出发向东航行，抵达澎湖、台湾，转向吕宋等国；二是由福建沿海向西南航行，经南澳岛到达广东沿海，转向南洋各国；三是由厦门出发，经台湾海峡向北航行，再经舟山群岛，到达长江入海口；四是自江浙沿海出发，向东航行，到达琉球和日本③；五是自长江入海口出发，经过黄海中部到达成山，进入渤海，或停靠旅顺和威海，或继续航行至天津。

浙江沿海岛屿众多，近岸港口优良，海道可谓四通八达，其中自厦门穿越台湾海峡，经过浙江舟山群岛，前往长江口的海道最为繁忙。中国人的早期记录是：

> 厦门往北洋沿岸海道，至浙江宁波四十八更，至江南上海五十六更。自厦门出大担门，北行至金门料罗，系同安县界。过围头、深沪、峻里至永宁，俱晋江县界。又过祥芝头至大坠，为泉州港口。经惠安县之獭窟至崇武，可泊船数十。复经莆田县之湄洲至平海，可泊船数百。其北即南日，仅容数艘，莆田、福清交界。从内港行，经门扇后、草屿至海坛官仔前，有盐屿，即福清港内。过古屿门，为长乐县界。复沿海行，经东、西洛至磁澳，回望海坛诸山，环恃南日、古澳之东，出没隐现，若近若远。再过为白犬，为关潼，可泊船船数百，乃福省半港处。入内，即五虎门山。关潼一潮水至定海，可泊船数百余。复经大埕、黄岐至北茭，为连江县界。再过罗湖、大金抵三沙、烽火门，由三沙山伐驶，一潮水过东壁、大小目、火焰山、马屿，进松山港，即福宁府。由烽火门过大小崳山、蓁屿、水澳至南镇、沙埕，直抵南北关闽浙交界。由北关

---

① 顾炎武：《天下郡国利病书》第 6 册，上海书店出版社 1985 年景印，第 1—5 页。
② 顾祖禹：《读史方舆纪要》卷三〇，中华书局 1955 年版，第 1357 页。
③ 严如煜：《洋防辑要》卷八，安康来鹿堂道光十八年（1839）刻本，第 1—4 页。

上至金乡大澳，东有南屺屿，可泊千艘。其北为凤凰澳，系瑞安县港口。又北为梅花屿，即温州港口。过陇内、三盘，伪郑【成功】常屯扎于此。再过王大澳、玉环山、坎门、大鹿山至石塘，内为双门卫。复经鲎壳澳、深门、花澳、马蹄澳、双头通至川礁，为黄岩港口。从牛头门、柴盘抵石浦门。由龙门港崎头至丁厝澳，澳东大小叠出，为舟山地。赴宁波上海在此分艘。从西由定海关进港数里，即宁波。从此过岑港至沈家门，东出即普陀山，北上为尽山（陈钱山俗名尽山）、花鸟屿。尽山西南有板椒山，属苏州府界。又有羊山，龙神甚灵。凡船到此，须稍寂而过，放大洋，抵吴淞。进港数里即上海，北风可泊羊山屿。由羊山屿向北过崇明外五条沙，转西三十四更，入胶州口。由崇明、五条沙对北三十二更至成山头，向东北放洋十一更至旅顺口。①

从西方人所绘大清帝国地图可以看出，这一海道大致自东经122°和北纬27°的交会点附近向东北方向延伸，先是到达渔山列岛东部，即东经122°50′和北纬28°55′交会点，再延伸至东经122°52′和北纬29°30′交会点，然后转向正北，继续延伸至东经122°52′和北纬30°交会点。而后或转向西北，穿过舟山列岛，进入长江，经过崇明岛而达上海；或继续向东北航向，与江南至山东海道重合（即自东经123°和北纬31°，向北延伸至东经123°和北纬38°）。这一帆船航海路线与现在厦门至上海的航线十分吻合。中华民国时期所绘旧地图所标出的航线也是这样。因此，我们得到的结论是，上述帆船航线的外缘就是清廷所划定的外洋界线。

以江苏至山东段之典型的海道而言，一般距离海岸在180千米左右，最远的地方甚至有300千米（赣榆县鹰游门对出之洋面）之遥。就温州东面的海道而言，南段海道距离内洋北关岛大约有80千米，距离外洋七星岛有50千米；北段海道距离内洋大门岛也是80千米，距离外洋大三盘岛有57千米。就台州市和象山县来说，南段海道距离玉环县鸡山内洋为58千米，距离外洋披山岛43千米；中段海道距离三门县内

---

① 《厦门县志》卷四，《防海略·附海道》，见《台湾文献史料丛刊》第95种，台北大通书局、人民日报出版社2009年版，第139—140页。

洋大鸡屿65千米，距离外洋渔山列岛有20千米左右；北段海道距离象山县内洋大岩山为65千米，距离外洋韭山列岛43千米。就舟山群岛来讲，南段海道距离内洋虾峙岛50千米，距离外洋大仓尖岛也是50千米；北段的海道所对应的岛屿全是外洋，距离上海的海岸有110千米，距离最近的外洋岛屿大约在20千米左右。根据以上这些数据，我们可以初步断定，外洋的宽度少则50千米，多则110—180千米，甚至达到300千米。

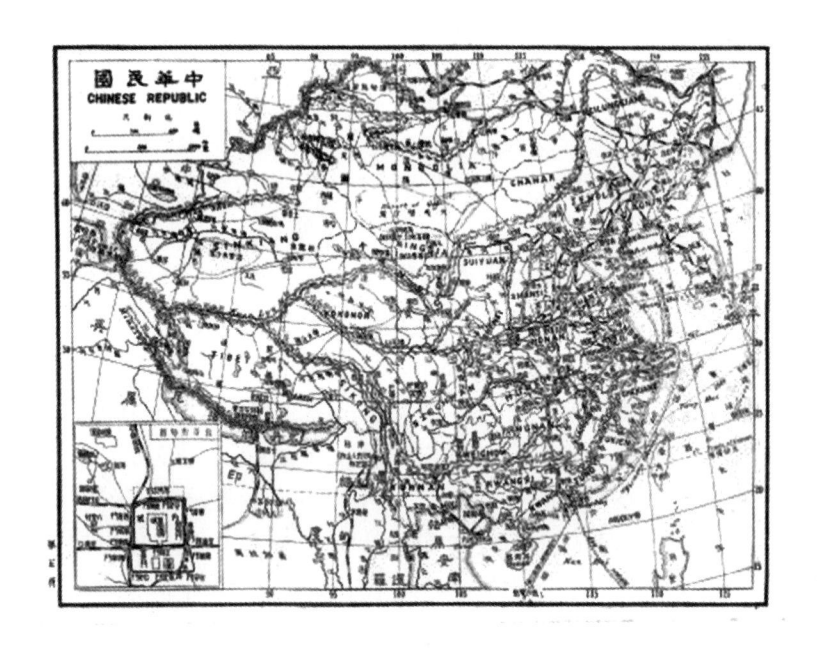

图3-9　1928—1937年间中华民国地图绘制了船舶在
南海、东海、黄海和渤海的近岸航线

结　论

综上所述，我们可以得到以下几点结论：

（一）1716年，是划分内洋、外洋的重要时间节点。是年，左都御史范时崇建议减轻洋面失事对于文武官员的处分。他认为，商船在外洋被劫，应当追究负责洋面治安的水师官员的责任，而不应题参文官（即兼辖和统辖官）。因为外洋距离海岸遥远，超越了文官的管辖能力。兵部官员经过讨论，认为这个建议合理，应当明确划分内洋、外洋的界线，以便区分文官与武官的责任。康熙皇帝批准了这一建议。各省划分内洋、外洋有一个漫长的过程，若以绘制内洋、外洋图为标志，则该项工程完成于1736年至1765年之间。

（二）就浙江近海而言，划分内洋、外洋的原则是，凡是靠近海岸的岛屿和洋面，凡是靠近县治、厅治所在岛岸的岛礁和洋面，均划入内洋；凡是远离海岸，凡是远离县治、厅治所在岛岸的岛礁和洋面，均划归外洋。确定内外洋划分准则有利于厘清沿海地区州县官的管辖范围，有利于分清水师的巡洋会哨职责，便于行政规范化和问责制度的顺利推行。

（三）1724年，根据清廷旨意，浙江将近海岛屿划分为内洋与外洋，官方首先考虑的是外洋岛屿有无农业开垦价值；其次考虑的是产物（米盐和铁器）能否得到有效控制；第三考虑的是驻军防守和行政管理的成本如何。这三个问题可以看作是清朝前期划分内洋、外洋的三个基本条件。

（四）划分内洋的界线是以海岸和或县厅级衙门所在岛岸为基点向外划分的。对照古今地图，经过实地测算，浙江沿海的"内洋"大致限制在5千米以内。驻扎水师的个别岛屿距离海岸10千米左右，如铜盘和凤凰山等。外洋的外缘与海岸和岛岸之间似乎没有固定的距离。通过观测，我们知道，外洋的宽度少则50千米，多则110—180千米，甚至达到300千米。即使以外洋的外缘岛屿（即领海基线）为界线，浙江海道与其之间的距离少则20余千米，多则50—60千米之遥。

（五）清代中国对于近海的政治、经济和军事的管辖宽度，不仅远远大于18和19世纪西方国家通行的3海里（5.6千米）领海宽度，而且也远远大于1982年第三次联合国海洋法会议规定的12海里领海宽度。

（六）清代划分的"内洋"与当代联合国认定的"内水"概念是不同的。"内水"是指沿岸领海基线向陆地一面至海岸线的水域。内水是国家领水的组成部分，具有与国家陆地领土相同的地位，完全处在一国管辖之下，非经该国许可，他国船只不得进入。而"内洋"不仅包括了一部分岛岸领海基线向陆地一面至海岸线的水域，同时还包括海岸和外缘岛岸向外一定宽度的水域。清代对于"内洋"的控制如同"内地"

一样，非常严格。

（七）清代的"外洋"界线与联合国认定的"领海"界线明显不同。"领海"的外部界线是一条其每一点同基线上的距离等于领海宽度的线，而"外洋"的外缘则是以商船南来北往习惯行走的海道为标志的。因此，领海的基线与外部界线是互相平行的，而外洋的外部界线与海岸或岛岸线不仅不是平行的，而且宽度也是不同的。

浙江总督李卫曾经在《宁波府志序》中说："我朝定鼎，相度形势，命提督大僚驻郡城，宁波遂为重镇。又特设总兵官镇守舟山，内洋、外洋并宿重兵，星罗棋布，脉络相承，器械甲胄有定数，炮位船舰有定制，分操会汛有定期，海隅日出之乡畏威怀德，鱼盐商贾无旦夕之警。"① 此话用以说明康熙、雍正和乾隆时代的海防，是有几分道理的。

---

① 李卫：《宁波府志序》，沈翼机等纂：《浙江通志》卷二六四，《文渊阁四库全书》第519册，台湾商务印书馆1986年版，第59页。

第四章　清代前期江苏的内外洋与水师巡洋制度

江苏省的海域是黄海向东海的过渡带，长江口以北的近岸海域属于黄海而长江口以南的海域属于东海。江苏省管辖的内外洋四至界线非常清楚，大羊山与小羊山之间是江、浙两省的外洋分界线；位于北纬35°附近的车牛山岛是江苏与山东外洋的分界线；江苏的内洋基线为海岸线和崇明岛岸线；内外洋交界线大致在汇头、崇明岛东端、廖角嘴一线附近；外洋的外缘线则是帆船行走的航线，与现在上海至青岛的航线重叠。为了确保长江海口和帆船航线的安全，雍正、乾隆时期逐渐建立了比较严密的巡洋制度。汇头以东的外洋归苏松镇中、左、右、奇四营和吴淞、川沙二营共同管辖，佘山以北的外洋归狼山镇狼右营、掘港营等巡缉。苏松镇水师对于长江海口附近的内洋、外洋进行了严密的分巡、总巡和督巡。中国第一历史档案馆保存的关于督巡的大量奏折充分证明了这一点。此外，我们从江苏巡洋的重要事例中也可以看到这种巡洋制度从建立到基本完善，再到逐渐废弛的过程。①

一　江苏内外洋的四至界线

清代江苏省，地处中国大陆东部沿海地区中部，北与山东接壤，西与安徽为邻，南与浙江毗连，不仅拥有长江、淮河两大水系，而且拥有太湖、洪泽湖、微山湖等大中型湖泊，尤其是京杭大运河自南而北穿过，可谓江河纵横，水网密布，农业先进，交通发达，经济繁荣。其疆域大体相当于现在的江苏省、上海市和舟山群岛北部之一部分，地跨东

---

① 王宏斌：《清代前期江苏内外洋与水师巡洋制度研究》，《安徽史学》2017年第1期。

经 116°18′—122°55′，北纬 30°40′—35°，濒临东海、黄海，海岸线漫长，尤其是长江口战略地位极为重要。"良以崇明一沙孤立海表，由高、廖二嘴出口，北路则达山东、北直、盛京，南路则通浙江、福建等省，东路则通高丽、日本诸岛。而自高、廖二嘴之内，溯江而上，更可直至江西、湖广等省，实为南北海道扼要之区。"①

清初，按照各行省区域划分近海水域，江苏省北界莺游山（今名东西连岛），与山东分界②，这是一种传统说法。"海州之地，连山阻海，为南北之襟要……北始赣榆，与山东青州府安东卫接壤。"③ 南界嵊泗列岛，与浙江分界。关于江苏南部和北部的界线，都有一个从模糊到清晰的过程。

（一）江苏与浙江的内外洋分界线

舟山群岛在清代行政上分别隶属于浙江定海县、镇海县、江苏金山卫、崇明县，在军事上属于定海镇、苏松镇等水师所辖外洋汛地："其（定海）南内洋至六横，与镇海县接界；西内洋至金塘，与镇海县蛟门山接界；北外洋而上为羊山、徐公山（今名徐公岛），则江浙连界；若西南之梅山、青龙港、穿鼻港、旗头洋，则属镇海县……西北内洋之游山、七里墅、虎蹲、招宝、蛟门，固属镇海县；而外洋之东西霍、七姊妹，亦附镇海县；黄盘（即王盘山，包括上盘山、下盘山和劈开山）则为江南省金山卫，对出滩浒二山，在羊山西北者，俱属江南省汛；惟乍浦属嘉兴府之平湖县；东北外洋至浪冈犹江浙联界；而花脑（今名花鸟山）、洛华（今名绿花岛，位于马鞍列岛西部）、梳头（泗礁山之一）、马迹（位于嵊泗列岛西南部）、裘子（明朝人称求芝）、壁下（位于马鞍列岛中南部）、东库（与西库相邻，位于马鞍列岛）、大小盘

---

① 《苏松水师总兵陈伦炯奏为外洋督哨期满事》，雍正十三年十月十五日，中国第一历史档案馆藏朱批奏折，档号：04-01-30-0199-022。

② 莺游门，又名鹰游门，又名鹰游山、应由门等。"山去岸二十里，周回浮海中，群鸟翔集，嘤嘤然自相喧聒，故名。""莺游山，自江南海州安东界入山东境，海道第一程也。东为莺游山，西为孙家象，两山对峙如门，船所必由，谓之应由门。"《山东通志》"云台之东北有莺游山，与西岸孙家山相对夹峙如门，土人谓之莺游门。莺游之南有高公岛，皆防海要冲之地。"黄之隽编：《江南通志》卷九六，《文渊阁四库全书》第 509 册，第 639b 页。

③ "雍正二年，复设守备。今自赣榆至海州营汛地，其云台南北及海中诸山岛均系东海营汛地。"黄之隽编：《江南通志》卷九十六，《文渊阁四库全书》第 509 册，第 639b 页。

（大盘山和小盘山，位于壁下山与绿华岛之间）、陈钱（即嵊山，位于马鞍列岛南部）、李西（今名枸杞岛，古称里西或李西，位于马鞍列岛南端），则专属江南省汛地。"①

根据记载，1690年（康熙二十九年），江苏与浙江分界，"洋面以洋山、马迹山为界，山脚以南洋岛属浙省管辖，大洋山脚以北洋岛属南省管辖。自西至东洋面山岛俱以两山为准，勒碑小洋山，为定制焉。今崇邑所辖洋中诸山，每出汇头，先至大七、小七二山，次东行至马迹山，又东至花鸟山，又东至陈钱山而止。余皆浙界。"②是年，两江总督傅拉塔与闽浙总督兴永朝分别委派江南苏州镇左奇营游击丁际昌、郭龙和浙江定海镇左右两营游击叶纪、袁尔怀等四人会同查勘江浙洋面③。他们查勘之后，共同禀报称："马迹在羊山之东，羊山在马迹之西，东西对峙，中间虽隔有海洋及山峦，南北参差不一。今议以羊山、马迹两山南面之诸山及海面总属浙江，北面者总属江南，是以两山之南北分界非以两山之东西为界限也。今除羊、马两山南面各山系浙省之汛外，其陈钱（今嵊泗县嵊山镇）、苏窦（泗洲山之别名）、蒲岙、小七（今名小戢山）、大七（今名大戢山）等山相应备册，呈送核定，颁发碑文，前赴羊、马两山勒石可也。"④

又据定海镇游击叶纪等禀称："海洋向有界限（有马迹山龙山宫所遗石碑为证），为吴淞游兵把总祝梓寿汛地。且羊山有大小之分，明季嘉靖年间倭寇，吴淞同金山营官兵协守于小羊山。浙江兵船亦驻泊于老羊山，同江南船只交相会哨，则小羊山尚属江南所辖。岂马迹反属江浙两界之山乎！况自定海山而抵马迹水程千有余里，若吴淞关出高家嘴，即是小羊山；出瞭角嘴即是马迹山，相距远近不啻天渊，应照历来江浙官兵会哨之处，以大羊山为止，南属浙省，北属江省，其先到者于大羊山太子岙插立木牌而转，建碑勒石以垂永久。嗣后浙江海汛以大羊山为界，大羊山脚以北之洋、岛属江南管辖；江南海汛以马迹山为界，马迹山脚以南之洋、岛属浙江管辖。自西至东，山岛、洋面俱以二山为准，

---

① 沈翼机等纂：《浙江通志》卷三，第29—30页。
② 黄之隽编：《江南通志》卷九六，《文渊阁四库全书》第509册，第640a页。
③ 是时，福浙总督驻扎福州，兼辖福建和浙江。
④ 沈翼机等纂：《浙江通志》卷九六，第1—2页。

各照分定界限巡哨，勒石羊山永为定例。"① 由此可见，前一资料的记载准确无误。因此，按照制度规定，江浙两省水师官兵每年春、秋两季必须定期前往这一分界线巡洋会哨。②

除了东西连岛、崇明岛、嵊泗列岛之外，江苏近海岛屿无多，尤其是长江口以北海岸比较平直，近岸海域深浅不一，行船艰险困难。因此，大型商船南来北去，均需避开近岸海区，在深水外洋行走。因此，江苏划分内洋、外洋，主要是区分崇明岛、嵊泗列岛及附近海域。

历史著作中很少记载江北地区的内洋，但是档案中还是留下了一些信息。例如，1748年，漕运总督顾琮查阅水操情形时，奏报说："臣于本年九月十六日起程，前往灌河口之开山外洋阅视庙湾等五营会哨水操。于二十一日至灌河口，臣即乘坐海船出洋阅视操演。惟庙湾、佃湖二营船只抢风、折戗，皆属利便。盐城营新改巡洋快船亦属便利，小关营船只未能利便，而东海一营沙哨船更不利便。及行三十里致开山外洋，东海营船只，非推，不能跟接前进。且落臣舟之后。臣思小关营全系内洋，其外洋驾船未能便利，尚属有因。至东海营船本系外洋，何至亦无便利。臣于二十二日复阅视一日，逐船留心验视，方知东海唬船其船身转长于沙船，不合战船之式……臣查东海营都司沈镇国原系庙湾营守备，因其为人谨慎，熟识内洋情形，前于乾隆九年预行保举兵部带领引见……东海一营全系外洋，最关紧要。沈镇国于外洋情形尚未能熟谙，目下又值估造战船之时，更属吃紧。臣不敢因保举之人因循贻误。查有佃湖营都司丁国升，系乾隆十一年由江宁水师守备，熟谙外洋水师，准升佃湖营都司。本年经管修理沙船，悉能如法，较各营船只甚觉利便，且操演之时挥旗击鼓、督率兵丁努力前进，一道抢风、折戗，操纵自如，洵为熟谙之员。查佃湖一营半属内洋，非东海营可比。臣请将佃湖营都司丁国升调补东海营都司；东海营都司沈镇国调补佃湖营都

---

① 沈翼机等纂：《浙江通志》卷九六，第2—3页。
② 定海水师每年定期前往崎岖列岛、嵊泗列岛和马鞍列岛南部界线巡洋。在完成巡洋任务后，定海镇总兵按照惯例要向朝廷奏报当年巡洋情况。例如，乾隆十一年六月初七日，总兵官陈鸣夏奏报道："今江省已于羊山设有小哨船二只，声援弹压。臣自抵任定【海】后，历于出洋督巡时，率带舟师由羊山而马迹、尽山，岁岁一至再至，熟悉海外要害，设有声息，即可应援，庶无负天生定、崇两岛为捍御江浙之门户也。"（《浙江定海总兵陈鸣夏奏为于四月初八渔汛巡洋由海外各要害处逐一巡历等情形事》，乾隆十一年六月初七日，中国第一历史档案馆藏朱批奏折，档号：04—01—19—0002—005。

司。一转移间,则人地俱属相宜。"① 从漕运总督这段话中,我们知道江北的近海水域也是划分内洋和外洋的,东海营管辖的海区,属于外洋;佃湖营管辖的海区半属内洋,半属外洋。

《清史稿》的作者在讨论海防地理时曾经明确指出:"自海州南抵江口,乃昔年黄河入海处,泥沙积久,凝结内海,称五条沙,海潮甚急,海舶北赴燕齐者,必东行一昼夜以避其沙,故淮海州郡得稍宽海防者,以五条沙为之保障也。"② 由此可以看出,在清人的观念内"五条沙"属于"内海",也就是内洋,"五条沙"之外的海道属于外洋,内外洋的界线是明确的。

1868年(同治七年),曾国藩打算在《长江水师章程》的基础上,修订江苏"海洋水师章程",委托江苏巡抚丁日昌负责起草事宜。丁日昌综合江南提督李朝斌、布政使杜文澜、苏松太道应宝时等人的意见,草拟《咨督院酌议海洋水师事宜》三十条。在第一条就明确了江苏内外洋的四至界线。

> 江苏辖境,江海汇归,内洋外洋,各有分界。江阴、靖江、常熟、如皋四邑,为长江尾闾,自江阴之虾蟆山以东,至崇明之十滧口四百余里为内洋。自十滧口东去为外海,八十里至佘山,四面汪洋,此独崔然高耸,地非险要,而航海者指为标准。佘山迤北至赣榆县之鹰游门对出洋面,约八九百里,与山东洋面毗连,内为五条沙,外为黑水洋。佘山迤南至金山卫对出之洋面,为羊山、马迹、花脑、陈钱等岛,约一百八九十里,与浙江衢山洋面相接。③

曾国藩接到丁日昌的咨文,稍加修改,即奏请朝廷批准。该章程规定:"自江阴之虾蟆山以东,至崇明之十滧口四百余里,皆长江之尾闾,此内洋也。自十滧口以东八十里至佘山,出佘山以北至赣榆县之鹰游门出洋约八九百里,与山东洋面毗连,内为五条沙,外为黑水洋,由佘山

---

① 《漕运总督顾奏为前往开山外洋阅视水操情形事》,乾隆十二年十月初四日,中国第一历史档案馆藏朱批奏折,档号:04—01—01—0147—016。
② 赵尔巽等撰:《清史稿》卷一三八,《兵志九》,中华书局1976年版,第4103页。
③ 林达泉编:《(丁日昌)抚吴公牍》卷二五,光绪三年(1877)刻本,第1页。

迤南至金山卫出洋约二百七八十里，与浙江洋面毗连。此外海也。"①

虾蟆山，又名摩诃山，或段山，现在位于张家港市大新镇。据《明一统志》记载："摩诃山，在如皋县南一百二十里，俗名虾蟆山。"② 原来在江北，因江流改道，至明清时期已移至江南岸，山下沙洲为江阴百姓占垦，该山遂成为江阴辖区，反与如皋隔绝。现在属于张家港市大新镇。

从上述这两条资料可以看出，十滧口以东八十里至佘山，再至赣榆县鹰游门（又称莺游门）的海道，以及自佘山至金山卫的洋面均为"外海"，即外洋。这是清人比较一致的说法。而丁日昌、曾国藩将江阴以下的四百里江面看成"内洋"，则为少见。在清代前期的官员奏折中，在文人的著作中，通常将崇明岛周围海域划分为内外洋。"崇明四围皆海，而有内洋、外洋之别，内洋以外洋为东，外洋以内洋为西，故志洋面与封域异，内外两洋各纪三面而已。"③

古人与今人对于海域划分有所不同。在清朝人的视野里，江南省的江海分界线在通州，"通州当江海之交，为第一门户"；"通州以西为江防，通州以东为海防"④。此处的"通州"，指的是现今的南通市⑤。这是说，位于现在南通市以东的江面均属海防辖区。由此不难理解"崇明四围皆海"的说法。

根据各种资料，我们知道，位于长江口现今南通市以东的江面，廖角嘴、崇明岛十滧口一线以西的水域全部划入内洋，以东划入外洋。至于嵊泗列岛及其附近洋面则全部划入外洋。"自崇明出高、廖二嘴，即

---

① 曾国藩：《谨将酌议江苏水师事宜十四条开单恭呈御览》，《曾文正公奏稿》卷三三，清光绪二年（1876）传忠书局刻本。
② 李贤等撰：《明一统志》卷一二，《文渊阁四库全书》第 472 册，第 282a 页。
③ 嘉庆《直隶太仓州志》卷一八，《水利上》，嘉庆七年（1802）刻本。
④ 康熙《江南通志》卷一三，《海防》，凤凰出版社 2011 年影印本，第 230—231 页。
⑤ 古代通州地域，初为长江口海域中几块相邻的沙洲，南北朝中期出水，之后有人开始定居，煮盐为业。唐为盐亭场，设防ތ机构。唐末沙洲涨接大陆后，即凿河运盐，开通至扬州的航道。五代初称静海镇，后周建通州。宋改通州为崇州，又名崇川，属淮南东路。元至元十五年（1278）升为通州路；至元二十一年（1284）复为通州，属扬州路。明洪武元年（1368）废静海县，通州直管静海本土，领海门、崇明两县，属扬州府。洪武九年（1376）划崇明县归苏州府，通州仅领海门一县。清雍正二年（1724），升为直隶州。1912 年 5 月，废州，改称南通县。1949 年 2 月 2 日，改设南通市，实行城乡分治，南通县政府移驻金沙镇，隶属南通行政公署管辖。1993 年 2 月，撤销南通县，改设通州市。

为外洋。大羊山屹峙于中,其北则小羊山,为江、浙两省分辖之处。"①下面的问题是,长江口以北的近海水域是如何区分内洋、外洋的?

(二) 江苏外洋的外缘线

外洋的外缘线乃是帆船行走的海道,历史记载十分清晰和系统。海运漕粮始于元代。元代漕运开辟的海道有三:初始,海运之道,自平江刘家港入海,经扬州路通州、海门县黄连沙头、万里长滩开洋,沿山屿而行抵淮安路盐城县,历西海州、海宁府东海县、密州、胶州界,放灵山洋,投东北路,多浅沙,"行月余始抵成山,计其水程自上海至杨村马头,凡一万三千三百五十里"。至元二十九年,朱清等言,其路险恶,复开生道。自刘家港开洋,至撑脚沙转沙嘴,至三沙扬子江,过扁担沙大洪,又过万里长滩,放大洋至青水洋,又经黑水洋至成山,过刘岛至芝罘、沙门二岛,放莱州大洋抵界河口,其道差为径直。"明年,千户殷明略又开新道,从刘家港入海至崇明州三沙放洋,向东行入黑水大洋,取成山转西至刘家岛,又至登州沙门岛,于莱州大洋入界河。当舟行风信,有时自浙西至京师不过旬日而已,视前二道为最便。"②

从元代到明代,再到清代,中国的航海者走的都是殷明略开辟的航道。清人对于这条海道非常熟悉,水师战船主要在这条海道上穿梭巡洋。长江口至鹰游门之间的海道里程和水师巡洋情况如下:

> 第一段,海船自上海县黄浦口岸东行五十里,出吴淞口入洋。绕行宝山县之复宝沙,迤至崇明县之新开河,计一百一十里。又七十里至十滧,是为内洋。十滧可泊船,为候风放洋之所,隶崇明县属。第二段,自十滧开行,即属外洋。东迤一百八十里至佘山(一名蛇山,又名南槎山,系荒礁,上无居民,不可泊,但能寄碇),为东出大洋之标准,系苏松镇所辖。第三段,自佘山驶至大洋,向正北微偏东行至通州吕泗场对出之洋面,约二百余里,水深十丈,可寄碇。从此以北,入黑水大洋,至大洋梢对出之洋面,约一百四

---

① 《清高宗实录》卷二四七,乾隆十年八月己巳,见《清实录》第12册,中华书局1985年影印,第189页。
② 傅泽洪:《行水金鉴》卷九九,第14页。

十里，系狼山镇右营所辖。又北，如皋县对出之洋面起，至黄沙洋港对出之洋面，约二百六十里。又北，泰州对出之洋面起，至黄家港对出之洋面，约二百二十里，系狼山镇掘港营所辖。又北至斗龙港对出之洋面，约二百里。又北至射阳湖对出之洋面，约一百二十里，系盐城营所辖。又北至黄河口对出之洋面，约一百二十里，系庙湾营所辖。黄河口稍南有沙埂五条，船行遇东风，则虑浅阁，宜避之。又北至安东县灌河口对出之洋面，约九十里，系佃湖营所辖。又北至海州赣榆县鹰游门对出之洋面，约一百八十里，系东海营所辖。计自佘山大洋以北起，至鹰游门对出之洋面止，约共一千五六百里，统归狼山镇汛地。①

"海道"是沿海商船经过长时期探索形成的海上安全快捷航线。元代航海技术已经相当进步，漕粮主要由海船运输。最初每岁运输四万余石，后来逐渐增加至三百余万石。民无挽输之劳，国有储蓄之富。早期海船航行比较靠近海岸，海道经常受到地理环境变化的影响。② "元人海运，十年之中道凡三变。明初，仍元故道，后人新开海道……则有明海运又不啻三变矣。"③ "元时，海道自平江刘家港入海，经通州海门县黄连沙嘴、万里长滩开洋，沿山屿抵淮安路盐城县，历海宁府东海县，又经密州、胶州界，放灵山洋，投东北行，路多浅沙，旬月始抵成山。计自上海至直沽杨村码头，凡一万三千三百五十里。其后再变，自刘家港出洋【扬】子江，开洋，落潮，东北行，离万里长滩，至白水、绿水，经黑水大洋，转成山，西行，过刘家港（应是刘公岛），入沙门岛，放莱州大洋，抵界河，至直沽。其道差有三变，自刘家港入海，至崇明三沙放洋，向东行，入黑水大洋，直取成山，转西至刘家岛（应是刘公岛），入沙门，放莱州大洋，至直沽。如遇风顺，由浙西至北直隶

---

① 陶澍：《进呈海运图疏》，《皇朝经世文编》卷四八，《户政二十三·漕运下》，中华书局 1992 年影印，第 1175—1176 页。

② 对此，清代人指出："江海之大，变迁尤甚。如崇明则自北迁南，海门则既坍复涨；狼山旧在海中，今则蠹列高原；云台山本居海外，今则涨连内地。以古例今，此类不可殚记。"高培源：《海运论》嘉庆十六年，《皇朝经世文编》卷四八，《户政二十三·漕运下》，第 1150 页。

③ 高培源：《海运论》嘉庆十六年，《皇朝经世文编》卷四八，《户政二十三·漕运下》，第 1149 页。

不过旬月而已,其道径便。"①

人们越是熟悉海洋,海上行走越是安全。"操舟航海自古有之,而要其大旨,今胜于古。近今更胜于前。其故无他,在舟师之谙与不谙而已。"② 道光五年,浙江巡抚阮元指出:"本朝海道较之元明尤为便捷,商船驶驾亦更精详。"③ 越是远离海岸的海道,越是不受海岸地理变化的影响④。"盖海船畏浅不畏深,畏礁不畏风,而畏浅尤甚于畏礁。明人沿礐求道,非礁即浅。无怪其难。自不若元代所开生道,即今沙船所行为最善。"⑤ 历明至清,黄海、东海和南海已经成为中国商人南来北往贸易的坦途。著名学者蓝鼎元明确指出:"臣生长海滨,习见海船之便利。商贾造舟置货,由福建厦门开船,顺风十余日即至天津,上而关东,下而胶州,上海、乍浦、宁波,皆闽广商船贸易之地,来往岁以为常。"⑥

清代航海者对于自家港出发,前往旅顺的航海路径详细记录如下:

> 自刘家港开船,出扬子江,靠南岸径使,候潮长,沿西岸行使,好风半日到白茆港,在江待之,潮平,带蓬橹,摇过撑脚沙尖,转过崇明沙嘴,挑不了水,望正东行使无碍,南有朱八沙、婆婆沙、三脚沙,可须避之。扬子江内北有双塔,开由范家港,沙滩东南有张家沙滩,江口有陆家沙脚,可避。口外有暗沙一带,连至崇明洲沙,亦可避之。江口有瞭角嘴,开洋或正西、西南、西北风,待潮落,往正东或带北一字行使,戳水约半日,可过长滩,便是白水洋;往东北行便见官绿水,一日,便见黑绿水;循黑、绿水

---

① 朱奎扬、张志奇等编:《天津县志》卷一〇,乾隆四年(1739)刻本,第17页。
② 谢占壬:《海运提要序》,《皇朝经世文编》卷四八,《户政二十三·漕运下》,第1154页。
③ 阮元:《海运考下》,《皇朝经世文编》卷四八,《户政二十三·漕运下》,第1148页。
④ 自元代至清代,漕粮海运海道主要有三条:一是自灵山放洋,沿海岸线航行,抵达成山;二是自灵山放洋,经黑水洋,而达成山;三是黑水大洋,取成山转向,在这三条海道中,以经过黑水大洋者为最安全、最便捷。
⑤ 陶澍:《进呈海运图疏》,《皇朝经世文编》卷四八,《户政二十三·漕运下》,第1175页。
⑥ 蓝鼎元:《漕粮兼资海运疏》,《皇朝经世文编》卷四八,《户政二十三·漕运下》,第1153页。

望正北行使，好风两日一夜到黑水洋；好风一日一夜或两日两夜便见北洋绿水；好风一日一夜，依针正北望，便是显神山；好风半日便见成山。

自转瞭角嘴，东过长滩，依针正北行使，早靠桃花班水边，北有长滩沙、向沙、半洋沙、阴沙、冥沙，切可避之。如在黑水洋内，正北带东，一字行使，料量风程日，不见成山，见黑水多，必是低了，可见升罗屿海中，岛西边有不等矶，如笔架山样，即便回望，北带西一字行使，好风一日一夜便见成山。若过黑水洋，见北洋官绿水色，或拢，必见延真岛，望西北见个山尖，便是九峰山，向北一带连去，有赤山、牢山二处，皆有岛屿可以抛泊。若牢山北望，有北茶山、白蓬头、石礁一路，横开百余里，激波如雪，即便开使，或复回，望东北行使，有马安山、竹山，岛南可入抛泊。北是旱门，亦有漫滩，也可抛泊。但东南风大，不可抛击，北向便是成山。

如在北洋官绿水内，好风一日一夜，正北望见山便是显神山，若挑西一字多，必是高了。但见赤山、九峰山，西南洋有北茶山、白峰头，即便复回，望东北行使，前有鸡鸣屿，内有浮礁一片，可以避之。往西有夫人屿，不可在内使船，收到刘岛西小门，也可进庙前抛泊。刘岛开洋，正西行使，好风一日到芝罘岛，东北有门，可入。西北离有百余里，有黑礁一片，三四亩大，避之。收到八角岛，东南有门，可入。

自芝罘岛有好风半日，使过抹直口，有金嘴石冲出洋内，潮落可见，避之。至新河海口到沙门岛，东南有浅，可挨深行使，南门可入。东边有门，有暗礁三块，日间可行，西北有门，可入庙前抛泊。沙门岛开洋，望北径过砣矶山、钦岛、没岛、南半洋、北半洋，到铁洋，往东收旅顺口。①

长江口以北的"海道"之所以远离海岸线，清代学者对此做了非常清晰的解释，"凡舟行过佘山，即四顾汪洋，无岛屿可依。行船用罗盘格定方向，转针向北略东行，如东南风则针头偏东一个字；如西南风，

---

① 朱奎扬、张志奇等编：《天津县志》卷一〇，乾隆四年（1739）刻本，第10—12页。

则针用子午。查江南佘山与山东铁槎山南北遥对,为之南槎、北槎,行船应用子午正针。因江境云梯关迤东有大沙一道,自西向东接涨甚远,暗伏海中,恐东风过旺,船行落西。是以针头必须偏东一个字,避过暗沙,再换正针。此沙径东北积为沙埂,舟人呼为沙头山。若船行过于偏东,一直上北,便见高丽诸山。故将至大沙时,仍须偏西,始能对成山一带也"①。

狼山镇狼右营、掘港营、盐城营、庙湾营、佃湖营和东海营分段管辖的外洋汛地——佘山至赣榆县莺游山对出之洋面,大致是沿着古今上海与连云港之间的航线划分的。这一段航线长度为398海里(737千米),即资料中所说的"约共一千五六百里",外洋的内侧沙洲标志自南而北有:勿南沙、郎家沙、金家沙、黄子沙、蒲子沙、长沙等。正是由于距离海岸较远,附近又无岛屿作为标志,一旦发生疏防事件,负责巡哨的水师官员互相推诿责任。

(三)江苏与山东的内外洋分界线

"江南、山东交界洋面有大沙,从江南盐城县起,横亘千里,直抵北洋。其沙尖与莺游山相对沙尖以南属江南,沙尖以北属山东,即以莺游山为界。如遇失事,一据事主具报,即日飞关邻汛,确实查勘被盗界址系何省营汛所辖,即责成该营员弁上紧缉拿,按限参处。"② 莺游山,又称莺游门。这应当是比较早的划界规定,只是规定了莺游山与大沙尖之间的垂直线为两省的内外洋交界处。但是,大沙尖在哪里?在海洋上却没有明显的坐标。当商船在莺游山以东洋面失盗,两省水师官兵难免互相推卸责任。

"向来东省洋面以莺游门为界,江南洋面以牛车山为界。而牛车山距莺游门中间尚隔一百二十里,从前未经立定界址,以致遇有盗劫案件,彼此互相推诿。"③ 按照设计者的初衷,在两省交界洋面实行交错巡洋,无非为了实现水师巡洋的无缝对接,不留任何间隙。但是这种设

---

① 《航海图说》,王锡祺编:《小方壶斋舆地丛钞》第九帙,光绪三年(1877)著易堂藏版,第23页。
② 明亮等纂修:《钦定中枢政考》绿营卷二二,道光朝刻本,第12页。
③ 《清高宗实录》卷一四三六,乾隆五十八年九月庚子。见《清实录》第27册,中华书局1985年影印,第201页。

计显然有一个漏洞,即在牛车山和莺游门之间的69千米宽度内,山东与江苏水师均有巡洋职责,如果在此区间发生海盗袭击商船事件,究竟应当追究哪一支水师的疏防责任呢?

1788—1789年,黑水洋连续发生商船被劫五案。该地方官认为,"黑水洋系江南洋面",属于狼山镇掘港营管辖。山东巡抚长麟为此向江苏巡抚发出咨文,请求缉拿海盗。不料于1782年接到两江总督书麟与江苏巡抚奇丰额复文,认为黑水洋属于山东管辖,要求双方派员会勘。为此,江苏委派常镇道梁群英,山东委派登莱青道曹芝田"梁群英甫出莺游门,即登云台山,南返。"曹芝田无奈,亦返回任所。第一次会勘,没有结果。新任山东巡抚觉罗吉庆认为,"事关两省洋面界址,必须同舟确勘,方可凭信"①。遂再次发出咨文,要求两位道员前往赣榆县会齐出洋。1793年5月,梁群英和曹芝田先后到达赣榆县。曹芝田三次向梁群英提出出洋会勘,而梁群英坚持认为《元史》记载黑水洋在成山附近,双方发生争执,不欢而散。第二次会勘,又无果而终。吉庆认为,海洋分界,事关巡洋,梁、曹二人身为高官,互相斗气、推诿,国家大事视同儿戏,"请将山东登莱青道曹芝田、江南常镇道梁群英一并交部严加议处,以为推诿者戒"②。同时考虑到黑水洋面究竟在何省界址内,必须勘定,为此奏请乾隆皇帝,钦派江苏狼山镇、山东登州镇大员会同查勘明确。

在这种情况下,乾隆皇帝敕令两镇总兵亲往查勘,"究明何省管界,即将该管疏防地方官严参办理"③。接到谕令后,登州镇总兵恩特黑黙、狼山镇总兵蔡攀龙于8月5日在两省交界处日照县夹仓口登舟对于"黑水洋"进行实地考察。他们在距离海岸500—600里(11更,每更50—60里)地方看到"黑水洋",并明确区分了两镇"外洋"的界线。这样奏报说:"此洋遥望东去,不知何所止极,四面绝无岛屿,无所画界。因金想由牛头山放洋直出,正属两省交界之区,虽在外洋,然就此山推

---

① 《山东巡抚觉罗吉庆奏参会勘洋面不力官员事》,乾隆五十八年四月十八日,中国第一历史档案馆藏录副奏折,档号:03-0258-078。

② 同上。

③ 《两江总督书麟江苏巡抚奇丰额奏为遵查黑水洋属何省管界并请将疏防刘河营游击色克图革职治罪事》,乾隆五十八年九月初一日,中国第一历史档案馆藏朱批奏折,档号:04-01-03-0033-003。

之,两省各有黑水。奴才等秉公分断,就牛头山安定罗经针盘,先定子午,而后线分卯酉东西,卯酉之上,为北,属东;卯酉之下,为南,属江。各认界管,永远遵守。"① "牛头山",就是现在的"车牛山岛",又称"牛车山"。牛头山位于连云港东北方向,海州湾内,距离陆地47.5千米,岛长400米,宽230米,东北距离达山岛6.8千米,距离平岛18.8千米。查阅海图,我们知道,"黑水洋"是黄海的一部分,大致在北纬32°—36°、东经123°以东一带,由于此处海水较深,水呈深蓝色,俗称"黑水洋"。与当年登州镇、狼山镇二总兵考察与分界情况完全一致。由此,我们知道乾隆时期确定的山东与江苏"外洋"大致在今天上海至大连的航线附近,因为这条航线也是中国帆船南北行走的传统航线。经过此次查勘黑水洋地方,清廷进一步确定了山东与江苏的内外洋界线,明确规定:"以牛车山为界。牛车山之南为江南界,牛车山之北为山东界。嗣后遇有劫案,该船户等不论在山东、江南何处衙门具报,即速移知接壤营县严拿。"②

就事后来看,乾隆时期已将"黑水洋"南北一线划为"外洋",加以管辖。两江总督书麟和江苏巡抚奇丰额当年为此奏报说:"臣等伏思外洋交界处所,遇有盗劫之案,自当立时关会,一面查勘详报,一面协同侦缉,庶案可立定,而盗犯不致远飏。何得以洋面并无'黑水'字样,意存推诿。况现据该镇等勘明,两省外洋俱有黑水,则从前推诿之员自应查参,示惩。"③ 随后,他们又一一说明商船在黑水洋既往失事情况,追究了刘河营游击色克图等失职责任。由此我们知道,山东的"外洋"远离海岸高达500—600里。当时之所以将"外洋"画在距海岸500—600里的"黑水洋"附近,那是因为靠近山东海岸的水域地形复杂,无法行船。南北行走的帆船必须远离海岸,才能避开搁浅的危险。

---

① 《山东登州镇总兵恩特黑黙江南狼山镇总兵蔡攀龙奏为勘明黑水洋面情形绘图注说事》,乾隆五十八年八月二十八日,中国第一历史档案馆藏朱批奏折,档号:04—01—03—0033—006。

② 《清高宗实录》卷一四三六,乾隆五十八年九月庚子,见《清实录》第27册,第201页。

③ 《两江总督书麟江苏巡抚奇丰额奏为遵查黑水洋属何省管界并请将疏防刘河营游击色克图革职治罪事》,乾隆五十八年九月初一日,中国第一历史档案馆藏朱批奏折,档号:04—01—03—0033—003。

上述事例与江苏划分内外洋的标志完全一致，互为证明。可见在黄海划分"外洋"是以帆船航线"黑水洋"附近为标志的。

二 江苏水师巡洋制度——以苏松镇为例

江苏外海水师，最初只有苏松镇中、左、右、奇四营和狼山镇之狼右营、掘港营。后来，川沙营、吴淞营、南汇营等陆续改为水师，到道光时期基本定型。苏松镇中、左、右、奇四营是该省外海水师主力，共设战船94只，狼山镇狼右营、掘港营，共设战船19只，川沙营、吴淞营、南汇营共设战船39只。① 按照规定，各种战船三年一小修、六年一大修，九年拆造。每届修造之年，通常由各营奏报，估算修造。承修官为知府，监修官为盐巡道或苏松太道。清代造船制度非常复杂，本书无法展开讨论。②

（一）水师巡洋制度的草创

从《大清会典则例》来看，水师巡洋制度在康熙朝已经建立，但在第一历史档案馆藏朱批奏折和录副奏折中很少看到有关巡洋的内容，可能是当时总兵官尚未形成按期奏报巡洋的制度，即使有一些，也是其他官员奏报的。

例如，1712年6月22日（康熙五十一年五月十九日），苏州织造李煦奏报道："访得浙江温州镇左营兵丁萧国相等三十二名同中营把总万一安各出洋巡哨，于凤凰汛遇贼船七只，贼击萧国相船，当有头舵、水手八人赴水下杉板船走脱，其萧国相等二十四名尽被杀死，船只烧毁。把总万一安乘上风放炮进攻，奈火炮不利，有焰无声，见势危急，即驾船回港。此温州镇凤凰汛五月十九日事也。臣又访得台州黄岩镇左营游击阎福玉统兵八十余名赴海，出牛头门巡缉。是日，有两只客船到来，口称后有贼船赶来，你们要客商挂号银钱，贼也不去赶拿。福玉闻

---

① 《两江总督琦善奏为查明水师会哨巡缉情形并酌筹明年海运漕粮稽查防范事》，道光五年九月初二日，第一领事档案馆藏录副奏折，档号：03—2977—018。

② 王宏斌：《清代前期海防：思想与制度》，社会科学文献出版社2003年版，第90—145页。

言，即驾船追到金沙滩（即燕海坞）地方，果遇贼船。福玉见船开炮。是日，东风甚大，贼船处顺，官船处逆，所以炮火不能伤贼。福玉领兵自滚藤牌杀上贼船，砍死贼十余人。但贼多兵少，福玉被贼刀砍左臂，枪刺右胁，受伤落水，仍被贼杀死，二兵丁亦杀死六十余人，贼抛火罐，船只烧坏。此时，随巡把总丘应魁并头目兵丁十余人另坐一船逃回报信。此台州燕海坞五月二十三日事也。"① 关于这两起事件的起因不是本书关注的重点。在这一奏折中，我们看到的是水师官兵是在"巡哨"和"巡缉"过程中被杀害的，这说明巡洋制度在康熙晚期已经草创。按照两江总督尹继善的说法，草创的时间是 1709 年（康熙四十八年）。②

雍正时期是水师巡洋制度的形成阶段。就江南而言，这一时期苏松镇水师官兵已经开始每年按照季节出海巡洋，总兵官已经形成春、秋两季分别奏报出海巡洋情况的制度。例如，1723 年 10 月 22 日（雍正元年九月二十四日），江南水师提督高其倬奏报道："江南水师官兵船只向例饬令各营，春自三月起，至五月止；秋自七月起至九月止，在洋操练。今蒙谕旨严切，臣更督饬各营日逐勤加训练，务期驾驶纯熟，转旋便捷。仰副圣主防范海疆之睿怀也。"③ 春、秋两操属于水师巡洋会哨的重要组成部分。按照规定，水师提督和各镇总兵官在奏报中不仅要汇报当年水师操演、巡哨情形，同时还要禀报所经历地区的米粮收成和雨雪情况，有时还涉及粮价、银钱比价变动情况。

1725 年 7 月 12 日（雍正三年六月初三日），江南苏松水师总兵陈天培奏报，春季驾驶赶缯船出洋，看到"海洋宁谧，商贾无惊"，并禀报了崇明县遭受海啸之后的赈济灾民事宜。④

1728 年 7 月 9 日（雍正六年六月初三日），江南苏松总兵林秀奏报道："于三月初四日抵崇明任事，随查本标外洋春哨前升任总兵官臣陈

---

① 《苏州织造李煦奏为温州镇左营兵丁萧国相出洋巡哨于凤凰遇贼被杀情形事》，康熙五十一年八月初八日，第一历史档案馆藏朱批奏折，档号：04—01—30—0197—040。
② 《两江总督尹继善奏为酌定水师各营内外洋巡防章程事》，乾隆十二年四月初九日，第一历史档案馆藏朱批奏折，档号：04—01—01—0146—002。
③ 《江南提督高其倬奏报江苏松江收成分数并地方粮价河道及水师训练情形事》，雍正元年九月二十四日，第一历史档案馆藏朱批奏折，档号：04—01—30—0271—011。
④ 《江南苏松水师总兵陈天培奏为出洋游巡海洋安静并崇明海啸后赈济事》，雍正三年六月初三日，第一历史档案馆藏朱批奏折，档号：04—01—30—0106—032。

天培已经派拨官兵船只，行令各营游击顾金策带领出洋巡哨外，今臣莅任，例应不时亲身监督，遵于三月二十五日坐驾小哨船前赴外洋，统领原派官兵船只往返游巡，仰仗我皇上德威远播，海疆宁谧，商贾无惊"①；同时，他还汇报了二麦丰收和米粮价格。康熙、雍正、乾隆时期各地武官通常在向皇帝奏报各地军事问题时，还要奏报当地庄稼长势、粮价高低、雨雪旱涝、银钱比价等情况，这些信息均是清廷藉以观察民情、预防民变的晴雨表。由于各地庄稼长势、粮价高低、雨雪旱涝、银钱比价等信息不是本书探讨的重点，以后引用这些奏折时，如无特殊需要，均不再提及这方面的内容。

1731年10月31日（雍正九年十月初一日），江南崇明总兵李灿奏报道："每逢将、备、千、把出巡内外海洋，臣必亲赴各船点验炮械、杠具等项，饬令加紧梭织游巡，不时督察，以稽勤惰。仰赖皇上政教弘敷，德威远播，岛屿清宁，并无宵小潜踪，来往商渔各安生理。兹当九月底巡期已满，外洋船循例撤回，而内洋之沙船臣仍照例饬令备弁往来哨巡，不许少懈。其内外各沙陆汛每当收获之时，臣俱拨备弁，分段游巡地方，俱各宁谧。"②

（二）巡洋制度日趋严密

大致说来，从1733年（雍正十一年）开始，尤其是到了乾隆初年，江南水师提督或苏松镇总兵关于该镇巡洋的奏报已经制度化，每年春秋两季均有奏报。无轮奏折写得长一些还是短一些，但内容均十分相近。

下面这个奏折属于较长的一类，奏报者是苏松镇总兵陈伦炯。在这个奏折中，他不仅说明了苏松水师每年按季巡逻内洋、外洋以及与狼山镇会哨情况，而且详细说明了春哨所派船只和军队的规模，还强调了总兵官的督巡以及水师官兵的操演情况。

崇明水师官兵例应每年按季会巡外洋，春、秋两哨，而策演习水操，遵行在案。前届春季，内洋，经臣派委左营守备杨天柱、夏

---

① 《江南崇明水师总兵林秀奏为亲督官兵前赴外洋巡哨事》，雍正六年六月初三日，第一历史档案馆藏朱批奏折，档号：04—01—30—0159—031。
② 《世宗宪皇帝朱批谕旨》卷九三，乾隆三年（1738）刻本，第6页。

季奇营守备常士德带领各营千、把总、外委等乘坐沙船五只，配足军械，共兵二百五十名，前赴内洋之永宁沙、戏台沙、半洋等沙一带洋汛，梭织游巡。与其邻汛之狼山各标营沙船，常川会哨。至于二月，外洋轮拨左营游击王大德，统领署右营守备事中营千总徐仙及中、左、奇各营千、把、外委等坐驾缯船六只，配足军火器械，共兵四百二十人。随巡川沙营参将倪洪范、署吴淞营守备张尚武等缯船四只，共兵二百九十六名，前往外洋，互相巡缉。各去后，臣于二月初九日坐驾沙船，先由内洋各沙稽察勤惰，并调川沙、吴淞、黄浦、刘河各营沙船，会同本标四营沙船，于二十日齐集顾四房沟汛口洋面，演练水操，逐一查阅。联船分艅往来、戗驶以及释放枪炮等项攻击之法，较前尤觉习熟，臣分别奖赏，训以练习事宜，饬归各汛。臣于二十七日回营，呈咨督、提二臣报部讫。嗣于三月十二日，仍从内洋永宁等沙以至七丫、白茅港等处查察。另又换坐缯船二只，于四月初三日出海督巡外洋。初八日，会合本标游击王大德等各船，随艅查察羊山、马迹等洋。十三、十四、十五等日，分头巡缉。又率各船遍历浙江之舟山岑港各岛屿，无分疆界侦探、搜查，宵小绝迹，所遇商艘、渔船咸称乐业，胥庆太平。饬令游击王大德亲率舟师，相机察缉。臣于五月初二日收回崇港，将秋哨官兵器械各缯船复加检点，造册报部。于六月初一日更换春哨官兵船只回营外，所有微臣督察内外海洋，仰赖皇上福泽遐敷均邀宁谧，理合缮折恭奏。①

从上面这一资料可以看出，江南春哨，水师分为四支力量：一支由左营守备带领，沙船 5 只，官兵 250 名，负责巡逻内洋永宁沙、戏台沙、半洋等沙，"梭织游巡"，并与"邻汛之狼山各标营沙船常川会哨"；另一支由左营游击带领，缯船 6 只，官兵 420 人，前往外洋巡缉；第三支属于随巡，由川沙营参将带领，缯船 4 只，官兵 296 人，共同担负江南外洋巡逻任务。除了委派各营官兵在内外洋巡逻会哨之外，苏松总兵官还要亲身带领一部分官兵，乘坐两只赶缯船，前赴内洋和外洋督

---

① 《江南苏松水师总兵陈伦炯奏为督巡春哨海宇安澜等事》，乾隆三年六月初四日，第一历史档案馆藏朱批奏折，档号：04—01—03—0016—004。

巡，这是第四支水师巡洋力量。前三支力量属于常川巡哨，后一支属于临时派遣。也就是说，每逢春哨、秋哨期间，在江南内外洋面活动中四支水师力量，分别执行巡缉、会哨等巡洋任务。为了保证水师官兵尽职尽责，常川梭织巡逻，总兵官还要亲自带领一支力量前往各处洋面进行督巡。另外，1745 年（乾隆十年），开始在小羊山派驻水师哨船。小羊山的澱港是江浙两省商船渔船聚泊地。当时官兵巡洋的船只为鸟船，因船大身重大，不能收泊港内，只好惟寄碇半洋，遥望而返。因此有人建议设立小哨船二只，挑选弁兵，前往小羊山驻泊，弹压商渔等船。"遇抢夺情事，严拿解究。探知某山某澳有奸匪形迹，即密报巡哨将、备，协力搜擒。俟秋底满哨，渔船进口，官兵一并撤回。"①

于此可见，乾隆初年江南水师巡洋制度已经趋于严密。"内洋例遣备弁共驾沙船五只，按季轮替在洋巡缉；至外洋巡期例系春、秋两哨，轮遣游击一员，守备一员，督驾兵船哨巡。"② 1747 年（乾隆十二年），江南水师巡洋制度进一步严密。

（三）巡洋制度的改革

1746 年（乾隆十一年），苏松镇水师总兵胡贵奏请，为了避免误用人员，内河陆路将弁请改外海水师者，应当经过外洋考验，该镇中营、奇营游击亦应出洋巡哨。乾隆皇帝将这个奏折批交两江总督尹继善处理。为此，尹继善对于江南水师巡洋提出了一个综合方案。

他首先肯定了胡贵建议的合理性。"臣查得胡贵奏称：水陆误用人员，例应题请改调，但非涉历大洋演习，讵能晓畅情形，请嗣后凡内河陆路之将备欲改外海水师者，发往外海标营，跟随巡洋官演习一回，如果不畏风涛，胆略去得，据报核题，渔缺改调，等语。伏思定例，外海水师误用陆路内河者，准其改调，原欲收人才之实用。若内河、陆路之武职请改外海水师，不加试验，其果否习练大洋无从得悉，应如胡贵所奏。嗣后内河、陆路将备欲改外海水师者，发往外海标营演习，如果不

---

① 《清高宗实录》卷二四七，乾隆十年八月己巳，见《清实录》第 12 册，中华书局 1985 年影印，第 189 页。
② 《苏松水师总兵李灿奏为本年春哨巡洋及春花收成情形事》，雍正十二年五月初二日，第一历史档案馆藏朱批奏折，档号：04—01—30—0199—011。

畏风涛，胆略去得，方准改调。"① "又据奏称：该镇标系外海水师，每年春秋两哨派左、右两营游击、中、左、右、奇四营守备带同弁兵出洋巡缉，其中营游击职司粮饷，奇营游击职司城守，向不派巡。但身任水师，未熟海道，遇有遣用，将何以济。请嗣后奇营游击轮班出洋巡哨，中军游击若一体轮巡，恐案件文册稽误，应于每年不拘春秋两哨，出巡一次，不计月日，巡毕即回。遇有失事，请免处分等语。伏查外海水师重在熟悉洋面，若不亲临海洋，则岛屿之向背，沙礁之隐见，胸无成竹，缓急核恃。"②

然后他指出，"臣检查海巡原案，康熙四十八年谨陈海洋分总等事，定议每年二月初一日出洋，至九月终撤回，原无分春秋两班即指定左、右两营游击轮巡，中、奇两营免其巡哨也。彼时镇臣以中营职司粮饷，奇营职司城守，皆不在派巡海洋之内，原非至当。"③ 由此，我们知道，江南水师的巡洋制度至少是从康熙四十八年开始草创并实行的。

为此，尹继善提出中、左、右、奇四营游击轮班出巡的方案。在他看来，"奇营游击与左右两营游击轮派出洋，乃职分之当"。至于中营游击，尽管有经管兵马钱粮之责，与别营微有不同。其出巡之月，所有中营事务即委其他营官代办，亦不致稽误。"自应与各营一体轮巡。"既然各营游击一体轮巡，洋面失事，"题参疏防亦应遵照定例，分别参处"。不过，从前出洋巡查，只是左、右二营游击轮派，官兵分为春秋两班，现在是四营游击轮巡，若仍照从前每年分为春秋两班，四个月更换，是每员俱相隔二年轮巡一次，为日太久。海面情形难得熟悉。为此他建议："自二月至九月，计八个月，应将四营之游、守八员，分为四班，每营游击各分巡两个月，各营守备与游击错综更班，每员亦随同游击分巡两个月，俾一年一周，于洋面既可熟悉，而每班两月亦不至过于劳苦。川沙、吴淞二营向同苏松水师镇标营春秋两季轮班出巡，今亦以两个月一班，分为四班。查该二营每营参将一员，守备一员，共四员，每员派巡两月，亦令一年一周。其未轮班之各营仍照旧例派拨弁兵，一

---

① 《两江总督尹继善奏为酌定水师各营内外洋巡防章程事》，乾隆十二年四月初九日，第一历史档案馆藏朱批奏折，档号：04—01—01—0146—002。
② 同上。
③ 同上。

体驾舟随巡。至于十月至正月共四个月，此时商渔船只星散，西北风狂，难以泊舰，官兵例不出巡。各营向无专责。但海洋紧要，亦不可不时刻留心。今计四个月，共一百二十日，应令镇标四营及川、吴二营每营各分管二十日。何营分管期内失事，即参分管之营，俾汛守不致空悬，彼此不得推诿。"① 如此这般设计，既实现了中、左、右、奇、川沙、吴淞等六营游击、都司、参将、守备等责任相同，风险分担的公平原则，又使参与巡洋的官兵劳苦有所减少。

不过，在尹继善看来，将弁勇怯不等，勤惰不齐，责成虽专，而督察尤不可不力。"向来出哨官兵每有畏难、规避，或借称风色不顺，久泊海口，或偶尔涉猎洋面，寄碇日多。"自从胡贵连年亲身赴洋督巡之后，"迩年以来，洋巡颇为整顿。今哨期更定，各营之劳逸适均，益宜殚力操防，责成镇臣实心督察，不使日久玩生，复蹈从前积习，庶海疆可收哨巡之实益，而水师亦得谙练之真才。此酌定外洋巡哨之章程也"②。

此次，尹继善不仅对于外洋巡哨制度进行了改革，而且对于各营内洋分防的界线进行了厘清。崇明一带内洋，为长江之尾闾，海道之咽喉。在此周围，清军驻扎有狼山镇、苏松镇、江南提督所辖之川沙营、吴淞营、福山营、刘河营，可以说是星罗棋布，"营制最称严密"。最初，在这些军队中，只有狼山镇和苏松镇为水师，"是以洋面独归两标营分管，其余各营虽处沿海，均系陆路，不管水面"③。1708年（康熙四十七年），川沙营、吴淞营改为外海水师，参与巡洋活动。雍正年间，福山、刘河二营亦先后改为水师，分防内洋和内河。但是，各营巡哨的范围没有明确区分，以致发生失盗案件，彼此互相推诿。1737年（乾隆二年），虽有以中流为界之议，但当时没有共同勘定。因此，遇事难免彼此争执。"如崇明县事主龚前筹在川沙营周家浜汛岸外被劫一案，该营犹以洋面非伊所管，诿之苏镇各营。"再如，川、吴两营壤地相连，有胡港口迤东至海口一汛，川沙营则称彼处商渔船只验挂出入，向属吴淞，应并归吴淞。而吴淞营又称：应归两营分管。至于汇头一带，约有

---

① 《两江总督尹继善奏为酌定水师各营内外洋巡防章程事》，乾隆十二年四月初九日，第一历史档案馆藏朱批奏折，档号：04—01—01—0146—002。
② 同上。
③ 同上。

百里之阔，虽与南汇营汛地相连，但南汇营自认该营为陆路，遂置洋面于不顾。而水师各营又因非汛内之地，视同膜外。如此推诿，必然贻误防守。江南海洋汛地特别重要，无事当为有事之防，必须明确各营界线，以专责成。为此，尹继善委派崇明、宝山二县、川沙、吴淞二营参将共同勘查水陆汛地，秉公议定界线。苏松镇标各营西与福山营相对，西南与刘河营相对，东南与川沙、吴淞二营对峙，"各就汛内洋面分管，悉以中流为界"。至于川沙、吴淞相互推诿之胡港口黄浦迤东至杨家嘴一带洋面，"亦各就川、吴附近地界划分，东南属川沙营，西北属吴淞营，并以中流为界"①。"惟船只出口挂号仍循旧例，专归吴淞营。"其汇头附近百里洋面虽与南汇营陆汛相对，但该营专管陆路，难兼水师。"今计其程途南至川沙营五十余里，北至苏镇标营八十余里，西至吴淞营百有余里，程途俱不为近，且均非本汛洋面，以难专责一营管辖。应作苏松镇四营及川沙、吴淞公汛，每年每营分管两月，狹轮更替出洋游巡，毋许间断。遇轮巡之月，具文通报。"② 这就是尹继善酌定的内外洋巡防章程。根据尹继善的奏议，乾隆帝指出："如卿所议行。"③

（四）1765年（乾隆三十年），江洋大盗龚老大在江浙洋面横行一时，乾隆皇帝要求各地文武官员务必做到："洋盗根株尽绝，估船往来安行；严立章程，巡防搜缉。"在扑灭这一股海盗势力之后，两江总督高晋、江苏巡抚明德遵旨讨论巡洋章程修订事宜，意识到南汇营应当改为外海水师营。南汇迤东沙地形势突出海中，名曰汇头。洋面约有百里，一向为苏松镇标中、左、右、奇四营以及川沙、吴淞二营"公汛"。每年每营分管两月，轮派弁兵游巡。汇头以南有大泖、二泖两个海口，该海口距离陆汛自十里至三十里不等。"其地对峙大小羊山，为海洋最险之区。外洋商船或收口寄碇，或避险就平，必趋大勒、二勒两口。经过汇头，中有暗沙，每致搁浅。附近奸民因该处离汛遥远，即乘机抢夺，甚至有强劫之事。"南汇以南之青村、柘林、金山均系陆路海塘，沿途一带洋面并无水师专辖，未免疏漏。"在陆汛相隔遥远，闻风追缉，已属事后。而洋汛别

---

① 《两江总督尹继善奏为酌定水师各营内外洋巡防章程事》，乾隆十二年四月初九日，中国第一历史档案馆藏朱批奏折，档号：04—01—01—0146—002。
② 同上。
③ 《清高宗实录》卷二八九，乾隆十二年四月己丑，见《清实录》第12册，第788—789页。

营官兵越境游巡，更属鞭长莫及。"于是，他们联名奏请，将南汇营改为外海水师营。"专责该营都司、千总二员，按月轮派，坐驾缯船出哨，每年每员各轮巡六个月，其把总、外委四员，坐驾小沙船专巡沿塘一带浅水洋面，每年每员轮巡三个月，均就近听苏松镇总兵督察。遇有失事，即将轮巡之员弁开参。至汇头以外洋面统归苏镇标四营并川沙、吴淞二营轮巡哨探。"① 这一建议得到皇帝批准。②

春哨，又叫春巡，时间是阴历二月初一至五月底；秋哨，又称秋巡，时间是阴历六月初一至九月底。后来分为四班，每两个月一班，头班负责二、三月，二班负责四、五月，三班负责六、七月，四班负责八、九月。总巡为游击或都司，分巡为守备或千总。总巡、分巡官兵在巡逻期内负责江南内外洋岛屿和洋面的治安，这叫作"梭织游巡"。巡逻期满，总巡、分巡按期撤回，这叫做"撤巡"。

1781年（乾隆四十六年），江苏水师巡洋制度又经历了一次改革。巡洋班次以三个月为一班，按春、夏、秋、冬四季出巡，苏松镇中、左、右、奇四营，每季轮派官弁11员，带领水陆兵丁288名，坐驾罟哨、舢舨等船9只巡洋。所辖内外洋面，并与狼山镇右营、川沙营、吴淞营等巡洋员弁在半洋沙等处洋面会哨；川沙营每季轮派官弁2员，坐驾哨船2只，带领水陆兵丁48名，吴淞营每季轮派官弁2员，坐驾哨船2只，带领水陆兵丁60名，南汇营每季轮派官弁3员，坐驾哨船3只，带领水陆兵丁72名，巡缉所辖洋面。并与苏松镇中、左、右、奇四营巡洋员弁在汇头等处洋面会哨；狼山镇右营每季轮派官弁3员，坐驾哨船3只，带领水陆兵丁68名，巡缉所辖洋面，与掘港营巡洋员弁在大洋稍洋面会哨后，又与苏松镇中、左、右、奇四营巡洋员弁在佘山外洋会哨。掘港营每季轮派官弁2员，坐驾哨船1只，带领水陆兵丁32名，巡缉所辖洋面，并与狼山右营在大洋稍洋面会哨。③

总之，清廷以责有专归为原则，设法防止绿营水师各种推诿流弊的

---

① 《两江总督高晋江苏巡抚明德奏为请改沿海水师营以专责成以资巡防事》，乾隆三十一年三月初六日，第一历史档案馆藏朱批奏折，档号：04—01—03—0027—022。
② 《呈高晋参奏请将南汇营改为外海水师专管洋面轮巡一折奉旨单》，乾隆三十一年三月十八日，第一历史档案馆藏朱批奏折，档号：04—01—01—0264—021。
③ 《两江总督琦善奏为查明水师会哨巡缉情形并酌筹明年海运漕粮稽查防范事》，道光五年九月初二日，第一领事档案馆藏录副奏折，档号：03—2977—018。

发生。"故既定期以会哨，复轮班以专巡，而总以各分界址为要。并分定界址，则责有专归，内外洋面彼此各分所管之地，布之以分巡，辖之以总巡，而又制之以统巡。兵船往来，上下梭织，于哨所传箭为凭，于会所取文为信。"①

一直到 1840 年第一次鸦片战争爆发，清朝官员对于这种巡洋制度是比较满意的，很少提出质疑。不过，条例毕竟是条例，在实施过程中，各种流弊还是时有发生，尤其是随着时间的推移，出现了严重问题。1832 年（道光十二年），"阿美士德"号驶入羊山外洋，道光帝为此申斥陶澍和林则徐。江南道监察御史周彦为此发表评论，呼吁大力整顿水师。在他看来，水师虚设，巡洋徒具形式，才是真正的要害。"定例未尝不严，无如各水师营员玩视偷安已非一日，每逢巡洋会哨，无不视为具文，兼以各省战船大半糟朽，所带弁兵中惯习水性者百无一二。似此疏防懈弛，又岂止江南苏松一镇。设再有夷船不守功令，乘风驶入内洋，更属不成事体。"②

三 苏松镇水师总兵官的督巡制度

苏松镇，由于驻扎在崇明县，又称崇明镇，简称"崇镇"。苏松镇总兵每年春、秋两季进行"督巡"，时间不定，由总兵官临时决定。总兵督巡时，不仅要考察在内外洋巡逻官兵的勤惰，还要考察其军事技术和训练。在完成督巡任务之后，总兵官必须立即向皇帝奏明本次督巡的主要经过，不仅要奏报所属洋面是否安静，有无违例搭寮私捕，船照、腰记是否相符，还要奏报渔汛、蜇汛，商渔获利情形以及崇明本地庄稼长势和粮食收成如何。这些奏折虽然是千篇一律的格式化公文，不免有敷衍的性质，而实实在在证实了巡洋制度的真实存在和长期坚持，确确实实证明了清代前期巡洋制度表现出的成熟性、完备性和日常性。对于这些奏折进行考证式的解读和整理，毫无疑问是一种正确的研究历史的

---

① 《军机大臣曹振镛兵部尚书王宗诚等奏为会议御史史达镛奏陈水师隔省会哨章程及推广储人才事》，道光十年八月十四日，第一历史档案馆藏朱批奏折，档号：03—2978—066。
② 《江南道监察御史周彦奏为慎重海防严饬水师巡洋会哨事》，道光十二年九月初三日，第一历史档案馆藏录副奏折，档号：03—3016—007。

方法。而将这些格式化的公文看作是史料的一个整体，或许可以获得更多的信息，历史研究的生命力和价值亦将得到进一步的拓展和升华。

表 4-1　　　　江南苏松镇总兵督巡情形一览（1733—1794）

年份	巡洋情况	奏报人	朱批奏折或录副奏折档号
1733	本年二月初一日春哨届期，臣委右营游击顾金策率领四营官兵坐驾赶缯船六只，配齐军械，赴外洋一带及江浙洋面交界处所联络游巡。臣复不时亲统舟师督察。仰赖皇上德威远播，海宇清宁，商渔乐业，并无宵小踪迹	江南苏松镇总兵李灿	朱批奏折，档号：04—01—30—0199—004
1733	本年六月初一日届当更换秋哨之期，臣即委署理左营游击事守备杨天柱率领四营官弁，共驾赶缯船六只，配足军火炮械，前赴外洋，严饬加谨梭织游巡，不得偷安怠误。嗣于七月十七日，新补署左营游击王大德到营任事，出洋接巡，更换守备杨天柱回营。臣复不时躬亲出洋督察，以稽勤惰。仰赖皇上德威远播，海宇清宁，并无宵小踪迹。商渔船只往来贸捕，咸欣乐业	江南苏松镇总兵李灿	朱批奏折，档号：04—01—30—0199—007
1734	本年二月初一日届应春哨，臣循照往例，委令署左营游击王大德率领四营备弁，共驾赶缯船六只，配齐军火炮械，即于二月初一日前出外洋，饬令严督，小心驾驶，加谨周遍巡缉，毋得偷安怠误。臣复不时亲赴内外洋汛督察，以稽勤惰。仰赖皇上德化涵濡，海宇清宁，宵小踪迹，商艘渔船咸欣乐业	江南苏松镇总兵李灿	朱批奏折，档号：04—01—30—0199—011
1734	本年六月初一日届当更换秋哨之期，臣即委右营游击蔡应举率领四营官兵，坐驾赶缯船六只，配足军火炮械，赴外洋一带及江浙洋面交界处所，联络游巡。臣复不时躬亲督察，以稽勤惰。仰赖皇上德威远播，海宇清宁，商渔乐业，并无宵小踪迹。今九月底外洋汛期已满，循例撤巡	江南苏松镇总兵李灿	朱批奏折，档号：04—01—30—0199—013
1735	臣原有督哨之责，更应试练水师。于闰四月初八日带领弁兵，坐驾战船，由内海以达外洋，周巡遍历，仰赖皇上福德远被，海宇清宁，所到地方俱各安静。兹以时届六月，应将春哨兵船撤换，秋哨官兵出洋巡缉	江南苏松镇总兵陈伦炯	朱批奏折，档号：04—01—30—0199—025

续表

年份	巡洋情况	奏报人	朱批奏折或录副奏折档号
1735	臣于七月二十一日，先至内洋稽查各哨官兵，并察外沙各汛，均安静无事。至八月初八日，臣换坐外海缯船出洋，督率在洋官兵周历大戬山、小戬山、大羊山、小羊山、徐公山、马迹山等处岛澳，乘风便利，直至与浙江交界之舟山，遍督哨巡。所有各处海汛并皆宁谧，商艘安行。随于二十三日回营。今留洋统兵侦巡之右营游击蔡应举等哨期已满，亦于九月二十九日回汛	江南苏松镇总兵陈伦炯	朱批奏折，档号：04—01—30—0199—022
1736	崇明一镇独处海表，四面汪洋，为南北诸省海道要冲，是以崇标水师弁兵每于仲春各驾战舰出洋哨缉，以靖地方，直至仲夏方令回营更换出哨。其间总兵官有不时出洋稽查各哨勤惰之责。兹乾隆元年，臣循例调遣右营游击蔡应举率领中营守备陈普、千、把、外委李大纶等八员，带兵四百二十名，坐驾缯船六只，于二月初一日出口巡哨。臣于三月初八日另驾战舰，出洋督率周巡海中各处岛屿，搜捕潜藏奸匪，至四月十五日回署	江南苏松镇总兵陈伦炯	朱批奏折，档号：04—01—01—0005—023
1737	臣于六月初一日轮派臣标右营游击蔡应举带领奇营守备常士德及千、把员弁，乘坐缯船六只，配兵四百二十名，率同川沙营守备丁国相、吴淞营守备蔡士元等乘坐缯船四只，配兵二百九十六名更替春哨官兵，出洋巡哨。业经通报兵部在案。臣于七月十七日，乘坐缯船二只，配带官兵，前赴外洋，督巡稽察在洋官兵勤惰，经大戬、羊山、马迹等山岛，于八月初二日回崇。嗣又于九月初四日仍赴外洋督巡，并乘风至浙江交界之渔山及舟山之岑港等处周环巡缉。仰赖皇上福庇，所到洋面，俱各安澜，奸匪绝迹	江南苏松镇总兵陈伦炯	朱批奏折，档号：04—01—01—0016—020

续表

年份	巡洋情况	奏报人	朱批奏折或录副奏折档号
1738	臣于四月初三日出海督巡外洋。初八日,会合本标游击王大德等各船,随艘查察羊山、马迹等洋。十三、十四、十五等日,分头巡缉。又率各船遍历浙江之舟山岑港各岛屿,无分疆界侦探、搜查,宵小绝迹,所遇商艘、渔船咸称乐业,胥庆太平。饬令游击王大德亲率舟师,相机察缉。臣于五月初二日收回崇港,将秋哨官兵器械各缯船复加检点,造册报部	江南苏松镇总兵陈伦炯	朱批奏折,档号:04—01—03—0016—004
1738	臣于六月初一日轮委崇标右营游击蔡应举带领左营守备杨天柱及千、把、外委,配足兵丁、器械,分驾缯船六只,又,随巡吴淞营参将辛开元等、川沙营季登仕等配足兵丁、器械,各坐缯船二只,统巡外洋,通报兵部在案。臣于七月十八、十九等日乘坐沙船二只,先由大安、永宁等沙遍行查缉,另换缯船前赴外洋督察各船勤惰,至八月初四日在洋舟次接到微臣恭请督运江楚仓谷至关一折,荷蒙皇上俞允,十一日又接户、兵二部札付,并督臣照会各到,臣随于十四日抵署。 出海督巡外洋。初八日,会合本标游击王大德等各船,随艘查察羊山、马迹等洋。十三、十四、十五等日,分头巡缉。又率各船遍历浙江之舟山岑港各岛屿,无分疆界侦探、搜查,宵小绝迹,所遇商艘、渔船咸称乐业,胥庆太平。饬令游击王大德亲率舟师,相机察缉。臣于五月初二日收回崇港,将秋哨官兵器械各缯船复加检点,造册报部	江南苏松镇总兵陈伦炯	朱批奏折,档号:04—01—03—0016—011

第四章　清代前期江苏的内外洋与水师巡洋制度　275

续表

年份	巡洋情况	奏报人	朱批奏折或录副奏折档号
1739	臣遵例于本年六月初一日轮派崇标右营游击蔡应举带领左营守备陈奇策及千、把、外委，配足目兵、器械，分驾缯船六只。又，随巡川沙营把总张廷相等、吴淞营守备蔡士元等各配足兵械，船只会巡各洋去后，臣于七月二十日乘坐沙船二只，先从内洋之大安沙、永宁沙等沙遍行查缉，俱各清宁。八月初六日，换坐缯船二只，由吴淞汇头一带外洋前赴羊山督察巡船，至十二日在马迹洋面，因值飓风，艰于寄碇，随乘飓风，顺驶至浙江定海岑港收泊。十四日风浪渐息，会合各船，差探岛澳，宵小绝迹	江南苏松镇总兵陈伦炯	朱批奏折，档号：04—01—03—0017—001
1740	臣于二月初一日轮派臣标护理左营游击事中军守备陈奇策，协同奇营守备许岱，带领千、把、外委、目兵，配足军械，分坐缯船六只。又，随巡川沙营、吴淞营参将备等各外洋巡哨去后，臣于二月内循例水操，另调川沙、吴淞、黄浦、刘河各营沙船齐集崇汛洋面，并令本标四营沙船于二十六七八九等日会合演练。臣亲自查阅联络，分艅往来，戗驶以及施放枪炮攻击之法，稍觉纯熟。臣分别奖赏，训以练习事宜。……于三月初一日呈咨督、提二臣报部。嗣于四月十一日，臣乘沙船出海督察内洋永宁、半沙等沙，二十一日，换乘外海缯船督巡外洋各哨，遍历羊山、马迹各岛及浙江定海各岛屿，巡缉稽察宵小绝迹，并询商艘渔船，皆为乐业，讴歌欢腾海宇，仍令各船梭织游巡。臣于五月二十二日收回崇港	江南苏松镇总兵陈伦炯	朱批奏折，档号：04—01—01—0053—012

续表

年份	巡洋情况	奏报人	朱批奏折或录副奏折档号
1740	臣于本年六月初一日遵例轮派右营游击蔡应举，带领中营守备陈鲁及千、把、外委等，配足目兵军火器械，分坐缯船六只，又，随巡川沙、吴淞两营备弁王勇等，各配兵械、缯船四只，会巡外洋去后，臣于七月十八日，坐驾沙船逐查内洋之大安、戏台、永宁等沙，并稽察崇标守备许岱等传旗会哨，各沙安静。至二十五日回崇。八月初三日，臣换乘外海战船，由吴淞出口，前往大七、马迹等洋面，直达浙江之小衢山、渔山一带哨巡，初十日于小羊山驻泊，督察右营游击蔡应举等各船，亦皆勤慎侦缉，海宇肃清	江南苏松镇总兵陈伦炯	朱批奏折，档号：04—01—01—0053—023
1741	本年六月初一日轮派右营代理守备事千总黄进，带领、把总钱士麒等，分坐缯船二只，各配兵丁六十名。又，沙船一只，配兵丁四十六名。又，哨船三只，各配兵丁四十名，并配足各船炮火，军械等项，在各沙内外洋汛梭织游巡，造开报部在案。臣于七月初二日另坐船只前往上海之半沙、绍庆等沙，以巡下游之吕四、戏台等沙洋面，遍行巡察，至七月十五日归营。又于八月二十一日，臣带右营游击郭公汉、左营守备袁文过等船，仍赴外洋循环督缉，至九月十三日收港旋署	江南苏松镇总兵陈伦炯	朱批奏折，档号：04—01—01—0064—031

续表

年份	巡洋情况	奏报人	朱批奏折或录副奏折档号
1744	臣标所属内外两洋，例应各派将、备、弁兵驾船，配械按期轮哨，诚恐将弁等巡哨疏懈，是以总兵有不时出洋督巡之责，兹值秋哨，臣于七月十六日坐驾沙船前赴内洋之大安、戏台、永宁等沙，遍历督巡……又于二十五日换驾缯船候风出口，前往外洋，所过大七、小七等山，不甚高大，无澳可入，旋抵小羊，此山面临大海，亦无澳门，上有庙宇，住一道人，下有渔船，张网捕蛰。臣随登山，饬令弁兵遍山探访，幸无奸匪。复将渔船所刊字号、姓名、渔照，所关舵水、年籍逐一查验，均属相符	江南苏松镇总兵胡贵	朱批奏折，档号：04—01—03—0018—005
1745	每年二月以至五月，例应外洋春哨，今派臣标左营游击俞耀瀚统率备、弁目兵配驾缯船，于所属之大七、小七、羊山、马迹等处洋面登山巡视，侦缉。商渔乐业……查春哨期满，现经撤巡，多拨船只前往接巡秋哨。巡哨内洋，例应半年一操，拟派奇营守备率弁兵，配驾沙船于所属之大安、戏台、永宁等沙梭织巡缉，并与狼山镇官兵传旗会哨。据称：各沙安静	江南苏松镇总兵胡贵	朱批奏折，档号：04—01—03—0019—005
1745	臣标所属外洋，时当秋哨，例应充拨官兵，配驾船只，前往分巡；诚恐官兵疏懈，又例应总兵官有不时督巡。臣于本年八月十八日带兵驾船，由内洋东南一带巡出外洋，经过大七、小七、马迹等山洋面，遍加巡缉。十九日，由马迹直抵小羊山会合先期分巡之臣标四营及川沙、吴淞两营官兵船只，一面选差扮作客人到山密探，并无奸宄踪影；一面查验渔民船照，其年籍、名数均属相符。臣后登山瞭望，并谕商渔人等守法营生，无得作奸滋事	江南苏松镇总兵胡贵	朱批奏折，档号：04—01—03—0019—002

续表

年份	巡洋情况	奏报人	朱批奏折或录副奏折档号
1746	臣标所属内外洋汛地……例应充轮派官兵，分头驾船巡缉者，原所以杜奸宄而安商旅。臣于八月二十一日坐驾沙船，前赴内洋之大安、戏台、永宁等沙……遂换驾缯船，驶出外洋，由大七、小七一带，直抵小羊山。此山系江浙渔船丛聚捕蛰之所，最关紧要。臣寄碇两日，一面登山瞭望、密查、细访；一面饬令分巡官弁查验各船渔照，其姓名、年籍尚属相符，再查米石、制钱，亦仅敷食用，并无私带	江南苏松镇总兵胡贵	朱批奏折，档号：04—01—03—0019—003
1747	臣标所属内外海洋每年例应分拨官兵船只按期轮哨，兹值上班哨期，臣有督巡之责，俟署抚臣阅兵后，即于四月十八日驾船出口，先巡外洋，所过大七、小七、马迹等山，寄碇瞭巡，俱已宁静，虽转至小羊山，此山与浙之大羊山相距不远，其间商渔丛集，莫辨奸良。臣泊舟数日，饬令分巡移舟查验商船、渔艇其姓名、年龄、籍贯，所带米粮、钱文，亦属无多。臣随登山瞭望，派遣弁兵前往探查，并无宵小潜踪	江南苏松镇总兵胡贵	朱批奏折，档号：04—01—03—0019—004
1747	臣标所属外洋每年自二月至九月向派左右两营游击带同守备，轮作两班出巡，本年五月间，经督臣尹继善奏准，四营分为四班，各分巡两个月等因。照会到臣	江南苏松镇总兵胡贵	朱批奏折，档号：04—01—01—0147—017

第四章　清代前期江苏的内外洋与水师巡洋制度　279

续表

年份	巡洋情况	奏报人	朱批奏折或录副奏折档号
1748	臣标所属外洋每年自二月起至九月底，计八个月，分作四班，轮派官兵，配驾船只，带同川沙、吴淞两营哨船游巡大七、小七、羊山、马迹等处，每班巡毕，报部存案。但查其中要紧洋面莫如羊山焉。羊山要紧时候又莫如四五月之捕鱼、八九月之网蛰。臣抵任后，适属渔汛，诚恐将弁分巡疏懈，遵例不可督巡，五月初八日回内洋东卫一带，驶出外洋，经过大七、小七等，此山并无澳门可入泊舟，瞭望实属荒岛。次抵羊山，此山系江浙分界，商船渔艇鳞集海滨，先遣分巡将弁按船验照、名数、年籍，并无互异。又遣弁兵分头上山侦探，臣又登山巡视庙宇数椽，道人一人。传集渔户、道人等，宣布皇仁浩荡，饬令守法营生	江南苏松镇总兵王澂	朱批奏折，档号：04—01—01—0161—006
1748	崇明外海小羊山一汛，江浙接壤，商渔丛集，囊称紧要洋面，向派缯船巡缉，往来无定，且缯船重大，碍难汛捷，故另设小哨船，配驾官兵，轮班驻守，以佐缯船之不逮。本年八月驻防伊始，臣适属督巡，由小七、大七、马迹等山洋面，直抵小羊寄碇数日，传集厂头、渔户人等将奏准设船驻汛，卫护商渔缘由明确宣示，饬令在洋采捕、在山栖宿者务必安分营生，不可藏减匿匪，设有匪类，登时告官，不可放纵窝藏	江南苏松镇总兵王澂	朱批奏折，档号：04—01—01—0161—024
1750	臣所辖内外洋面，每年例于春秋哨期，派拨官兵，配驾缯哨船只，分班赴洋游巡、稽查。今值三月春哨届期，经臣派拨头班官兵出洋，加意巡缉，不得怠忽……臣坐驾缯船由内洋一带驶出外洋，所历洋面，俱系肃清。于三月初七日回署	江南苏松镇总兵王澂	朱批奏折，档号：04—01—03—0020—005

续表

年份	巡洋情况	奏报人	朱批奏折或录副奏折档号
1750	今届秋哨，正值沿海居民网蛰之候，奸良混杂，尤宜加紧稽查，以安商渔，按期派拨官兵船只赴洋出哨，臣乘驾船由内洋等处督令弁兵常川梭织游巡，亲赴外洋，率领缯船在于所属洋面分头哨探，遍历山屿岛澳，商人乂安，渔夫乐业	江南苏松镇总兵王澂	朱批奏折，档号：04—01—01—0190—039
1751	奴才四月初九抵崇任事，时值二班洋巡，分拨官兵船只轮哨去后，即拟出洋督察，由于闰岁渔期尚早，先将营伍一切官兵技艺次第较阅，加意训练。至五月十八日驾船出海……随由大七、小七、马迹等山逐一巡视，转至小羊山洋面。此山与浙江大羊山对峙，海心为江浙交界，每当渔期，商渔云集其中，奸良莫辨，防范最易严密	江南苏松镇总兵黄正纲	朱批奏折，档号：04—01—03—0021—005
1753	兹当四五两月，二班巡哨，督率游、守、千、把，同川、吴二营，各配缯船，带兵出洋，于各山岛澳梭织搜查，复差干练员弁兵目分头遍历暗巡，仰赖皇上德威远播，海宇乂安	江南苏松镇总兵黄正纲	录副奏折，档号：03—0461—020
1754	臣于九月十八日出外洋督巡，遍历大七、小七、小羊、马迹等岛屿，逐查捕蛰网户、商艘、渔船均皆安分乐业。乘船顺风回至汇头海口	江南苏松镇总兵王澂	录副奏折，档号：03—0461—064
1757	崇标管辖洋面最为辽阔，每年自二月初一日起至九月底止，派拨崇标四营及川沙与吴淞二营，配驾官兵船只在洋巡缉，总兵有督巡之责。时值渔期，奴才于五月十二日乘坐缯船驶出汇头，由大七、马迹等山往来哨探，并无民人居住，亦无船只停泊。行至羊山，商渔丛集。奴才按船查点，与照开不爽，复登山瞭望，亦无奸匪匿踪，仰赖皇上德威远播，海宇乂安	江南苏松镇总兵林洛	朱批奏折，档号：04—01—03—0022—009

续表

年份	巡洋情况	奏报人	朱批奏折或录副奏折档号
1759	所有外海洋面向派游、守等官自二月至九月分班巡哨,总兵有总巡之责。奴才于五月十六日乘坐缯船由汇头出口,自大七、小七巡至马迹、羊山,凡系岛澳紧要处所,俱各亲历查缉,到处商渔丛集,咸称获利,仰赖皇上德威远播,海岛肃清,宵匪敛迹	江南苏松镇总兵黄锡申	朱批奏折,档号:04—01—01—0230—008
1759	奴才于九月十八日督率游、守、千、把在洋哨探,饬令外洋巡船会同川沙、吴淞二营,即在应巡洋面练习水操,配给炮位,尽数演放……随带弁兵前往马迹、羊山等处游历巡查。于二十四日未刻行至七山洋面,狂风陡作,浪势汹涌大槐树后压坏中舱木棚、舱盖、尾楼……三更后,行抵羊山寄泊	江南苏松镇总兵黄锡申	朱批奏折,档号:04—01—018—0012—032
1760	崇明外洋例应总兵督巡,时值蛰期,奴才于八月二十四日乘坐缯船驶出汇头,由马迹山洋面至羊山一带岛澳往来巡查。仰赖皇上德威,海肃风清	江南苏松镇总兵黄锡申	朱批奏折,档号:04—01—018—0013—041
1761	兹值渔期,复于五月初六日前往督巡,仰赖皇上德威远播,海肃风清,今岁黄鱼旺发,商渔乐利,随令所带各船演练折戗行驶,施放火器。并饬练习舢舨、官兵水务,钦遵谕旨,分别等第。至羊山孤悬海外,最为险要,上年奴才奏请建筑营房,经督臣尹继善覆奏,荷蒙恩准,已派委洋巡守备监造,务期坚固。今五月初十日已经竣工	江南苏松镇总兵黄锡申	朱批奏折,档号:04—01—01—0247—026

续表

年份	巡洋情况	奏报人	朱批奏折或录副奏折档号
1761	崇明外洋奴才有督巡之责,时值蛰期,于八月二十一日配驾缯船赴洋督查,前底羊山洋面,操演折戗,施放枪炮,查照厂户、渔民,今岁蛰信旺发,群歌乐利。……随往马迹标存营缯船并川沙、吴淞二营战船一体操演水操,施放火器,配驾舢板,试验弁兵水务……奴才九月二十四日换坐沙船巡历内洋,由长江顺赴江宁,谒见督臣尹继善,面禀海汛事宜	江南苏松镇总兵黄锡申	朱批奏折,档号:04—01—018—0013—058
1762	奴才于五月初一日乘坐缯船,前赴外洋之大七、小七、马迹一带洋面,遍历稽查,巡至羊山,见商渔丛集。询据渔户佥称:本年渔汛旺发,民人乐利	江南苏松水师总兵马铭勋	朱批奏折,档号:04—01—03—0026—009
1765	奴才标下所辖中、左、右、奇四营水陆操防官弁兵丁二千九百七十三员名,分防沿海七十汛,并驾赶缯、艍、沙、快哨等船五十六只,巡查内外两洋。奴才逐一校阅……小羊山一带洋面,各处渔人于三、四、五月捕鱼,七、八、九月采蛰,每逢汛期,渔船丛集。每年二月至九月轮巡官兵船只分作四班前往巡查。因该处距崇六百余里,并无港澳……奴才惟有奋勉练习,何敢畏惮风涛。即起碇开行,甫及百里,南风甚旺,人力难施	江南苏松镇总兵马全	录副奏折,档号:03—0464—009

续表

年份	巡洋情况	奏报人	朱批奏折或录副奏折档号
1765	奴才于八月初四日乘驾缯船前赴吴淞，调集本标四营及提标所属川沙、吴淞二营，驾驶缯船九只，官兵四百七十名乘风开赴汇头，此系内外洋面交接之区，距崇三百余里，西为高家嘴，东为廖角嘴，两岸遥峙，水面四百余里，其中暗伏铜沙，最为险要，迤东即属外洋，以大七山为标准，计程一百二十余里，经由小七山，又有四十余里，虽然有澳，而无澳门，最惧东北风经过羊山，西北风斜收马迹山。奴才因东北风大，复行八十余里，于初七日收泊小羊山，各营船只陆续俱到，一面饬令分艕游巡。奴才复换小哨船，渡水上山，瞭望山势，周围约计四十五里，上有神庙，山峰刻有海阔天空四字	江南苏松镇总兵马全	录副奏折，档号：03—0464—008
1766	奴才亦即配驾缯船于六月初四日前赴吴淞，觇候风色。于初九日卯刻督率各船开行，驶出汇头，经由大七、小七等山巡查。于亥刻即抵羊山，各船陆续收泊之际，海雾迷空，陡起龙风，波浪汹涌，奴才所属右营一号缯船尚在洋面，相距数十里，猝被风狂浪猛颠，颠出大桅，连蓬倒海，船身倾侧，下碇不住，人力难施放，随风打至相近羊山之张公屿山脚，触抵礁石，击碎船身，军装、什物俱被沉溺，官兵六十余人幸得依附板木，攀援崖石，俱各得生。奴才于次早闻信，即换渔船前往查验，仅存大桅一根，横搁石孔，随机收取，并将官兵分拨安顿，各加抚恤。一面督令备弁选拔泅水兵丁，并觅雇渔人伙同捞获磨盘、红衣大炮各一位，劈山百子炮十七门，鸟枪、腰刀四十八件。仍有未获之红衣炮一位，百子劈山炮三门，鸟枪、腰刀十三件。唯因大汛水溜，难以搜寻。现饬守山弁员俟小汛时再为竭力打捞	江南苏松镇总兵马全	录副奏折，档号：03—0464—021

续表

年份	巡洋情况	奏报人	朱批奏折或录副奏折档号
1767	奴才标营管辖外海洋面，例于二月初一日派拨头班官兵配驾军械、船只出哨游巡，时届春汛捕鱼，江浙商渔云集，巡查尤关紧要。奴才于二月十六日自崇驾船前赴外洋，率领中、左、右、奇四营并川沙、吴淞二营官兵、船只在于各处岛屿分头巡缉，复换小哨船赴新改水师之南汇营所管浅水洋面一带巡查。至三月初五日回署，点验存营水陆兵丁技艺	江南苏松镇总兵马全	朱批奏折，档号：04—01—01—0270—066
1768	臣于九月初六日出洋督巡，因准提臣黄正纲咨会阅验水操，即在吴淞海口。于初八日较演事毕，复接督臣照会，恭读圣明睿鉴，无微不照……奴才惟有忠心努力，无分疆域，加意搜查，即统领各营巡船前赴外洋，分派小船由浅水洋面直至乍浦界限。大船径赴大洋各山岛澳巡缉。查得小羊山渔船网户及棚厂生理人等俱各领有县官印照腰记，逐一查验相符。今年蛰汛平常，渔人较少，俱各安静，并无奸匪混杂。其总巡、分巡官兵船只在于浙属之大羊山及本省之徐贡等大小各山搜查……并无匪类潜藏	江南苏松镇总兵马全	录副奏折，档号：03—0464—053

续表

年份	巡洋情况	奏报人	朱批奏折或录副奏折档号
1769	二月初一日正应出哨之期，复经派拨官兵，配驾缯艍大船，安设炮火军械，赴洋巡哨。奴才随时亲身督查，严饬各官兵务须实力奉行。洋面、岛澳加以搜缉，毋致奸匪潜藏，复因渔汛届临，商渔云集之时，奴才于四月十八日前赴吴淞，调集各船，会同提督臣黄正纲较演水操事毕，即带领巡船，乘风开驾，驶出汇头，饬令快哨等船分查浅水洋面，因值西北风旺，直抵马迹山收泊。奴才即登山查看，周围辽阔，澳门实多，随派弁兵分头侦巡，并无停泊船只，亦无棚厂、渔人，将所带枪炮兵丁演放数次，回船，转事至东南之扁礁查察，经由浙界之大衢、小衢、长山及本省之徐贡山一带，巡查之小羊山，点验棚厂、渔民并佣工生理人等，俱有照票腰记，并无奸匪混迹，各处岛澳咸称宁谧，采捕渔船俱各安静	江南苏松镇总兵马全	朱批奏折，档号：04—01—03—0027—005
1769	今六、七、八、九月份，应轮三、四两班出洋。奴才按期点派官兵，配驾船只，安设炮械出洋，仍不时躬亲督饬各营巡船分艅前往远汛、岛澳，务须遍历巡查，节次据报：小羊山棚厂渔民、佣工生理人等俱各执有印信照票，查验相符，逐一造册呈送，其余各山岛并无搭寮采捕之人，洋面实属宁靖。因捕蛰之期，商渔云集，尤宜严密。奴才于八月二十一日在吴淞海口会同提督臣黄正纲阅验外海缯船水操事毕，即于二十六日前赴外洋，甫及汇头，因风色旋转靡定，仍复收回寄碇外沙，随登陆查验沿海墩台、营汛及各兵技艺。奴才仍于初十日赴舟候风，十二日乘西北风顺利开行，直抵马迹山，转驶至扁礁、徐贡及小羊山一带洋面查察，情形与据报无异	江南苏松镇总兵马全	朱批奏折，档号：04—01—03—0027—003

续表

年份	巡洋情况	奏报人	朱批奏折或录副奏折档号
1770	奴才嗣于四月二十六日驾船出巡,因风色不顺,先巡内洋并各汛口,至五月二十日,得有西北风前赴小羊山,查得小羊山与浙江大羊山连界,其山巅之最高者约五里,周围三十余里,共有六澳。今春渔民共有五百五十八人,皆系搭盖草棚居住。询及渔期有收,并无多事之徒,商渔均沐皇恩,群皆乐业。至马迹、扁礁向系封禁,奴才在洋寄碇五日,因无西风,不得前往。旋据先期差往之外委王大年回称:马迹诸山并无樵采之人。奴才仍令各营巡船更番梭织巡查。因乘东南风驶回内地	江南苏松镇总兵陈杰	朱批奏折,档号:04—01—03—0028—004
1771	苏松一镇系外海水师,每年春渔秋蛰例应总兵出巡督察。奴才九月初六日乘驾原配四班外洋右营一号缯船往洋巡查,即先令中军游击钱士麒带领标属四营并吴淞、川沙二营巡船在洋巡缉。奴才于十二日乘风开驾,驶出高家嘴,巡查至大七、小七、徐公、马迹等山,逐一搜查各澳,并无搭寮、采捕民人匿迹。至十五日开往小羊山,会遇游击钱士麒等各船,寄碇羊山,随上山查点网户、渔民及佣工艺业人等,均系地方官给有腰记,并无无照匪徒。询及蛰期,佥称:七八月间,连被飓风,较往年似觉稍减。尚属获利,现在商渔乐业	江南苏松镇总兵陈奎	朱批奏折,档号:04—01—01—0297—044

续表

年份	巡洋情况	奏报人	朱批奏折或录副奏折档号
1771	臣前因七月初四、五两日异常风暴,恐沿海一带巡洋船只或有损伤,当经飞檄饬查,适接松江提督臣马全札知,七月初四日风潮,巡洋战船渔飓内,吴淞营罟船一只尚无下落,现在亲往查勘,当经臣一面奏闻,一面移行确查在案。嗣准提臣马全咨会,并据各该营先后禀报,苏松镇标中、左、右、奇四营及川沙、吴淞二营缯、艍、罟船八只由外洋巡哨回棹,寄碇吴淞海口。七月初四日陡遇东北飓风,损坏桅木、舵碇,飘搁浅滩者六只。经提臣马全会同苏松镇臣陈奎查验	两江总督高晋	朱批奏折,档号:04—01—03—0028—009
1772	苏松镇辖外海洋面每届秋季渔民捕蛰之时,例应总兵坐驾战船前往各山岛澳督察、巡查。兹奴才于本年八九两月派拨四班外洋巡哨官兵之候,即令总巡奇营守备宋胜带领本标四营以及川沙、吴淞二营随巡员弁、守备、丁胥等各驾兵船先行开往外洋之羊山、马迹、徐贡等处,分宗侦探、弹压去后,奴才随亦乘驾缯船在于四境内洋周流巡逻……当即饬令巡船六只与奴才所坐之船,共有七只,均于九月十四日陆续仍赴外洋,内除三船遥望已抵小羊山寄碇外。不期奴才所坐之船以及右营千总王良骏、川、吴二营把总张大闻、冯建功等船四只,于十五日行过高家嘴,将近小羊山洋面,陡遇狂风,浪如山涌,四船几遭危险。奴才情恐疏虞,当令减篷捩舵,竭力保护,幸赖圣主宏庥,四船乘风破浪,均得收泊吴淞	江南苏松镇总兵陈奎	朱批奏折,档号:04—01—03—0029—015

续表

年份	巡洋情况	奏报人	朱批奏折或录副奏折档号
1773	本年八、九两月蜇汛之期，除轮派本标四营、川沙、吴淞二营四班官兵、船只先于八月初一日开赴外洋各山岛澳梭织游巡外，奴才例应坐驾战船不时督察。随于九月初二日起程，初三日即抵吴淞海口候凤，各营巡船亦皆会哨齐集，佥称：八月分内海疆均各安静，时因重洋节候，连日西北飓风频作，至十二日天气暂和，奴才督率各船亲往外洋，甫至高家嘴洋面，适遇风转东南，溟濛雾起，难以前行，即于汇头寄碇。是夜四更时分，忽复发大飓，浪涌如山。奴才随放流星为号，约令各船起碇，乘潮驶回。于十三日得收吴淞港口，各船幸无妨碍。十四日，见天气晴明，风亦顺利。奴才计虑，与其各船通班逐队鱼贯而行，不若分头开往，庶几四散周流，海疆足壮声势，随谕总巡奇营游击许文贵带领本标中营及吴淞营巡船四只前赴小羊山一带洋面稽查；奴才带领分巡左营守备成瑜、随巡川沙营参将曾天禄等巡船四只，即向徐公、大小七等山洋面侦探。其徐公及马迹山之扁礁等处，遇有浅滩隘港，缯船、大船所不能进者，饬令驻守羊山把总徐梁栋，会哨外委孙元凤、唐鼎坐驾小哨船三只前往各该处上山查搜，并无搭寮私张网捕之人……海疆洵属宁静	江南苏松镇总兵陈奎	朱批奏折，档号：04—01—03—0029—024

续表

年份	巡洋情况	奏报人	朱批奏折或录副奏折档号
1774	苏松镇每年届逢四、五两月外洋渔汛之期，总兵例应不时督察，除轮派二班总巡署奇营游击守备分巡署左营守备黄荫爵带领本标四营以及川沙、吴淞二营随巡官兵、船只，先于四月初一日开赴外洋巡缉，派外委管驾小艇哨在于各山岛澳浅海狭港遍历巡查，并随同各巡船，分列东西洋面，东自徐贡山与马迹之属礁等处，西自浙省连界之葫芦山等处，互相犄角梭织游巡，轮番更换去后，奴才随于四月十六日坐驾战船赴洋督察，于十日戌刻舟次，有差员赍回奴才奏请陛见一折，奉到朱批：不必来。钦此	江南苏松镇总兵陈奎	录副奏折，档号：03—0465—051
1775	苏松总兵每逢四、五两月渔汛之期，例应坐驾战船赴洋督察，除先于四月初一日应轮二班官兵出巡之时，饬令总巡左营游击许廷福、分巡中营守备李定国带领本标四营以及川沙、吴淞二营官兵、船只赴洋，分头侦缉去后，奴才随于四月二十四日坐驾战船趁风开往外洋，当见总巡等船在于大七、小七山洋面巡逻前来迎会，其分巡之船已往小羊山一带稽查去矣。奴才复饬添派随巡小哨船六只及委巡罟船四只并驻巡羊山小哨船二只，共船一十二只分作两翼，在于东西洋面梭织游巡。每十日例换一次，互为声援，日则施炮扬威，夜则鸣金示警。奴才董率其间，俾无懈弛	江南苏松镇总兵陈奎	朱批奏折，档号：04—01—01—0334—022

续表

年份	巡洋情况	奏报人	朱批奏折或录副奏折档号
1775	苏松总兵每逢八、九两月蜇汛之期，例应坐驾兵船赴洋督察，除先于八月初一日应轮四班官兵出巡之时，饬令总巡中营守备李定国带领本标四营以及川沙、吴淞二营官兵、船只先期赴洋，分头侦缉去后，奴才随于八月二十四日坐驾战船开往外洋，声张弹压，旋因东南大风，遂于九月初二日收至吴淞口，暂行寄碇。至初六日，风色顺利，前往羊山、徐贡等处一带洋面稽查，见总巡等船迎会前来，饬照上届渔汛巡查之法，统令随巡小哨船四只，驻守羊山小哨二只及总巡、分巡、随巡、委巡等船八只，共船一十四只，分作两翼，在于东西洋面梭织游巡，日则施炮扬威，夜则鸣金示警。奴才董率其间，务使洋面巡船星罗棋布，声援相通，巡防庶无懈弛	江南苏松镇总兵陈奎	朱批奏折，档号：04—01—01—0334—025
1776	苏松外海洋面每逢四、五两月渔汛之期，例应总兵赴洋督察，除轮派二班总巡护右营都司事守备黄荫爵、分巡护左营守备事千总钱邦彦各驾战船，带领本标四营以及川沙、吴淞二营随巡官兵、船只先于四月初一日开赴外洋，分头侦缉去后，奴才即于四月十二日坐驾缯船前赴外洋督察，比因四月中旬，连日阴雨，风信靡常，不能开往各山，旋于十九日，天色稍晴，带领随巡船只驶出外洋，当见总巡等船在于徐贡一带洋面巡逻，迎会前来，奴才随饬各营添派随巡、委巡及驻巡羊山罟哨等船，共船一十二只分作两翼，仍照上届巡查之法，分作两翼，在于东西洋面各山岛屿梭织游巡，互相倒换。日则施炮，夜则鸣金，以张声势。惟期海宇肃清	江南苏松镇总兵陈奎	朱批奏折，档号：04—01—01—0353—014

续表

年份	巡洋情况	奏报人	朱批奏折或录副奏折档号
1776	苏松总兵每逢蛰汛之期，例应赴洋督察，前奴才于六月间进京陛见，所有本年八九两月洋汛先经署总兵副将洪元轮派本标右营都司孙盛为总巡，奇营千总杨天相为分巡，带领川沙、吴淞及本标四营各巡船赴洋侦缉。署总兵洪元亦于八月十六日出洋督巡去后，嗣奴才陛辞出京，于九月初十日抵崇明镇署，随准署总兵回营，将营务洋汛移交前来。奴才先将营伍事宜稍为整理，旋于九月二十日坐驾战船驶赴外洋，二十三日，风色顺利，带领各巡船，仍照上届渔汛巡查之法梭织游巡，二十四五等日，驶至徐贡、马迹一带洋面搜查，均无匪徒匿迹	江南苏松镇总兵陈奎	朱批奏折，档号：04—01—01—0353—018
1777	本年四、五月渔汛之期，例应总兵出洋督巡，除派本标四营以及川沙、吴淞二营官兵、缯艍哨船只，先于四月初一日开往外洋各山岛澳梭织游巡去后，奴才随于四月二十日坐驾缯船，带领添派随巡小哨船六只亲行巡察，于海口江南提督陈杰咨订期水操。奴才当即先赴吴淞，饬令应操船只预行演练。二十八日会同提臣阅操事毕，所有水操情形例由提臣具奏外，奴才因五月初旬，风雨靡常，先于内洋周流督察，并饬随巡员弁管驾小哨船先赴各山岛澳、浅海、狭港遍历巡查，迨至五月初十日风色稍利，当即开赴外洋。十一二等日行至徐贡、马迹一带洋面，随遇总巡游击童天柱等船迎会前来。奴才饬令各员仍照上届巡查之法，分作东西洋面互相倒换巡逻，施炮鸣金，以张声势，奴才董率其间，俾无懈弛	江南苏松镇总兵陈奎	录副奏折，档号：03—0465—028

续表

年份	巡洋情况	奏报人	朱批奏折或录副奏折档号
1779	每逢八、九两月蛰汛之期，例应乘驾战船赴洋督察巡查，除轮派四班总巡奇营守备高洪开带领本标四营并川沙、吴淞二营随巡官兵、船只先于八月初一日开赴外洋巡缉去后，奴才于八月十八日乘驾战船驶出汇头，在小七山洋面见总巡、随巡等船迎会前来。奴才随带领各船往徐贡、马迹各山岛屿巡查，并无民人潜匿，违禁搭寮事，而小羊山渔船、棚户人等俱有官给腰记，并无无照之人容留在山……各巡船仍照上届巡查之法，分作南北两洋梭织游巡，更番会哨，毋稍懈忽	江南苏松镇总兵蓝元枚	朱批奏折，档号：04—01—03—0030—006
1780	窃照苏松总兵四、五两月渔汛之期，例应不时驾船在洋督察、巡查，久经遵照在案。所有二班外洋轮派代总巡奇营守备高洪开带领本标四营并川沙、吴淞二营缯船、小哨等船先于四月初一日开赴外洋侦巡。奴才于四月二十八日差竣回至崇明，先将营伍事宜检查料理。但时届夏至，渔期将过，渔船正在回籍之候，巡查更巡严密。奴才即于五月十五日坐驾原配兵船前赴督察。旋有总巡、分巡各船先后迎会前来，当即督率各船前往徐贡、马迹、扁礁各山岛澳遍加稽查，并无民人潜匿、违禁、搭寮情事。至于小羊山厂头、网户各有腰记，并无无照之人容留在山……商渔各安生业，海疆洵属宁静	江南苏松镇总兵蓝元枚	朱批奏折，档号：04—01—03—0030—001

续表

年份	巡洋情况	奏报人	朱批奏折或录副奏折档号
1780	苏松总兵每逢蛰汛之期，例应驾船赴洋督察、巡查，除派四班总巡左营游击童天柱带领本标四营并川沙、吴淞二营随巡官兵、船只先于八月初一日开赴外洋巡缉去后，奴才于八月二十日会同提臣李奉尧在吴淞洋面较阅水操，所有水操情形李由提臣具奏外，奴才仍会同提臣李奉尧驾船出洋，分头查察。二十四日收泊小羊山澳港，次日，上山查点各澳网船共九十二只，厂头网户、佣业人等六百四十二名，均有腰记，并无无照之人容留在山。至徐贡、马迹各山岛屿亦无民人潜匿，违禁搭寮情事……商渔船只俱各安分营生，海疆洵属宁静……当饬总巡、分巡各巡各船分作南北两洋，勤加巡缉，更番会哨，毋稍懈忽	江南苏松镇总兵蓝元枚	朱批奏折，档号：04—01—03—0030—003
1781	苏松总兵每逢四、五月份渔汛之期，例应不时坐驾战船赴洋督察、巡查，除派二班总巡奇营游击赵天生、分巡中营守备童升带领本标四营并川沙、吴淞二营随巡官兵、船只先于四月初一日开赴外洋，加紧侦巡去后，奴才于五月十四日坐驾小哨船前往内外洋面及各山岛澳遍历巡查，于二十九日至小羊山澳港，当即上山查点各澳、佣业人等共四百七十六名，俱有官给腰记，并无无照之人容留在山。询其今岁捕鱼情形，皆称春汛鱼头旺发，获利较多，海洋亦极宁静……现在各渔户咸知违法，不敢图利违禁，而巡洋将弁亦皆以童天柱等为戒惧，各警惕认真	江南苏松镇总兵蓝元枚	朱批奏折，档号：04—01—0—0385—040

续表

年份	巡洋情况	奏报人	朱批奏折或录副奏折档号
1782	苏松总兵每逢蛰汛之期，例应驾船赴洋督察、巡查，于九月初十日同提臣保宁在吴淞校阅水操事竣，随饬应操船只各回本营。所有水操情形例由提臣具奏外，奴才随于十一日驾小哨船驶出汇头外洋，十二日收泊小羊山澳港，即登山查点各澳网户、佣业人等，均有腰记，并无容留无照之人在山，询之今岁捕蛰，较之上年稍减，商渔船只俱各安分营生。奴才随带各巡船守备倪定得等于十四五等日分舣巡缉，并无民人潜匿、违禁、私捕情事，至十八日，提臣保宁船到羊山，奴才复同提臣分头稽查，经过各山岛澳，俱属宁静。现过霜降，海蛰渐少，商渔船只亦已陆续回乡。当饬巡洋、守山并随巡川沙、吴淞各营员弁务期勤加侦缉，实力巡哨，毋稍懈忽	江南苏松镇总兵蓝元枚	录副奏折，档号：03—0982—015
1784	苏松镇总兵每逢八、九两月蛰汛之期，例应坐驾兵船赴洋督察，奴才仰蒙皇上天恩，补授苏总总兵，甫到崇明，其一切内外洋面未及周知，于八月二十八日，坐驾小哨船先在内洋洋面周流巡察，于九月初七日开往外洋，在于徐贡、马迹等山严加稽查，并无匪徒违例私张情事，当有总巡、分巡等各船迎会前来，奴才饬令各船在于东西洋面梭织游巡，务使洋面巡船星罗棋布，声援相通，巡防庶无懈怠忽，于十四日傍午收泊小羊山澳港。于十五、十六等日查点在山厂头、棚户及佣工艺业人等，均有腰记，并无无照之人容留在山。查得今岁蛰期较之上年稍减，海疆亦称宁静。于十七日前往大七、小七洋面侦巡，于二十日乘风驶进汇头，收至吴淞海口	江南苏松镇总兵魏辙	录副奏折，档号：03—0467—008

续表

年份	巡洋情况	奏报人	朱批奏折或录副奏折档号
1785	苏松总兵每逢渔汛之期，例应驾船赴洋督察，奴才于四月十五日坐驾小哨船前赴外洋。旋有本标同川沙、吴淞各营巡船迎会前来。奴才带领各巡船在于徐贡、马迹、扁礁等处历遍稽查，并无违禁搭寮张捕情事。于二十六日收泊小羊山澥港。二十七日，上山查点各澳厂头棚户及佣工艺业人等俱有腰记，并无无照之人容留……商渔各安生业，海洋洵属敉宁	江南苏松镇总兵魏辙	朱批奏折，档号：04—01—03—0031—007
1785	苏松总兵每逢八、九月份蜇汛之期，例应奴才驾船赴洋督察巡查，久经遵奉在案，兹秋季分三班外洋，正蜇期之候，奴才先饬总巡奇营游击德尔卿额带领本标中左右三营及川沙、吴淞二营各巡船于七月初一日前赴外洋，周流侦缉，并饬总、分、随委等船分作三班驻巡马迹，轮流更替，严加巡察，倘有搭厂、私张，即行拆毁、驱逐。七未轮马迹各船，分踪徐贡、扁礁各山洋面梭织稽查，并不时放炮鸣金扬威示儆，互相声援，以期商渔安业。奴才于八月二十二日坐驾小哨船前赴内洋一带侦巡、稽查港口。于二十七日驶出汇头，是日傍晚收泊小羊山澥港，随于次日上山查点厂头、棚户、佣业人等各有腰记，并无无照之人容留在山，询及今岁蜇期，咸称旺发，商渔均皆获利，海洋亦属敉宁	江南苏松镇总兵魏辙	朱批奏折，档号：04—01—01—00413—002

续表

年份	巡洋情况	奏报人	朱批奏折或录副奏折档号
1786	四、五月份渔汛之期，例应总兵驾船赴洋督察侦巡，久经遵奉在案，奴才先于四月十二日坐驾小哨船驶出外洋，随见二班总巡外洋右营都司童升、分巡左营守备张成带领出洋巡哨船迎会前来，奴才当饬总巡带领本标中营委巡及右营驻山小哨船只前往马迹、扁礁一带稽查，其分巡左营船只在于大七、小七、徐贡各山洋面梭织侦巡，毋稍懈忽。奴才于十六日午后收泊小羊山澩港，于十七、十八等日查点各澳厂头、网户及佣工人等，俱有腰记，并无无照之人容留在山，询之今岁鱼头，咸称旺发，商渔均必获利，海洋亦属宁静	江南苏松镇总兵魏辙	录副奏折，档号：03—0983—003
1786	八、九月份蜇汛之期，例应总兵驾船赴洋督察缉巡，久经遵奉在案，兹值秋季三班外洋蜇期之候，奴才于八月十八日坐驾小哨船先赴内洋一带洋面，往来稽察，历遍巡查。于九月初三日驶出汇头，在于大七、小七、徐贡、马迹等处各山岛澳细加侦缉，并无违禁搭寮、私张情事，于初十日驶至小羊山澩港，十一日上山查点各澳厂头、网户及佣工艺业人等，俱有腰记，并无无照之人容留在山，询之蜇期较之上年倍加旺发，商渔均皆获利，海洋亦属敉宁	江南苏松镇总兵魏辙	录副奏折，档号：03—0983—017

续表

年份	巡洋情况	奏报人	朱批奏折或录副奏折档号
1787	四、五月份渔汛之期,例应总兵驾船赴洋督察侦巡,久经遵奉在案,奴才先于本年正月初十日承准督臣委署松江提督,于正月十六日交卸提篆,于十八日接受总兵印务。缘渔期在迩,将营事略加料理,于二十九日坐驾小哨赴洋督察巡查。嗣准提臣陈杰咨调各营船只驾赴吴淞海口操演……奴才于初五日驾船驶出外洋,在于徐贡、大七、小七洋面巡查,于初七日有二班总巡巡洋右营都司童升自马迹回棹,带领各巡船迎会前来。奴才于是日收泊小羊山澳港,当即上山查点各澳厂头、棚户及佣工人等,俱有腰记,并无无照之人容留在山,询之今岁渔头,咸称旺发,商渔均皆获利,海洋亦属敉宁	江南苏松镇总兵魏辙	录副奏折,档号:03—0452—025
1787	八、九月份蛰汛之期,例应总兵驾船赴洋督察巡侦,久经遵奉在案,兹于七月初一日,先饬令总巡左营游击与署奇营游击黄荫爵、分巡中营守备周万清带领各营巡船,赴洋巡缉去后,奴才巡查各处海口之后,于八月二十二日驶出外洋,在于大七、小七、徐贡、马迹等山岛澳巡查,并无搭寮采捕人等,亦无奸匪藏匿。于九月初一日收泊小羊山澳港,次日上山照例稽查各澳厂头、棚户及佣工艺业人等,俱有腰记,并无无照之人容留在山,查今岁蛰期颇旺,商渔均皆获利,海洋亦属敉宁	江南苏松镇总兵魏辙	录副奏折,档号:03—0427—030

续表

年份	巡洋情况	奏报人	朱批奏折或录副奏折档号
1788	四、五月份渔汛之期，例应总兵驾船赴洋督察侦巡，久经遵奉在案，兹奴才钦遵谕旨，严密巡查各处海口，以防逸匪逃窜入境，于巡洋舟次接到提臣陈杰咨会。于四月十八日，到崇校阅营伍……事竣，奴才于十二日回崇，将营伍事宜料理一切，于十六日驾船赴洋督察、巡查，于二十四日驶出外洋，先赴小羊山，照例稽查厂头、网户人等，均有腰记。询之，今岁渔期颇称获利商渔各安生业，海洋亦属宁静	江南苏松镇总兵魏辙	录副奏折，档号：03—0467—053
1790	窃照四、五月份渔汛之期，例应总兵驾船赴洋督察、侦巡，久经遵奉在案。奴才于四月十五日坐驾小哨赴洋稽查各处海口，巡至七山洋面，有总分随委各营巡船迎会前来，奴才当即带领各船前赴马迹、扁礁、徐贡等山，逐一细加查察，并无搭棚私张情事。于二十二日下午收到小羊山濒港，次日上山查点，厂头、棚户、佣工艺业人等三百六十名，网船四十九只，均有腰记，并无无照之人容留在山，并即面饬各巡船在于各山岛澳、洋面往来梭织巡查，毋许旷误。今岁渔期尚属旺发，海洋亦属宁静。奴才于二十六日驶进内洋巡查、侦缉	江南苏松镇总兵魏辙	朱批奏折，档号：04—01—03—0032—013
1790	奴才现在严查各处海口，并督巡洋员弁认真侦缉，整饬水陆操阵，不敢稍有懈弛，以副皇上慎重海疆、营伍之至意。所有本标四营设立缯、艍、沙、哨等船，于内外洋均适其用，凡遇每年派拨春夏秋冬四班巡洋船只，官兵向用营伍战舰，并不敢雇募民船，以致舵、水生疏，有虚防务	江南苏松镇总兵魏辙	朱批奏折，档号：04—01—01—0429—011

续表

年份	巡洋情况	奏报人	朱批奏折或录副奏折档号
1791	窃照四、五月份渔汛之期，例应总兵赴洋督察、巡缉，久经遵奉在案。奴才于四月十六日坐驾小哨，先于内洋洋面及各处海口遍历巡查，缘准提臣陈大用咨会缯艍船只，会阅水操，随饬各营应操船只驾赴吴淞，预为演练。提臣于四月二十八日到吴，当即会同较阅，并试放火器等项，并阅看泅水、爬桅兵丁所有水操情形，例由提臣具奏外，奴才水操事竣，即拟自吴开往外洋，缘连日风雨，不能开驾于五月初八日风色稍利，驶出汇头，行至七山洋面，有夏季分，总巡外洋奇营游击周一雷带同各营巡船在洋巡缉，迎会前来，当饬各船联络侦巡……奴才于初九日，收泊小羊山澳港，于初十、十一等日查点在山六澳厂头、棚户人等，俱有腰记，并无无照之人。询其今岁鱼头，较之上年稍减，洋中宁静。随即开往徐贡、马迹一带洋面岛澳巡查，并无潜匿私张情事。奴才于十四日复往徐贡、大七、小七等山洋面往来查察……于十九日乘风驶进汇头，仍在内洋洋面巡查至崇明县境	江南苏松镇总兵魏辙	朱批奏折，档号：04—01—03—0032—005
1791	窃照八、九月份蜇汛之期，例应总兵赴洋督察、巡缉，久经奉行在案。奴才于八月二十日坐驾小哨，带领随巡查山各船先于内洋洋面及沿海各处港口，遍历巡查，于九月初三日察看风色顺利，驶往外洋，中军游击黄振率同各营巡船在洋巡缉，迎会前来。当饬各船在于各山岛澳互相严密侦巡，无致匪船匿迹。奴才于初四日收至小羊山澳港，于初五、初六等日查点在山六澳，厂头、棚户佣业人等共二百八十五名，俱有腰记，并无无照之人，棚厂一百六十四所……洋中宁静。随于初七日开往徐贡、马迹一带山岛、洋面，逐一巡查，并无违例搭盖、私张情事。奴才于初九日复往大七、小七、龟山等处洋面往来查察	江南苏松镇总兵魏辙	朱批奏折，档号：04—01—03—0032—003

续表

年份	巡洋情况	奏报人	朱批奏折或录副奏折档号
1793	窃照四、五月份渔汛之期，例应总兵赴洋督察、巡缉，久经遵奉在案。奴才于四月二十六日前赴外洋督巡，有夏季分总巡、分巡等船在洋巡缉。五月初一日，奴才收泊小羊山，于查点在山六澳厂头、棚户人等，共二百三十五名，俱有地方官印给腰牌，并无无照之人。询称本年鱼期较上年颇盛，渔户咸皆乐业。当饬驻山官兵留心稽查，毋致匪徒匿迹。奴才随赴徐贡、马迹、扁礁一带洋面山岛巡查，并无违禁搭寮、张网等事，复往大七、小七各屿，往来巡察……六月初九日乘风转至内洋巡查，回办营务	江南苏松镇总兵孙全谋	朱批奏折，档号：04—01—03—0018—005
1793	窃照八、九月份蜇汛之期，例应总兵赴洋督察、巡缉，久经遵奉在案。奴才于八月二十九日前赴外洋督巡，有秋季分总巡、分巡等船在洋巡缉。九月初一日奴才收泊小羊山，查点在山六澳，厂头、棚户佣业人等共二百二十二名，俱有地方官印给腰牌，并无无照之人，询其今秋蜇期，较上年稍减，捕蜇人等咸皆安业。经令驻山官兵，严密稽查，毋致匪类潜踪。奴才随往徐贡、马迹、扁礁一带洋面山岛巡查，并无违例搭寮、张网情事。复赴大七、小七各屿往来巡察，洋中均各宁静	江南苏松镇总兵孙全谋	朱批奏折，档号：04—01—04—0018—006

续表

年份	巡洋情况	奏报人	朱批奏折或录副奏折档号
1794	奴才抵任,即经坐驾船只于在于应管内洋洋面周遍查缉。兹逢八九两月蛰汛之期,例应赴洋督率巡查,先经饬令秋季总巡奇营游击杨天相、分巡署右营守备汪国梁等带领各标巡船前往外洋轮流梭织巡缉去后,奴才于八月二十一日坐驾小哨船由内洋一带巡查,缘连日阴雨,于二十九日乘风驶出汇头,在于大七、小七等山洋面巡缉,有总巡将弁等船迎会前来,奴才随带领各船于九月初九日收至羊山澳港,次日上山,查得该山六澳,棚厂一百六十四所,点验厂头、网户人等二百九名,均有腰记,查看情形,极其安静,并无无照之人容留在山。询之今岁蛰期较早,商渔均皆获利	江南苏松镇总兵亓九叙	录副奏折,档号:03—0468—056

资料来源：上述档案均摘自中国第一历史档案馆藏朱批奏折和录副奏折，暂时没有查阅到乾隆二年、四年、六年、七年、八年、十年、十一年、十四年、十七年、十九年、二十年、二十一年、二十三年、二十八年、二十九年、三十一年、三十三年、三十七年、三十八年、四十三年、四十四年、四十七年、四十八年、四十九年、五十三年、五十四年、五十七年、五十九年、六十年等江南苏松水师镇总兵春季督巡的 29 份奏折，也没有找到乾隆元年、七年、八年、十四年、十五年、十六年、十七年、十八年、二十年、二十一年、二十二年、二十三年、二十五年、二十七年、二十八年、二十九年、三十二年、三十五年、三十九年、四十二年、四十三年、四十六年、四十八年、五十三年、五十四年、五十七年、六十年等年秋季督巡的 27 份奏折，合计缺少 56 份春秋督巡奏折。

此处需要附带指出的是，水师官兵在巡洋过程中，对于商人渔民的生产生活管理，诸如海港的建设、城镇的防御和海上保甲制度等行政管理，可以随时提出合理建议。例如，1735 年，苏松镇水师总兵陈伦炯于 1736 年曾建议在吴淞和川沙炮台上设立"明瓦号灯二盏"，作为夜晚商船和渔船"瞭望标准"。他说："吴淞海口为苏松门户，南北商渔出入络绎，而各船遇风收泊，舍此一口，更无他处可以寄碇，奈此口并无高山大阜可为瞭望标准。每遇黑夜欲收口，船只无可寻觅，指的停泊外港，猝遇风浪，无所逃避，每至惊慌失措。今巡洋目击堪虞。随查勘吴淞港口有炮台两座，北属吴淞，南属川沙，可于各台上设立高竿，悬挂明瓦号灯二盏，竟夜长明，以为港口南北标示，使黑夜收风船只，望为标绳，以便入口。至每夜所需烛费，约计二台一月不过四金，请饬就近之宝山县制造，月给烛价，交营，令看守炮台兵役然【燃】点照管。仍令该县不时稽察。"① 陈伦炯的这一建议，得到江南提督补熙的支持，共同提交江南总督赵弘恩。赵弘恩认为陈伦炯的建议，"实于海洋昏夜收口船只大有裨益"。立即转行布政使，饬令宝山县照办。雍正皇帝的朱批是："诚属有益之善举，应照所议施行。"② 这一建议的实施，显然是中国航标和灯塔制度的肇始。可惜，这一制度只在局部执行，没有成为中国沿海各个港口灯塔航标统一的制度。

四 从江苏水师巡洋事件看巡洋制度的兴废

江苏水师巡洋是日常化的、制度化的，时间规定准确、区域划分清晰，任务规定明确。这种严密而成熟的制度对于维护内外洋秩序起了非常重要的作用，不仅对于巡洋官兵具有约束力，而且具有激励和鞭策作用，同时对于巡洋程序加以规范，为高级将领出洋督巡提供了共同遵循的依据，因此，巡洋效果比较明显。大致在雍正、乾隆时期江苏内外洋很少发生重大海洋盗劫事件。不过，随着这种制度逐渐流于形式，加之面临外部的挑战，嘉庆、道光时期逐渐成为多事之秋，疏防案件越来越严重。旧的制度越来越不适应新的形势。下述事例，有的在今天看来微不足道，但在当时均是专折奏报皇帝，应属大事。

事例之一，操演示威。1728 年，浙江总督李卫得到情报，认为"东洋日本近来不甚安静，性急不无可疑"。遂向两江总督发出咨文，建议江浙两省"一体留心备御"。是时，海州营游击王应元呈报：山东亭子兰地方有鸟船二只停泊海面，形迹可疑，"汛兵打炮数次，彼竟不理而去"。尽管事后查明，这二艘鸟船不过是浙江商船，但还是引起了江南提督柏之蕃的高度重视。在柏之蕃看来，事属军机，以慎重海防为词，"于八月二十七日亲赴沿海，先至逼近海口之吴淞、川沙等营，遍

---

① 《世宗宪皇帝朱批谕旨》卷二一六之五，乾隆三年（1738）刻本，第61—62页。
② 同上。

历各炮台,将炮位逐一安设平稳,指示兵丁如法试放,复将各营额设战船除巡洋外,其余俱调集黄浦江面洋船聚集之所,使之往来行驶,上下折戗,并将臣标演熟连环鸟枪及藤牌等项一应军器,令其在船挨次操演。各洋商船户在彼观看者甚多。知圣世武备精严,皆为悦服⋯⋯臣自此以后,仍当不时亲往统率各营勤加操练,仰赖皇上天威,列兵耀武,使海洋贸易商人目睹边境防维之严密,道路相传,远达化外,量彼即有狡计阴谋,亦可使之闻风敛迹。"① 很明显,这是要通过军事操演和示威,借以震慑外敌。

事例之二,正月巡洋案。正常情况下,苏松镇每年开始巡洋的时间是二月初一,然而在1751年(乾隆十六年)却改为正月初旬,原来乾隆皇帝准备于此时下江南,南巡路线大致是,自北京出发,行至山东德州府,然后进入江苏宿迁县,渡过黄河,乘船沿运河行驶至京口,渡过长江,经过苏州,前往杭州。按照规定,江苏沿途高级文武官员应当跟随两江总督"叩接圣驾"。是时,为了确保皇帝出巡的安全,文官武将奉命加强附近地区的安全守卫,长江口自然是其防御的重点。苏松镇总兵责任重大,不仅必须坚守岗位,而且需要防范意外事件的发生。两江总督黄廷桂奏报了苏松镇总兵王潋不能接驾的原因。"镇属高家嘴汛地,系内外大洋通连要隘,高家嘴之内又有吕四一汛,系江南交接之区,风帆便利。自高家嘴两日可达镇江,所以每岁立春以后,定有镇臣带领弁兵巡缉洋面之例。我朝德威远播,数十年来,久已海不扬波。惟是春初御驾临幸,臣等身在地方,不敢不加意慎重。臣谨拟令该镇于正月初旬遵照往例,即赴高家嘴一带外洋,率领将弁加意巡防,其吕四系狼山镇标右营所辖,即调该营将领带兵驻守,仍交狼镇一体督察。"②

事例之三,顾春晕船案。1756年(乾隆二十一年),新任苏松镇总兵顾春到任,在与两江总督尹继善谈话时,曾经流露说,他在登州镇任内乘船巡海,遇到风浪头晕,不能站立。尹继善以水师关系紧要,总兵责任极重,恐其仍有头晕之病,遂留心访察,得知顾春不能出巡洋面,于水操之事亦不甚谙练,是以在京陛见时,面奏其不胜水师总兵之任。

---

① 《世宗宪皇帝朱批谕旨》卷一六五,乾隆三年(1738)刻本,第19—20页。
② 《两江总督黄廷桂奏为江苏水师总兵王潋明春督巡洋面不能叩接圣驾缘由事》,乾隆十五年十一月十八日,中国第一历史档案馆藏朱批奏折,档号:04—01—01—0187—022。

乾隆皇帝于是将顾春调任副都统。而顾春到达北京后，奏称：以前在登州镇乘船巡海，曾有一次遇到大风，以致发晕。至崇明镇内并无此事。曾与提督陈鸣夏一同到苏松镇总兵阅操，并于闰九月坐战船巡海，至十月方回，并无晕船之病。乾隆皇帝于是再次询问尹继善所奏是虚还是实？尹继善奉到谕旨，复称："臣细加访问，陈鸣夏于去年九月十五日在于改镇海面检阅水操，顾春称系有病，未曾出港同操。又查，定例总兵出洋巡哨须至羊山、马迹等处地方。上年闰九月十八日顾春带游击黄鹂乘驾赶缯船自施翘河出口，开行止到距崇一百二十里之吴淞江口泊船，二十三日即行回营，并未到外海洋面。顾春所奏'与陈鸣夏同操，并闰九月巡海，十月方回'之处，系属虚饰。"① 奏上，乾隆皇帝认为顾春"如此取巧，甚属无耻。著革去副都统，在参领上行走"②。

事例之四，都司许连甲等讳盗案。1779 年 5 月 28 日（乾隆四十四年四月十三日），如皋县民周世仪租赁靖江县民许幅先一只，雇佣水手孙大等 11 人，从水洼出口，在三角沙外洋捕鱼，共得 7300 斤，于 6 月 13 日黎明被海盗抢劫，同时将周世仪之子戳死。周世仪将船驶进港内，告知兵丁余天池、徐大勇等，转报把总严昆。严昆以外洋失事，系武弁专管，虑及海洋盗犯难以缉拿，随起意讳盗，不报。因嘱咐余天池，转告周世仪，按八折赔给损失费 30 千文，将其子殡葬，要求周世仪不要报官。周世仪因穷困，也不愿报官，遂答应余天池的要求。严昆于 6 月 14 日将此事告知署都司许连甲。许连甲担心处分，也表示同意严昆的讳盗处理方案。严昆于是向许连甲以出洋巡缉为名，借支存公银 30 两。许连甲如数将银两兑给严昆，严昆亦将该银两兑换为 24 千文，交给了周世仪。不料这件事被保正袁方来得知，即前往讯问该把总。严昆告知不报情由。该保正亦认为多一事不如少一事，"听其自便"。但是，同年 8 月 10 日，同一洋面又发生一起抢劫案。如皋县知县宋学灏追查时，得知严昆等讳盗一事，遂将此案揭参到巡抚衙门。经江苏巡抚杨魁将涉案人员提讯到省，许连甲、严昆"一一供认不讳，质之事主周世仪与汛

---

① 《两江总督尹继善奏为遵查崇明镇顾春并未同操巡海系属虚饰事》，乾隆二十二年正月二十三日，中国第一历史档案馆藏朱批奏折，档号：04—01—16—0036—088。
② 《清高宗实录》卷五三二，乾隆二十二年二月壬申，见《清实录》第 15 册，中华书局 1985 年影印，第 711 页。

兵、保正人等，供亦相符"。大清律例规定："地方文武官员因畏疏防承缉处分，恐吓事主，抑勒讳盗。照例革职。又，监守自盗仓库钱粮三十两，总徒四年。又，私和人命受财者，准枉法论。枉法，赃二十两，杖六十，徒一年。"根据上述情况和律例规定，杨魁指出："周世仪渔船在洋被劫，该管营弁系专司巡缉之员，乃已革署都司许连甲、把总严昆规避处分，通同讳匿。且又借动公项银三十两，贿嘱事主隐匿不报，若仅照例拟徒，未免轻纵。应请将许连甲、严昆均发往乌鲁木齐当差，以示惩戒……已革兵丁余天池、徐大勇说合讳盗，应于许连甲等遣罪上减一等，杖一百，徒三年。周世仪将被盗戳伤伊子身死情由，得钱贿匿，计折银二十四两，合依受财私和人命，计赃枉法论，二十两，杖六十，徒一年……保正袁方来扶同不报，合依地保不报文职例，杖一百，革去保正。行贿钱文，照追入官。"①

事例之五，何德受贿放纵案。马迹山划入外洋，按照规定，外洋岛屿是不准民人从事生产和寄居的，不仅不准在此搭寮盖棚，也不准在此张网捕鱼。1781年（乾隆四十六年），巡洋把总何德受贿，私下允许渔户在此打鱼。这一事件现在看来不过是一个最下层的军官受贿放纵渔民捕鱼而已，而在当时清廷却看得很严重。乾隆皇帝为此谕令署理两江总督萨载，将这一案件就近转交闵鹗元严审定罪。事实上，萨载对此案也相当重视，在谕令下达之前，已经与江苏按察使塔琦等从速审理结案。②

事例之六，陈家河外洋重大劫杀案。1765年（乾隆三十年），崇明县事主张奎吉首告，在陈家河外洋被劫。是案涉及首伙共十七犯。江苏巡抚庄有恭奏报审拟外洋劫盗龚老大等各案犯分别定罪。乾隆皇帝览奏，认为拿获龚老大、王长生等十一犯，加之一犯投首，尚有五犯未获，此案属于重大杀人抢劫案件，为了确保航海安全，务必全部拿获案犯，尽法惩治。谕令："其余各犯，自应上紧缉获，立正典刑，毋使一人窜逸，致稽显戮。不得以首伙已获过半，遂稍存懈弛之意，仅以通缉

---

① 《江苏巡抚杨魁奏为遵旨审明周世仪在洋被盗都司许连甲把总严昆贿匿不报案律定拟事》，乾隆四十四年十一月二十日，中国第一历史档案馆藏朱批奏折，档号：04—01—01—0372—013。

② 《署理两江总督萨载奏为日前奏参巡洋把总何德等贿纵渔户在马迹山搭寮张网一案已审拟事》，乾隆四十六年四月二十七日，中国第一历史档案馆藏朱批奏折，档号：04—01—16—0073—038。

了事……此等江洋大盗。纠合匪徒行劫多案,肆行不法,已至数年之久。皆历任文武各员,不能实力防缉,姑息因循所致。现在龚老大等虽已缉获,而其余未破之案,或事主隐忍未报,或远在外洋劫杀,无人首告者恐复不少。有司营汛各员弁尤当协力访查,设法擒捕,务期洋盗根株尽绝,估舶往来安行,以收宁谧绥靖之效。"①

事例之七,护送英国贡船案。1791年5月28日(乾隆五十六年四月二十六日),苏松镇总兵孙全谋正常前赴内外洋面督巡。于五月初一日收泊小羊山,查点在山六澳、厂头、网户人等,而后前往大七、小七、徐贡、马迹往来巡察。稍有不同的是,这一年英国马戛尔尼使节团来华,途径江南附近的洋面。孙全谋参与了对于英国朝贡船的监督和护送。他如是奏报道:6月23日(五月二十二日),英国朝贡夷船由浙江水师护送到江南洋面。"奴才在洋即委官弁接护前行。其正贡船四只,因风信顺利,于六月初一日自浙省之普陀山外海放洋,直达北上,并未收泊江南之羊山、马迹等洋屿。目下南风盛发,谅可迅抵天津。"②

事例之八,重大洋盗抢劫杀人案。1792年1月21日(乾隆五十六年十二月二十八日),黄泳林纠众13名,在崇明县内洋永旺沙口拦劫一艘通州商船,正在准备搬取货物时,适遇暴风来袭,该劫犯等在事主船中一直等到三十日风息之后,随即搬取衣物和钱财,并将事主、水手、男妇十二名推到海中淹死,最后将事主船只烧毁灭迹。这一案件被海门同知王恒、崇明县知县何启秀联合侦破,先后拿获黄泳林等十三名劫犯,起获赃物,审明定罪,分别正法。由于这是发生在内洋的一桩特大杀人抢劫案,自然要追究疏防官兵的责任。为此,两江总督书麟上奏指出:"黄泳林等于十二月二十八日在洋遇见客船,正在行劫,适遇暴风,守至三十日风息,始行劫取赃物,伤毙事主,其间有三日之久,若使巡洋员弁早能巡缉,至彼盘诘、拿获,何至事主男妇幼孩一十二命惨遭溺毙,乃竟毫无觉察,致令凶盗肆行。事后,又并未协获一犯,怠玩已极,非寻常疏于防范者可比。除查明分巡、委巡千把、外委各员弁咨部

---

① 《清高宗实录》卷七三七,乾隆三十年五月庚子,见《清实录》第18册,中华书局1985年影印,第118页。
② 《江南苏松水师总兵官孙全谋奏为四月二十六日赴外洋督巡渔汛及英国贡船二十二日过境等事》,乾隆五十八年六月十二日,中国第一历史档案馆藏朱批奏折,档号:04—01—04—0018—005。

斥革外，所有总巡内洋之苏松镇右营守备赵邦臣相应参奏，请旨革职，以为巡洋疏防之戒。至苏松镇总兵陈安邦有统巡之责，不能督率官兵巡缉，咎亦难辞，并请交部议处。"①

事例之九，撤换苏松镇总兵陈大用。1795年7月（乾隆六十年六月），一股海盗抢夺官家运米船之后，窜入长涂外洋，复窜至江浙一带海面。十七日早晨，苏松镇巡洋都司叶泳林带领官兵巡洋，"见有匪船三十余只从浙洋梅山开行，望江南塌饼门外洋直驶，随率各船迎往，施放枪炮，击损贼船，打毙贼匪多人，各贼靡然。官兵俱皆无事"②。苏松镇总兵陈大用据此入奏。乾隆皇帝览奏，认为奏报含混不清，不成事体。下旨谴责道："所奏殊不成话。盗匪船只既从浙洋驶至江南外洋，官兵跟踪追缉，自应将贼匪如何击杀，究竟生擒几人，打毙几人，及官兵如何出力缉捕之处，详悉具奏。乃折内称：'各贼靡然，官兵无事'。试思官兵捕拿盗匪，当贼四窜之际，尚当察访侦拿。岂当贼船业已遇见，反任其潜逸。而官兵转致束手，幸保无事，即可塞责。有是理乎！向来洋盗不过偶遇一、二，行劫商旅船只。今乃于官运米船，公然抢劫，且盗船前后共有五六十只之多，似此肆行无忌，日聚日多，且恃有岛屿藏身，岂不又至酿成前明倭寇。关系非小，若不严行缉拿惩治，何以肃洋面而靖地方。"③因此，乾隆皇帝认为，陈大用未曾经历戎行，于海洋缉捕事宜，难资倚恃。立即谕令总督苏凌阿，无论于何日接奉此旨，即速起程，前赴上海镇洋等处海口，严督官兵实力堵拿。同时谕令各省督抚，"祇须分驻各海口，令将弁等往来梭织巡缉，不必亲身放洋，务期将各盗船尽数弋获，净绝根株"④。

事例之十，重大防汛巡洋不力案。嘉庆初年，蔡牵等大股海盗横行江、浙、闽、粤洋面。清廷设法整顿水师，大力兜剿，追南逐北，而无效果。1804年9月（嘉庆九年八月），蔡牵带领匪船，驶入吴淞

---

① 《两江总督书麟奏为洋盗行劫惨毙事主多命巡洋武弁毫无觉察参处事》，乾隆五十七年闰四月初三日，中国第一历史档案馆藏录副奏折，档号：03—1284—028。
② 《清高宗实录》卷一四八二，乾隆六十年七月庚戌，见《清实录》第28册，中华书局1985年影印，第799页。
③ 同上。
④ 同上。

口，先后劫掳商船共计四十号之多。该处川沙营东岸炮台额设防兵四十名，其时仅有兵丁二名在此。两江总督陈大文奏请疏防官员处分，乾隆皇帝认为处分太轻，谕令分别加重武官处分。"其原拟革职枷号之把总朱成秀、外委王飞熊，著即行斥革，于海口枷号三个月，满日发往伊犁。原拟革职之代理参将事守备陈天柱、署千总冯邦庆、委巡外委杨秀成、周荣贵、守备王万春、委巡把总钱开云、黄智林、署守备胡大雄、千总倪振先、沙文秀、把总王如龙，均著革职，发往军台效力。提督哈丰阿到任年久，于捕盗事宜不能督率镇将等认真查缉，实难辞咎，着与川沙营参将陈配高、总兵谢恩诏一并交部严加议处……总督陈大文甫经到任，办理地方事务尚能认真，其自请议处之处。著加恩宽免。寻，议上。赏哈丰阿二等侍卫，为叶尔羌帮办大臣。谢恩诏等降调有差。"①

此外，福建水师追剿蔡牵到达江苏外洋，未见一艘兵船巡洋。经两江总督陈大文饬令追查，得知，当时的总巡官是署吴淞镇参将、镇标游击赵启瑞。赵启瑞的自我辩护辞是，江苏省水师船小兵单，仅可在近洋哨捕，不能深入远洋。八月份，所带兵船正在佘山巡缉，相隔遥远，是以不能相遇。新任两江总督铁保认为赵启瑞畏葸无能，不胜其任。"查上年八月，系该游击赵启瑞职司总巡，理合据实奏参，请旨将镇标中军游击现署吴淞营参将赵启瑞革职，以为退缩无能者戒，仍请留于苏省随同出洋缉捕，以赎前愆。"②

事例之十一，缉获盗匪奖励案。江北洋面沙线繁多，若无本地土匪勾结，外地洋匪不熟悉海道，很难潜入内洋作案，是以江北水师营员在洋面缉拿匪盗事例甚为罕见，狼山镇一直默默无闻，在朱批和录副奏折中很少看到有关狼山镇的奏报。1805年（嘉庆十年），终于有了这方面的信息，署狼山镇右营游击葛洪章、通州知州张桂林、海门同知章廷枫等拿获蔡廷秀等二起案匪。为此，两江总督铁保和江苏巡抚汪志伊联名奏报。嘉庆皇帝非常高兴，给予署狼山镇右营游击葛洪章、通州知州张桂林、海门同知

---

① 《清仁宗实录》卷一二五，嘉庆九年正月己酉，见《清实录》第29册，中华书局1985年影印，第688页。
② 《两江总督铁保奏为特参巡洋不力之署吴淞营参将赵启瑞请旨革职事》，嘉庆十年四月二十四日，中国第一历史档案馆藏录副奏折，档号：03—1662—063。

章廷枫等特殊嘉奖。朱批是："勉益加勉，永承恩眷。"①

事例之十二，巡洋游击余元超遭遇风暴淹毙案。1823年6月下旬（道光三年五月中旬），一艘商船在佘山西北洋面被劫。两江总督孙玉庭饬令苏松镇缉捕是案海盗。该案发生时，总巡官是苏松镇奇营游击余元超，分巡官为右营守备张廷春。于是，该镇总兵云天彪责令余元超、张廷春限期破案。余元超、张廷春约定于6月20日（五月二十四日）各雇民船前往失事处所勘验。是日午刻，回至内洋老鼠沙洋面，陡遇暴风，大雨如注。余元超所坐船只桅竿被风刮断，掉入大海。余元超见状，拔刀准备砍断帆绳，不慎被帆索缠绕，跌入海中。在船人员施救不及，余元超被海水淹死。两江总督孙玉庭认为，余元超之死，系因公殉职，应照因公差委漂没之例议恤。②

事例之十三，陈长泰缉捕不力案。1824年12月17日（道光四年十月二十七日），一艘商船行至陈钱山外洋，被海匪劫去船上生猪等货；1725年1月2日（十一月十四日），又有一艘商船在陈钱山西北外洋，被盗劫去大豆、生猪、衣物等货物；同日，又有一艘商船在陈钱山外洋，被劫去大豆、米粮和钱财。短短一个月内，同时同地商船连续被劫。盗案发生之后，崇明县先后向两江总督衙门作了汇报。两江总督魏元煜责令巡洋官兵全力以赴，侦破案件。但是，事过半年，并未侦破一案。为此，两江总督魏元煜按例揭参说："延今日久，并无一案获破，是巡洋员弁既不能实力巡防于前，复不能奋勇追捕于后，若仅照例查参疏防，不足以示惩儆。相应请旨将总巡前署左营游击事中营守备陈长泰、委巡右营把总缪宗亮、随巡川沙营千总徐长清、署把总毛廷耀均先摘去领戴，再限一月严密查拿。如能限内获犯，解究，再当请旨开复顶戴。倘仍不知振作，逾限无获，即将该管承缉员弁严参，以昭炯戒。"③一月过后，他们没有破获一案。一年过后，他们仍然没有侦破一案。又

---

① 《两江总督铁保江苏巡抚汪志伊奏为江苏水师拿获蔡廷秀周文达等审办行劫二案有功奉旨交部议叙》，嘉庆十年十月初二日，中国第一历史档案馆藏朱批奏折，档号：04—01—19—0034—036。

② 《两江总督孙玉庭奏为巡洋游击余元超遭风暴毙事》，道光三年六月二十二日，中国第一历史档案馆藏录副奏折，档号：03—2872—060。

③ 《两江总督魏元煜奏为特参江省巡洋员弁陈长泰等疏防劫案缉捕不力请摘顶戴勒限严拿事》，道光五年六月初三日，中国第一历史档案馆藏朱批奏折，档号：04—01—16—0126—054。

经新任总督齐善奏请,将原参署游击守备陈长泰等革职,留于外洋协缉。按照条例规定,革职官弁留洋协缉,需要自备资斧。转眼之间,又过了四年。陈长泰资斧实属不继,而徐长清却侦破了另一抢劫大案。为此,继任两江总督蒋攸铦咨请兵部意见。兵部答复:"奉旨留于地方协缉者,几年销案,既无定例,亦无成案,行令自行酌量具奏。至于徐长清于留缉后拿获另案首夥各犯,功过是否可抵,亦自行照例办理。"①

为此,江苏按察使衍庆提出了一个处理方案:"陈长泰等于道光四年巡洋期内失察,商船在洋被劫,革职留缉,届今已逾四年,虽未缉获本案盗犯,而徐长清曾获有另案人犯二十余名。尚属留心探缉,且究系从前一时疏防,并未有心怠玩,应请将陈长泰等一并免其留缉,徐长清获犯多名,皆属另案,功过固不足相抵,但究与一犯无获者有间,似可酌量留营。"② 新任两江总督陶澍采纳其建议,认为武职承缉外洋盗案,四参,限满,无获,例止降调,并无留缉之案。琦善将陈长泰等留于外洋协缉,原属从严办理。现今已经超越限期,"尽足示惩,而资斧无措,亦属实情"。建议免除陈长泰、缪宗亮、徐长清、毛廷耀等人的留缉处分。至于徐长清,因在留缉期限内,曾经破获另一大案,虽功过不足相抵,究属留心缉捕,可以留营效力,"补食名粮"③。历经六年之久,陈长泰等疏防处分案最后得以了结。

事例之十四,加派兵力护运漕粮案。1824 年(道光四年),高家堰大堤溃决,运河水势减弱,漕粮无法通过运河北运,京师缺粮成为国家机关危急。是时,朝中分为两派:一派主张修浚运河,引黄济运;一派主张雇佣商船,通过海路运输漕粮。由于引黄济运主张耗费巨大,加之缓不济急。因此,道光皇帝决心试验漕粮海运。为此,谕令两江总督琦善筹备海运。琦善考虑了海运的风险,建议适当增加兵力保障漕粮运输安全。在他看来,只要官员亲身督率,实力奉行,江苏水师完全有能力缉盗安民,保护海运漕粮安全,"无须更诸旧制"。"届时仍责成提、镇于所辖洋面照例分派员弁,实力巡防,并于吴淞口对出之尽山、壁下、

---

① 《署两江总督江苏巡抚陶澍奏为已革疏防巡洋武弁陈长泰等留缉已久请免其留缉事》,道光十年七月十八日,中国第一历史档案馆藏朱批奏折,档号:04—01—16—020—1744。

② 同上。

③ 同上。

花脑等山最为扼要之区,令该提、镇亲赴大洋,按段稽察,庶奸宄不致潜踪,声势更为联络,实于漕运、海防均有裨益。"①

事例之十五,关天培押送"阿美士德"号夷船案。胡夏米(Hoo-Hea-Mee)是英国对华航线与船舶投资人胡安·汉密尔顿·林特赛(Hugh Hamilton Lindsay)的化名,1832年任英国东印度公司的高级职员。根据该公司的指令,胡夏米以船主的身份乘坐"阿美士德"号(Lod Amherst),于2月26日(正月二十五日)从澳门出发,带领郭实腊等人,北上侦查和测量中国沿海港口和海道,绘制地图。胡夏米一行躲过了中国水师船只的巡逻,先后到达南澳、厦门、福州、定海、宁波等中国南海、东海等重要港口。5月13日,经福建水师舰船"尾追驱逐",驶向浙江洋面。② 5月25日,该船由外洋乘风驶入旗头、猫港,次日到达镇海。复经浙江水师提督戴维等"严行驱逐",于6月18日窜入江苏小羊山洋面。次日凌晨,出现在吴淞港口。是日下午,胡夏米和郭实腊换乘小船驶入黄浦江,进入上海县,投递呈文,要求地方官开放贸易。护理江苏巡抚布政使梁章钜立即委派太湖协副将鲍起豹、候补知府程铨连夜赶到海口,协同该镇、道妥速驱遣。道光皇帝连续接到"阿美士德"号窜入广东、福建、浙江和江苏沿海的奏报,非常恼火,三令五申要求各省发现该船,立即加以驱逐。7月,林则徐接任江苏巡抚,到达镇江,得知"阿美士德"号正在吴淞口外寄碇,当即会同两江总督陶澍,饬令苏松镇总兵关天培立即将该船驱逐出境。关天培委派奇营游击林明瑞押解驱逐,"阿美士德"号于7月9日(六月十二日)离开了吴淞,次日黎明,驶出了江南尽山外洋,向东南方向驶去。关天培接到林明瑞的禀报,据此向陶澍和林则徐作了汇报。陶澍和林则徐将此事奏报了道光皇帝。不料,胡夏米又半途折回,于7月15日(六月十八日)又出现在山东洋面。道光皇帝得知"阿美士德"号驶入山东洋面,异常震怒,对于陶澍和林则徐因此受到申斥:"前据陶澍等奏,英吉利夷船派苏松镇总兵关天培等于六月十二日押出江境,南行,断其北驶。

---

① 《两江总督琦善奏为查明水师会哨巡缉情形并酌筹明年海运漕粮稽查防范事》,道光五年九月初二日,中国第一领事档案馆藏录副奏折,档号:03—2977—018。

② 中国第一历史档案馆编:《鸦片战争档案史料》第1册,中华书局1992年版,第11页。

旋据讷尔经额奏六月十八日有夷船驶入山东洋面，即系江南驱逐之船。当降旨令陶澍等详查，据实具奏。兹据奏，该夷船自江境驱逐后，已过浙江尽山洋面，因深水大洋，江浙两省兵船不能接替，外洋又不能寄碇，无从押逐，是以仍窜至山东洋面。该镇等未能将夷船明白交替，咎有应得。苏松镇总兵关天培、奇营游击林明瑞均着交部议处。陶澍、林则徐未能据实确查，即含混入奏，均著交部察议。"①

事例之十六，押解英国"麦发达"号商船出境案。1835年夏季，得知一艘英国夹板船在浙江洋面游移不去，两江总督陶澍接受前次驱逐"阿美士德"号教训，立即饬令沿海水陆各营加强戒备，海口两岸炮台层层密布，一经发现立即驱逐。10月8日（八月十七日），苏松镇总巡游击汪士逵正在巡洋时，发现一艘外国船从北面乘风而来，驶近吴淞海口外洋寄碇。该游击带领兵船一路跟追到此。署上海县知县黄冕、苏松太道阳金城、署松江府知府周岱等人得到报告，先后赶到。他们立即会同参将林明瑞、署游击韩永彩、守备杨光祚等带领兵丁前往盘问。得知该商船自广东经外洋到达山东，然后由山东折回。经文武官员驱逐，该船于10月12日（八月二十一日）午后放洋。"经苏松镇亲督巡洋弁兵一路驱押过浙。"并咨会各省督抚转饬驱押，以防该船半途折回。②

从上述事例来看，巡洋制度在执行时也是比较认真的。事例之一、事例之七、事例十五和事例十六，是要求水师将领在防范殖民侵略，震慑外敌，保卫内外洋主权等方面，必须尽职尽责，即使两江总督陶澍、江苏巡抚这样的督抚大员也不得有任何疏忽。

事例之二与事例之十四，是对水师巡洋制度的灵活运用。为了皇帝南巡的安全，临时加强了长江口及其近海的防务；为了漕粮海运的安全，适当增加了警戒的兵力。

事例之三，是对水师用人标准的坚持，水师将领的身体条件必须适应海洋，才能在海洋上自由驰骋。

事例之四，是一桩典型的海洋诲盗案。按照清代律例规定，凡是发

---

① 《陶澍、林则徐著传旨严行申饬》（《清宣宗实录》卷二一七，道光十二年八月己卯，见《清实录》第36册，中华书局1985年影印，第225页）《江南道监察御史周彦奏为慎重海防请严饬水师巡洋会哨事》，道光十二年九月初三日，中国第一历史档案馆藏录副奏折，档号：03—3016—007；《嘉庆道光两朝上谕档》第37册，第412页。

② 中国第一历史档案馆编：《鸦片战争档案史料》第1册，第190页。

生抢劫杀人重大案件，无论在海还是在陆，任何人知情不报，均属违法，必须治罪。如果是文武官员，为了逃避疏防责任，讳盗不报，则要加重惩罚。

事例之五，渎职是指军官利用职务的便利，或者徇私舞弊，或者滥用职权，或者玩忽职守，损害法律条例和军队形象的一种恶劣行为。对于军人受贿渎职的惩处，理所当然。

事例之六、事例之八和事例之十，保护在海道上航行的商船安全与保护在近海渔船的生产，乃是水师的主要基本职责。① 无论内洋还是外洋，一旦发生特别重大抢劫杀人案件，清廷不仅要求除恶务尽，尽法惩治，以儆效尤，而且对于疏防的文臣武将进行严厉追责，是为玩忽职守者戒。没有对长官的问责，上级的压力就传导不下去。上级的压力传导不下去，水师巡洋就可能出现懒散和走过场的行为。加强责任追究，层层传导压力，使问责成为常态化，是预防和解决军队或国家机关养痈遗患的重要手段。有责必问，问责必严，既是对权力的一种规范约束，又是对权力的一种内部监督。

事例之九，是对畏葸无能将领的坚决撤换。任何时候任何地方发生敌情，军队指挥官不敢做出坚决的应对，都是对其神圣职责的亵渎，必须坚决惩处。惩罚是对于水师官兵不称职行为的一种有效约束。

事例之十一，嘉奖破获案件的人员，意在激励各级官员尽职尽责，激发责任人的动机，使其产生一种内驱力，从而调动其积极性、主动性和创造性。

事例之十二，抚恤海上遇难的官兵，体现了国家对于军人生命的尊重。既是对军人保卫国家或执行任务献身精神的一种激励，又是对家人精神的安抚和物质的帮助。

事例之十三，对于疏防员弁的处分程序，不仅设置初参、二参、三参的不同缉捕期限，给予水师员弁改过自新的机会，而且规定在三参期满之后，疏防官员必须自备资斧，在洋"留缉"。"留缉"是一种较为

---

① "自康熙年间海口弛禁以来，至今一百数十余年，国课丰盈，海圉宁谧，即间有被劫之案，亦随时获破、正法……江省出海商船，臣先饬晓谕令其联艅行驶，并令巡洋官兵往来护送。"（《署理两江总督费淳奏为遵以洋盗充斥抢劫商船粮食暗地勾通行户各情现在会同筹办缉捕事》，嘉庆四年二月十七日，中国第一历史档案馆藏朱批奏折，档号：04—01—03—0037—029）

罕见的惩处方法。

总之，从以上事例可以看出，清代前期巡洋制度是比较严密的，执行也算是比较认真的。① 但是，随着时间的推移，造船制度出现了严重问题，大量战船糟朽不堪，停靠在岸边，巡洋日渐成为过场。尤其是到了嘉庆、道光时期，面对内外两种力量的挑战，水师的腐败、虚弱彻底暴露出来，重大海上事件接二连三，预示着国家海防危机到来。"山雨欲来风满楼"。通过这些历史片段，使我们可以触摸到历史跳动的脉搏。

结　论

江苏与浙江的内外洋分界线位于大小羊山之间的东西一线，与山东的内外洋界线在北纬35°附近的车牛山岛东西一线。同沿海各省一样，江苏省的内洋基线应当是海岸线和崇明岛岸线；江南的内外洋分界线大致在汇头、崇明岛东端、廖角嘴一线。江北地区的内外洋分界线在哪里，目前还缺乏证明资料。江苏省的外洋外缘线非常明确，就是当时帆船行走的航线。这一航线大致与现在上海至青岛的轮船航线重合。因此，江苏的内外洋以及四至界线是明确的。

就巡洋期限来说，先是六个月，分为两期，春哨为三月至五月，秋哨为六月至八月；后来增加了两个月，巡期为八个月，春哨为二月至五月，秋哨为六月至九月；后来巡期又改为全年，分为春、夏、秋、冬四季，每季三个月。就巡洋兵力配置来说，有分巡，有总巡，又有随巡或委巡。不仅有督巡官（又称统巡）不时监督其勤惰，复有定期定点会哨制度，以确保巡洋兵力在洋常川梭织巡缉。不仅有疏防处分，督责其尽职尽责，又有奖叙，鼓励水师官兵奋发努力。通过不断修订和完善，清代前期水师，以江南为例，建立了比较严密的巡洋会哨制度。

在完成督巡任务之后，总兵官必须立即向皇帝奏明本次督巡的主要经过，不仅要奏报所属洋面是否安静，有无违例搭寮、私捕，船照、腰记是否相符，还要奏报渔汛、蛰汛期内商人渔民获利情形，本地是否风调雨顺，粮食收成如何。这些奏折虽然是千篇一律的格式化公文，而确

---

① 王宏斌：《清代内外洋划分及其管辖权研究——与西方领海观念之比较》，《近代史研究》2015年第3期。

确实实证实了巡洋制度的成熟性、完备性和日常性。

随着时间的推移，由于造船制度出现了严重问题，大量战船糟朽不堪，停靠在岸边，巡洋日渐成为过场。尤其是到了嘉庆、道光时期，面对内外各种力量的挑战，水师的腐败、虚弱彻底暴露出来，重大海上事故接二连三发生，预示着国家海防危机即将到来。

最后，我想再次引用江南道监察御史周彦 1832 年对清廷的发出的警告作为本章的结语："诚使将、备不懈于操防，卒伍各娴于驾驶，军威严肃而器械鲜明，号令整齐而往来勤密，远在外夷无不望而生畏，何至有不守功令，乘风驶入他省洋面者乎！"①

---

① 《江南道监察御史周彦奏为慎重海防严饬水师巡洋会哨事》，道光十二年九月初三日，中国第一历史档案馆藏录副奏折，档号：03—3016—007。

第五章 清代前期山东内外洋与水师巡洋制度

由于山东水师力量有限，配备的战船数量无多，加之气候地理等原因，导致水师巡洋活动较少，留下来的档案资料不够系统，探讨该省水师巡洋制度存在一定困难。尽管如此，我们发现，山东省如同沿海各省一样，在清代前期也曾将近岸海域划分为内洋、外洋，加以行政和军事的管辖。与江、浙、闽、粤四省相比，山东水师的巡洋制度也是相当严密的。尤其是山东内外洋划界活动，具有重大历史意义，值得特别关注。

一 山东的内洋与外洋

清代山东省地处黄河下游、京杭大运河中北段。东部滨临黄海，北部滨临渤海，西部连接内陆，自北而南，分别与直隶、河南、安徽、江苏四省接壤。山东半岛伸入黄海，北隔渤海海峡与辽东半岛相对，拱卫京津与渤海，东隔黄海与朝鲜半岛相望，东南则俯瞰东海及日本、琉球列岛。关于山东省的内外洋有三个问题需要经过考证。

（一）山东省管辖近海水域是否像江浙闽粤一样划分为内洋和外洋？答案当然是肯定的

首先，《莱州府志》记录了莱州湾的内外洋划分情况。"掖县正北为三山海口，西北为蜉蝣岛；岛之北为外洋，达天津；东为高沙海口，为石灰嘴海口，为王徐海口，与招远县分界；西为小石岛海口，为黑港海口，为海庙海口，为虎头崖海口，为海仓口，入昌邑县界，俱内洋。昌邑海仓口折而西，为下营口，为白狼河口，入潍县界，潍县白狼河口西北为黄家庄,与寿光县分界,俱内洋内地;惟距岸四十里有红滩一道,介昌、潍二县,滩南为内洋,滩北为外洋。胶州正南为柴湖荡,西南为枣林口,为古镇口,为龙湾口,与诸城县分界,俱内洋。东南为唐岛口,为灵山岛,岛之南为外洋,为竹岔岛,为古积洋,俱外洋。为淮子口,为黄岛,为头营子口,为塔埠头口,为女姑口,入即墨县界,俱内洋。"① 由此可以看出,莱州府的近海水域明确划分了内外洋的界线。莱州府如是,山东其他沿海府州县自然不能例外。

其次,从一些历史事件中也可以看到山东内外洋的记录。1726年,山东巡抚陈世倌在议奏兵部关于海防事宜四条折中说:"臣等会查得东省因造船需用物料、匠做,俱非本地出产,故造船者少,其采捕鱼虾俱扎木为筏,并无篷桅,不能远涉外洋。"② 这是说山东的渔船比较小,比较简陋,只能在内洋捕鱼,不能远涉外洋。事实上,山东也有比较大的渔船不仅可以在中国的外洋活动,而且可以远到朝鲜黄海道附近的海面捕鱼。这被朝鲜人视为越境非法争利活动。在《同文汇考》中,共有22条山东籍船只在朝鲜黄海道附近海域被朝鲜官员缉捕的信息。渔船上渔民多达36或42人,其规模自然不会太小。

1732年,山东巡抚岳濬建议在长山列岛的沙门岛上设立通判一员,带领兵役40名,每年于夏、秋两季驻扎岛屿,稽查来往商船,管理当地居民。雍正皇帝将此奏折批交河东总督田文镜讨论。经过实地勘查,田文镜认为没有这个必要。在他看来,在沙门岛设立通判,稽查来往商船,编管岛上居民,"俨然成一收税验船口岸,外而需索商民,内而扰累百姓,贻害无穷"。就海防来说,水师在长山列岛巡防已经相当严密,如果仅从文武官员彼此牵制的角度考虑问题,则更属无益。他说:"事关海洋巡防,固不可不严,而抚绥招徕亦不可不慎。臣请仍照旧例,外洋责之巡哨官兵,内口(洋)责之州县有司,似毋庸添此通判一员也。"③ 从这段资料可以看出,康熙、雍正年间山东海面同样划分为内洋和外洋,因为按照"旧例",商船在外洋失盗,责在巡哨官兵;商船

---

① 乾隆《莱州府志》卷五,《兵防·海汛》,清乾隆五年(1740年)刻本。
② 中国第一历史档案馆编:《雍正朝汉文朱批奏折汇编》第7册,江苏古籍出版社1989年版,第824页。
③ 《世宗宪皇帝朱批谕旨》卷一二六之二三,乾隆三年(1738)刻印本,第35页。

在内洋失盗，责在州县有司。

1738 年，为了保障战船对民船的优势，清廷制定条例，限制商船的航行速度和技术。不准商船渔船装配头巾、插花，在内洋行驶。谕沿海各省："凡系内洋商渔船只，头巾、插花并所竖桅尖一例严行禁止。如有私带出洋，查出，照例治罪。守口官弁照失察夹带违禁货物例分别议处。其山东省出外洋商船，亦照各省之例，准其制用头巾插花。其内洋商渔各船，一概不许制用。如有私用者，查出治罪。失察员弁，照例议处。"① 一项条例的规定绝不会是针对一时一地。山东省的商船、渔船无论在内洋作业还是在外洋行驶，必须遵照上述条例规定。由此可以推知，山东的近海必须划分为内洋和外洋，才能执行国家关于近海航行的条例规定。

1832 年，胡夏米商船先是偷越广东、福建洋面，到达浙江镇海，然后又擅自进入江苏吴淞海口，经苏松镇总兵关天培驱逐出境。道光皇帝接到奏报，立即谕两江总督陶澍、江苏巡抚林则徐、山东巡抚讷尔经额、直隶总督琦善等饬令所辖水师加强戒备，一旦发现该船进入各省内洋，立即驱逐出境。"英吉利夷船向不准其赴闽、浙贸易。今值南风司令，竟敢乘便飘入内洋，希图获利。自不可稍任更张，致违定例。虽经该省驱逐出境，难保其不此逐彼窜。著琦善、陶澍、讷尔经额、林则徐严饬所属巡防将弁认真稽查。倘该夷船阑入内洋，立即驱逐出境。断不可任其就地销货。"② 从道光皇帝的谕旨也可以看出，山东、直隶与江苏、浙江一样有"内洋"的存在。

从《莱州府志》的记录和上述四个事例，我们可以看到，山东洋面如同江浙、闽粤一样，也是划分为内洋和外洋的。

（二）山东哪些岛屿属于内洋，哪些属于外洋？

山东省沿海地理不像江浙闽粤那么复杂，共有 305 个岛屿，面积最大的岛屿不过 14 平方千米（无棣县的沙岛），最小的岛屿不过 0.1 平方

---

① 崑冈等修：《钦定大清会典事例》（光绪朝）卷六三〇，光绪二十五年（1899）石印本，第 4 页。
② 《清宣宗实录》卷二一三，道光十二年六月壬午，《清实录》第 36 册，中华书局 1985 年版，第 139 页。

千米，大部分岛屿面积在 2 平方千米以下，主要岛屿分布在青岛、荣成、威海和烟台附近。自南而北而西分布情况如下，位于日照附近洋面的有车牛山岛、达念山岛、平山岛等 6 个岛屿；位于青岛附近洋面的有沐官岛、斋堂岛、鸭岛、唐岛、灵山岛、竹岔岛、脱岛、里岛、小青岛、潮连岛、老公岛、大福岛、小公岛、大公岛、麦岛、冒岛、七星岛、大管岛、兔子岛、女岛、白马岛、吉岛、田横岛等 69 座岛屿；位于曲阳附近洋面的有麻姑岛、鲁岛、泥岛、琵琶岛、杜家岛、南黄岛等 26 座岛屿；位于荣成附近洋面的有鸡鸣岛、海驴岛、苍岛、外遮岛、猪岛、鹁鸽岛、连岛等 64 座岛屿；位于威海卫附近洋面的有大岛、黄泥岛、黑岛、牙石岛、黄岛、刘公岛、日岛等 23 座岛屿；位于烟台附近洋面的有养马岛、芝罘岛、菜岛、马岛、崆峒岛、三孤岛、头孤岛等 19 座岛屿；庙岛列岛主要有南长山岛、北长山岛、庙岛、小黑山岛、大黑山岛、砣矶岛、小钦岛、大钦岛、南隍城岛、北隍城岛等 32 座岛屿；介于蓬莱与莱州之间的海域有桑岛、依岛、芙蓉岛等 4 个小岛；位于黄河入海口附近的海面有大口河堡、棘家堡子、套尔河堡等 58 个沙洲岛。现在的问题是，哪些岛屿划入内洋，哪些岛屿划入外洋？

庙岛列岛由 32 个岛屿和 66 个明礁构成，全部划入外洋。南长山岛是最大的岛屿，地理坐标为北纬 37°55′，东经 120°44′。长为 7.22 千米，宽为 4 千米，岛屿面积为 12.8 平方千米，岛岸线长 20.02 千米，是山东省最大的岛屿。庙岛列岛，北距老铁山 42.2 千米，南离蓬莱角 7 千米。与胶东半岛、辽东半岛共同构成天然门户。清代前期特别受到人们的重视。战略家认为："自成山至鸭绿江口，计六百里，与盛京之凤凰门，两相联属，为天津第一重门；自登州至铁山岛二百五十里，为天津第二重门；自铁门关至滦河口三百里，为天津第三重门。"[1] 正是基于这种认识，山东水师的北汛重点是防守庙岛群岛一线，因此，庙岛群岛及其周围洋面全部划入外洋汛地。"自天桥口（山东蓬莱水城北门）起，北至高山岛迤北外洋止"，"自天桥口龟矶岛起，北至北隍城岛迤北九十里洋面止"，这些外洋岛屿和洋面均划归登州水师营管辖。[2]

---

[1] 《山东通志》卷一一五，兵防志第七，商务印书馆民国四年（1915）影印，第 3285—3287 页。
[2] 叶矫然：《东海水师洋汛说》，《东溟集》，康熙五十年（1717）刻本。

在考察江浙闽粤内外洋时，我们得到的划分准则是：凡是靠近大陆海岸和设立府治、县治、厅治岛屿的岛岸附近的岛屿和洋面均划入内洋，凡是远离大陆海岸和设立府治、县治、厅治岛屿的岛岸附近的岛屿和洋面均划入外洋。这里的"靠近"是指5千米以内，这里的"远离"是指5千米以外。根据上述准则，我们对于该省的主要岛屿进行了实地考察和测算，分别将其划入内洋或外洋。

表 5-1　　　　　　　山东内外洋岛屿距离海岸一览　　　　　　单位：千米

内洋岛屿名称	与海岸垂直距离	内洋岛屿名称	与海岸垂直距离	外洋岛屿名称	与海岸垂直距离
沐官岛	2.88	平　岛	1.44	车牛山	45.36
斋堂岛	2.16	海驴岛	3.62	达山岛	51.84
大脱岛	2.16	鸡鸣岛	3.61	平　岛	48.96
小脱岛	2.70	刘公岛	3.60	灵山岛	13.68
连山岛	0.20	日　岛	1.80	大公岛	10.80
黄　岛	0.25	褚　岛	2.00	小公岛	12.24
大福岛	1.44	养马岛	0.50	朝连岛	32.40
老公岛	1.90	芝罘岛	0.20	大管岛	7.33
狮子岛	4.32	桑　岛	3.20	马儿岛	13.68
小管岛	3.60	依　岛	4.20	长门岩	33.12
女　岛	0.89	屺䃳岛	2.68	涨　岛	7.20
驴　岛	2.88	芙蓉岛	4.10	赭　岛	7.20
田横岛	3.60			千里岩	46.82
三平岛	2.87			三山子岛	7.20
东小青岛	2.85			苏山岛	10.85
竹　岛	2.16			崆峒列岛	7.50
南黄岛	1.44			豆卵岛	21.60
宫家岛	1.11			南长山岛	7.91
里　岛	4.00			北长山岛	15.10
大王家岛	1.30			大黑山岛	21.60
镇锣岛	0.30			大竹山岛	23.50
黑石岛	3.60			大钦岛	54.00
褚　岛	1.50			北隍城岛	63.36

从资料记载来看，也是这样划分内洋与外洋的。嘉庆时期，朝廷担心大帮海盗袭击天津，于1801年题准：山东加强水师力量。将登州镇改为水师，总兵官兼辖陆路。文登协副将改为水师副将，仍兼辖陆路。新旧水师共三营，分防的内外洋面十分明确。

其新改文登水师营所辖洋面，分为西南路、西路两路洋面。"自成山头起以西至马头嘴交界止，为西南路。内龙口崖、马山、竹岛、养鱼池、俚岛、倭岛、碍矶岛、石岛各外洋，成山头、孤石、杨家葬、马头嘴等洋面，以左哨千总为专巡。""自成山头起以西至芝罘岛交界止为西路，内海驴岛、鸡鸣岛、刘公岛、浮山岛、栲栳岛、养马岛、崆峒岛、之罘岛各洋面，以右哨把总为专巡。"以上两路洋面，以守备为分巡，以副将为总巡，以总兵为统巡。每年会哨处所：左哨千总由成山头以西南，巡至马头嘴犄交界，与水师前营文武互相结报；右哨把总由成山头迤西巡至芝罘岛交界，与水师后营文武互相结报。

其前营所辖洋面，自江南交界之莺游山起，至新改文登水师营交界之马头嘴止，共计洋面一千六百八十里。各按所辖洋面，实力巡缉。自胶州头营口起，至莺游山交界止，洋面八百四十里，以左哨千总为专巡；自头营口起，至乳山口交界止，洋面五百四十里，以右哨二司把总为专巡；自乳山口起，至马头嘴交界止，洋面三百里，以右哨头司把总为专巡。以上各洋面，以守备为分巡，游击为总巡。其经制额外等弁分配船只，随时调派。每年会哨处所：分为东、西两路。西路以左哨千总巡至莺游山交界，与江苏省东海营会哨；东路以右哨头司把总巡至马头嘴交界，与新添文登水师营会哨，互相结报。

其后营所辖洋面：自天桥口起往东巡至芝罘岛西，与文登水师营交界止，计洋面二百四十里。往西至直隶省大沽河交界止，计洋面七百二十里。往北至北隍城岛迤北洋面。与奉天旅顺洋面交界止，计洋面三百三十里。共计一千二百九十里。各按所辖洋面实力巡缉。自天桥口起，由长山岛以东巡至芝罘岛西，到达文登水师营交界止，洋面二百四十里，为东路，内有长山岛、大小竹山岛、纱帽岛、湾子口、刘家旺、八角各外洋，以左哨头司把总为专巡。惟西路洋面七百二十里，较四路绵长，划出一百二十里，均给西北路管辖。嗣后西路自天桥口由龙口西起，巡至直隶省大沽河交界止，洋面六百里为西路。内有小依岛、屺碍岛、三山岛、小石岛、芙蓉岛各外洋，以右哨头司把总为专巡。自天桥口由龙口往西北至高山岛西北外洋止，洋面二百四十里，为西北路。内有桑岛、黄河营、大小黑山岛、猴鸡岛、高山岛各外洋，以右哨二司把总为专巡。自天桥口由砣矶岛往东北，至北隍城岛迤北洋面，与奉天旅顺洋面交界止，洋面二百四十里，为东北路。内有南北隍城岛、大小钦岛、砣矶岛各外洋，以中哨千总为专巡。四路洋面以中军守备东路、东北两路为分巡，游击为四路总巡，总兵为四路统巡。此前水师后营守备专顾北路。今改为东路、东北两路分巡之责，并改饬西北路把总，就近与天津兵船会哨。其北路仍饬千总在隍城岛迤北洋面与奉天旅顺营兵船会哨。东路仍饬东路把总在芝罘岛以西交界，与文登水师营兵船会哨。互相结报。

"凡三营所辖洋面遇有疏防案件，指名岛屿，各按所巡界址，照例开参。如并不亲身出洋者，该抚据实指参。仍将巡洋各职名、会哨各日期，按季造册送部查核。"① 在这一资料中，我们看到庙岛列岛所有岛屿均被划入外洋，完全符合江浙闽粤等省划分内外洋的准则。比较特殊的是屺碶岛也被标记外洋，这是由于该岛屿的外侧没有标记外洋的合适岛屿，只好借用附近的内洋岛屿来标记外洋。在清代这种以内洋岛礁甚至以海岸标记外洋洋面的现象相当普遍。

（三）山东外洋外缘线在哪里？

《山东通志》对于江苏和山东的外洋、海道远离大陆海岸的情况作了如下解释。"胶州以南，五沙、十滧、长江、大河错出间隔，不能沿岸，转而计洋，直以片帆飞渡为率，以故东师之必至鹰游门（又称莺游门）交替，犹南师护漕之必至石岛，方为出境。而八百海程，浑称一汛，不能嫌远矣。"②

海道就是外洋的外缘，山东的海道资料非常系统和清晰，大致分为三段。第一段，"行过鹰游门对出之洋面，往北即山东日照县界，山东水师南洋汛所辖。又北至文登县之铁槎山，一名北槎山，自佘山至此始

---

① 崑冈等编：《钦定大清会典事例》（光绪朝）卷六三二，光绪二十五年（1899）石印本，第34页。

② 《山东通志》卷一一五，《兵防志第七》，商务印书馆民国四年（1915）影印，第3285—3287页。

见岛屿。又北至文登县之马头嘴，入东洋汛界，经由苏山岛、靖海卫及荣成县之石岛、养鱼池。石岛居民稠密可泊，惟岛门东南向，春时乘风易入难出，鹰游门至石岛约六百余里大洋中，虽舵工以针盘定方向，犹须常用水托。水托者，以铅为坠，用绳系之探水取则也。每五尺为一托，查十至二十托上下，行过佘山试水，均在三十托上下。顺风二日余，均系黑水，再试至十托上下，即知船到大沙洋面，行过大沙，试水渐深至五十托上下，视水绿色，则系山东洋面。顺风再一日，试水二十托上下，水仍绿色，遥望北槎及石岛一带，山头隐隐可见，再行半日，即至石岛洋面，此商船赴北一定针路也"①。这一段海道是传统帆船航线，与现在轮船自上海经石岛，前往烟台或大连的航线相重叠，大致在东经 122.5°和北纬 35°—37°之间。

第二段，"自石岛至俚岛洋面约一百六十里，俚岛至成山洋面约一百四十里，俱荣成县地，为南北扼要之所，可泊，水绿色，针盘仍用子午，略偏东。从成山转头，改针向西略北，入北洋汛界，至文登县之刘公岛约一百余里，又西至威海卫一百余里，又西至福山县之之罘岛一百余里，又北至蓬莱县之庙岛二百余里，以上自石岛起至庙岛止约共九百余里，之罘岛西北一带有暗礁，船行偏东以避之。又庙岛之东有常山头浅滩，宜避，试水在十五六托至二十托不等。船至庙岛以东，南风为大顺，计东省洋面一百零五岛中有二十五岛为海道要地，而庙岛尤大，可以停泊"②。这一段海道也是传统的帆船航线，与现在轮船自上海经石岛、成山角、庙岛海峡，前往天津的航线重叠。大致在东经 121°—122.8°、北纬 38°—39°之间穿行。

第三段，"自庙岛过掖县小石岛，即入直隶天津海口，约九百里，针对大西偏北，沿途试水在十四五托，再试水至六托上下，水黄色，水底软泥，即可抛锚候潮进口，约计天津海口，逆流挽纤一百八十余里，即抵天津东关外"③。掖县，就是现在的莱州市，小石岛在县西北 90 里，位于莱州湾中。这一段海道除了稍稍绕经莱州湾的三山岛和小石岛

---

① 刘锦藻编：《皇朝续文献通考》卷七七，《国用考十五·海运》，商务印书馆 1955 年版，第 8355 页。
② 同上书，第 8356 页。
③ 同上。

之外，其他部分与现今龙口至天津的轮船航线相近，大致在东经117.5°—120.3°和北纬37.7°—38.1°之间。

事实上，由于清军水师对于蓬莱角、庙岛列岛和老铁山角一线的控制，整个渤海均成为水师管辖的内湖。靠近大陆海岸的岛屿和洋面是内洋，远离大陆海岸的岛屿和洋面是外洋。总之，山东水师营所辖内外洋面十分绵长，有三千七百余里，"其外洋距口岸较远之处，如蓬莱县之大竹山、北隍城岛等处或百余里，或数百里"①。

二 山东水师的巡洋活动

清初，因袭明制，在山东半岛仍设登莱巡抚及登州海防道，并设临清、沂州两镇。是时，登州陆路三营，各设游击，为城守营，统于临清镇。1652年，裁登莱巡抚，并三营为登州营，改设参将。1654年，改沂州镇为胶州镇。1660年，设登州副将，裁参将，仍设游击。1661年，改临清镇为登州镇，即以本营游击为中军游击，辖中营，复设左、右二营游击。又设文登营副将。1662年，设山东全省提督。1666年，裁海防道，又改左营守备为水师营。有哨船13只，额设守备一员，千总1员，把总2员，水兵386名。

1703年，总兵官王文雄奏请，添改战船20只，游击1员，守备1员，千总4员，把总6员，水兵814名，加上原来的386名，共计1200名。海船20只（改沙哨船为赶缯船）由江南捐造。同江、浙、闽、粤等省一样，山东水师在辖区内也建立了旨在保护商船的定期巡洋、会哨和查阅制度。1704年（康熙四十三年），始仿照浙江船式，打造赶缯船10只，游游击和守备各带领5只，兵250名，分驻登州、莱州。

1714年，将赶缯船10只拨给金州，只留10只，裁撤水师后营，将700名调回本营，拨赶缯船10艘给旅顺八旗水师，仅留前营赶缯船10艘，水师兵500名，分为两汛，以游击、守备分辖，登州府为北汛，胶州为南汛。南汛、北汛哨船各5只，每船配兵50名。于四月出洋，九月回哨。南汛最初停泊在胶州塔埠头，后来移至头营子口。北汛船5

---

① 《山东布政使杨庆琛奏为遵旨饬查山东洋面抢劫案件并严查金格成号可疑洋船事》，道光十九年九月初一日，中国第一历史档案馆藏录副奏折，档号：03—2984—045。

只，停泊在天桥口内，巡查附近海港。因海潮带沙进出，浮沙沉落口内，日积月累，以致淤积日多。每年哨船出洋，必须预先经过挖沙，等待朔望大潮之日，方能进出。

每年届期巡洋，要求水师官兵年轻力壮，熟悉海洋。例如，1723年，登州水师游击因年齿衰迈，不胜水师之任。兵部任命云南督标后营游击石崑充任。登州镇总兵何祥书认为，石崑虽是直隶人，但生长不在滨海，长期在云南军营，对于海洋、水师未能熟识，不胜其任。特别指出："今值夏令，商船来北贸易者纷纷，正赖水师官兵及时哨巡。奴才虽经委员署理。但游击为一营将领，委属实非专责，海防关系紧要，员缺不便久悬，恭请圣主于谙练水师记名人员内简补一员。或容奴才于东省守备内拣选熟练船务，善通水性者保举二人，恭候钦点一员。"① 与此可见，山东水师的任务也是在海道上定期巡逻，保护商船安全行驶。

康熙、雍正时期，人们认为，"防海事宜当严之于外洋，至于内汛第当不时瞭望防守而已。若外洋有贼船，巡哨者已不能辞其责"②。水师营北汛负责成山角以北的海道海防，水师营南汛负责成山角以南的海道海防。"登州北面临海是为北汛，胶州南面距海是为南汛。原设有绿旗水师一营，战船十只，水兵五百名。分驻北汛战船五只，兵二百五十名，从北口出洋巡哨；分驻南汛战船五只，兵二百五十名，从南口出洋巡哨。"③ 水师营北汛负责的洋面是：第一段，自直隶大沽河至山东蓬莱水城，海程600里；第二段，自山东蓬莱水城北至高山岛，海程240里；第三段，自高山岛至北隍城岛以北90里，海程210里；第四段，自蓬莱水城至芝罘岛，海程240里；第五段，自芝罘岛至成山角，海程480里。水师营南汛负责的洋面是：第一段，自成山角至马头嘴，海程390里；第二段，自马头嘴至乳山口，海程300里；第三段，自乳山口至胶州营口，海程540里；第四段，胶州营口至鹰游门，海程840里。上述海程是航海者的一种估算，是不精确的，与现代测量的距离有较大差距，但是可以反映当时分防的大致范围。

---

① 《山东登州镇总兵何祥书奏请简员补授东省水师游击事》，雍正元年四月十六日，中国第一历史档案馆藏朱批奏折，档号：04—01—30—0149—010。
② 《世宗宪皇帝朱批谕旨》卷一二六之一四，乾隆三年（1738）刻本，第28页。
③ 同上书，第43—44页。

1728 年 10 月 20 日，大学士张廷玉、蒋廷锡奉上谕："山东登莱二府皆属边海地方，似应于何处驻防及盖造营房、增添战船之事，尔等密议。"张廷玉等因不了解山东海防形势，为此请旨交给河东总督田文镜，将山东沿海地方何处应设立满洲水师营及胶州应否设立陆路满洲驻防，确查详议。

田文镜遵照雍正皇帝的旨意，针对张廷玉等人提出的问题，进行了认真筹划。在他看来，山东海道南接江南，北连直隶，延袤二千余里，尤其是登州、莱州二府突出一方，战略地位十分重要。现有战船 10 只，水兵 500 名，过于单弱，需要适当增加兵船和水兵。拟奏请添造艍船 7 只，每船配兵 30 名。"每艍船一只，约需工料价银一千余两。每船配兵三十名，除舵工、阿班、大料、头碇四名不用军需外，其二十六名内配鸟枪手十二名，大炮手六名，藤牌手二名，弓箭手二名，长枪手二名，大刀手二名。南北两汛共应添设艍船七只，分拨北汛四只，南汛三只，共用兵二百一十名，以资巡查。"① 另外，原来赶缯船每只配兵 50 名，人数不足，每船应加配兵 10 名，共 60 名。经过此次调整，山东洋面水师营官兵总数达到 810 名，赶缯船 10 只，每只配兵 60 名；艍船 7 只，每只配兵 30 名。南汛兵船共有 8 只，官兵 390 名；北汛兵船共有 9 只，官兵 420 名。如此这般，"水师营兵已有八百一十名，赶缯船、艍船共有十七只，分防南北两汛，足资巡哨"②。

同时，根据实地考察，田文镜否定了在山东滨海地区设立满洲水师营的方案。在他看来，登州水城北临海面，其战船即驻泊于水城之中，城下之海仍属内洋，且长山、珍珠等岛密布于前，海港中潮水长落，沉沙积浅，即战船出哨，尚须刨挖经月，并候朔望大潮，方能进出，所谓重门保障无过于此。此登州之无庸添设满洲水师营兵。

至于莱州一府，北至海 60 里，亦系内洋，中多礁岛，其去外洋更远，虽有海庙小口，外来商船亦从不能入，而内地之船亦不能出，故从未设有绿旗水师营兵。至于胶州，原在内地，其南面只有淮子口，入港水面宽展，故通商船，水师营战船原驻泊塔埠头。雍正五年（1727），山东巡抚塞楞额曾会同总兵万际瑞，因彼处水浅，必须等候大潮战船方

---

① 《世宗宪皇帝朱批谕旨》卷一二六之一四，乾隆三年（1738）刻本，第 44 页。
② 同上书，第 48 页。

能出口,故请移驻头营子,出入甚便。本处既有绿旗水师营兵足资巡哨,亦无庸添设满洲水师营兵。

成山卫虽三面环海,为渤海冲要之地,而龙口山多岛,大小船只不能出入,难以驻扎兵船。其余北汛,自登州以东沿海一带,福山、宁海、文登、威海等州县卫虽有八角口、湾子口等处,然去大洋甚远,中多礁岛,海船俱不能入,亦无驻泊兵船之处。自登州之西沿海一带,黄县、招远、掖县、昌邑、潍县、寿光、乐安、沾化、海丰等县虽有黄河、界河、海庙、淮河等口,然去大洋甚远,中多礁岛,海船俱不能入,亦无可以驻泊兵船之处,是北汛一带无庸添设水师满兵。

其南汛自胶州东面沿海一带,即墨、浮山、鳌山、雄崖、大嵩、靖海等县卫所虽有女姑、金家、何家等口,自胶州西面沿海一带,灵山、日照、安东等县卫,虽有古镇、龙汪等口,然皆去大洋甚远,中多礁岛,海船俱不能入,亦无可以驻泊兵船之处,是南汛一带,也无须添设水师满兵。

总之,"水师巡查洋面,各有界限。登州北汛之兵自成山卫之北,而西至直隶交界,不过千里,而有战船九只。胶州南汛之兵自成山卫之南,而东至江南交界,更不及千里,而有战船七只。一至巡哨之期,同时出洋,上连天津以北之战船,下连江淮以南之战船,均出巡哨,则满洋皆兵,足资防汛,又无庸虚糜兵饷,置之无用。是以臣愚谓无庸添设水师满兵也"①。

雍正皇帝对于田文镜否定驻防满洲水师的方案非常不满,但又无可奈何。他批示道:"所论固属详悉、允当。但未领会朕意。夫国家之分驻满兵于各省,原为预备援剿,有事调遣而设,既无缉捕巡防之责,观之,似属无用。殊不知弹压地方,其势隐然甚重。现今豫省驻防满兵,有何用处耶?朕尚思稍增其额数。自定鼎以来,满洲户口孳生,日渐繁衍,将来若至敷用时,省省皆有驻防满兵,方为全美。兹发卿查议,无非欲在山东境内驻扎满兵数千之意耳。卿言现在奏请添设,绿旗水师何难均请改增满兵,分拨配搭,协同巡哨,云云等语。尤为不达朕意。何也?满兵从未协同绿旗营兵供应差役,假若责令供应地方差役,一旦有事调遣,反致顾此失彼。如云虚糜钱粮,则在京在外,均属同然,不为

---

① 《世宗宪皇帝朱批谕旨》卷一二六之一四,乾隆三年(1738)刻本,第45—53页。

枉费。如云地方贫苦，商贾不至，则建立大镇，驻扎多兵，贸易者自将辐辏。试观安西一镇，远在塞外千里，移驻甫经二载，一切市买货殖不亚内地繁盛之区矣。如云俗尚夸诈，且多匪类，则于此等处正宜设兵弹压。如云城内地狭，居民稠密，则驻扎满兵自必另筑城垣，未有令满汉纷然杂处之理。至于满兵设立水师，不过令薄海内外闻之以壮声势而已。非为绿旗汉兵不足巡哨而议添也。卿仰体朕意，更为详筹合宜之地。如云登莱二府及胶州地方必不相宜，或于青州酌量查勘。再不然，即于济南省城亦可。"① 从这一朱批可以看出，雍正皇帝设立满洲水师营的真实意图是驻军监控绿营兵，"无非欲在山东境内驻扎满兵数千之意耳"。由于田文镜没有体会出皇帝的真实意图，而没有顺从皇帝的旨意。雍正皇帝不久也便改变了他的想法，在山东设立满洲水师营的计划因此胎死腹中。

　　1734年（雍正十二年），添设外委、千总、把总四员，在成山头增加东汛，分别自南、北汛中抽调赶缯船各2只，官兵200名，辖区自成山南至马头嘴。② 乾隆时期，登州水师一营，巡逻洋面，控制海疆，分为南、北、东三汛，额设战船12只。南汛驻扎胶州之头营子口，游击一人，把总二人，赶缯船4只，战守兵400人，南境巡哨至与江南交界之莺游山，东至荣成县马头嘴，与东汛会哨。北汛驻扎登州府水城，中军守备、千总、把总各一人，赶缯船、艍船4只，战守兵400人，南境巡至成山头，与东汛会哨，北境巡哨至北隍城岛与直隶水师、盛京水师会哨。东汛驻扎登州府荣成县之成山养鱼池，千总、把总各1名，设赶缯船2只，艍船2只，配战守兵400人，南境巡至马头嘴，与南汛会哨，北境巡至成山头，与北汛会哨。每年五月出洋巡哨，至八月回哨。③ "其出哨、回哨之时，各于该汛海面驾驶操演，余俱往来梭织，彼此会哨。"④ 虽彼此相隔五六百里之遥，而沿海一带互为掎角，声势

---

　　① 《世宗宪皇帝朱批谕旨》卷一二六之一四，乾隆三年（1738）刻本，第53—54页。
　　② 岳浚主修：《山东通志》卷一六，《文渊阁四库全书》第539册，第13页。
　　③ 1763年（乾隆二十八年），经山东巡抚崔应阶奏请，改为三月内出哨，九月内回哨。（《山东巡抚崔应阶奏明战船巡海程期事》，乾隆二十八年九月二十二日，中国第一历史档案馆藏录副奏折，档号：03—0463—055）
　　④ 《山东登州镇总兵什格奏为变通修造日期每年遇有修造战船俱在闲空之时不致有误巡哨事》，乾隆十三年十二月初五日，中国第一历史档案馆藏朱批奏折，档号：04—01—36—0021—022。

联络。

按照规定，各汛战船出口后，一般在五月份操演一次，北汛系总兵亲验，南、东二汛委派文登、胶州二营副将就近查阅。1747年10月，登州镇总兵什格查阅了东路宁福、文登、即墨、胶州、莱州、水师各营，奏报："各营盔甲、旗帜、军火、器械等项尚属鲜明整齐，俱无缺少。惟是沿海大炮台十九座、小炮台十八座、墩台营房间有坍塌处所。奴才已饬各该营移催该州县上紧修葺。"①

1754年，署理登州镇总兵李绳武查阅水师后，奏请以后分年查阅各汛。"除北汛臣亲加操演外，其东、南二汛臣请照依陆营分年巡查之例，自本年为始，俟五月战船出口之期，臣轻骑减【简】从前赴东汛考验水操，于战船出洋巡缉之后，臣再行回署。南汛阅操，次年届期就阅。其不就阅之年，仍委各副将校阅。"②

1771年，登州水师总兵窦瑸奏准，每年五月先赴北汛查阅，再赴南汛查阅，然后赴东汛查阅。

1816年，登州镇总兵马建纪于4月19日（三月二十二日）起程，对于莱州、寿乐、武定、济南、青州、安东、水师南汛、胶州、即墨、文登、水师东汛、宁福一带大小营汛、海口逐一巡查。然后返回登州，又分别查阅了登州镇中营、右营和水师北汛。奏报："水师南、北、东三汛操演阵式，驾驶船只尚属便捷，应列为二等。"③

除了总兵查阅之外，按照规定，山东巡抚也要定期查阅所辖营伍。例如，1775年，山东巡抚杨景素于9—10月按期查阅了兖州镇、登州镇属营伍。查阅的主要内容是：其火器、军械是否足备？蓬索、杠具是否齐全？驾驶往来、戗风、折浪、转缭、操舵是否灵便？对阵迎敌方法是否纯熟？

1791年，山东巡抚惠龄于4月10日对于登州一带水陆各营进行查阅，他奏报说："臣抵各该处将登镇所属之水陆各营将弁兵丁逐一考验，

---

① 《山东登州镇总兵什格奏为陈明巡查水师各营汛沿海大炮台等事》，乾隆十二年十月十三日，中国第一历史档案馆藏朱批奏折，档号：04—01—01—0147—014。
② 《署山东登州镇总兵李绳武奏为亲阅水操请分年出巡事》，乾隆十九年四月初六日，中国第一历史档案馆藏录副奏折，档号：03—0088—089。
③ 《山东登州镇总兵马建纪奏为校阅莱州等处陆路水师营伍情形事》，嘉庆二十一年五月初六日，中国第一历史档案馆藏朱批奏折，档号：04—01—19—0045—007。

详加校阅,遵照部颁鸟枪、弓箭中靶数目分别等第,并验其是否纯熟,弓力果否健硬,为定优劣。其阵式能否齐捷整肃,以核操练之勤惰……其水师一营操演阵式以及施放火箭、火筒、爬桅、藤牌等技均尚可观。"① 惠龄在清单中将登州镇所属 12 营(即登州中营、登州右营、水师营、即墨营、文登营、胶州营、莱州营、武定营、寿乐营、安东营、宁福营和青州营)操演情况分别区别为优等、平等二类,其中四营获得优等,水师营即为其一。

山东地方"南通江浙,朔达盛京,东接朝鲜,西至天津,海洋辽阔,营务纷繁,弹压稽查,在在均须料理,是以登州总兵向定为最要缺"②。但是,由于长期海不扬波,岛屿宁静,于1758年经山东巡抚阿尔泰奏准,改为要缺,兼辖陆路。不管是"最要缺"还是"要缺",只是对军官的委任、提拔稍有影响而已,并不改变其海防职责。

1763年,山东巡抚崔应阶奏准:水师战船俱令三月内出哨,九月内回哨。1800年,谕令:各省水师向设统巡、总巡、分巡及专汛各员,出洋巡哨。奉行日久,有以千总等代巡之弊。嗣后令总兵官为统巡,副将、参将、游击为总巡,都司、守备为分巡,遇有事故,以次代巡,不得以低级的员弁代巡。"山东水师三汛,向不参送统巡疏防职名,殊未允协。嗣后该省亦应一律遵办,以昭划一。"③ 1804年,因各省师船向遵部颁定式,仅能就近海巡查,不能放洋远出,多改雇商船出洋捕盗。廷臣建议,战船改商船制度,以收实用。

三 山东水师的职责

如同沿海各省水师一样,山东水师也负有同样职责。第一,保家卫国,防范外国军队侵入。1832年7月上旬,一艘英国船只先是驶入福建、浙江洋面,又复驶入江南洋面。清廷谕令各省沿海文武官员,一经

---

① 《山东巡抚惠龄奏陈查阅登州镇属各营并查勘沿海炮台汛房事》,乾隆五十六年四月初三日,中国第一历史档案馆藏录副奏折,档号:03—0453—007。

② 《山东巡抚阿尔泰奏为奉旨酌定登州水师陆路总兵为要缺事》,乾隆二十三年六月二十八日,中国第一历史档案馆藏朱批奏折,档号:04—01—17—0010—002。

③ 《清仁宗实录》卷六〇,嘉庆五年二月丙午,《清实录》第28册,中华书局1985年版,第794—795页。

发现英国船只驶入内外洋面，立即派兵驱逐。7月中旬，这艘英国船只驶入山东洋面，声称带有货物，请求贸易。山东巡抚讷尔经额立即委派登州镇总兵周志林带领兵船加以驱逐。并咨会江南一体巡防，"接押驱逐"。道光皇帝接到奏报，认为讷尔经额所办甚是。同时指出，向来西方商船只准在广东贸易，不许阑入其他口岸，任其就地销货。"此次押回夷船，该督等严饬水师接管驱逐南行，不许片刻停泊。是为至要。"①

1835年，英国商船非法驶至山东刘公岛附近洋面，山东巡抚钟祥当即派兵加以驱逐。事后奏报清廷，道光皇帝认为所办甚是。谕旨指出："此次英吉利夷船驶入东省刘公岛洋面，经钟祥派委员弁驱逐，不准进口。所办甚妥。该夷人麦发达始则欲求通商，继又欲散布夷书，虽据称未在闽浙、江苏内洋寄碇，殊难凭信。著钟祥即严饬所属各员弁，一俟风发，驱令启碇南还。并将各岛口严加防范，毋许内地奸民交易接济。东省洋面界连直隶、奉天、江南，甚为辽阔，海洋风信靡常。其沿海各处均当一律防办。著直隶、奉天、江南、山东、福建、浙江各督抚、府尹严饬沿海文武各员弁巡防堵截，不准该夷船越进隘口。"②

第二，缉拿海盗，保护商船安全。乾隆末年，海盗活动开始在中国沿海猖獗起来，不仅东海、南海出现了大帮海盗，就是黄海、渤海也出现了大伙海匪，敢于同水师管兵明火执仗对打。1790年，福建人李佩纠集27名海盗在锦州、盖州一带洋面连续抢劫五条商船，杀伤事主多人。9月20日，盛京水师佐领王尚赟带领兵船缉拿海盗。双方在兔儿岛附近接仗，海盗船只被击沉，部分海匪跳水逃逸。清廷对于京师门户发生的连劫事件非常震惊，当即通谕沿海各省督抚，"一体派委员弁严密查拿，毋使一名漏网"③。

山东巡抚惠龄奉命之后，立即札饬各海口文武及水师官兵严密搜查。此后，登州水师营在登州镇总兵督率下一直在所辖洋面，尤其是与

---

① 《清宣宗实录》卷二一五，道光十二年七月丙午，《清实录》第36册，中华书局1985年版，第186页。
② 《清宣宗实录》卷二七〇，道光十五年八月癸酉，《清实录》第37册，第154页。
③ 《山东巡抚惠龄奏为遵旨严饬登莱青武沂五府海口查缉奉天洋面逸盗事》，乾隆五十五年十二月初九日，中国第一历史档案馆藏朱批奏折，档号：04—01—01—0432—009。

江南交界一带外洋"梭织巡缉"。① 1794 年 1 月，山东巡抚福宁奉谕察看山东洋面形势，于 2 月 10 日复奏承认："山东海洋南至莺游山江苏连界，北至隍城岛，接壤天津，环绕五府二十一州县，计程三千七百余里，樯帆络绎，实为南北经由要道，从前洋面极为安静，其即墨田横岛被盗等案系数年间偶有之案，亦由地方文武推诿、懈缉所致。"②

1795 年，山东巡抚玉德奉命督率部属缉拿海盗，在他看来，山东与江南的外洋交界的绿水洋附近是控制海盗的关键处所，只要在此处布置重兵，互相策应，即可彻底消灭海盗。他说："江南外洋有黑水、绿水二名，绿水即界连东境，此等盗匪逸逃北窜，若得邻省策应堵截，自可合力悉数就擒。"③ 不过，总的来说，乾嘉时期的艇匪主要在东海和南海活动，很少滋扰黄海和渤海，登州水师没有受到强烈挑战。④

第三，巡逻海道，保护海运漕粮。道光初年，黄河泛滥，运河堵塞，漕粮无法通过运河北运，海运成为唯一选择。从 1824 年开始，两江总督陶澍、江苏巡抚林则徐开始大规模组织海运漕粮。1825 年，掌浙江道监察御史熊遇泰奏请水师保护漕运。在他看来，商贩出洋尚宜妥为护送，况国家漕粮更为重大，尤不可不预先筹备防范。江南上海一带漕船北赴天津，必由吴淞江出口，至崇明、佘山向东北行过浅沙，开始进入深水洋面，然后四散开行，影踪莫辨。直至转向登州成山，方能收口。"其间沙岛最多，匪徒易于出没。若非巡缉营船棋布星罗，往来梭织，则洋面难期绥靖。"海匪船队啸聚岛屿的现象，在山东、直隶两省

---

① 《山东巡抚玉德奏为山东海口洋面现查无匪船踪迹事》，乾隆六十年，中国第一历史档案馆藏朱批奏折附片，档号：04—01—01—0466—004。
② 《山东巡抚福宁奏复山东洋面情形事》，乾隆五十九年正月十一日，中国第一历史档案馆藏录副奏折，档号：03—0309—006。
③ 《山东巡抚玉德奏为查询南来商船东省洋面现无北窜匪船事》，乾隆六十年八月初十日，中国第一历史档案馆藏朱批奏折，档号：04—01—01—0466—012。
④ 1795 年 8 月，山东巡抚玉德亲自前往胶州湾询问福建商船北上沿途情况，据福建船户苏泳禄禀称："伊于六月初九日从厦门放洋，走浙江、江南洋面，闻说浙江石浦地方有贼匪劫夺，不敢拢近，就从外洋驾驶到大沙尖，才收胶州口岸。大沙尖以北洋面安静，并无闻有贼匪。"又据浙江船户陆廷华回称："伊于六月二十七日从镇海闻得江南羊山左近有贼，不敢拢近，由外洋行走，收入胶州口内，大沙尖以北俱极宁静，并未见有贼船。"又据江南船户倪有南回称："伊于六月二十五日自刘河口放洋，从大沙尖一带收胶州海口，江南崇明以北洋面俱极安静。"（《山东巡抚玉德奏为查询南来商船东省洋面现无北窜匪船事》，乾隆六十年八月初十日，中国第一历史档案馆藏朱批奏折，档号：04—01—01—0466—012。）

者较少，而在江南境界者较多。这是因为海道由山东登州北至直隶天津，所有沿途沙岛每与内地紧连，巡哨弁兵侦缉较为容易。"惟江南境内，由尽山以至大洋、小洋、马迹、花鸟等山，港汊分歧，岭崖悬绝。虽有川沙、吴淞各营汛。往往畏其险阻，不能周历，遂使匪船得以潜藏，肆其诡秘。故向来劫掠商货，多在江南所属也。"① 福建道监察御史王云岫也指出，近来巡哨将弁不过届期而行，及界而返，虚应故事。"请旨饬下按季轮派之巡洋将弁，密侦巢穴，合力搜捕。如实无藏匿，即令巡洋将弁申详其各该管官，将此次巡洋之某日某时、所经之某地某处奸船可以栖泊者并无奸船栖泊，备文存案。下季接巡之员，如有弋获，即讯其栖泊何所，并讯其自何日何时栖泊此地，以便稽考上次巡洋将弁申报之虚实。如无弋获，亦即仿上次巡洋申报之例备文存案。以轮巡之法为轮稽之法。"②

道光皇帝为此谕令："著山东、直隶各督抚，转饬沿海水师提、镇，各按汛地多拨哨船，分派将弁兵丁，巡防护送。并著该督届期奏派武职大员二人押送商船赴津，以资稽考。"③

每届海运期，沿海水师提、镇各按所辖汛地，派拨哨船、兵丁巡防护送，并派武职大员二名随船赴津。后以邵灿言，停止派遣武职大员护送，责成沿海水师逐段护送。"在上海交兑时，先期咨照浙江提镇水师营出哨招宝、陈钱一带地方；江南提镇水师营出哨大小洋山，会于马迹山。山东总镇出哨成山、石岛，会于鹰游门，以资弹压；山东洋面责成游击、守备搜查岛屿，防护迎送。"④

"沙船聚于上海，约三千五六百号。其船大者载官斛三千石，小者千五六百石。"⑤ 1826年春天，数百艘海船自吴淞口齐发，百舸争流，极为壮观。海船舵手于海面风涛、沙线素所惯习，或从外洋乘风飞渡，瞬息千里，虽有可泊之岛，亦必扬帆直过；或进入附近海口补充淡水和

---

① 《掌浙江监察御史熊遇泰奏为筹办明年漕运肃清洋面请饬查修江南至山东水师营务船舰事》，道光五年七月二十五日，中国第一历史档案馆藏录副奏折，档号：03—3043—019。
② 《福建道监察御史王云岫奏为申明海洋巡哨以利船运事》，道光五年八月二十九日，中国第一历史档案馆藏录副奏折，档号：03—2977—017。
③ 《清宣宗实录》卷八八，道光五年九月壬辰，《清实录》第34册，第411页。
④ 赵尔巽等撰：《清史稿》卷一二二，《食货志三》，中华书局1976年版，第3595页。
⑤ 包世臣：《海运南漕议并序》，《中衢一勺》卷一；《见闻随笔》卷二，转引自《中国近代海运史资料》第一辑，第1250页。

修整，重新起航。江苏、山东、奉天与直隶水师官兵在内洋港口、外洋海岛和海道上担任护漕任务，"梭织往来巡防稽查"。是年早春，在南粮尚未起运之际，登州镇水师总兵札勒杭阿先赴沿海周历督查，屡次饬令南、北、东三汛兵船先期出洋巡哨，① 登莱道嵩英亦亲履各岛督率巡防。山东巡抚武隆阿认为："在事文武尚知海运至要，咸各奋勉。"② 1848年，江苏漕粮准备通过海路北运，事先知照山东巡抚护航。山东巡抚饬令登州镇总兵景琳严督水师将弁，"亲带兵船，不分畛域，合力迎护，期保无虞"③。

第四，稽查人员出入，维护近海治安秩序。条例规定：凡是有附搭商船、渔船出口之人，必先呈明地方官，给予印照，方准附载其船只出入海口，悉由守口官弁兵役查明船票，对明字号及舵工、水手年貌、籍贯，并所载货物名色、数目，"方准出口入口"。查验之后，仍将出入船只按月申报上司查核。就山东滨海地区来说，拥有海口的府县是：登州府之蓬莱、黄县、宁海、荣成、福山、文登、莱阳、莱州府之掖县、昌邑、胶州、即墨、青州府之诸城、武定府之海丰、利津。这些府县所属洋面，或者只有小的岛礁，人员不堪居住；或者岛屿略大，而距离海岸不过二三十里，既有战船往返巡逻，又有驻兵稽查，相对容易控制，很少发生违禁事件。④

1798年，御史黄照奏请"立法防海"五条，嘉庆皇帝谕令沿海各省参酌施行，山东巡抚陈大文认为，奏折内所称"商船宜分别大小，酌带炮械"与"鱼船带桅蓬出海，宜严行禁止"二条，系专指福建省商渔船只而言，山东商渔船只不存在类似问题。至于保甲一条，山东也早已实行，只需要再次申明定例，务令切实稽查，有匪必惩。至于奖励各汛官兵拿获匪船、货物一条，可以施行。"将所获无主具领之货物船只

---

① 《山东巡抚武隆阿奏为查明东汛出洋巡哨贻误情形事》，道光六年三月十一日，中国第一历史档案馆藏朱批奏折，档号：04—01—35—0251—015。
② 《山东巡抚武隆阿奏为经过海运粮船数目及由外洋越渡缘由事》，道光六年三月初五日，中国第一历史档案馆藏朱批奏折，档号：04—01—35—0251—007。
③ 《山东巡抚张沣中奏报查探苏省洋面情形事》，道光二十八年三月二十二日，中国第一历史档案馆藏朱批奏折，档号：04—01—35—0280—048。
④ 《山东巡抚崔应阶奏为查明山东省海面情形并无未给执照人等混行出口于山岛搭厂居住事》，乾隆三十二年三月二十六日，中国第一历史档案馆藏朱批奏折，档号：04—01—01—0270—062。

全行给赏,是盗船所在,即弁兵利之所在,人自为谋,自必奋力擒拿。"① 最后强调,山东沿海营汛兵丁分布要隘,"未免兵力稍单,应请饬令沿海州县再添派民壮,协同防守,以助声援"②。

第五,救助中外海难船只。《大清律例》详细规定了水师官兵救援海难船只的责任和义务。"凡出哨兵弁如遇商船在洋遭风,尚未覆溺及着浅不致覆溺,不为救,反抢取财物,拆毁船只者,照江洋大盗例,不分首从,枭示。如遭风覆溺,人尚未死,不速救护,止顾捞抢财物,以致商民淹毙者,将为首之兵丁照抢夺杀人例,拟斩立决,为从照伤人律,拟斩监候,所抢财物照追给主。如不足数,将犯人家产变赔。在船将、备如同谋抢夺,虽兵丁为首,该弁亦照为首兵丁例治罪。虽不同谋而分赃者,以为从论。若实系不能钤束,并无通同分肥情弊,照例议处。如见船覆溺,虽抢取货物,伤人未致毙命者,不计赃,为首杖一百流三千里,为从减一等。若商船失风,被溺商民俱已救援得生,因而捞抢财物者,兵丁照抢夺本律,杖一百徒三年,计赃重者,从重定拟。该管弁员照钤束不严例议处。如淹死人命在先,弁兵见有飘失无主船货捞抢入己不报者,照得遗失官物,坐赃论罪。如见船覆溺,阻挠不救,以致淹毙人命者,为首阻救之人照故杀律拟监斩候,为从照知人谋害他人不即救律,杖一百。官弁题参革职,兵丁革除名粮。如有凶恶之徒,明知事犯重罪,在外洋无人处所故将商人全杀灭口,图绝告发者,无论官兵,但系在船同谋,均照强盗杀人律,不分首从,拟斩枭示。以上弁兵除应斩决不准自首外,其余事未发觉而自首,杖一百徒三年,流罪以下概准宽免,仍追赃给主。如有误坐同船,并未分赃之人,能据实首报,除免罪外,仍酌量赏给。其哨船未出口之前取同船兵丁不致抢物为匪连名甘结,令在船将弁加结,申送该管上司存案。巡哨回日,仍取同船兵丁甘结,转送该管上司。其上司如不系同船,失于觉察,或通同庇匿,及地方州县若据难民呈报,不即查明转详,反行抑讳,及道府不行察报,督抚、提督不行查参者,均照例议处。"③

----

① 《山东巡抚陈大文奏为遵议立法防御沿海盗劫各款就本省洋面情形据实复陈事》,嘉庆四年九月三十日,中国第一历史档案馆藏朱批奏折,档号:04—01—03—0037—030。
② 同上。
③ 三泰纂修:《大清律例》卷二四,第8—10页。

律文不仅明确规定了水师官兵承担的救援失事商船的责任，而且详细区分了各种违法情节和量刑治罪标准，还对官兵积极救援商船的行为予以晋级和物质的奖励。"营汛弁兵如能竭力救援失风人船，不私取丝毫货物者，该管官据实申报督、抚、提、镇，按次记功，照例议叙。倘弁兵因救援商人或致受伤被溺，详报督抚查明，优恤。"①

对于外国商船，水师官兵及沿海州县官员也有救援责任和义务。例如，1790 年 7 月，一只琉球国商船在海上遭风，飘入青州府诸城县海面。查系琉球国西村人，装载货物，前往太平山、宫古岛贸易。山东巡抚饬令诸城县知县按照大清条例规定，予以救助。②

1825 年 7 月 7 日，一只琉球国小船在海上遇到风暴，飘入文登县附近海面。查验后得知该船 4 人，于 7 月 1 日驾船，装载薪木出海，赴国陨府售卖。在海上遭风，飘入山东洋面。③ 山东布政使护理巡抚讷尔经额闻报，要求地方官按照大清条例规定，予以抚恤救助。

1831 年 7 月 24 日，一只琉球国商船在海上遇到风暴，飘入荣成县海面。该船上有四人，查系那霸府人，在本国海岛贩卖牛只、粮食等，船上装载黄牛三只，豆麦若干包。山东巡抚讷尔经额闻报，要求地方官按照大清条例，予以救助。④

1833 年 9 月 5 日，一只琉球商船在海上遭风，飘入山东日照洋面。船员 11 人，系琉球国首里内泊村人，船上载有烟叶等物。日照县根据惯例，予以救助，赏给制钱和食物。⑤

1846 年 7 月，一只琉球国商船在海上遇难，飘至海阳县。山东巡抚觉罗崇恩闻报，立即饬令地方官按照条例规定，予以救助。⑥

朝鲜是清朝的朝贡国，是东亚朝贡体系的重要成员。该国国王负有救

---

① 三泰纂修：《大清律例》卷二四，第 10 页。
② 《山东巡抚觉罗长麟奏为琉球国遭难民妥为抚恤折》，中国第一历史档案馆编：《清代中琉关系档案选编》，中华书局 1993 年版，第 215—216 页。
③ 《山东布政使护理巡抚讷尔经额奏为琉球国遭风难民循例抚恤折》，中国第一历史档案馆编：《清代中琉关系档案选编》，中华书局 1993 年版，第 625—626 页。
④ 《山东巡抚讷尔经额奏为琉球国遭风难民循例抚恤折》，中国第一历史档案馆编：《清代中琉关系档案选编》，中华书局 1993 年版，第 688—689 页。
⑤ 《清宣宗实录》卷二四二，道光十三年八月甲辰，《清实录》第 36 册，第 622 页。
⑥ 《山东巡抚觉罗恩泰奏为琉球国遭风难民循例抚恤折》，中国第一历史档案馆编：《清代中琉关系档案选编》，中华书局 1993 年版，第 873—874 页。

助中国的海难船只的相应义务。1855年，一艘山东船只在海上捕鱼，遭遇风暴袭击，漂入朝鲜长渊海面。朝鲜官员询问难民，回答称："本年正月十七日，在本县所属俚岛上船，往本县东边大海捉青鱼买卖，同伴船往来洋中。二十七日，忽遇猛风飘荡波浪，本月初一日到泊于此。所乘船底板破碎，桅杆舵木折落飘失，愿得修理回国。"朝鲜官员认为，这些难民的票文尽管丢失，也应给予救助。"察其言语、服著，的是上国渔船飘到无疑，等因。具启，据此，窃照飘人等不幸遭风，飘到敝境，而人命全活，诚为多幸。著令该道观察使等官厚致馆廪，优给衣粮，从其愿，旱路还送。所伤船只从愿改造，本道还送，允为便当，使之候风出海外。各人姓名、年纪、居住、船中什物、随身物件一一开录于后。"①

四 巡洋制度的弊端与海防危机的到来

嘉道时期，中国海防日渐空虚。江、浙、闽、粤海防炮台年久失修，②战船巡洋徒具形式，山东也是这样。据奏报，1821年，山东沿海大小炮台、墩台、塘房年久失修，有整齐者，有坍塌者，有地基仅存者，更有连地基也无存者。"通盘核计，共炮台十七座，内整齐者五座，坍塌者七座，坍塌不堪仅有地基者五座；其大路沿海墩台、塘房共九十六座，内整齐者二十六座，有坍塌者二十一座，坍塌不堪及并无基址者四十九座。"③

海防守兵如此，水师战兵也是如此。有的战船年久失修，常年停留在岸边；有的官兵出洋，只是按期到达会哨地点，应付监督而已。水师官兵临近海区的各种海洋水文现象漠不关心。一位御史指出："水师操防原与陆路一律。惟东南水务，如礁岛之有无，口岸之广狭，重洋远澳可资瞭望，在何山海套旁支可以登陆，在何港何等水势便有礁石暗沙，何等天气便有回渊台飓，收泊避风之所，樵采取水之方，在在情形，非

---

① 《同文汇考》4，《韩国史料丛书》第24集，首尔，翰进印刷公社1978年版，第3673页。
② "设炮曰台，司烽曰墩，皆有堡房，系陆路汛兵守之。按东省沿海设立炮台，自明万历间防倭备辽，其比公栉。今承平日久，减存不过什一。"（岳濬主修：《山东通志》卷二〇，《文渊阁四库全书》，第539册，第8页）
③ 《张联奎奏为勘察登州镇属各营汛大路沿海墩台塘房废弛情形咨会抚臣严查请赔修办理事》，道光元年五月，中国第一历史档案馆藏朱批奏折，档号：04—01—20—0009—005。

亲身周历曾经数十次游巡者，不能得有把握。近来洋面廓清，盗匪敛迹。该备弁等从无不时出洋之事。即寻常会哨，指定界期，亦不过暂出汛地，从不远驶海洋。是以水师人才，其熟悉者较之从前难得。现在营员弁只东南数省之人，往往历官已至参【将】、游【击】，而更调未离本省……于隔省海洋情势，亦未能到处周知。奴才伏思，与其各就本省之地面以为巡防，不若指定隔省之海洋，使之远到。"① 这一建议的出发点是扩大水师官兵在洋面的活动空间，以此提高水师将帅的航行知识和能力，但由于各省对于洋面疏防责任难以确定，遭到否决。

军机大臣会同兵部讨论后指出："各省绿营水师巡洋会哨条例极详，其大员各按季订期巡哨，其属弁各按月轮派，分巡总于各营。毗连洋面刻期会哨，即浙江与福建在洋会哨，亦只以同一督臣所辖，各就相接之境内期会，从无隔省巡哨之例。诚以洋面宽阔，汛地宜专责成，不定以限必有脱卸推诿之弊，故既定期以合哨，复轮班以专巡，而总以各分界址为要。盖分定界址，则责有专归。内外洋面彼此各分所管之地，布之以分巡，辖之以总巡，而又制之以统巡。兵船往来，上下梭织，于哨所传箭为凭，于会所取文为信。"② "若如该御史所奏，使水师各标多派效力额外营弁，配兵驾船，指定隔省之海洋，期于达到不惧人地未宜，路径不熟。道途遥远，风波阻隔，必不能约期相会。且恐兵船远出，该统辖大臣等鞭长莫及，势难遥制。其兵船在外滋事，既不能隔省稽察，而本省之兵势又以分派远出，致形单弱。一遇有事，本汛出省之兵不能刻期而至。各汛巡哨之兵又复不受节制，岂能听其指挥，殊于巡务大有关隘。况洋面失事，缉捕尤有专责，倘使本汛之弁兵游巡出境，一有事故，在本汛者先期奉派公出，自不能责以专汛之疏防，而客汛之兵船又属游兵，亦不能责以限缉，转恐互相推诿，益滋规避之端。"③ 总之，一言以蔽之，隔省巡哨之法不可行。因循守旧，不思变革乃是当时官场的严重痼疾。

---

① 《山东道监察御史达镛奏为请定水师隔省巡哨之法并广储人才以收实用事》，道光十年七月二十一日，中国第一历史档案馆藏录副奏折，档号：03—2978—065。
② 《军机大臣曹振镛兵部尚书王宗诚等奏为御史达镛条陈水师隔省会哨章程及广储人才事》，道光十年八月十四日，中国第一历史档案馆藏朱批奏折，03—2978—070。
③ 《军机大臣曹振镛兵部尚书王宗诚等奏为御史达镛条陈水师隔省会哨章程及广储人才事》，道光十年八月十四日，中国第一历史档案馆藏朱批奏折，03—2978—070。

有人看到了巡洋制度的弊端，也看到了战船质量发生了严重问题，试图加以改革。但所采取的措施都是小修小补，无济于事。1830年，山东巡抚讷尔经额查阅沿海营伍，他认为，山东水师营分设东、南、北三汛，每年三月内出洋巡哨，九月内回哨，"其巡历地面及回哨月日仅凭该营申报，无从查察，难保无虚应故事故事情弊。"① 为此，他饬令各汛于交界处所每年会哨之期，具文报明该处地方文武衙门，会同结验，转报巡抚衙门，以便查考。

1837年7月，山东巡抚经额布按例查阅水师。他奏报说："臣于校阅省东营伍并登镇南北东三汛水师之便，留心察看各该文武员弁，于巡哨洋面、稽查海口、验放商船、编查保甲各事宜均能认真遵办，布置周密，不敢虚应故事，匪徒敛迹，海洋肃清。"② 然而，不幸的是，当年一艘上海商船行驶至芝罘岛迤西外洋，被福建口音的海盗劫去银钱和衣物。据查，"之（芝）罘岛迤西悉属外洋"，属于水师北汛管辖洋面，是该营守备杨定元、把总张福增巡哨之期，勒限三个月缉匪，限满，未能拿获一名盗犯。经额布据此奏参，"现当整饬海洋之际，未便照例仅参疏防，自应从重纠劾……将登州水师北汛守备杨定元以千总降补，把总张福增以外委降补，均留于海面缉捕，以示惩儆"③。

1839年，禁烟运动兴起，人们不仅担心英国军队滋事，而且更担心中国海防废弛，水师无力迎敌。鸿胪寺卿金应麟揭报指出："近闻浙省乍浦地方督臣阅兵，竟以船只不备为辞。而宁波温州等处报有盗舟，该将弁惮于巡洋，迟久方出。每岁操演，多系虚文。江南镇江府属战船在江演试，每岁只操一次，设遇大风，即行中止……该处战船排立江口，只以油饰、彩画为工，不堪驾驶……兵船安坐瓜洲，需索规例，大为行旅之害。并闻松江、上海各处每遇修船，武弁索取分肥，半归私橐。福建厦门等处文员修理船只，该弁索取陋规，有加无已，规重者，

---

① 《山东巡抚讷尔经额奏为拟饬水师各汛每年会哨各具文结会同地方文武衙门诣验以备查考事》，道光十年，中国第一历史档案馆藏朱批奏折，档号：04—01—18—0039—139。
② 《山东巡抚经额布奏报校阅省东营伍及登州镇水师情形事》，道光十七年六月初八日，中国第一历史档案馆藏录副奏折，档号：03—2982—045。
③ 《山东巡抚经额布奏为水师营北汛守备杨定元把总张福增巡防懈弛请分别以千总、外委降补事》，道光十七年十月十一日，中国第一历史档案馆藏录副奏折，档号：03—2903—004。

坏船可以接收；少者，好船亦不实收。以致文员领帑兴修，惮于赔累，多方推诿，时日稽延。闽省如是，粤省可知。一省如是，他省可知。设有需用之时，不惟急切难待，即有忠勇大臣，亦至束手无策。加以将备狡猾，遇事生风讹诈、包庇，为肥身之计，克扣兵饷，作践农民，甚至吸食鸦片，息卧家中。"①鸦片战争前夕，水师之颓坏已极，"未有今日之甚者也"。江、浙如是，闽、粤如是，山东焉能例外。

1839年11月29日，御史袁玉麟则明确指出，山东水师积弊有三：其一，参将、守备索扣之弊。"武营恶习，水师为甚……以需索为要图，以包庇为得计，甚至冒粮扣饷，均所不免。"其二，弁兵投募之弊。不仅官弁中许多人不识水性，就连士兵中也有许多人滥竽充数，"此等不习水性之人为须习水性之事，安望其冲风破浪，出洋擒贼耶！"其三是修造战船之弊。战船按照条例规定，是文官负责修造，武官负责验收。"各省每遇造船，武弁索取规费有加无已。文员赔累不堪，遂多草率从事，以致实堪驾驶者竟属无几。"②

1839年6月，登州镇总兵富桑阿对水师的所谓"水师南汛水操熟练，驶船便捷"等评语③，这不过是虚应故事的谎话而已。当战争的阴云密布时，山东巡抚托浑布不得不承认，该省水师不仅兵额太少，而且缺乏可以指挥海战的将领。登州镇总兵富桑阿由甘肃参将、游击升迁而来，"于海疆素未阅历"，难以担当海防重任。④

是年，7—8月间，登州镇所属外洋屡次发生商船被劫案件。7月30日，一艘商船在北隍城岛外洋被盗匪劫去银钱、粮食和衣物，商人和水手18人被扣押在船舱10日之久。⑤ 8月14日，一艘商船在蓬莱县砣矶

---

① 《鸿胪寺卿金应麟奏为东南一带水师操演废弛请严饬查究事》，道光十九年五月二十二日，中国第一历史档案馆藏副奏折，档号：03—2963—028。
② 《户科给事中袁玉麟奏为胪陈水师积弊三条以整饬水师事》，道光十九年十月二十四日，中国第一历史档案馆藏副奏折，档号：03—2984—059。
③ 《山东登州镇总兵富桑阿奏报查阅所辖文登胶州等各营及镇标水师官兵技艺情形事》，道光十九年五月二十六日，中国第一历史档案馆藏朱批奏折，档号：03—2963—036。
④ 《山东巡抚托浑布奏报登镇查勘得悉陆营水师缺少经历行阵熟悉水性之员等情形事》，道光二十年四月初十日，中国第一历史档案馆藏副奏折，档号：03—2964—024。
⑤ 《护理山东巡抚杨庆琛奏为水师前营北汛把总赵得福署北汛守备车万清巡缉不力请先行摘去顶戴勒限缉拿事》，道光十九年八月二十四日，中国第一历史档案馆藏副奏折，档号：03—2909—040。

岛被劫；20日，一艘商船在荣成县鸡鸣岛被劫；21日，一艘商船在蓬莱县北隍城岛被劫；31日，一艘商船在蓬莱县大竹山岛附近被劫。以上案件发生地点均在外洋岛屿附近，显然是水师官兵巡洋不力造成的。①

鸦片战争爆发前夕，中英战船对比优劣差距明显，有人意识到水师战船航海装备和技术需要改良。1836年，登州水师南汛三号、四号、五号战船，东汛七号战船逾期，需要修理，建议将竹蓬改用布帆。"各船原用竹蓬，不如布蓬挂放轻便，且竹蓬所需料物产自南省，遇有损坏，购料修补未能应手。详请改用布蓬。"② 这是中国战船较早采用布帆的事例，应当是战船技术改良的一种有益的是尝试。可惜这种尝试仅仅限于风帆的改良。

结 论

（1）如同江、浙、闽、粤等省一样，山东的近岸海域同样划分为内洋和外洋。查阅档案和《莱州府志》等地方志资料，我们看到，凡是靠近海岸的岛屿和洋面均划入内洋，凡是远离海岸的岛屿和洋面均划入外洋。在黄海，山东省的外洋距离海岸十分遥远，大体以商船行驶的海道为外洋的外缘线；在渤海海峡，庙岛列岛全部划入外洋，山东水师的管辖范围，北到渤海海峡之中间线为止；由于渤海事实上已经成为中国的内湖，山东水师分防内外洋从渤海海峡向西延伸到黄河口入海处。其外洋的外缘线，如庙岛群岛之北隍城岛以及上海到大连的传统海道，宽至百余里，或数百里。

（2）山东省有3000多千米海岸线，居全国第二位，仅次于广东省；近海海域中散布着299个岛屿，岸线总长669千米。山东的海道分为三段：第一段，自莺游门对出之洋面起，途经绿水洋、黑水洋等海道，北至石岛；第二段，自石岛至俚岛洋面起，至庙岛止；第三段，自庙岛过掖县小石岛，即入直隶天津海口。除了这三条海道之外，山东水师还负

---

① 《护理山东巡抚杨庆琛奏为水师前营东汛千总杨成功等巡缉不力致使商船外洋被劫请先行摘去顶戴勒严缉事》，道光十九年九月二十五日，中国第一历史档案馆藏录副奏折，档号：03—2910—002。

② 《山东巡抚钟祥奏为胶州战船改用布蓬事》，道光十六年二月十二日，中国第一历史档案馆藏朱批奏折，档号：04—01—36—0068—004。

责蓬莱以北庙岛群岛所在全部外洋岛屿和洋面的防务。山东水师管辖的内外洋面十分宽阔，仅次于广东。

（3）嘉庆时期山东水师共有三营，分防的内外洋面界限十分明确。其新改文登水师营所辖洋面，分为西南路、西路两路洋面。自成山头起以西至马头嘴交界止，为西南路。自成山头起以西至芝罘岛交界止为西路。以上两路洋面，以守备为分巡，以副将为总巡，以总兵为统巡。每年会哨处所：左哨千总由成山头以西南，巡至马头嘴交界，与水师前营文武互相结报；右哨把总由成山头迤西巡至芝罘岛交界，与水师后营文武互相结报。其前营所辖洋面，自江南交界之莺游山起，至新改文登水师营交界之马头嘴止。以上各洋面，以守备为分巡，游击为总巡。每年会哨处所：分为东、西两路。西路以左哨千总巡至莺游山交界，与江苏省东海营会哨；东路以右哨头司把总巡至马头嘴交界，与新添文登水师营会哨，互相结报。其后营所辖洋面：自天桥口起往东巡至芝罘岛西，与文登水师营交界止；往西至直隶省大沽河交界止；往北至北隍城岛迤北洋面。巡逻洋面，以中军守备为东路、东北两路分巡，以游击为总巡，总兵为统巡。总的来说，山东洋面宽阔，巡缉任务繁重。但是，山东水师只有三营兵力，配备的战船数量也不多。登州北汛之兵自成山卫之北，而西至直隶交界，仅有战船九只。胶州南汛之兵自成山卫之南，而东至江南交界，仅有战船七只。尽管与江、浙、闽、粤各省水师兵力相比，山东水师数量不足，战船配备不多。但是在清代由于山东洋面海匪活动较少，有限的兵力基本可以满足其近海治安需要。

（4）如同沿海各省水师一样，山东水师同样也负有保家卫国，防范外国军队侵入；缉拿海盗，保护商船安全；巡逻海道，保护海运漕粮；稽查人员出入，维护近海治安秩序；稽查人员出入，维护近海治安秩序等职责。

（5）嘉道时期，中国海防日渐空虚。江、浙、闽、粤海防炮台年久失修，战船巡洋徒具形式，山东也是这样。御史袁玉麟明确指出，山东水师积弊有三。其一，参将、守备贪污中饱，以需索为要图，以包庇为得计，甚至冒粮扣饷，均所不免。其二，弁兵投募弊端严重。不仅官弁中许多人不识水性，就连士兵中也有许多人滥竽充数。其三，修造战船之弊。战船按照条例规定，是文官负责修造，武官负责验收。"各省每遇造船，武弁索取规费有加无已。文员赔累不堪，遂多草率从事，以致实堪驾驶者竟属无几。"既然是各省如此，山东自然不能例外。当军事制度出现严重问题时，墨守陈规必然误国殃民。军事变革不从内部发力，必然遭受外来压力。

第六章 直隶内外洋划分与天津水师的四度兴废

清代,直隶省同沿海各省一样,也曾将近海水域划分为内洋和外洋,加以行政和军事的管辖。天津水师曾经四度设立四度裁撤,这是非常奇特的历史现象。由于地方史志留下的内外洋划分和水师巡洋制度资料不仅罕见,而且相当模糊,这段历史几乎已经佚失。探索这种奇特现象发生的原因,乃是历史学家义不容辞的责任。现在我们主要依据宫廷档案,构建基本事实,然后寻觅其四度兴废的主要原因。①

一 直隶的内洋与外洋

直隶省,地处华北,东临渤海,东南与山东交界,东北部与奉天接壤;西依太行山,与山西省毗邻;南滨漳河,与河南为界;北依张北高原,与内蒙古为邻。海岸线北起山海关,南至黄骅港,全长约640千米。有130余个岛屿。主要由月坨岛(由月坨、腰坨、蛇坨、西坨等7个岛屿所组成,距离陆地4.8千米)、石臼坨、打网岗岛、翡翠岛、大口河岛、小王庄岛、灰台子岛、高坨子岛、葫芦头子岛、冯家屋子岛等,均为河海冲积泥沙和贝壳形成,大都靠近海岸,属于近岸岛屿。正像直隶总督讷尔经额所称,"自狼坨子至山海关袤延千余里,均在门户以内,较大洋水面狭窄,故俗称为海袖。中间并无岛屿,仅有近山海关之清风岛、金山嘴,亦系小岛。至于大沽迤南之祁口河、北塘以北之涧河口等处,稍可寄碇避风,无甚障蔽。不似东南洋面岛屿重叠,港汊纷歧,可以设伏藏舟。而各大小口门又俱有拦江沙为之钤束,船只吃水稍

---

① 王宏斌:《直隶内外洋划分与天津水师四度兴废》,《河北学刊》2017年第5期。

深者，出入即不灵便，是以从前水师屡设屡裁"①。从下面的事实我们可以看出，直隶省所辖的外洋就是本省内洋以外的渤海海域。

1793年7月上旬，英国马戛尔尼使节团船队经过广东、福建、浙江和江苏内外洋，到达山东庙岛附近的外洋。乾隆皇帝接到广东巡抚郭世勋的奏报，于7月9日传谕直隶总督梁肯堂、长芦盐政徵瑞等认真接待，妥为应付。"该贡船行抵天津洋面，船身重大，必须另换拨船，方能收泊内洋。而由内洋至内河，又须再用小船拨运。该国贡物甚多，辗转起拨，尚须时日。看来该贡使前来热河，已在七月二十（8月26日）以外。维时恰值演剧之际，该贡使正可与蒙古王公及缅甸等处贡使一体宴赉，甚为省便。著梁肯堂、徵瑞俟贡使抵津后，即遵照前旨，妥为应付。"②

山东巡抚吉庆得知英国使船到达山东外洋，立即委派登州府知府登船询问，然后向乾隆皇帝奏报说："该国贡船于十四日（7月10日）在登州洋面候风开行，约计六月底七月初方可行抵天津洋面。船身重大，必须另换海船，方能收泊内洋。而由内洋至内河，又须再用小船拨运。该国贡物甚多，辗转起拨，尚须时日。"③ 在吉庆看来，英国使节团乘坐的大船无法直接进入直隶省的内洋，需要换乘较小的海船才能到达；在内洋行驶的海船也无法直接进入内河，需要再次换乘小型驳船，才能进入内河。

长芦盐政徵瑞得悉英国探水船折返庙岛群岛后，立即向乾隆皇帝奏报，说明英国马戛尔尼（George Macartney）使船船身过大，无法直接驶进天津海口，而直隶外洋又无岛屿可以停泊大型海船，他们只好计划在山东庙岛起旱。"六月十六日（7月12日），有英吉利国探水船一只到口，询据通事称：该贡使因船身过大，吃水三丈余尺，恐天津海口不能收泊。令该头目先来探量，现探得天津内洋水浅，大船不能进口，外洋又无山岛可以湾泊。贡物甚大，又极细巧，不敢冒昧拨运，只好就在登州庙岛起旱。该探水船即于十八日（7月14日）开行，仍回庙岛。

---

① 中国第一历史档案馆编：《鸦片战争档案史料》第6册，天津古籍出版社1992年版，第444—445页。
② 《清高宗实录》卷一四三〇，乾隆五十八年六月庚午，《清实录》第27册，第125页。
③ 《清高宗实录》卷一四三一，乾隆五十八年六月壬午，《清实录》第27册，第132页。

已飞札山东抚臣速为料理,等语。"乾隆皇帝接到徵瑞奏折,立即指示道:"该国贡船笨重,既因天津内洋水浅,不能收泊;而外洋又无湾泊之所,自应听其即在山东登州庙岛起旱,较为慎重。"①

从山东巡抚觉罗吉庆、长芦盐政徵瑞的奏折和乾隆皇帝的谕旨,可以看出天津附近的水面划分为三个部分:外洋、内洋、内河。是时,清朝君臣对于外洋与内洋、内洋与内河的界线是十分明确的。由此可知,直隶省的近海也是划分为内洋和外洋的。事实胜于雄辩,还是用事实说话吧。

乾隆皇帝是一个太平天子,好大喜功,日事粉饰,自称为"十全老人"。粉饰太平,对于国家和社会十分有害,不仅是当局者的迷魂汤,也是社会的麻醉剂。当乾隆朝的君臣飘飘然之时,东南海防危机悄然到来。1790年(乾隆五十五年),江、浙、闽、粤洋面海盗活动开始横行,清廷传谕该四省督抚督率各水师提镇大员加紧镇压,同时担心海匪窜扰渤海,又谕令盛京将军琳宁、直隶总督梁肯堂加强战备。特别指出:"天津系属内海,虽向无盗匪,但亦不可不留心防范。至奉天牛庄等处向多盗案,最易藏奸,尤不可不严加堵缉。"② 这里的"天津系属内海",是说天津附近的海域属于"内海"。在清代前期,"内海"等同于"内洋",是指界于外洋与海岸之间的一带海域。

1837年(道光十七年),沧州近海发生多起抢劫案件,直隶总督琦善立即要求天津镇总兵督率地方文武上紧缉拿。并查明劫案发生地界,究竟是何营汛所辖?是内洋还是外洋?旋据天津镇总兵委员会同沧州知州、盐山县知县勘明:船户沙元善在沧州所辖之马相口对出之五十里洋面被劫,船户张怀统在盐山县所辖唐家铺对出之四十余里洋面被劫,寇姓船户在沧州所辖祁口汛对出之一百数十里洋面,均属外洋。事主一致认为,海盗皆操福建口音,属于外来海盗。"海洋失事,地方文武处分向有内外洋之分……应照外洋之例,文职免其参处;至武职,洋面疏防处分,系专指水师而言。天津水师久经裁撤,陆路无巡洋之责,因未便

---

① 《清高宗实录》卷一四三一,乾隆五十八年六月壬午,《清实录》第27册,第132页。
② 《清高宗实录》卷一四八一,乾隆六十年六月戊申,《清实录》第27册,第790页。

照水师之例开参。"① 但因系连劫重案，琦善认为祁口汛官兵负有一定责任，奏请将祁口汛外委杨殿臣、把总费增泰等人一并摘去顶戴，限期破案。

1839年（道光十九年），一艘商船在渤海洋面被劫。事发之后，直隶总督琦善一面委派官员前往洋面查勘，一面派遣官兵出海追缉。他这样奏报道："据委员会同地方文武勘明，被盗处所分隶天津咸山、宁河等州县对出洋面，相距口岸二百七八十里至三百余里不等，均属外洋地方。"② 又加派兵船，在海面进行梭巡。从这一条史料来看，即使远离海岸"二百七八十里至三百余里"，也是划入该省"外洋"管辖的。商船在此"外洋"失盗，天津镇官兵负有缉拿盗贼的责任和义务。

1843年（道光二十三年）初，讷尔经额奏请在天津筹建新的水师营，配备战船六艘，分三路巡逻直隶所属内外洋，并与山东、奉天水师定期会哨。向来直隶与奉天会巡系在天桥厂地方，后因沙滩阻隔，曾经奏明停止。由于商船日多，沙线熟谙，均由天津直抵天桥厂，并无纡道，是直隶与奉天巡船会哨，自应以天桥厂为便。至山东省蓬莱县之庙岛实为海道咽喉，距天津海口一千余里，"直隶之船必巡至庙岛，始能得南洋有无来船消息，应请以山东庙岛为直隶、山东两省会哨之地……其配带之兵丁，一船或五十名，或六十名，每船以一员领之。每年自三月轮班出洋，至九月以后归坞。惟海洋风候靡常。只可以一月一出入为限，不能定其日期。两省巡船亦未必能克期俱到会哨处所。兹议天津哨船由天津镇给予印照，巡至山东庙岛，即将印照赴该管营汛呈验。该营汛于印照上注写某镇哨船，于某年月日巡至某营汛会哨一次字样，盖用印信，由领哨备弁持回呈镇，以杜匿近避远之弊。其通永镇哨船巡至奉天天桥厂，亦即照此办理"③。这是强调直隶水师巡洋会哨不能沿岸曲折前进，必须在渤海中直线行走，径直到达天桥厂或庙岛。很明显，这是把渤海全部看成是外洋，看成是天津水师的管辖范围。

---

① 《署直隶总督琦善奏为祁口汛外委杨殿臣等疏防海洋案请将其先行摘去顶戴了限严缉事》，道光十七年八月十四日，中国第一历史档案馆藏录副奏折，档号：03—2902—041。
② 《直隶总督琦善奏为勘明海船被劫各案均系外洋派遣官兵缉盗事》，道光十九年八月二十四日，录副奏折，档号：03—2984—043。
③ 中国第一历史档案馆编：《鸦片战争档案史料》第7册，天津古籍出版社1992年版，第89页。

上述事例一致证明，直隶省沿海同样划分为内洋和外洋。无论是说"相距口岸二百七八十里至三百里"之遥，还是说天津水师巡洋一千余里径直达到庙岛，都是强调外洋洋面十分宽广。由此可以推知，被山东、直隶、奉天陆地环抱的渤海全部对应该三省的陆疆划为内洋和外洋。也就是说，渤海在乾隆、嘉庆、道光时期已经全部纳入行政和军事的管辖，凡是邻近大陆海岸的岛屿和洋面均划为内洋，凡是远离大陆海岸的岛屿和洋面均划入外洋。

二 天津水师营的第一次设立与裁撤
（1725—1767）

1725年，鉴于八旗兵不能在海洋作战的弊端，清朝最高统治者除了在旅顺设立水师之外，又在天津和乍浦设立水师，教导满洲官兵操练水战，用意至为深远。雍正三年（1725），谕令："满洲兵丁于技勇武艺俱已精炼，惟向来未习水师，今欲于天津地方设立水师营，分拨八旗前往驻防操演，似属有益。著详议具奏。"① 旋即议准，设立水师都统一员，驻扎天津塘沽区芦家嘴（简称芦嘴）新城地方，满洲协领4员，佐领24员，防御24员，骁骑校24员；蒙古协领2员，佐领8员，防御8员，骁骑校8员；左右两翼共设前锋甲兵2000人，共有战船32只，大、小赶缯船各16只，分为上下两班巡洋、会哨和演练。所需战船，由福建、浙江和江苏负责修造。② 该三省承造的战船在送往天津路途中，经过山东洋面时，需要经过登州镇总兵亲自查验。例如，1727年5月，江苏省为天津水师承造的战船驶抵胶州湾，登州镇总兵万际瑞即按照规定亲至登上该船进行查看，然后奏报道："船身、桅舵、杠具、

---

① 《兵部尚书裕诚奏为遵旨查明天津水师营裁设原案事》，道光十九年八月初三日，中国第一历史档案馆藏录副奏折，档号：03—2860—010。

② 例如，乾隆十二年，福建巡抚周学健奏报："闽省奉文承造天津大赶缯船五只。经臣分未福州厂盐法道菩萨保、泉州厂护理兴泉永道厦门同知辄须绶、漳州厂升任汀漳龙道雅尔哈善委员在省立厂办料承造。于本年五月内竣工，六月内委令督标水师参将刘便等驾送天津，交收在案。所有五船工料，按照船身丈尺等则，每船委应准销正项部价银五百九十两四钱零，又加七津贴，并另加三分银五百九十两四钱零。五船正价、津贴，共银五千七百九十四两五钱零。"（《福建巡抚周学健奏为闽省奉文承造天津水师大赶缯船不敷银两请仍照实需工料核销事》，乾隆十二年十一月初四日，中国第一历史档案馆藏朱批奏折，档号：04—01—36—0021—08）

蓬索俱属坚固得法。"①

天津八旗水师营房位于塘沽芦家嘴，东边系火药局，西边是民居，北边临海河，墙垣南北226丈，东西260丈，内建营房、仓廒，共计500余间。1729年，长芦盐运使郑禅宝进京朝觐，雍正帝谕令其捐资修建天津水师营内庙宇。"天津水师营城内官员兵丁二千有余，不可无祀享瞻拜之所，著修建庙宇两座：一座庙供三世佛、龙王海神，一座庙供城隍、土地。其神佛法像配合庙宇之尺寸，酌定式样，交庄亲王自内廷照式装塑送去，建造庙宇著巡盐御史郑禅宝于养廉银内捐修，毋庸记档。"②奉旨之后，郑禅宝立即前往水师营，会同都统拉锡共同踏勘。在街北选中地基一座，计划修建佛寺一座，供奉三世佛，两旁列坐罗汉18尊，前供龙牌，东西配殿六间，作为各官瞻拜会集之所，前殿三间供奉弥勒佛、关圣帝君、文昌帝君，背面韦驮，两边耳殿二间，供龙王海神，钟鼓楼二座，旗杆一对，山门三间，左右四天王，门房六间，后院为僧房四间，共盖房二十九间。三尊佛像与龙王海神法身由内廷塑造，其余神像均在天津塑造。在西门选中地基一处，计划修建城隍庙一座，正殿三间供奉城隍、土地，二门外两边盖房四间，庙门一间，共盖房八间。城隍、土地神像，由内廷塑造运来，本地塑造从祀各神。"每岁应支俸饷、马干等银六万六千九百二十三两，米一万一千二百二十七石四斗五升，截漕支给。"③

天津满洲八旗水师营从南方调集总领教习1员，教习官16员，水手320名（正舵工、正缭手、正碇手、正阿班、正䑋班、副舵工、副缭手、副碇手、副阿班、副䑋班，各32名），"每岁应支俸薪、工食等银一万二千五百九十九两一分一厘九毫九丝二忽，米一千九百二十九石六斗，截漕支给"④。

1730年（雍正八年）规定，天津水师营装备的赶缯船制造尺度和材料：身长七丈四尺，板厚二寸九分；身长八丈六尺，板厚三寸；身长

---

① 《山东登州总兵万际瑞奏为抵胶州阅看船工并查看沿海一带情形事》，雍正五年四月二十五日，中国第一历史档案馆藏朱批奏折，档号：04—01—30—0197—022。
② 《长芦巡盐御史郑禅宝署理天津水师都统拉锡奏为奉旨修建天津水师营城内庙宇事》，雍正七年十二月十九日，中国第一历史档案馆藏朱批奏折，档号：04—01—37—0019—029。
③ 朱奎扬、张志奇等编：《天津县志》卷十，乾隆四年（1739）刻本，第2—3页。
④ 同上书，第3页。

六丈五尺，板厚二寸六分。以上每板一尺概用三钉。①

1728年（雍正六年）的一份材料清单为我们提供了天津满洲水师营操演时的装备水平和训练时的火药耗费情况。清单记载如下：

大赶缯船16只，每船配头炮1位，每位每出，需要装火药八两，烘药八分，下操一次，放三出，每月五次，共放十五出，"十六船，共放二百四十出，五个月共放一千二百出，计用火药六百斤，共烘药六斤。"每船装配大炮4位，每边2位。每位每出装火药一斤，烘药一钱，下操一次，每位放三出，共放六出，每月五次，共放三十出，"十六船共放四百八十出，五个月共放二千四百出，计用火药二千四百斤，共烘药一十五斤。"每船百子炮6位，每边3位，每位每出装火药三两五钱，烘药三分，下操一次，每位三出，共放九出，每月五次，共放四十五出，"十六船共放七百二十出，五个月共放三千六百出，计用火药七百八十七斤八两，共烘药六斤十二两。"每船鸟枪28杆，每边鸟枪14杆，每杆每出装火药三钱，烘药一分，下操一次，每人放三出，共放四十二出，每月五次，共放二百一十出，"十六船共放三千三百六十出，五个月，共放一万六千八百出，计用火药三百一十五斤，共烘药十斤八两"②。

小赶缯船16只，每船火炮4位，每边2位，每位每出装火药一斤，烘药一钱，下操一次，每位三出，共放六出，每月五次，共放三十出，"十六船，共放四百四十出，五个月共放二千四百出，计用火药二千四百斤，共烘药一十五斤"。每船百子炮3位，每位每出装火药三两五钱，烘药三分，下操一次，每位三出，共放九出，每月五次，共放四十五出，"十六船共放七百二十出，五个月共放三千六百出，计用火药七百八十七斤八两，共烘药六斤十二两"。每船鸟枪16杆，每边8杆，每杆每出装火药三钱，烘药一分，下操一次，每人放三出，共放二十四出，每月五次，共放一百二十出，"十六船共放一千九百二十出，五个月，共放九千六百八百出，计用火药一百八一十斤，共烘药六斤"③。

---

① 阿桂等纂修：《钦定八旗通志》卷四〇，《文渊阁四库全书》第664册，第9596—9636页。

② 《天津满洲水师营都统鄂齐呈船只并装载火药各清单》，雍正六年八月二十四日，中国第一历史档案馆藏朱批奏折，档号：04—01—30—0199—034。

③ 同上。

合计大小赶缯船32只，"共用火药七千四百七十斤，共用烘药六十六斤，共用火绳二千六百四十丈"①。

八旗兵丁下船，每年九月起至次年三月止，封印、开印，一月不操。共六个月，2000兵丁分为两班操演，每月六次下操，每次下操兵丁1000名。下操一次，每人用药三出，每出火药三钱，1000兵丁每次共用火药五十六斤四两，每出烘药一分，共用一斤十四两。火绳每人三尺，共用三百丈。每月六次，共用火药三百三十七斤八两，共用烘药十一斤四两，共用火绳一千八百丈。一月六次，三次空枪，三次打牌。每人铅子三个，共用铅子九千个。"六个月共用火药二千零二十五斤，共用烘药六十七斤八两，共用火绳一万零八百丈，共用铅子五万四千个。八旗一月用木牌八个，六个月共用木牌四十八个。连架子，高二尺八寸，宽一尺五寸，厚一寸，木牌上平，顶宽四寸。"②

雍正后期和乾隆初期，天津水师营装备大小战船20只（其中16只大赶缯船，4只小赶缯船）。1750年，裁去小赶缯船4只，大赶缯船8只，仅保留大赶缯船8只。满洲水师营仍保持官兵2000人（其中满洲兵1600人，蒙古兵400人），设有满洲协领4员，佐领、防御、骁骑校各24员；蒙古协领2员，佐领、防御、骁骑校各8员，计满洲协领，每员管兵400名，蒙古协领每员管兵200名。满洲佐领每员管兵66—67名，蒙古佐领每员管兵50名。③每年自四月起，到八月止，分为两班在海口和内河演练水战技艺。九月至来年三月，在陆地演练旱操。在满蒙水师营建立过程中，出现了种种弊端。

首先，兵部任命水师将领不顾专业技能。1737年，直隶总督李卫对于兵部不顾专业技能，互相调拨海陆将领的现象提出质疑。在他看来，水师将领比较特殊，非经过海洋长期磨炼者不能胜任。"武职官员有水师、陆路之分，非但服官之后职掌不同，盖自本身生长之乡与从初食粮之始，其耳目之所习，即有迥然各异者，非如骑射弓马，凡

---

① 《天津满洲水师营都统鄂齐呈船只并装载火药各清单》，雍正六年八月二十四日，中国第一历史档案馆藏朱批奏折，档号：04—01—30—0199—034。

② 同上。

③ 《天津满洲水师营都统阿扬阿直隶总督高斌奏为遵旨查勘天津水师营汛并酌议添驻一切应行事宜》，乾隆七年三月二十二日，中国第一历史档案馆藏朱批奏折，档号：04—01—20—0001—032。

属武员俱可时常随身操练而不离者也。盖水师之用，非船不行。其在江湖内地，已有风波之险，驾驶敏钝，地势险夷，非平素习惯，即不能深知。至于海洋则茫茫沧溟，一望无际，以言天时，则四季台飓之期候尚有记载，可以预备，而风云星日之占变，狂飙异物应于顷刻，若非阅历之久，不能趋吉避凶。以言地利，必先知岛屿之向背，而后南北风之湾泊可定；必先识沙线之顺逆，而后险礁绝岸，不至触沉。且定盘之针，纤毫哨偏，即内外洋面隔越万里。加以同一战船，而修造如式者驾驶方灵；杠具坚固者，冲激无患；遇敌而占上风，全在折戗借势之巧力；临危而涉波浪，每藉片板断木异偷生。凡此，水师技艺皆从艰苦得来。若陆路之员从未出洋者，海道不知径路，登舟即至昏晕，站立不能，饮食俱废，一切巡哨调度焉能洞中肯綮！更为人易欺骗，即欲尽心，而限于知识，措置失宜，不足以收实效。"① 总之，李卫认为，水师人才应当培养于平时，海防兵制应当预备于无形。水师人员未可轻于改调陆路，"庶紧要海疆咸收得人之效，建威消萌，有备无患"②。

其次，水师操演走过场。由于国家承平无事，天津水师用处不大，成为养尊处优的处所。"平素操演，甚属懈怠。"水师营都统阿扬阿年已七十六岁，兼有痰疾，出入需人扶掖。每遇操演之期，多有不能亲身看阅。"以致兵丁技艺生疏，营伍渐致废弛。"由于都统约束不严，养成骄兵悍将。副都统抵任之后，稍加整顿，立即引起骚动。"兵丁纷纷怨望，投写无名揭帖。"③乾隆皇帝于1743年（乾隆八年）得到天津镇总兵傅清密报，立即谕令副都统常久会同天津镇总兵傅清查明满洲水师营操演情况。"天津水师营兵丁平素操演，甚属懈怠。自设立以来将近二十余年，至今海内行驶尚未熟知。每年春、秋开操之期，将战船停泊海口之内，逢都统查看之时，略为撑驾，潦草塞责。及至看后，兵丁随在船中吃酒玩钱，并不上紧演习，以致有名无实。著寄字与常久、傅清

---

① 《直隶总督李卫奏为敬陈水师陆路互相改补员缺愚见恭备采择事》，乾隆二年十月十九日，中国第一历史档案馆藏朱批奏折，档号：04—01—16—0005—048。
② 同上。
③ 《天津镇总兵傅清奏为满洲水师营都统阿扬阿精神疲惫体衰龙钟请另简贤员事》，乾隆八年六月二十九日，中国第一历史档案馆藏朱批奏折，档号：04—01—18—0004—042。

查明，据实回奏。"①

常久、傅清会同查阅水操的结果是，不仅各兵所放鸟枪参差不齐，施放炮位亦不便捷，且扯篷使风，驾船掌舵之类，仍借教习之闽兵及雇募之水手，技艺实属生疏。"复又调集官兵，阅其旱操，其间虽然有一二人技艺熟练，然而大半弓箭、鸟枪平常者十居八九，而能射马箭者，每一佐领下不过十数人，亦俱未能娴熟。"②

在天津设立满洲水师营，雍正皇帝的本意不仅在于拱卫京津，而且用意甚远，主要目的在于训练和保持一支满洲自己的海上机动作战力量，一旦遇到军事需要，随时调往各地。但是，担任天津满洲水师都统阿扬阿不知皇帝用意，昏庸无能，不能严格要求将士认真训练，以致满洲水师有名无实。"自设驻防以来，迄今将届二十年，而于海面行舟之道尚未谙悉，每逢春秋战船停泊海岸，遇都统查阅日期，海口旁近地方苟且塞责，略为驾驶。俟都统查回后，即在船内饮酒赌钱，并不演习技艺，以致有名无实。"③ 这样的水师可以说是毫无用处。

1742 年（乾隆七年），直隶总督高斌奏请天津满洲水师营扩编，增设副都统，增添满兵 1000 名，合计旧额，共 3000 人。乾隆皇帝明知满洲水师航海水平太低，而仍对其寄予厚望，当即批准了高斌的扩编计划。但天津满洲水师营是扶不起的阿斗。1767 年，乾隆皇帝东巡，亲自校阅天津水师，大为失望，遂下旨裁撤。"该营官分别罢斥，兵丁概行裁撤，以原驻大沽营之陆路游击移驻新城，改名葛沽营。其中军守备移驻大沽营，分辖营汛。自是海口一带，但有陆路弁兵，不设舟师。"④
"驻防兵二千五百名内，除另记档案兵六百九十二名另行查办外，计应分驻满洲、蒙古兵一千八百八名，今遵原议派往福州兵二百二十九名，派往广州兵四百九十八名，其余一千八十一名照原议派赴凉州一千名

---

① 《天津满洲水师营副都统常久天津镇总兵傅清奏为遵旨查明天津水师营兵丁操演懈怠各情据实复奏事》，乾隆八年六月二十九日，中国第一历史档案馆藏朱批奏折，档号：04—01—16—0019—008。
② 《天津镇总兵傅清奏为满洲水师营都统阿扬阿精神疲惫体衰龙钟请另简贤员事》，乾隆八年六月二十九日，中国第一历史档案馆藏朱批奏折，档号：04—01—18—0004—042。
③ 《清高宗实录》卷一九四，乾隆八年六月乙丑，《清实录》第 11 册，中华书局 1985 年版，第 496—497 页。
④ 《太常寺少卿曹师曾奏为条陈天津水师不应裁撤事》，道光元年五月二十六日，中国第一历史档案馆藏录副奏折，档号：03—2857—016。

外，尚余兵八十一名亦应照原议分派山海关等处……另记档案兵丁六百九十二名，内有呈请愿入民籍者三百五十八名，愿改绿营当差者三百三十四名。"① 分为六起，经由运河、江海等水路分别迁移到福建、广东和甘肃等地。② 天津八旗水师营存在的时间前后共 42 年。

三 天津水师营的第二次设立与裁撤
（1816—1826）

乾嘉之际，中国沿海盗匪猖獗。1799 年（嘉庆四年），直隶总督梁肯堂奉谕，立即饬令天津镇总兵苏宁阿带领营弁前赴直隶与山东交界海面实力巡逻。并命令山永协副将调派将士前往各海口侦探。③ 由于没有水师，没有战船，直隶绿营兵显然无法直接进入海洋堵截盗船。无法剿除海盗，京津门户可能遭受严重骚扰，直隶的海防空虚全部暴露出来。

为了防范海盗结伙袭扰渤海，为了京津海上门户安全，清廷决定加强天津海防，重建天津水师。1816 年（嘉庆二十一年）冬季，直隶提督徐焜查阅天津营伍后，奏请复设天津水师。"以壮声威。"④ "今天津复设水师，其海内巡缉必须船只合宜，岸上控制以须炮位得力。所有须用各船，似应仿照闽省大同安梭船式，交江南、浙江、福建、广东四省成造。其新设水师官兵，除抵裁陆路兵额外，尚须添募若干名。每年需用粮饷亦宜预筹长久之计。"⑤ 他建议，满洲驻防水兵应由京口、乍浦、福州、广州按其兵数之多寡酌量抽拨。绿营水兵亦由江、浙、闽、广外海水师中酌量抽拨。在各省则衰多益寡，在天津则聚少成多。并以原营抽裁之额粮作为津营移驻之新粮，似此转移，不致糜费帑项。将来水师缺额可以在附近居民中召募。炮台安设大炮以及战船配置大炮闽浙收缴

---

① 《筹办天津八旗水师营裁撤事》，乾隆三十三年，中国第一历史档案馆藏录副奏折，档号：03—0525—020。
② 《山东巡抚崔应阶奏为天津水师移驻闽粤正值漕船盛行酌商过闸事》，乾隆三十二年五月初九日，中国第一历史档案馆藏朱批奏折，档号：04—01—03—0072—005。
③ 《直隶总督梁肯堂奏为遵旨行令侦缉洋盗事》，乾隆六十年七月初四日，中国第一历史档案馆藏朱批奏折，档号：04—01—01—0467—027。
④ 《大学士董诰等与兵部会议直隶提督徐焜条奏天津水师情形事》，嘉庆二十一年十一月十一日，中国第一历史档案馆藏录副奏折，档号：03—1698—059。
⑤ 同上。

的海盗炮位中调拨。"如此酌筹办理，则以江、浙、闽、广抽拨之水兵驾坐各省代造之营船，并将闽省收缴投诚之炮位酌拨若干，装载该省所造船内，一同运送来津，似觉一举两得。"①

徐焜的奏折到达北京后，嘉庆皇帝于12月18日（十月三十日）批交大学士会同兵部议奏。12月29日，兵部官员认为，天津海口一带为内河、外海之冲，地方扼要，"应请如该提督所奏，添设天津水师绿营兵一千名，立为专营。惟天津新城地方，现本设有葛沽陆路营，其大沽海口两处亦设有陆路营汛。此时既设水师，则陆路无需重设。所有该处陆路游击一员、都司一员、守备一员、千总一员、把总二员、外委四员、兵四百四十二名应请一并裁汰，即改为绿营水师。此外尚缺兵额五百五十八名，据该提督所奏，请于江浙闽广内河外海水师营分抽裁、改拨来津……臣等查沿海一带居民，向多以出海捕鱼为业，即葛沽等营陆路所裁之兵亦本系生长海滨、狎习风涛。此次新设之水师兵一千名，除葛沽等营裁缺兵内有愿改水兵者，即令带食原粮充补外，其余缺额兵，即于附近地方陆续召募"②。"天津额设水师兵一千名，应请分为左、右二营，在大沽海口驻扎。应请设水师参将一员，兼辖两营。左营设游击一员，守备一员，千总、把总、外委各二员；右营设都司一员，守备一员，千总、把总、外委各二员。其兵一千名，应定为马兵二百名，步兵四百名，守兵四百名，分属两营。归天津镇总兵统辖。此项参将以下各官必须熟悉海疆，晓畅水师。其千总、把总、外委并须熟悉水操，于此次新设营内堪以充当该兵丁等教习者，方足以收实用，应请于闽广等省有水师营分，交该总督于现任应升人员内保送。"③

"其大沽海口等处原虽设有营汛，此次改设两营，其官弁衙署、兵丁营房俱应添建……臣等查大同安船驾驶海洋，较赶缯船差为便捷。此次新设水师兵一千名，应请设大同安船四只，小同安船四只，各随杉板船一只，已足敷用。应如该提督所请，交江南、浙江、福建、广东四省承造，所需工料银两由各该省照例报销。各船应需舵工、水手即由该四

---

① 《大学士董诰等与兵部会议直隶提督徐焜条奏天津水师情形事》，嘉庆二十一年十一月十一日，中国第一历史档案馆藏录副奏折，档号：03—1698—059。
② 同上。
③ 同上。

省雇募驾船来津后,暂留三年,照金州水师战船舵工、水手之例分别给予银米。俟三年以后,本营兵丁习知驾驶,再行遣回。至炮台一项最为海防要务。今据该提督亲勘海口仅存炮台一座,安四五百斤铁炮四位,尚不足以壮军威。亦应如该提督所请,将炮台增筑宽大,令可安大炮八位。"① 亦应按照该提督所请,饬令闽浙总督查明所贮各炮内将五六千斤、三四千斤之炮两位,再选择大炮六位以备安设大沽炮台之用。此外,再选若干炮位配置大小同安梭船,一同运到天津。

嘉庆帝看到兵部奏折后,认为安设八旗水师驻防,各项事宜过于繁重,而抽调各地绿营,组成天津绿营水师方案简便可行。于1816年12月29日(嘉庆二十一年十一月十一日)谕曰:"着两江、闽浙、两广总督各就该处地方情形,共抽裁名粮一千名,交天津新设之水师营弁照额募充,分营管辖。"② 1817年4月20日,再次谕曰:"上年大学士会同兵部议奏:天津添设水师,请将新添水师兵一千名分为左、右两营,归天津镇总兵统辖。该镇向系专管陆路,且每年有催趱漕运差使,事务本繁,今将水师两营归其统辖恐洋面一切巡缉、操防未能兼顾。著再添设天津水师总兵一员,将新设水师营弁兵丁,令其管辖,以专责成。"③ 兵部议奏:调漳州镇总兵许松年为天津水师总兵官,并在大沽建造两座炮台。

此次设立水师,营房仍在新城地方,部分官兵、大炮和船只由各省调拨,部分士兵在天津召募。水师营房由盐运使陈文骏会同天津道李于培勘查、估算,由长芦盐政嵩年与李于培负责督修。按照设计,在海河入海口南岸旧炮台原址基础上,通过加高加宽,改建一座新炮台。"俟海运炮位到日,即可安设。"海口附近洋面有拦港沙一道,绵长宽广,俨若海河外卫。海船前来,必需经过拦港沙之东北,方能迂回进口。因此,计划于海口北岸添建一座炮台,与南岸炮台对峙,以为犄角之势。同时,勘得新城地势开阔,可以驻扎天津水师官兵,需要修建营房

---

① 《大学士董诰等与兵部会议直隶提督徐焜条奏天津水师情形事》,嘉庆二十一年十一月十一日,中国第一历史档案馆藏录副奏折,档号:03—1698—059。
② 《太常寺少卿曹师曾奏为条陈天津水师不应裁撤事》,道光元年五月二十六日,中国第一历史档案馆藏录副奏折,档号:03—2857—016。
③ 同上。

1800 余间。此外，还要建筑船坞、火药局等，工程颇为浩大。①

1817 年，福建、浙江和江苏分别为天津水师建造了大号战船 4 只，小号战船 4 只，共 8 只，陆续驶抵直隶洋面，交付使用。② 每船派定千总、把总、外委一员，并将福建拨兵 84 名分派各船，添配新募兵丁，饬令管船之员教习新兵驾船技艺。经过许松年两年督率训练，天津水师粗具规模。除了本处召募的兵丁尚欠娴熟之外，"水陆兵丁骑射技艺可观"③。

然而，4 年之后，即 1821 年，新任直隶总督方受畴建议裁撤天津水师。他说，天津水师镇总兵驻扎新城，距离天津一百余里。该处海口虽通外洋，因有拦江沙一道，延袤宽广，俨如外卫。如有大船前行，必由拦江沙之东北迂折进口，且须换船，守候风潮，方能行驶。"该处名虽海口，实系腹地。比来海疆安静，洋面肃清，似无须驻守多兵，徒滋糜费。"④ 裁撤的员弁应回各省候补。先裁福建省派拨的 104 名水兵，再裁本省募兵 393 名，合计 497 名，剩余 500 余名改归天津陆路总兵管辖。裁撤大号战船 2 只，小号战船 2 只，由裁撤的福建官弁驾驶回福建。其余大、小战船 4 只，留津备用．将天津水师镇总兵移驻大名，以资弹压。⑤ 道光帝谕允。

太常寺少卿曹师曾得知这一消息，立即上奏表示反对。他认为，天津为畿辅左掖，添设水师官弁、炮台、营汛、衙署、兵房，在在悉臻完善，尤为海口扼要至计。现今直隶总督奏请移驻、裁减，不妥。"臣窃以兵可百年不用，不可一日无备。事未具而创始为难，法大备而更张之未便……嘉庆二十二年（1817），添建衙署、炮台、兵房，所费浩繁，即炮位、船只及舵工水手俱由江浙、福建、广东等省精选、押运来津，

---

① 《直隶总督方受畴奏为遵赴天津海口勘估水师营炮台衙署兵房等工程事宜折》，嘉庆二十二年三月二十七日，中国第一历史档案馆藏朱批奏折，档号：04—01—03—0050—003。
② 《山东巡抚陈预奏为闽浙等省送津营船已抵东境洋面四只开行前进事》，嘉庆二十二年六月十九日，中国第一历史档案馆藏朱批奏折，档号：04—01—36—0053—036。
③ 《直隶总督方受畴奏为查阅天津水师镇标营伍事》，嘉庆二十五年四月初四日，中国第一历史档案馆藏朱批奏折，档号：04—01—18—0029—056。
④ 《太常寺少卿曹师曾奏为条陈天津水师不应裁撤事》，道光元年五月二十六日，中国第一历史档案馆藏录副奏折，档号：03—2857—016。
⑤ 《直隶总督方受畴奏为裁撤天津水师官兵事》，道光元年四月二十九日，中国第一历史档案馆藏录副奏折，档号：03—2857—010。

训练多年，已成劲旅。殊非易易。"① 在曹师曾的反对下，天津绿营水师未能全部裁撤。

1825 年（道光五年），河间协副将克什德代替直隶总督蒋攸铦于 5 月 20 日抵达天津海口，查阅天津水师，分列战哨船只，盘旋折戗，演放排枪，俱各如式。船只联络驾驶轻快，兵丁下水，施放鸟枪，演舞刀牌杂技，爬桅兵丁放炮放枪基本精熟，哨船坚固，巡缉得用，旗帜炮械鲜明整齐。蒋攸铦札饬天津镇总兵音登额随时督饬操练，实力巡防，"务期外海内洋一律肃清，以收添设水师之益"②。于此可知天津水师营还保持着一定兵力，并负有巡缉任务。

是年，道光皇帝谕令沿海水师保护漕船，提及天津水师。"著山东、直隶各督抚转饬沿海水师提镇，各按汛地，多拨哨船，分派将弁、兵丁巡防护送。"③ 1826 年（道光六年），直隶总督那彦成以大名镇存城兵少，不敷备战，再次奏请将海口水师官兵全部裁撤，改归大名镇管辖。那彦成认为，天津名为海口，实系腹地，与江、浙、闽、粤情形不同。海口之外有沙一道，沙船驶至此处，非熟悉海道者，不能进口。"洋面宴安，无所用其防范。此项水师岁縻帑金，无裨实用。"④ 天津水师因此奉谕全部裁撤。此次天津水师自 1816 年 12 月 29 日谕令复设，到 1826 年下令裁撤，前后不满 10 年。

四 天津水师营的第三次设立与裁撤
（1842—1843）

1832 年，英国兵舰、商船开始在中国沿海频繁活动，闯入中国内外洋面。京师官员感到压力日益增强。翰林院侍读鄂恒奏请复设天津水师。他认为，天津海口虽然号称腹地，乃是京师之保障，较之闽、广、

---

① 《太常寺少卿曹师曾奏为条陈天津水师不应裁撤事》，道光元年五月二十六日，中国第一历史档案馆藏录副奏折，档号：03—2857—016。
② 《直隶总督蒋攸铦奏为委员查阅天津水师营兵丁技艺事》，道光五年五月初五日，中国第一历史档案馆藏朱批奏折，档号：04—01—18—0036—082。
③ 《清宣宗实录》卷八八，道光五年九月壬辰，《清实录》第 34 册，中华书局 1985 年版，第 411 页。
④ 《兵部尚书裕诚奏为遵旨查明天津水师营裁设原案事》，道光十九年八月初三日，中国第一历史档案馆藏录副奏折，档号：03—2860—010。

江、浙诸省海口更为重要，从福建到天津，顺风七天就可到达，天津海口尤须重兵防守。请皇帝饬下直隶总督，悉心筹划，"于天津沿海诸营重设水师，以为预防之计"。道光帝朱批："兵部议奏。"①

兵部复奏指出："那彦成折内所称，海口数十里外有拦港沙一道，现在有无塌涨，洋船是否不能进口，有备无患，应否添设水师，抑或天津原有炮兵驻扎陆路弁兵足资防卫，臣等碍难悬断。议请旨饬下直隶总督察看情形，从长筹计，勿惮更张。"②

1839年7月，昌黎县发生一起重大海盗抢劫伤人案件。海盗抢劫赵姓、周姓商人白银4100两，连伤6人，待营兵追至，两只海盗船只已扬帆远去。风闻海盗船只8艘，继续在天津海口一带来往，伺机劫夺，遇货船则劫掠，遇客船则砍断蓬索、舵尾，任其漂流。"似此肆无忌惮，实属愍不畏法。"③陆路兵丁望洋兴叹，对其无可奈何。道光皇帝谕令直隶总督琦善就添设水师之处，剿灭海盗事宜，悉心筹划。是年10月，御史张灏奏请因时制宜，在天津复设水师，以重巡防。在他看来，天津水师旋设旋撤，是因为先前海面安静。今昔情形有所不同，似宜稍为变易。"当次查拿禁烟之时，海口尤关紧要。广东防范既严，则夷船势必分驶各处洋面停泊，希图售卖，此等堵缉事宜，断非陆路弁兵所能办理。况天津向为禁烟聚集之所。去岁，直督前往天津查获烟土，并有起获军械等事。至今一载，未经报获有案。诚恐私贩匪徒或因查拿严紧，计无所出，四散海口，以抢劫偷窃为生。近日如奉天、山东等处海口，屡有失事，此巡防不可不严者也。"④为此，他奏请复设天津水师。

1839年11月25日（道光十九年十月二十日），直隶总督琦善经过实地考察，对于复设天津水师提出异议。在他看来，天津海口二十里外的拦江沙，袤延宽广，自然天成，犹如海中外卫。沙中有沙槽一道，闽广商船于夏秋季节乘潮水高涨之时可以内渡。外洋巨舰无法越过此沙，

---

① 《翰林院侍读鄂恒奏为敬陈复设天津水师事》，道光十二年七月十六日，中国第一历史档案馆藏录副奏折，档号：03—2859—039。

② 《兵部尚书那清安奏为遵旨复奏复设天津水师事》，道光十二年七月二十一日，中国第一历史档案馆藏录副奏折，档号：03—2859—040。

③ 《掌山东道监察御史汪于泗奏请饬直隶总督缉拿昌黎县滨海地区洋盗事》，道光十九年七月初六日，中国第一历史档案馆藏录副奏折，档号：03—3944—037。

④ 《浙江道监察御史张灏奏请酌设天津水师事》，道光十九年九月十六日，中国第一历史档案馆藏录副奏折，档号：03—2860—011。

进入内洋和内河。"此外近接天津，有口门可以通海者，惟顺天海宁沙县属之北塘汛一处，其海口迎面也有拦江沙横亘阻隔，只有赴奉天贩粮商船守候潮汐出入，概无别项船只来往。其余沧州静海、青县、盐山、庆云等县，处沧海而不通海者居多，且其近岸多系流砂。惟该处世居乡民自幼练习高跷，方可循至水滨，捕鱼为业。至于永平府之遵化县所属，除淤塞外现尚有海口十一处，内惟昌黎县之浪窝口，即前此被劫之区，系属滦河尾闾，平日水深四五尺，迨涨潮时深至八九尺不等。凡海船过境，因该处觅水较易，每在距岸数里外洋停泊，另用小船入沙取水，大船亦系不能进口。"①

因此，他对于复设天津水师一事，明确表示反对。"至应否添设水师之处。伏查永平府一带向未设立水师，惟天津地方从前虽有水师营分，而北人不谙风涛，放洋本非所长，其拦江沙以内无大船前来，是以屡设屡裁，未始不由于此。现在如果议请复设，自系专重防范盗匪。而本年洋盗远来肆劫，除昌黎县一起外，其余均在外洋。纵使查找嘉庆二十二年旧章，添设水兵一千名，战船八只，分为两班轮流巡哨，而东接奉天，南达山东，其间直隶洋面共八九百里之遥，仅藉巡船四只，即弁兵均肯实心实力，亦恐势难周匝，仍不免有此缉彼劫之虞。"如果江、浙、闽、粤水师均为劲旅，盗匪无从北上。如果设立水师，水兵需要从南方各省调拨，船只需要福建修造。现在江、浙、闽、粤海防正在吃紧之时，未便抽拨调用。"臣愚昧之见，直隶各路海口应请仍循其旧。臣惟有严督镇将，就陆路严加防范，遇有洋盗上岸，悉数擒拿。"②复设天津水师在第一次鸦片战争之前就此再次搁置。

第一次鸦片战争结束，清廷谕令沿海各省督抚筹议善后章程。1842年11月14日（道光二十二年十月十二日），直隶总督讷尔经额在鸦片战争善后章程中提出天津海口应当水陆兼防的战略方针——"有陆兵防之于岸，不可无水兵防之于海"。在他看来，天津海口必须复设水师。"向来天津原有水师，业经两次裁撤，此时若以复设，则须增添总兵以

---

① 《直隶总督琦善奏为查勘直隶天津各海口情形筹议毋庸复设水师惟有严加防范请仍循其旧章事》，道光十九年十月二十日，中国第一历史档案馆藏录副奏折，档号：03—2984—057。

② 同上。

下参、游、都、守等官不下数十员，建衙署，造战舰，募教习，旷日持久。无论经费浩繁，其究竟能否得力，尚不可知。"① 此处，讷尔经额尽管提出复设天津水师的设想，然而，他认为水师复设既需要一定时间，又需要充足的经费，当下难于公开着手筹建。为此，他提出首先训练一支善于凫水的军队设想。"臣愚以为所贵乎水师者，以其能出入海洋，于水中取胜也。现在沿海各营兵丁生长水滨，大半皆习水性。若择其善于凫水者，在海河之内勤加教练，使之由浅而深，由暂而久。其不能者亦以所制水带系之腰间，令其演习。久之，善水者多，即可编为水队。盖御贼于水中，斗力不如斗智。既有熟娴水艺之兵，或扮商渔以诱之，或乘昏夜以扰之，皆可出奇制胜。其船上舵工以及阑头、守桅、牵篷、摇橹、抛碇、炊爨诸色人等，均以水兵选充，如此则不必有水师之名，而已收水师之用。"②

关于战船，讷尔经额认为，应当因地制宜，建造适合在渤海航行的船只。在他看来，奕山进呈的广东建造的五种战船未必适合天津。他说："南北省海岸、口门深浅不同，即以大沽海口而论，拦江沙上大潮水深丈余，小潮水深仅止数尺。如长十余丈，宽二三丈，高深二丈以外之船，吃水一丈五六尺者，即不能出入。兹就北洋情形度其最稳最灵而北人便于操驾者，莫如本地之商船。"讷尔经额之所以选择本地商船，固然是因为这种船只便于在本省洋面活动，更重要的原因是要服务于他的群狼战术设想，即以众击寡。"盖水上决胜，但宜以小制大，以多制少，以虚制实，以暗制明，较为得力。今拟用商船，不加彩绘，不用战舰规模，惟取其木料坚厚，驾驶灵便，令彼自洋面见之，仍与寻常商船无别。则我可以施其机谋以操胜算。"③ 这种战术设想在第一次鸦片战争爆发之前已有很多人提出，事实证明，没有什么作用。战后，继续坚持这种战术，则明显是不识时务。

"哨贼于远洋，而不常厥居，则彼之趋避无准；击贼于内洋，而勿使近岸，则我之藩篱自固。"这是明朝人提出的海上战术原则。为此，

---

① 中国第一历史档案馆编：《鸦片战争档案史料》第 6 册，天津古籍出版社 1992 年版，第 445 页。
② 同上。
③ 同上书，第 446 页。

讷尔经额提出了天津水师的巡哨问题。他说："兹拟水陆兼防，实用其意。"①

讷尔经额的《天津善后章程》奏折到达北京后，经军机大臣穆彰阿等人讨论，道光皇帝于是年 12 月 6 日（十一月初五日）发布上谕。明确指出："各省水师积习相沿，仅仅在近海处所虚放枪炮，遇有敌船滋扰，不能出奇制胜，辗转效尤，几成故套。此次所练水兵，要求直隶省酌筹赏项，务必实事求是，不得装点虚文。关于战船式样以及配兵若干等问题，著该督继续详晰核议，具奏。"② 针对讷尔经额提出的水师巡洋会哨问题，道光皇帝是日谕令盛京将军禧恩和山东巡抚托浑布："奉天、山东原有会哨之例，现在直隶即有巡哨兵船，则三省洋面连为一气，于巡查、哨探自可益形周密。著禧恩、托浑布严饬该兵弁等酌定日期，会同直隶巡洋兵弁一体梭查。倘有洋匪窃发，果能于出洋会哨之时擒捕击获，准予加等鼓励。其有畏怯风涛，仅知泊船近洋，不能驾船远探者，一经查出，即严加惩处。务使稽查得力，洋面肃清，是为至要。"③

12 月 18 日（十一月十七日），盛京将军收到上述谕旨后，认为三省水师巡洋会哨活动应结合为一体，用意很好，但存在一些困难。在他看来，山东水师与奉天水师按例巡洋、会哨，不成问题。问题在于如何与天津水师会哨？向来奉天水师是夏初出巡，秋末回汛，往东巡至凤凰城与朝鲜搭界处，往南巡至隍城岛以北与山东搭界处，往西巡至与天桥厂与直隶搭界处。乾隆十一年（1746），前盛京将军达勒当阿以金州旅顺口设立水师营，请求于每年六月所派兵船与天津水师官兵会哨于天桥厂，而天津都统复称：天津海口东北至天桥厂九百余里，其间有草蒲甸等处沙滩，仅止水际七八尺，大船不能行走，必须往返旋绕二千余里。经户部、兵部会议，奉天与天津水师在天桥厂会哨应毋庸议。不过洋面浅滩、航道沙线今昔情形不同，如果直隶巡船现在可以巡至天桥厂、觉华岛等处，金州水师自然遵照谕令按期会哨。④

1843 年初，讷尔经额奏请天津水师营配备战船六艘，分两路巡逻

---

① 中国第一历史档案馆编：《鸦片战争档案史料》第 6 册，第 446 页。
② 同上书，第 535 页。
③ 同上书，第 538 页。
④ 同上书，第 606 页。

直隶所属内外洋,并与山东、奉天水师定期会哨。"向来直隶与奉天会哨系在天桥厂地方,嗣因沙滩阻隔,曾经奏明停止。今商船日多,沙线熟谙,均由天津直抵天桥厂,并无纤道,是直隶与奉天巡船会哨,自应以天桥厂为便。至山东省蓬莱县之庙岛实为海道咽喉,距天津海口约一千余里,直隶之船必巡至庙岛,始能得南洋有无来船消息,应请以山东庙岛为直隶、山东两省会哨之地……其配带之兵丁,一船或五十名,或六十名,每船以一员领之。每年自三月轮班出洋,至九月以后归坞。惟海洋风候靡常。只可以一月一出入为限,不能定其日期。两省巡船亦未必能克期俱到会哨处所。兹议天津哨船由天津镇给予印照,巡至山东庙岛,即将印照赴该管营汛呈验。该营汛于印照上注写某镇哨船,于某年月日巡至某营汛会哨一次字样,盖用印信,由领哨弁持回呈镇,以杜匿近避远之弊。其通永镇哨船巡至奉天天桥厂,亦即照此办理。"① 这是强调天津水师巡洋会哨此次不能沿岸而行,必须在深海区域取直线行走,径直到达天桥厂,或庙岛。很明显,这是把渤海全部看成外洋,看成直隶、奉天和山东三省水师的管辖范围。

这一建议经军机大臣穆彰阿等奉旨讨论,认为,"既书定界址,宽其期限,分班巡还,周而复始,并于哨船到处呈验印照,注明月日,以杜规避,立法甚为周密,应如所议办理"②。因此,道光皇帝采纳这一建议,下达谕令:"奉天、山东原有会哨之例,现在直隶既有巡哨兵船,则三省洋面连为一气,于巡查哨探自可益形周密。著禧恩、托浑布严饬该弁兵等酌定日期,会同直隶兵弁一体梭查。倘有洋匪窃发,果能于出洋会哨之时擒捕、击获,准予加等鼓励。其有畏怯风涛,仅知泊船近洋,不能驾船远探者,一经查【实】,即行严加惩处。务须稽查得力,洋面肃清,是为至要。其应如何分班轮转及出哨、回哨日期,如何认真稽核之处,并著明定章程,奏明办理。"③ 这就是《清史稿》作者所说的,"定期会哨,以登州、岫岩城、锦州三处为呈票考验之地。有畏避风浪、巡哨贻误者,严惩之。"④

---

① 中国第一历史档案馆编:《鸦片战争档案史料》第 7 册,第 89 页。
② 同上。
③ 《署山东巡抚王笃奏为遵旨酌议山东、直隶、盛京三省巡洋会哨章程事》,道光二十三年二月初十日,中国第一历史档案馆藏录副奏折,档号:03—2989—010。
④ 赵尔巽等编:《清史稿》卷一三八,《兵志九》,中华书局 1976 年版,第 4099 页。

就上述君臣之间往返的谕、折来看，从1832年开始提议复设天津水师，历经十年酝酿，到1842年冬季正式开始筹议直隶、奉天、山东三省巡洋会哨办法，标志清廷已经决定复设天津水师。此次天津水师营的复设，至少在公文程序方面完成了准备工作。然而，令人遗憾的是，我们在嗣后的奏折和谕旨中却看不到天津水师营的任何巡哨活动。不知是什么原因导致此次天津水师的复设最终走向半途而废。

五　天津水师营的第四次设立与裁撤（1858—?）

1858年（咸丰八年）春季，英、法等国公使要求驻扎北京，清廷坚决拒绝，双方外交观念尖锐对立，战云开始在渤海上空密布。是年4月，英法载有2600多人的军舰抵达大沽口。5月20日，英法联军以炮艇掩护陆战队登陆，清军发炮还击。双方激战的结果是，南北炮台陆续被联军攻占，清军300多人战死，杀伤联军士兵近百名。5月26日，联军沿河到达天津城。6月中旬，清朝大臣被迫与英、法、美、俄公使签订了《天津条约》。《天津条约》签订后，英、法舰队撤走，清廷谕令礼部尚书瑞麟署任直隶总督，并谕令科尔沁亲王僧格林沁负责天津海口防务。

鉴于天津海口清军不堪一击的严峻形势，瑞麟于是年9月7日奏请复设天津水师，以济燃眉之急。在他看来，唯以复设水师为当务之急。"现在海口大沽两营，仅止额设陆路弁兵一千六百余名，本形单薄。历年防堵，均系临时征调，现在海氛未靖，设或再有警报，仍复仓促调度，既虑缓不济急，且调来陆路之兵，于防海亦不得力。思患预防，因时制宜，惟有复设水师，方可捍卫海疆。"① 拟设立水师弁兵2000名，步兵800名，马兵200名，合计3000名。除原驻海口二营1300名之外，再增兵1300余名，可从天津镇古北口地方移驻。至于战船4艘，则奏请由广东、福建两省调拨，配带炮械，酌派熟谙海洋将领二名，精选水兵40名，管驾前来，借资教习。一面在天津附近招募土著乡民，

---

① 《署直隶总督瑞麟度勘天津海口形势拟请复设水师敬陈己见事》，咸丰八年七月二十七日，中国第一历史档案馆藏朱批奏折，档号：04—01—01—0869—063。

补足兵额，发交该提督加紧训练，迅速成军。其经费则由长芦盐政每斤加价二文筹集。①

咸丰皇帝在外患逼迫之下当机立断，谕令："天津海口原设水师，于道光元年、六年先后将水师总兵及水师营裁撤，现值海氛未靖，自应亟筹复设，以重防务。本日已谕知黄宗汉、庆端等于闽广两省抽调大号战船、艇船各二只，备齐器械，派员管带，设水师二千名，与马步官兵共成三千名，除将原额抵补外，共添兵一千三百余名。及添盖兵房等，均照议办理。"② 这道谕旨追溯历史，明确指出天津水师在道光元年和道光六年两次分别裁撤情况，却并未提及道光二十二年至二十三年天津水师复设情况，由此我们可以判定，第三次天津水师复设限于公文讨论，并未真正着手实施。

同日，咸丰皇帝向两广总督黄宗汉、广东巡抚毕承昭、福建巡抚庆端和继任巡抚瑞璸等发出谕令："瑞麟奏筹办海防善后，请于闽、广抽调战艇各船只，天津现筹复设水师，以备不虞，所需派调各船，自应及早筹备。着庆端、瑞璸、黄宗汉、毕承昭于各该省抽调大号战船、艇船各二艘，配带炮械，酌派熟谙海洋将弁二员，精选水兵个四十名，管驾迅速赴津，以资调遣。"③

这一谕旨到达福建时，瑞璸已接替庆端为福建巡抚，闽浙总督为王懿德。王懿德复奏说："闽省水师各营向无设立艇船，其额设战哨船只间多在洋遭风击碎及被会匪毁失，同【安】小号各艘不堪调派。且闽省至天津水程数千里，必须慎调甫经修竣最为坚固者，方可远涉风涛，以资调用。刻即冬令，北风顶逆，觳觫维艰，须俟来岁春夏之交南风盛发，始能操驾北上。"④ 这是说福建当时不仅没有合适的战船可供调派，即使有船，而因为北风盛行，福建船只也无法立即调往天津。不过，他为了应付咸丰皇帝的谕旨，还是奏报说已经筹集了经费，饬令加紧修造大、小同安梭船共4只，"赶于明年三四月间南风司令之时，小心操驾

---

① 《署直隶总督瑞麟奏为复设水师筹办军饷拟由长芦盐引缉私巡务项下拨付》，咸丰八年七月二十七日，中国第一历史档案馆藏朱批奏折，档号：04—01—01—0866—084。
② 贾桢等编：《筹办夷务始末》（咸丰朝）卷三〇，第3册，中华书局1979年版，第1114页。
③ 同上书，第1115页。
④ 贾桢等编：《筹办夷务始末》（咸丰朝）卷三〇，第4册，第1233—1234页。

赴津，听候调遣。"①

1859年夏季，福建派往天津的战船并未按计划成行。拖延至8月，这4只战船终于完成修造任务。是时，闽浙总督王懿德认为财政困难可以通过大量铸钱来解决，在没有铜材料的情况下他下令铸造了大量铁钱，然而这些铁钱在福建无法顺利发行。为此，他将库存的12万串铁钱准备分批运到天津来销售，其中6万串铁钱搭装在4只战船上，6万串铁钱准备雇佣商船运输。咸丰皇帝接到王懿德的奏折时，当即下令阻止其运输计划。他说："现在天津一带民间并不行用铁钱，若雇觅商船运解，跋涉长途，徒滋糜费，所有师船搭运之铁钱六万串，如业经启程，即毋庸议。其余铁钱六万串，著庆端、瑞璸即饬令停止起解，以节糜费。"② 但是，在直隶总督庆端等人奉旨之前，这12万串铁钱已经先后运到天津。咸丰皇帝得知这一消息，无可奈何，著令天津道恒福察看情形，"如果壅滞难行，亦可作为废铁暂为存储，预备铸造一切防具，亦有裨益"③。从这一事件的处理经过，可以看出，福建派拨的天津水师战船于1859年秋季驾驶到天津。这是我们目前看到的咸丰时期有关复设天津水师的最后一个公文。

咸丰皇帝颁发广东督抚的谕旨根本没有下文。1857年冬，第二次鸦片战争发生，广州沦陷，两广总督叶名琛当了俘虏，广东巡抚柏贵当了傀儡。咸丰皇帝任命黄宗汉为新任两广总督兼通商大臣，毕承昭任广东巡抚，要求他们驱逐英军，收复广州。黄宗汉到达广东后，驻扎在惠州（治所今惠阳县东）。咸丰皇帝关于调派四只广东水师战船的谕令到达广州时，黄宗汉已奉谕调任四川总督。因此，我们既没有看到黄宗汉的覆奏，也没有看到毕承昭的奉旨情况。

1859年秋季，好像被彻底遗忘了一样，复设天津水师一事再无任何公文提及。抑或是战争形势没有给予天津复设水师的机会，抑或是新任直隶总督庆祺对于此事不够热心，不再催促。总之，复设天津水师一事再次如泥牛入海无消息，不能不令人感到当时政治的诡异，皇帝的谕

---

① 贾桢等编：《筹办夷务始末》（咸丰朝）卷三〇，第4册，第1234页。
② 《清穆宗实录》卷二八七，咸丰九年七月辛未，《清实录》第44册，中华书局1985年版，第210页。
③ 《清穆宗实录》卷二九〇，咸丰九年八月庚子，《清实录》第44册，第250—251页。

旨，大臣的奏折，完成了公文旅行就结束了任务。此次筹议复设天津水师，自1858年秋季咸丰皇帝谕令调集广东、福建战船开始，到1859年秋季以后，复设水师又被束之高阁，时间不过一年有余。

结　论

综上所述，可以得到如下两点结论。

（1）清代朝廷十分重视渤海的战略地位，始终把控制渤海看成是国家海洋安全的首要任务。因此，从雍正开始，就将渤海划入内外洋，加以行政和军事的管控。在此我们必须指出，其一，由于渤海以内没有能够设置州县衙门的比较大的岛屿，在此划分内洋和外洋的惟一标准就是距离海岸线的远近；其二，无论是从追究"相距口岸二百七十里至三百里"的失盗疏防责任来看，还是道光时期规定水师自天津出发径直巡逻到庙岛或天桥厂情况来看，整个渤海均被纳入行政和军事的管辖区，即内洋和外洋。

（2）天津水师四次设立，又四次裁撤。这是一种非常奇特的历史现象。导致天津水师旋设旋撤的最主要的原因可以归结为其地理位置的特殊性。

就局部来说，天津作为京城的海上门户，战略地位十分突出。为了京师的安全，必须在天津设立水师。因此，朝廷多次酝酿在此设立水师。然而就海防全局来看，只要在军事上控制了蓬莱、庙岛群岛和铁山一线的渤海海峡安全，也就确保了整个渤海的安全。渤海处于安全状态，天津作为海上门户自然是安全的。乾隆皇帝对此早在1767年（乾隆三十二年）就指出："天津本系海套，又有长沙如围，亘阻海口，船非乘潮不能进。且东为旅顺，南为登州府，中有庙岛，乃外洋门户，船所必经，有此扼要，故明季倭寇从未敢至天津。"[①]

因此，天津水师的设立就显得无足轻重。一方面是京师门户，必须重点防卫；另一方面是渤海之内的各个海口，与渤海海峡相比，其地理位置显得无足轻重。这正是天津水师旋设旋废的根本原因，要求设立天津水师，是基于京师安全考虑；要求撤销天津水师，加强渤海海峡的水

---

① 《观海台观海作》，乾隆《御制诗三集》卷六四，《文渊阁四库全书》，第16页。

师活动，同样也是为了京师的安全。二者的着眼点虽然有所不同，但目的却是高度一致。如果说，在清代前期人们还比较重视天津门户的价值，雍正时期天津满洲水师营的设立就是最有力的证明。然而，随着时间的推移，人们已把天津海口看成"腹地"，越来越重视渤海海峡的战略地位，天津水师旋设旋废，就是最好的证明。晚清时期，中国海防危机不断加重，尤其是在 1860 年和 1900 年外国侵略军两次直接侵入京津地区，震动朝野。尽管如此，人们在思考海防问题时，无一不从宏观的战略考虑京畿的安全问题，越来越重视渤海海峡的军事控制。例如，作为晚清国家头等大事，北洋海军的筹建，威海和旅顺军港的修筑，乃是朝野的共识。局部战略必须服从于全局战略，这是最典型的例证。笔者认为，地理环境对人类社会发展的影响，只是提供了各种可能性，而人类则是按照他们的需要、愿望和能力来利用这种可能性。也就是说，环境包含着各种可能性，它们的被利用，则取决于人类对于环境的认识能力。人与地的关系，并非天然环境单方面之作用，人类对于天然环境，亦有自由选择与自由活动之余地。在天津设立水师是为了京师海上门户的完全，撤销天津水师，加强渤海海峡的军事力量，同样也是为了京师的海上门户安全。

  还有一个原因，也是地理因素。距离天津海口十余千米，有拦江沙一道，水面隐约可见。"沙埂积宽三四里不等，潮长水深一二丈，潮落水仅尺余。"由于这一沙埂的存在，形成天然屏障，大型船只很难直接驶进海口，天津因此处于相对安全状态。同时也正是由于这种特殊的地理情况，导致天津水师驾驶大型战船出入海口相对困难。乾隆初期，天津水师官兵无所事事，从不认真巡缉。每遇操演，无不敷衍了事。固然由于八旗子弟积习，同时也与其特殊的地理环境有关。嘉庆、道光、咸丰时期，由于山东水师和奉天水师控制了渤海海峡，海匪很少进入渤海活动，很少滋扰天津海口，天津水师的兴废因此变得无足轻重。直隶总督方受畴一语中的。他说："该处海口虽通外洋，第有拦港沙一道，延袤宽广，俨如海沙外卫。如有大船前行，必由沙之东北迂折进口，且须换船守候潮风江盛，方能行驶。"①

---

① 《太常寺少卿曹师曾奏为条陈天津水师不应裁撤事》，道光元年五月二十六日，中国第一历史档案馆藏录副奏折，档号：03—2857—016。

由于特殊的地理环境决定了天津水师或轻或重的位置，是否值得大量投入军费问题一直成为直隶总督撤销天津水师或者反对复设的重要因素。唯一的例外是雍正时期设立天津水师，当时雍正皇帝基于全国军事部署的需要，着眼于训练一支满洲的海上劲旅，并非仅仅为了天津和京师的安全。

第七章　清代前期奉天府的内外洋与八旗水师巡洋制度

清代前期，如同沿海其他各省一样，奉天也将近海水域划分为内洋和外洋，加以行政和军事的管辖。与江、浙、闽、粤等四省相比，盛京水师分防的洋面同样具有明确的分工。有所不同的是，盛京水师是由满蒙八旗子弟组成的，巡洋制度的责任人与绿营水师明显不同。

一　奉天府的内洋与外洋

盛京将军和奉天府尹统辖的特别行政区在清代被称为为奉天府，1907年改为奉天省，1929年改称辽宁省。奉天府海域广阔，辽东半岛的西侧为渤海，东侧临黄海。陆地海岸线东起鸭绿江口西至山海关老龙头，大陆海岸线长2178千米。海洋岛屿506个，岛岸线全长622千米。主要岛屿有外长山列岛、里长山列岛、石城列岛，此外尚有大鹿岛、獐岛、菊花岛、大小笔架山、长兴岛、凤鸣岛、西中岛、东蚂蚁岛、西蚂蚁岛、虎平岛、猪岛、蛇岛、棒槌岛、万乐岛、小平岛、南砣子岛等。关于奉天沿海岛屿划分内外洋的情况，史籍记载尽管不太系统，但也留下一些痕迹，可以追寻。

1710年，山东巡抚蒋承锡奏报：10月17日（八月二十五日），文登营副将报有海盗驾驶鸟船七只，停泊在大连、成山头等处外洋。次日，盗船抢劫棉花岛，经官兵攻打，始遁出外洋。康熙皇帝对于蒋承锡奏报迟缓表示不满。他严厉指出："地方一有贼寇，即当立时题报。该抚于彼时并未奏闻，及奉天将军报击败海贼之后，该抚始具折陈奏，殊属不合。贼船往盛京者原从东省经过，沿海官兵何以不行堵剿？今贼船败回，经行山东、江南、浙江，该管各汛官兵务必严加追擒，勿致疏纵。"①

1738年，直隶省遭遇天灾，各州县收成丰歉不一，粮价昂贵。乾隆帝认为，山东、盛京丰收，通过商运粮食的途径，"以丰济歉"，可以平抑直隶的粮价。但是，他考虑到，自康熙末年以来，为了限制海盗的活动，国家一直严厉"禁米出洋"，必须解除内洋贩运粮食禁令。为此，他特颁谕旨："从来邻近省分，必须商贾相通。则需谷者既得以糊口，而粜贩者又借以营生，殊属两便之道。但奉天、山东俱界海滨，地方官吏因向有禁米出洋之例，未肯任从民便。用是特颁谕旨。奉天、山东沿海地方商贾有愿从内洋贩米至直隶粜卖者，文武大员毋得禁止。但商贾米船放行之时，该地方官给与印票，仍行文知照直隶总督。其沿途巡海官弁亦时加查验，毋令私出外洋。米船既抵天津，卸米之后，直隶地方官给与回照，仍行文知照奉天、山东两省。俾米谷流通，以副朕轸恤民瘼，一视同仁之意。"② 从这一道谕旨可以看出，奉天如同山东、直隶一样，将近海水域划分为内洋和外洋。因为，谕旨虽然允许商人"从内洋贩米至直隶"，而仍然禁止运米船只"私出外洋"。

1747年，山东粮食歉收，而奉天府粮食丰收。清廷为此筹划将奉天米石运往山东灾区。乾隆皇帝颁发谕旨："向来直隶有歉收地方，需用米石，由海道转运内地者，原属应行之事。至将奉天米石运往山东，八年议行一次。此后间有歉收之年，俱未举行，或因山东与直隶天津不同，其海道遥远，逼近外洋，恐有奸商透漏接济之弊。"③ 从乾隆皇帝的谕令中可以看出，自奉天向直隶运送米石，君臣并不担心米石失控。而自奉天运往山东则顾虑明显增加，他们主要担心的是粮船在逼近外洋的海道上行走，可能出现接济海盗的现象。此处的"海道"显然是指崇明至荣成，再至大连的帆船航线。在这条航线上，尽管有战船巡逻保护，但很难确保其万无一失。

---

① 《清圣祖实录》卷二四三，康熙四十九年九月辛丑，《清实录》第6册，中华书局1985年版，第417页。

② 《清高宗实录》卷七五，乾隆三年八月乙巳，《清实录》第10册，中华书局1985年版，第192—193页。

③ 阿桂等纂修：《钦定盛京通志》卷八，《文渊阁四库全书》第501册，第22—23页。

1824 年，清廷明确规定：金州之铁山至菊花岛等处奉天所属海汛，令水师营官兵巡查。老铁山水道北起老铁山西角，南至北隍城岛，其间宽度实际只有 41 千米，而清朝人认为二者之间有 180 里，"自铁山起九十里之内，令盛京官兵巡哨；隍城岛起九十里之内，令山东官兵巡哨。如遇失事，量其境界相近，详查议处"①。这是说，为了控制整个渤海和京津的安全，采取最经济最有效的军事方针是扼守渤海海峡，将隍城岛与铁山之间海面一分为二，中线以南由山东水师负责，中线以北归盛京水师管辖，这样整个渤海便成为中国的内海。

1840 年 9 月，英军舰船侵入奉天府外洋，盛京将军耆英向道光皇帝奏报：英夷来船二只，"在八岔沟外洋游奕"。道光皇帝接到奏报，立即指示道："此次夷船驶至奉天，如情词恭顺，另派小船投递禀揭等件，该将军不必遽开枪炮，仍遵前旨派员接收，将原件由驿驰奏。倘有桀骜情形，断不准在海洋与之接仗。盖该夷之所长在船炮，至舍舟登陆，则一无所能。正不妨偃旗息鼓，诱之登岸，督率弁兵，奋击痛剿，使聚而歼旃，乃为上策。该将军务当谨慎持重，相机妥办。"②

1850 年 6 月，一艘英国轮船在渤海游，咸丰皇帝接到报告，立即谕令盛京将军奕兴加强戒备，小心防范。"据陈庆偕奏：查探夷船由登州外洋东北行驶一折。此次英夷之船于五月初二日自天津开行，于初四日即至山海关。先据该副都统奏报，已起碇驶往西南。乃东省员弁于初七日在隍城岛瞭望，有火轮船一只，从外洋向东北驶去。该岛为山东与奉天交界。洋面相隔不远。夷情诡谲。恐其欲赴奉天。著该将军等随时查探，密饬沿海文武各员小心防范。"③

从以上这些事例可以看出，奉天府的近海水域同样划分为内洋和外洋。特别是庙岛群岛至辽东半岛之铁山一线均为外洋，江南至大连的帆船航线就在这条岛链的外侧。由此我们可以推知，整个渤海被划为内洋和外洋，完全置于清军水师管辖之下。

---

① 崑冈等编：《钦定大清会典事例》（光绪朝）卷六三二，光绪二十五年（1899）石印本，第 4 页。

② 《清宣宗实录》卷三三八，道光二十年八月辛酉，《清实录》第 38 册，第 128—129 页。

③ 《清文宗实录》卷一〇，道光三十年五月己酉，《清实录》第 40 册，中华书局 1985 年版，第 174 页。

按照江、浙、闽、粤等省划分准则,凡是靠近海岸岛屿和洋面划入内洋,凡是远离海岸的岛屿和洋面划入外洋。内洋岛屿距离海岸一般不超过5千米,外洋岛屿远离海岸,有的达到数百里之遥。奉天内外洋岛屿划分如表7-1。

表7-1　　　　　奉天府内洋外洋岛屿距离海岸一览　　　　单位:千米

内洋岛屿	距离海岸	外洋岛屿	距离海岸	外洋岛屿	距离海岸
獐岛	4.3	大鹿岛	6.9	瓜皮岛	19.78
马牙岛	2.5	石城岛	7.9	广鹿岛	13.76
黑岛	4.3	大王家岛	25.1	葫芦岛	11.18
平岛	4.0	小王家岛	17.3	二山岛	5.91
东三辆车岛	4.3	寿龙岛	20.7	大山岛	7.1
小山岛	3.44	大长山岛	10.2	圆岛	46.44
棒槌岛	1.2	小长山岛	19.78	老偏岛	8.6
小平岛	1.7	乌蟒岛	43.1	遇岩	34.4
鹿岛	1.76	海洋岛	64.5	海猫岛	6.1
西中岛	0.8	小耗子岛	58.48	蛇岛	8.6
长兴岛	0.358	大耗子岛	58.46	猪岛	13.76
凤鸣岛	0.7	褡裢岛	45.58	牤牛岛	13.3
大笔架山	0	獐子岛	43.0	湖平岛	13.0
小笔架山	0	塞里岛	28.38	东蚂蚁岛	7.83
老狐岛	1.7	哈仙岛	21.5	西蚂蚁岛	9.32
南坨子岛	0.8	格仙岛	12.9	觉华岛	7.6

二　康雍乾时期盛京水师的巡洋活动

1709年9月,盛京将军嵩祝奏报:10艘海盗船只停泊在锦州附近洋面,公开施放枪炮,登岸抢劫。廷议加强奉天海防,有人建议,山东水师巡哨的北隍城岛距离铁山不过半日水程,请令山东水师官兵巡哨直至铁山,"俾海边贼匪无所容身"。又请拣选盛京满州兵1000名,教习鸟枪火炮。兵部议设盛京水师,配备战船10只,官兵600名,水手100余名。"其船只除每年轮修并守口外,余五六只巡海、操演。兵丁六百名轮替出洋。"①

　　1726 年，盛京将军噶尔弼认为旅顺海口至凤凰城水程有千里之遥，仅恃水师一营，建议增设二营，联络巡哨。旋因海疆宁静，于 1754 年经军机处议准，裁去战船 4 只，拨回金州官兵 100 名，水手 40 名。所存六只战船，除轮流拆造及守口之外，仅有 2 只战船用于巡哨海面。按照条例规定：如有行船被盗，由盛京将军题参，"将分巡、总巡各官照江、浙、闽、广之例议处"②。

　　"盛京以协领为总巡，以佐领、防御、骁骑校为分巡。直省以总兵官为总巡，副将以下为分巡。各于所治界内，率舟师沿海上下更番往来，以诘奸禁暴。两界相交之所，届期会哨。同时并联名申报将军、总督、提督察核，委官稽查。"③ 若因风汛阻滞，或先或后，各以到界之日申报。巡洋期以二、四、五月为始，至九月事竣回营。有引避不巡，或巡有不周者，论如军律。在巡洋时，如果在外洋遇到风暴，官，准军功加级；兵，准一等伤，给赏。若在内洋遇到风暴，官，准军功记录；兵，准二等伤，给赏。在外洋身故者，官兵皆照阵亡之例；在内洋身故者，官，照阵亡例，减一等；兵，减半，各给恤典。从上述条例规定可以看出，奉天府不仅划分了内洋和外洋，而且对于官兵的巡洋活动遇到的风险有明确的抚恤规定。

　　1748 年，浙江巡抚方观承奏请："偷运麦豆出洋，请照偷运米谷之例，分别治罪。"经户部议准，通行。1749 年，闽浙总督喀尔吉善奏报，福建省商贩东北大豆和麦子由海口转运。"若因严禁出洋，概行拦阻，则商贩不前，请筹酌流通之法。"盛京将军阿兰泰也奏报，奉天盛产大豆，向来所余大豆，由商人自由贩运处境。今若一体禁止，则不能流通，商民均无裨益，请照旧例办理。于此可见，浙江巡抚方观承前此之奏各省不能一概遵行。

　　乾隆皇帝认为，严禁米谷出洋，无非为了杜绝嗜利之徒偷运外洋，接济盗匪。若出口入口，均系内地，自宜彼此流通。岂可因噎废食，胶

---

　　① 《盛京将军额勒恒额奏为遵旨会筹辽海水师章程》，嘉庆四年二月十六日，中国第一历史档案馆藏朱批奏折，档号：04—01—03—0037—027。
　　② 崑冈等编：《钦定大清会典事例》（光绪朝）卷六一〇，光绪二十五年（1899）石印本，第 49 页。
　　③ 阿桂等纂修：《钦定八旗通志》卷三八，文渊阁《四库全书》第 665 册，第 10 页。

柱鼓瑟。因此谕令该部妥协定议。不久，兵部议定：闽省商人贩运东北麦子、豆子，必由本港驶出海口，须立法稽查。应如该督等所奏，"嗣后麦豆杂粮到关输税时，填注发卖地方，令守口官验单加戳放行。入口时，守口官及税馆查验相符，准卖。若出口迟久不到，入口并无粮石，除著落行铺追拘，并知照原籍地方官严拿邻里讯究。"东北大豆，应如该将军等所奏，各省到此贩卖，大船准带二百石，小船准带一百石。倘若额外多带，并夹带米谷，照例分别治罪。歉收，随时禁止。乾隆帝批准："依议，速行。"①

1764 年议准："盛京所属洋面并内外洋事主货船如有同日在一处连次被劫二三只者，无论是否一案盗伙，三月限满，不获，将分巡、委巡、专汛、兼辖并协巡佐领、防御、骁骑校等官降二级调用，统巡、统辖、总巡并总巡协领等官降二级留任。若巡哨各官能于限内将一案盗伙全获者，免其议处，不准议叙。能获盗过半者，兼获盗首者，分巡、协巡等官降二级留任，统巡、总巡各官降一级留任。"②

乾隆、嘉庆之际，海盗船只开始在闽浙洋面频繁劫夺商船，甚至敢于纠集数十船只，公然抢劫官方运米船只。1795 年，浙江巡抚吉庆奏报，拿获 40 余名海盗，但是还有大股海盗在海上活动，难保这些海匪船只不窜犯沿海各省洋面。请求通饬沿海各营，遇盗追赶，即出本省交界洋面，仍须出境穷追。邻省巡船，亦即策应堵截。以期遇盗必获。乾隆皇帝接到奏折，认为吉庆所奏办法正确，批阅："正当如此办理。"他认为浙江外洋联通广东、福建、江苏、山东、直隶、奉天等洋面，恐该犯等见江浙两省官兵查拿严厉，又逃往南北洋面。谕令沿海各省总督、巡抚和盛京将军全力缉拿。特别指出："天津系属内海，虽向无盗匪，但亦不可不留心防范。至奉天牛庄等处向多盗案，最易藏奸，尤不可不严加堵缉。并着琳宁、台费音、梁肯堂督饬各海口员弁一体实力严拿，勿令兔脱漏网。"③

---

① 《清高宗实录》卷三三八，乾隆十四年四月辛卯，《清实录》第 13 册，第 669—670 页。

② 崑冈等编：《钦定大清会典事例》（光绪朝）卷六一〇，光绪二十五年（1899）石印本，第 50 页。

③ 《清高宗实录》卷一四八一，乾隆六十年六月戊申，《清实录》第 27 册，第 790 页。

三　嘉道时期盛京水师的巡洋活动

1798 年，清廷再次规定：奉天地方海洋失事，疏防限满，该将军题参，将协巡官住俸，限一年缉贼；二参限满，不获，协巡官降一级留任，再限一年缉贼；三参限满，不获，协巡官降一级仍留任，再限一年缉贼；四参限满，不获，降一级调用。总巡官初参，罚俸一年，限一年缉贼；二参，降一级留任，罚俸一年，贼犯照案缉拿。①

外海巡防："盛京以协领为总巡，佐领、防御、骁骑校为分巡，直隶等沿海各省以总兵官为总巡，副将以下为分巡，各于所治界内，率水师沿海上下更番往来，诘奸禁暴。两界相交之处，届期会哨，以巡缉情形申报将军、总督、提督，委员稽察。若因风阻滞，各以到界之日具报。每岁定期以二月、四月、五月为始，至九月事竣回营。有引避不巡或巡而不周遍者，论如军律。"② 官兵巡洋，遇到暴风袭击，"在外洋，官准军功加级，兵准一等伤给赏；在内洋，官准军功纪录，兵准二等伤给赏。身故者，在外洋，官兵皆照阵亡之例；在内洋，官照阵亡例减一等，兵减半，各给恤典"③。

1798 年，有人上奏指出："近来洋盗充斥，皆由抢劫商船粮食，暗地勾通行户，重价购米，得以久留，请一例禁止，并于海口陆路添设重兵。"④ 因此，嘉庆帝谕令："此等情节沿海各地方谅所不免。但应如何设法办理，朕难以悬断。著传谕凡有海疆将军、督抚等各就该处地方海口情形悉心确核，务使洋面日渐肃清，而于商民仍无妨碍，各抒己见，据实奏闻。候朕指示施行。其水师各营作何训练、整顿之处，亦著一并详议具奏。"⑤

盛京将军额勒恒额等人接到谕旨，立即结合奉天海疆形势提出五条

---

① 崑冈等编：《钦定大清会典事例》（光绪朝）卷六一〇，光绪二十五年（1899）石印本，第 50—51 页。
② 赵尔巽等撰：《清史稿》卷一三五，《兵志六》，第 3996—3997 页。
③ 阿桂等纂修：《钦定八旗通志》卷三十八，文渊阁《四库全书》第 665 册，第 10 页。
④ 《盛京将军琳宁额勒恒额奏为遵旨会筹辽海水师章程》，嘉庆四年二月十六日，中国第一历史档案馆藏朱批奏折，档号：04—01—03—0037—027。
⑤ 同上。

措施：

第一，"要地弹压宜复旧制也"。他认为奉天海面自宁远州与山海关交界起，迤东而南至旅顺口，再东至凤凰城，又迤东至朝鲜交界止，水面约二千余里，其间可以停泊货船海口共三十四处。直隶、天津等处系奉天西面，山东则与奉天对渡。其闽、浙、江南各省商船必须由山东东北之成山经过，然后向西航行。如果往奉天贸易，则向西北行驶，以旅顺口外之铁山为目标，然后分别驶向锦州、岫岩等处。而铁山之南九十里即为山东与奉天在外洋的分界。因此，旅顺之铁山为南方货船前赴奉天个海口的必经之地，"实奉天海疆之门户也"。他建议恢复旧制，增加水师战船和力量。"将旅顺战船添足十只，仍拨回金州兵一百名，以足六百名之数……至于舵工水手，亦请照旧例添四十名，以足一百名之数……并于旅顺口外东傍黄金山处安设炮台，多派官兵防守。旧制一复，海疆声势愈壮，洋匪闻风敛迹矣。"①

第二，"各处海口宜增兵役防范也"。奉天沿海有34处，需派兵加强防守。尤其是金州所属之小平岛，为各省船只停泊处所，难保无奸匪混迹其间，过去虽派兵役稽查，诚恐不够严格，需设专员带领兵役在此巡察。嗣后商人来奉贸易者，在各该州县报明，发给印票，填注姓名、籍贯、年貌、箕斗，到口时呈交巡海坐卡官兵验明后，始准下船。若无印票，即送交地方官解回原籍。"其由本省上船前往山东等省者，亦令在各该州县报明，领取印票，填注如式，呈交坐卡官兵，始准放行。至发印票时务须盘诘明确，取具保结，以备查核。倘有乘间冒领及滥行发给，或书役人等借端勒索者，严加究治。"②

第三，"要路盘查以防洋盗也"。旅顺口系商船必由要路，而水师专为弹压海疆而设。请嗣后所有洋面往来船只令其先到旅顺口水师营挂号，点验人数、姓名、年貌、箕斗，均属相符，即于原票内粘贴某年、月、日验过印花，发交该船，放行，持往贸易海口投验。如到口商船查验时没有水师营点验放行印花字样，不准入口卸货。"若船到旅顺口，并不入口挂号，即由洋面径过者，该营守口官兵即乘船往追，再将战船

---

① 《盛京将军额勒恒额奏为遵旨会筹辽海水师章程》，嘉庆四年二月十六日，中国第一历史档案馆藏朱批奏折，档号：04—01—03—0037—027。

② 同上。

安放无子炮点放晓示。倘仍不落蓬,即系形迹可疑。各战船一齐往追,查验印票、年月、人数、姓名、籍贯、年貌、箕斗,不相符者,立即拿送,就近交旗民地方官解送盛京刑部治罪。"①

第四,"陆路水师宜加意练习也"。在他看来,兵之技能以陆战为根本。设立水师,不废陆路演习。他认为,旅顺水师自1784年(乾隆四十九年)放弃陆路藤牌、钩镰枪、长枪、大刀等技艺,专练泅水、打枪等技艺,存在严重缺陷。"若与匪船逼近,必须短兵相接,纵跳自如方能制胜,似不可以偏废。今宜酌复原规,令兵丁照旧兼习。"②

第五,"行户私贩宜酌严查也。"贩米出洋,例有明禁。天津、山东、江浙等省前往奉天的商船,所带货物主要是布匹、茶、纸之类,均是民间必需之物。奉天所产只有可以出口的大米、豆子和杂粮,各省商船返回时皆运载。直隶、山东商船只在内洋行走,"是以向例听其买运,以济民食"。而江浙商船返回路过外洋,只准运载大豆、苏油,且有印票可凭,不致出现接济海盗弊端。他建议:"嗣后所有江浙南船出口时,务必严查,除例应贩运黄豆、苏油外,其米石杂粮一概严行禁止,毋使稍有夹带。"③

同时,额勒恒额还建议,山东水师北汛务须驾船到达分界洋面巡逻,以昭慎重。奉天洋面自西而东约二千余里,仍令该水师官兵驾驶战船三只,往返巡逻,照例呈报各该处守口官,转报盛京将军衙门稽核。"如此立定章程,不惟海洋官兵声势联络,军威日振洋匪自必望风而遁。而水师官兵日在波涛之中往来驾驶,技勇日臻娴熟,即猝遇匪船,亦无难立即奋勇擒拿矣。"④

1822年,又规定:奉天沿海地方遇有失事之案,如盗从外洋窃发,非守口官所能越汛稽察,咎在出洋巡哨之员,将守口官免议。若海匪由海口以内夺坐船只,出洋为盗,将失察之守口官降二级调用。若守口官亲自拿获海匪,免议。至外洋行劫之盗,散党登岸,混冒入口,守口官

---

① 《盛京将军额勒恒额奏为遵旨会筹辽海水师章程》,嘉庆四年二月十六日,中国第一历史档案馆藏朱批奏折,档号:04—01—03—0037—027。
② 同上。
③ 同上。
④ 同上。

失于觉察者,降一级留任,限一年缉拿。全获,开复。限满,不获,降一级调用。如于限内盗犯被邻境拿获者,减为降一级留任。①

1824 年,奏准:奉天所属金州之铁山至菊花岛等处海汛令水师营官兵巡查。铁山与山东隍城岛中间相隔一百八十余里,并无泊船之所。自铁山起九十里之内令盛京官兵巡哨,隍城岛起九十里之内令山东官兵巡哨。如遇失事,量其境界相近,详查议处。②

1827 年 7 月 16 日(道光七年闰五月二十三日),佐领董均驾乘第一号战船,协巡骁骑校随世显驾乘第二号战船,骁骑校韩兆泉乘坐第六号战船,各带领催兵等舵工水手、鸟枪、炮位、金鼓、旗帜、铅药、火箭等出旅顺汛口,向西巡查金州、复州、锦州各所属岛屿。"六月初十日由锦州属天桥厂海口回行至觉华岛东南洋面,于十一日夜间猝遇东南暴风骤雨,风浪交加,东西莫辨,人力难施,战船不能相顾。头号、六号两只战船绳索篷架俱经损坏,所赖锚绳未断,船只无损。唯骁骑校随世显乘驾第二号战船篷舵、大桅均已损坏,锚绳折断,顺洋飘荡,于十二日黎明时,至宁远界鸭翎嘴地方被石击碎,官兵水手抱浮船板喊救。幸遇该处捕鱼木筏及附近居民齐相救护,得以全生。碎船板片顺水漂没,炮位、军器俱已沉水。"③

1839 年 7 月 30 日,一艘商船在宁海县猪岛西北外洋,被海盗袭击,劫去船商大钱 190 余千,白银 60 余两。清廷谕令严缉。"猪岛系宁海县所属海岸以外洋面,乃商船来往经由海道,与旅顺口水师营相距不远。该盗匪胆敢纠结多人,执持枪械,屡次扰害,肆行抢掠,实属不法已极。"为此,盛京将军耆英盛京副都统禄普奏请多拨巡哨官兵,增添战船,严缉海盗。④

---

① 崑冈等编:《钦定大清会典事例》(光绪朝)卷六一〇,光绪二十五年(1899)石印本,第 51 页。
② 同上书,第 54 页。
③ 《盛京将军奕颢盛京副都统苏崇阿奏为旅顺口水师巡哨战船在洋遭风沉没请循例准令浙省另行补造事》,道光七年九月初六日,中国第一历史档案馆藏朱批奏折,档号:04—01—01—0685—042。
④ 《盛京将军耆英奏为遵旨多拨巡哨官兵添驾战船严缉海洋盗贼事》,道光十九年七月十四日,中国第一历史档案馆藏录副奏折,档号:03—2984—026。

结 论

（1）奉天府如同沿海各省一样，也曾将其沿岸海域划分为内洋和外洋。由于八旗水师编制较少，配备的战船不多，巡逻的海域范围不大，留下的档案资料不多，还原其水师巡洋会哨活动存在一定困难。不过，从一些事实中还是可以觅得其活动的大概踪迹。盛京八旗水师巡逻的重点是锦州旅顺一带，重点管控渤海海峡中线以北的洋面，东边巡哨到达长山列岛，西边巡哨到达天桥厂一带。

（2）庙岛群岛至辽东半岛之铁山一线均为外洋，江南至大连的帆船航线就在这条岛链的外侧活动。由此我们可以推知，整个渤海被划为内洋和外洋，完全置于清军水师管辖之下。乾隆皇帝在《观海台观海作》一诗的注释中曾经明确指出："天津本系海套，又有长沙如门，亘阻海口，船非乘潮不能进。且东为旅顺，东南为登州府，中有庙岛，乃外洋门户，船所必经。有此扼要，明季倭寇从未至天津。"①

（3）盛京水师是由满蒙八旗子弟组成的，巡洋制度的责任人与绿营水师明显不同。盛京水师以协领为总巡，以佐领、防御、骁骑校为分巡。各于所治界内，率舟师沿海上下更番往来，以诘奸禁暴。两界相交之所，届期会哨。若因风暴阻滞，或先或后，各以到界之日申报。以二、四、五月为始，至九月事竣回营。有引避不巡，或巡有不周者，论如军律。

（4）盛京水师所辖内外洋面，事主货船如有同日在一处连次被劫二、三只者，无论是否一案盗夥，三月限满，不获，将分巡、委巡、专汛、兼辖并协巡佐领、防御、骁骑校等官降二级调用；统巡、统辖、总巡并总巡协领等官，降二级留任；若巡哨各官能于限内，将一案盗夥全获者，免其议处，不准议叙。能获盗过半者，兼获盗首者，分巡、协巡等官降二级留任，统巡、总巡各官，降一级留任。

（5）在巡洋时，如果在外洋遇到风暴，官，准军功加级；兵，准一等伤给赏。若在内洋遇到风暴，官，准军功记录；兵，准二等伤给赏。在外洋身故者，官兵皆照阵亡之例；在内洋身故者，官照阵亡例减一等，兵减半，各给恤典。

---

① 爱新觉罗·弘历：《御制诗初集》三集卷六四，第 16 页。

第八章 两次鸦片战争期间海患与水师巡洋制度之恢复

说起清代的海患,清史研究者立即会想到乾嘉时期猖獗的海匪问题,关于这方面的研究成果,从史料的选编到研究性的论文,都相当丰富。① 然而,很少有人提及两次鸦片战争期间的海匪活动。事实上,两次鸦片战争时期的海匪活动也非常猖獗,造成的社会危害也相当严重。大量事实证明,清朝水师无力镇压海匪活动,不得不借助于英军。由于这一时期中国处于条约制度的初期,中英海军联合镇压海匪的做法,尤其是英国海军在中国洋面的缉匪行动、护商活动,不仅严重破坏了清代前期建立的巡洋制度,严重伤害了中国的近海管辖权,而且导致内洋与外洋的管辖观念日渐模糊。本书的研究重点在于中英两国官员在镇压"海匪"问题上是如何逐渐靠拢的,在合作问题上仍然存在哪些分歧和障碍。

在中国古代汉语中,"海盗"与"海匪"的词义是相同的,都是指海上的非法劫夺者。现代,《海洋法公约》第101条对于海盗和海上劫

---

① 关于专题研究的论文有:刘佐泉的《清代嘉庆年间雷州海盗初探》(《湛江师范学院学报》1999年第3期),曾小全的《清代嘉庆时期的海盗与广东社会》(《史林》2004年第2期)和《清代前期的海防体系与广东海盗》(《社会科学》2006年第3期),靳爱菊的《试论清代海南海盗猖獗的原因》(《群文天地》2013年第1期),张雅娟的《清代嘉庆年间东南沿海海盗活动高潮成因分析》(《中国社会经济史研究》2016年第3期),刘平的《清朝海洋观、海盗与海上贸易,1644—1842》《社会科学辑刊》2016年第5期),等。关于综述的文章有:季士家的《近八十年来清代海盗史研究状况述评》(《学海》1994年第5期),张代春的《30年来清代广东海盗研究综述》(《广州航海高等专科学院学报》2010年第2期),张雅娟的《近十五年来清代乾嘉年间海盗问题研究》(《中国史研究动态》2010年第2期)。另外,谈及乾嘉时期海匪问题的著作主要有:党为所著《美国新清史三十年:拒绝汉中心的中国史观的兴起于发展》(上海人民出版社2012年版)第七章,费成康所著《澳门四百年》(上海人民出版社1988年版)第四章,等。

夺者的词义作了明确规定："下列行为中的任何行为构成海盗行为：（a）私人船舶或私人飞机的船员、机组成员或乘客为私人目的，对下列对象所从事的任何非法的暴力或扣留行为，或任何掠夺行为：（1）在公海上对另一船舶或飞机，或对另一船舶或飞机上的人或财物；（2）在任何国家管辖范围以外的地方对船舶、飞机、人或财物；（b）明知船舶或飞机成为海盗船舶或飞机的事实，而自愿参加其活动的任何行为；（c）教唆或故意便利（a）或（b）项所述行为的任何行为。"①

这是说，海盗是在公海上的劫夺者。于此相对应，在任何国家领海从事暴力犯罪的人叫作海上劫夺者。英文对此早有区分，"PIRATE"的基本意思是指在公海上的抢劫者；而"PIRACY"则是指在英国海军部司法权以内的海上掠夺者。因此，"海盗"可以被定义为在公海上攻击或企图攻击船只的武装强盗。而海上劫掠者则是在任何国家管辖范围之内的抢劫者。由于本书中所说的从事海上劫夺的人员的活动范围基本限于中国管辖的内外洋面，因此，他们不是《海洋法公约》定义的"海盗"。为了避免词义的不同可能引起的误解，也是为了用语的规范和简便起见，我们将清代在内外洋面的非法劫夺者统一称其为"海匪"，以示与"海盗"的区别。

"内洋"，是指靠近大陆海岸线或设置州县以上衙门机构的海岛的岛岸线附近的一条海域带，属于州县官员和水师共同的管辖区；"外洋"，是介于深水大洋与内洋之间的一条海域带，属于外海水师的管辖区。"水师"，在清代是指驾驶战船在水面作战的军队。按照活动范围通常将其分为两个类别：内河水师和外海水师。内河水师活动范围限于江河和湖面，外海水师主要在内洋和外洋巡逻会哨。本书研究的对象是外海水师，就是大众所说的海军，以风帆战船为主要工具。

一 两次鸦片战争期间中国洋面海匪活动的猖獗

从1840年第一次鸦片战争爆发到1860年第二次鸦片战争结束，在这20年时间内中国海域海匪活动十分猖獗。

---

① 《联合国海洋法公约》，海洋出版社2014年版，第73—74页。

(一) 广东内外洋之海匪活动

"粤东盗案之多，向来甲于他省。"① 1842 年，《南京条约》签订后，两广总督祁𡎴、广东巡抚梁宝常立即委派候补县丞倪森等分赴内河各路缉捕盗匪，同时委派留署大鹏协赖恩爵、护理香山协洪名香等坐驾战船，巡逻外洋，缉捕海匪。数月之后，"省河内外及中路广州属海洋一带渐臻安谧"。而"外洋东西两路盗劫之案层见叠出"，甚至发生署龙门协副将张斌被盗匪劫去关防重案。② 是时，在广东洋面活动的海匪以九泷发和梁亚乔为首，大小匪船三十余艘，"只以界连夷洋，海面辽阔，此拿彼窜"③。

1842 年 8 月 7 日（道光二十二年七月初二日），崖州协千总叶光显带领 27 名士兵在三亚洋面开行，驶往东南一带洋面巡缉。次日，在榆林外洋被 6 艘盗船围攻，海匪计 170 余人，因兵少盗多，被海匪金二纪劫走大炮 7 位，子母炮 2 位，以及粮米等物。叶光显回营后，将此事禀报崖州协副将李邦汉、署崖州协守备庞贯超。李邦汉试图逃避疏防责任，"以案情綦重，一经通报，必干严谴，是以并未禀报。即将别处炮位移置捞缯船，并添派师船兵丁，赶紧追捕，冀图获犯解究。"该署守备庞贯超亦随同讳匿不报。④ 这一讳匿不报重大事件之所以被揭露，是因为一场大风。是月 22 日，这一伙海匪在越南十八码洋面遭遇飓风，被风打坏船只，沉失 5 位大炮，淹死 60 余人，其余匪船、海匪漂至越南清化地方，被该国兵丁俘获，并起获铸有"道光五年两广总督奏造"字样的炮位。按照惯例，越南将拿获的海匪和缴获的炮位一同解交广州。检查档案，即知这些大炮系是年发给崖州协营之炮，铁证如山，叶光显、庞贯超、李邦汉不得不如实供认水师炮位被劫情形。这一事件的

---

① 《两广总督祁𡎴广东巡抚程矞采奏为审办在洋行劫盗案请稍为变通以惩凶暴事》，道光二十三年六月初五日，中国第一历史档案馆藏朱批奏折，档号：04—01—01—0811—035。

② 同上。

③ 《两广总督祁𡎴奏为委派留署大鹏协副将南澳总兵赖恩爵赴西路洋面缉匪所遗副将缺由都司沈镇旭堪以护理事》，道光二十三年闰七月二十二日，中国第一历史档案馆藏朱批奏折，档号：04—01—01—0807—039。

④ 《两广总督祁𡎴广东巡抚程矞采奏为审明越南国解送拿获在洋叠劫并抢劫崖州协船内炮位之盗犯金二纪等分别处分事》，道光二十三年十月二十五日，中国第一历史档案馆藏朱批奏折，档号：04—01—01—0811—023。

处理结果是，海匪头目被处以立斩枭示，叶光显、庞贯超、李邦汉等人分别以"一味庸懦"而遭斥革。①

1843年4月，署龙门协副将张斌禀报：巡洋船于3月16日在南沙尾外洋猝遇盗船，被海匪围攻，因寡不敌众而跳水逃生，遂将炮位和关防遗失。事后查明，该署副将炮位和关防系被盗匪直接抢走。水师官兵巡洋，"既不能获盗，反致遗失关防"。实属庸懦无能。尤其是副将关防被海匪抢走，不能不是清代海防史上的重大事故。② 由此我们可以看到，南海海匪活动的猖獗和水师兵弁懦弱无能到了何种程度。

1848年5月8日，海匪张十五驾船三十余只，肆意抢掠清澜港东岸。"二十九年闰四月初四（1849年5月25日），海寇张十五、杨头等入铺前劫炮台大炮十二位。初十，寇海口。五月十一，贼船九十余只复犯铺前，毁巡检司署，杀村民一，市民一，商船皆被劫。有十余贼登岸，屡扰迈犊等村……六月，贼复寇清澜东岸，掠港头等村，焚民房数所。"③

（二）福建内外洋之海匪活动

福建兴化、泉州、漳州、台湾等府人情犷悍，无业之徒往往以出洋劫掠为事。其余各府亦间有零星土匪及失利渔户，出没伺劫。每年一遇南风司令，海中波浪较恬，各盗匪即驾船只出洋剽掠，习以为常。尤其是，"道光二十年（1840年）以后，夷氛不靖，水师皆撤守海口，盗匪乘机滋扰，劫掠频仍，甚有商船数十艘同日被劫之事，较之未有夷务以前，势益猖獗"④。

1842年，闽浙总督怡良对此分析道："自军兴以后，水师各营弁兵大半调防口岸，未能专力捕盗，而师哨船只又多被夷毁坏，不敷配缉，

---

① 《护理两广总督程矞采奏为审明已革署崖州协副将李邦汉等师船在洋被劫炮位讳匿不报分别定拟事》，道光二十四年三月二十八日，中国第一历史档案馆藏朱批奏折，档号：04—01—01—0816—051。

② 《广东水师提督奏报亲赴西路洋面缉捕盗匪情形查办事竣回署日期事》，道光二十三年十月十六日，中国第一历史档案馆藏录副奏折，档号：03—2900—033。

③ 民国《文昌县志》卷七，见《中国地方志集成》，海南府县志辑第4辑，上海书店、巴蜀书社、江苏古籍出版社2000年影印本，第286页。

④ 《闽浙总督刘韵珂奏为查明闽浙水师中勤奋懈怠各员弁请旨分别鼓励参处事》，道光二十五年三月二十五日，中国第一历史档案馆藏朱批奏折，档号：04—01—01—0820—068。

以致该匪等益无顾忌,报劫之案实较往年为多。"在这种形势下,怡良饬令沿海水师全力剿匪,而海匪船只竟敢公开对抗水师。例如,是年,"都司项名高、守备陈辅国等分带帮船于七月二十七日在横山洋面遇盗攻击,歼毙盗匪无数,盗船亦开放枪炮,中伤千总陈腾蛟、兵丁赵捷逞、陈金春毙命,并伤弁兵数人……八月十三日,瞭见浮鹰洋面又有匪船围劫商艘,一见兵船缉至,即行驶逃,追至白犬、东狮洋面,兵船开炮轰击,盗匪亦施放枪炮拒敌,致伤兵丁叶春茂,落海淹毙,额外杨再升、兵丁叶铭亮等均被沙子飞伤。各弁兵奋力围捕,击沉匪船二只,牵获一只,盗匪受伤落海者不计其数"①。

1844 年,福建海坛镇总兵杨登俊奏报:"闽省近年盗匪充斥,实因夷务,沿海营船毁失,缉捕无资,以致各匪毫无顾忌,报劫频仍。"② 1845 年,闽浙总督刘韵珂奏报:"惟查福建海洋辽阔,南北数千里,无一非盗匪出没之区,自夷氛不靖以来,濒海奸民更无顾忌,剽掠之案层见叠出。"③ 1850 年,署理福建水师提督施得高奏报:"伏查闽省洋面最为辽阔,南联粤海,北达浙洋,且港汊纷歧,岛屿丛杂,素多盗匪出没,虽近经迭次歼擒,较前敛戢,惟每当春夏之交,辄有匪徒纠伙整船,乘间伺劫,缉捕巡防难容稍涉疏懈。"④

(三) 浙江内外洋之海匪活动

"浙省洋面南连闽粤,北连江苏,商贾辐辏,帆樯络绎,每逢春夏之交,南风司令,渔汛旺盛之际,闽洋盗船联艘北驶,勾结沿海无业游民、失利渔户乘间肆劫,为害行旅。"⑤ 1843 年 3 月 13 日,浙江巡抚刘

---

① 《闽浙总督怡良福建巡抚刘鸿翱奏为拿获在洋叠次行劫并拒捕致伤弁兵苏二为、叶丰饶各盗审明分别办理事》,道光二十二年十二月十六日,中国第一历史档案馆藏朱批奏折,档号:04—01—01—0904—006。
② 《福建海坛镇总兵杨登俊奏报统巡事毕撤巡日期并洋面均安静事》,道光二十四年十月初七日,中国第一历史档案馆藏录副奏折,档号:03—2991—064。
③ 《奏为海洋紧要请令福建水师提督窦振彪暂缓入都陛见事》,道光二十五年,中国第一历史档案馆藏朱批奏折,档号:04—01—01—0820—076。
④ 《署理福建水师提督施得高奏为遵旨出洋督缉事》,道光三十年三月初十日,中国第一历史档案馆藏朱批奏折,档号:04—01—01—0842—015。
⑤ 《浙江巡抚梁宝常奏报浙江洋面节次拿办洋盗情形事》,道光二十八年六月十三日,中国第一历史档案馆藏录副奏折,档号:03—2814—051。

韵珂奏报："自夷氛不靖以后，宁波、温台等处洋面时有盗匪在洋行劫，并登岸抢掠。"沿海地方，"续有盗船驶近口岸，当经镇将督兵击退，歼毙多名，其余各洋面虽间有盗船游奕，因巡防严密，尚无联帮肆劫情事"①。特别是在 1845 年以后，浙洋海匪越聚越多，在渔山周围形成海匪活动基地。"盗船近从闽浙而来，时以浙江渔山为巢穴，或三四只，或六七只，聚散无常，北窜伺掠，亦非罟船六只所能分投抵御。"②

1848 年 11 月 4 日，吏部侍郎福济等奏报：探得众盗均在浙江省渔山聚集，每次在佘山一带海面拦截抢劫。遇有官兵、乡勇追捕，随即折回至渔山，均不能追到窝巢。③ "至论两省之洋面，闽洋实大于浙洋，而藏奸之岛澳浙洋又多于闽洋，即浙洋海岛如宁波之石浦、牛头门，温州之南麂、北麂等处，地势虽皆险要，易成盗薮。现经严行搜捕，盗艅已不敢轻舶。惟浙洋之渔山一岛，向为盗匪盘踞之所，其劫得商船亦多牵泊于此。该山外窄内宽，口门极小，口外均属暗礁，水深且溜。营船到彼，只能乘潮乘风，在外追捕，不能进口，并不能久泊。而各匪居高眺远，一望了然。每见兵船驶往，辄先下舟远逸，甚或以劫得商船排列口外，使之碍于攻击。及至兵船随潮返棹，各匪又陆续潜回。我归彼出，是其惯计。"④

这种情况在 50 年代仍未改变。1854 年，福州将军有凤对于闽浙两省洋面盗匪充斥情形仍是忧心忡忡。他说："闽、浙两省洋面辽阔，当此有事之秋，巡防缉捕均关紧要，兼有广艇勾结土盗船只，联艅往来伺劫，为害商旅，不一而足，节经叠饬水陆各提、镇、协、营舟师，毋分畛域，跟踪搜捕，并力督剿。嗣因浙洋盗匪充斥，业将浙省缉捕不力之沿海水陆各镇将、守备经奴才有凤会折奏参在案。"⑤

---

① 《浙江巡抚刘韵珂奏为拿获在洋行劫盗犯邱阿歇、林新郎，讯明先行政法事》，道光二十三年二月十三日，中国第一历史档案馆藏朱批奏折，档号：04—01—01—0813—051。
② 《两江总督李星沅江苏巡抚陆建瀛奏为江苏外海水师战船不敷现拟筹捐添造事》，道光二十八年七月十一日，中国第一历史档案馆藏朱批奏折，档号：04—01—01—0826—054。
③ 《吏部右侍郎福济奏为盗匪在洋肆意劫掠勒赎请旨饬下海疆督抚提镇一体严缉事》，道光二十八年十月十五日，中国第一历史档案馆藏朱批奏折，档号：04—01—01—0829—010。
④ 《闽浙总督刘韵珂奏为敬陈闽浙两省洋面情形及现饬水师认真搜捕盗犯事》，道光二十八年十二月十八日，中国第一历史档案馆藏朱批奏折，档号：04—01—01—0826—073。
⑤ 《福州将军有凤奏为特参署福建闽安协副将赖信扬署烽火门参王超巡洋不力请分别革职留任事》，咸丰四年正月二十八日，中国第一历史档案馆藏录副奏折，档号：03—4197—056。

（四）江苏内外洋之海匪活动

两次鸦片战争期间，海匪在江苏内外洋面的活动同广东、福建和浙江一样频繁。1847年，江苏巡抚陆建瀛奏报："江省洋面年来盗劫风行。"① 漕运总督杨殿邦奏报："数月内江浙洋面捐米客货船只被盗匪掳劫勒赎各案，积有数十起之多，并未破获一起。其未经呈报及报而讳饰者不知凡几。"② 两江总督李星沅承认，近年以来，"虽据拿获数起，严办重惩，而洋面未即肃清。"③ "臣等伏查江苏洋面前此屡有闽浙盗船阑入肆劫，并掳夺人船，勒银取赎情事，虽据水师官兵扼住佘山，节次获盗擒船，总未大加惩创。"④ 1848年11月4日，吏部侍郎福济等奉旨在苏松太道一带查访缓征情形，是日接到上海县48名商人呈词，谓伊等在上海作花布、豆饼等生意，向由海船运输关东或山东海口。自道光二十七年三月（1847年4月）起至本年八月（1848年9月）止，各商船均先后在佘山等处洋面被盗劫掠货物及勒赎洋银无数，被戕被掳致毙商民多人。总之，"江南佘山一带为盗匪出没之区，而浙江渔山一带系盗匪盘踞之所"⑤。

（五）黄海、渤海之海匪活动

两次鸦片战争期间的海匪活动，自南向北由南海、东海蔓延至黄海和渤海。1848年，山东巡抚徐泽醇奏报："臣前因登州府属洋面探有南来闽广盗船在外洋游弋，意在伺劫回空漕船，并闻往来商舶已有被劫之案……兹查得水师后营游击陈振疆所辖洋面，六月间商船被劫至二十起

---

① 《江苏巡抚陆建瀛奏为特参苏松镇总兵林明瑞巡洋不力请旨革任仍留洋面协缉事》，道光二十七年十月十八日，中国第一历史档案馆藏朱批奏折，档号：04—01—01—0824—043。

② 《漕运总督杨殿邦奏报近日洋面不及以前恬静情形事》，道光二十七年十一月二十日，中国第一历史档案馆藏朱批奏折，档号：04—01—35—0279—063。

③ 《两江总督李星沅奏为外海水师游击黄登第出洋巡缉请缓赴部引见并千总刘镤现有疏防案件毋庸送部引见事》，道光二十八年正月二十四日，中国第一历史档案馆藏朱批奏折，档号：04—01—01—0826—088。

④ 《两江总督李星沅江苏巡抚陆建瀛奏为兵勇赴浙协剿洋盗屡有斩获事》，道光二十八年十一月二十四日，中国第一历史档案馆藏朱批奏折，档号：04—01—01—0826—069。

⑤ 《吏部右侍郎福济等奏为盗匪在洋肆意劫掠勒赎请旨饬下海疆督抚提镇一体严缉事》，道光二十八年十月十五日，中国第一历史档案馆藏朱批奏折，档号：04—01—01—0829—010。

之多。"① 1849 年，山东巡抚徐泽醇再次奏报："六月初间，探有南来大小鸟船在洋游弋，迹涉盗艘，分拨兵船扼要防御。初八日（7月27日），水师弁兵瞭见成山头洋面有盗船三只围劫商船，经兵船开炮轰击，救回商船进口，并未失物；十一日（7月30日），又瞭见石岛外洋有盗船二只，围劫商船，经兵船与荣成县雇备粤东艇船奋勇协剿，擒获盗犯吕杜年等九名，均系福建口音；十三、十五（8月1日、3日）等日，水师兵船又在威海猫头山、刘公岛各外洋与盗船两次接仗，开炮轰死盗匪十余人。并据荣成、福山等县禀报：初三（7月22日）、初六（25日）、初八（27日）等日，有盛宝生、陈宏法、彭彩禄、张庆顺、费元贞等商船各在外洋被劫等情。臣查上年登州府属洋面叠遭南匪劫掠，多在六七月间，今该匪等复于此时乘风北驶，习以为常，实堪痛恨。"② 同年，四川道监察御史赵东昕奏报："臣风闻山东登州洋面时有盗船出没，为害行旅。如夏间山东贡生许进魁由奉天回蓬莱县，船行至山东之大黄（隍）城岛，被'宝山'字号之盗船抢去衣服、银钱并二十余人，限期勒赎，该贡生报明在案。又有石岛、庙岛俱系盗船停泊之所，恣意横行，商船叠遭劫掠。"③

在山东竟然发生登州水师战船被海匪夺占严重事件。1850 年，署荣成县知县王锡麟禀报：是年七月二十五日（9月1日），该县石岛洋面有匪艇盗劫商船，水师文登协副将郑连登、后营游击韩进忠督率兵勇驾驶新造"广艇""开风"等船赶往剿捕。该匪联船十余只迎风抗拒。该副将等与贼接仗，互有杀伤。天晚收进口岸。次日黎明，该副将等复排列战船进前攻击，因众寡不敌，官弁兵勇尽行落水，战船被海匪抢去9只。"副将郑连登、游击韩进忠遇救登岸，伤毙兵勇尚无确数。现在贼船泊近石岛口岸，施放枪炮，震吓岛民。"④

---

① 《山东巡抚徐泽醇奏为特参水师后营游击陈振疆把总赵得禄玩视巡务请旨一并革职协缉事》，道光二十八年七月二十二日，中国第一历史档案馆藏朱批奏折，档号：04—01—01—0825—052。
② 《山东巡抚徐泽醇奏为文武员弁拿获洋盗吕杜年等及现在防捕情形事》，道光二十九年七月初二日，中国第一历史档案馆藏朱批奏折，档号：04—01—01—0833—054。
③ 《四川道监察御史赵东昕奏为山东洋面水师请添设镇协大员事》，道光二十九年九月十一日，中国第一历史档案馆藏录副奏折，档号：03—2862—011。
④ 《山东巡抚陈庆偕奏为文登水师战船被贼占驾等事》，咸丰元年八月初六日，中国第一历史档案馆藏录副奏折，档号：03—4332—016。

第八章 两次鸦片战争期间海患与水师巡洋制度之恢复

1855年,黄海、渤海洋面的海匪猖獗活动并未稍稍收敛。是年4月27日,首裹红布的海匪三四百人驾船5只,在山东即墨县之金口先后掳去濑永春等号商船15只,勒银回赎。30日,该股海匪又驶入胶州之淮子口,直抵塔埠头停泊,开放大炮,居民纷纷逃避,城中为之戒严。该股海匪见城中有备,又因水浅不便行驶,遂掳去二条商船。5月3日,该股海匪又驶至青岛地方,开炮轰毁官民房屋数处,又掳去若干商船和水手,而后不知去向。山东洋面乃是海运必由之路。是时正是江浙漕运船只北上之时,匪船活动如此猖獗,而水师不敢过问、追击,更使朝中官员忧心忡忡。①

1857年初,海运漕粮船连连被海匪抢劫,引起清廷震怒。据郑亲王端华、工部左侍郎崇纶奏报:据运粮沙船庄合顺报称:装运新阳县白粮正米1000石,并随带各种货物,于4月10日行之山东苏山西南外洋,遇盗,劫去白粮米40余包,以及洋布、铺盖、衣服等,并掳去耆民、水手2名。当经报明荣成县勘明,被劫属实,给发路照。又据沙船孙德隆报称:装运金山县漕粮1095石,并带其他货物若干,于4月13日行至苏山以东外洋,遇盗,劫去漕米30余石、银钱、布疋、衣服若干,并掳去舵工1名,当报荣成县勘实,给照。又据耆民王鲈乡呈称:管驾盛裕泰商船,装运浙江平湖县漕米1770石,于4月8日行至山东养马岛外洋,猝遇盗船2只,持械劫去商本、洋布、饭米、衣服等,复将漕米抛入海洋,约计200石,经福山县查勘属实。又据耆民周赞昆呈称:管驾商船,装运浙江桐乡漕米1200石,耗米128石,于4月10日行至山东苏山西南外洋,忽遇盗船一只,劫去经费库银2388两,以及商本、洋布、衣服等,并掳去耆民、水手2名,经荣成县会勘属实,给发印照。②

苏山岛位于威海东部、荣成最南端黄海北岸,由大山子岛、二山子岛、三山子岛三座岛屿组成,面积0.472平方千米,距大陆最近距离9.5千米。苏山岛属槎山山系,东西走向,长1.8千米,平均宽0.3千

---

① 《兵部右侍郎匡源奏报山东洋面盗匪滋扰事》,咸丰五年四月初六日,中国第一历史档案馆藏录副奏折,档号:03—4243—015。
② 《郑亲王端华、工部左侍郎崇纶奏为江浙漕船在洋被劫情形奏闻事》,咸丰七年四月十六日,中国第一历史档案馆藏朱批奏折,档号:04—01—01—0865—020。

米，主峰礁子顶高 106.4 米，自西向东由海猫子山、苏山大峰顶、草帽子山、小西山、苏山南北两侧的华龙嘴和僧帽山组成。周围海域水深 6—28 米。养马岛，地处黄海之中，总面积约 10 平方千米，距离海岸 0.5 千米。在清代苏山岛划为外洋，养马岛划入内洋，均由文登水师营管辖。所谓"养马岛外洋"，是指距离养马岛较远的一带洋面，地点位于烟台市东北一带海域。这是中国南北商船准备穿越渤海海峡南水道必经的传统航线。

在郑亲王端华与工部左侍郎崇纶看来，海运漕粮与江浙转运款项，均由南省酌交各船携带。因此，经户部与各该督抚奏明，责令沿海水师镇将迎护、递送。然而，数日之间，漕船连次被劫，该镇将等并未实力巡缉，已可概见。"海洋不靖，实于运务大有关系……应请旨饬下山东水师员弁迅速统带师船，雇觅商艇，拨带弁勇出洋防剿，毋再松懈。"① 于此可见，直到 1857 年为止，中国洋面的海匪活动异常猖獗，沿海水师相形见绌，无力应付。

于此可见，直到 1858 年第二次鸦片战争爆发之时，中国洋面的海匪活动异常猖獗，沿海水师相形见绌，无力应付。当时，中国海匪的准确人数虽然不明，而根据英国驻厦门领事的报告，1847 年 12 月，厦门、福州之间有 2000 人。1849 年 6 月，厦门、台湾西岸、闽江口之间有 3000 人②，福建沿海的海匪估计有数千人。海匪船队规模一般来说较小。若就大规模的例子而言，1853 年 11 月出现在湄州附近的海匪是一支由 15 只广东船与 25—30 只福建船构成的③。而 1854 年 6 月福州附近大约有 50 只海匪船只在活动。因此，两次鸦片战争期间，海匪船只时聚时散，在各个海域各个海匪集团中规模最大的不过有 50 只船④，也是暂时的结合，尚未形成较为稳定而具有政治方向的盗匪集团。

综上所述，两次鸦片战争期间在中国洋面的海匪活动非常猖獗现在，我们需要对这一时期海匪活动猖獗的内外原因加以进一步剖析。

---

① 《郑亲王端华、工部左侍郎崇纶奏为江浙漕船在洋被劫情形奏闻事》，咸丰七年四月十六日，中国第一历史档案馆藏朱批奏折，档号：04—01—01—0865—020。

② Fo228/71, Layton to Davis, No. 98, Dec. 21, 1847; Fo228/98, Layton to Bonham, No. 13, June 9, 1849.

③ Fo228/155, Incl. in Robertson to Bonham, No. 103, Dec. 1, 1853.

④ Fo228/171 Incl. in Sinclair to Bowring, No. 41, July 1, 1854.

其一，第一次鸦片战争爆发之前，英国鸦片贩子为了维持鸦片走私贸易，极力勾结和支持中国鸦片走私犯将鸦片采用各种非法手段，向中国沿海地区输送，建立了遍布沿海的自私网络。这个鸦片走私网络大致以停泊广州附近黄埔或伶仃洋上的趸船为中心，然后通过"快蟹""扒龙"等走私船将中国鸦片商人购买的鸦片运输到指定的交货地点。这些"快蟹"和"扒龙"的水手为了抵抗沿海水师官兵的盘查和缉拿，于是全副武装起来，是一伙无法无天、恶贯满盈的海匪。这一批海匪不仅把珠江口弄成走私犯的天堂，而且沿着海岸线向东、向北发展，于是福建的东山湾、厦门湾、湄洲湾、兴化湾、罗源湾、三沙湾、沙埕港也成为鸦片走私船经常来往进出的地方。鸦片贩子甚至将鸦片运输到浙江台州、宁波、黄岩，江苏上海和直隶天津等洋面。1838年，陕西巡抚富呢扬阿奏报说："其大宗由海运至福建、浙江、江南、山东、天津、关东等地。其由内河兴贩至南北各省，盈箱累箧，载以舟车，实繁有徒。"① 这一批与鸦片走私有密切关系的海匪完全是由英国的鸦片走私贸易政策孵化的。第一次鸦片战争之后，在英国军舰的庇护下，鸦片贸易由于种种原因未能实现合法化，但在中国一部分洋面和港口取得了半公开化的地位。在厦门，"鸦片小艇像渡船一样地来来去去，鸦片公开地在大街上叫卖"②。尽管这种半公开化的走私贸易很少受到水师官兵的查缉，然而它毕竟是一种非法贸易。这种非法贸易的性质决定了鸦片必须依赖大量海匪的非法活动，才能将其输送到指定的地点。正是鸦片走私贸易为海匪活动提供了孳生的条件，提供了生存的空间。因此，从某种程度上说，两次鸦片战争期间中国沿海的大量海匪的存在是英国的鸦片走私贸易政策造成的。鸦片走私贸易既是孳生海匪的温床，又是海匪活动赖以存在的生活方式之一。

其二，第一次鸦片战争时期，英军在沿海行动时，尤其是在广东和浙江为了收集情报和补充军需品等，收买和雇佣了一批汉奸。战后，《南京条约》规定赦免汉奸的刑责："凡系中国人前在英人所据之邑居住者，或与英人有来往者，或有跟随及俟【侍】候英国官人者，均由大皇帝俯降御【谕】旨，誊录天下，恩准全然免罪；且凡系中国人为

---

① 文庆等编：《筹办夷务始末》（道光朝）卷一，第64页。
② 汪敬虞：《赫德与近代中西关系》，人民出版社1987年版，第167页。

英国事被拿监禁受难者，亦加恩释放。"① 尽管如此，其中一批死心塌地投靠英军，干了许多坏事的汉奸难于被中国社会重新接受，他们自然成为继续为非作歹的海匪。不顾国家法律约束，任意在海上抢夺他人财产，戕害他人生命，行为极端自私自利，乃是海匪的共同特征。朝廷对于这些里通外国的分子颇为警惕，特别谕令设法防范。水师官员一再表态，要不动声色，明察暗访，倘有不逞之徒，立即查缉惩办。②

其三，闽浙沿海之宁波、台州、温州、兴化、泉州、漳州等府人情犷悍，无业之徒往往以出洋劫掠为事。其余各府亦间有零星土匪及失利渔户，出没伺劫。每年一遇南风司令，海中波浪较恬，各盗匪即整驾船只出洋剽掠，习以为常。经济繁荣时期，社会比较安定，海匪问题固然难于避免；而在经济萧条时期，社会动荡导致海匪问题迅速恶化。两次鸦片战争期间，由于需要筹集战争赔款，需要筹集镇压农民起义的军费，社会经济环境严重恶化，沿海的穷渔疍户和失业水手于是铤而走险，纷纷加入海匪队伍，有的三五成群伺机抢劫商船，有的结成数十只盗船的大伙海匪在海洋上公开围猎大帮商船，甚至敢于设坛打醮庆祝胜利，公开挑战和戏弄水师官兵。有人对于"此等奸徒下海则为盗，归里则为民，受雇则为兵"的兵、民、匪的互相转化问题做了这样的描写：他们三五为群，"乘小舟出港口，遇有渔船，夺取之，将小舟弃去；再遇商船，又夺取之，并资其粮糈资财，又将渔船弃去；船只渐易渐大，夥众亦愈聚愈多。出海肆掠，夺舟分驾。或遇风涛大作，各船漂散；或商船断绝往来，无可劫掠，米粮乏绝，不能久处海面，因而弃舟沉械散党潜归。同乡共井之人不知其为盗也，或明知之而不敢发，则仍以良民视之。水师兵丁或系其亲戚及素所交通，每遇操演，知若辈谙习水性，技勇可观，雇觅代操，希图塞责，是此等奸徒下海则为盗，归里则为民，受雇则为兵。本营将弁或明知之而不敢言，祇以一经禀详，未必即时弋获，从前失察，即干参处，现在又有缉捕不力处分，畏首畏尾，遂相与隐忍蒙混耳。"③ 这才是海匪孳生的社会根源问题。

---

① 王铁崖编：《中外旧约章汇编》第一册，生活·读书·新知三联书店1957年版，第32页。
② 中国第一历史档案馆编：《鸦片战争档案史料》第七册，第897页。
③ 《巡视中城掌广西道监察御史贾臻奏为风闻闽省兵丁多与海盗勾串请饬令查办事》，道光二十年七月初九日，中国第一历史档案馆藏录副奏折，档号：03—2985—024。

其四，第一次鸦片战争爆发后，基于水师战船质量低劣，无法与船坚炮利的英军在海上对抗，清廷采纳了林则徐的建议，采取"以守为战"的战略，放弃了海洋作战，放弃了内外洋的巡逻活动，将水师战船全部撤入内河和港口。尤其是英军在发动攻击时，将在广东、福建、浙江、江苏等省港口和内河发现的水师战船尽可能予以毁坏。战时，清军水师放弃了内外洋巡缉的职责；战后，由于大量战船被英军或风暴所毁坏，清廷尽管三令五申尽快恢复巡洋制度，迅速镇压海匪，但是，巧妇难为无米之炊，由于缺少必备的战船和炮械，沿海水师官兵只能应付了事。"道光二十年以后，夷氛不靖，水师皆撤守海口，盗匪乘机滋扰，劫掠频仍，甚有商船数十艘同日被劫之事，较之未有夷务以前，势益猖獗。"① 当海匪活动日益猖獗，逐渐形成驾驶坚厚艇船的数百人或数千人的大团伙之后，清军水师装备的低劣不能不限制其缉匪能力。特别是到了咸丰年间，由于太平军、捻军等农民起义，导致大江南北处于社会动荡时代，经济遭受重创。清廷一方面视太平军、捻军为心腹之患，必欲除之而后快；另一方面视海匪活动为肘腋之患，顾东不顾西。在各地财政异常拮据情况下，王朝的决策者不便把镇压海匪作为战略的重点。沿海水师面对艇匪坚厚高大的战船，相形见绌，不得不采取避战的方式。在这种情况下，无论是规定提镇大员每年必须亲身巡洋，重新修订巡洋制度，还是严惩疏防失职的水师将领，都是装模做样，无济于事。因为无法提高水师作战力量，无法扭转水师官兵的劣势局面，清廷限期肃清洋面自然是一句空话。

二 提镇大员必须亲自巡洋

针对中国内外洋海匪活动的猖獗，1843年12月26日，江南道监察御史江鸿升奏请谕令各水师提镇必须亲自出洋巡缉。在他看来，海匪活动的猖獗主要是巡洋制度没有认真坚持，巡洋制度之所以遭受破坏乃是水师高级将领养尊处优造成的。"提镇勤则将弁、兵丁自无所容其偷惰。若提镇惮于风涛，不肯出洋巡缉，或出洋而迁就了事，而欲弁兵认真在

---

① 《闽浙总督刘韵珂奏为查明闽浙水师中勤奋懈怠各员弁请旨分别鼓励参处事》，道光二十五年三月二十五日，中国第一历史档案馆藏朱批奏折，档号：04—01—01—0820—068。

洋巡缉，不至懒惰以相安，讳匿以避咎也，得乎！"① 为此，他奏请朝廷采取制度化管理，要求提镇大员每岁出洋统巡时具奏一次，撤巡时再具报一次。清廷为此专门颁布上谕，明确规定："近年沿海水师不能得力，总由各该提镇养尊处优，不知以身作则，将领以下相率效尤。每届出洋巡缉之时，托故不行，转相推诿，或畏避风潮，逗留近岛，讳匿盗案，捏报虚词。昨因广东水师提督吴建勋于廉州洋面盗匪迁延观望，特旨降为副将。各该提镇自当知所儆惧。嗣后著于每岁出洋时具奏一次，俟出洋事毕，将洋面如何情形，据实具奏。其实因公不能出洋，即著自行奏明。"②

此后，沿海各水师提督、总兵等高级将领遵照这道谕令，于每年出巡和撤巡时均循例向皇帝奏报一次。北京第一历史档案馆现存朱批奏折和录副奏折中有许多这一类奏折，比较集中地反映了道咸时期提督、总兵亲自巡洋情况。下面我们就江、浙、闽、粤和山东水师提镇例行巡洋的奏报各举一例，请读者感受一下两次鸦片战争期间水师高级将帅所关心的问题和公文格式。

事例之一，1844 年，山东登州镇总兵玉明奏报："奴才接准抚臣咨准兵部咨开：道光二十三年十一月初七日奉上谕：御史江鸿升奏请饬水师提镇出洋巡缉一折。据奏：近日广东洋面不靖，闽浙各洋时有匪徒出没，沿海奸民恃海洋为后路，必宜认真巡缉，遏绝奸萌，等语。嗣后沿海水师各镇著于每岁出洋时具奏一次，俟出洋事毕，即将洋面如何情形，据实具奏。其实因公不能出洋，即著自行奏明。均令咨明该省总督，以凭查核，等因。钦此。仰见皇上整饬海防之至意。奴才伏查山东水师向例三月出哨，九月回哨。今届哨期，奴才先经饬催水师前营东南二汛官弁出洋外，今奴才督同登州水师后营北汛官兵船只，于三月二十七日出洋巡缉。再查登州总兵管辖陆路九营，水师原设一营，今分二营水陆兼防，与南省水师总兵专司出洋者，情形稍有不同。嘉庆五年，前抚臣惠龄具奏：登镇专管陆路营汛，山海交错，操防紧要。今总兵巡洋

---

① 《江南道监察御史江鸿升奏为沿海水师提镇出洋巡缉请饬令其奏报事》，道光二十三年十一月初六日，中国第一历史档案馆藏录副奏折，档号：03—2990—023。
② 《广东水师提督赖恩爵奏为虎门现有应办善后事宜请暂缓出洋巡缉事》，道光二十四年五月初八日，中国第一历史档案馆藏朱批奏折，档号：04—01—01—0816—029。

则三月出哨，九月回哨，共须七月之久，陆路营伍转恐废弛。应令于应巡时在各口岸往来巡缉，水陆兼防。如有盗船在洋，探明何处即带领水师前往策应，较之专巡一处者，更为便捷。奏奉朱批：自应如此办理，兵部知道。钦此。钦遵在案。奴才再四思维，水陆兼防，未便常川在洋督巡。拟仍间时一出，以察巡洋弁兵勤惰，庶陆路操防可以兼顾，而海防巡缉亦无废弛。"① 据此，我们知道，山东登州镇总兵由于职责系水陆兼防，是个特例，而不必每年亲自出洋统巡。

事例之二，1845年，浙江定海镇总兵郑宗凯奏报："奴才前奉上谕：嗣后水师各镇著于每年出洋时具奏一次。俟出洋往返事毕，即将洋面如何情形据实具奏，等因。钦此。奴才遵将抵任后出洋往返情形于道光二十四年六月二十日恭折奏闻。嗣于九月初一日洋次接奉朱批，实力认真，凛之勉之。钦此。仰见圣主眕念海疆，谆谆告诫。跪诵之下，钦感难名。查奴才自上年六月二十日出洋以后，督率舟师，在所辖洋面梭织巡查，陆续拿获盗犯并炮械、船只，均经解交地方官审办。九月十五日，遵例与黄岩镇兵船在定、黄交界之九龙港洋面会哨，事竣复回本洋侦缉。仰赖天威远播，洋面尚属乂安。查浙省向办章程：水师总兵于每年二月间出洋督缉，至九月即撤巡回署。盖因秋冬两季风涛猛烈，船只折戗较难，盗匪均各敛戢，故缉捕可以稍宽。惟现在定海尚为英夷所据，而浙洋向产带鱼，一交冬令，本省及闽省渔人纷来采捕，为数较众。奴才恐有失利穷渔乘厅城尚未收复，或肆劫掠，为害商民，不敢拘守旧章，于九月间撤巡，致有疏纵。故自上年九月以后仍在各洋查缉，以期盗戢民安。嗣至本年正月间钓带鱼船俱各回棹。奴才因船只在洋行驶日久，蓬索杠具均多损坏，不便巡行。遂于是月二十五日折回镇海，将蓬、杠等物分别更换，修葺。一面将营务、兵技各事乘时赶紧料理完竣，即于二月二十八日仍复驾船出洋。奴才渥荷殊恩，畀兹海疆专阃之任，惟有凛遵训谕，实力认真，借以伸报高厚鸿慈于万一。除俟撤巡时，将洋面情形另折奏报外，合将奴才巡洋暂回，仍复出巡缘由，遵旨

---

① 《山东登州镇总兵玉明奏为本年出洋巡哨事》，道光二十四年三月二十七日，中国第一历史档案馆藏朱批奏折，档号：04—01—01—0816—046。

恭折具奏。"① 这一奏折的内容相对比较丰富，除了说明援引皇帝的谕旨，亲自带领战船巡洋、会哨之外，还谈及九月撤巡之后，郑宗凯仍率领所属兵弁为渔船在舟山群岛的捕鱼活动提供安全保障。

事例之三，1846 年，江苏福山镇总兵孙云鸿奏报："奴才接读前督臣耆英行知：钦奉上谕：嗣后水师各镇著于每年出洋时具奏一次。俟出洋往返事毕，即将洋面如何情形据实具奏一次。其实因公不能出洋，即著自行奏明……奴才循例配带兵船出内洋，于四月二十四日巡至□南沙洋面，与苏松镇总兵船会哨事毕，随各分艍接巡。奴才统巡内洋，饬令所属员弁四出跟缉土盗，叠次擒获多名，由地方州县究办。至七月初一日统巡期满，查照所定章程，将洋务移交苏松镇总兵林明瑞接管。奴才仍在江随巡。沿江沿海商渔往来船只咸仗仁威，俱称乐业。现与狼山镇总兵、京口协副将带兵会哨。"② 此类奏折很多，完全是官样文章，先是引用道光二十三年十一月初七日上谕，而后是报告出洋、撤巡日期以及洋面安全形势，几乎是千篇一律。

事例之四，1847 年，福建水师提督窦振彪奏报："奴才前奉上谕：嗣后水师各提镇著于每岁出洋时具奏一次，俟出洋往返事竣，即将洋面如何情形，据实具奏，等因。钦此。遵查闽省洋面南与粤省接壤，北与浙省毗连，广阔袤延不下数千里，缉捕巡防难容稍懈。奴才仰沐天恩，膺兹重寄，深恐盗匪出没，为害商渔，时以巡洋一事与所属员弁交相勖励，故一岁之中在署之日甚少。本年正月初间，奴才闻有盗船游奕，即统带师船出洋督捕，此后非有紧要营务，不敢轻自回营。计自出洋以后，往来南北，梭织巡查。凡有港湾、岛屿，悉皆躬亲涉历。遇有匪船，亦必身先士卒，直前追拿，不容一船一犯漏网。检查各镇营陆续报获及奴才亲自督拿共已获犯四百余名，均经地方官随时审办。其所获船只、器械亦俱分别发营配用。现在各处匪徒虽因搜捕紧严，咸知儆惧，报案亦日见稀少，而海洋辽阔，稽察难周，此拿彼窜，总未能尽绝根株。惟时届隆冬，宵小易于窃发，陆路巡防同关紧要。当此洋匪敛戢之

---

① 《浙江定海镇总兵郑宗凯奏为本年分巡洋暂回仍复出巡事》，道光二十五年二月二十八日，中国第一历史档案馆藏朱批奏折，档号：04—01—01—0820—063。
② 《江南福山镇总兵奏报循例督巡会哨日期并顺查洋面情形事》，道光二十六年九月十一日，中国第一历史档案馆藏录副奏折，档号：03—2992—021。

际。奴才自宜暂回督缉,并将营伍事宜悉心整顿。遂于十一月二十五日撤巡回署,仍饬在洋员弁实力侦探。如有盗匪窥伺劫掳,奴才即当亲往查拿,断不敢因撤巡在先,稍事懈忽,以仰副圣主绥靖海疆之至意。所有奴才撤巡日期同洋面情形,理合恭折具奏。"① 这一奏折报告的事情比较简略。

事例之五,1848年,广东碣石镇总兵李贤奏报:"奴才钦奉上谕:嗣后沿海水师各镇著于每岁出洋时具奏一次,俟出洋往返事竣,即将洋面如何情形据实具奏。其实因公不能出洋,即著自行奏明。均令咨禀该省总督,以凭查核。等因。钦此。查每岁自七月初一日起,至十二月底止,向系轮值奴才下班统巡,缘奴才先经遵旨赴京陛见,其委署总兵王鹏年于道光二十七年七月初一日业经其俱折奏明接驾兵船出洋统巡四营洋面,迨八月初十日巡赴甲子洋面,与东上路澄海营参将带船会哨,业由前署总兵具文通报在案。至九月二十四日,奴才京旋回任,即赴浅澳洋面接印任事,并接驾兵船出洋统巡督饬中、左、右三营及辖属平海营值巡将备、弁兵、船只在于上下交界洋面往来梭巡、督缉。至十一月初十日,奴才带领兵船巡至中路佛堂门洋面,与水师提标中军参将带船依期会哨一次。至于沿海炮台炮位、官兵技艺以及军装火药、器械俱于洋巡经过之便,各就该营洋面分别会演考验,均经通报、转报各在案。兹届下班巡洋期满,撤巡回营,所有经过洋面尚属安静。除将二十八年正月初一日上班统巡洋务,札饬辖属平海营参将就日赴洋,接管兵船统巡四营洋面,务须加意督缉外,理合将洋巡班满,历过洋面情形据实恭折具奏。"② 这一奏折所报告的内容比较规范,很有代表性。两次鸦片战争期间,此类奏折较多。

事例之六,倘如护理总兵的人员不具有上奏的资格,则由各省总督或巡抚代奏。1847年,闽浙总督刘韵珂代南澳镇参将马玉麟奏报:"臣前准部咨钦奉上谕:嗣后沿海水师各镇著于每岁出洋时具奏一次,俟出洋往返事毕,即将洋面如何情形据实具奏。等因。钦此。当经恭录行知

---

① 《福建水师提督窦振彪奏为巡洋往返事竣并报撤巡日期事》,道光二十七年十一月二十五日,中国第一历史档案馆藏朱批奏折,档号:04—01—01—0824—047。
② 《广东碣石镇总兵李贤奏为巡洋督缉班满历过洋面情形事》,道光二十八年正月初一日,中国第一历史档案馆藏朱批奏折,档号:04—01—01—0826—089。

各提镇,一体钦遵去后,兹据护理南澳镇总兵参将马玉麟呈称:窃查南澳界居闽粤,为两省出入门户,洋面极为辽阔,巡缉不容稍懈,总兵出洋统巡向分上下两班:正月至五月为上班,应在粤洋巡查,六月至九月为下班,应赴闽洋侦缉。前届出巡之期,当经统率师船出洋督缉,并由广东水师提臣具折奏报。该员于出洋后即循照上、下班期分赴闽、粤两洋梭织查拿,往返搜缉,并于三月初十日与平海营参将会哨于粤省之甲子门洋面,而六月十五日又与金门镇总兵会哨于闽属之大澳洋面。计自出洋以来,凡有偏僻岛屿、大小港汊,悉皆躬亲查察,遍历靡遗。遇有匪船驶至,即奋勇擒拿,不任窜逸。兹届两班期满,例得撤巡。察看各处洋面均皆静谧,遂将所带兵船查照旧章,札委铜山营参将接收管带。该员即于十月初一日撤巡回营,督办营务。如查有匪徒在洋窃发,仍当率领舟师星驰前往,严督拿办,断不敢稍耽安逸,自取愆尤。惟该员参将护理总兵,例无奏事之责,应请据情代奏,等情。呈报前来。除严饬铜山参将统带兵船加意巡哨,务期遇盗必获,不得稍有松懈外,所有该护镇撤巡日期同洋面情形,谨缮折据情代奏。"①

从中国第一历史档案馆藏大量水师提镇大员的朱批和录副奏折来看,两次鸦片战争期间,沿海各省水师提镇遵照朝廷旨意,大都能够坚持亲身统巡。奏报尽管属于格式化的公文,但还是反映了巡洋制度的贯彻执行的某些实情。

三 水师巡洋章程的修订与执行

1842年8月29日,《南京条约》的签订标志着第一次鸦片战争的结束,侵华英军此后陆续退出长江。无论是否经历战火,沿海各水师相继解除战争状态,由陆地要塞守卫逐渐转向巡洋缉盗活动。由于形势的变化,沿海各省外海水师对于战前的巡洋章程不得不重新进行修订,朝廷则要求各水师将士必须认真执行,意在恢复战前的巡洋制度。

其一,盛京、直隶、山东《三省巡洋章程》的制定。

1842年,为了防范英军自海上入侵京畿门户,直隶省增设巡哨兵

---

① 《闽浙总督刘韵珂奏报护理南澳镇总兵马玉麟巡洋事毕撤巡日期并洋面情形事》,道光二十七年十一月二十六日,中国第一历史档案馆藏朱批奏折,档号:04—01—01—0824—048。

船。直隶总督讷尔经额将善于凫水的营兵以及能够驾驶海船的水手紧急集合一起，加以训练，天津水师营于是再次成立。1843 年初，讷尔经额奏请天津水师营配备战船六艘，分三路巡逻直隶所属内外洋，并与山东、奉天水师定期会哨。"向来直隶与奉天会巡系在天桥厂地方，嗣因沙滩阻隔，曾经奏明停止。今商船日多，沙线熟谙，均由天津直抵天桥厂，并无纤道，是直隶与奉天巡船会哨，自应以天桥厂为便。至山东省蓬莱县之庙岛实为海道咽喉，距天津海口约一千余里，直隶之船必巡至庙岛，始能得南洋有无来船消息，应请以山东庙岛为直隶、山东两省会哨之地……其配带之兵丁，一船或五十名，或六十名，每船以一员领之。每年自三月轮班出洋，至九月以后归坞。惟海洋风候靡常。只可以一月一出入为限，不能定其日期。两省巡船亦未必能克期俱到会哨处所。兹议天津哨船由天津镇给予印照，巡至山东庙岛，即将印照赴该管营汛呈验。该营汛于印照上注写某镇哨船，于某年月日巡至某营汛会哨一次字样，盖用印信，由领哨备弁持回呈镇，以杜"匿近避远"之弊。其通永镇哨船巡至奉天天桥厂，亦即照此办理。"① 这是强调直隶水师巡洋会哨不能沿岸而行，必须在渤海中直线行走，径直到达天桥厂和庙岛。很明显，这是把渤海全部看成外洋，看成水师的管辖范围。

这一建议经军机大臣穆彰阿等奉旨讨论，认为，"既书定界址，宽其期限，分班巡还，周而复始，并于哨船到处呈验印照，注明月日，以杜规避，立法甚为周密，应如所议办理"②。因此，道光皇帝采纳这一建议，下达谕令："奉天、山东原有会哨之例，现在直隶既有巡哨兵船，则三省洋面连为一气，于巡查哨探自可益形周密。著禧恩、托浑布严饬该弁兵等酌定日期，会同直隶兵弁一体梭查。倘有洋匪窃发，果能于出洋会哨之时擒捕、击获，准予加等鼓励。其有畏怯风涛，仅知泊船近洋，不能驾船远探者，一经查【实】，即行严加惩处。务须稽查得力，洋面肃清，是为至要。其应如何分班轮转及出哨、回哨日期，如何认真

---

① 中国第一历史档案馆编：《鸦片战争档案史料》第七册，第 89 页。
② 同上。

稽核之处，并著明定章程，奏明办理。"①

山东巡抚托浑布接到上述谕旨，认为直隶与山东沿海辽阔，就会哨地点向直隶总督讷尔经额发出咨文。是时，王笃署任山东巡抚。在他看来，山东水师数量较少，无法像闽、浙两省那样，按照总巡、分巡等名目轮流派遣。查《山东巡洋章程》，向例每年三月出哨，九月回哨，责成水师汛弁各就该管洋面常川巡哨，并无分班轮转之例。庙岛在登州府城以北，距城五十余里。该处为南北海船来往的重要通道，亦是巡洋必到之处。该处洋面由新设登州后营管辖，以该营守备为专汛官。既然直隶师船必须巡至庙岛，始能得到南洋来船消息，自应以庙岛为直隶和山东两省会哨之地。"每年三月出洋，九月回哨，责成该守备常川在彼巡哨。仍由该管登州镇给予印票，于直隶兵船会哨到境，彼此查验印照，添注会哨月日、衔名，盖用印信，呈交各镇查考。如此严定章程，两省该管上司，各有稽查，巡洋备弁自不敢玩忽从事。"至于山东与奉天交界洋面，则以盛京之铁山与山东之隍城岛中间为界，其间一百八十里，九十里署山东，九十里署奉天。山东、奉天水师巡哨各有旧章，"应请循照办理，毋庸另议"②。这一奏折得到朝廷批准。

盛京将军禧恩奉到1843年1月9日（道光二十二年十二月初九日）上谕，当即就三省巡洋章程向直隶总督、山东巡抚发出咨文。根据直隶总督讷尔经额所拟上述巡洋办法，1843年5月1日，盛京将军禧恩综合拟订了奉天、直隶和山东《三省巡洋会哨章程》。该章程规定：奉天金州水师营向来巡洋办法是，每年拨战船三只，每船派官一员，兵丁六十名，于四月初间出洋巡哨稽查，先往东巡至朝鲜边界，然后西巡至天桥厂觉华岛海口，与直隶交界地方。于七月内行至隍城岛以北，与山东水师营汛会哨。禧恩认为，奉天水师应配10只战船，每年派拨6只，每船派拨水手兵丁60名，分为三路巡洋，派官三员负责管驾。由水师营协领发给印照，载明官兵姓名。以船两只往南巡至山东搭界之隍城岛以北地方，赴山东登州镇衙门呈验照票，注明会哨月日，钤盖印信；以船

---

① 《署山东巡抚王笃奏为遵旨酌议山东、直隶、盛京三省巡洋会哨章程事》，道光二十三年二月初十日，中国第一历史档案馆藏录副奏折，档号：03—2989—010。

② 同上。

两只往东巡至岫岩大孤山与朝鲜搭界处所，由岫岩城守尉查验照票，注明会哨月日，钤用印信；以船两只往西巡至锦州洋面，与直隶搭界之天桥厂海口，赴锦州副都统衙门呈验照票，注明会哨月日。所有通永镇哨船巡至天桥厂地方，亦应赴锦州副都统衙门呈验印照，注明会哨月日，钤盖印信。其山东哨船巡至隍城岛以北地方，应由水师营协查验照票，注明会哨月日。该副都统、城守尉、协领各于每年验过会哨船只、月日，造册报明将军衙门查核。至于出哨时间应由四月改为三月，归营时间应由九月延迟至冰封月日。规定，如敢畏惧风涛，潜泊岛屿，贻误会哨，即从严究办。如在洋拿获海匪三名，官则遇缺即升，兵则记名拔补，以示奖励。① 这一章程于是年5月15日得到清廷批准。

这就是直隶、山东和奉天《三省巡洋章程》的制订经过。其主要内容，《清史稿》的作者将其浓缩为这样一句话，"定期会哨，以登州、岫岩城、锦州三处为呈票考验之地，有畏避风浪、巡哨贻误者，严惩之"②。

其二，《浙江水师会哨章程》之继续执行。

1843年12月26日，江南道监察御史江鸿升在奏请沿海水师提镇出洋巡缉的同时还附了一个奏片。该奏片建议沿海设立水师各省，每年于各营中另选精熟水师武弁一二员，并挑选能熟识风云、沙线及外洋岛屿情形之兵丁六七人，次挑选在船能上下跳动，施放枪炮灵便之兵丁二三十人，酌配船只出洋，令其巡洋到各省尽头，每到一处，本处巡船责令与其会哨，并酌带弁兵一同前往练习。"如此往返数番，则次熟者可臻极熟，即稍生之官兵亦必皆有长进。行之数年，水师人才必有可观者。"③ 次日，清廷发布上谕，指出："御史江鸿升奏请饬有水师各省每年另选精熟武弁一二员，挑带兵丁令其巡到各省尽头，责令本处巡船一体会哨，并酌量添带弁兵一同前往练习，等语。著耆英等各就该省情形

---

① 《盛京将军禧恩奏为遵旨体察情形酌拟三省巡洋会哨章程事》，道光二十三年四月初二日，中国第一历史档案馆藏录副奏折，档号：03—2980—019。
② 赵尔巽等编：《清史稿》卷一三八，《兵志九》，第4099页。
③ 《奏请饬下有水师各省仿照闽省操练之法挑选精兵强将酌配船只巡视会哨以锻炼水师片》，中国第一历史档案馆藏录副奏折，档号：03—2990—025。按语：原始档案并未标注责任人和上奏时间。但是，根据十一月初七日上谕，我们知道，这一附片应是江鸿升于道光二十三年十一月初六日所上奏折之附片。

酌核定议具奏。原片著抄给阅看。"①

浙江巡抚梁宝常接到谕旨，当即咨照浙江各提镇遵照旨意，妥议巡洋章程。浙江水师提督詹功显及定海、黄岩、温州三镇总兵等认为，浙江旧有巡洋会哨章程完备，无须修改。在他们看来，定海镇于五月十五日挑带弁兵，驾船赴北洋（即浙江北路）尽头之大羊山，与江南苏松镇会哨一次，由苏松太道监视，取结具报；温州镇于五月十五日挑带弁兵驾船赴南洋尽头之镇下关，与福建福宁镇会哨一次，由温处道监视，取结具报；其中路之黄岩镇于三月十五日、九月十五日与定海镇在九龙港会哨各一次，均由宁绍台道监视，取结具报；又于三月初一日、九月初一日，与温州镇在沙角山会哨各一次，均由温处道监视，取结具报。提督每年于夏间亲赴定海北洋督护渔汛竣事，顺赴黄岩、温州各洋面巡查一次。道光二十三年议订善后章程：每年冬间定海提督航海查阅沿海各营伍，并顺道查察海口情形一次。又向来每年由提督派委提标右营游击、守备、千把等员弁，四季轮流分赴定海、黄岩、温州三镇属各洋面周历巡查，稽察勤惰；复有沿海水师各营兵船，按月定期，与联界各营兵船互相巡哨，取结、通报。"是前定会哨巡洋章程尚属周密，声势亦颇联络。惟有严饬水师各标营于巡洋缉匪之外，遴选精熟水师员弁，挑带兵丁数十名轮番出洋练习。使其熟悉风涛沙线、岛屿情形，并运用器械、施放枪炮，行之既久，自然习以为常。"②

闽浙总督刘韵珂也同样认为，浙江旧有水师巡洋章程规定已很严密，关键在于能否认真执行。"臣刘韵珂于善后章程内议请水师各营雇募善于泅水之人教练各兵技艺，正与该御史所奏竟相侔，自应申明旧例，严饬整顿，以冀精益求精，密以求密。特是为政贵乎持久，立法在于力行。水师各营将备如果遵照定章，认真巡查、练习，何患不兵技渐臻精熟，洋面日就肃清。惟恐有名无实，则良法美意悉成具文。"③

---

① 《闽浙总督刘韵珂浙江巡抚梁宝常奏为遵旨酌定沿海水师会哨章程并添带弁兵练习事》，道光二十四年十一月二十六日，中国第一历史档案馆藏录副奏折，档号：03—2991—072。
② 《闽浙总督刘韵珂浙江巡抚梁宝常奏为遵旨酌定沿海水师会哨章程并添带弁兵练习情形事》，道光二十四年十一月二十六日，中国第一历史档案馆藏朱批奏折，档号：04—01—01—0815—048。
③ 《闽浙总督刘韵珂浙江巡抚梁宝常奏为遵旨酌定沿海水师会哨章程并添带弁兵练习事》，道光二十四年十一月二十六日，中国第一历史档案馆藏录副奏折，档号：03—2991—072。

其三，《江苏巡洋会哨章程》之修订。

江苏省水师巡洋向来俱定为三个月一班，以苏松镇标中、左、右、奇四营游击、都司为总巡，守备为分巡，以川沙、吴淞二营参将为随巡。1843年初，两江总督耆英奏请于福山设镇。在他看来，江苏海口为江海交汇之区，海洋为夷船来路，大江为南北咽喉。防海在于巩固边疆，防江在于保护心腹之地。狼山与福山对峙，其间崇明为中流砥柱。定制在狼山、崇明分别设立狼山和苏松镇，而在福山仅设一营，兵力稍形单薄。而就海防来说，福山为江苏省城之后户，不可无重兵驻守，应在福山设镇，与崇明镇、狼山镇互为犄角。建议在福山一营的基础上，再添两营兵力，以加强该处海防。①

经军机大臣穆彰阿等会议，酌定江防善后事宜二十八条。其中第一条规定："苏松镇标各营互相操巡。请嗣后各营战船连为一气。如吴淞、川沙有警，苏松镇及刘河营分船往援，而狼山、福山之船应之于内；京口营船相继而进。崇明、刘河有警，则狼山、福山之船扼其前，吴淞、川沙之船乘其后，使彼时时有后顾之忧，虽有剧【巨】寇，不敢深入。倘寇至而应不以时，即将统兵将备，查其情节较重者，奏请以军法从事。"② 第二条规定，"福山营、狼山镇标左营应专管福山、狼山一带江面，毋庸兼管腹里汛地。请将福山营、狼山镇左营仿照京口左右二营制度，专管沿江汛地及江面巡防与上下各营互相会哨，并将福山营就近改隶京口协标，仍归提督统辖。"③

1844年初，璧昌接到1843年12月27日（道光二十三年十一月初七日）前述关于江鸿升附片、上谕，立即咨行苏松、福山两镇妥议巡洋章程。旋据各镇具详前来，将川沙、吴淞二营参将随巡改为总巡，将该二营守备随巡改为分巡。为此，璧昌奏报说："臣详查所议分巡内外洋面各分班次，以苏松镇为统巡，其总巡外洋以苏松镇中、左、右三营、福山左营、川沙、吴淞二营，共六营，委派将、备二员作为总巡，分巡则按季轮流，六年轮流一遍，周而复始。其总巡内洋仍以苏松镇中、

---

① 《军机大臣穆彰阿等遵旨会议两江总督耆英等请于福山地方添设水师总兵事》，道光二十三年二月十八日，中国第一历史档案馆藏录副奏折，档号：03—2989—011。
② 中国第一历史档案馆编：《鸦片战争档案史料》第七册，第131页。
③ 同上。

左、右三营及福山左营四营将、备二员作为总巡，分巡仍按季轮流，四年轮流一遍，周而复始。"① 苏松镇每年五月份与浙江定海镇会哨，不能兼顾内洋，请以春夏两季以福山镇为统巡。而秋冬两季，由于福山镇负有与狼山镇京口副将会哨之职责，难于兼顾内洋，请仍以苏松镇为统巡。嗣后，各镇总兵会哨亦应定立章程，每年三月内在苏松镇所辖洋面定期会哨，八月内福山、狼山两镇以及京口副将在于各交界处所会哨。各令取结，送查。每年按季循例将内外洋统巡、总巡和分巡官兵造册，咨送兵部，以备查核。

但是，随着时间的推移，中国内外洋面海匪越来越多，迫使清廷于1848年再次下达谕令，要求沿海各省水师"不分畛域，认真兜剿，不得稍留余孽"。明确指出，江苏水师严重废弛，原设营制未能尽善，必须通盘筹划，大力整顿，严订巡洋章程，"于连界分捕、合捕之处，悉心妥议，总期责有攸归，渐著成效"②。两江总督李星沅与江苏巡抚陆建瀛为此再次拟订巡洋章程。在他们看来，船备而镇将不力，其弊仍与无船相等。而镇将是否得力则在于能否剪除积习。江苏风气柔弱，水师尤难得人。近年，洋盗之所以不能剿灭，未闻水师官兵在洋接仗。"臣等叠次指参庸劣不堪之镇将分别革职、枷号，并派文职大员督办，各营始知敬畏，勉力出洋，而昏晕呕吐无状不备。"在这种情况下，所谓水师巡洋不过是走走过场而已。

整顿水师当因者因，当革者革。"调度固需临事，巡缉亟应预筹。"水师将领选拔必须舍短取长，明定赏罚。优者，应当破格奖励；劣者，必须严加惩处。巡洋制度必须变通。苏松、福山两镇现在同为外海水师，而苏松镇常年统巡外洋，秋冬兼巡内洋。福山镇仅止春夏统巡内洋，秋冬会哨一次，未免劳逸不均。"应从道光二十九年正月为始，苏松镇春秋统巡外洋，夏冬统巡内洋；福山镇夏冬统巡外洋，春秋统巡内洋。狼山镇本系陆路总兵，统巡有名无实，其轮巡外洋官兵，应听苏松、福山两镇总兵调度、考核。至于南汇营都司、守备应与苏松镇标中

---

① 《署两江总督璧昌奏为会同抚臣计议分定巡洋会哨班次使其各专责成而内外洋面俱有大员亲督事》，道光二十四年七月初二日，中国第一历史档案馆藏录副奏折，档号：03—2991—037。

② 《两江总督李星沅江苏巡抚陆建瀛奏为敬陈通盘筹划整饬水师章程事》，道光二十八年七月十一日，中国第一历史档案馆藏朱批奏折，档号：04—01—01—0007—01。

军等六营一体轮巡外洋,以资练习。"① 特别是会哨必须核实。按照先前定例,苏松镇总兵应与本省狼山镇、福山镇以及浙江定海镇总兵会哨,立法未始不善。"近年则各镇将均止派弁由陆路取结呈报,彼此并未谋面。遇有盗案,懦者懵然不知,黠者借词推诿,实为水师大弊。"②

为此,两江总督李星沅规定,江苏镇将必须亲往巡哨。另派干练委员轮驻海口加以监督。特别强调:如再虚应故事,立即密禀、核参,并且规定徇隐者同罪。由于佘山外洋盗案频发,李星沅规定在此驻扎参将、游击大员,带领兵船在此常川稽查,按季轮流更换。统巡之总兵除了随时游巡之外,应当常年驻扎在崇明县之黑沙嘴,不得收泊于内港。如果统巡大员违犯规定,一经查出,立即严参,并枷号示众。③

其四,《广东水师会哨章程》之修订。

1843年12月27日(道光二十三年十一月初七日),关于沿海水师提镇必须亲自巡洋的上谕到达广州后,两广总督祁𡎊当即咨行各水师提镇钦遵议行。经各水师提镇议覆,再经广东藩、臬二司核议。他们认为,巡洋一事乃是外海水师专责。只要总巡、分巡尽职尽责,何患不成劲旅。并于常例之外,再如江南道御史江鸿升所请,勤加训练,巡洋会哨制度自必更加周密。不过,他们认为,广东内外洋绵长,自东至西计有3500余里,若各营总巡至各省尽头,则存在一定困难。"若以南澳之船巡至龙门,琼州之船巡至南澳,往返水程七千余里,沙线岛屿丛杂,其中折戗维艰,风顺方能行驶,否则沿洋寄泊守候无期,一往一还,约计半年之久,旷时离汛,未免窒碍难行。"④

但为了遵照谕旨,他们提出了一个变通办法:即在中路派船巡到东西两路尽头。认为如此办理,彼此巡逻、会哨航程既不甚遥远,来往亦较便利。"每年分为上、下两班,上班定以三月十五日为会哨之期,巡至西路尽头;下班定以九月十五日为会哨之期,巡至东路尽头。均在水师提标中、左、右三营及香山协左、右二营,大鹏协左、右二营,共七

---

① 《两江总督李星沅江苏巡抚陆建瀛奏为敬陈通盘筹划整饬水师章程事》,道光二十八年七月十一日,中国第一历史档案馆藏朱批奏折,档号:04—01—01—0007—01。
② 同上。
③ 同上。
④ 《两广总督耆英广东巡抚程矞采奏为遵旨酌议水师选派巡洋定期会哨并添带弁兵练习事》,道光二十四年七月初二日,中国第一历史档案馆藏录副奏折,档号:03—2991—043。

营之中，除香山、大鹏副将、提标中军参将有防夷之责，未便调派远离外，其余游击、都司、守备先后由提臣察其精熟水师者，预期选派一员，咨会臣等，一体严饬挑带弁兵坐驾兵船二只，上班于二月初由虎门开行起，而达香山、广海、阳江、电白、吴川、硇洲、东山、海安、海口、儋州，直抵龙门之白龙尾止。该处为本省西面尽头之地，系廉州府属之钦州所辖，与越南洋面连界，未便与之会哨。应责成钦州知州亲赴监同，与龙门协左营兵船依期于三月十五日会哨一次，取具文武印结，呈报。下班于八月初亦由虎门开行起，而达大鹏、平海、汕尾、碣石、甲子、海门、达濠、澄海、南澳，直抵福建之铜山洋面止。该处为本省东路尽头，即与闽省之铜山营兵船依期于九月十五日会哨一次，并取具该地方文武印结，呈报。"①

考虑到东路南澳镇与西路琼州镇若不一例巡行至中路，不仅劳逸不均，而且难以达到训练之目的。为此又设计了南澳镇、琼州镇分别巡哨到中路的方案，即各镇选派兵弁驾船，定于每年六月十五日在中路提标所辖之虎门之洋面会哨一次，由东莞县预赴该处取结，呈报。"凡中路上、下两班及东、西两路至中路会哨之船，每到一处，均令该营兵船一律会哨，取结，并酌添弁兵数十名另驾兵船，一同跟帮前往练习，使其熟识风云、沙线、岛屿情形，并运用器械，施放枪炮。待其回帆之日，各营跟帮之船顺道驶回本境巡缉，毋庸跟至巡船出发之处。"② 以上所取各印结，统由水师提臣汇集在一起，咨交督臣复核。倘若会哨期内，风向不顺，难以开行，应准临时改期，但应提前知会监视各官。

为了确保水师官兵巡洋的积极性，掌握海洋地理气候知识，广东水师提镇还专门制订了奖惩办法。"每次带巡弁兵中果能熟谙水性，不畏风涛，能认沙线、风云以及水务生疏，并不上心习练者，亦必应明定功过，以示奖惩。"③ 此后，应责成官员留心察看，除捕获盗匪并失事透避各项，例应议叙降罚之外，"如实有熟谙水性，认真督率之营弁、千把等官三、六、九月会巡，应请准其每哨一次，记大功一次；寻常巡哨

---

① 《两广总督耆英广东巡抚程矞采奏为遵旨酌议水师选派巡洋定期会哨并添带弁兵练习事》，道光二十四年七月初二日，中国第一历史档案馆藏录副奏折，档号：03—2991—043。
② 同上。
③ 同上。

一次，记功一次。由该管官详报到臣，核其大功积至三次，或记功积至六次之后，分别发交总兵、副将带领出海试验相符，千总则不拘资俸保送升用，把总则记名优先拔补。其不畏风涛，练习较勤之兵丁亦一律按照办理，积至大功三次或记功六次者，遇缺秉公考验。如技艺尚可，准其优先拔补外委、额外，以次递及。如营弁不谙水性，训练无方，或兵丁畏惧风涛，懒于学习，每一次亦各记过一次，再行带巡至二次后，仍无长进，即将技艺可观者改拨陆营，此外，悉予革退。其统领巡练凡是有实效之员，均由水师提镇详查注册，于保荐案内声明，听候核办"①。

沿海各省水师巡洋章程的修订，毫无疑问有利于督促水师官兵巡洋会哨，有利于商船在海道上安全行驶，有利于中国近海治安秩序的稳定。但是，关键在于巡洋章程能否认真执行。正如闽浙总督刘韵珂所说，"特是为政贵乎持久，立法在于力行。水师各营将备如果遵照定章，认真巡查、练习，何患兵技不渐臻精熟，洋面日就肃清。惟恐有名无实，则良法美意悉成具文"②。晚清时期，由于政治形势多变，法律条令与贯彻执行之间总是存在很大差距，任何一种规定，任何一个章程，都难于贯彻到底。1848年，两江总督李星沅感叹："近年则各镇将均止派弁由陆路取结呈报，彼此并未谋面。遇有盗案，懦者懵然不知，黠者藉词推诿，实为水师大弊。"③ 已经道出水师巡洋制度难以贯彻到底的实情。

四 水师战船之修造与商船之雇募

第一次鸦片战争爆发时，天朝的君臣尽管看到了敌方"船坚炮利"的优势，也深知中国水师战兵根本无法与英军对抗，但仍然以乐观的态度迎接战争。因为他们认为，中国拥有众多的士兵、陆战的地利优势和内河海口的控制权，清军以逸待劳，以主待客，以众击寡，利于防守和

---

① 《两广总督耆英广东巡抚程矞采奏为遵旨酌议水师选派巡洋定期会哨并添带弁兵练习事》，道光二十四年七月初二日，中国第一历史档案馆藏录副奏折，档号：03—2991—043。
② 《闽浙总督刘韵珂浙江巡抚梁宝常奏为遵旨酌定沿海水师会哨章程并添带弁兵练习事》，道光二十四年十一月二十六日，中国第一历史档案馆藏录副奏折，档号：03—2991—072。
③ 《两江总督李星沅江苏巡抚陆建瀛奏为敬陈通盘筹划整饬水师章程事》，道光二十八年七月十一日，中国第一历史档案馆藏朱批奏折，档号：04—01—01—0007—01。

持久作战,加之滨海民众的支持,立于不败之地;英军尽管"船坚炮利",擅长海战,但劳师远征,不仅后勤供应困难,而且水土不服,犯了兵家大忌,似乎是必败无疑。在广东,钦差大臣林则徐在奏折中分析说,英国军舰笨重,吃水深至数丈,长技在于乘风破浪,利于海洋作战。在这种情况下,若令水师整队迎战,不足以操胜算,"惟不与之在洋接仗,其技即无所施"。英国的大型战舰一旦进入内河,遇到沙洲就会搁浅,运转不灵,等于坐以待毙。"盖夷船所恃专在外洋空旷之处,其船尚可转掉自如,若使竟进口内,直是游鱼釜底,立可就擒。"① 他还认为,英军除枪炮之外,击刺步伐均不熟练,"一至岸上,则该夷无他技能,且其浑身缠裹,腰腿僵硬,一仆不能复起,不独一兵可以手刃数夷,即乡井平民亦尽足以制其死命。"在他看来,内河守卫战是以逸待劳,以众击寡,"百无一失"。② 林则徐提出的海防战略的基本内容可以归纳为:放弃海洋,保卫海口,以守为战,以逸待劳,诱敌深入,聚而歼之。钦差大臣裕谦也持类似看法,在他看来,夷船凭借的是大炮,如果接近内洋浅水区和海岸,英国人就会失去长处,必然是被动挨打。他说:"至于数千斤大炮,夷船虽能任载,而只可施于深水外洋,不能施于近岸之内洋。盖内洋水浅,近岸又必有明沙暗礁为之拦护。若放此数千斤之大炮,船必倒退。船底着实,立刻震裂。故在内洋施放,以止一二千斤及数百斤之炮。"③

对于林则徐提出的这个"以守为战"的海防战略,道光皇帝表示完全赞同。他在林则徐的奏折上批示说:"所见甚是"。而后谕令沿海督抚说,倘若英军来犯,"断不准在海洋与之接仗。盖该夷所长在船炮,至舍舟登陆,则一无所能,正不妨偃旗息鼓,诱之登岸,督率弁兵,奋击痛剿,使聚而歼旃,乃为上策。"④ 这样,林则徐的"以守为战"的海防策略便成为第一次鸦片战争时期清军所采取的海防战略方针。

---

① 林则徐:《夷船十只封锁虎门折》,《林文忠公政书》乙集,卷一三,商务印书馆1935年版,第10页。
② 林则徐:《会办夷务片》,道光十九年八月十七日,《筹办夷务始末》(道光朝)卷八,第7页。
③ 《钦差大臣裕谦奏报沿海地势及英船英炮情形折》,《浙江鸦片战争史料》上册,宁波出版社1997年版,第374页。
④ 《谕军机大臣》,道光二十年八月初四,《筹办夷务始末》(道光朝)卷一三,第23页。

正是基于这种方针，沿海水师战船很少与英军在海洋上发生战斗。英军担心中国水师战船在海港和内河发动火攻，每占领一地，只要发现水师战船，就将其尽可能烧毁。

因此，在第一次鸦片战后，沿海各地水师战船或者自然朽坏，或者被英军烧毁，几乎荡然无存。恢复水师巡洋制度，首先面临的问题是缺乏必备的战船。据福建海坛镇总兵杨登俊奏报："闽省近年盗匪充斥，实因夷务沿海营船毁失，缉捕无资，以致各匪毫无顾忌，报劫频仍。"① 浙江也是这样，"提标右营、定海镇标、镇海等营额设船只均被夷毁"②。

（一）广东战船修造情况

1842年8月29日，中英《南京条约》签订，第一次鸦片战争结束，英国军舰陆续退出长江。10月26日，清廷向沿海各将军、副督统、总督、巡抚、提督和总兵发布了一道重要谕令，要求他们悉心讲求海防善后事宜。谕令这样说："今昔情形不同，必须因地制宜，量为变通。所有战船大小广狭及船上所列枪炮器械应增应减，无庸拘泥旧制，不拘何项名色，总以制造精良，临时实用为贵。"③ 广东绅商结合夷船式样，对于中国战船进行了重新设计和改造，最后，选择了5种式样奏请修造。清廷予以批准，并要求沿海各省仿造。

广东在改善武器装备方面最为积极，林则徐、奕山、祁𡎴、怡良、梁宝常和吴建勋，这些相继担任总督、巡抚或将军、提督的高级军政官员都先后经受过英军船炮的压力，他们都主张通过学习西方先进的船炮技术，加强中国的海防建设。1840年10月24日，林则徐奏报说："即以船炮而言，本为防海必需之物。虽一时难以猝办，而为长久计，亦不得不先事筹维。"④ 他有一个雄心勃勃的计划，打算建造100艘类似英

---

① 《福建海坛镇总兵杨登俊奏报统巡事毕撤巡日期并洋面均安静事》，道光二十四年十月初七日，中国第一历史档案馆藏录副奏折，档号：03—2991—064。
② 《浙江提督詹功显奏报出洋巡护渔期并巡缉洋面查察沿海口岸情形起程日期事》，道光二十四年四月二十四日，中国第一历史档案馆藏录副奏折，档号：03—2991—018。
③ 中国第一历史档案馆编：《鸦片战争档案史料》第六册，第340页。
④ 林则徐：《密陈夷务不能歇手片》，《林文忠公政书》乙集，卷四，商务印书馆1935年版，第21页。

国战舰的大船，50艘中小船，1000门大炮，招募6000名水兵，组建一支与英军"追奔逐北"的强大水师。1841年5月，在进攻英军失败后，奕山认为清军屡败不是将士畏葸怕战，"实无抵御之具"，因此他提出造船铸炮"再为进剿之谋"① 在奕山看来，需要仿造外国战舰，组建一支70艘战船的舰队，"庶堪与该夷对敌"。他还认为旧的战船修造制度既然不利于战船质量之提高，就应该废止它。主张此后制造战船不能吝惜重价，不必限定时日。可见奕山在战败之后吸取了落后挨打的教训。正是奕山、祁𡎴、梁宝常和吴建勋关于广东试造战船的奏报到达北京后引起了道光皇帝高度重视。1842年10月25日的皇帝谕令说："朕思防海事宜，总以造船制炮为要。各省修造战船竟同具文，以致临时不能适用，深堪愤恨。此次所造各船，自不致拘守旧式，有名无实，据奏停造例修师船，改造战船，所办甚合朕意，均著照议办理。"②

由于缺乏广东建造米艇的详细档案资料，现在我们不得不借助于《伦敦新闻画报》的相关报道。1848年4月1日和5月20日，分别以《"耆英"号中国兵船》和《停泊在东印度公司码头的中国兵船》为题，该报记者对于英国在广东偷偷购买的以两广总督耆英命名的并驾驶到英国和美国的一只米艇作了这样的描述：

> 这艘平底帆船的载重量在700吨至800吨之间，它的整体是160英尺（11.35丈），最宽处达33英尺（2.4丈），船舱深度为16英尺（1.14丈），它是用最好的楠木建造的，而且跟欧洲的建造方法相反，它的船板并不是靠钉子将它们钉在一起，而是靠楔子和榫子来加以固定的。它有三根用铁木制成的桅杆，诛桅杆是一个高达90英尺的巨大木柱。该木柱的底部与夹板连接处的周长有10英尺。这艘船的一个独特之处是船上完全没有方形的帆桁和索具。船上的帆布用的是厚实的编席，每隔3英尺就有一根用坚固的毛竹制成的肋状支撑物。而且它们是用一根粗大的——用藤条编织起来

---

① 奕山：《广东海防善后事宜折》，道光二十二年三月初三，《筹办夷务始末》（道光朝）卷四五，第26页。

② 奕山：《捐资制造战船折》，道光二十二年九月二十五日，《筹办夷务始末》（道光朝）卷六一，第41页。

的绳子来进行升降的。主帆的规模十分惊人,重达9吨,需要所有的船员花费两个小时才能将其升起。"耆英"号上携带着三个巨大的锚,完全是用铁树木制成的。连接船锚的绳子也是用藤条编织而成的。船上的舵似乎最有特色,因为它必须用两根粗大的绳子来支撑,还有两根绳子从船的底部穿过舵的下端,并在船头的两边加以固定,这个船舵重达7吨以上,而且它可以由位于尾楼上的两个辘轳随时吊起来。在旁观者眼里,这船的最显著特征也许就是它的船首和船尾向上翘起。船首离水面大约有30英尺,而船尾则高达45英尺,而且按照中国水手的特殊观念,在船首的两边画上了两个巨大的眼睛,以便使这艘船在穿越大海时能购更好的看到航路。①

我们将它的船尾绘制成了版画插图,以表现它的高度——超出水面40英尺——以及它的装饰性特点,因为船上的舵也许是最具有特色的。它是用铁树木和楠木包上铁皮制成的,其重量约7.5吨到8吨。舵上穿了许多菱形的孔,并可达到船底之下12英尺处的深水。由于船尾翘得很高,人们可以根据水的深度来升降船舵。由于这个缘故,船的吃水深度可以在12至24英尺的范围内进行变化。当船舵被升起时,就像在浅水中所必须做的那样,船可以通过在第二个尾楼上的另一个较短的船舵来进行驾驶。当船舵被升降到最深处时,就需要15个人的力量来掌舵,即便是这样,任命还是可以从它升降杆上的辘轳和滑轮组中得到借力,否则就需要有30个人的力量来掌舵了。②

我们知道,第一次鸦片战争之前,广东最大的战船是大米艇,其长度为9.5丈,宽度为2.06丈,③ 而"耆英"号的长度是11.35丈,宽度是2.4丈。导致出现这些数据的差异原因可能有两个:其一,前者是按照中国传统的方法丈量的,其长度是前桅到后桅之间的距离,其宽度一般是指横梁的长度;后者是指船身的长度和船体的最宽部位。其二,

---

① 《伦敦新闻画报》第12卷,第310号,1848年4月1日,第220—222页。
② 《伦敦新闻画报》第12卷,第317号,1848年5月20日,第331—332页。
③ 王宏斌:《清代前期海防:思想与制度》,社会科学文献出版社2002年版,第126—130页。

第一次鸦片战争后，广东的官员参考外国的帆船，对于大米艇进行了重新设计，因此规模稍有扩大。无论是哪一种原因造成的尺度差距，在现在看来都不是很大。由此可以看出，第一次鸦片战争之后，广东水师的大米艇有所改良。但由于仍然是按照中国传统技术建造的，除了选材比较严格之外，技术进步并不十分明显。即便如此，在奉天、山东和直隶三省的水师官兵中所看到的海匪夺占的米艇已经具有了坚厚、高大等"船坚炮利"的某些优势。

（二）闽浙两省战船修造情况

1842年10月26日，清廷向沿海各将军、副都统、总督、巡抚、提督和总兵发布了一道重要谕令，要求他们悉心讲求海防善后事宜。谕令这样说："今昔情形不同，必须因地制宜，量为变通。所有战船大小广狭及船上所列枪炮器械应增应减，无庸拘泥旧制，不拘何项名色，总以制造精良，临时实用为贵。"①

浙江的海防善后规划是由巡抚刘韵珂等人提出的，在奏折中他建议继续修造同安梭船。在他看来，英国人对于战船制造，"无不各运机心，故其船坚大异常，转运便捷，而兵船与火轮船尤甚。当其行驶之时，既为风色潮信所不能限，及其接战之际，并为炮火所不能伤。"应当说刘韵珂等对于英军"船坚炮利"的威力有所了解，但他们为什么主张继续修造"不甚得力"的同安梭船，而不选择西方的船炮技术呢？原来是他们安于故俗，认为当时"中国既鲜坚大之材，又无机巧之匠，勉强草创，断不能与夷船等量齐观。况舵水人等与船素不相习，于一切运棹、折戗之术俱所未谙。即使船与夷船相埒，而人不能运，亦属无济于事。"② 而福建同安梭船，家乡人人熟悉，便于驾驶，便利修造。在他们看来，这种船只虽然不能与英国军舰争逐于外洋，但可以牵制于内港。这叫作"与其骛高大之名，而造不适用之船，自不若因地制宜而造适用之船。"③ 在既无优质造船材料又缺乏先进技术人员条件下，制造

---

① 刘韵珂：《海防善后事宜折》，道光二十三年正月十三日，《筹办夷务始末》（道光朝）卷六五，第4—5页。
② 同上。
③ 同上。

类似西方那样的巨型战舰，的确存在着许多实际困难。笔者认为，刘韵珂等人明白中英船炮技术存在的巨大差距，不是不赞成学习和仿造，而是感到存在实际困难，只要条件许可他们还是愿意输入西方军工技术的。

是时，浙江提督李廷钰建议浙江建造同安梭船 40 只，八桨船 80 只，配兵 1600 人。由于经费紧张，没有立即得到批准。道光皇帝谕令，按照江苏办法，先造 2 只同安梭船，2 只八桨船，配兵使用，在江海演习，果然得力，再行奏请筹办。① 李廷钰接任浙江提督篆务之后，仍然坚持先前的看法。1843 年初，他为修造战船事宜专折奏请说："海洋事务必借船只，而浙省提标右营、定海镇标三营及镇海营额设水师战船俱遭该夷焚毁，现无一存，即黄岩、温州两镇战船闻皆单薄，不堪风浪。是徒有水师之名，并无水师之实。现与抚臣刘韵珂商酌，拟将应行补造额设各项战船一律改造，加料二千余石，同安梭船四十余只。其船向为各省海洋所宜。又滨海人人之所习惯，即有损坏，到处工匠皆能修造，而驾驶亦不乏人，因地制宜，于此为便……他日，黄、温两镇战船届满拆造，并请一律酌改，以期实济。"② 道光皇帝接到李廷钰的奏折，处理得十分谨慎，仍谕令先造 2 只同安梭船，2 只八桨船，强调试验若能得力，再行奏办。③ 是年，福建代造的同安梭船分别被送到浙江和江苏。新任浙江提督詹功显表示满意，遂奏请由福州省，船厂代造大、中、小同安梭船 10 只。④

1844 年初，英军继续占领舟山。军机大臣穆彰阿等会议浙江善后事宜，要求加强浙江沿海防务，改提标中营为外海水师，镇海营改隶提督管辖，移昌石营驻扎石浦，改乍浦营参将为副将，并添设兵丁，于海盐县澉浦地方添设外海水师，海宁添设内河水师。要求水师以巡缉为操练，照例出洋统巡，并按期会哨。提督每年亲往沿海各营校阅兵技，巡抚每年亲赴乍浦等处校阅兵技。水师额设战船俟同安梭船造成后，按营

---

① 第一历史档案馆编：《鸦片战争档案史料》第 7 册，第 6 页。
② 同上书，第 18 页。
③ 同上书，第 20 页。
④ 《浙江提督李廷钰奏为试造同安梭船完工情形并造办浙省定海属水师各营战船事》，道光二十三年八月初一日，中国第一历史档案馆藏录副奏折，档号：03—3610—043。

分配使用。钱塘江内添设船只，水师营内招募善于泗水之人教习兵技。① 浙江巡抚梁宝常拨款八万两白银，计划在福建修造30只战船。因一时造补不及，拟借福建十只同安梭船，以资当下巡缉，得到清廷批准。②

1845年秋天，刘韵珂奏报福建战船情况时，附带说明了为浙江建造战船的情况。他说，定海镇属水师各营及提标右营、乍浦营额设战船俱遭夷毁，"一无存留"。战后，为了巡洋的需要，地方官只好暂雇钓船，配兵出洋巡缉。而钓船又过少过小，不足以敌盗船，徒事巡哨，不能得力。鉴于这种现状，新任浙江提督詹功显奏请闽省为浙江水师代造同安梭船30只，首先满足定海镇属水师各营及提标右营、乍浦营巡缉需要。到1845年8月，为浙江水师打造的大、中、小30只同安梭船也全部完工，驾回浙江。

福建战船的修造也同样迟迟未动，一直到1844年11月才开始设厂兴工，到1845年5月闽省应行造补之同安梭船45只均已全数蒇事。"水师各营兵船多被英夷焚毁，缉捕无资，奏请将闽省夷务案内损失及遭风击碎营船在省城专设船厂，赶紧造补。并请将工料价值照民厂核实支发，以期坚固适用，一洗向来草率偷减，有名无实之弊。"③

是时，闽浙总督刘韵珂十分乐观地认为，新造战船坚固异常，"不但为历来营船所未有，且驾出乎商船之上，洵足历风涛而资缉捕"。只要两省水师人员振刷精神，彼此互相联络，梭织巡查，闽浙洋面即可迅速肃清。④ 但他过于乐观了。

温州、台州、宁波等府所属沿海地区匪徒每于南风盛行时期出洋劫掠，由来已久。第一次鸦片战争之后，由于英军侵略造成的社会动荡加剧，盗劫案件明显增多。"各省土匪船只出没于海洋者虽所在恒有，而由闽省乘间驶往者更多。"⑤ 福建、浙江两省水师每年获匪数百名至千

---

① 《清宣宗实录》卷三九七，道光二十三年九月壬申，《清实录》第38册，第1110页。
② 中国第一历史档案馆编：《鸦片战争档案史料》第七册，第446页。
③ 《闽浙总督刘韵珂奏为闽省新造同安梭船全数告竣接办浙船及洋面静谧事》，道光二十五年，中国第一历史档案馆藏朱批奏折，档号：04—01—36—0071—021。
④ 同上。
⑤ 《闽浙总督刘韵珂、浙江巡抚梁宝常奏为预筹添船选将扼要督缉浙洋盗匪事》，道光二十八年二月十九日，中国第一历史档案馆藏朱批奏折，档号：04—01—01—0825—076。

余名不等，而海匪猖獗气焰并未稍稍收敛。

1847年，由于渔汛不旺，"濒海穷渔与商船歇业水手纷纷出海为匪，以致两省匪船比前数年加增"。是时，由于运河漕运困难，清廷谕令来年苏、松、太三属漕粮俱改为海运。在闽浙总督刘韵珂看来，洋匪既多，仅靠额设战船分段缉捕，无济于事。遂与浙江巡抚梁宝常、福建巡抚善禄往返函商，计划于1848年开始，在福建筹拨40只战船、浙江筹拨20只战船，派员统领，终岁在洋游巡。是时，浙江水师战船较少，不敷配缉。最初考虑将两省兵船合为一气，"往来闽浙梭织查拿，庶以闽省之有余，补浙省之不足"①。即打算将两省兵船合为一体，组成闽浙联合舰队。

但是，刘韵珂很快改变了这个主意。他考虑到福建、浙江虽属连疆，而距离遥远。尤其是兵船出海，行动全凭风力，自闽至浙，须乘南风行驶。而由浙江洋面返回福建洋面，又非北风不可。海中风信靡常，倘若福建战船船驶入浙江洋面之后，南风盛发，福建洋面出现盗匪船只。是时，福建战船闻信，想返回福建洋面，势必为逆风所阻，难免出现顾此失彼的局面。基于这种考虑，刘韵珂认为，两省兵船于需要会剿时，可以联为一气，于平时巡缉时仍当各顾各自所辖内外洋面。"以之会剿则可，以之兼顾则不可。"② 闽浙总督刘韵珂、福建巡抚善禄、浙江巡抚梁宝常经过重新商议，决定分别组建福建、浙江本省舰队，即所谓"游巡师船"，准备伺机合力消灭两省沿海海匪。

在福建调拨的40只游巡战船中，13只为福建水师提督窦振彪平时管带的战船，17只属于福建水师提标五营，10只来自台澎水师。"即将水师提标五营与台澎各营应补之大小兵船二十七只，连窦振彪常时管带出洋之大小兵船一十三只，合成四十只，作为游巡师船。"③ 同时，根据船只大小，决定配兵人数。以大、小各船通盘核计，共配兵二千二百余名。负责各艘战船管驾之千总、把总、外委、额外外委应由窦振彪自提标五营中遴选、均匀调派。该舰队由窦振彪统带，于三月内出洋巡

---

① 《闽浙总督刘韵珂、浙江巡抚梁宝常奏为预筹添船选将扼要督缉浙洋盗匪事》，道光二十八年二月十九日，中国第一历史档案馆藏朱批奏折，档号：04—01—01—0825—076。
② 同上。
③ 《闽浙总督刘韵珂、福建巡抚徐继畬奏为护海运闽省拨船游巡洋面现已议定章程事》，道光二十八年二月十九日，中国第一历史档案馆藏朱批奏折，档号：04—01—01—0825—072。

缉。如果查无大股匪船，则将战船分为南、北两帮，每帮二十只，南自海坛右营所辖之湄州一带洋面起，至闽粤交界止；北自闽安左营所辖之白犬一带洋面起，至闽浙交界止，交该镇轮流管带，协同例设巡船，远近梭缉。

由于游巡师船缉匪处于战时状态，与平素缉匪自然有所不同，刘韵珂和徐继畬认为，应当酌情给予适当兵饷补贴。"至向来巡洋口粮，兵丁及外委、额外外委每名每日均止给银三分，千、把并无口粮。此次设船游巡，议令终岁在洋，无间寒暑，较例巡船只劳逸迥殊。若仍照常给发，则该兵丁等糊口拮据，即难使其安心巡缉。是欲用兵之力，必先足兵之食。其管驾千、把虽非兵丁可比，第微末武弁俸饷无多，必责令自行添补，不特力有未能，亦非所以示体恤。请援照从前剿办大帮洋匪成案。兵丁、额外每名每日给银四分，千、把、外委每弁每日给银一钱。其额外中有派令管驾一船者，亦照千、把、外委之例，每日给银一钱。此项银两系属额外增添，并无专款。就各兵口粮计算，一年之内，已应需银三万二千余两，加以各弁薪水并各船军火，为数更属不赀。统计一年所需，总在四万两以上。"① 根据计划，这项兵费先由布政使垫发，然后从养廉和捐赎银内拨补。

浙江方面，抽拨战船 20 只，由郑宗凯、周士法、叶舞墀三人统带，配兵 1000 名，前赴与江浙交界洋面堵截，以防盗船肆意北窜。其经费则由浙江布政使刘喜海筹拨，确保游巡舰队兵饷等支出。至于新建战船经费，原计划全部通过劝捐补造，但因时间紧迫，需船孔急，梁宝常饬令宁绍台道麟桂从藩库领银承造大船 10 只，再劝商捐助造船 10 只，以济燃眉之急。"又据宁郡绅商冯宝山、陈尚等禀称：该绅商等情愿捐雇乡勇船只随同官兵出洋巡缉，请发给抬枪、鸟枪、火药、铅弹以资防御。"②

这样，福建洋面有窦振彪督率巡缉，温州洋面有黄绍春督率巡缉，江浙交界洋面则有善禄、郑宗凯督率同周士法、叶舞墀巡缉。在闽浙总督刘韵珂与浙江巡抚梁宝常看来，海洋要路如此节节巡防，不致失于空虚。

---

① 《闽浙总督刘韵珂、福建巡抚徐继畬奏为护海运闽省拨船游巡洋面现已议定章程事》，道光二十八年二月十九日，中国第一历史档案馆藏朱批奏折，档号：04—01—01—0825—072。
② 《闽浙总督刘韵珂、浙江巡抚梁宝常奏为预筹添船迭将扼要督缉浙洋盗匪事》，道光二十八年二月十九日，中国第一历史档案馆藏朱批奏折，档号：04—01—01—0825—076。

(三) 江苏战船修造情况

1840年以前，江苏省额设外海水师九营，原有放大罟船、旧式大罟船共58只，轮班出洋。"自道光二十年，各营官兵派调防堵，舍水守陆，修造未遑。渐致船只缺额。至二十二年，存营存厂之船遂不可问，水师因之废弛。"① 嗣于鸦片战争善后案内，经两江总督耆英查明，江苏外海惟有放大罟船最为合宜，定议具奏。复经璧昌遵旨体察无异，先后建造12只，发交苏松镇标中、左、右三营、福山镇标左营及川沙、吴淞等六营，每营各2只，以一半配兵出洋，一半存营，按季轮替。而狼山镇标右营、掘港、南汇营亦是外海水师，并无放大罟船，所有舢板船只难于出洋应用。"综计江苏洋面自浙江至山东两省交界，南北二千余里，东西更为袤延，操缉巡防，仅止罟船六只，为数太少，无论分捕、合捕，均难得力。且盗船近从闽浙而来，时以浙江渔山为巢穴，或三四只，或六七只，聚散无常，北窜伺掠，亦非罟船六只所能分投抵御。"②

1842年秋季，接到海防善后事宜上谕之后，江苏水师官员对于战船改造意见各不相同，他们虽然认为广东富商、在籍刑部郎中潘仕成捐造的战船式样比较合用，而由于未经亲自驾驶，感到没有把握。1843年初，为了巡洋的需要，两江总督耆英就师船式样咨询浙江提督李廷钰。李廷钰认为，仿造外夷师船不现实，既没有修造的船工，又没有驾驶的舵工水手，因此他建议按照福建同安梭船打造，既能在内洋行驶，也可以行驶于外洋。经过反复商议，在福建建造了两只同安梭船，四只八桨船。经过试验，"所历闽浙外洋，两遭飓风，俱堪冲风破浪，甚属安稳……复带同将备安置炮位，就船试放，甚为合宜。其驾驶、折戗，亦俱灵便，即派弁兵同委员，由宁港开船，前赴上海听候江苏省督抚二臣验收。"③ 经两江总督耆英派人验收，认为吃水较深，适合外洋驾驶。即拨付苏松镇、福山镇管驾。饬令接续建造战船11只，以备分配各营。

---

① 《两江总督李星沅江苏巡抚陆建瀛奏为敬陈通盘筹划整饬水师章程事》，道光二十八年七月十一日，中国第一历史档案馆藏朱批奏折，档号：04—01—01—0007—01。

② 同上。

③ 《浙江提督李廷钰奏为试造同安梭船完工情形并造办浙省定海属水师各营战船事》，道光二十三年八月初一日，中国第一历史档案馆藏录副奏折，档号：03—3610—043。

耆英要求："水师则以巡为操，责成各营将备亲督弁兵，无分风雨梭巡。如值两船相遇，或与邻境兵船会合，即各逞其能，互相比较。不准将操练、巡防分为二项，亦不准止巡内江，不巡外海。"①

道光皇帝肯定耆英的做法，要求新任两江总督璧昌按照耆英所定章程，勤加训练，使水师成为劲旅，以期有备无患。道光皇帝深知该省水师积弊，将士多不认真管驾。严厉告诫指出："该将弁等平时既漫不经心，及至饬调操演，则诿为船不堪用，甚或偷卖杠具，私行租赁于人。种种恶习，实堪痛恨。着耆英、尤渤严定章程，认真查察，革除锢弊。"②

1844年，两江总督璧昌筹议江南水师船政，查明该省内河、外海不堪应用者，"多至二百六十余只"。道光皇帝谕令指出，历任修造经管各员难辞其咎，强调经此次明定章程之后，如再蹈从前积习，将从严治罪，决不宽贷。③ 1846年，两江总督璧昌认为福建省代造之同安梭船，在长江、内洋行驶，易于搁浅。④

1848年，经两江总督李星沅和江苏巡抚陆建瀛奏请劝商人捐资修造大罟船34只，并雇佣一艘广东米艇，在佘山外洋巡缉。"如果合用，再行酌办。"⑤ 1848年以前，罟船一只，大舢板一只配兵40名，小舢板一只配兵20名，不尽合理。由于船小人多，行船困难，使用不甚得力。经两江总督李星沅和江苏巡抚陆建瀛等查实，以大罟船配兵36名，大舢板船配兵24名，小舢板船配兵16名为宜。无论内河外海，一律照派。⑥ 但是，这个计划很快因为当年水患严重泡了汤，"劝谕捐输为收养助赈、补苴漕额之计，以致筹捐战船不能同时并举"⑦。1849年，李星沅再次奏请修造战船十只，计划在江宁和上海设立两个修造厂，分别

---

① 《清宣宗实录》卷402，道光二十四年二月癸亥，《清实录》第39册，第32页。
② 《清宣宗实录》卷398，道光二十三年十月丁卯，《清实录》第38册，第1135页。
③ 《清宣宗实录》卷411，道光二十四年十一月丁亥，《清实录》第39册，第159—160页。
④ 中国第一历史档案馆编：《鸦片战争档案史料》第七册，第601页。
⑤ 《两江总督李星沅江苏巡抚陆建瀛奏为江苏外海水师战船不敷现拟筹添造事》，道光二十八年七月十一日，中国第一历史档案馆藏朱批奏折，档号：04—01—01—0826—054。
⑥ 《两江总督李星沅江苏巡抚陆建瀛奏为敬陈通盘筹划整饬水师章程事》，道光二十八年七月十一日，中国第一历史档案馆藏朱批奏折，档号：04—01—01—0007—01。
⑦ 《两江总督李星沅奏为筹办添造江苏外海水师战船情形事》，道光二十九年三月二十六日，中国第一历史档案馆藏朱批奏折，档号：04—01—36—00726—004。

委任江防同知陈在文、候补道吴健彰负责，各造5只。所需火器由苏松太道道员麟柱督率上海知县铸造。

由于水师兵力不足，道咸之际江苏开始雇募勇船，协力镇压海匪。由于山东石岛洋面仍有海匪活动，"屡有报案"。两江总督陆建瀛饬令苏松太道麟柱派委千总周鳌管带江苏募集的勇船，前往山东洋面，协助该省水师剿捕，以期洋面一律肃清。据千总周鳌禀报，1850年6月19日至7月5日，率领勇头黄富兴等先后在石岛洋面会同山东水师连续攻击盗船六次，计生擒盗匪江幅等200余名，割取首级14颗，俘获盗船5只，夺获枪炮无数，救回难民10余名。8月9日，周鳌带领勇船，发现三只海匪鸟船在倭岛洋面（位于俚岛附近）活动，经开炮轰击，打沉鸟船一只，生擒林兵等110名海匪，割取首级5颗，救回难民14名。均经荣成县审办。①

（四）奉天战船修造情况

第一次鸦片战争的烈火虽然没有蔓延到山东、直隶和奉天，这里的战船没有被英军毁坏。该三省的战船同样无法满足巡洋会哨和缉拿海匪的需要。这是由于鸦片战争后需要筹集赔款等原因，各省经费捉襟见肘。又由于经费筹措困难，难以保障战船得到及时修造。例如，奉天金州水师营额设战船10只，按照条例规定：战船自新造之年始，三年准其小修，又三年大修；再经过三年，如果尚堪修理，仍令大修。倘船只糟朽，不堪再修，验明题请新造。该营五号、九号战船系1834年由浙江省承造，七号、八号战船系1835年由福建省承造。按照规定，这4只战船应于1838年小修，是年遵例暂停；1839年例应补修，因闽、浙两省修船物料没有运到，不得不延缓至1840年小修一次。1842年为大修之年，因战争尚在进行，又不得不延缓大修一次。1843年，按例应当大修，又因闽浙风雨阻隔，物料不能运到，无法修理。是年，经盛京将军禧恩奏请暂时雇佣商船巡洋会哨，得到朝廷批准。② 到1846年为止，这四只战船已经失修4年，俱因驾驶日久，船体松弛，龙骨糟朽，

---

① 《两江总督陆建瀛奏为咨查千总周鳌督率水勇缉捕洋盗情形事》，道光三十年九月初四，中国第一历史档案馆藏录副奏折，档号：03—2996—034。
② 中国第一历史档案馆编：《鸦片战争档案史料》第七册，第350页。

底板残缺，不能使用，不堪再修。①

到了 1847 年，按例规定，应当拆解、改造之船，只好改为大修之船。又因浙江省未能按时解送桅、碇杉木等物料，连大修也无法进行。1849 年，一些战船自新造之年起，到这时已经使用了 16 年，都早已到达造年限。该船龙骨、底板均被蛆蛀，糟朽残破已极，不堪修理使用。② 在这种情况下，奉天巡洋船只完全等于虚设，巡洋缉匪，自然效果不佳。

1851 年，由于在渤海活动的广东海匪十分猖獗，所用盗船坚实巨大，本地战船相形见绌。盛京将军奕兴为此奏请添造 4 只战船（2 只米艇，2 只开风船），得到朝廷批准。但是当时又感到形势逼人，担心本年赶办不及，建议山东水师守备黄富兴在广东雇佣若干商船，驾回奉天，以资巡缉。黄富兴接到命令后，在广东沿海雇了 4 只开风艇船，每船雇募水手 10 名。并责成该守备驾驶新造艇船往来于奉天和山东交界之城隍岛一带洋面，与奉天所雇艇船协力巡防。务期两省声势联络，以防匪船乘虚袭击商船。③

如前所述，第一次鸦片战争之后，广东水师对于战船进行了改造，部分吸收了西方军舰的优点，但主体仍然保持了中国传统技术。问题是，大米艇是由广东人建造的，海匪不仅可以自行雇人建造大米艇，还可以从水师官兵手中乘其不备抢夺大米艇。因此，广东海匪驾驶的大米艇在东海、黄海和渤海横行无忌、肆行抢劫。沿海水师对于这种艇船望而生畏，纷纷走避。这也正是山东、奉天水师官兵奏请建造、调拨大米艇的主要原因。

1855 年，金州水师拥有 2 只米艇、2 只开风船。又经盛京将军英隆奏请将旧有战船先后报修、报拆，基本淘汰的战船内又检出 7 只，复加购料黏修，勉强使用。到 1857 年为止，4 只广东米艇、开风船中有 3 只已经行驶五年，未经修理，业已不堪驾驶。前次粘修的七只战船，仅剩

---

① 《盛京将军奕湘盛京副都统庆柱奏为循例修复水师战船以重海防事》，道光二十六年闰五月十五日，中国第一历史档案馆藏录副奏折，档号：03—3612—006。

② 《盛京将军奕兴盛京副都统乐斌奏为金州水师营战船失修朽坏请造成造新船事》，道光二十九年九月二十八日，中国第一历史档案馆藏朱批奏折，档号：04—01—36—0072—010。

③ 《山东巡抚陈庆偕奏报委员统带新造米艇与奉天雇船共同巡防两省交界洋面时》，咸丰元年七月十六日，中国第一历史档案馆藏录副奏折，档号：03—4240—034。

十号战船在海。金州营战船且不要说参与大的缉匪行动,就是常规的巡洋会哨活动也难以正常进行。①

1858年,盛京将军庆祺奏报"本年实无一船可驶"。"金州水师营原设战船十只,均已早逾报修、报拆例限,前已先后题请,并咨部行取南省造送之新船以及修船物料,该省均未及时解到。前任将军奕兴奏添广艇、开风等船四只已驶六年之久,未经修理,均亦不堪应用。而水师营每年派船八只,以六只巡哨,以二只守口。现在旧船既不堪用,而南省应解之船料又未解到,本年实无一船可驶……检查前任将军禧恩奏明,如师船不敷巡哨,准雇商船协同出洋,每船每日价银一两。嗣因战船候修,不敷拨用。曾经雇觅商船巡哨各在案,奴才等悉心计议,拟即仿照办过成案,雇觅商船三只,按日给价,每船计算巡哨日期,需银不过一百六十两,不惟巡防适用,而所费尚属无多。"②

(五) 山东战船修造情况

1840年以前,山东登州镇水师前营拥有12只战船,其中10只为赶缯船,2只为艍船,分为北、东、南三汛在洋巡缉。第一次鸦片战争结束,关于筹办海防善后事宜的上谕到达山东之后,山东巡抚托浑布、登州镇总兵玉明尽管认为现有水师战船很不适用,当广东《造船图说》提供的几种方案摆在面前时,他们所选择的仍是一种不利于在海洋上行驶的船型。他们的想法仅仅是这种战船在尺度上与旧有水师赶缯船大小相当,水师官兵比较习惯;在技术上看重的只是有风可以用帆,无风可以打桨。③

梁宝常继任山东巡抚的时间是1843年元旦,他到任之后,首先加强了北汛的兵力,在原来守备一员,把总二员,外委二员,额外外委一员,战守兵丁一百八十七名的基础上,"于登州添设游击一员,以北汛守备改作游击中军守备,此外再添设千总一员,把总二员,外委四员,

---

① 《盛京将军庆祺奏为奉天水师战船不敷本年巡洋拟请动项黏修旧船以济海防事》,咸丰七年二月初九日,中国第一历史档案馆藏朱批奏折,档号:04—01—01—0861—004。

② 《盛京将军庆祺奏为奉天水师战船不敷巡洋拟再为黏补并添雇商船事》,咸丰八年正月二十八日,中国第一历史档案馆藏朱批奏折,档号:04—01—36—0073—011。

③ 托浑布:《海防善后事宜折》,道光二十二年十一月十三日,《筹办夷务始末》(道光朝)卷六三,第23页。

额外外委五员，战兵三百二十名，守兵八十名。"① 针对托浑布、玉明拟订的海防善后章程还提出了修改意见。在他看来，托浑布、玉明二人是"披图立论"，未见该船驾驶情形，所选择的战船样式，只能在内河行驶，而不利于外海作战。他主张对于旧有战船全部加以改造，"今造新船，长短广狭似宜悉循旧制，惟船头改尖，船尾改宽，通船板片加厚，船旁大木加粗，先求坚固，以耐风浪。旧船载炮较少，弁兵放炮之处露身于外，别无遮护，今拟两旁多开炮门，头尾各安千斤大炮一位，两旁安千斤及三五百斤大炮。"他认为如此"稍变前轨"，便可以收到驾轻就熟的效果。对于火炮，他主张仿照广东新制火炮样式进行铸造，并制造炮架，安放滑车，借以提高火炮运动的机动性。梁宝常于1841年秋冬曾由朝廷被差往广东署理巡抚4个月，对于广东海防前线情况多少有所了解。就其基本观点来看，既然他主张仿造广东火炮样式，改造战船等武器装备，也就等于支持输入西方船炮技术。因为广东的新制船炮技术正是向西方学习的初期产物。②

1844年，于防夷善后案内，山东巡抚崇恩奏请添设水师后营，添造大战船4只。这些战船经过多年使用，或届拆造之年，或遭飓风损坏，到1848年，仅存十一、十二和十三号等三只战船可以使用。为了剿灭海匪，不得不临时雇佣民船。1850年，鉴于海匪在山东内外洋面活动日益猖獗，山东巡抚陈庆偕遵旨筹议海防。他认为，山东洋面辽阔，登州水师船小兵单，不敌盗船高大、坚固、敏捷。登州镇总兵以陆路兼辖水师，而不能亲身出洋督防，建议将登州镇改为水师，将该镇所辖陆路文登协副将亦改为水师，抽裁陆路兵丁，增加水师营兵丁四百名。在他看来，旧有之赶缯船历年既久，朽烂破裂。前因限于经费，未能依期整修，每要出洋，雇用民船顶替。而民船板薄钉稀，不堪与贼冲锋交战。

为此，他分析说："本年臣两次赴登，亲历各海口备防，盗船类皆高大、坚固，帆桨并施。风顺使帆，风逆使桨，出没于惊涛骇浪之中，飘忽迅疾，猝难擒制。其船内之炮械、火药以及抵御我炮之蓬板层网，

---

① 中国第一历史档案馆编：《鸦片战争档案史料》第七册，第181页。
② 梁宝常：《海防善后事宜折》，道光二十三年六月初四日，《筹办夷务始末》（道光朝）卷六六，第30—31页。

亦属精利坚厚。而我旧有之赶缯等船历年既久，朽烂破裂。前因限于经费，未能依限整修，每要出洋，率雇民船顶替，板薄钉稀，不堪与贼交锋……即捐造之快船，止寻常商贩船只，不能载运大炮，即使追及贼船，亦属技无可施。数年以来，盗匪在洋恣意劫掳，水师弁兵畏怯不前，因由平时训练无方，士气不振，亦实因船炮无恃，性命呼吸不能轻驱将士以身尝试。故自本年筹备防捕，亦参用旧舰，兼雇民船，深虑其船未能得力。"① 在他看来，江苏省所雇勇船中，只有广东米艇最为得力，为海匪所畏惧。应请黄富兴所等勇船前来山东协助剿捕。其船大者名广艇，船小者名开风船。驶于大洋，若行旱地，与贼舟相值，兵刃未接，先以巨炮击其桅篷。若贼败而逃，可以破浪穷追，一月之内，击毁贼船11只，擒获370余名，击毙贼匪100余名，海匪无不望风而逃，商民无不同声称快。

但是考虑到，雇募广东兵勇经费不资，而水师不设战船，究非经久之计。经过与在登州文武官员反复商议，陈庆偕奏请仿照广州米艇，建造若干只，分拨北、东、南三汛洋面，协力巡防，每只战船造价以及配设炮械、火药、弹丸等大约需要白银八千余两。计划拨出十万两白银，委派黄富兴前往广东，利用冬季，打造新的战船，配足炮位、器械。他说："臣非不知经费有常，当此制用孔殷之际，岂容轻糜帑项。惟盗匪虽经此次惩创，而凶焰难期敛戢。登属洋面西通天津，实为北洋咽喉。既蒙恩准添设水师重镇，而船炮、军械不求精利，则镇将亦同虚设。万一贼窥无备，仍图北窜，水师制胜无具，稍一示弱，则贼胜益肆，实于海防全局所关匪细。"②

（六）直隶战船的购买与雇佣

1842年12月，直隶总督讷尔经额奏请在天津镇所属大沽左、右两营、海口营、葛沽营、祁口营抽调700名善于凫水的弁兵，组建天津水师营；于通永镇所属中、左、右、北塘各营内抽调300名善于凫水的

---

① 《山东巡抚陈庆偕奏为山东登州镇属新设水师镇酌拟添造船炮事》，道光三十年九月初八日，中国第一历史档案馆藏录副奏折，档号：03—3615—027。
② 《山东巡抚陈庆偕奏为山东登州镇属新设水师镇酌拟添造船炮事》，道光三十年九月初八日，中国第一历史档案馆藏录副奏折，档号：03—3615—027。

人，组建通永镇水师营。购买坚实商船20只，每只可容五六十人。"现议于购船二十只内，以十三只归于天津镇，以七只归于通永镇。"① 委派明白风潮之弁兵，分载火炮火器，勤加训练。

从上述情况可以看出，沿海各省督抚和水师提督为了修造战船想了不少办法。但是，由于筹集军费困难，加之思想上的因循守旧，严重制约着沿海各省战船修造的速度、数量和质量。战船不能及时修造，洋面自然不能保持足够的水师力量。这应是两次鸦片战争期间海匪活动猖獗难于得到镇压的主要原因之一。

五　参劾提镇大员

1843年3月16日，署龙门协副将、肇庆水师营参将张斌带领兵船，在南沙尾外洋巡洋，遇盗，被劫去炮械、关防。他却谎报说揣在怀内，落水遗失。事后，查明真相，其关防"确系被贼匪过船拒捕劫取，并非张斌揣在怀内，落水遗失"②。两广总督祁𡎈与广东水师提督吴建勋于是年4月22日专折奏请，将其革职，留缉。而于留缉之后，张斌并未亲自查获一犯。为此，祁𡎈再次奏请将张斌先在海口枷号两个月，满期后，发往新疆效力赎罪。

1844年2月6日，两广总督祁𡎈奏请说，他到广东任职后，访闻羊英科熟悉洋务，巡缉认真，是以将该员由游击提升为参将，又由参将提升为副将。旋因南澳镇总兵员缺乏人，又令其接署总兵官。羊英科的快速升迁，显然是得到了祁𡎈的大力提拔。然而，羊英科署理总兵之后，器量狭小，遇事任性的毛病彻底暴露，选补粮缺不能公允，贪得无厌，且不能约束士兵，以致营中啧有烦言。"臣不敢因系臣任内奏升之员，稍为回护。相应据实奏明，请旨将羊英科降为把总，留于水师营差委，以为武员不职者戒。"③

---

① 中国第一历史档案馆编：《鸦片战争档案史料》第七册，第89页。
② 《两广总督祁𡎈广东巡抚程矞采奏为拿获廉州洋面盗匪审明情形并将疏防镇将分别惩处事》，道光二十三年七月十九日，中国第一历史档案馆藏朱批奏折，档号：04—01—01—0812—043。
③ 《两广总督祁𡎈奏为特参升署广东大鹏协副将羊英科请降为把总留水师营差委事》，道光二十三年十二月十八日，中国第一历史档案馆藏朱批奏折，档号：04—01—16—0155—139。

1846年夏季，两广总督耆英前往硇洲检阅水操。在耆英看来，该营官兵不仅枪箭中靶不过四五成，而且施放大炮极为生疏，装药下子全不讲求。时值海防吃紧之际，护理平海营参将、硇洲营都司凌廷飐玩忽职守，于训练士兵极不认真。为此，奏请将凌廷飐革职，以示惩儆。所有该营备弁均行注册，停俸一年，以示惩罚。①

1847年春季，由于在江苏佘山外洋连续发生海匪袭击商船事件，经署任两江总督李星沅与江苏巡抚陆建瀛奏请，将苏松镇总兵林明瑞、狼山镇总兵皂升革职留任，以示惩戒。是年5月28日，道光皇帝谕令兵部严加议处。经兵部查议："此案苏松镇水师总兵林明瑞、狼山镇水师总兵皂升于所辖洋面先后被劫七案之多，未据报获一犯，且于营汛应议职名延不查开。经该督奏参，交部议处……应将苏松镇水师总兵林明瑞、狼山镇水师总兵皂升照洋面失事，统巡官转报职名迟延降一级留任本例上加等，议以降三级留任。"②

1847年夏季，鉴于江省洋面连年盗劫风行，两江总督李星沅与江苏巡抚陆建瀛一面饬拨沙船，加派弁兵，无分畛域，相机兜截；一面饬令文武干员协同水师查缉岸上接济，搜拿登陆海匪。是年夏季，各营县连续拿获海匪。据崇明县禀报，侦破抢劫黄春荣案内，拿获盗船2只，盗犯20余名；又据川沙厅禀报，缉获抢劫外国商人娄丽华案内，拿获盗犯11名；又据狼右营禀报，缉获抢劫魏金戴案内，拿获盗犯多名。但是，海匪活动依然猖獗。"自九月以来，接据崇明县、宝山县禀报：内洋外海匪案仍复不少，而苏松洋面失事，比狼山、福山为多。"③ 而降三级留任之苏松镇总兵林明瑞却以旧症复发为借口，擅自带兵返回崇明。在陆建瀛看来，林明瑞任苏松镇总兵多年，于海洋劫掠案内，既不能防范于先，又不能于降三级革职留任处分之后，有所愧悔，竭力图报。旧案既多未获，新案又复频发。当此缉捕吃紧之时，又想回署就

---

① 《两广总督耆英奏为特参护理平海营水师参将凌廷飐玩视操防请革职事》，道光二十六年六月初六日，中国第一历史档案馆藏录副奏折，03—2932—009。
② 《大学士管理兵部事务卓秉恬等奏为遵旨严议苏松镇水师总兵林明瑞等员疏防洋盗事》，道光二十七年四月二十七日，中国第一历史档案馆藏录副奏折，03—2934—099。
③ 《两江总督李星沅江苏巡抚陆建瀛奏为特参苏松镇总兵林明瑞巡洋不力请旨革任仍留洋面协缉事》，道光二十七年十月十八日，中国第一历史档案馆藏朱批奏折，档号：04—01—01—0824—043。

医，乃是尸位素餐。为此，请旨将林明瑞即行革职，仍留洋面，协缉，以为托病迁延者戒。

1848年10月13日，赣榆县民李太标在开山东五十余里洋面被劫，收泊阜宁县海口，就近呈报。该县饬令其指明失事处所，系在东海营内洋之外，因东海营意存推诿，经前督臣李星沅复行批饬："嗣后东海等营洋面失事应以各营分界东西直出之红线为准，各归各营参缉，不准仍执内外洋分界与北斜出此红线为词。"李太标一案，即归东海营承缉，考诸图说，证以现在情形及事主所指，洵为公允。①不料，于数月之后，东海营都司赵长庚又详称，该处洋面应归庙湾营巡缉。按照清代前期律例规定，海洋失事例，凭事主之报词及存营洋图为准，而洋图内两营交接处及分别内外洋之处俱画红线为界，一经事主指定，即不准稍有推诿。

江苏省之海州安东、阜宁、盐城营州县地处滨海，每有商民贩运货物由内洋往来山东等处，向不经行外洋，是以额设东海、庙湾、盐城内河水师三营巡哨防护，遇有失事，即照疏防内洋盗案例，参处。道光晚期，内洋逐渐淤垫，原来在内洋航行的沙船航线不得不向外有所移动。"是昔日之外洋今已变为内洋"。②每遇盗案，东海等三营往往执从前图内分界之红线，以外洋失事不能参及内河水师借为口实，希冀规避处分。

开山岛，现在被誉为"海上布达拉宫"，位于灌河入海口处，外形呈馒头状，海拔36.4米，总面积1.5万平方米，全岛由黑褐色的岸石组成，属基岩岛屿，怪石嶙峋，陡峭险峻。岛上无树林泥土，亦无淡水水源，踞于烟波浩淼之中。南、北、东三岸为岩石陡岸，西南为水泥岸壁码头，高潮时可靠船登岛。于此可以看出，道光时期安东、阜宁、盐城三营管辖的内洋向外红线有所移动，江苏北部的内洋与外洋一样都非常开阔，而且随着淤积的沙洲不断向外延伸。两江总督陆建瀛派人查明，东海营都司赵长庚属于借口推诿。为此具折，请旨，将其革职，暂

---

① 《两江总督陆建瀛奏为特参东海营都司赵长庚借口诿过事》，道光二十九年八月二十六日，中国第一历史档案馆藏录副奏折，档号：03—2940—090。

② 同上。

行留任,勒令追拿正盗、真赃。倘敢玩纵,另请革职。①

1848年夏季,山东洋面盗匪活动异常猖獗,登州水师后营所辖内外洋面仅在六月间商船被盗劫至20起之多,该营游击陈振疆坐拥舟师,安居口岸,事前既无防卫,事后又不能捕获一犯。借口船小兵单,推诿责任。② 为此,山东巡抚徐泽醇奏请将水师后营游击陈振疆等人一并革职,勒限在两个月内,随同新任之员捕获正盗、真赃。

1849年春季,吴川营都司委署广海寨游击邝勉本年春季轮值总巡,督带战船出洋巡缉,于3月19日巡至娘澳洋面,饬令额外外委何廷安管驾第一号米艇、外委卢焕章管驾第八号捞缯船、外委朱振元管带第七号捞缯船驶往港口修理,该署游击管驾战船,向东巡缉。3月24日,何廷安等人正在修理战船,被海匪船只攻击,所修战船有的被烧毁,有的被掳去。6月11日,琼州镇署总兵何芳统带战船巡缉。由于海口营乃是琼州门户,饬令署海口营参将陈魁伦带兵堵截盗船。该参将却以探无贼船为借口,擅自将该营战船驶入西沙港内修理。是月16日至19日,署总兵何芳在洋攻盗失利。陈魁伦因战船修理搁浅,未能带船救助。这两起事件均是总兵官处置不当,严重失职事件。为此,两广总督徐广缙与广东巡抚叶名琛具折请旨,将署海口营参将碣石镇标中军游击陈魁伦、署广海寨游击吴川营都司邝勉等一并革职,均从重发往新疆效力赎罪,以为昏懦不职者戒。③

1851年,广东艇匪阑入福建沙埕洋面,设醮唱戏,然后由沙埕北驶。是时,署闽浙总督裕瑞一面奏参剿捕迟延不力之水陆文武各官;一面咨行福建水师提督郑高祥、福宁镇孙鼎鳌等统帅兵船北上追剿;并饬令浙江定海、黄岩、温州三镇总兵各率兵船会合堵截。浙江巡抚常大淳接到闽浙总督咨文,旋即饬令定海镇、黄岩镇、温州镇以及宁波府道加强警戒,积极堵截。然而,广东艇匪于是年11月仍然明目张胆驶入石浦洋面,乘坐小船登岸,恐吓居民,强索财物。这在闽浙总督季芝昌看

---

① 《两江总督陆建瀛奏为特参东海营都司赵长庚借口诿过事》,道光二十九年八月二十六日,中国第一历史档案馆藏录副奏折,档号:03—2940—090。
② 《山东巡抚徐泽醇奏为特参水师后营游击陈振疆玩视洋面巡防事》,道光二十八年七月二十二日,中国第一历史档案馆藏录副奏折,档号:03—2935—047。
③ 《两广总督徐广缙与广东巡抚叶名琛奏为特参署广东海口营参将陈魁伦等员昏懦不职事》,道光二十九年十一月十五日,中国第一历史档案馆藏录副奏折,档号:03—2941—051。

来，海匪敢于在石浦洋面蚁聚、窥伺，历时长达 20 余天。定海镇总兵周士法、黄岩镇总兵汤伦、署温州镇总兵池建功于事先毫无准备，任其自由来去，登岸掳掠。事后，经浙江巡抚反复催令，该镇等复敢置若罔闻。为此，他奏请将江周士法、汤伦、池建功三人一并先行摘去顶戴，勒令迅速会剿。①

1852 年冬季，浙江海坛镇属娘宫澳洋面有闽浙商船 17 只被海匪截住，每船勒索白银四百两。勒限期满，海坛镇总兵沈河清并未捕获一犯。经兼属闽浙总督怡良、福建巡抚王懿德奏请将海坛镇总兵沈河清革职。②

1853 年春季，因闽浙总督季芝昌、福建巡抚王懿德先后揭参福建水师提督郑高祥乘船头晕，于剿匪时畏葸不前，司空见惯。由于事关提督大员职责，咸丰帝谕令福州将军兼属闽浙总督怡良与福建巡抚王懿德确查具奏。经过查实，怡良与王懿德专折奏报说："遵查水师提督郑高祥。上年臣王懿德与前督臣季芝昌风闻该提督染患头晕之症，每遇乘船辄即发作。当以水师专重巡洋，若乘船即晕，万一遇有紧要事件，必须立即出洋，迫不及待，势必贻误时机。正在确查奏办间，适有广艇匪徒闽洋肆扰时，臣王懿德与季芝昌商酌，以郑高祥能否出洋，传闻头晕是否真实，正可借此别其真伪。即奏明由该提督亲督舟师，调度巡缉。旋因该提督借词延宕，畏葸不前。复经季芝昌会同臣王懿德据实奏参，奉旨革职，仍责令带罪出洋剿捕，以观后效。时臣怡良业已奉命兼属督篆案查，艇匪自入闽洋已将半载，去来无定。闽省水师未能痛加剿洗。该提督畏葸迁延，实难辞咎。"③

1853 年夏季，温州镇总兵陈世忠因奉调统率师船前赴江苏堵剿太平军，诚恐温州镇所辖洋面空虚，咨请浙江提督饬令黄岩镇总兵汤伦兼辖该处兵船，就近兼顾温州洋面。汤伦对此并未表示异议。黄岩镇标中、左、右三营水师，额设兵丁 1000 余名，战船多艘。是年夏季，浙

---

① 《闽浙总督季芝昌奏为特参浙江定海镇总兵周士法剿捕洋盗迟延请摘去顶戴勒剿事》，咸丰元年十一月初二日，中国第一历史档案馆藏录副奏折，档号：03—4332—049。
② 《兼属闽浙总督怡良奏为福建海坛镇水师总兵沈河清玩视捕务请旨革职并委令钟宝三护理事》，咸丰三年二月初九日，中国第一历史档案馆藏录副奏折，档号：03—4241—038。
③ 《兼属闽浙总督怡良福建巡抚王懿德奏为福建水师提督郑高祥溺职请旨革职事》，咸丰三年二月初九日，中国第一历史档案馆藏录副奏折，档号：03—4241—039。

江提督叶绍春带兵攻盗，经过温州洋面，并未见有黄岩镇兵船在洋巡缉。经叶绍春查明，汤伦于接到咨文后并不认真遵守，捏报管驾兵船出洋，弄巧成拙，实系乘坐肩舆，由陆路返回。此事经浙江提督叶绍春揭参，旋经福州将军有凤查实，奏请将捏报出洋之浙江黄岩镇总兵汤伦革职究办。①

1853 年秋季，福州将军有凤兼属闽浙总督后，饬令署闽安协副将赖信扬挑选坚固战船前往海坛、闽安一带洋面巡缉，而后又增派署烽火门参将王超前往协剿。然而因赖信扬、王超一味因循，毫无振作，核计海坛营所辖洋面是年劫案有 13 起之多，闽安营所辖洋面有 6 起，合共 19 起，并未侦破一案。在有凤看来，福建水师捕务废弛已极，若不据实严参，何以昭炯戒，而靖海氛。为此，奏请将巡洋不力之署闽安协副将赖信扬革职留任，勒限严缉；将署烽火门参将福宁镇标左营游击王超摘去顶戴，随同巡缉。②

1854 年秋季，大股海匪船只窜至温州洋面。经温州道、府多次催促，署温州镇总兵池建功总以兵饷短绌，借词支饰，按兵不动。是时，由于太平军进军江浙地区，引起社会剧烈动荡。浙江财政困难，一切经费必须设法筹办。若必须等待经费到位，始行出洋，必定贻误军机。在闽浙总督王懿德看来，池建功的迁延行为，实属规避行为，若不从严参处，何以示儆。为此，奏请将借词规避之署浙江温州镇总兵乍浦协副将池建功革职留缉，以观后效。③

1858 年秋季，广东水师提标后营所辖洋面盗船活动频繁，抢劫频闻，署游击吴佺光却充耳不闻。经广东水师提督吴元猷揭参，由两广总督黄宗汉奏请将吴佺光立即革职，仍责令自备斧资，留在本营洋面缉捕海匪，以观后效。④

---

① 《福州将军有凤奏为特参浙江黄岩镇总兵汤伦捏报巡洋违例程轿请予革职事》，咸丰三年十月二十四日，中国第一历史档案馆藏录副奏折，档号：03—4196—071。
② 《福州将军有凤奏为特参福建闽安协副将赖信扬署烽火门参将王超巡洋不力请分别革职留任摘去顶戴事》，咸丰四年正月二十八日，中国第一历史档案馆藏录副奏折，档号：03—4197—056。
③ 《闽浙总督王懿德奏为特参署浙江温州镇总兵池建功藉词规避懒于巡洋请于革职事》，咸丰四年十月二十七日，中国第一历史档案馆藏录副奏折，档号：03—4199—110。
④ 《两广总督黄宗汉奏为特参署广东水师提标后营游击吴佺光捕务废弛请革职留缉事》，咸丰八年九月初八日，中国第一历史档案馆藏录副奏折，档号：03—4215—002。

1859年秋季，海坛镇所辖洋面失事之案接连发生。7月13日，该镇"永"字六号哨船在本镇所辖石牌洋面被盗船十只围拢牵劫，三名水手被炮火击毙。8月10日，自台湾乘船前往福州省城参加考试的学生在该镇所辖白犬洋面被劫。8月24日，台湾县知县于湘荃在该镇所辖湄州一带洋面被劫。在闽浙总督庆端看来，该管巡洋员弁缉捕废弛已极。为此，奏请将海坛镇总兵颜青云、护理海坛左营游击烽火营守备江国珍等摘去顶戴，勒限严缉。①

上述事例，只是两次鸦片战争期间清廷大量惩罚水师将领事例的一小部分。从中我们看到，有的是因为洋面接连失盗，巡洋官兵不能在限期内破获；有的是因为水师将领对其所辖洋面疏于管理，不能正确履行其职责；有的是因为将领庸懦，战船劣势，不敢冲锋陷阵。尽管原因各自不同，但都可以归结为水师将领不能认真履行其职责。大量的惩罚事例，并没有起到应有的督责作用。水师腐败已极，乃是不争的事实。沿海水师既然无法镇压海匪活动，怎能期望其在反击西方列强的战争中发挥捍卫祖国主权的中流砥柱作用。

六　英国鸦片走私贩在深沪被劫杀案

在中国沿海活动的海匪不仅有中国籍的洋盗，也有外国籍的夷盗。这些"夷盗"主要从事鸦片等走私活动，甚至敢于公开进行抢劫，水师官兵遇到这类海匪无不退避三舍，生怕误拿，引起外交纷争。例如，1846年6月9日（道光二十六年五月十六日），一艘三桅"夷盗"船在崇明县东北之大沙头洋面行劫华商程增龄布船，一名白夷带领二十余名黑夷，跳上中国商船，不仅劫去大量货物，而且杀伤杀死中国商船水手多名，并将货船凿沉。只有一名中国水手落水获救，赶回上海呈报。6月22日，英国驻上海领事巴富尔（George Balfour）认为，该劫杀事件发生在远离中国海岸的大沙头洋面，劫杀者属于海盗。"为万国之仇敌，有能捕之诛之者，自万国所同愿。故各国兵船在海上皆可捕拿。"② 遂

---

① 《闽浙总督庆瑞奏为护理福建海坛镇总兵颜青云等疏防洋面劫案请摘顶勒缉事》，咸丰九年十一月初七日，中国第一历史档案馆藏录副奏折，档号：03—4398—062。

② 丁韪良等译：《万国公法》，上海书店出版社2002年版，第61页。

派遣兵舰前往搜捕。该兵船追至佘山以东200里洋面，未见"夷盗踪迹"，返回上海。① 该案始终未破。②

大沙头，又称大河头，"在崇明东北数百里之外"，大致位于佘山之北，废黄河口以南，由苏北海岸向黄海延伸的"五条沙"的东端，距离中国大陆海岸300—380里，处在自上海前往山东荣成的航线上，属于江苏狼山镇右营管辖之外洋③。案发之后，两江总督璧昌咨请两广、闽浙督抚协助查拿。该事件的性质仍然是外国强盗在中国管辖的外洋劫杀中国商人和水手的海上劫掠事件。两广总督耆英接到咨文，认为英国兵船追缉"夷盗"难保不乘风北驶，逾越通商口岸洋面，违犯条约规定。"未便因系捕盗，致与条约不符。"为此，他照会德庇时（John Francis Davis）将驻上海英国领事巴富尔所派兵船立即撤回，希望英国遵守《五口通商附粘善后条款》中关于"五口以外英夷兵船不准驶到"的规定。并奏请道光皇帝谕令沿海各省督抚认真追捕夷盗，"但不得妄拿滋衅"，"倘有失误，殊于抚夷大局有碍"④。当时，耆英对于"海盗"和"海上劫掠者"的定义未必了解，然而他认为英国兵船不应违犯条约规定，到五个通商口岸以外的中国洋面去，这个看法则是正确的。

10月16日（道光二十六年八月二十七日），道光皇帝谕令指出："夷盗在洋行劫，果能辨认明确，自应知会广东，交该酋自行办理。至内地奸民难保不装点夷船式样，巧避查拿，任意在洋游奕。该管营县等即明知并非夷船，又恐一经误拿，夷人有所藉口，致启衅端。因而相率因循，不肯认真查究。该洋盗等窥破此意，益复毫无畏忌，恣情劫掠。又安望盗风日息，海宇肃清耶！"⑤ 道光皇帝一面谕令沿海文臣武将认真查拿夷盗，一面谕令各该督抚等不动声色，详细辨认，要求查拿海匪，确有把握，不得稍有舛错。投鼠忌器心理可谓溢于言表。

---

① 中国第一历史档案馆编：《鸦片战争档案史料》第七册，第691页。
② 《奏为密陈相机酌情查办英夷商船在闽洋面被洋匪劫掠杀害一案各情由》，道光朝，中国第一历史档案馆藏朱批奏片，档号：04—01—30—0515—006。
③ 中国第一历史档案馆编：《鸦片战争档案史料》第七册，第692页。
④ 同上。
⑤ 《奏为严饬各水师严缉洋面遇有夷盗船只查明跟踪防范事》，道光二十六年，中国第一历史档案馆藏朱批奏折，档号：04—01—03—0056—006。

投鼠忌器也好，小心翼翼也罢。这并不能防范侵略者借端滋事。1856年10月8日，广东水师在"亚罗号"上逮捕几名海盗和涉嫌水手。中国水师在中国洋面缉拿海匪嫌疑者，天经地义。这纯系中国行政主权，与英国毫不相干。然而，英国驻广州代理领事巴夏礼致函两广总督叶名琛，称"亚罗号"是英国船，认为水师兵弁在中国水面逮捕海盗的行为是侮辱英国国旗，要求送还被捕者，并赔礼道歉。这完全是强盗逻辑。叶名琛据理反驳，态度强硬。英军以此为借口，向广州发动了军事进攻。第二次鸦片战争由此爆发。

无论是第一次鸦片战争爆发之前、战争进行时，还是战争结束之后，英国外交官始终都是海匪活动的支持者和纵容者，这是因为鸦片贸易的走私性质决定必须依靠中国沿海的不法分子来完成。在相当长的时间内，中国鸦片走私者是在英国的炮舰保护下进行的。在中国海匪群体中，固然有一些失业的水手和破产的渔民，但不可否认其中就有鸦片走私者。鸦片走私者也好，强盗也罢，他们都是中国沿海社会秩序的破坏者，都是害群之马。这些强盗从来不讲道义，从来不信法律，尔虞我诈，黑吃黑的事件经常发生。鸦片走私在沿海各地公开进行，清朝官员对此曾表示多次抗议，要求英国停止鸦片走私贸易。

英国公使璞鼎查（Henry Pottinger）则多次向耆英等人反复提出鸦片贸易合法化问题。在1843年7月8日给耆英发出的第四份备忘录中，璞鼎查再一次说明了英国政府促使鸦片贸易合法化的基本立场。他说："我已向我国政府汇报了自从我到中国以来有关鸦片贸易的一切言行。并且得到指示：英国政府尽管倾向于停止英国人所从事的贸易，但却无力改变现状，即使他们有这个能力也不可能阻止其他国家的公民向中国输入鸦片的行为。还需要明确指出的是，除非鸦片贸易合法化，否则即使希望携带鸦片的英国远洋货船不被干涉，也是不可能的。在中国官兵和走私者之间的冲突是在所难免的。这些走私者是在外海的货船上进行交易的。在所有的可能性中，流血冲突是不可避免的，混乱状态将充斥在这些鸦片交易不合法地区。卷入这些事件中的人们将比那些购买使用鸦片的人更难管理。只有解除鸦片的禁令，才能使鸦片使用量逐渐减少……中国政府可以在鸦片贸易上获得巨大收入，这样的税收比率将会立即使走私及相应的罪恶停止。我再一次请求朝廷的大臣将我的文件作为处理鸦片贸易的参考，同此保持一致，并且做全方位的考虑。我再次强调，如果我的政府有能力阻止将鸦片带入中国，我们会这么做；但是即使能够阻止英国远洋货船运输鸦片，其他国家也将会输入同等数量的鸦片，英国政府是无权干涉的。"① 这种说辞的逻辑是十分荒谬的，鸦片走私贸易也好，海匪横行也罢，本来就是英国政府纵容支持的结果。英国外交官倒打一钉耙，却说海匪问题的产生，鸦片走私问题的存在，是由于鸦片贸易没有取得合法化的地位。因为中国人需要鸦片，即使英国人不把鸦片运输到中国，其他国家的商人也要进行鸦片走私贸易。长期以来，英国外交官和英国皇家海军对于中国沿海的海匪并没有采取任何敌对行为。但是，1847年2月7日在泉州湾深沪洋面发生的黑吃黑事件，使英国开始改变其对海匪的一味怂恿支持态度。

鸦片走私犯与夷盗的横行霸道，既引起中国海匪的模仿，又引起中国海匪的嫉妒和仇杀。1847年2月7日（道光二十六年十二月二十二日）傍晚，在泉州府深沪湾的英国鸦片走私船双桅纵帆船"卡罗莱"（Caroline，当时有人将其译成"甲讷来"，有的译为"客勒稜"）号和"欧米加"（Omega，当时有人将其译成"阿弥格"，有的译为"阿咪喀"）号同时遭到广东海匪的袭击，船上的鸦片及贩卖鸦片所得的金钱被抢劫一空，有30余名船员被杀。"欧米加"号上一名水手因受伤跌落舱内，侥幸逃回厦门，报告英国厦门领事列敦，经列敦转报英国驻福州领事。英国驻福州领事若逊（Jackson, Robert Belgrave）向闽浙总督刘韵珂发出照会，要求缉拿该案海匪。据驻厦英夷领事列敦照会："本月二十日傍晚，有客勒稜、阿咪喀二桅货船两只停泊深沪洋面。戌刻，突有澳门大捕鱼船二只，每只乘坐四十余人，驶近货船，分头攻击。客勒稜船主旃白冷同夥长、水手人等共十六名，均跳落小杉板船逃避，因船小沉溺，当被盗匪殴毙。尚有一人带伤落舱。阿咪喀船主默佛冷同水手人等约共十五人，亦被盗杀，无踪。现在客勒稜船业已有信，阿咪喀船尚无下落，求为查拿，等由。"② 事发之后，兴泉永道恒昌得知这一消息，立即禀请福建水师提督衙门，水师提督窦振彪星夜派员前往查拿，

---

① *Sessions Opium War and Opium Trade 1840–1885*, *British Parliamentary Papers*, *China 31*, Irish University Press, p. 287.

② 《闽浙总督刘韵珂、福建抚臣郑祖琛、水师提督窦振彪奏为查办洋盗抢劫并杀死英夷商船水手事》，道光二十七年正月二十二日，中国第一历史档案馆藏录副奏折，档号：03—2934—053。

查无盗船踪迹。次日，在金门（峿屿）洋面发现"卡罗莱"号。英国厦门领事列敦前倨后恭，对于兴泉永道恒昌等积极选派员役查拿，"极称感谢"。

闽浙总督刘韵珂和福建巡抚郑祖琛接到若逊的照会，感到极为震惊。他们认为："盗匪在洋劫掳，本为商旅之害。兹复行劫夷艚，并杀死多夷，情节尤凶，若不严拿惩办，窃恐匪胆日炽，群起效尤，将来内地商船亦同遭劫掠，贻害海疆，殊非浅鲜。"同时认为，该夷船被劫时值昏夜，即使该管舟师游巡不定，亦属瞭望不明。其所辖洋面失事，至少失于防范，难辞其咎。随批饬该道遵照查讯，并檄行金门镇查明专巡、协巡等巡洋员弁，先行摘顶棍责，照例勒限缉拿。"除飞速咨行闽省水师合力搜捕，并飞咨钦差大臣及江南、浙江各督抚臣一体严饬舟师堵缉，仍饬该道俟落舱夷人伤痕痊愈，即查照前情，讯取确供，禀送查覈。一面移行沿海营县，赶紧打捞各夷尸，送交厦门夷领事收领，并严拿是案正盗，务获究办，及饬晋江县勘明失事处所，先行绘图具详。统俟限满有无弋获，再行照例参办。"① 按照奏折中所采取的措施，刘韵珂、郑祖琛和窦振彪对待这一事件的处置是极为认真的、积极的。但是，这只是程序化的处置，只是表面文章。他们的真实思想表现在其所奏的附片中。

在附片中，闽浙总督刘韵珂、福建巡抚郑祖琛和福建水师提督窦振彪共同表达了幸灾乐祸的心理——"不咎所防之或疏，但恨所杀之太少"。他们这样说："英夷自犯顺以来，侵占我城池，蹂躏我土地，扰害我人民，耗散我财赋，其罪大恶极，实为神人所不宥。迨蒙圣主宏覆帱之仁，该夷犹逞豺狼之性，多方挟制，肆意要求，其狂悖情形不独我皇上宵旰忿嫉，即在事臣工亦莫不饮恨吞声，共深切齿。乃该夷商船竟被洋匪邀截海上，掳掠杀害，虽未大张天讨。实为痛快人心。臣自抵任以来，凡遇海洋报劫之案，无不以捕务废弛，严檄申饬，而独于此次闻报后，转觉心安理得，不咎所防之或疏，但恨所杀之太少。然论情固稍伸公忿，论事仍尚须羁縻。既据该领事吁恳缉拿，自未便置之不议，致

---

① 《闽浙总督刘韵珂、福建抚臣郑祖琛、水师提督窦振彪奏为查办洋盗抢劫并杀死英夷商船水手事》，道光二十七年正月二十二日，中国第一历史档案馆藏录副奏折，档号：03—2934—053。

日后有所借口。故臣前接领事若逊申文,当即飞檄行查。迨兴泉永道恒昌等具禀到日,复又分别咨行严密查拿。并将巡洋员弁摘顶棍责,以为阳示笼络之计。至该夷被劫何货,共有若干,该领事先后来文均未提及,难保非因被劫之赃系违禁货物,故不敢据实呈报。如果系属禁物,此番受创以后,该夷等亦当心存畏惮,稍为敛戢,第夷情诡诈,此时即自知违禁,各安缄默,将来恃无质证,未必不逞刁晓渎。"① 1847 年 4 月 12 日(道光二十七年二月二十七日)道光皇帝谕令内阁,要求福建水师积极查拿,"从严参办,不得因劫系夷船,少存歧视"②。

在泉州湾深沪洋面发生如此重大的劫杀外国人案件,尽管属于"黑吃黑"性质,而闽浙总督刘韵珂和福建巡抚郑祖琛意识不到海匪问题的严重性,反而幸灾乐祸,不仅"不咎所防之或疏,但恨所杀之太少",表现出十足的昏庸和无能。在他们看来,被劫杀的英国商人和水手从事的是非法贸易,"此番受创以后,该夷等亦当心存畏惮,稍为敛戢"。

七 中英海军合力镇压海匪

第一次鸦片战争后,在中英《五口通商附粘善后条款》中规定:"凡通商五港口,必有英国官船一只在彼湾泊,以便将各货船上水手严行拘束,该管事官亦即借以约束英商及属国商人。其管船之水手人等悉听驻船英官约束,所有议定不许进内地远游之章程,官船水手及货船水

---

① 《奏为密陈相机酌情查办英夷商船在闽洋面被洋匪劫掠杀害一案各情由》,道光朝,中国第一历史档案馆藏朱批奏片,档号:04—01—30—0515—006。按语:这一附片应是闽浙总督刘韵珂为查办洋盗抢劫并杀死英夷商船水手事一折附片。是时,徐继畲因接到广西巡抚任命,正在前往北京觐见途中,道光二十七年正月初七日行至杭州,又奉朱批:"著军机处咨:道光二十六年十二月二十五日内阁奉上谕:郑祖琛调补广西巡抚,福建巡抚著徐继畲调补。徐继畲接奉此旨,无论行抵何处,即驰驿折回新任。郑祖琛著俟徐继畲到任,交卸后再赴新任。"(《授闽抚谢恩疏》,见《松龛先生文集》卷二,第13页)"道光二十七年二月初一日行抵延平府境,准调任抚臣郑祖琛将钦颁福建巡抚关防、王命旗牌委员赍送前来,臣恭设香案,望阙叩头祗领,任事。初六日到省。"(《报接任疏》,见《松龛先生文集》卷二,第14页)于此可见,徐继畲没有机会参与处理泉州特大劫杀英国商人盗案。虽然,尚未排除郑祖琛上奏的可能性,而根据闽浙总督刘韵珂和福建巡抚郑祖琛的上述奏折,可以推断这一附片也是闽浙总督刘韵珂于道光二十六年十二月二十六日所奏。

② 文庆等编:《筹办夷务始末》(道光朝)卷七七,台北:文海出版社1972年版,第6478—6483页。

手一体奉行。其官船将去之时，必另有一只接代，该港口之管事官或领事官必先具报中国地方官，以免生疑；凡有此等接代官船到中国时，中国兵船不得阻拦。"① 此处的中文"英国官船"，在条约中的英文是"English Cruizer"，是指一只巡洋舰。这样，英国兵船就取得了在中国通商口岸停泊和部分洋面行驶的权利。但是，《五口通商附粘善后条款》对于英国兵船的数量和行驶、管辖范围均有明确规定。其一，"其官船将去之时，必另有一只接代"，即在一个通商口岸不得同时停泊两只或两只以上的英国官船；其二，该官船必须遵守不许进内地远游的章程规定，即不得前往中国非通商口岸的港口和洋面；其三，英国官船只能约束英国及其属国商人和水手，即不得将其管辖权施加于任何一名中国人。然而，英国外交官和军官并不遵守这些限制性规定。两次鸦片战争时期，英国海军多次派遣兵船游弋在中国洋面和内河，甚至敢于派遣舰队，公开挑衅中国要塞驻军，攻击珠江口、马江口和白河口的中国炮台，多次将中国炮台上的大炮炮眼钉塞。例如，1847年4月2日上午（道光二十七年二月十七日巳刻），英国派遣三只火轮船和数只划艇驶入虎门海口。火轮船上的士兵随带竹梯，坐驾划艇，划到上下横档炮台和镇远炮台海边，该处守台官兵见来者不善，遂将炮台大门关闭。而英国士兵携带钉锤，登上炮台，乘机将该炮台上的炮眼分别钉塞。各守台官兵因事起仓促，没有任何抵抗。英国士兵将炮眼钉塞之后，即蜂拥回船，驾驶进口，入侵珠江。②

平心而论，在国际之间，外交方面的纵横捭阖，军事上的恫吓或战争，无非为了谋求当事国最大的优先的商业利益。海匪抢劫英国鸦片走私商的行为，不仅为害中国商人渔民，而且影响地方文武官员的仕途升迁，同时也伤害了英国鸦片利益集团的某些利益。在这种形势下，出现了中国海军与英国海军"合作"打击海匪的行动。

1849年3月1日（道光二十九年二月初七日），经过长时间精心准备，闽浙总督刘韵珂派遣福建水师提督窦振彪率领兵船26只，开赴浙江洋面，准备联合浙江水师和江苏勇船向海匪老巢——渔山开始发动全面围攻。他奏报说："臣前因浙洋之渔山一岛，向为盗匪盘踞之所，当

① 王铁崖编：《中国旧约章汇编》，生活·读书·新知三联书店1957年版，第36页。
② 中国第一历史档案馆编：《鸦片战争档案史料》第七册，第797页。

即查明该山形势，发给图说，咨行浙江提镇，雇募渔船，随同师船订期会剿，并将咨行会剿缘由，于上年十二月十八日敬陈闽浙洋面情形折内声明奏报。嗣因该岛口门极为险要，必须乘潮乘风，方可设法攻击，而每年风潮又惟二、三两月最为顺利。复密饬黄岩、温州二镇赶紧雇备渔船，会督师船，及时剿办，并咨行浙江提臣善禄、定海镇总兵郑宗凯各率舟师驶赴江浙交界各洋面，扼要截拿，以杜匪艘北窜。并因茫茫巨浸，盗艘处处可通，恐浙省提镇两标师船截拿未能周遍。又迭次飞咨江省督抚一体转饬防堵。复因浙省水师逊于闽省，且各营缺额师船尚未不足，不敷调遣。又咨请福建水师提臣窦振彪酌带兵船过浙会剿。兹准窦振彪以刻下北风顶阻，拟俟二月中旬，统率兵船二十六只，乘风过浙会督浙省舟师及所雇渔船，相机进剿，等因。咨复前来。除再咨行江浙督抚、提镇一体查照办理外，所有窦振彪率师过浙会同剿办缘由谨先附片具陈。"①

按照原计划，窦振彪于3月中旬（农历二月中旬）登舟，率领26只战船组成的福建舰队出洋，准备对渔山发动全面攻击，犁庭扫穴。然而，在航行途中遭遇逆风顶阻，驾驶维艰，且海雾迷蒙，频遭风暴，以致沿途稽缓，于4月29日收泊浙省石塘洋面，适遇温州镇叶绍春坐船亦到达该处。一面约会黄岩镇郑高祥等于5月4日夜自牛头门洋面合帮开行，5月5日黎明齐至渔山。当他们到达渔山之后，海匪早已逃走，山上仅存空寮。窦振彪得知该匪船乘风窜往闽洋，担心福建洋面空虚，遂将拆毁海匪巢穴以及填塞水井澳口诸事面嘱郑高祥等妥为办理，立即统带舟师星夜回闽。沿途细加探访，得悉罗湖等洋有匪船游弋，遂率福建舰队驰抵该处，果然看见匪船纷纷惊窜。窦振彪督令各将备、弁兵直前追击，该匪船且拒，且逃。5月10日，追至竿塘外洋（位于马祖列岛），先后犁沉、烧毁匪船12只，生擒盗匪71名。将领、兵丁亦有受伤。是时，陡起暴风狂浪，兵船帆樯、杠桅多有损毁，时值黄昏，余匪乘间逃逸。"续于四月二十一日（5月14日）、闰四月初七（5月28日）、初九（30日）、初十（31日）、十四（6月4日）、十七（6月7

---

① 《闽浙总督刘韵珂福建巡抚徐继畲奏为咨请福建水师提督窦振彪过浙合同剿办渔山岛洋匪事》，道光二十九年初，中国第一历史档案馆藏朱批奏片，档号：04—01—01—0833—063。

日）等日，在竿塘、围头、湄洲、乌坵相近台湾各洋面，同各镇将备弁六次共击沉匪船六只，牵获匪船四只，生擒匪二百三十八名，割去首级二颗。其在湄洲及相近台湾洋面攻盗时，适有夷船随同帮捕。所获各犯节经解交地方官分别审办在案。查，渔山逃窜匪船自四月叠次攻击后，余孽远扬，莫知去向。即闻有出没伺劫，亦经随时拿办。统计本年奴才亲率兵船，兼督饬各镇协营，除击毙、淹毙盗匪不算外，合共擒获盗匪四百余名。至今闽洋悉臻静谧。"①这毫无疑问是一场重要战斗，但此后的福建内外洋绝对不像奏报者所说的"悉臻静谧"。

此处，我们需要注意的是窦振彪提及"在湄洲及相近台湾洋面攻盗时，适有夷船随同帮捕。"这句话尽管讲得轻描淡写，但隐藏着一个不便公开的秘密，即英国军舰在湄州等洋面"随同帮捕"，参与了对于中国海匪的联合攻击。这是我们在督抚大员的奏折中第一次看到福建水师与英军联合作战的事实。非常遗憾，在中国第一历史档案馆中我们现在看不到双方如何走到一起的资料。但是，英国报界关于英国海军的报道还是留下了一些踪迹。

1850 年 10 月 5 日《伦敦新闻画报》以《在中国沿海烧毁的一支海匪船队》为题，报道了英国海军于 1849 年参与对中国海匪战斗的情况。"在本报上一期中，我们登载了英军在东京湾摧毁沙盆寨（Shapng-tsai）海匪船队的图片和详细报道。此后我们又收到了几张关于在中国沿海地区剿灭海盗的决定性战役的速写。还有一套三张描绘英国皇家海军的'科伦芭茵'号双桅横帆船和'震怒'号铁甲炮舰进行两次攻击的行动的速写。其中第一张速写表现'科伦芭茵'号在 9 月 28 日晚上对崔阿普（Chui-apoo）海盗船队的部分船只发起攻击的情景。第二张速写表现'震怒'号铁甲炮船于 10 月 1 日跟停泊在中国沿海的平海港（Ping-hoy Harbour）的崔阿普海盗船队鏖战的场景。第三张速写（我们已经绘制成版画）表现海盗船队 10 月 1 日在平海港内熊熊燃烧，而'震怒'号在停泊在附近的场景。"②该报记者认为，崔阿普船队是一支拥有

---

① 《福建水师提督窦振彪奏报巡洋往返事毕并洋面情形及撤巡日期事》，道光二十九年十一月二十八日，中国第一历史档案馆藏朱批奏折，档号：04—01—01—0833—064。

② 《在中国沿海烧毁的一支海盗船队》，《伦敦新闻画报》第 17 卷，第 449 号，1850 年 10 月 5 日，第 271—272 页。

1300门火炮的海匪船队，但是这是一群乌合之众。当英国皇家海军的舰船尚未进入停泊在平海港的海匪船队的炮火射程之内时，海匪的船炮就已经开火了，毫无作战经验。

在英国外交档案中我们看到，1849年6月，清朝官员对于"领航者"号（Pilot）打击海匪活动表示感谢，表示愿意继续合作，并表示愿意提供有关海匪的姓名和活动地点方面的情报[1]。此外，中方还约定以戎克船作为交换信号的工具[2]，英方则以领事官T. H. Layton之名悬挂在船舷上[3]，以便双方互相辨识。对于在广东和福建的中英海军联合作战，两广总督徐广缙与英国驻华公使文翰（Bonham, Samuel George）之间的来往公函留下了一些可以寻迹的记录。是年9月24日，徐广缙致函文翰，列出最近剿捕海贼行动二十起，"捉获九百零一人"；10月2日，文翰致函徐广缙强调说，虽然中国水师已捉获九百零一名海贼，但海上劫案仍层出不穷。特别强调，中国水师若捉获徐亚保，必须将其引渡到香港，"因为他在港犯有杀人罪"；10月8日，文翰再次致函徐广缙，通报说英国海军在平海港已击溃由一千四百名海贼及二十三艘战船组成的徐亚保船队，击毙四百余人，并说在此次战斗中"徐亚保已受伤，但仍在逃。英国海军有四死七伤英国海军四死七伤"。10月11日，徐广缙复函文翰，问候同海匪作战受伤的英国海军人员，并说逃上岸的残匪已经被捉获。[4] 按照徐广缙的说法，是福建水师通过20起军事行动，在9月24日以前已经重创了在福建洋面活动的徐亚保船队。而按照文翰的说法，是英国海军在10月初摧毁了徐亚保船队。在这些战斗中，无论是由福建水师抑或是由英国海军发挥了关键作用，一个不争的事实是，双方在打击海匪方面不仅事前进行了沟通，而且在战役发起后双方保持了配合。

在英国外交档案中我们还看到，10月26日，琼州镇总兵何英致函文翰，承认："在英国海军协助下，中国水师打败海匪船队"。[5] 11月6

---

[1] 《兴泉永道史致英国厦门领事列照会》，道光二十九年四月二十八日，Fo663/52；《兴泉永道史致英国厦门领事列照会》，道光二十九年五月十三日，Fo663/52。

[2] Fo228/98, Layton to Bonham, No. 13, June 9, 1849.

[3] Fo228/98, Layton to Bonham, No. 30, Oct. 13, 1849.

[4] 黄宇和辑：《两次鸦片战争与香港的割让：史实与史料》，台北"国史馆"1998年版，第239—241页。

[5] 同上书，第243页。

日，文翰致函徐广缙，介绍英国海军在琼州附近击溃海贼张十五仔的海战情形。① 11月12日，徐广缙致函文翰，对于英国海军在安南附近洋面击溃大股海匪船队表示祝贺。②

从上述事实来看，无论在福建洋面还是广东洋面，英军都参与了中国水师对海匪的围剿和攻击。英国兵船在中国洋面攻击海匪的作战行为至少得到了福建和广东两省督抚、提镇大员的默许。不过，这种"合作"行为类似于开门揖盗。随着参与镇压海匪次数的增多，英军露出侵略者本来面目，开始提出新的侵略要求。

1850年3月5日，大鹏协副将发现海匪船只在香港东部洋面集结。但是，由于是时盛行东北风，该副将座船无法迅速到达该处洋面。为此派员前往香港，请求派遣轮船运送，表示愿意付出煤炭费用。文翰为此致函徐广缙，表示愿意协助中国水师前往剿灭海匪，条件则是中国准许英国人在台湾开采煤矿，或同意台湾人将煤矿运输到香港。③ 3月14日，徐广缙致函文翰，对于英国海军帮助击溃海匪船队表示感谢。但他委婉表示无法帮助英国海军取得台湾的煤矿，因为台湾不受两广总督管辖。④

是年3月21日，文翰致函闽浙总督刘韵珂，强调指出：英国海军多次帮助中国水师击溃海匪船队。而轮船需要大量煤炭，通商口岸虽然有煤炭出售，但不适合轮船需要。徐广缙虚与委蛇，说台湾不在他的管辖之下，无法帮助英国海军获得台湾煤矿。现在请刘韵珂予以协助。⑤ 5月19日，刘韵珂复函文翰，指出：在台湾开采煤矿，对于双方均有好处。但台湾士绅表示强烈反对，如强行开采煤矿，只会逼老百姓造反。⑥ 稍后，刘韵珂在奏折中说明了他坚决拒绝文翰的真实理由。"臣刘韵珂接到夷酋哎唛（即文翰）照会，欲求采购台湾鸡笼山煤炭，以备火轮船之用。臣以台湾非通商之地，该国船只不应违约擅到，该处向不

---

① 黄宇和辑：《两次鸦片战争与香港的割让：史实与史料》，台北"国史馆"1998年版，第245页。
② 同上。
③ 同上书，第253页。
④ 同上。
⑤ 同上书，第254页。
⑥ 同上。

产煤，居民亦从无烧煤之事。鸡笼山为全台总脉，该处居民系闽、粤两籍，性情强悍，保护甚严，久禁开挖以培风水，断非官员所能强勉，此事断不能行照覆，并咨两广督臣徐广缙就近向该酋谕阻。"①

海盗行为几乎与国际贸易相伴而生，源远流长。有关打击海盗的法律的记载在欧洲可以追溯到古雅典时期。古罗马的西塞罗首先提出海盗是"万国之仇敌"的概念，罗马法明确规定了对海盗的普遍管辖权。进入大航海时代，海盗活动更加猖獗。有的国家曾利用海盗作为本国海军的战略补充，以增强其竞争实力；有的国家为了打击海盗犯罪开始制定海洋法律。例如，16世纪，英国建立海事法院专门负责处理海事问题，并制定了《海上犯罪法》。不过，该法律仅仅规定可以管辖英国海盗的犯罪，或者外国海盗对英国人的犯罪，并没有包括外国海盗对外国人的犯罪。为了彻底消灭海盗，英国后来主张将外国海盗对外国人的劫掠行为也应当纳入其司法管辖范围。17世纪，国际法在将海盗作为国际问题处理的前提下，对海盗行为做了如下定义，即一艘私有船只在公海上以劫夺为目的，对另一艘船所作的任何未经授权的暴力行为。

19世纪，英国人对于海盗和海上劫夺者的定义是明确的。英国海军只能攻击公海上活动的海盗，而无权袭击在中国管辖洋面活动的中国海上劫夺者（即海匪）。英国海军在中国内洋和外洋，袭击中国海匪，不仅违背了国际习惯法，而且违背了中英签订的条约规定。然而，在清朝官员看来，英军对于海匪的攻击乃是维护近海安全行为。这种侵略中国主权的行为，不仅没有受到福州、广州文武官员的抗议，而且在宁波也得到了默许。

据美国著名传教士丁韪良（William Alexander Parsons Martin）记载，1855年秋季，他在定海普陀山度假期间多次看到舟山群岛总是受到海匪袭击。就在他准备离开普陀山时又一次看到了海匪们庆祝胜利的活动，在附近一个海岛上搭台唱戏，祭祀海神。他心有余悸地说："当我们在舟山港停留，等待潮汛改变方向时，我们看见有十五艘海盗的平底帆船从眼前经过，并向停泊在港口里的一些清军兵船开了几枪，以示藐视。后者装模

---

① 贾桢编：《筹办夷务始末》（咸丰朝）卷二，中华书局1979年版，第47页。

作样地起锚去追赶,但很快又回到了停泊处。"① 在详细回忆被劫掠经过之后,他记录了英国兵船在中国洋面攻击海匪的情况。"在甬江的入海口,我们把遭遇海盗抢劫的消息报告给了英国皇家海军'麻鹬'号军舰,范西塔特舰长马上下令追捕拖着一条中国船的海盗们,追到了石浦以后,他发现由三十七艘大型平底船组成的海盗船队在一个狭窄的小港湾里严阵以待英国军舰的攻击。在兵力和武器的数量上他们大大超过了前来追捕的英国军舰,然而在这样的遭遇战中,科学发挥了决定性作用。英国人从远处炮击敌人的舰队,使那些平底船起火燃烧,绝大部分海盗逃上岸去。我们那条船也物归原主,因为在船舱里找到了一封写有我妻子地址的信。不仅船体本身没有受到损坏,而且它原来的船长还被允许带了一些战利品,以补偿他与手下的船员所受的损失。"②

1850 年 11 月 21 日(道光三十年十月十八日),湖广道监察御史何冠英上奏揭参闽浙总督刘韵珂等人。他在附片中密陈三事:其一,中国商人雇佣英国轮船,保护运输。"闽浙总督刘韵珂屡报水师巡缉出力,闽浙洋面肃清。近闻闽省南台常有大轮船五六只停泊,询因近日洋盗充斥,水师望风先逃,行旅往往失事。该夷人性本嗜利,又欲笼络人心,遂向商船每只索洋银三百元,代其护送至浙之宁波。由浙返闽,亦复如是。是商船被害之少,适见夷船获利之多。乃该督以夷船护送之故,全谓水师巡缉之功,竟不虑该夷可以护送商船,即可以潜谋不轨。其邀功之滥,防患之疏,均可概见。"③ 其二,闽江沿岸炮台的大炮被英国士兵曾经钉塞三位。其三,英国士兵"在南台中亭街用鸟枪打伤两幼孩"。咸丰皇帝得知这一消息,非常震怒,著令闽浙总督刘韵珂等逐一据实复奏。1851 年 1 月 17 日(道光三十年十二月十六日),刘韵珂复奏称:钉塞大炮数尊一节,并无其事;打伤幼孩一事,属于民人误伤。对于中国商人雇佣外国船只护航一事,他承认确有其事,但辩解说,所雇船只并非属于英国。"闽省水师营船前于军兴时,多被英夷击毁,洋盗充斥,商船畏缩。时有西洋葡萄牙国小夷船驶入南台港口,包送华商

---

① 丁韪良:《花甲忆记——一位美国传教士眼中的晚清帝国》,广西师范大学出版社 2004 年版,第 82 页。
② 同上书,第 84 页。
③ 贾桢等编:《筹办夷务始末》(咸丰朝)卷三,第 95 页。

船货，并非英夷船只。"① 咸丰皇帝对于刘韵珂的说法表示怀疑，著令新任闽浙总督裕泰就刘韵珂的说法，"逐一访查，是否确实？"裕泰到任后，大体按照刘韵珂的说法，覆奏了事②。至于这一事件的真相究竟如何，现在已经不得而知。不过，一个不争的事实是，道光咸丰之际，福建和广东商船在沿海活动，需要借助"夷船"的保护。

1855年，就修改条约问题，中英矛盾渐趋激化。清廷对于英国兵船在中国洋面活动的动机开始表示怀疑。是年8月20日，英国海军因师出无名，再次向两江总督怡良表示，愿意帮助中国剿灭海匪。怡良当即表示拒绝，饬令苏松太道谕令该夷毋庸前往。道光皇帝接到怡良的奏折，当即批示说："所办甚妥，英夷之船，岂能任其各处游奕，以捕盗为名，将又他有觊觎。"③ 8月14日，登州总兵郝上庠禀报：在芝罘岛海口有三桅火轮船一只，双桅火轮船二只，无桅火轮船一只。查询船内通事和夷目，均称伊等是宁波公雇火轮船一只，上海所借火轮船二只，"前来北洋帮捕盗匪"，并出示了苏松太道谕帖。山东巡抚崇恩据报查询，认为谕帖的确是苏松太道颁发，但是，苏松太道的谕帖只是证明曾经饬令勇船北来帮捕海匪，并未说明雇佣了外国火轮船，"其为该夷自行违约，混入勇船，影射无疑。"④ 为此，专折奏请饬令浙江、江苏督抚查明其来历。

咸丰皇帝于8月24日为此发出谕令："英夷通商船只止准在五口往来，山东、奉天洋面皆非该夷应到之地，火轮船虽由商雇，究属夷船，岂可任听商民驾驶北行，致令夷船混迹。怡良等既经谕知该夷领事，著即饬令将北驶船只迅速追回。即商雇之火轮船亦一体撤回，不准擅向北洋开驶。宁波雇备此船何以未据奏报，辄即给照开洋？苏松太道谕帖既系给予勇船，何以又入夷目之手？宁波所雇火轮船既系一只，何以北来之船竟有四【三】只，种种影射……著怡良、吉尔杭阿即饬前调拖缯各船迅速北上，与奉天、山东合力剿办。严谕商民不准率行藉用夷力，一面将苏松太道谕帖原委据实查明，具奏。宁波雇备火轮船系何人擅自给照？着何桂清查明严参，不得曲为解释。此项夷船如仍在奉天洋面，

---

① 贾桢等编：《筹办夷务始末》（咸丰朝）卷三，第114页。
② 贾桢等编：《筹办夷务始末》（咸丰朝）卷四，第143—144页。
③ 贾桢等编：《筹办夷务始末》（咸丰朝）卷一一，第399页。
④ 同上书，第399—400页。

即著英隆、恒毓妥为晓谕，令其恪遵成约，剋日南返。倘有要求，务宜正言拒绝，不可稍涉迁就。如现已驶至东洋，或山东洋面再有续来夷船，即著崇恩饬令登州镇、道一体谕令南还，勿再任其北驶。"① 从这道谕令来看，朝廷已经意识到雇佣英国火轮船不仅违背条约规定，伤害国家主权，而且潜藏着英国扩大侵略的危险，特别强调"此端一开，该夷任意游行，何所底止？内洋盗匪，自有师船、勇船剿捕，何必藉助外夷，致令将来借口。"②

此处的"内洋盗匪"显然是指中国籍海匪，道光皇帝强调的是中国的海匪不应让外国兵船来剿灭，只能由中国的兵勇来镇压。这在思维逻辑上是毫无疑问是正确的，叛乱者与镇压者的政治、军事交锋完全属于中国的内政。中国的内政是不应该借助外国兵力来解决的。③

正是基于这种思想原则，当 1856 年英国特命全权公使包令（Sir John Bowring）再次向闽浙总督王懿德提出："以海盗在于五港通商往来洋面，肆行劫掠。现拟每年冬春两季，由江省吴淞派出师船一只南驶，沿经宁波、福州、厦门、香港、黄埔等处，夏秋两季由粤省黄埔派出师船一只，沿经香港、厦门、福州、宁波、吴淞各口，饬令该师船，凡有海盗潜踪，扰害商艘，严行剿洗，以期肃清。"④ 这在表面上看来，还是按照《五口通商附粘善后条款》的相关规定，一只英国官船来往于中国开放的五个通商口岸之间，但已经偷换概念，把该官船管辖的对象由英国及其属国商人和水手，转换为中国海匪，意在侵夺中国政府的主

---

① 贾桢等编：《筹办夷务始末》（咸丰朝）卷一一，第 400—401 页。
② 同上书，第 401 页。
③ 对于道光皇帝的质问，浙江巡抚何桂清于 9 月 22 日做了如下解释。上年，广东洋面不靖，艇匪尽趋浙江洋面，在宁波贸易的中国商船叠次被劫。宁波商人被迫雇佣外国火轮船护送，每次需费不赀。该商人等拟购买一艘火轮船，保护商船。在臣看来，广东商人购买商用火轮船已经在先，东南洋面在在皆有，宁商欲仿照办理，亦势所不能禁。遂表示认可，只是规定所购买的商用兵船不准用外国人驾驶而已。本年四月，宁波商人从广东购买了一艘商用火轮船，雇佣水手，驾回到宁波，用于护送宁波进出口商船。因承运漕粮在山东石岛洋面多次被劫，该商禀请派遣其船随同勇船前往山东巡缉，经宁绍台道段光清批准，派往北洋。（贾桢等编：《筹办夷务始末》（咸丰朝）卷一一，中华书局 1979 年版，第 405 页）这个解释只是强调了购买火轮船，派遣火轮船随同勇船前往山东、奉天洋面的理由，似乎合乎情理，然而并未触及究竟是何人雇佣夷人驾驶火轮船前往非通商口岸之山东、奉天内外洋面，违犯条约规定的要害问题。
④ 贾桢等编：《筹办夷务始末》（咸丰朝）卷一三，第 471 页。

权。王懿德接到包令照会，义正言辞拒绝说：闽浙两省水师所管辖得洋面十分辽阔，不无盗贼出没，业已饬令各该管镇将常川巡逻，合力剿捕，"毋需该夷帮同剿捕"。① 这是说，中国的内外洋面的不逞之徒，应由中国的师船来剿办，不需要外国的兵船来帮助。为此，还向两江、两广、浙江、江苏督抚发出咨文，请求"一体饬令巡洋舟师实力防范"。然而，英国人并不死心，"旋据福州府知府叶永元呈请：福州英国领事麦华陀申陈：以现届夏令，南风盛发，闽浙洋面每有广艇、舴艋盗艘乘机窜至，勾结土匪。现在该酋已派有师船一只，驶至五虎口等处巡查，并欲求见。"② 王懿德再次表示拒绝，"各处洋面业已飞咨水师提臣及饬各镇将统率舟师，分投搜捕，足资保护，可以不必进谒。饬令福州府知府叶永元照复，迅即回粤。"③

从这里我们看到，在两次鸦片战争期间，尽管英国外交官通过照会和军事行动试图扩大在中国近海的侵略权益，地方文武官员鉴于维持洋面的重大治安责任，有时同意与英国兵船进行合作镇压中国海匪，但并未意识到这种作法将损害中国对于近海的管辖主权；而朝中大臣对于英国外交官的侵略野心始终保持着警惕的目光，虽缺乏国际法知识，始终没有把英军镇压海匪问题提升到违背国际法的高度来认识，但仍然小心翼翼防范着英国扩大侵略权宜，一再拒绝与英国外交官合力镇压中国海匪的侵略要求；一再认为英国等兵船前往非通商口岸的中国洋面是非法的，是违背条约的。④

结　论

（1）两次鸦片战争期间（1840—1861），中国内外洋面的海匪活动异常猖獗，沿海水师相形见绌，无力应付。根据英国驻厦门领事的报告，1847年12月，厦门、福州之间有海匪2000人；1849年，台湾海峡内有海匪3000人。

---

① 贾桢等编：《筹办夷务始末》（咸丰朝）卷一三，第471页。
② 同上。
③ 同上。
④ 中国第一历史档案馆编：《鸦片战争档案史料》第七册，第6、8页。

（2）就从中国第一历史档案馆藏朱批和录副奏折来看，两次鸦片战争期间，沿海各省水师提镇大员遵照朝廷旨意，大都能够坚持亲身统巡。他们的奏报尽管属于格式化的公文，但还是反映了巡洋制度的贯彻执行的某些实情。

（3）沿海各省水师巡洋章程的修订，毫无疑问有利于督促水师官兵巡洋会哨的正常进行，有利于商船在海道上安全行驶，有利于中国近海治安秩序的稳定。但是，关键在于巡洋章程能否认真执行。两江总督李星沅于1848年已经道出水师巡洋制度难以贯彻到底的实情："近年则各镇将均止派弁由陆路取结呈报，彼此并未谋面。遇有盗案，懦者懵然不知，黠者借词推诿，实为水师大弊。"①

（4）沿海各省督抚和水师提督为了修造战船想了不少办法。但是，由于筹集军费困难，加之思想上的因循守旧，严重制约着沿海各省战船修造的速度、数量和质量。

（5）两次鸦片战争期间，清廷对于沿海水师提督和总兵等大员连续进行惩罚，并没有起到应有的督责作用。水师腐败已极，乃是不争的事实。沿海水师既然无法镇压海匪活动，怎能期望其在反击西方列强的战争中发挥捍卫祖国主权的中流砥柱作用。

（6）1847年2月7日，发生在泉州湾深沪洋面的劫杀案件使外国鸦片走私者一次死掉30余人，这对于英国鸦片商来说毫无疑问是一个倍受打击的重大事件。从此以后，英国外交官开始改变对于海匪一味怂恿和支持的态度。旋即派遣兵舰在中国内洋外洋进行游弋，准备对于袭击鸦片走私的海匪进行报复。由于沿海文武官员负有内洋和外洋的巡缉任务，面对疏防海匪随时被惩处，对于英国兵船对于中国海匪的攻击行为表示认可，最迟从1849年开始，双方在福建和广东洋面展开了一系列打击海匪的合作，无论两广总督徐广缙，还是闽浙总督刘韵珂对于英国兵船打击中国海匪的行为在道咸之际均表示了默许。因此，在合作打击海匪问题上中英两国政府是各有各的打算，一个是无优势，不情愿；一个是有选择，无诚意，双方不可能展开真正的合作。这样，海匪在中国内洋和外洋感受不到巨大的军事压力，遂肆意抢劫，而未受到重创。

---

① 《两江总督李星沅江苏巡抚陆建瀛奏为敬陈通盘筹划整饬水师章程事》，道光二十八年七月十一日，中国第一历史档案馆藏朱批奏折，档号：04—01—01—0007—01。

两次鸦片战争期间,尽管英国外交官通过照会和军事行动试图扩大在中国近海的侵略权益,地方文武官员鉴于维持洋面的重大治安责任,有时同意与英国兵船进行合作镇压中国海匪,但并未意识到这种作法将损害中国对于近海的管辖主权。而朝中大臣对于英国外交官的侵略野心始终保持着警惕的目光,虽缺乏国际法知识,始终没有把英军镇压海匪问题提升到违背国际法的高度来认识,但仍然小心翼翼防范英国扩大侵略权宜,一再拒绝与英国外交官合力镇压中国海匪的侵略要求。

（7）两次鸦片战争期间中国洋面海匪猖獗活动,得不到有效镇压,既是外国力量怂恿扶持的结果,又是中国社会治理失衡造成的;既有外交上难以应付的原因,又有水师战船难于因应时势的因素。

最后必须指出的是,《五口通商附粘善后条款》中关于英国官船在通商口岸的停泊的规定,尽管在当时只是为了英国领事馆管辖其本国和属国的商民和水手的便利,事实上已经侵害了中国的主权。[①] 在清代前期制订的内外洋管辖条例中,水师对于进入中国内洋和外洋的外国船只是负有查证、监视和驱逐权的。特别规定外国兵船不得在中国内洋行驶和停泊。例如,1814年,两广总督蒋攸铦奏报广州中外贸易情形,"近来英吉利国护货兵船不遵定制,停泊外洋,竟敢驶至虎门,其诡诈情形,甚为叵测"。为此,他奏请整顿水师,慎重海防。嘉庆皇帝肯定蒋攸铦"所奏俱是"。谕令:"嗣后所有各国护货兵船仍遵旧制,不许驶近内洋;货船出口,亦不许逗留。如敢阑入禁地,即严加驱逐。倘敢抗拒,即行施放枪炮,慑以兵威,使知畏惧。"[②] 1835年,两广总督卢坤针对外国护航兵船擅自进入澳门,侵犯中国内外洋的情形,提出了针锋相对的措施:"外夷护货兵船不准驶入内洋,应严申禁令,并责成舟师防堵也。查贸易夷人酌带兵船,自护其货,由来已久,向例止准在外洋停泊,俟货船出口,一同回帆,不许擅入海口。自嘉庆年间以来,间不恪守旧章……嗣后各国护货兵船如有擅入十字门及虎门各海口者,即将商船全行封舱,停止贸易,一面立时驱逐,并责成水师提督,凡遇有外夷兵船在外洋停泊,即督饬各炮台弁兵加意防范,并亲督舟师在各海口巡守,与炮台全力封堵,弁兵倘有疏懈,严行参处。务使水陆声势联

---

① 王铁崖编:《中国旧约章汇编》,生活·读书·新知三联书店1957年版,第36页。
② 《清仁宗实录》卷三〇〇,嘉庆十九年十二月戊午,《清实录》第31册,第1121页。

络，夷船无从闯越。"① 为此还专门制订了《防范贸易夷人酌增章程八条》，第一条即明确规定："外夷护货兵船不准驶入内洋。"②

第一次鸦片战争之后，英国、法国兵船开始在中国通商五口洋面游弋，久而久之，被人视为一种常态。这种现状不仅破坏了清朝前期关于内外洋管辖的条例规定，而且开始模糊清朝君臣的领水主权观念。尤其是英国兵船打着镇压海盗的幌子，开始对中国海匪进行肆意攻击，这种行为进一步损害了中国在内外洋的司法管辖权。1858年，英、法公使又以驻京为口实，带领兵舰进入渤海，攻击大沽海口炮台，这种行为进一步侵害了中国对于内外洋的管辖主权。第二次鸦片战争之后，随着帆船水师功能和职责的逐渐丧失，随着西方国家的"领海"观念的输入和传播，尤其是外国兵船、商船在中国内河外海的自由活动，使得中国对于内外洋的管辖范围变得越来越模糊。现在，我们必须强调：晚清内外洋主权观念的逐渐模糊是从第一次鸦片战争之后，"英国官船"停泊中国通商口岸开始的。

---

① 梁廷枏撰，袁钟仁点校：《粤海关志》卷二九，广东人民出版社2014年版，第569页。
② 《清宣宗实录》卷二六四，道光十五年三月癸酉，《清实录》第37册，中华书局1985年版，第46页。

第九章 晚清"外洋"词义嬗变之历史学解析

词义嬗变的背后往往隐藏着重大历史事变。1862年至1911年汉语"外洋"词义发生了嬗变,从一词二义,逐渐变为一词一义。"外洋"词义嬗变的背后究竟隐藏着哪些历史文化密码?换而言之,晚清社会、政治、军事和文化的变革对于"外洋"词义嬗变发生了哪些影响?这是一个非常值得探讨的问题。此外,随着一次次海上战争的失败,随着国家力量的衰变,尤其是随着西方列强的入侵和水师巡洋制度受到冲击,晚清的水师职能发生了相应的蜕变。对于这一现象也需要加以研究。

一 从清实录看"外洋"词义之嬗变

按照历史语义学的说法,社会的变迁必然在政治和社会的重要概念中留下烙印。因此,著名的概念学家科塞雷克(Reinhart Koselleck)曾经大力倡导关于重要概念(即基本概念)之语义发展史研究。在他看来,重要概念在使用过程中直接反映着历史的变化,极其丰富地储存着大量政治史、社会史的变革信息。[①] 由此看来,任何重要概念不是一成不变的。一个概念最后成为被公众接受的概念,它是历史演变和相互博弈的结果。概念史的研究就是追溯这些概念含义的起源和演变,从而判

---

① [德]科塞雷克:《宪法史编纂的概念史问题》、《宪法史编纂的内容和概念》,柏林:Dunker & Humblot,1983年,第14、34页。(Reinhart Kosellech, Regriffsgeschichtliche Probleme der, Verfassungsgeschichtsschreibung, in: Gegenstand und Begriffo der Verfassungsgeschichtsschreibung(De Staat, Beibheftb)二林: Duncker & humbiet, 1983, s. 7–21.)

断不同的概念曾经在历史过程中有过竞争性的选择,有的流传下来,有的一直被尘封在历史之中。下面我们首先看一看"外洋"概念在清代前后期之嬗变。

在清代前期的典籍中,"外洋"一词通常有两个含义:其一,中国管辖之"外洋",即介于内洋与大洋之间的一条洋面。"凡内洋失事,专兼各官仍照内地盗案定例处分,今改为照内地无墩防处所武职之例。印捕官初参,停升;二参,罚俸一年;三参,罚俸二年;四参,降一级留任。兼辖、统辖官初参,罚俸三月;二参,罚俸六月;拿获及半,未获盗首,印捕官初参,罚俸一年;二参,罚俸二年。若果系外洋被劫,难定专汛兼辖,应将文职免其处分。倘系内洋失事,捏称外洋,后被事主告发,或查出之日,将专兼各官皆照讳盗例处分。既经事主告发,该管督抚若不查明,据实揭报题参者,照徇庇例议处。"① 显然,大清律例界定之"外洋",与其"内洋"一样,均属于行政、军事和治安管辖范围。

其二,与外国同义之"外洋",即泛指中国之外的滨海国家。例如,乾隆二十三年,署两广总督李侍尧奏报广东海防兵力部署情况时指出:"琼州镇孤悬海外,通外洋诸国。"② 再如,嘉庆时期,上谕分析指出:"近闻外洋货船到粤,各该国均有兵船护送,亦不独英吉利国为然。必系因洋面不能肃清,自为守卫之计。"③ "外洋诸国夷人自置货船来广贸易,自应专差夷目,亲身管驾。不得令内地商人,代为贩运。"④ 这些地方所说的"外洋",显然等同于外夷,或外国。

在清代前期的官方档案和私家著述中,中国管辖之"外洋"使用频率极高(例如嘉庆朝),与外国同义之"外洋"使用相对较少。然而,在鸦片战争之后,与外国同义之"外洋"使用频率迅速超过了前者。特别是到了光绪中后期,中国管辖之"外洋"逐渐被官方文书所遗弃。"外洋",从一词二义,变为一词一义。这在语言学上是一个比较罕

---

① 崑冈等编:《钦定大清会典事例》(光绪朝)卷一二〇,光绪二十五年(1899)石印本,第7页。
② 《清高宗实录》卷五七〇,乾隆二十三年九月乙未,第17页。
③ 卢坤、邓廷桢主修,王宏斌校点:《广东海防汇览》卷三六,第900页。《清仁宗实录》卷一四〇,嘉庆十年二月辛酉,第2页。
④ 《清仁宗实录》卷一八五,嘉庆十二年九月丁未,第9页。

见的现象。清代官书资料价值最高的莫过于《清实录》，选取该书官方对于"外洋"一词的使用频率加以统计和比较，显然颇具代表性（见表9－1）。

表9－1 中国管辖之"外洋"与外国同义之"外洋"使用频率统计

嘉庆朝 （1796—1820）		道光朝 （1821—1850）		咸丰同治朝 （1851—1874）		光绪宣统朝 （1875—1911）	
中国管辖之"外洋"	外国同义之"外洋"	中国管辖之"外洋"	外国同义之"外洋"	中国管辖之"外洋"	外国同义之"外洋"	中国管辖之"外洋"	外国同义之"外洋"
74	4	141	19	27	25	8	148

注：表中我们将1796—1911年的清代后六朝116年按照皇帝纪年划分为四个时期：即嘉庆朝（历时25年）、道光朝（历时30年）、咸丰同治朝（历时24年）、光绪宣统朝（历时37年）。

从表9－1可以看出，嘉庆朝，如同康熙、雍正、乾隆三朝一样，在《清仁宗实录》中所使用的"外洋"一词，多数情况下是指中国管辖之"外洋"，偶尔也用该词指代外国。道光朝中后期正是中英冲突加剧时期，"外洋"一词尽管开始比较多的指代外国，而在大多数情况下该词的涵义仍是中国近海水域。到了咸丰同治朝，中国与西方国家的外交和军事冲突进一步增加，中国管辖之"外洋"与外国同义之"外洋"使用频率逐渐接近。到了光绪、宣统朝，"外洋"一词期绝大部分指代的是外国，中国管辖之"外洋"在官方文书中使用频率日渐稀少。这是统计数据显示的不争事实。

在光绪、宣统两朝实录中，在整顿海防方面，涉及中国管辖之"外洋"的最后三个奏折分别是：1880年，通政使参议胡家玉奏请："设外洋轮船水师；"[①] 1883年，两江总督左宗棠奏请："筹办海口防务，创设渔团，精挑内外洋熟悉水性勇丁以资征防；"[②] 1884年，刘铭传奏请，"洋面水师兵船宜次第筹办等语，外洋设立水师系属制胜要策。"[③] 于救

---

① 《清德宗实录》卷一〇五，光绪五年十二月辛丑，第1页。
② 《清德宗实录》卷一六六，光绪九年七月甲申，第6页。
③ 《清德宗实录》卷一九二，光绪十年八月丁酉，第25页。

助海难方面，涉及中国管辖之"外洋"的最后三个奏报分别是：1890年，"以救护外洋失事船只出力，予山东荣成县知县毕炳炎等奖叙；"①1893年，"以救护外洋失事船只出力，予前山东宁海知州周源瀚等奖叙"②；"以救护外洋遭风船只出力，予广东潮阳县知县何福海以知府在任选用"③。这也是光绪和宣统朝实录中最后出现中国管辖之"外洋"的地方，也就是说，从1894年到1911年的17年之间，中国管辖之"外洋"一词也没有出现过。

"语言的任何部分都会发生变化，每个时期都相应地或大或小的演化。这种演化在速度上和强度上可能有所不同，但是无损于原则本身。"④ 一个语词在新出现时一般是单义的，但是，由于语词同客观事物比较起来，数量总是有限的，随着客观事物的发展和人们对客观事物认识的深化，不可避免地要用原有的一些词来表示有关的其他事物，这就造成了词的多义现象。因此，语言词汇中一些从古到今经常使用的词，意义往往是越来越多。词的多义性是语言历史发展的必然结果，不仅丰富了词的内容，而且扩大了词的使用范围。这是正常现象。

如前所说，"外洋"一词在明清之际已经有了两个含义。然而到了清末，在《清实录》中，"外洋"概念又逐渐成为一词一义。中国管辖之"外洋"在同样的人群（文武高级官员）中逐渐淡忘，突然消失，究竟意味着什么？在道光朝以前的实录中，中国管辖之"外洋"使用范围基本限于三个方面：一是监视和救护外国船只；二是商船失事地点勘验；三是水师巡洋会哨情况。晚清时期，中国管辖之"外洋"词义之消失是否与西方列强的侵入有关？抑或与沿海各省海匪活动的减少有关？抑或与水师巡洋会哨制度的变化有关？抑或有其他原因？

总之，"外洋"概念的演变虽然是一件小事，但它反映的可能是极其复杂的历史演变。拂去历史的尘埃，寻求"外洋"词义演变的历史真相，显然是历史研究者义不容辞的责任。

著名语言学家索绪尔在区分共时语言学和历时语言学时，首先注意

---

① 《清德宗实录》卷二八二，光绪十六年闰二月丙午，第4页。
② 《清德宗实录》卷三一九，光绪十八年十二月癸亥，第8页。
③ 《清德宗实录》卷三二二，光绪十九年三月丁未，第11页。
④ ［瑞士］索绪尔著：《普通语言学教程》，高名凯译，商务印书馆1999年版，第189页。

到时间因素会改变语言的事实,他指出我们的语言"处在两条道路的交叉点上:一条通往历时态,另一条通往共时态。"① 历史语义学是研究"时间因素的干预",即语言的历史演变,研究某种语言演变时相延续的一个又一个阶段。索绪尔进一步阐释说:"共时语言学研究同一个集体意识感觉到的各项同时存在并构成系统的要素间的逻辑关系和心理关系。历时语言学,相反地,研究各项不是同一个集体意识所感觉到的相连续要素间的关系,这些要素一个代替一个,彼此间不构成系统。"② 显然,上述"外洋"词义的嬗变属于历史语义学研究(即概念史)的范畴。

清末民初,中国管辖之"外洋"词义迅速被社会遗忘。几部极具代表性的大型语言工具书中,均无中国管辖之"外洋"词条,就是最好的证明。《辞源》始编于1908年(清光绪三十四年),1915年,上海商务印书馆以甲、乙、丙、丁、戊五种版式出版。1931年出版《辞源》续编。1939年出版《辞源》正续篇合订本。后来经过反复修订,于1983年出版了修订本。该书收录内容包括古代汉语、一般词语、常用词语、成语、典故,兼收各种术语、人名、地名、书名、文物、典章制度。在这部文人学者精心编著的工具书中,收录了"外洋"这个词条,具体的解释是,"泛指东西洋面而言,谓距离本国海面绝远之大海也。"③ 此处的解释显然不够确切,但意思还算明白,其含义与外国之"外洋"较为接近,非中国管辖之"外洋"也。

1926年,国立北平研究院编印的《中国地名大辞典》没有收录"外洋"一词。1930年,商务印书馆初版,1931年以后多次再版的《中国古今地名大辞典》也没有收录"外洋"一词;在1936年12月,中华书局有限公司初版,1947年的再编本和1980年再编的《辞海》也看不见这一条目。就连1968年台北中国文化研究所编印的40册巨著《中文大辞典》也看不见其任何踪影。因此,我们不得不承认,中国管辖之"外洋"词义湮灭在清末民初的历史中,"外洋"词义发生了历史嬗变。清末民初,中国管辖之"外洋"词义迅速被社会遗忘。几部极

---

① [瑞士]索绪尔著:《普通语言学教程》,高名凯译,第141页。
② 同上书,第143页。
③ 《辞源》,上海商务印书馆1915年版,第187页。

具代表性的大型语言工具书中,均无中国管辖之"外洋"词条,就是最好的证明。《辞源》始编于1908年(清光绪三十四年)。1915年,上海商务印书馆以甲、乙、丙、丁、戊五种版式出版。1931年出版《辞源》续编。1939年出版《辞源》正续篇合订本。后来经过反复修订,于1983年出版了修订本。该书收录内容包括古代汉语、一般词语、常用词语、成语、典故,兼收各种术语、人名、地名、书名、文物、典章制度。在这部文人学者精心编著的工具书中,收录了"外洋"这个词条,具体的解释是,"泛指东西洋面而言,谓距离本国海面绝远之大海也。"[①] 此处的解释显然不够确切,但意思还算明白,其含义与外国之"外洋"较为接近,非中国管辖之"外洋"也。

1926年,国立北平研究院编印的《中国地名大辞典》没有收录"外洋"一词。1930年,商务印书馆初版,1931年以后多次再版的《中国古今地名大辞典》也没有收录"外洋"一词;在1936年12月,中华书局有限公司初版,1947年的再编本和1980年再编的《辞海》也看不见这一条目。就连1968年台北中国文化研究所编印的40册巨著《中文大辞典》也看不见其任何踪影。因此,我们不得不承认,中国管辖之"外洋"词义湮灭在清末民初的历史中,"外洋"词义发生了历史嬗变。拂去历史的尘埃,寻求"外洋"概念演变的历史真相,显然是历史研究者义不容辞的责任。下面我们试图通过语言和制度环境的研究,了解"外洋"概念的演变。从语言学与社会学关系来看,这既是一个语言形式与实际内容的分析,也是对于语词应用中的制度环境和思维方式的探讨。

二 中国内河内外洋逐渐成为外国兵船阑入之地

现在要研究的第一问题是,中国管辖之"外洋"词义之消失是否是西方列强的侵入造成的?

1843年10月8日(道光二十三年八月十五日),中英两国签订《五口通商附粘善后条款》,第十条规定:"凡通商五港口,必有英国官船一只在彼湾泊,以便将各货船上水手严行拘束,该管事官亦即藉以约

---

① 《辞源》,上海商务印书馆1915年版,第187页。

束英商及属国商人。其管船之水手人等悉听驻船英官约束,所有议定不许进内地远游之章程,官船水手及货船水手一体奉行。其官船将去之时,必另有一只接代,该港口之管事官或领事官必先具报中国地方官,以免生疑;凡有此等接代官船到中国时,中国兵船不得阻拦。"①

此处的中文"英国官船",在条约英文本中是"English Cruiser",是指一只巡洋舰。这样,英国兵船就取得了在中国通商口岸停泊权利。但是,《五口通商附粘善后条款》对于英国兵船的数量和行驶、管辖范围均有明确规定。其一,"其官船将去之时,必另有一只接代",即在一个通商口岸不得同时停泊两只或两只以上的英国官船;其二,该官船必须遵守不许进内地远游的章程规定,即不得前往中国非通商口岸的港口和洋面;其三,英国官船只能约束英国及其属国商人和水手,即不得将其管辖权施加于任何一名中国人。

1844年10月24日,中法两国代表在黄埔签订《五口贸易章程:海关税则》,第五款规定:"大佛兰西国皇上任凭派拨兵船在五口地方停泊,弹压商民、水手,俾领事得有威权。将来兵船人等皆有约束,不许滋生事端,即责成该兵船主,饬令遵守第二十三款各船与陆地交涉及钤制水手之条例办理;至兵船议明不纳各项钞饷。"② 第三十款又规定:"凡佛兰西兵船往来游奕,保护商船,所过中国各口,均以友谊接待。"③ 此处的"游奕",就是现代汉语的"游弋",意即巡逻。这是说,法国军舰在中国五个通商口岸之间可以来往游弋,保护其商船。检阅法文条约,该条款所载上下文与中文基本一致④。这是说,法国领事官为了有效管理在中国五个通商口岸居住的法国商人和水手,需要在中国通商口岸任意驻泊兵船。法国因此取得了兵船在中国通商口岸及其附近洋面的驻泊权和行驶权。与英国相比,该条款对于法国的兵船数量却没有明确限制。就思维逻辑来说,英国、法国和美国的商船取得了在中国五个通商口岸的驻泊权和航行权,他们的兵船既然是为了保护这些商

---

① 王铁崖编:《中国旧约章汇编》上册,第36页。
② 王铁崖编:《中外旧约章汇编》上册,第58页。第二十三款规定:在中国五个通商口岸居住的法国人,包括商人和水手必须在中国划定的范围活动,必须服从法国领事官的管理。
③ 王铁崖编:《中外旧约章汇编》上册,第63页。
④ Jas. L. Mackay, *Treaties between the Empire of China and Foreign Powers*(《中国与外国列强的条约》), World Public Library Association, 1902, p. 57.

船而设，自然也需要在中国通商口岸的驻泊权和航行权。

现在，我们在关注英、法美三国侵夺中国近海管辖权时，也应注意到，当时法国和美国在名义上是承认中国政府拥有近海管辖权的。当年的条约对此写得明明白白。

例如，1844年3月7日，中美在望厦村签订《五口贸易章程：海关税则》，其中一款规定："若合众国商船在中国所辖内洋被盗抢劫者，中国地方文武官一经闻报，即须严拿强盗，照例治罪，起获原赃，无论多少，均叫近地领事等官，全付本人收回。倘中国地广人稀，万一正盗不能缉获，及起赃不全，中国地方官例有处分，不能赔还赃物。"① 这里说的"中国所辖内洋"，显然是指中国对于近海的管辖权。只是，"中国所辖内洋"的翻译不够确切而已。阅读英文本条约，可以看到的是：if the merchant vessels of the United States, while within the waters over which the Chinese Government exercises jurisdiction, be plundered by robbers or pirates.② 这句话可以直译为，"倘若美国的商船在中国政府行使管辖权的水域内被强盗或海盗抢劫，中国地方当局，无论军民长官一收到报告，即应设法逮捕上述强盗"。此处的"中国政府行使管辖权的水域"，按照当时的中文习惯应当翻译为"中国所辖内外洋"。

再如，中法《五口贸易章程：海关税则》第二十九款规定："遇有佛兰西商船在中国洋面被洋盗打劫，附近文武官员一经闻知，即上紧缉拿，照例治罪。所有赃物，无论在何处搜获及如何情形，均缴送领事官，转给事主收领，倘承缉之人，或不能获盗，或不能全起赃物，照中国例处分，但不能为之赔偿。"③ 此处的"中国洋面"自然是指"中国所辖内外洋"。

通过上述两个条约规定，我们可以看到，无论是中美条约中所说的"中国所辖内洋"还是中法条约所说的"中国洋面"，都是指中国管辖的内外洋面。上述这些说法显然不是现代的领海观念。因为当时负责谈判的耆英等人并不了解欧美的领海观念，而顾盛和拉萼尼等人并不打算

---

① 王铁崖编：《中外旧约章汇编》上册，第55—56页。
② Jas. L. Mackay, *Treaties between the Empire of China and Foreign Powers*（《中国与外国列强的条约》），World Public Library Association, 1902, p. 82.
③ 王铁崖编：《中外旧约章汇编》上册，第63页。

将西方的领海观念输入中国。① 既然美国和法国代表都同意将中国人的内外洋观念写入中美、中法条约中，也就承认了中国对于内外洋的传统管辖权。也正是按照这个思维逻辑，清朝代表顺理成章承认，中国沿海地方官对于外国商船在中国管辖的海域发生海难等事故，均有保护责任和拯救义务。上述这些规定与清代前期国家机关处理海难事故的惯常用语和做法也是完全吻合的。②

1855年（咸丰五年），就修改条约问题，中英外交矛盾渐趋激化。清廷对于英国兵船在中国洋面活动的动机表示怀疑。是年8月20日，英国海军因师出无名，再次向两江总督怡良表示，愿意帮助中国剿灭海匪。怡良当即表示拒绝，饬令苏松太道谕令该夷毋庸前往。咸丰皇帝接到怡良的奏折，当即批示说："所办甚妥，英夷之船，岂能任其各处游奕，以捕盗为名，将又他有觊觎。"③ 8月14日，登州总兵郝上庠禀报：在芝罘岛海口探有三桅火轮船一只，双桅火轮船二只，无桅火轮船一只。查询船内通事和夷目，均称伊等是宁波公雇火轮船一只，上海所借火轮船二只，"前来北洋帮捕盗匪"，并出示了苏松太道谕帖。山东巡抚崇恩据报查询，认为谕帖的确是苏松太道颁发，但是，这张谕帖只是证明官方饬令勇船前往黄海、渤海帮捕海匪，并未说明雇佣了外国火轮船，"其为该夷自行违约，混入勇船，影射无疑。"④ 为此，专折奏请饬令浙江、江苏督抚查明其来历。

咸丰皇帝于是年8月24日为此发出谕令："英夷通商船只止准在五口往来，山东、奉天洋面皆非该夷应到之地，火轮船虽由商雇，究属夷船，岂可任听商民驾驶北行，致令夷船混迹。怡良等既经谕知该夷领事，著即饬令将北驶船只迅速追回。即商雇之火轮船亦一体撤回，不准擅向北洋开驶。宁波雇备此船何以未据奏报，辄即给照开洋？苏松太道谕帖，既系给予勇船，何以又入夷目之手？宁波所雇火轮船既系一只，何以北来之船竟有四【三】只，种种影射……著怡良、吉尔杭阿即饬前调拖缯各船迅速北上，与奉天、山东合力剿办。严谕商民不准率行借

---

① 这是因为，按照西方领海观念，任何国家的兵船都不可以在另一国的领海内自由活动。如果他们同意按照领海观念行事，就势必要否定其向中国通商口岸派驻兵船的行为。
② 王宏斌：《清代内外洋划分及其管辖问题研究》，《近代史研究》2015年第3期。
③ 贾桢等编：《筹办夷务始末》（咸丰朝）卷一一，第399页。
④ 同上书，第399—400页。

用夷力,一面将苏松太道谕帖原委据实查明,具奏。宁波雇备火轮船系何人擅自给照?著何桂清查明严参,不得曲为解释。此项夷船如仍在奉天洋面,即著英隆、桓毓妥为晓谕,令其恪遵成约,剋日南返。倘有要求,务宜正言拒绝,不可稍涉迁就。如现已驶至东洋,或山东洋面再有续来夷船,即著崇恩饬令登州镇、道一体谕令南还,勿再任其北驶。"①

从这道谕令来看,朝廷已经意识到雇佣英国火轮船不仅违背条约规定,伤害国家主权,而且潜藏着英国扩大侵略的危险,特别强调"此端一开,该夷任意游行,何所底止?内洋盗匪,自有师船、勇船剿捕,何必借助外夷,致令将来借口。"②

此处的"内洋盗匪"显然是指中国籍海匪,道光皇帝强调的是中国的海匪不应让外国兵船来剿灭,只能由中国的兵勇来镇压。这在思维逻辑上是毫无疑问是正确的,叛乱者与镇压者的政治、军事交锋完全属于中国的内政。中国的内政是不应该藉助外国兵力来解决的。③

正是基于这种思想原则,当 1856 年英国特命全权公使包令再次向闽浙总督王懿德提出:"以海盗在于五港通商往来洋面,肆行劫掠。现拟每年冬春两季,由江省吴淞派出师船一只南驶,沿经宁波、福州、厦门、香港、黄埔等处,夏秋两季由粤省黄埔派出师船一只,沿经香港、厦门、福州、宁波、吴淞各口,饬令该师船,凡有海盗潜踞,扰害商艘,严行剿洗,以期肃清。"④

这在表面上看来,还是按照《五口通商附粘善后条款》的相关规

---

① 贾桢等编:《筹办夷务始末》(咸丰朝)卷一一,第 400—401 页。
② 同上书,第 401 页。
③ 对于道光皇帝的质问,浙江巡抚何桂清于 9 月 22 日做了如下解释。上年,广东洋面不靖,艇匪尽趋浙江洋面,在宁波贸易的中国商船叠次被劫。宁波商人被迫雇佣外国火轮船护送,每次需费不赀。该商人等拟购买一艘火轮船,保护商船。在臣看来,广东商人购买商用火轮船已经在先,东南洋面在在皆有,宁商欲仿照办理,亦势所不能禁。遂表示认可,只是规定所购买的商用兵船不准用外国人驾驶而已。本年四月,宁波商人从广东购买了一艘商用火轮船,雇佣水手,驾回到宁波,用于护送宁波进出口商船。因承运漕粮在山东石岛洋面多次被劫,该商禀请派遣其船随同勇船前往山东巡缉,经宁绍台道段光清批准,派往北洋。(贾桢等编:《筹办夷务始末》(咸丰朝)卷 11,中华书局 1979 年版,第 405 页。)这个解释只是强调了购买火轮船,派遣火轮船随同勇船前往山东、奉天洋面的理由,似乎合乎情理,然而并未触及究竟是何人雇佣夷人驾驶火轮船前往非通商口岸之山东、奉天内外洋面,违犯条约规定的要害问题。
④ 贾桢等编:《筹办夷务始末》(咸丰朝)卷一三,第 471 页。

定，一只英国官船来往于中国开放的五个通商口岸之间，但已经偷换概念，把该官船管辖的对象由英国及其属国商人和水手，转换为中国海匪，意在侵夺中国政府的主权。

王懿德接到包令照会，鉴于咸丰帝的明确态度，义正言辞地拒绝说：闽浙两省水师所管辖的洋面十分辽阔，不无盗贼出没，业已饬令各该管镇将常川巡逻，合力剿捕，"毋需该夷帮同剿捕"。① 这是说，中国的内外洋面的不逞之徒应由中国的师船来剿办，不需要外国的兵船来帮助。为此，还向两江、两广、浙江、江苏督抚发出咨文，请求"一体饬令巡洋舟师实力防范"。

然而，英国人并不死心。"旋据福州府知府叶永元呈请：福州英国领事麦华陀（Walter Henry Medhurst）申陈：以现届夏令，南风盛发，闽浙洋面每有广艇、舴艋盗艘乘机窜至，勾结土匪。现在该酋已派有师船一只，驶至五虎口等处巡查，并欲求见。"② 王懿德再次表示拒绝，"各处洋面业已飞咨水师提臣及饬各镇将统率舟师，分投搜捕，足资保护，可以不必进谒。饬令福州府知府叶永元照复，迅即回粤。"③

从这些公文我们看到，在两次鸦片战争期间，尽管英国外交官通过照会和军事行动试图扩大在中国近海的侵略权益，地方督抚等文武官员鉴于维持洋面的重大治安责任，有时同意与英国兵船进行合作镇压中国海匪，但并未意识到这种作法将损害中国对于近海的管辖主权；而朝中大臣对于英国外交官的侵略野心始终保持着警惕的目光，虽缺乏国际法知识，始终没有把英军镇压海匪问题提升到违背国际法的高度来认识，但仍然小心翼翼防范英国扩大侵略权宜，一再拒绝与英国外交官合力镇压中国海匪的侵略要求；一再认为英国等兵船前往非通商口岸的中国洋面是非法的，是违背条约的。④

1858年5月26日，英、法联军突破清军防线，溯白河而上，兵临天津城郊。朝廷慌忙委派大学士桂良、吏部尚书花沙纳为钦差大臣赶往天津议和。桂良等在英法侵略者威逼下分别与俄、英、法、美签订《天

---

① 贾桢等编：《筹办夷务始末》（咸丰朝）卷13，第471页。
② 同上。
③ 同上。
④ 中国第一历史档案馆编：《鸦片战争档案史料》第七册，第6、8页。

津条约》。

　　在《天津签订》的这一批条约中，俄国不仅取得了英国和法国在第一次鸦片战争中夺取的兵船在中国通商口岸及其内外洋面的自由航行权，而且同样要求中国官府承担其海难救护责任和义务。6月13日签订的中俄《天津条约》第五条规定："俄国在中国通商海口设立领事官。为查各海口驻扎商船居住规矩，再派兵船在彼停泊，以资护持"；第六条，"俄国兵、商船只如有在中国沿海地方损坏者，地方官立将被难之人及载物船只救护，所救护之人及所有物件尽力设法送至附近俄国通商海口，或与俄国素好国之领事官所驻扎海口，或顺便咨送到边，其救护之公费均由俄国赔还。俄国兵、货船只在中国沿海地方遇有修理损坏及取甜水买食物者，准进中国附近未开之海口，按市价公平买取，该地方官不可拦阻。"① 只是，在这个条约中将1844年中美、中法条约中的"中国所辖内洋""中国洋面"等说法书写为"中国沿海地方"（the coast of China）而已。

　　6月18日，中美《天津条约》重申了1844年美国兵船取得的在中国近海的自由航行权，而且事实上又取得了在中国海域追捕海匪的权利。该条约第九款规定："大合众国如有官船在通商海口游行巡查，或为保护贸易，或为增广才识，近至沿海各处，如有事故，该地方大员当与船中统领以平行礼仪相待，以示两国和好之谊，如有采买食物，汲取淡水，或须修理等事，中国官员自当襄助购办。遇有合众国船只或因毁坏、被劫，或虽未毁坏而亦被劫被掳及在大洋等处，应准大合众国官船追捕盗贼，交地方官讯究惩办。"② 查阅条约英文本，我们知道，此处的"大洋"，是指"与海岸相邻的一带海域"（the seas adjacent to the coast），③ 仍是中国管辖的内洋和外洋，不能等同于公海之"大洋"。

　　细心的读者想必注意到，上述中俄、中美两个条约，与中英《五口通商附粘善后条款》中的规定相比，故意模糊了两点。如前所说，《五口通商附粘善后条款》规定："凡通商五港口，必有英国官船一只在彼

---

① Treaties, Convention, Etc, *China and Foreign States*, Vol. I, Second Edition, Published by Order of the Inspector General of Customs, 1917, p. 88.
② 贾桢等编：《筹办夷务始末》（咸丰朝）卷二七，第992页。
③ Jas. L. Mackay, *Treaties between the Empire of China and Foreign Powers*（《中国与外国列强的条约》），World Public Library Association, 1902, p. 86.

湾泊。"这一规定里不仅限制了英国官船的数量——一个通商口岸仅限一只英国官船湾泊,而且限制了英国官船的活动范围——只能在五个通商口岸(广州、厦门、福州、宁波和上海)所在海域活动,不准到长江口以北的中国内外洋活动。而1858年6月中旬与俄国和美国签订的《天津条约》仅仅规定他们的官船或兵船可以在中国通商口岸任意活动,既没有兵船数量的限制,也没有只能在五个通商口岸活动的范围限制。这样的模糊用语显然是有寓意的。因为英国、法国、俄国和美国等四国公使正在天津逼迫清廷增开新的通商口岸,因此这样的模糊语言意味着,无论是已经开辟的和将要开辟通商口岸及其海域,都将成为俄国和美国兵舰的任意活动范围。

是年6月27日,法国逼迫清钦差大臣桂良等人签订中法《天津条约》,其中第三十款重申,法国"兵船往来游行保护商船,所遇中国通商各口,均以友谊接待其兵船"①。法国因此获得了其兵舰在中国沿海七省内外洋面任意行驶和停泊的一切特权。

1858年与英国、法国、俄国、美国签订的《天津条约》中规定中国增开牛庄(后改营口)、登州(后改烟台)、台湾(后改为台南)、淡水、潮州(后改汕头)、琼州、汉口、九江、南京、镇江为通商口岸。1861年的《北京条约》又增开天津为通商口岸。这样从南到北中国沿海七省所有内洋和外洋全部成为英国、法国、俄国和美国等列强兵舰任意航行和停泊的范围。

不仅如此,由于开放了上海、南京、镇江、九江和汉口,所有可以通航的长江下游也全部成为列强军舰任意活动的范围。这样,中国沿海沿江均成为英、法、俄、美四国列强军舰任意活动的范围。清代前期关于外国军舰通过外洋受到中国水师监控的权利,外国军舰不得驶入中国内洋和内河的有关规定全部成为废纸②。从此以后,外国兵船在中国内外洋的活动不再纳入中国水师官兵的报告内容。

这里需要附带指出的是,1858年6月26日,中英《天津条约》第

---

① 贾桢等编:《筹办夷务始末》(咸丰朝)卷二八,咸丰八年五月,第1032页;Jas. L. Mackay, *Treaties Between the Empire of China and Foreign Powers*《中国与外国列强的条约》, World Public Library Association, 1902, p. 67.

② 王宏斌:《清代内外洋划分及其管辖问题研究》,《近代史研究》2015年第3期。

十九款明确规定:"英国船只在中国辖下海洋有被强盗抢刼,地方官一经闻报,即应设法查追拿办,所有追得赃物交领事官,给还原主。"① 这里的"在中国辖下海洋"(within Chinese waters)与1844年中美、中法条约中所说的"中国所辖内洋""中国洋面"等完全是同义词,即清朝前期已经划定的内外洋。一直到同治时期,西方列强并未对中国的内外洋管辖范围提出公开的质疑。

例如,1862年8月13日,中国与葡萄牙在里斯本签订草约,其中第十九款规定:"大西洋国(即葡萄牙)船只在大清国辖下海洋,有被强盗抢刼者,地方官一经闻报,即应设法查追拿办,所有追得赃物,交领事官给还原主。"②

1863年7月13日,中国与丹麦签订的《天津条约》第十九款规定:"丹国(即丹麦)船只在中国管下海洋,有被强盗抢刼者,约准地方官一经闻报,即应设法追拿查办,所有追获赃物,直交领事官发还失主。倘承缉官不能获盗起赃,只可照中国例处分,但不能赔偿"③。

1869年9月2日,中国与奥地利签订的《通商条约》第三十七款规定,"奥斯马加国(即奥地利)船只在中国辖下海洋,有被强盗抢刼者,地方官一经闻报,即应设法查拿追办,所有追得赃物交领事官给还原主。倘承缉官不能获盗起赃,止可照中国例处分,不能赔偿。"④

以上中国与葡萄牙、丹麦和奥地利签订的打击海盗条款,均是比照1858年6月26日中国与英国签订的《天津条约》第十九款写成的。毫无疑问,这些规定都是以承认"中国辖下海洋""中国管下海洋"为前提条件的。而这一条款仍是1844年,中美、中法条约相关规定的翻版,基本上沿袭了清朝前期的海难救助政策。

从上述近代中外早期条约的考察,我们可以得到四点结论。

---

① 贾桢等编:《筹办夷务始末》(咸丰朝)卷二八,咸丰八年五月,第1017页;"If any British merchant-vessel, while within Chinese waters, be plundered by robbers, of pirates, it ishall be the duty of the Chinese authorities to use every endeavour to capture and punish the said robbers or pirates, and to recover the stolen property, that it may be handed over to the Consul for restoration to the owner." (Jas. L. Mackay, *Treaties Between the Empire of China and Foreign Powers*《中国与外国列强的条约》, World Public Library Association, 1877, p. 14.)
② 王铁崖编:《中外旧约章汇编》上册,第190页。
③ 同上书,第200页。
④ 同上书,第283页。

其一，从 1842 年英国取得在五个通商口岸的兵船驻泊权开始，到 1844 年法国取得在五个通商口岸之间保护商船的兵舰"游弋"权，再到 1858 年的《天津条约》、1861 年的《北京条约》以及其他通商条约，中国被迫增开牛庄（设在营口）、登州（设在烟台）、台南、淡水、潮州（设在汕头）、琼州、汉口、九江、南京、镇江等为通商口岸，英国、法国、美国、俄国、葡萄牙、丹麦和奥地利等都相继取得了兵船在中国沿海水域任意航行和驻泊权，中国内外洋已经成为外国兵船阑入之地。

其二，在第一次和第二次鸦片战争之后，在缔结的国际条约中，西方列强并未对中国对内外洋的管辖主权提出质疑，在不同条约中出现的"中国所辖内洋""中国洋面""中国沿海地方""中国辖下海洋""大清国辖下海洋""中国管下海洋"，词义相近，均是指清朝前期划分的内洋和外洋。

其三，清代前期形成的内外洋管理制度至少在咸丰和同治时期继续得到坚持和执行。例如，清代前期关于海难船只的救助和抚恤制度在鸦片战后的一系列中外条约中均有体现。

其四，唯有美国从 1858 年的中美《天津条约》中又获得了在中国海域攻击海匪的权利，这是对中国近海主权的又一次践踏。

毫无疑问，西方各国在中国海面获得了广泛的航海权和驻泊权。但是，这并不意味着清朝廷完全放弃了自己的主权。在中国官员看来，允许各国商船和兵船在中国内外洋航行和驻泊是一种无奈，而对于这些洋面继续行使主权，拥有不完全国家行政管辖权则是一种坚守。1868 年 7 月 28 日签订的中美《续增条约》，乃是保持主权的一种尝试。

"大清国大皇帝按约准各国商民在指定通商口岸及水路洋面贸易行走之处，推原约内该款之意，并无将管辖地方、水面之权一并议给。嗣后如别国与美国或有失和，或至争战，该国官兵不得在中国辖境洋面及准外国人居住行走之处与美国人争战，夺货劫人；美国或与别国失和，亦不在中国境内洋面及准外国人居住行走之处有争夺之事。有别国在中国辖境先与美国擅起争端，不得因此条款禁美国自行保护。"① 上面第一句话是说，清朝皇帝绝不放弃对于帝国洋面的管辖主权（certain wa-

---

① 王铁崖编：《中国旧约章汇编》上册，第 261—262 页。

ters of that Empire)①。第二句话说得是在中国内外洋面，任何国家对任何国家都没有争战权和"夺货劫人"权。美国为此特别声明，"美国或与别国失和，亦不在中国境内洋面及准外国人居住行走之处有争夺之事。"这一条规定显然针对的是1864年春天普鲁士兵船在天津拦江沙外扣留三艘丹麦商船事件。

尽管从以上这些结论中不能看到外国兵船的侵入直接影响了中国管辖之"外洋"词语使用的频率的变化，但是通过演绎推理，可以想到由于无法将军事和行政的管理施诸外国兵船，清朝各地文武官员向北京发出的奏折，不再报告外国兵船在中国内外洋活动的事实。以奏折和上谕为主要档案资料编成的历朝实录中关于中国管辖之"外洋"词语的使用频率必然有所下降，应在情理之中。

此处需要附带指出的是，清廷除了在条约中承认美国兵舰在"大洋"可以捕拿中国海盗外，对于其他国家提出的在中国洋面捕拿中国盗匪的要求，均明确表示拒绝。例如，1905年（光绪三十一年），中国外务部收到德国公使关于在中国内外洋面帮助中国官船缉拿海盗的章程，立即表示拒绝。

1905年3月20日，德国公使照会清外务部，称本国特颁章程，所有管带德国兵船各官，有权在中国海域剿灭海盗。并说此项章程与1861年德国与中国所订《通商行船条约》第三十三款相符，"如中国官员已力不足剿灭海盗，则令管带德国兵船各官相帮"。外务部官员查阅中德1861年《通商条约》第三十三款，其内容是："凡布国及德意志通商税务公会和约各国船只在中国洋面被洋盗打劫，地方官一经闻报，即应设法查拿，照例治罪，所劫赃物，无论在何处搜获及如何情形，均缴送领事官转给事主收领。倘承缉之官或不能获盗，或不能全起赃物，照中国例处分，但不能赔偿赃物。"然后指出，该款所载并无中国官员已力不足勦灭海盗，令德国兵船各官相帮之意。德国所定章程显与1861年《通商条约》不符，断难认可。并明确拒绝说，"至缉捕海盗，系中国自有之权，即为地方官应办之事，仍应按照原约自行设法尽力办

---

① Treaties, Convention, Etc. China and Foreign States. Vol. I, Second Edition, Published by Order of the Inspector General of Customs, 1917, p. 730.

理,他国兵船各官无庸干预"①。

三 传统水师装备之更新与海患之消弭

第二个问题是,中国管辖之"外洋"词义之消失,是否与海匪活动减少有关?

1863 年(同治二年),两江总督曾国藩在《请裁撤沿海水师养轮船疏》中第一次明确提出水师的改造方针。一面引进和仿造新式轮船,一面要求有计划裁撤旧有水师。"至于酌量裁减沿海水师,尽可分别办理。查苏、浙二省兵力最疲,自宜概行裁撤。其闽、粤二省或留十之三四,或留十之五六,应责成该省督抚因地制宜,相机办理。大率不外先覈兵伍虚数,就目下实有之人加以淘汰,务使可收实用。一俟裁减妥善,整顿齐全,每年节省之款不下一二百万,便可充轮船之饷而有余。一转移间,两善俱备。目下之费不患不充,将来亦不至难乎为继。如此办法,海口以内水师之军政改观,海门以外轮船之巡缉益力相辅而行,则巨洋盗风可期弭戢。"②

对于曾国藩提出上述水师改造方针,有人理解,有人支持,有人困惑,有人反对。同治、光绪时期,在新式造船工业的兴办,新式海军的建立,传统水师的改造,风帆战船修造制度的废止等方面,充满着矛盾,交织着斗争,时而前进,时而后退,历尽艰难和风险。

1864 年 7 月 19 日,闽浙总督徐宗干奏请继续修造风帆战船。在他看来,福建水师废弛已久。各营届期应修各船,皆以军务吃紧,库款支绌,有延至数年未能兴工者。每遇巡缉,船不敷用。该将弁得以藉词因循,几成锢习。近来料价增昂,承办造船者以部定例价不敷办理,难免草率,且吏胥、匠作又难保无串通营弁,扶同侵扣情事,实难望其一律坚固,灵便合用。从前沿海匪船不过罟艚小艇,水师营中配用同安梭船,足以剿捕。近来洋面多有广东匪艇,高大坚实,联帮肆刼,强弱不

---

① 《外务部照会德国兵船助剿海盗与约不符无庸干预文》二月,《光绪三十一年至三十三年交涉要览》卷二〇,乙巳年,第 508—509 页。
② 曾国藩:《请裁撤沿海水师养轮船疏》,同治二年,《清同治朝政务档》卷一,第 51—56 页。

敌,每多畏葸不前,非有外国兵船及大号商艘相助,难以有效剿匪,此闽省水师为难之实在情形也。"今欲战、哨之得力,必求制造之得法。应请酌量变通,将未修各船改造广艇。"为此,他建议将改造战船的任务直接交给营员。其办法是,"闽省内地水师一提四镇,将备三十余员,每员勒限责成制造艇船一只,提镇倍之,计可得艇船四十余只,其工价即将各道厂领款,拨归营员领办,仍由厂道勘验详报。各营员或未尽可靠,止办一二船,按制造之优劣定功过之黜陟……令制造之员专司管驾,则性命系之,不致有偷减草率之情弊。"这种办法无非将造船的经费困难,转嫁到水师官兵的身上而已。营员负责战船修造并不能保证战船的质量,这一制度在清代前期已经试验过,并不成功。假若这只是太平军等农民起义之后的一项临时措施,未尝不可。①

曾国藩"裁撤沿海水师养轮船"的主张,首先得到了左宗棠的积极响应。左宗棠一方面在福州创办船政局,仿造轮船。另一方面,左宗棠认为旧有水师有名无实,遂痛下决心,奏请大规模裁撤浙江绿营兵,奉旨允准,而后委托浙江藩司杨昌濬专主其事。1868 年,正当这一计划进行时,左宗棠奉命西征。他不得不把这一计划转交署任闽浙总督英桂等人督率完成。

经过一番调查,浙江巡抚杨昌濬详称:浙江省"总计马、战、水、陆额兵三万七千五十九名,而驻于海滨杭、嘉等府者共有三万余名,分驻湖、金、衢、严、处五府者,只七千余人。海疆偏重形势了然"②。为此他计划说:"分别成数,将各该营共裁减水陆额兵一万三千八百二十九名,实应存兵二万二千五百七十六名,内酌留马兵五百名,战兵八千五百名,守兵一万三千五百七十六名。"③ 根据规划,首先是裁撤的 13829 名兵饷,然后为鼓励士气,适当增加存营额兵的兵饷。至于浙江外海水师战船旧设二百余号,"自经兵燹,毁失一空。温州、黄岩、宁波、镇海、定海各处虽经浙抚臣购造广艇、快蟹等船,暂资得力。然船只不及当年之半,洋面辽阔,各营每虞不敷巡缉,此后应请宽筹经费,

---

① 《筹办夷务始末补遗之同治朝》,同治三年六月,第 11—12 页。
② 《福州将军兼署闽浙总督臣英桂筹议变通浙省兵制章程疏》,同治七年,《清同治朝政务档案》卷一,第 693—697 页。
③ 同上。

陆续添造。"①

丁日昌是近代轮船舰队建设最积极的倡导者。他于1868年草拟"海洋水师章程"②。这个章程共有六条。第一条，"外海水师专用大兵轮"。在他看来，外海水师以火轮船为第一利器，尤以大兵轮船为第一利器。"海上争锋纵有百号之艇船，不敌一号之大兵轮船。盖内海剿盗，则非炮船不为功；外海剿盗，则非轮船不为功。"建议购买美国大兵轮船若干艘，裁撤沿海所有艇船，因为裁50艘艇船之费，可养一艘大兵轮船；裁撤50只舢板可以养一艘炮船。第二条，"沿海择要修筑炮台"。自第一次鸦片战争以来，沿海炮台悉经毁损。许多人误以为炮台不足恃，而不知中国炮台修筑方式有问题。他主张仿造西方炮台，"与沿海水师轮船相为表里，奇正互用，则滨海有长城之势"；第三条，"选练陆兵"。他主张编练一支10万人的水陆两栖部队，优给军饷，申明军法，半年在陆，半年在海，以备缓急之用；第四条，"沿海地方官宜精择仁廉干练之员"。即为沿海老百姓选拔廉洁能干的官员，使沿海社会政治保持稳定；第五条，"北、东、南三洋联为一气"。他认为中国沿海五千余里，海防安全联系在一起，应分别在天津、吴淞与南澳设立三个水师提督衙门，分防北洋、东洋与南洋。"每洋各设大兵轮船六号，根钵轮船十号。三洋提督，半年会哨一次。无事则以运漕，有事则以捕盗"；第六条"精设机器局"。他认为水师与制造相互表里，不可偏废。每洋各设一个机器局，每一机器局分为三厂：一厂制造轮船，一厂制造枪炮，一厂制造耕织机器。这些建议反映出，丁日昌认真总结了第一、二次鸦片战争失败的经验教训，要求扩充海上力量，建立近代化的强大海军。1874年，丁日昌进一步提出，为了中国海防安全，可以派遣舰队袭扰敌国海口的建议③。这是同治时期最全面最积极的海防战略设想。

---

① 《福州将军兼署闽浙总督臣英桂筹议变通浙省兵制章程疏》，同治七年，《清同治朝政务档案》卷一，第693—697页。
② 有人说丁日昌这个章程起草于1868年，并注明："《同治朝筹办夷务始末》卷五三，页十七—二六，李鸿章附呈丁日昌条陈。"笔者经过核查，该书该卷并无"李鸿章附呈丁日昌条陈"。实际上当时李鸿章附呈的是丁日昌另外一个章程，参阅王家俭：《中国海军史论集》台湾文史出版社1984年版，第200页。根据丁日昌《抚吴公牍》卷25所编《海洋水师章程别议》一文，可知丁氏在1868年春天已经有了三洋海军的初步设想。
③ 丁日昌：《海防条议》，《海防要览》文宜书局，光绪甲申刻本，第2页。

1869年，调任两江总督曾国藩对于江苏水师营制和装备进行了改革，并用章程固定下来。《江苏水师营制事宜章程》共有14条。第一条，将江苏水师分为内洋、外海、里河三支，以资控御；第二条，调整内洋和外海水师11营。以苏松镇川沙、吴淞二营，改归福山镇管辖，并提督所辖南汇营、苏松镇中营、左营、狼山镇掘港营，为外海六营。苏松镇右营、福山镇左营、狼山镇右营并新设通州、海门二营为内洋五营。第五条，外海水师每营拨广艇二号，内洋水师每营拨舢板十二号，太湖等营酌拨舢板十三号至二十号不等。第六条，续造轮船四号，分拨提督及苏松各镇，专巡外海、内洋。第七条，在江宁设立船厂，按年轮修风帆战船，轮船应由上海船坞整理。第八至十条，水师专以管船为主，每船设一官，大者设两官。①

从上述江、浙、闽三省水师的改造情况可以看出，从60年代开始，清朝对于沿海各省水师进行了一番整顿，配备了新式艇船、轮船和火炮。是时，沿海水师每年需要六百余万两白银。② 从朝廷角度来看，这一巨款支出毕竟是值得的，因为新编练军得到了比较现代化的武器装备。尽管在抵御外侮、对付外国军队的入侵方面，用处不大，但在镇压动乱、维持治安方面，起到了重要作用。

同治时期，随着轮船开始配备水师，沿海各省都组建了以轮船为核心的小型舰队③，广东"艇匪"因此失去优势。曾国藩曾经明确指出："西洋各国兵船，制造尤坚，首尾皆锐，裹以厚铁，战斗折冲，其行如飞，他船不能与之争疾，兵交之际，鼓其火力，直冲无前，所当之处，无坚不破。沿海盗艘、广艇、艚船、白鳘壳之流，往往畏之如虎，洵海中第一利器也。"④ 这尽管说的只是英法等国兵船对中国兵船的绝对优势，而对于只有帆船的中国海匪而言，各省水师陆续装备的自制或购买的轮船优势也是同样的存在的。

尤其是通过雇佣英国和法国海军兵船的手段，浙江、福建和广东水师迅速消灭了在海上活动多年的大股"艇匪"。据左宗棠于1863年3月

---

① 《清穆宗实录》卷二五五，同治八年三月壬辰，第9—10页。
② 张佩纶：《涧于集》卷六，第10页。
③ 王宏斌：《晚清海防：思想与制度研究》，商务印书馆2005年版，第197—201页。
④ 曾国藩：《请裁撤沿海水师养轮船疏》，同治二年，《清同治朝政务档》卷一，第51—56页。

2日（同治二年正月十三日）奏报：宁波府定海厅洋面素为盗贼出没之所。"本年夏秋间，广东盗船蚁集该厅港洋面，伺劫商贾，意在久踞。闰八月二十四日，花旗国副将法尔师德轮船到定海时，署定海同知刘国觐及团绅林正盛、陈裕权与法尔师德筹商，添雇轮船四只，会同官兵民团合剿。二十六日，护定海总兵印务镇海营参将袁君荣、署定海厅刘国觐率民团，同法尔师德等击贼于岑港，破之。贼之逃匿海岙者，经民团擒斩殆尽，共毙盗匪七百余名，兵勇阵亡五名，团勇阵亡四十一名，连日搜捕，洋面安静，商民称快。"①

从1870年到1911年40年间，沿海各种社会矛盾依然存在，海匪案件不可能被杜绝，海上抢劫案件时有发生，但都是零星海匪所为。

1870年，盛京副都统都兴阿奏报，于7月16日盖州城守尉戴耀、盖平县知县汤继尧合作，在连云岛海口击毙福建籍海匪首犯一名，拿获从犯五名。照依新章，就地正法。奏请给予防御乌勒熙春、典史周慎枢六品军功奖励等。②

1871年，两广总督瑞麟奏报：钦州辖境与越南国属狗头山毗连处所，时有匪徒窥伺洋面，现饬副将雷秉刚管带轮船会拿，毙匪多名。③

1874年，一艘装载四百余石青豆的商船在盖州连云岛洋面正在候风，于九月初六日夜间被海匪连船带货劫走。山东登莱青道道员闻报，即知会福州船政局拨给烟台的"飞云"号轮船管带吴世忠带领兵弁追捕。该管带巡至海阳县乳山口外洋，发现是案盗船，展开围捕，先后拿获17名案犯，并将所盗船货全部缴获，送交该道，转交福山县审理。④

1881年，闽浙总督何璟奏报：经浙江省巡洋官兵乘坐兵轮痛加搜捕之后，台州海匪金满势已穷蹙。已派提督曹志忠驰往闽浙交界，相机协捕。⑤

---

① 《筹办夷务始末补遗之同治朝》，同治二年正月，第24—25页。
② 《盛京副都统都兴阿奏为在连云岛海口缉获海洋盗犯出力员弁拟请奖叙事》，同治九年二月十二日，中国第一历史档案馆藏朱批奏折，档号：04—01—16—0198—035。
③ 《清穆宗实录》卷三〇七，同治十年三月丙午，第16—17页。
④ 《直隶总督李鸿章奏为福建拨驻烟台海口轮船在洋面拿获邻省全案盗犯在事出力员弁请奖事》，同治十三年七月二十四日，中国第一历史档案馆藏朱批奏折，档号：04—01—01—0827—035。
⑤ 《清德宗实录》卷一三六，光绪七年九月庚寅，第3页。

1882年，据英国人报告，在浙江和福建海域仍有海匪活动。① 浙总督何璟承认：仍然未将台州海匪金满缉拿归案。旨令："严谕陈士杰督饬上紧缉拿，即著该督饬令营员等随时查探金满踪迹，相机围捕，毋稍疏懈。"②

1886年，中越交界洋面的剿匪战。广东廉州北海与越南连界之九头山、亚婆沥等处洋面是海匪聚散地。是时，此地海匪已经不敢远赴雷州以东中国内外洋面，他们时而在越南沿海抢劫，时而在廉州、琼州登岸骚扰，久为边海大患。张之洞于光绪十一年十二月奏明，委派广西提督冯子材，酌拨营勇剿办这一股海匪，并派阳江镇总兵黄廷彪督率龙门协副将梁正源率领拖缯船和轮船，协力围剿。是役干净利落，清军首先清除海面匪船，然后搜山捣毁海匪巢穴，擒斩首伙海匪多名。为此，张之洞循例奏报出力员弁，恳准奖励。他说："此次各将弁奋勇出洋，连日攻击，先清海面匪船，直抵该山老巢，扫穴擒渠，多毙悍匪，安辑岛民，水陆均就肃清，中外商民得免戒心，边氓悉臻安堵。办理迅速，尤为得手。"③

1890年，闽浙总督臣卞宝第奏报：于本年六月二十三日晚一艘商船驶抵萧厝洋面，突然遭遇匪船拦劫，水手被砍伤。所有船只、洋银、衣物全部被劫去。福建水师提督彭楚汉闻讯，立即派遣"伏波"轮船，带同事主前往追捕。于七月初六日上午，巡至南日大洋，遥见盗船乘风飞驰，举动慌张，经事主指认为被劫原船，遂鼓轮船追近擒拿。该盗竟敢施放洋枪，抛掷火罐，持刀拒捕。经轮船连放大炮，该海匪等就擒。获到海盗蔡竹陇等十二名，并起获刀矛、枪弹等件。④

1892年，福建厦门附近出现一股海匪。⑤ 其活动范围达到浙江内外

---

① Foreign Office Archives, Fo228/696, Enel. No.7, in Forrest to Wade, No.3, Apr.5, 1882. The National Archives.
② 《清德宗实录》卷一五四，光绪八年十一月丁亥，第9页。
③ 《两广总督张之洞奏为遵旨酌保剿办广东越南交界九头山亚婆漭等处洋面匪徒尤为出力文武员弁请旨奖励事》，光绪十三年正月十九日，中国第一历史档案馆藏朱批奏折，档号：04—01—16—0222—1394。
④ 《头品顶戴闽浙总督臣卞宝第跪奏为轮船捕获大伙洋盗审明惩办事》，光绪十六年十月二十四日，中国第一历史档案馆藏朱批奏折，档号：04—01—01—0976—024。
⑤ Foreign Office Archives, Fo228/1113, Enel. in Forrest to O'Coner, Separate, July 1 1893. The National Archives.

洋面。有人奏报，水师巡洋不力。"普陀、黄岩、温州、台州、福宁一带洋面，屡有盗匪房劫货物，杀害商人之事。地方官不为越境缉拿，巡洋师船以讳盗为得计，甚且安居内港，洋面不靖。"① 朝廷担心海匪活动重新活跃。谕令浙江巡抚谭钟麟等人，"严饬水师将弁，实力梭巡，严拿匪船，倘有讳盗、疏防情事，别经破案，立即严参惩办，不得有名无实，任意安居内港，虚糜饷需。"②

1893 年，浙江温州、台州和福建福宁一带洋面，发生盗匪抢劫商船事件，清廷谕令谭钟麟、崧骏等人严饬水师将弁实力梭巡，严拿海匪。倘有讳盗、疏防情事，立即严参，惩办。不得有名无实，任意安居内港。③

1898 年，在厦门附近的海域发生了一起渡船被袭击事件。④

1900 年，英国洋行的船只在厦门附近的洋面遭到海匪袭击。⑤ 因此，英国领事认为海匪有复活迹象。同时认为，朝廷无暇顾及海匪，似乎需要动用外国的军舰，才能保证此处贸易的安全。⑥

1903 年，根据厦门报纸报道，福建水师提督杨岐珍开始派遣兵舰为中国商人护航，收到了比较好的效果。⑦

1907 年，清廷风闻广东内河、外海等处，盗贼充斥，感到风声鹤唳。谕令两广总督张人骏体察情势，规划粤省治安全局，筹议切实办法。特别强调，际此多事之时，"一切巡缉弹压事宜，恐非一人所能兼顾，似应规复旧制。"⑧

从上述各省报告来看，1870 至 1911 年，海匪活动属于零星的间歇性偶发性的活动，既没有出现嘉庆年间大规模的海匪活动，也没有发生道咸时期连绵不绝的海上抢劫事件。"那个规模庞大到足以影响贸易整

---

① 《清德宗实录》卷三二一，光绪十九年二月丁巳，第 2 页。
② 同上。
③ 同上。
④ 《渡船遇劫》，《申报》1898 年 1 月 10 日。
⑤ Foreign Office Archives, FO228/1357, Enel. in Mansfield to Macdonaid Separate, July 14, 1900, Intelligence Report the National Archives.
⑥ Foreign Office Archives, FO228/14027, Enel. in Mansfield to Satow, Separate Apr. 8, 1901, Intelligence Report The National Archives.
⑦ 《鹭岛延秋》，《鹭江报》1903 年 7 月。
⑧ 《清德宗实录》卷五七九，光绪三十三年九月癸卯，第 26 页。

体的海盗时代,在 19 世纪中期已宣告结束。"①

总之,"轮船捕洋盗之效,人能言之。"② 随着洋务运动的兴起,随着中国轮船制造业的发展,随着沿海水师的整顿与轮船的装备,各省水师对于中国沿海孳生的海匪构成了绝对的机动作战优势。尽管沿海的社会矛盾并未解决,海匪的活动并未彻底消弭,但是沿海的海匪活动被机动兵船压缩限制在零星活动状态。海洋抢劫事件逐渐减少,沿海各省督、抚、提、镇关于追究内外洋失事责任的奏报相应减少,以辑录奏折和上谕为主的清实录反映的中国管辖之"外洋"语词频率自然减少。这不能不是中国管辖之"外洋"在官书中逐渐减少的原因之一。

四　水师巡洋制度之坚持

第三个问题乃是,晚清水师巡洋制度的演变,是否导致了中国管辖之"外洋"词义之消失?

同治、光绪时期,清廷一面要求各省督抚大力整顿水师;一面督促各省提镇带领官兵实力巡洋,为此对于旧有的巡洋章程重新进行了修订。诸如,《保护中外船只遭风遇险章程》、《广东将赤溪营改为水师营的统巡章程》、《江苏里河内洋和外海水师的巡哨章程》、《广东高州北海两镇巡洋章程》和《新改澎湖镇总兵巡洋会哨章程》等等。在这五个章程中,后三个章程规定的十分详密和具体。

《保护中外船只遭风遇险章程》。1863 年,经总理各国事务衙门奏定《保护中外船只遭风遇险章程》,其中规定:"嗣后文武汛官及外海水师管驾人等遇有中外船只在洋面遭风触礁,桅倾、舵折,急迫呼号,瞬将沉没者,果能奋身冒险救出至三十人以上,准其比照异常劳绩奏奖。"③ 这一章程是对大清会典事例有关救助各国海难船只规定的归纳

---

① [日]村上卫著,王诗伦译:《海洋史上的近代中国》,社会科学文献出版社 2016 年版,第 236 页。
② 左宗棠:《上总理各国事务衙门》,杨书霖编:《左文襄公全集》书牍卷十三,光绪十六年(1890)长沙杨氏刻本,第 42 页。
③ 《两广总督李瀚章奏为管带鱼雷艇补用千总韦振声救出在洋遭风英轮华洋多人请奖励事》,光绪十七年十月十六日,中国第一历史档案馆藏朱批奏折,档号:04—01—16—0232—089。

处理。

《广东将赤溪营改为水师营的统巡章程》。1870 年，兵部等部会议新设赤溪水师协未尽事宜，同意两广总督瑞麟建议，将赤溪营改为水师协，隶阳江镇管辖，变通巡洋章程。以阳江镇总兵为上班统巡，赤溪水师协副将为下班统巡。① 这是对嘉庆十五年和十六年章程的补充修订。②

《江苏里河内洋和外海水师的巡哨章程》。1868 年，曾国藩奉旨修订江苏内洋、外海水师章程。为此，面商江苏巡抚丁日昌。事后，丁日昌根据曾国藩的要求，先后征求了江南提督李朝斌、布政使杜文澜、苏松太道道员应宝时等人的意见，草拟《酌议海洋水师事宜》30 条，咨送曾国藩斟酌处理。

第一条至第四条，确定江苏内洋、外海的四至界线，海洋提督由苏州移驻到宝山，福山镇移驻金山卫，改为金山镇，狼山镇添设通州、海门二营。

第五条，规定海洋新设水师营及其战船配置。"海洋提标拟新设水师一营，八团舢板十二号，分防虾蟆山、白茅港、吴淞口等汛；苏松镇标拟新设水师一营，八团舢板九号，分防协安沙西嘴、崇宝沙、上新港以下，中洪以广艇五号分防十滧口等汛；狼山镇拟新设水师一营，八团舢板八号，分防天星港、牛洪港等汛；金山镇拟新设水师一营，以八团舢板五号分防川沙、南汇等处，以广艇五号分防马迹山等汛。"③

第六条，裁减水师 11 营原额兵制，从中挑选 1000 名，精炼成陆兵。

第七条，内洋分巡会哨。"海洋提标营，八团舢板船十二号。其分防虾蟆山者，南巡至谢桥港，北巡至紫气沙，与狼山会哨；分防白茅港者，西巡至福山港，东巡至浏河，均与本营船会哨；分防吴淞口者，西巡至浏河，与本营船会哨；东巡至高家嘴转北至崇宝沙、鸭窝沙，与苏松镇船会哨；苏松镇标营八团舢板船九号。其分防协安沙西嘴者，东巡至二条竖，北巡至小竖河，均与本营船会哨；分巡崇宝沙者，西巡至二

---

① 《清穆宗实录》卷二九三，同治九年十月辛亥，第 6—7 页。
② 王宏斌：《清代前期广东水师巡洋会哨章程述论》，《国家航海》第 15 辑，上海古籍出版社 2016 年版，第 57—67 页。
③ 林达泉编：《（丁日昌）抚吴公牍》卷二五，光绪三年（1877）刻本，第 2—3 页。

条竖，东巡至十滧口，东南巡至鸭窝沙，与提标船会哨；分防上新港以下中洪者，东巡至永兴沙、糖芦等港，西巡至解排港，与狼山镇船会哨；狼山镇标营八团舢板船八号。其分防天星港者，西巡至张王港，南巡至紫气沙，与提标营船会哨。分防牛洪港者，西巡至任家港，与本营船会哨；东巡至解排港，与苏松镇船会哨。各认本境出巡，每夜驻防汛地，非有狂风巨浪，不准在港内停泊。每五日会哨一次，逢五则与本营会哨，逢十则与别营会哨，周而复始，遇盗则不分畛域，会合追拿，必令尽歼。其金山营八团舢板五号，分防川沙者，专防川沙南汇以南海塘洋面，凡中外船只遭风搁浅，即行出力救护，禁止滨海之民乘危抢掠，不与各标会哨。"①

第八条，外海分巡会哨。"外海汪洋浩渺，应分南、北两路巡哨，拟以苏松镇分巡十滧口，广艇五号，东巡至佘山，南巡至马迹山，与金山营会哨。其金山营分防马迹山，广艇五号，东巡至花脑、陈钱，西巡经大小羊山，抵金山本镇，北巡至十滧口，与崇明镇会哨。其会哨之期，定每月三次。"②

第九至十五条，分别规定各个水师营的战船座驾、军官设置、战船炮位、水兵人数以及薪俸兵饷数量。

第十六至第十八条，严定水师禁约。"照长江水师营制，申明定规三条：一，不许登岸居住；二，不许吸食洋烟；三，不许赌博。有登岸居住吸食洋烟者，官则革职，兵则革粮；有犯赌者，由该管将领察核情节，禀明严办。""凡洋海师船只宜一意办公，缉捕盗贼，如有夹带私盐私货，经海关盐卡查出，该营哨官即行革职。该管上司不预先查办，亦分别议处。""沿海捕鱼船只规费最优，从前水师以为利薮，现拟一律严禁，凡沿海水师不得包揽渔船规费，以及妄取岛中居民一草一木，远者以军法从事。"③

第十九条，严定失事处分。海洋失事，"应遵长江水师案内兵部新定处分，遇有抢劫之案，四个月限满题参。疏防，都守以下五项哨官，俱照专汛、兼辖、分巡各官例住俸。副、参、游三项营官俱照统辖总巡

---

① 林达泉编：《（丁日昌）抚吴公牍》卷二五，第3页。
② 同上。
③ 同上书，第5页。

各官例,罚俸一年。二、三、四参,各予限八个月。二参,限满不获,哨官降一级留任,再限八个月缉拿。营官降一级留任。贼犯照案缉拿。三参,限满不获,哨官降二级留任,再限八个月缉拿。四参,限满不获,降二级调用,不准抵销。贼犯令接任官照案缉拿。如有一夜连劫及会勘迟延、隐讳不报、讳劫为窃等事项,查参。至会哨章程,如行船遇盗,托故畏葸不上前者,收队后查明何哨员弁,重则责军棍八十,摘去顶戴,轻则责军棍四十。倘敢妄拿民船,利其货物,按照军法斩首号令。"①

第二十条,获盗从重给赏。"各船员弁兵勇在洋拿获首伙盗犯,按名解交地方官审办,果能拿获要首如王小娘、刘阿磨等著名之犯,每名赏给洋银四百元,破格保奖。如能拿获十案以上之盗,亦准奏保;其拿获寻常盗犯行劫三案以上者,每名赏银五十两;仅止一二案者,每名赏银三十两。如系人赃并获,有主者给主认领,无主者变价充赏,不准丝毫提取归公。以上赏项,何船拿获即由何船承领,有协获者,协获之船分三分。"②

第二十一条,外海伤亡优恤。"外海捕盗,全赖员弁、兵丁效命,倘有奋不顾身击盗伤亡,就近由地方官或台局大员验明通报,准照军营打仗伤亡例,分别议恤,赏养伤银两,以示体恤。内洋捕盗,伤亡仍照旧章赏恤。"③

第二十二条,轮流更调。"水师累年经月驻巡本汛,不免渐就废弛,且无以熟悉各汛情形,拟略照长江水师章程,各汛轮流更调。在客汛一次,驻巡一年,准调回本汛驻巡一年,或内洋与外海互调,以均劳逸,均听提督斟酌。"④

第二十三条,出巡会考。"海洋提督每月乘轮船巡外海一次,乘小轮船巡内洋一次。狼山、金山、苏松三镇亦各派巡内外洋海各一次,均由海洋提督酌核咨委,一面咨报督抚备查。"⑤凡提镇出巡时,应考验各汛将备优劣,凡船械整齐、兵勇精壮、操演熟习者,该哨官酌量保

---

① 林达泉编:《(丁日昌)抚吴公牍》卷二五,第6—7页。
② 同上书,第8页。
③ 同上书,第9页。
④ 同上。
⑤ 同上书,第10页。

奖;如船身朽坏、器械残缺、兵丁老弱、技艺生疏者,该哨官酌量参撤。海洋提督于秋季调集各营,会同两江总督在吴淞口简阅一次,阅毕会折具奏,优者酌量保奖,劣者分别参办。

第二十四条至二十九条,分别规定水师军火生产配置、战船修造以及粮饷供应等事宜。

第三十条,特别规定添用轮船协巡。"八团舢板及广艇皆须乘风乘潮,一遇风逆潮阻,均难行驶,惟轮船则风水两无所碍,拟以海生小轮船一号,再雇小轮船一号,共二号专巡内洋,以天平铁皮大轮船二号专巡外洋,以辅八团舢板、广艇之不及。其小轮船每船用洋舢板一号,大轮船每船用洋舢板四号,约可载十二磅行炮者,遇轮船追贼至浅水时,即可放下洋舢板,驶往追赶,则贼技穷矣。"①

1872年,两江总督曾国藩《续议江苏水师巡逻会哨章程》,得到朝廷批准。该章程共有二十一条。其中第一至第二条规定:外海水师六营,分为三起,轮流巡哨;内洋水师五营,实行分界管辖,按期巡逻会哨。第四至十二条,水师营所遗陆汛,分拨附近陆营军官兼管;应造船只,分别派遣水师营员驾驶。第十三和十四条,外海水师六营,各营衙署各给差兵十名;水师提督、总兵官兼辖陆营,马干照旧支给,不得兼支座船费用。第十五条至十七条,内洋水师军官升拔、考验,照外海水师例办理。第十八条和十九条,加给水师提督及苏松、狼山、福山三镇巡洋经费,稿书、书识五年役满,考职,送部。内洋、外海各船共配炮位六百一十六尊,洋枪八百八十杆。第二十和二十一条,规定各船火药经费在上海苏州各局领给;新立各营官兵俸薪、养廉等项,每年约需银二十三万两有奇。②

《广东高州北海两镇巡洋章程》。1888年,两广总督张之洞奏报:由于改设北海镇水陆总兵,裁撤阳江镇,改设高州镇水陆总兵,各营改拨将弁情况各自不同,巡洋会哨制度必须有所改变。经阳江镇总兵陶定升核议,然后经广东布政使高崇基和按察使王景贤详称:该处巡洋旧章,每年分为两班,上班自正月初一日起至六月底止;下班自七月初一日起至十二月底止。现改设高州镇总兵,统辖外海水师。上班应以高州

---

① 林达泉编:《(丁日昌)抚吴公牍》卷二五,第12页。
② 《清穆宗实录》卷三三六,同治十一年七月壬辰,第14—15页。

镇为统巡，下班应以阳江营游击为统巡。改阳江营、电白营洋面为一段。每年上班以阳江营守备为总巡，下班以电白营守备为总巡。吴川、硇洲、东山三营洋面照旧为一段。每年上班以硇洲营都司为总巡，吴川营守备为分巡；下班以吴川营都司为总巡，东山营守备为分巡。其会哨日期：上班：高州镇于三月初十日带领阳江、电白各营兵船，照章到黄茅洲洋面，与中路水师提标右营游击兵船会哨；五月初十日，酌带阳江、电白、吴川、硇洲、东山各营兵船到硇洲洋面，与西下路海口营参将兵船会哨。下班：阳江营游击于八月初十日到黄茅洲与中路水师提标中军参将兵船会哨；十一月初十日，到硇洲洋面与西下路琼州镇兵船会哨。赤溪协左、右两营洋面另为一枝，每年上班，以赤溪协副将为总巡，以该协右营都司为分巡；下班以该协左营都司为总巡。其会哨日期：上班该协副将及右营都司驾船随同高州镇依期分往黄茅洲、硇洲各洋面会哨；下班，该协左营都司随同阳江营游击依期分往黄茅洲、硇洲各营会哨。"此高州镇及赤溪协变通巡洋会哨章程也。"① 由于新设北海镇总兵已将龙门协水师左、右两营改归北海营管辖。其巡洋会哨方法亦应相应改变。先前龙门协左、右两营为一段，每年上班：龙门协副将为统巡，龙门协右营都司为总巡，左营守备为分巡；下班：琼州镇总兵为统巡，龙门协左营都司为总巡，龙门协右营守备为分巡。现在拟改为，上班仍派龙门协副将统巡，照旧于三月初十日酌带兵船到涠洲洋面，与海口营参将会哨；五月初十日，酌带兵船到白龙尾洋面巡缉；下班以北海镇为统巡，督率总巡龙门协左营都司、分巡龙门协右营守备驾船于八月初十日到涠洲洋面，与琼州镇会哨；十一月初十日到白龙尾洋面巡缉。"此又北海镇变通巡洋会哨之章程也。"② 张之洞认为两司所议广东西路巡洋会哨章程均属妥协。为此奏请朝廷饬令兵部议行。③

《新改澎湖镇总兵巡洋会哨章程》。1889年，闽浙总督卞宝第奏报中法战后澎湖巡洋会哨事。澎湖左、右两营所辖汛地，除妈宫向设专汛外，所有八罩、将军澳、嵵里、文良港、西屿、内外堑及北山、吉贝等

---

① 《两广总督张之洞奏为改设北海、高州两镇后议定巡洋会哨章程事》，光绪十四年八月二十五日，中国第一历史档案馆曾朱批奏折，档号：04—01—01—0963—065。

② 同上。

③ 《清德宗实录》卷二五九，光绪十四年九月辛未，第14页。

汛，近则离妈宫二三十里，远或八九十里不等，以前均归澎湖副将及左右两营都司，按月出洋巡缉，并无会哨章程。现在，新改总兵，系与海坛对调，其巡洋似可仿照海坛向章办理。经澎湖总兵吴宏洛察看洋面实在情形，提出初步建议，咨报署理福建台湾布政使沈应奎同意，然后再请闽浙总督卞宝第奏报。在他们看来，海坛镇总兵每年于二月初一日出洋统巡，至九月底撤巡回署；左营游击于十月、十一月出洋，右营都司于十二月、正月出洋分巡，可以仿照办理。为此，闽浙总督卞宝第、台湾巡抚刘铭传与福建水师提督彭楚汉三人联名奏请，旨令兵部会议讨论。①

从上述水师巡洋章程的修订来看，如同嘉庆、道光、咸丰时期一样，同治、光绪时期沿海水师的巡洋制度只是前期巡洋制度的继续坚持和微调，没有大的改变。

历史现实不仅仅体现在被考察的章程中，语言之外还存在着丰富的社会现实。现实社会与基本概念之间存在着密切的关系，但是，不可能通过概念的研究对于现实社会一览无余。"外洋"这个概念在1894年以后已经嬗变，中国管辖之"外洋"已经消失。这是否意味着水师巡洋制度在清末悄然废止？然而答案却是否定的。

道光二十三年十一月初七日谕令："嗣后水师提镇著于每岁出洋时具奏一次，俟出洋往返事毕，将洋面如何情形据实具奏。其实因公不能出洋，即着自行奏明，均令咨禀该省总督，以凭查核。"②

根据上述谕旨，沿海各水师提督和总兵应将出巡、撤巡情况循例奏报各一次。正是这一制度性规定，督促水师官兵按时出巡和撤巡，督促水师提镇及时奏报当年巡洋情况，因此中国第一历史档案馆保存了相当丰富的这类奏折。由于中国第一历史档案馆藏有大量水师巡洋会哨朱批和录副奏折，不胜枚举。这里我们仅以广东省为例，以朱批奏折为主要资料，列表介绍1862年之后该省水师各镇总兵遵照大清律例和章程统巡、会哨案例，借以观察沿海水师巡洋职能蜕变状况。窥一斑可见全豹。

---

① 《闽浙总督卞宝第奏为新改澎湖镇总兵巡洋会哨事宜饬部核议事》，光绪十五年十一月二十一日，中国第一历史档案馆藏朱批奏折，档号：04—01—18—0049—055。

② 《浙江定海镇总兵郑宗凯奏为本年分巡洋暂回仍复出巡事》，道光二十五年二月二十八日，中国第一历史档案馆藏朱批奏折，档号：04—01—01—0820—063。

表 9-2　　1863—1911 年广东各镇总兵统巡情形一览

年份	巡洋情况	奏报人	朱批奏折档号
1863	是年正月初一日，陈佐光带领兵船出洋，统巡本镇所辖内外洋面。正月二十四日，接到督臣刘长佑札令，返回阳江县城，督率在城官绅，镇压骚乱。所遗上班统巡洋务，札委本标右营都司刘瑞麟接代。于三月初十日在广海黄茅洲洋面，与中路水师提标右营游击会哨一次；又于五月初十日在硇洲淡水洋面，与西下路海口营参将会哨一次。历巡各营洋面，均属安静	护理阳江镇总兵陈佐光	04—01—01—0877—071
	是年七月十六奉委到署，正值下班统巡之期，即日出洋接代统巡。按照规定，应于八月初十日前往涠洲洋面会哨。因为是月初九、初十和十四、十五等日，连遇飓风两次，各船收泊琼山县属白沙港避风，部分战船损坏，淹死兵丁六名，无法按时会哨。旋即雇觅民船，配足兵弁，驶往涠洲洋面，于九月初十日，与龙门协中军都司所带民船会哨一次；又于十一月初十日，在硇洲黄茅洲洋面，与阳江镇中军游击督带的拖船、民船会哨一次。而后。又分帮在本镇所辖洋面往来梭巡，班满撤巡。于同治三年正月初一日回营，札交调署海口营参将接带上班统巡	署理琼州镇总兵许颖升	04—01—01—0881—014
1864	按规定：每年上班正月初一日起至六月底止出洋统巡粤属本标所辖右营、澄海、海门、达濠各营洋面，班满，札交澄海营参将接巡，例于本月内仍应兼顾总巡闽属洋面。自六月初一日起至九月底止总巡闽属本标左营、铜山营各洋面。班满，札交铜山营参将接巡。是年，由于太平军余部在漳州附近活动，南澳镇总兵官颜青云担心太平军抢船出海，不便按照章程规定，班满撤巡，而是一直坚持巡逻至下班班满为止（即九月三十日），始将总巡事务交给福建铜山营参将	南澳镇总兵颜青云	04—01—01—0881—004

续表

年份	巡洋情况	奏报人	朱批奏折档号
1864	是年七月初一日遵例出洋统巡，于八月初十日应届涠洲会哨之期，因初八、初九等日飓风大作，不能驶往。随改为二十日驾驶兵船，到达涠洲，与龙门协中军都司会哨一次，又于十一月初十日，驶往硇洲，与阳江镇中军游击依期会哨一次。而后，仍督率各营兵船在本镇所辖洋面，或分或合，来往梭巡，班满撤巡。于同治四年正月初一日回营，札交调署海口营参将接带上班统巡	署理琼州镇总兵许颖升	04—01—01—0886—034
1865	于是年正月初一日，循例在洋接管统巡，仍兼顾防堵事宜。自出洋之后，凡内外洋面以及偏避港澳，俱已遍历梭巡。所有闽粤管辖各洋均属安静。其漳州一带逆氛亦已肃清。于十月初一日下班班满，撤巡回营，并将总巡事务卸交铜山营参将接代	南澳镇总兵颜青云	04—01—01—0886—005
	是年正月初一日出洋，凡外海、内洋无不遍历巡搜，罔敢稍懈。于三月初十日带领兵船在广海黄茅洲洋面，与中路总巡之水师提标右营游击会哨一次；又于五月初十日带领兵船在硇洲淡水洋面，与西下路统巡之海口营参将会哨一次，历巡各营洋面，尚属安静。班满撤巡，循例奏报	阳江镇总兵邢麟阁	04—01—01—0892—001
1867	按时带兵出洋统巡，严督值巡将备，凡外海内洋无不遍历巡搜，罔敢稍懈。于三月初十日带领兵船在广海黄茅洋面，与中路总巡之水师提标右营游击会哨一次；又于五月初十日在硇洲淡水洋面与西下路统巡之海口营参将会哨一次。历巡各营洋面，尚属安静	东阳江镇总兵卫佐邦	04—01—01—0896—044
1868	正月初一日按时带兵出洋统巡所辖六营洋面，于三月初十日巡至广海黄茅洋面，与中路水师提标右营游击会哨一次；五月初十日巡至硇洲淡水洋面，与西下路海口营参将依期会哨一次	阳江镇总兵卫佐邦	04—01—01—0900—056

续表

年份	巡洋情况	奏报人	朱批奏折档号
1868	七月初一日轮值下班出洋统巡，出洋之后，督率中、左、右、平海四营值巡将备，管带舟师，在于所属东西交界洋面往来梭巡，认真侦缉，罔敢稍懈。八月初十日巡抵左营甲子洋面，与东上路澄海营参将所带兵船会哨。又于十一月初十日巡至中路佛堂门洋面，与水师提标中军参将所带兵船会哨。至沿海炮台炮位、官兵技艺以及军装火药器械俱于洋巡经过之便，分别会演考验，事毕，随即开行督缉。数月以来，所属洋面尚属安静	水师提督翟国彦代碣石镇总兵郑吉星	04—01—01—0905—025
1869	正月初一日，循例出洋督巡。自出洋之后，亲率舟师，认真督缉，举凡内外洋面以及偏僻港澳，均已遍历梭巡盗艇潜踪，辖洋静谧。三月初十日，带领兵船巡至碣石镇属甲子洋面，与广东平海营参将会哨，历过各洋，亦均安静。于十月初一日下班班满，撤巡回营	南澳镇总兵吴光亮	04—01—01—0905—005
1869	正月初一日按时带兵出洋统巡，凡外海内洋无不遍历巡搜，罔敢稍懈。于三月初十日在广海黄茅洋面，与中路总巡之水师提标右营游击会哨一次；于五月初十日巡至硇洲淡水洋面，与西下路统巡之海口营参将依期会哨一次。历巡各营洋面，均属安静	阳江镇总兵卫佐邦	04—01—01—0905—009
1869	七月初一日轮值下班出洋统巡，出洋之后，督率中、左、右、平海四营值巡将备，管带舟师，在于所属东西交界洋面往来梭巡，认真侦缉，罔敢稍懈。八月初十日巡抵镇标左营甲子洋面，与东上路澄海营参将所带兵船会哨；又于十一月初十日巡至中路佛堂门洋面，与水师提标中军参将所带兵船会哨	水师提督翟国彦代碣石镇总兵郑吉星	04—01—01—0907—030

续表

年份	巡洋情况	奏报人	朱批奏折档号
1871	正月初一日按时带兵出洋统巡，严督值巡将备，凡外海内洋无不遍历巡搜，罔敢稍懈。于三月初十日带领兵船在广海黄茅洋面，与中路总巡之水师提标右营游击会哨一次；又于五月初十日带领兵船在碙洲淡水洋面，与西下路统巡之海口营参将依期会哨一次。历巡各营洋面，均属安静	护理广东阳江镇总兵郑耀祥	04—01—01—0911—034
1872	正月初一日，前任南澳镇总兵吴光亮循例出洋督巡。六月底上班期满，下班委署总兵刘兴邦督率舟师出洋，遍历周巡。鞠耀乾于八月十三日抵任，即日接代兵船出洋巡缉，往来督巡。今届九月底巡期班满，察看所属洋面尚属安静，应照向章撤巡。饬委铜山营参将带领师船出洋巡缉，俾洋面安益求安。于十月初一日，撤巡回营	南澳镇总兵鞠耀乾	04—01—01—0914—079
1872	正月初一日按时带兵出洋统巡，严督值巡将备，凡外海、内洋无不遍历巡搜，罔敢稍懈。于三月初十日带领兵船在广海黄茅洋面，与中路总巡之水师提标右营游击会哨一次；又于五月初十日带领兵船在碙洲淡水洋面，与西下路统巡之海口营参将会哨一次。历巡各营洋面，均属安静	护理阳江镇总兵郑耀祥	04—01—01—0914—066
1873	七月初一日出洋统巡，八月初十日应届涠洲会哨之期，亲督各船驶往涠洲，与龙门协中军都司管带各船会哨，搜查海岛，并无奸艘藏匿，仍即分帮巡缉；又于十月二十八日，驶抵昌化洋面，拿获匪船一只，匪犯11名，并起获炮械等。于十一月初十日，驶往碙洲，与赤溪协副将管带各船会哨。是月十八日，驶抵儋州所属海头洋面，击沉匪船一只，拿获盗犯14名。先后拿获盗犯，均移交雷琼道发县审办。正月初一日班满，撤巡回营	署理琼州镇总兵刘成元	04—01—01—0924—043

续表

年份	巡洋情况	奏报人	朱批奏折档号
1874	正月初一日按时带兵出洋统巡，严督值巡将备，在于外海、内洋遍历梭巡。于三月初十日在广海黄茅洋面，与中路总巡之水师提标右营游击会哨一次；又于五月初十日带领兵船在硇洲淡水洋面，与西下路统巡之海口营参将会哨一次。历巡各营洋面，尚属安静	护理阳江镇总兵郑耀祥	04—01—01—0924—029
1875	正月初一日按时带兵出洋统巡，严督值巡将备，凡外海、内洋无不遍历巡搜，罔敢稍懈。于三月初十日带领兵船在广海黄茅洋面，与中路总巡之水师提标右营游击会哨一次；又于五月初十日带领兵船在硇洲淡水洋面，与西下路统巡之海口营参将会哨一次。历巡各营洋面，尚属安静	护理阳江镇总兵郑耀祥	04—01—01—0929—013
1876	正月初一日按时带兵出洋统巡。凡外海、内洋无不遍历巡搜，罔敢稍懈。于三月初十日带领兵船在广海黄茅洋面，与中路总巡之水师提标右营游击会哨一次；又于五月初十日带领兵船在硇洲淡水洋面，与西下路统巡之海口营参将会哨一次。历巡各营洋面，尚属安静。即间有零星盗匪出没，亦经随时获解。上班统巡期满，所有下班，自本年七月初一日起至十二月底止，奉行改以赤溪协副将杨青山接管	护理阳江镇总兵郑耀祥	04—01—01—0931—044
1877	于正月初一日按时带兵出洋统巡，于是年三月初十日行抵阳江厅海陵洋面，接署阳江镇总兵篆务，并接上班统巡，督饬所属值巡将备，各带兵船在于本标左右二营及赤溪协左、右二营、吴川、硇洲、东山七营洋面，往来梭巡。于三月初十日带领兵船在广海黄茅洋面，与中路总巡之水师提标右营游击会哨一次；又于五月初十日带领兵船在硇洲淡水洋面，与西下路统巡之海口营参将会哨一次。历巡各营洋面，尚属安静。兹于光绪三年六月底上班统巡期满	署理阳江镇总兵李占椿	04—01—01—0936—049

续表

年份	巡洋情况	奏报人	朱批奏折档号
1878	正月初一日按时带兵出洋统巡，凡外海、内洋无不遍历巡搜，罔敢稍懈。于三月初十日带领兵船在广海黄茅洋面，与中路总巡之水师提标右营游击会哨一次；又于五月初十日带领兵船在硇洲淡水洋面，与西下路统巡之海口营参将会哨一次。历巡各营洋面，尚属安静。即间有零星盗匪出没，亦经随时获解。统巡班满撤巡	阳江镇总兵宋声平	04—01—01—0929—013
1879	正月初一日按时带兵出洋统巡，凡外海、内洋无不遍历巡搜，罔敢稍懈。于三月初十日带领兵船在广海黄茅洋面，与中路总巡之水师提标右营游击会哨一次；又于五月初十日带领兵船在硇洲淡水洋面，与西下路统巡之海口营参将会哨一次。历巡各营洋面，尚属安静。即间有零星盗匪出没，亦经随时获解	阳江镇总兵宋声平	04—01—01—0940—068
1880	正月初一日带领兵船出洋巡缉。自带兵船出洋，严督值巡将备，凡外海、内洋无不遍历巡缉，罔敢稍懈。于三月初十日，带领兵船在广海黄茅洋面与中路总巡之水师提标右营游击会哨一次；又于五月初十日带领兵船在硇洲淡水洋面与西下路统巡之海口营参将会哨一次。历巡各营洋面尚属安静，间有零星盗匪出没，亦经随时缉获究办	署任阳江镇总兵杨玉科	04—01—03—0063—008
1882	督同值巡将备，凡所属外洋、内海、岛屿、港澳无不遍历搜巡。于三月初十日，带领兵船在广海黄茅洋面与中路总巡之水师提标右营游击兵轮会哨一次；又于五月初十日带领兵船在硇洲淡水洋面与西下路统巡之海口营参将兵船会哨一次。历巡所辖各营洋面均尚安静	阳江镇水师总兵黄廷彪	04—03—03—0063—006

续表

年份	巡洋情况	奏报人	朱批奏折档号
1882	广东管带鱼雷艇五品顶带尽先补用千总韦振声于光绪八年九月奉委管带"绥靖"号轮拖船，派赴廉州、琼州一带洋面巡防，助剿黎匪。于是年九月十六日巡至西沙洋面，陡起飓风。是时，看见一艘英国商船行至该处洋面，遭风触礁，船身破损，即将沉没。韦振声立即督带水勇展开救护，将遇难船只船长、水手、客人55名全部救出。根据总理各国事务衙门制订的《保护中外船只遇险章程》规定，两广总督李瀚章因此援案奏请给奖，以示鼓励	两广总督李瀚章	04—01—16—0232—089
1883	正月初一日，广东阳江镇总兵黄廷彪照例出洋统巡，督同值巡将备，凡所属外洋、内海、岛屿、港澳靡不遍历搜巡。于三月初十日，带领兵船在广海黄茅洋面与中路总巡之水师提标右营游击兵船会哨一次；又于五月初十日带领兵船在碙洲淡水洋面与西下路统巡之海口营参将兵船会哨一次。历巡所辖各营洋面均尚安静	阳江镇总兵黄廷彪	04—01—03—0063—005
1885	正月初一日起至六月底止，例应出洋统巡。源于光绪十年七月二十四日奉两广总督张之洞檄调到省委令统领水军各船，总办内河防务，未能分身出洋巡缉。因此将本年上班统巡洋务，饬委调署本标右营都司郑廷熊出洋代理统巡。据郑廷熊禀报：于三月初十日带领兵船在赤溪黄茅洋面，与中路总巡之水师提标右营游击会哨一次；又于五月初十日带领兵船在碙洲淡水洋面，与西下路统巡之海口营参将会哨一次。历巡各营洋面，尚属安静。统巡班满撤巡，为此循例奏报	阳江镇总兵黄廷彪	04—01—01—0952—053

续表

年份	巡洋情况	奏报人	朱批奏折档号
1886	本年正月初一日起至六月底止，例应出洋统巡。源于光绪十一年十二月间奉两广总督张之洞檄调赴钦州协同督办钦廉防务，即襄助广西提督冯子材督捕钦廉洋面及九头山盗匪，未能分身出洋巡缉。因此将本年上班统巡洋务，饬委调署本标右营都司郑廷熊出洋代理统巡。又因钦廉防务办竣，展轮回省，旋即奉督臣命令，前赴顺德、香山、新会办理积匪案件。兹据郑廷熊禀报：于三月初十日与中路总巡之水师提标右营游击会哨一次；又于五月初十日与西下路统巡之海口营参将会哨如期。遍历梭巡各营洋面，均属安静。间有零星盗匪出没，亦经随时获解	阳江镇总兵黄廷彪	04—01—01—0955—042
1887	本年正月初一日起至六月底止，例应出洋统巡。缘奉两广总督张之洞檄调留防粤东，统领湘军定字各营，分驻南石头及虎门大角各炮台，未能分身出洋巡缉。因此将本年上班统巡洋务，饬委调署本标右营都司郑廷熊出洋代理统巡。兹据郑廷熊禀报：于三月初十日与中路总巡之水师提标右营游击会哨一次；又于五月初十日与西下路统巡之海口营参将会哨如期。遍历梭巡各营洋面，均属安静。现在统巡班满，撤巡	阳江镇总兵陶定升	04—01—01—0957—016
1888	于是年正月初一日，遵例管带兵船出洋督巡。凡海洋上下及偏僻港汊莫不遍历梭巡。本年三月初十日带领兵船巡至碣石镇属甲子洋面，与广东平海营参将会哨，事毕，仍回潮州、漳州洋面巡缉。历过洋面，尚属静谧。于十月初一日，班满撤巡，回营	署理南澳镇总兵邓万林	04—01—01—0965—054

续表

年份	巡洋情况	奏报人	朱批奏折档号
	自七月初一日起，奴才出洋接管兵轮船只，在于上下交界一带洋面往来梭巡督缉。迨八月初十日巡至左营甲子洋面，与东上路澄海营参将兵船会哨一次；又于十一月初十日巡至中路佛堂门洋面，与水师提标中军参将兵船依期会哨一次。于光绪十五年正月初一日，班满撤巡，回营	署理南澳镇总兵刘永福	04—01—01—0969—004
1888	自本年七月初一日起至十二月底止，轮值北海镇总兵出洋统巡。因当年北海镇营制刚刚确定，分设海陆营汛尚未就绪，随将本年统巡委交龙门协左营都司梁甯勋代理。兹据梁甯勋禀报：于八月初十日到硇洲洋面，与琼州镇统巡兵船会哨一次；又于十一月初十日，统带兵船到白龙尾洋面巡缉，遍历梭巡，均属安静	署理北海镇总兵陶定升	04—01—01—0970—041
	前任总兵遵例于七月初一日出洋统巡，督带兵船，实力巡缉。李先又于九月二十三到任，接带下班统巡。于十一月初十日，亲督各船驶往硇洲，与署阳江营游击管带各船会哨。事毕，亦分帮巡缉本镇所属各营洋面。正月初一日班满，撤巡回营，循例奏报	署理琼州镇总兵李先义	04—01—30—0202—049
1890	遵例于七月初一日出洋统巡，督带兵船，实力巡缉。于八月初十日驶往涠洲，与署北海镇总兵杨安典管带各船会合哨探，搜查海岛，并无奸艘藏匿。而后仍分帮巡缉。又于十一月初十日，驶往硇洲，与署阳江营游击何定标营管带各船会哨。事毕，亦分帮巡缉本镇各营所属洋面。正月初一日班满，撤巡回营，循例奏报	署理琼州镇总兵李先义	04—01—01—0978—073

续表

年份	巡洋情况	奏报人	朱批奏折档号
1890	本年七月初一日轮值下班出洋统巡,出洋之后,在于上下交界一带洋面往来梭巡督缉。于八月初十日巡至左营甲子洋面,与东上路澄海营参将所带兵船依期会哨一次;又于十一月初十日巡至中路佛堂门洋面,与水师提标中军参将所带兵船会哨一次。班满撤巡,循例奏报	碣石镇总兵邓万林	04—01—01—0978—074
1891	根据《变通巡洋章程》,巡洋上班自正月初一日起至六月底止,改以高州镇水陆总兵出洋统巡;下班自七月初一日起至十二月底止,改以阳江营游击出洋统巡。兹届上班出洋统巡日期,前署总兵张树勋遵例出洋统巡。于三月初十日带领阳江、电白各营兵船到黄茅洲洋面,与中路水师提标右营游击兵船会哨一次。潘瀛于四月二十七日到任,即日接替上班统巡,遵照章程规定,于五月初十日带领阳江、电白、吴川、硇洲、东山各营兵船到硇洲淡水洋面,与西下路海口营参将所带兵船会哨一次。历过洋面,均属安静	署理高州镇总兵潘瀛	04—01—01—0978—031
	于本年七月初一日轮值下班出洋统巡,督带中、左、右三营兵船出洋之后,在于上下交界一带洋面往来梭巡。于八月初十日巡至左营甲子洋面,与东上路澄海营参将所带兵船依期会哨一次;又于十一月初十日巡至中路佛堂门洋面,与水师提标中军参将所带兵船会哨一次。班满撤巡	碣石镇总兵邓万林	04—01—01—0986—010
	于八月初七日到任,初十日督带兵船,驶往涠洲,与署北海镇总兵何长清管带各船会哨探,搜查海岛,并无奸艘藏匿。而后仍分帮巡缉。又于十一月初十日,驶往硇洲,与署阳江营游击管带各船会哨。事毕,亦分帮巡缉本镇各营所属洋面。正月初一日班满,撤巡回营,循例奏报	署理琼州镇总兵滕嗣林	04—01—01—0986—011

续表

年份	巡洋情况	奏报人	朱批奏折档号
1891	本年七月初一日前总兵何长清轮值出洋统巡，十一月奉两广总督李瀚章调派，并委派李先义署任北海镇总兵。十一月二十四在廉州洋面接印巡缉，在于上下交界洋面往来梭巡，班满撤巡，循例奏报	署理北海镇总兵李先义	04—01—01—0986—012
	是年十一月十五日（12月15日）夜，英国"云南"号轮船行经潮阳县属百亩礁外洋，遭风触礁。次日早晨英国"东山"号商船驶至该处，发现"云南"号被困，试图前往营救，亦遭风触礁，十分危机。该县该营接到求救信号，立即督带兵役，雇佣船只前往营救。在到达海难地点后，发现英国"云南"号轮船已经沉没，仅仅露出烟筒和桅杆，船上人员已经弃船，逃至"东山"号轮船。而"东山"号轮船船头搁浅，船尾已漏水。潮阳县营员弁督率兵役、水手冒险过船救出四百余人。两广总督得报，派人查明，认为符合总理衙门海难救助奖励要求。因此奏请奖励处力相关人员	两广总督李瀚章	04—01—13—0380—023
1892	于正月初一日带领兵船出洋统巡。于三月初十日带领阳江、电白各营兵船到黄茅洲洋面，与中路水师提标右营游击水船会哨一次。又于五月初十日带领阳江、电白、吴川、硇洲、东山各营兵船到硇洲淡水洋面，与西下路海口营参将所带兵船会哨一次	署理高州镇水陆总兵潘瀛	04—01—01—0984—094
	本年七月初一日轮值出洋统巡，是日出洋，接带兵船，督率值巡备弁兵丁，分驾船只，在于上下交界洋面往来梭巡，班满撤巡，循例奏报	署理北海镇总兵李先义	04—01—01—0990—078

续表

年份	巡洋情况	奏报人	朱批奏折档号
1892	七月初一督带兵船，出洋统巡，八月初十日驶往润洲，与署北海镇总兵李先义管带各船会合哨探，搜查海岛，并无奸艘。而后仍分帮巡缉。又于十一月初十日，驶往硇洲，与署阳江营游击刘干清管带各船会哨。事毕，驶回本镇各营所属洋面巡缉。正月初一日班满，撤巡回营	琼州镇总兵官滕嗣林	04—01—01—0990—080
	本年七月初一日轮值下班出洋统巡，督带中、左、右、平海等四营兵船，在于上下交界一带洋面往来梭巡。于八月初十日巡至左营甲子洋面，与东上路澄海营参将所带兵船依期会哨一次；又于十一月初十日巡至中路佛堂门洋面，与水师提标中军参将所带兵船会哨一次。班满撤巡，循例奏报	碣石镇总兵邓万林	04—01—01—0990—082
1893	于正月初一日带领兵船出洋统巡。于三月初十日带领阳江、电白各营兵船到黄茅洲洋面，与中路水师提标右营游击兵船会哨一次。又于五月初十日带领阳江、电白、吴川、硇洲、东山各营兵船到硇洲淡水洋面，与西下路海口营参将所带兵船会哨一次。历过所属各营洋面，均皆安静	署理高州镇水陆总兵潘瀛	04—01—01—0991—084
	于是年正月初一日，遵例管带兵船出洋督巡。凡海洋上下及偏僻港汊莫不遍历梭巡，本年三月初十日带领兵船巡至碣石镇属甲子洋面，与广东平海营参将会哨，事毕，仍回洋巡缉。其历过洋面，尚属安静。现届九月底下班洋巡期满	南澳镇总兵刘永福	04—01—01—09915—077

续表

年份	巡洋情况	奏报人	朱批奏折档号
1893	于七月初一日出洋统巡，督带值巡员弁，管驾拖、民各船，实力巡缉。八月初十日，亲督各船驶往涠洲，与署北海镇总兵李先义管带各船会哨探，搜查海岛，并无奸艘藏匿。仍即分帮巡缉。十一月初十日，又督各船驶往硇洲，与署阳江营游击刘干清管带各船会哨。事毕，亦即分帮驶回所属洋面，勤加梭巡	琼州镇总兵滕嗣林	04—01—01—0998—008
	于本年七月初一日轮值下班出洋统巡，督带中、左、右、平海等四营兵船，在于上下交界一带洋面往来梭巡。于八月初十日巡至左营甲子洋面，与东上路澄海营参将所带兵船依期会哨一次；十一月初十日巡至中路佛堂门洋面，与水师提标中军参将所带兵船会哨一次。班满撤巡，循例奏报	碣石镇总兵邓万林	04—01—01—0998—009
	自本年七月初一日出洋统巡，分驾船只，在上下交界洋面往来梭巡，所有历过两营洋面，均属安静。班满撤巡，循例奏报	署理北海镇水陆总兵李先义	04—01—01—0998—012
	法国公司一艘海防轮船于本于月初八日下午行经文昌县属木栏头洋面，遇雾触礁搁浅；并有一艘运送煤炭的商轮在附近搁浅。中国海关聂税务司获得求救电文，恳求海口参将陈良杰派轮援救。陈良杰因此委派管带"广玉"兵轮之周振邦连夜驶往。参将陈良杰亦带领练兵师船三号与海关聂税务司一同前往，于十一日驶到该处洋面，适值风浪大作，远望商船已经倾斜，运煤轮船已将煤块抛弃海中。陈良杰与周振邦看到轮船、兵船无法靠近救护，只得饬令弁兵驾驶舢板救人，先后救出37人。复于十二日，趁潮涨时，设法将海防轮船和货轮全部救出搁浅险滩	两广总督李瀚章	04—01—17—0153—002

续表

年份	巡洋情况	奏报人	朱批奏折档号
1894	按照新设北海镇洋巡章程规定：龙门协水师左右两营所辖洋面，每年分上下两班出洋巡缉：上班自正月初一日起至六月底止，仍以龙门协副将统巡；下班自七月初一日起至十二月底止改以北海镇总兵统巡。同年，署理北海镇水陆总兵董履高带领兵船巡洋班满，奏报：于九月初十日接到署任北海镇总兵札委，于十月初三日行抵廉州北海洋面，于接印之日即出洋接带兵船，督率轮值备弁兵丁，分驾兵船，在所辖洋面来往梭巡，历过内外洋面，均属安静	署理广东北海镇水陆总兵董履高	04—01—01—1005—088
	正月初一日带领兵船出洋统巡。于三月初十日带领阳江、电白各营兵船到黄茅洲洋面，与中路水师提标右营游击兵船会哨一次。又于五月初十日带领阳江、电白、吴川、硇洲、东山各营兵船到硇洲洋面，与西下路海口营参将所带兵船会哨一次。历过所属各营洋面，均皆安静。班满撤巡回营，循例奏报	署理高州镇水陆总兵潘瀛	04—01—01—0997—078
1895	奴才督带值巡员弁，管驾拖民各船，实力巡缉。八月初十日，亲督各船驶往涠洲，与署北海镇总兵李先义管带各船会合哨探，搜查海岛，并无奸艘藏匿。仍即分帮巡缉。十一月初十日又督各船驶往硇洲，与署阳江营游击吴次汉管带各船会哨。事毕，亦即分帮驶回所属洋面勤加梭巡，认真查缉，近日巡过各洋，皆属安静。兹届下班统巡期满，遵照定例，于本年正月初一日札交署海口营参将陈良杰接带各船，统巡	署理琼州镇总兵余雄飞	04—01—01—1005—087

第九章 晚清"外洋"词义嬗变之历史学解析　493

续表

年份	巡洋情况	奏报人	朱批奏折档号
1895	是年七月初一日遵例出洋，督率所属中、左、右三营及所辖平海营轮值将备，驾驶兵船，在于本署洋面往来梭巡。于八月初十日巡至左营所辖甲子洋面，与东上路澄海营参将兵船依期会哨一次；十一月初十日，巡至中路佛堂门洋面，与水师提标中军参将兵船依期会哨一次。经历洋面，均属安静。即遵例于本年正月初一日撤巡回营	碣石镇总兵邓万林	04—01—01—1012—029
1896	于是年正月初一日出洋统巡粤闽洋面。凡海洋上下及偏僻港汊莫不遍历梭巡。本年三月初十日带领兵船，巡至碣石镇属甲子洋面，与广东平海营参将会哨事毕，仍回洋巡缉。其历过各洋面尚属安静。现届九月底下班洋巡期满，奴才遵例于十月初一日将总巡洋务，札交铜山营参将接巡，即日撤巡回营	南澳镇总兵英顺	04—01—01—1012—006
	二月二十五日，法国"益得利"号商轮由北海驶至澄迈县属洋面，遇雾触礁搁浅。署海口营参将陈良杰闻报，立即带领"广玉"号兵轮船并师船二号冒险驶往营救。到达海难发生地点，见法国船只已经浸水，势将沉没，立即督同兵勇搭救客水手三十二人，驳运海口安置。并酌留人员在洋保护该商船，一直等到五月份新机器运到，更换机器之后，始将该船拖带出险。又于本年五月初七日，瞭望到一艘法国商船由香港运米搭客，驶往文昌县属木栏洋面，遇风搁浅。陈良杰带领师船搭救，将船上米石和121名关上人口分次运到海口安置。该船因船身轻浮，乘潮出险	两广总督谭钟麟	04—01—16—0249—020

续表

年份	巡洋情况	奏报人	朱批奏折档号
1897	按例于七月初一日出洋统巡，接带兵船，督率值巡备弁于上下交界洋面往来梭巡。至十二月底，班满撤巡。所有洋面札交龙门协副将李庆云就日出洋接管	北海镇总兵刘邦盛	04—01—03—0065—013
	于二月初二日奉委署理南澳镇总兵篆务，即日接带兵船赴洋督巡。于本年三月初十日带领兵船巡至碣石镇属甲子洋面，与广东平海营参将会哨，事毕，仍回洋巡缉。历过闽粤各营洋面尚属静谧。届于九月底下班洋巡期满，即于十月初一日撤巡，将总巡南铜洋面札交铜山营参将，接巡	署理南澳镇总兵万起顺	04—01—01—1028—018
1898	于是年七月初一日遵例带兵出洋统巡。奴才督带值巡员弁，管驾拖、民各船，实力巡缉。八月初十日，亲督各船驶往涠洲，与代北海镇总兵统巡龙门协副将李庆云管带各船会合哨探，搜查海岛，并无奸艘藏匿，仍即分帮巡缉。十一月初十日，又督各船驶往砺洲，与阳江营游击方承猷管带各船会哨。事毕，即分带驶回所属洋面，勤加梭巡，认真查缉	琼州镇总兵余雄飞	04—01—01—1034—014
	于七月初一日遵例出洋，督率所属中、左、右三营及所辖平海营值巡将备，驾驶兵船，在于本署洋面往来梭巡。于八月初十日巡至左营所辖甲子洋面，与东上路澄海营参将兵船依期会哨一次；十一月初十日，巡至中路佛堂门洋面，与水师提标中军参将兵船依期会哨一次。经历洋面，均属安静。即遵例于本年正月初一日撤巡回营	碣石镇总兵邓万林	04—01—01—1034—017

第九章　晚清"外洋"词义嬗变之历史学解析　495

续表

年份	巡洋情况	奏报人	朱批奏折档号
1898	七月初一日出洋统巡，因两广总督札调前赴广西博白等处，无法分身巡洋。暂委龙门协副将李庆云代理统巡，接带兵船，督率值巡备弁于上下交界洋面往来梭巡。旋因剿匪事毕，于八月十二日抵达廉州洋次，接管李庆云所带兵船，在于上下交界洋面，往来梭巡。至十二月底班满撤巡	北海镇总兵刘邦盛	04—01—01—1034—018
1899	于正月初一日遵例带领兵船赴洋督巡。凡海洋上下及偏僻港汊，无不遍历梭巡。本年三月初十日带领兵船巡至碣石镇属甲子洋面，与广东平海营参将会哨，事毕，仍回洋巡缉。历过闽粤各营洋面均为安静。届于九月底下班洋巡期满，即于十月初一日撤巡，将洋务札交铜山营参将接巡	署理南澳镇总兵万起顺	04—01—01—1034—034
1899	于是年七月初一日前任总兵遵例带兵出洋统巡。潘瀛于九月初二日到任，接替统巡，管驾拖、民各船，实力巡缉。十一月初十，亲督各船驶往硇洲，与阳江营游击方承猷管带各船会哨。搜查海岛，并无奸艘藏匿，仍即分帮驶回所属洋面，勤加梭巡。统巡班满，撤巡回营	琼州镇总兵潘瀛	04—01—01—1040—026
1900	于七月初一日前署总兵陈桂林遵例出洋，督率所属中、左、右三营及所辖平海营值巡将备，驾驶兵船，在于本镇所署上下交界洋面梭巡。七月三十日，奉委将统巡任务交与吴祥光接代。八月初十日巡至左营所辖甲子洋面，与东上路澄海营参将兵船依期会哨一次；闰八月初一日，莫善喜行抵碣石镇浅澳地方，接管兵船关防。于十一月初十日，巡至中路佛堂门洋面，与水师提标中军参将兵船依期会哨一次。即遵例于本年正月初一日撤巡回营	碣石镇总兵莫善喜	04—01—01—1046—005

续表

年份	巡洋情况	奏报人	朱批奏折档号
1900	前署北海镇总兵马进祥按例于七月初一日出洋统巡,刘邦盛于十一月十六日在洋次接印任事,在于上下交界洋面,往来梭巡。至十二月底班满,所有洋面事务札交龙门协副将李庆云接管。为此循例具奏	北海镇总兵刘邦盛	04—01—01—1046—006
	于是年七月初一日遵例带兵出洋统巡。八月初十日亲督各船,驶往涠洲,与署北海镇总兵马进祥管带各船会哨探,搜查海岛,并无奸艘藏匿。又于十一月初十日,亲督各船驶往硇洲,与阳江营游击郑麟功管带各船会哨。事毕,分帮驶回所属洋面,勤加梭巡。统巡班满,撤巡回营	署理琼州镇总兵潘瀛	04—01—01—1046—004
1901	于七月初一日驾驶兵船,在于本镇所署上下交界洋面梭巡。八月初十日巡至左营所辖甲子洋面,与东上路澄海营参将兵船依期会哨一次;十一月初十日,巡至中路佛堂门洋面,与水师提标中军参将兵船依期会哨一次。遵例于本年正月初一日撤巡回营	碣石镇总兵莫善喜	04—01—01—1053—035
	于是年七月初一日遵例带兵,管驾拖、民船只,出洋统巡。八月初十日亲督各船,驶往涠洲,与署北海镇总兵李先义管带各船会哨。搜查海岛,并无奸艘藏匿,仍旧分帮巡缉。于十一月初十日,又亲督各船驶往硇洲,与阳江营游击陈文田管带各船会哨。事毕,分帮驶回所属洋面,勤加梭巡。统巡班满,撤巡回营	署理琼州镇总兵潘瀛	04—01—01—1053—031
	按例于七月初一日出洋统巡,在于上下交界洋面,往来梭巡。至十二月底班满,所有洋面事务札交龙门协副将接管。为此循例具奏	署理北海镇总兵李先义	04—01—01—1053—033

续表

年份	巡洋情况	奏报人	朱批奏折档号
1902	南澳镇标左营"懋"字二号长龙船一只,该管守备余世祺于是年六月初五驾驶巡洋,十日巡至三澎外洋,看见金效椅海面有商轮触礁失事,遂与南澳厅所派巡检刘恩翘督率兵弁前往救护,救起洋人水手70余名。询明该船名"江西",系美国商船,装载米包、棉花前往东洋贸易,于八日由香港启程,十日夜驶至该处洋面触礁。经水师员弁救护,人员未有伤亡,但是米包浸水。旋即雇佣民船将人员送到汕头安置,并派长龙船二只,在失事船只左右巡护。十三日夜,风雨骤起,因金校椅地方礁石林立,不能湾泊。正想驶回,无如风浪大作,人力难施。至天明,长龙船二号均被风击碎,片版无存。船上人员漂流四散,被附近渔船搭救19名,淹毙2名。船上所配大炮三位,快抢二十杆,枪子四百颗,火药七十斤全部落水沉没。按照清朝律例规定:水师各营战哨船在大洋大江危险地方因公差遣,或在洋巡缉攻盗遭风击碎,例得免赔,准其连同沉失军械,动支钱粮另行造补。所有落水受困、得生及淹毙兵丁,并准分别赏恤	署理闽浙总督李兴锐	04—01—01—1069—030
	于七月初一日接管兵船,督率左、中、右及所辖平海营将备,在于本镇所署各营上下交界洋面梭巡。八月初十日巡至左营所辖甲子洋面,与东上路澄海营参将兵船依期会哨一次;十一月初十日,巡至中路佛堂门洋面,与水师提标中军参将兵船依期会哨一次。遵例于本年正月初一日撤巡回营	广东碣石镇总兵刘永福	04—01—01—1060—058
	于是年七月十一日到任,即遵例带兵出洋统巡。八月初十日亲督各船,驶往涠洲,与代北海镇总兵署龙门协副将周振邦管带各船会哨。事毕,仍旧分帮巡缉。于十一月初十日,又督各船驶往硇洲,与阳江营游击陈文田管带各船会哨。然后分帮驶回本镇各营洋面,勤加梭巡。统巡班满,撤巡回营	署理琼州镇总兵莫善喜	04—01—01—1060—056

续表

年份	巡洋情况	奏报人	朱批奏折档号
1903	于七月初一日出洋，接管兵船，督率左、中、右及所辖平海营将备，在于上下交界一带洋面梭巡。八月初十日巡至左营所辖甲子洋面，与东上路澄海营参将兵船依期会哨一次；十一月初十日，巡至中路佛堂门洋面，与水师提标中军参将兵船依期会哨一次。遵例于本年正月初一日撤巡回营。所历各洋面，均属安静	广东碣石镇总兵刘永福	04—01—01—1067—085
	于是年七月初一日，遵例带兵出洋统巡。八月初十日亲督各船，驶往涠洲，与署北海镇总兵李先义管带各船会哨。事毕，仍旧分帮巡缉。于十一月初十日，又督各船驶往硇洲，与阳江营游击赖馥管带各船会哨。然后分帮驶回本镇各营洋面，勤加梭巡。近日巡过各洋，皆属安静。统巡班满，撤巡回营	署理琼州镇总兵莫善喜	04—01—01—1067—084
1904	于七月初一日出洋，接管兵船，督率左、中、右及所辖平海营将备，在于上下交界一带洋面梭巡。八月初十日巡至左营所辖甲子洋面，与东上路澄海营参将兵船依期会哨一次；十一月初十日，巡至中路佛堂门洋面，与水师提标中军参将兵船依期会哨一次。遵例于本年正月初一日撤巡回营。所历各洋面，均属安静	广东碣石镇总兵刘永福	04—01—01—1078—075.
	兹届上班出洋统巡日期，前署总兵吉瑞于正月初一日带领兵船出洋统巡。黄培松于三月初八日到任，即日接管上班统巡。于三月初十日带领阳江、电白各营兵船到黄茅洲洋面，与中路水师提标右营游击兵船会哨一次。又于五月初十带领阳江、电白、吴川、硇洲、水东、梅莱各营兵船到硇洲洋面，与西下路海口营参将会哨一次。历巡所属各营洋面，均皆安静。班满撤巡回营	署理高州镇水陆总兵黄培松	04—01—16—0282—030

第九章　晚清"外洋"词义嬗变之历史学解析　499

续表

年份	巡洋情况	奏报人	朱批奏折档号
1904	于是年七月初一日，前任总兵遵例带兵出洋统巡。七月二十八日成聚抵任，接管兵船，督饬统巡。八月初十日亲督各船驶往涠洲，与署北海镇总兵冯先玉管带各船会哨。事毕，仍旧分帮巡缉。于十一月初十日，又督各船驶往硇洲，与阳江营游击何尔晟管带各船会哨。然后分帮驶回本镇各营洋面，勤加梭巡。凡是巡过各洋，皆属安静。统巡班满，撤巡回营	署理琼州镇总兵成聚	04—01—18—0055—013
1905	于七月初一日出洋，接管兵船，督率左、中、右及所辖平海营值巡将备，在于上下交界一带洋面梭巡。八月初十日巡至左营所辖甲子洋面，与东上路澄海营参将兵船依期会哨一次；十一月初十日，巡至中路佛堂门洋面，与水师提标中军参将兵船依期会哨一次。遵例于本年正月初一日撤巡回营。所历各洋面，均属安静	广东碣石镇总兵刘永福	04—01—01—1078—076
1905	于是年七月初一日，遵例带兵出洋统巡。八月初十日亲督各船，驶往涠洲，与署北海镇总兵冯兆玉管带各船会哨。事毕，仍旧分帮巡缉。于十一月初十日，又督各船驶往硇洲，与阳江营游击何尔晟管带各船会哨。然后分帮驶回本镇各营洋面，勤加梭巡。近日巡过各洋，皆属安静。统巡班满，撤巡回营	署理琼州镇总兵成聚	04—01—01—1078—079
1906	于正月初一日前署总兵黄占元接带兵船赴洋督巡。孙国乾于九月初九日奉委到署，即于洋次接管兵船，认真督缉。凡巡过洋面，尚属安静。兹届下班洋巡期满，即于十月初一日撤巡回营	署理南澳镇总兵孙国乾	04—01—01—1078—054

续表

年份	巡洋情况	奏报人	朱批奏折档号
	署碣石镇镇标左营游击林天骥于本年七月下班巡洋,八月初一日黎明巡至甲子港外,忽然飓风大作,加以暴雨,有四艘船颠簸于风浪之中,几乎沉溺。船上人员呼救。林天骥遂率领兵弁前往救护。先后救出艘难船难民48名,给资遣送回籍。为此请求奖励出力人员	两广总督张人骏	04—01—16—0295—051
1906	光绪三十二年八月广东迭遭飓风,近海一带沉没船只,淹毙人口甚多。经前督臣岑春煊派拨兵船施救,捞获多名难民。据赤溪直隶同知古树勋和副将唐玉山禀报:八月初四日,有渔船四只在黄茅洲洋面遭风失事,桅折船坏,船身覆没,人已落海,经兵勇捞救四十八名口,分别资遣回籍;是年十二月十五日,香山石岐来往茅湾兴利轮船驶至香山县属妈阁洋面,突遭飓风,全船覆没,经派拨轮船营救,除6人被淹死外,共救出112人。根据光绪三十二年政务处会同吏部、户部、兵部奏定保举限制章程内开:沿海各省救护中外失事商船出力人员,嗣后均请照寻常劳绩保奖,仍每次每船不得过二三员,以杜冒滥。分别开列清单,奏请奖励	两广总督周馥	04—01—13—417—005
1907	上班自正月初一起至六月底止,改以高州水陆总兵出洋统巡,下班自七月初一日起至十二月底止改以阳江营游击出洋统巡。前任总兵于正月初一日遵例出洋统巡,黄培松于三月九日到任,接管上班统巡。于三月初十日,带领阳江、电白各营兵船,到黄茅洲洋面,与中路水师提标右营游击兵船会哨一次;又于五月初十日,带领阳江、电白、吴川各营兵船到硇洲洋面,与西下路海口营参将会哨一次。于六月底班满,撤巡回营,所历内外洋面均属安静	调署高州镇水陆总兵黄培松	04—01—01—1087—082

续表

年份	巡洋情况	奏报人	朱批奏折档号
1907	于正月初一日接带兵船,赴洋督巡。三月初十日,带领兵船,巡至碣石镇属甲子洋面,与广东平海营参将会哨;事毕,仍回本镇所辖洋面巡缉。兹届下班洋巡期满,即于十月初一日撤巡回营。巡历洋面,均属安静	署理南澳镇总兵孙国乾	04—01—01—1086—004.
1907	于是年七月初一日,遵例带兵出洋统巡。八月初十日亲督各船,驶往涠洲,与代北海镇总统巡龙门协副将李庆云管带各船会哨。搜查海岛事毕,仍旧分帮巡缉。于十一月初十日,又督各船驶往硇洲,与阳江营游击柯壬桂管带各船会哨。然后分帮驶回本镇各营洋面,勤加梭巡。巡过各洋,皆属安静。统巡班满,撤巡回营	署理琼州镇总兵成聚	04—01—01—1087—038
1908	七月初一日,广东洋面突然遭受暴风袭击,广东水师巡洋兵轮各在巡缉洋面展开搜救活动。"宝璧"号兵轮在零丁洋面救护遭风渔船二只,救出船户、渔民42名;"镇涛"号兵轮在洋面救出民船一只,救出船户、水手37名;"广元"号兵轮在大角洋面救出民船二只,船户及水手45名;"公济"号兵船在九洲洋面救护渔船一只,救出船户、渔民35人;"广亨"兵轮在赤湾洋面救护渔船一只,难民33名;"安太"兵轮在孖洲洋面拯救商船一只,救出难民41名;"广安"号兵轮在龙穴洋面救护民船一只,难民32名;"广金"号兵轮大镬洋面拯救渔船一只,救出难民33名;"安济"号兵轮救出商船三只,难民95名。"元和"号兵轮在草鞋洲洋面救出商船两只,救出难民53名;"广玉"号兵轮在马角洋面救出渔船一只,救出船户难民38名。根据光绪三十二年五月政务处会同吏部、户部《奏定保举限制章程》规定:沿海各省救护中外失事商船出力人员,嗣后均按照寻常劳绩保奖,仍每次每船不得过二三员,以杜冒滥	两广总督张人骏	04—01—17—0190—003.

续表

年份	巡洋情况	奏报人	朱批奏折档号
1909	于正月初一日接带兵船,赴洋督巡。三月初十日,带领兵船,巡至碣石镇属甲子洋面,与广东平海营参将会哨;事毕,仍回本镇所辖洋面巡缉。兹届下班洋巡期满,即于十月初一日撤巡回营。巡历洋面,均属安静。为此循例具奏	署理南澳镇总兵张记廷	04—01—01—1096—062
	于正月初一日遵例出洋统巡。于三月初十日,带领阳江、电白各营兵船,到黄茅洲洋面与中路水师提标右营游击兵船会哨一次;又于五月初十日,带领阳江、电白、吴川各营兵船到硇洲洋面,与西下路海口营参将会哨一次。于六月底班满,撤巡回营,所历内外洋面均属安静	署理高州镇水陆总兵黄培松	04—01—01—1097—010
	于七月初一日遵例出洋统巡,八月初十日巡至左营甲子洋面,与东上路澄海营参将兵船如期会哨一次;十一月初十日,巡至中路佛堂门洋面,与水师提标中军参将兵船依期会哨一次。巡历洋面,均为安静。统巡班满,撤巡回营	调署碣石镇总兵吴祥达	04—01—01—1109—001
	于是年七月初一日,遵例带兵出洋统巡。八月初十日亲督各船,驶往涠洲,与代北海镇总兵莫善积管带各船会哨。搜查海岛事毕,仍旧分帮巡缉。于十一月初十日,又督各船驶往硇洲,与阳江营游击程文魁管带各船会哨。然后分帮驶回本镇各营洋面,来往梭巡。巡过各洋,皆属安静。统巡班满,撤巡回营	署理琼州镇总兵成聚	04—01—01—1109—003

续表

年份	巡洋情况	奏报人	朱批奏折档号
1910	于正月初一日遵例出洋统巡。于三月初十日，带领阳江、电白各营兵船到黄茅洲洋面，与中路水师提标右营游击兵船会哨一次；又于五月初十日，带领阳江、电白、吴川各营兵船到硇洲洋面，与西下路海口营参将会哨一次。于六月底班满，撤巡回营，札交署阳江营游击吴瑞桢接管，饬令严督值巡员弁，认真巡缉，务期有盗必获，洋面肃清	署理高州镇水陆总兵黄培松	04—01—01—1109—015

我们在此首先要说明的是，以上列举的广东水师总兵、游击、参将等循例统巡活动既不是当时水师巡洋活动的全部内容，也不是完整的档案资料。

说其不是当时水师巡洋活动的全部内容，是由于统巡只是巡洋活动的一项内容而已。清朝的水师巡洋活动按照巡洋官弁职位之高低与分防范围之大小，区分为专汛、协巡、分巡、委巡、总巡、统巡。千总、把总为专汛，外委为协巡，这是最基层的巡洋单位；都司、守备为分巡；委署的官员参与巡哨叫委巡；副将、参将、游击为总巡，需要周巡一营负责之内外洋；总兵官巡海被称为统巡，又称督巡。水师提督的巡洋活动也叫督巡。会哨，是指两个相邻的总兵官之间的的定期会合哨探活动。

说其是不完整的档案资料，是说清代官员奏折分为三种方式来保存：一是朱批奏折，二是录副奏折，三是留中奏折。这三种奏折互有遗漏、互有重合，都是不完整的保存形式。朱批奏折作为三类奏折之一，自然是不完全的。就晚清水师总兵统巡活动而言，如果进一步查阅录副奏折，将其补充完整完全是可以的。但是，由于现有的朱批奏折已经十分丰富，基本可以涵盖全貌，因此没有必要修整完璧。

说其是不完整的档案资料还有另外一种含义。即各镇总兵奏报的统巡奏折本身就是不完整的。例如，1884年中法战争爆发后，广东水师如同沿海各省一样被迫转入战时状态，其巡洋、会哨活动自然要中断。

巡洋活动的中断，循例具奏制度势必暂停。巡洋档案资料的不完整则隐喻着中法海上之战的历史事实。

现在，综观1862年至1910年半个世纪的晚清朱批档案资料，我们至少可以得到如下几点结论。

其一，事实胜于雄辩，我们不厌其烦地花费大量篇幅叙述广东各镇总兵奏报的统巡活动和内容，意在证明，晚清的广东水师巡洋活动是一项近海持久的军事活动，除了1884年由于战争影响之外，一直没有中断。这种巡洋活动既是对于清代前期形成的近海管辖制度的良好传承，又是面临复杂多变国际形势下的一种近海管辖权的自我坚持。

其二，就遵照条例具奏而言，自从道光二十三年十一月初七日谕令发出之后，广东沿海各水师总兵均能按照谕旨要求，于每年按例出洋统巡时向皇帝奏报一次，于每年统巡活动结束时再向北京奏报一次海面形势。这样使在京的君臣基本掌握了近海的治安形势。

其三，就晚清各镇总兵统巡而言，道光时期关于提督、总兵出洋、撤巡各有一次奏报之规定，有效地解决了清代前期的有名无实的统巡弊端。道光时期，有人揭报："沿海水师不能得力，总由各该提镇养尊处优，不知以身作则，将领以下相率效尤。每届出洋巡缉之时，托故不行，转相推诿，或畏避风潮，逗留近岛，讳匿盗案，捏报虚词。"① 我们从上述朱批奏折中看到，每届上班、下班出洋统巡日期，各镇总兵必须按时出洋按时具奏。如果另有委任，则必须在奏折中说明委巡和代巡的理由。

其四，就内外洋缉拿盗匪而言，除了同治朝之外，各个奏报几乎千篇一律，不是说巡历洋面，均皆安静，就是讲海岛港澳并无盗艘藏匿。虽然偶尔提及不无零星盗匪，无不奏明均已拿办。这些公文虽是形式化的体现，却也反映了丰富的内涵。光绪朝和宣统朝在清代历史上的确是海患最少时期。既没有形成比较大的海匪团伙，也没有漏网的江洋大盗。如前所说，道咸时期活动在东南沿海的广东艇匪，凭借着艇船的优势，一度使沿海水师无可奈何，越剿越多。自从同治时期清军水师开始配备轮船之后，这种优势立即显现出来。无论是跟剿盗船还是围攻匪

---

① 《广东水师提督赖恩爵奏为虎门现有应办善后事宜请暂缓出洋巡缉事》，道光二十四年五月初八日，中国第一历史档案馆藏朱批奏折，档号：04—01—01—0816—029。

穴，其战绩明显提升。就此而言，洋务运动的轮船建造虽然在"求强"方面效果不佳，而在控制近海治安方面效果明显。正所谓失之东隅，收之桑榆。

其五，从清初开始，设立沿海水师，赋予的主要职能或任务有四项，一是巡缉盗匪，保护内外洋商船渔船安全生产和运输；二是在内外洋往来梭巡，救助中外海难船只和民人；三是监视和防范外国船只侵犯中国海域何城镇；四是查缉走私贸易船只，维护乾隆二十二年十一月确定的广州对西洋各国的分口贸易制度①。就这些职能或任务而言，晚清的水师不仅丧失了对外防御和监视外国船只的职能，其查缉走私的职能在相当程度上也被海关取而代之。晚清的水师担负的主要任务只是前两项而已，同治、光绪和宣统时期广东水师各镇总兵的奏报从未涉及三、四两项职能，是正常的也是非正常的。第三项职能的丧失是被列强用条约手段强制剥夺的，第四种职能就国家机器来说并未丧失，只是转移到海关而已。

其六，就各镇总兵出洋、撤巡，与相邻各镇水师巡洋兵船的会哨时间而言，除非气象原因无法出洋、会哨，任何总兵官，无论是届期卸任、到任，还是委任和调署，制度规定该总兵官抵任受事，立即管带兵船，督率统巡，在时间上不能有任何耽延。这样的制度设计有效地防止了长官的主观失误。上级如此，上行下效，分巡、协巡、委巡、专汛将备兵丁自然不敢随意怠慢巡期，这种统巡时间设计毫无疑问有利于整个巡洋制度的贯彻和执行。

其七，上述朱批奏折虽然没有详细谈及分巡情况，但也透露了一些基本信息。即总兵官带领各营兵船前往会哨地点之前和之后是在本镇所属各营洋面上下交界，往返梭巡。由此可知，各营均有总巡、分巡、专汛之地，分工仍然如嘉庆朝一样，是相当明确的。②

总之，同治、光绪时期为了保障行船安全和沿海治安，清廷对于前期的巡洋会哨章程又进行了修订，并要求沿海各水师提督、总兵每年按期出洋统巡会哨之后，循例奏报统巡情况。从广东各水师提督、总兵奏

---

① 《清高宗实录》卷五五〇，乾隆二十二年十一月戊戌，第23页。
② 卢坤、邓廷桢主编：《广东海防汇览》，王宏斌校注，河北人民出版社2009年版，第680—691页。

报的内容来看，水师的巡洋制度得到了坚持。然而，光绪、宣统时期，水师从未禀报外国兵船在中国近海的活动，事实上已经失去了监视外国兵船，防御外敌入侵的职能。另外，其查缉走私的职能这一时期也被海关取而代之。水师职能的这些蜕变，在奏折中不能不影响中国管辖之"外洋"使用频率的下降。

通过上述关于海防制度的考察和研究，我们认定，无论是外国兵船阑入中国内外洋，还是中国水师武器装备的更新换代有效消弭了海患，抑或是晚清水师巡洋职能的蜕变，都会影响中国管辖之"外洋"使用频率的下降，但又感到这三种因素只能影响1894年以前中管辖之"外洋"使用频率的下降，而不可能导致其后中国管辖之"外洋"在《清德宗实录》和《宣统外纪》中突然消失。外洋概念在晚清的演变，似乎还有更为直接的原因。

五 中国管辖之"外洋"词义之消失

概念史的研究不仅分析特定概念的含义和运用，同时应当关照对立概念、相近概念和平行概念同某个特定概念的关系。因为一个基本概念总是概念群中的一个概念，不涉及与之相关的概念，我们是无法完整把握一个概念的。因此，我们在考察晚清"外洋"概念嬗变时，必须兼顾"领海"这个相近概念的传入与影响。

我们在考察晚清"外洋"词义嬗变时，必须兼顾"领海"这个相近词义的传入与影响。西方领海观念的输入源自1864年丁韪良翻译的《万国公法》。是书出版之后，对于中国的外交事务影响相当大。该书第四章第六节如此写道："各国所管海面及滩口、澳湾、长矶所抱之海，此外更有沿海各地，离岸十里之遥，依常例亦归其管辖也。盖炮弹所及之处，国权亦及焉。凡此全属其管辖而他国不与也。"第七节又道，"沿海所有长滩，虽系流沙，亦应随近岸，归该国管辖。但水底浅处不从此例。按公法制此，惟有一例，即上言炮弹所及之处，国权亦及之也。"① 这些关于领海观念的表达，与清朝关于内外洋的划分与管辖并

---

① [美]惠顿（Henry Wheaton）著，丁韪良译：《万国公法》（*Elements of International Law*），上海书店出版社2002年版，第73页。

不矛盾，是可以理解的，也是可以接受的。"刚好1864年普鲁士在中国领海截获丹麦商船，发生争执，总理衙门乃按照《万国公法》条例解决争端，效果极佳。于是由总理衙门批准，北京崇实印书馆印行300部，颁发各省督抚备用。"①

普鲁士兵船在天津内洋扣留三艘丹麦商船的事件发生于1864年。是年5月13日，三口通商大臣崇厚奏报：4月20日（三月十五日）在大沽海口发生了两件事情：一是普鲁士兵舰在天津拦江沙内洋以战时为由，扣留了三艘丹麦商船；二是普鲁士使臣李福斯（Rehfues, Guido von）航海到达天津，准备进京，欲见总理衙门大臣，转呈国书。总理衙门王大臣奕䜣等人认为，"拦江沙距大沽口不远，无论何国与何国为仇，总不应在中国洋面报复，致惊中国地方。"② 为了捍卫中国洋面主权，为了防微杜渐，总理衙门遂决定先解决普鲁士兵舰扣留丹麦商船事宜，再接受李福斯呈递的国书。"若不令其将此事先行办结，即与会商公事，不但无以折该使臣虚骄之气，并恐各国以中国置之不较，将来藉口执此为拦江沙外，各国公共洋面之据，其势可以无所不为。"③ 是时，总理衙门王大臣不仅坚持外国兵舰必须尊重"中国洋面"主权，而且要求普鲁士人遵守国际法，不得侵犯中国领海。明确指出："且外国持论往往以海洋距岸十数里外，凡系枪炮之所不及，即为各国公共之地，其间往来占位，即可听各国自使。"④ 由此可知，总理衙门通过丁韪良所译《万国公法》已经掌握西方领海和公海观念，即"海洋距岸十数里外，凡系枪炮之所不及，即为各国公共之地。"

为此，总理衙门王大臣在接到李福斯的呈递国书照会后，复照指出："贵大臣坐来兵船，现在中国洋面，将丹国商船扣留，殊深诧异。查外国在中国洋面扣留别国之船，乃系显夺中国之权，于中国大有关系。贵大臣既系贵国派来，即应将贵国与中国大有关系之事先为办结，

---

① 张剑：《〈万国公法〉点校说明》，参见惠顿著，丁韪良译：《万国公法》，上海书店出版社2002年版，第2页。
② 《恭亲王奏折》，宝鋆等纂：《筹办夷务始末》（同治朝）卷二六，台北，文海出版社1998年版，第2618—2619页。
③ 《恭亲王奏折》，宝鋆等纂：《筹办夷务始末》（同治朝）卷二六，第2619页。
④ 同上书，第2618页。

方可定期接待也。"① 要求李福斯立即设法释放丹麦商船。李福斯接到总理衙门复照之后，狡辩说，普鲁士兵船扣留丹麦商船，那是按照战争法行事。"该船原系本国与丹国动干戈之后，被本国师船噶喇喇扣留。并扣留该船系属按照欧罗巴所定军法。其扣留处所相去海岸远近，亦属万国律例准拿敌船之处。"②

总理衙门王大臣覆照，义正词严驳斥道："此次扣留货船处所，乃系中国专辖之内洋，贵国兵船前来中国，自当入境问禁，不得任意妄为。中国所辖各洋，例有专条。各国和约内，均明此例。贵国和约内载有中国洋面字样，较各国知之尤切。何得云'殊不可解'？至欧罗巴所定军法，则不能强中国以必知。"③ 从总理衙门这一复照可以看出，除了特别强调大沽口拦江沙属于中国专辖之内洋之外，还旨在说明"中国所辖各洋"和"中国洋面"，就是清朝前期已经划定的内外洋，就是第一次鸦片战争之后，中外条约中明文规定的"中国洋面""中国辖下洋面""中国管下洋面"的不同书写方式，翻译成英语，就是 Chinese waters.

李福斯虽承认："丹国船只被布国扣留，咎在布国。"然而他继续狡辩说，即使如此，"丹国亦不能向中国理论，中国亦无须任其责"④。总理衙门王大臣为此再次覆照说："本王大臣等所以必欲贵大臣赶为办完者，缘兹事之处系属中国洋面。《中枢政考》所载界限甚明，外国无论与何国有隙，在中国洋面扣船，即属轻视中国。所以本王大臣等不能不向贵大臣理论者，非为丹国任其责，实为中国保其权。"⑤

最后，李福斯在理屈词穷情况下，被迫释放了三艘丹麦商船。这一事件之所以得以顺利解决，一方面是因为总理衙门大臣为了防微杜渐，

---

① 《给布国照覆》，宝鋆等纂：《筹办夷务始末》（同治朝）卷二六，第 2623—2624 页。
② 《布国照覆》，宝鋆等纂：《筹办夷务始末》（同治朝）卷二六，第 2624—2625 页。
③ 《给布国照覆》，宝鋆等纂：《筹办夷务始末》（同治朝）卷二六，第 2626 页。
④ 《布国覆照》，宝鋆等纂：《筹办夷务始末》（同治朝）卷二六，第 2627—2628 页。
⑤ 《给布国李福斯信》，宝鋆等纂：《筹办夷务始末》（同治朝）卷二六，第 2628 页。明亮等纂修：《中枢政考》，书名，又称《钦定中枢政考》。乾隆年间，由兵部纂辑而成，最初只有十五卷。嘉庆、道光时期，又增补成《八旗中枢政考》三二卷，《绿营中枢政考》四〇卷。是书对八旗、绿营兵职能和行为规则记载颇详，是中枢机关处理各地军务的依据和基本准则。关于江南、山东和奉天的内外洋界限均有简略记载，没有涉及直隶内外洋。《钦定中枢政考》，道光刻本影印本，八旗卷二二，第 3 页，绿营卷二二，第 13 页。

坚持了中国一贯的对内外洋管辖的立场；另一方面是因为总理衙门大臣巧妙地运用了西方国际法关于领海和公海的基本知识。

从上述事件的经过可以看出，19世纪60年代中期，西方关于领海和公海的知识已经输入中国，总理衙门大臣已经开始运用领海和公海知识。不过，当时尚未正式使用"领海"这一词语。虽无领海之名，已有领海之实。领海知识的系统输入中国要晚一些。现在所看到的文献资料是1902年。是年，以《纪各国会议领海》为题，在《外交报》第二十一期和第二十二期，分别介绍了西方各国关于领海的主张以及国际法学界关于领海的讨论进展情况。该文转译自日本《亚东协会会报》。

该文首先介绍说："由海岸施放巨炮，以弹丸能到之地为准；乙，由最低潮线之海岸起算，以距离三海里之地为准；丙，领海主国与他国特定约章以距离三海里以外之地为准。"① 接着介绍领海权的三个使用准则："由海岸施放巨炮，以弹丸能到之地为准；乙，由最低潮线之海岸起算，以距离三海里之地为准；丙，领海主国与他国特定约章以距离三海里以外之地为准。"② 然后着重介绍巴黎会议达成的11条基本共识，并对其中的关键词语进行了词义界定。

第一条，凡沿海诸国应于一带海面保全其主权，惟第五条所载他国行其平和航海之权利，则不得以为有碍主权加以禁阻，此一带海面称曰领海。

第二条，领海之界限由沿岸海潮退落最大之处起，测以距离六海里之地为准，为领海之定界。

第三条，凡国有海湾者，则其领海界限随其湾内沿岸之湾曲而定。惟遇湾口极狭之所，则于湾口对岸横画一直线为界。无论湾内之湾曲形势如何，其湾口左右两岸之距离，即照向来成例。除另订特别之界限外，其通行常例最阔以十二海里为限。

第四条，凡遇他国交战，其沿海之国守局外中立之例，颁布中立之文，则其中立【领】海之界限可推广至六海里外，以由海岸开放之炮弹能及之地为准。该领海主国有画定之权。

第五条，各国一切船舶经行领海，但属平和无害，均得随意行驶。

---

① 《纪各国会议领海》上，《外交报》第21期。
② 同上。

然沿海之国，可定立领海行船条例，并可以防备之故，而禁止之。又，战时可以中立之权，约束各国军舰，领海主国有施行之权，他国不能干预。

第六条，凡他国船舶驶过领海之际，其船中执事人对附船之人或船中货物犯有大小罪名，在领海主国管理法权之外，惟所犯之罪有伤领海主国权利，或船中执事及附船人等（原注：附船人等数字再考）应听从领海主国，照裁判法权处理者，不在此限。

第七条，凡各国船舶经行领海，其主国所设保护航海安全及巡警海面之特别规则，均应遵从。

第八条，一，各国船舶除循例驶行外，如有别项举动，实见为在领海内有所违犯者，可以沿海主国之裁判权处置之。二，沿海主国有追捕在领海内犯罪外国船舶，即远出外海亦有拿获裁判之权利。但在外海拿获者，应速将该船舶所犯情节知照该本国政府，限定若干日。如无复文辩驳，即照沿海主国法律办理。犯罪船舶倘逃入本国，或他国领海之内，追捕者祇可中止。所有追捕之权利，不能入该船舶本国，或他国港内。

第九条，军舰及军舰相类之船舶之特别看待及管理，悉依旧行。

第十条，以上各条，凡两岸相距十二海里以内之海峡，亦可照行。但有以下之变更区别者不在此限。一，海峡不专属一国者，其归某国之领海，某国宜就中央界线行其主权；二，海岸专属一国，惟沿海主国之外另有二国以上往来交通，必须经由之海峡，不论离岸远近，该海峡应属于沿海之国之领海；三，由此大海至彼大海其航路之海峡，不得封闭。

第十一条，管理海峡之事，按照条约及特别成例者，悉依旧行。①

首先利用国际法关于领海的规定，来捍卫中国的领海权，可能始于晚清著名实业家张謇。他于1906年申请参加意大利渔业博览会时，提到了中国人的捕鱼权，提到了中国的领海管辖权。在他起草的《商部为义国渔业赛会咨各省督抚文》中这样说："渔业遂与国家领海主权有至

---

① 《纪各国会议领海》下，《外交报》第22期。

密极切之关系。中国渔政久失，士大夫不知所谓海权。"① 此处批评"士大夫不知所谓海权"之"海权"，是指一个国家的领海权，而不是美国海军理论家马汉论述的所谓海军制海权。在下文中，张謇进一步做了说明，"七省渔业公司之名宜及此表明于世界，是有二义：一则正领海主权之名；一则践合兴渔业之实。"② 正是在明确了领海权观念之后，张謇为此在致周馥的呈文中做了进一步解释："一则正领海主权之名。领海主权附于渔界，中国渔界极远，然向来自视在若隐若现之间。近来各国认中国渔界亦似在若可若否之际。骤然自明告之，各国形迹差池，似因国势而难于置说。今趁此会场，得据英国海军第三次海图官局之图，表明渔界，即所以表明领海主权说非已出，事属有因，在人可视为寻常，在我可分明主客。此一义也。一则践合兴渔业公司之实。七省渔业旧不相顾，非独民情之隔，亦由风俗之殊，今亦不能强沿海数千里旧业渔户遽成团体，但能七省合于一总公司，各省置一、二渔轮，不分畛域，声气相通，彼往此来，标识中国领海旧界，以固其表，而各立渔会，为之保护维持，各安其业，无诱于外，以固其里。"③ 此处，张謇对于中国领海主权与渔业之间关系的表达是正确的，对于中国士大夫不知领海权的批评同样也是正确的。在笔者看来，当时的中国士大夫不仅不知西方领海权之观念，而对于长期以来形成的内外洋管辖权亦日渐模糊起来，他们很少发声谴责列强军舰在中国海域的横行霸道，很少关注西方国家商船的非法越权行为。中国官方对于内外洋主权的维护只是一种惯常的管理行为，不仅缺乏明确的表述，而且缺乏外交上应有的严正声明。此次，参加意大利渔业博览会的行动直接催化了部分官员和知识界的领海渔业权意识的觉醒和提高。

一般说来，人们在原有概念与新观念之间出现矛盾时，可能产生疑惑、紧张和不适的状态，就会产生认知冲突。人们不愿忍受这种认知冲突的压力，就会努力解决冲突以建立新的平衡。解决认知冲突有三个途径。第一，径直地拒绝新概念；第二，利用已有的概念，部分接受新概

---

① 张謇：《商部为义国渔业赛会咨各省督抚文》《外交报》第125期，乙巳九月二十五日，第4页。
② 同上。
③ 《商部头等顾问官翰林院修撰张【謇】为义国渔业赛会事咨呈署两江总督周【馥】文》，《外交部》第125期，乙巳九月二十五日，第5页。

念，旧瓶装新酒；第三，以新概念代替旧概念，完成概念转换。这意味着新概念与个体所认知的概念是相互一致的，不存在什么冲突。清末知识分子在接受"领海"观念时，很少有人提出质疑。这表明"领海"这一新观念表述明确，与旧有的"内外洋"认知基本一致。以新概念代替旧概念，并不困难。

清末在领海问题上引起外交争端的比较大的事件有三：第一件是日本人阿部野利恭、本间锭吉设立远洋渔业团侵犯中国主权案；第二件是日本商船二辰丸号在中国领海走私军火案；第三件是日本人西泽在中国东沙群岛侵渔案。在此三个案件中，争执的主要对象都是咄咄逼人的日本人，发生的时间集中在1907年至1909年三年之间。正是在这些外交争端中，中国人的领海观念开始明晰起来，但旧有的内外洋管辖权则缺乏应有的研究，反而变得更加模糊起来，中国的近海管辖权又因此开始错位。

第一件，日本人阿部野利恭、本间锭吉设立远洋渔业团侵犯中国主权案。

日本人对于中国渔业的侵略始于日俄战争之后。当时，旅顺、大连被俄国转租给日本。日本的渔轮纷纷开到租界附近海域。日本渔民不仅在租界附近海域捕鱼，而且不断扩大侵渔范围。1907年春天，日本人阿部野利恭和本间锭吉勾结汉奸高景贤，私设"远洋渔业团"。该渔业团成立后，到处张贴布告，声称可以为成员提供保护，收取黄海、渤海、奉天、山东沿海一带渔利。要求渔户领取公司旗帜，按船收捐。这一非法侵渔行为立即遭到直隶总督袁世凯的反对。袁世凯认为"远洋渔业团"蔑视中国领海主权，要求外务部设法禁阻。在袁世凯看来，"渔业关我国海权，非原约准行之事。则日人于旅大界内设立关东州水产组合，已非我国所能明认，况越旅大定界以外，而为散旗收捐之举。又况所出告示更欲包举黄海、渤海以及山东、奉天沿海一带括收渔利。其蔑视我国领海主权，不特远出条约范围，且尤为大悖公法。"① 盛京将军赵尔巽一面致电外务部，认为日本远洋渔业团"显系侵我海权"。强调

---

① 《外务部收北洋大臣袁世凯信请严诘日使禁阻日人越界毁损船舶重索鱼捐等强横行为》，光绪三十三年四月二十三日，郭廷以、李毓澍主编：《清季中日韩关系史料》，台北，"中央"研究院近代史研究所1972年版，第6439页。

"若不赶为饬禁，不特有损渔利，且恐激成事变，尤与海权有碍。"① 另一面敕令奉天渔业公司严密监视日船行为，致电关东都督禁止日本收取渔利。很快，奉天渔业局在盖平县属海口鲅鱼圈地方拿获受雇日本人勒索渔捐人犯。日本领事要求中国放人，遭到东三省总督锡良表示坚决拒绝。同时要求交涉司照会日本领事馆，惩办日本案犯。②

关于这一事件的对日交涉始末，已经有人做过系统研究。③ 总的来说，清末，日本侵夺中国渔权和领海主权行径，遭到了清朝官员的抵制，尤其是受到了地方官员的行政抵制，未能如愿以偿，不得不电令该渔团"退出中国领海"。④ 但是，外务部的抗议也好，地方督抚的行政阻止也罢，对于弱国来说，其措施都是软弱无力的，不可能有效阻止日本人侵渔势头。

第二件，日本商船二辰丸号在中国领海走私军火案。

1908年2月，清朝官员侦知澳门广和居商人谭璧理等委托日本商船"二辰丸"将神户辰马商行的步枪2000枝、子弹4万发自日本私运往澳门。2月5日上午，"二辰丸"驶近澳门，停泊在大沙沥洋面，准备在此卸货。广东水师巡弁李炎山上船搜查，查有1500枝枪，40000子弹。经会商拱北关员见证，该船并无运输中国军火护照。船主无可置辩，已将船械暂扣。并将这一案件逐级禀报到两广总督衙门，请示如何办理。根据两广总督张人骏的指令，海关和水师员弁将船货扣留，一齐带回黄埔，准备按照通商条约第三款规定，将其充公，并撤去该走私船所挂日本国旗。⑤

九洲洋，北起野狸岛，南至大澳岛大担角，东临青洲水道，西至大陆沿岸，以九洲群岛命名，该洋南北长16千米，东西宽14千米。从下

---

① 《盛京将军赵尔巽致外务部电》，光绪三十三年四月初七日，故宫博物院辑：《清光绪朝中日交涉史料》，北平：故宫博物院，1932年印，第36页。
② 《日人越界征收渔捐》，《外交报》，宣统二年四月二十五日，庚戌第11号，第277期，外交大事记，第17页。
③ 张庆山：《日本殖民渔业对旅大水产资源的独霸与掠夺》，《辽宁师范大学学报》1997年第5期；刘利民：《清末社会维护领海渔业权活动考察》，《晋阳学刊》2015年第4期。
④ 《外务部发盛京将军赵尔巽电》，光绪三十三年四月十三日，《清光绪朝中日交涉史料》卷七〇，第59页。
⑤ 《粤督张人骏致外部辰丸私运军火应按约充公电》，光绪三十四年正月初六日，《清季外交史料》（光绪朝）卷二一〇，第1页。

图可以看出，九洲洋属于外洋水师汛地，总巡为提标中营参将，分巡为香山协左、右营都司。上班统巡为香山协副将，每年三月、五月驶往大澳洋面，与阳江镇会哨；下班统巡为大鹏营参将，每年九月、十二月驶往大鹏营所辖佛堂门洋面，与碣石镇会哨。两广总督致外务部的电文既然称李炎山为水师巡弁，说明李炎山的官阶较低，当时下级军官被称为弁，或是都司、守备，或是千总、把总而已。

"二辰丸"是从日本神户出发的，先于1月26日前往香港，并且在香港又装上1700吨石炭；于1月30日下午2时从香港起锚，前往九洲洋海面。日本外交官得知"二辰丸"号被扣，伺机抵赖。2月14日，日本驻华公使林权助向清外务部发出抗议照会，硬说"二辰丸"拥有

图9-1　广东海防图第十七图：澳门与九洲洋海防图

图片来源：阮元主编：《广东通志》卷一百二十四，海防略二，全国图书馆文献缩微中心2004年版，第2411页。

运载军火进入澳门的准单，不是走私船。由于天气原因，不适合进口，临时停泊在九洲洋面。反而诬称广东水师越境扣押日本商船，违背条约规定，举动野蛮，甚至撤掉日本国旗，要求清廷速速放行该船，交还国旗，严惩参与搜查的广东水师官兵。还指责香山协参将吴敬荣参与了这一行动。"吴参将等带领执军器之水兵二十多名复来该船，告示奉广东总督之命，将船拖至黄埔，等语。并不听船长陈辩，撤去船尾所挂之帝国旗，代以中国国旗。且由各舰添派水兵多名，纷入机器房，作为种种放纵行动。"① 林权助的照会措辞异常严厉，不无恫吓之意。"查第二辰丸下锚地点是否在中国领海内，如重行精测，自可显然。惟假定该处实属中国领海，本国船只遇有风浪，尽可躲避寄碇，不应阻碍。今贵国炮舰忽将商船第二辰丸拖去拘留，显系违约。若其撤去本国国旗，尤为狂暴。"②

晚清时期，凡是涉及澳门问题的外交事件，无论澳门与该事件有无联系，葡萄牙澳当局总是趁火打劫。2月18日，葡萄牙公使柏德罗（一译白郎谷，Martinho de Brederode）也照会清廷外务部，蛮横指责清朝官员不该在葡国所辖澳门附近海面搜拿日本商船。③ 本来只是一件中国执法船查扣日本走私军火船的简单案件，由此变为三国外交演义事件。张人骏接到外务部关于扣留日本走私船地点的询问，立即派遣拱北关税务司宝璧及巡船管驾吴敬荣会同测量，搜查地点确在九洲洋，距离澳门甚远，该处不仅是洋关缉私轮船巡缉界内，也是广东水师巡缉的范围。认定葡萄牙公使所称为"葡领海面"，乃是强词夺理。④

真是政治无道德，葡萄牙公使照会公然称："喀罗湾岛海面系属葡领。"对此，两广总督张人骏驳斥说："查喀罗湾，即过路湾之转音，本系中国土地。道光季年葡人私占西隅之地，中国迄未认为葡属。按照粤省来图，绘入葡占界内者也。地段甚小，即以十三年约文言之，其所

---

① 《日使林权助致外部辰丸被粤扣留奉令抗议照会》光绪三十四年正月十三日，《清季外交史料》（光绪朝）卷二一〇，第1—2页。
② 同上。
③ 《正月十七日葡使致外部华船在葡领海捕获日船祈饬速放照会为照会事》，《清光绪朝中日交涉史料》卷二百一十，第5页。
④ 《正月十九日两广总督张人骏致外务部电》，《清光绪朝中日交涉史料》卷七三，第11—12页。

称现时情形不得改变一节,亦仅指过路湾西角一隅而言,日船系在过路湾迤东扣住。据海关洋图距葡占迤西之地相隔太远,其为中国领海无疑。"①

由于中、日、葡外交官各执一词,广东官员主张将"二辰丸案"按照中国海关章程进行审理,但日方断然拒绝。3月2日,张人骏致电外务部,已经查明这一批军火"非澳官所购",而是澳门广和店商人购买,准备提供给广东的造反者。"前项枪支查明实系澳门广和店华人谭璧理等购以济匪,葡领来文,亦经声明该枪并非澳官所购,况辰丸吃水深不能到澳埠,约章关章经纬海界,通商各埠海线深浅,应该船主所稔知,是其由日起已蓄意由中国海面卸货图利济匪,毫无疑义。"② 这样,这一批军火的走私性质已经无法改变。任何狡辩都是无力的。

3月3日,清廷外务部通知日本公使,拟请英国舰队司令作为第三方对此案进行公断,也遭到日方的再次拒绝,"不允公断办法"。③ 面对日本和葡萄牙的外交讹诈,清外务部一再让步。3月6日,中国外务部提出三项解决方案:"一,先将第二辰丸释放,另行具结候查;二,军火先行扣存,俟调查明后另行核办;三,下旗一节,俟查明究系何人错误,酌量办理,并表歉忱。"④

但是,日方不肯罢休。3月13日,日本公使林权助向外务部提出解决该案的五项要求:"一,中国政府对撤换国旗一事,应派兵舰升炮以表歉忱,乃解放第二辰丸时,令其兵舰近现在该轮停泊之处升炮,并先期知照日本国领事阅视,实行撤换国旗一事,帝国政府必要求中国将此案应担其责之兵舰管驾官等从严加罚。其办法帝国政府应任中国政府自行秉公办理。二,中国政府应即时将第二辰丸放行,不得立有条件。三,第二辰丸拟运澳门之军火,知为中国官宪所挂念,帝国政府可竭力不令其再运该埠。惟中国政府应备价收买此项军火,订价日本金二万一

---

① 《二月初三日外部致张人骏李家驹辰丸停泊之所系中国领海电》,《清季外交史料》(光绪朝)卷二一一,第1页。
② 《正月三十日粤督张人骏致外部日运枪械确系济匪电》,《清季外交史料》(光绪朝)卷二一〇,第16页。
③ 《二月初二日日使林权助与那中堂等会商二辰丸案语录》,《清季外交史料》(光绪朝)卷二一〇,第17—19页。
④ 《二月初四日日使林权助致外部扣船一案送呈译文请答覆节略》,《清季外交史料》(光绪朝)卷二一一,第14—17页。

千四百元。四，中国政府应声明俟查核扣留第二辰丸实情，将应担其责之官员自行处置。五，中国政府应将此案为扣留第二辰丸所生之损害赔偿，帝国政府俟查明后即行告知其数，应核实算定。"①

3月19日，清外务部竟然全部接受日本方面的5项无理要求。3月20日，外务部对于此案中国妥协退让和苦衷做了如下无可奈何的解释：

> 辰丸案，日使辩论终持该轮所载军械等件本系先期禀明日、葡官，领有执照，公然运澳者。广东水师只能向之警告监视，不许其在中国境内起卸，倘该轮不遵，实行起货，则中国可为适当之措置。今该轮曾无实行起卸情事，运澳时突被拿获，并侮辱国旗实，为不法无理。至此次军火是否归于土匪之手，固非所知。如中国虑及此事，自当另有适当之方法。惟不得侵害日本国旗及船只等语。本部虽迭经驳论，惟尊处迭次来电，亦云该轮尚未实行起卸，至军火济匪虽有可疑，究无确据。按之法理，自不能遽行扣留。下旗一层，来电称恐有决裂，显犯公法。云云。此乃战时公法，何能适用于平时。至称悬挂龙旗，为保全该轮客货，原船可任便驶回，等语。更为不得要领。何能遽以驳辨。总之，办理交涉须有无可指摘之理，方能立于不败之地。此案实由当初失之太骤，操切从事，致本系正当之办法，转为他人所借口，使我情理虽足，不通适用法律。设尊处平心审度，当以何法结束。本部以本案之论据未足，不得不为毖后之计。故先商允善后办法，始与定结本案条件。审情度理，具有苦心。不特为维持和平计也。粤中士民不察，集合鼓噪，甚有罢市暴动之说，殊为诧异。遇事献替，固亦士民之责。惟当审查一事，与政府所以如此办理之原委，不应故为反对，藉词生事，希将此案情节与所以办结之故，凯切晓谕，以免误会为要②

"二辰丸"一案是清末中日关系、中葡澳门问题的一件重要事件。

---

① 《二月十一日日使林权助致外部扣留辰丸提议赔偿损害请照允照会》，《清季外交史料》（光绪朝）卷二一二，第6—7页。
② 《二月十八日外部致张人骏辰丸案办结情形电》，《清季外交史料》（光绪朝）卷二一二，第15—16页。

清朝水师和海关在领海内执行公务,查扣走私军火船只,本是合情合理合法之事,却遭到日本、葡萄牙指责和狡辩。最后的结果是,在日本的恫吓之下,外务部公开道歉赔偿。于此可见,"弱国无外交"乃是有一定道理的。有人对此已经做过研究。①

在此我们需要注意的是,澳门本是租借地。租借地,对于租借者来说,只是取得了租借居住权和管理权,国际法庭上并不承认其领土主权,更不要说领海主权。还需要注意的是,清朝从康熙年间就开始实行内外洋管辖制度,清末为止,广东水师都在包括澳门及其周围海域在内的内洋、外洋巡逻会哨。例如,1810年(嘉庆十五年),两广总督百龄、广东巡抚韩崶等共同厘定的《分段派拨巡洋章程》,规定广东水师巡逻内外洋分为五路:即东上路、东下路、中路、西上路和西下路。东下路与中路水师统巡会哨的地点就在佛堂门②,而佛堂门就在九洲洋之南。因此,无论从清代前期关于内外洋的划分,还是从国际法关于领海的概念看,九州洋都在中国政权管辖的主权范围之内③。

在此引起我们最大的困惑是,当时的外务部官员与广东的军政官员为什么没有一个人,列举中国对于内洋、外洋的历史权利和管辖现状,据理力争?究竟是西方领海观念的输入导致清朝当局对于内洋、外洋管辖权的认识错位?还是自我管辖权的不自信导致近海管辖权观念的自我缺失?

第三件,日本商人西泽吉次侵占中国东沙群岛案。

东沙群岛是广东渔船停泊地,为了祈求渔业生产的丰收和安全,这些渔民专门在岛上修了一座随时可以礼拜的海神庙。1901年夏,日本商人西泽吉次遇风漂到东沙岛,发现这里有丰富的鸟粪,堆积着丰厚的磷矿资源,当然他也看到了中国渔民修建的海神庙和临时居住窝棚和死亡的渔民坟墓。第二年,他就率人再次登岛,窃取磷肥回台湾出售。1906年日本政府推动所谓"水产南进"战略,西泽吉次再次纠集120

---

① 例如,菊池贵晴:《第二辰丸事件の对日本ボイュフト》,《历史学研究》1957年第7期;陈正权:《突发事件与政府外交:1908年"二辰丸案"的思考》,《吉林广播电视大学学报》2010年第6期。

② 《两广总督百龄广东巡抚韩崶奏为筹议分路派船巡缉洋面章程事》,嘉庆十五年八月初六日,中国第一历史档案馆藏朱批奏折,档号:04—01—01—0518—040。

③ 王宏斌:《清代前期广东内外洋划分准则》,《广东社会科学》2016年第1期。

人，从台湾基隆乘坐"四国丸"号轮船抵达东沙岛。他们强行驱赶在此海域作业的中国渔民，拆毁了海神庙，竖起了写有"西泽岛"的旗帜，并把岛上百余座中国居民的陵墓用铁器掘开，以销毁中国渔民世代在此居住的痕迹。此后，日本船只每月都到这里停靠。

清外务部风闻此讯，于1907年10月11日（光绪三十三年九月初五日）函电，要求两广总督张人骏查明东沙被侵夺情况。经过一年时间的调研，于1908年9月18日（光绪三十四年八月二十三日）致电外务部说："查上年九月曾奉大部电查日本人西泽占据海岛一事。嗣接午帅（两江总督端方）艳电，据驻宁日本领事称：该岛实在台湾之西南，香港之东南，距香港一百七十英海里，即新译《中国江海险要图说》内之蒲拉他士岛，又名蒲冕他士岛。上年两江派员所绘海涂亦有此岛。"①

1909年3月2日（宣统元年二月十一日），张人骏再次致电外务部说，"蒲拉他士岛上年考订未确，经电钧部转电南洋派轮往查在案。近细加查访，该岛粤人呼为东沙，居汕头正南，距汕头约一百五十英海里，应归粤辖。"② 3月9日，张人骏再次派遣水师的"飞鹰"号前赴东沙实地考察。此次参与考察活动的有福建烽火门营参将李阳、赤溪协副将吴敬荣、水师提标右营游击林国祥、试用通判王仁棠和日文翻译廖维勋等。此次考察不仅详细考察了东沙岛上的设施，而且笔录了日本人浅沼彦之的谈话，还采访了在附近作业的渔民。同月12日（二月二十一日），张人骏再次电报说："蒲岛，粤人呼为东沙，居汕头正南，相距约一百五十英海里，确归粤辖，沿海居民类皆言之，且有图志可据。"③

3月15日，两广总督张人骏综合各种信息，致电外务部说，由香港乘轮船十六点钟可到东沙群岛。岛之东面沙碛，因抱作半月形，产玳

---

① 《光绪三十四年八月二十三日张人骏电外务部香港东南蒲拉他士岛拟请端午节派员探明标志由》，台北"中央"研究院近代史研究所藏清档，档号：02—10—001—01—005。
② 《二月十一日两广总督明蒲拉他士岛确归粤辖由》，台北"中央"研究院近代史研究所藏清档，档号：02—10—001—01—013。《二月二十四日粤督张人骏致外部查明日商私据东沙岛电》，《清宣统朝外交史料》卷二，第6—7页。
③ 《二月二十一日两广总督张人骏致电外务部东沙案现正搜求证据由》，台北"中央"研究院近代史研究所藏清档，档号：02—10—001—01—013。

珸，多燐质。日人自丁未（1907 年）秋到该处经营，岛南有水码头，岛上设小铁轨、德律风、吸水管等物。初时，水咸，不可饮。曾经安装淡水机，只能积蓄雨水为用。"日本式房屋约二三十座，皆草率成工者。日人竖旗，并立木椿一柱，书明治四十年八月，背面书西泽岛字样。办公所一区，事务人名浅沼彦之及两医生员弁等。与之问答，据称：系受台湾西泽吉治（应为西泽吉次之笔误）委任，在此经商，并非公司，系个人生理亦未知。日政府曾否与闻？惟去年夏，台督曾派官吏六人至此。现在计有日本男女大小一百零一人。又由台招来工人三十三名住此。日本商轮约每月一至，或二、三至不等。"①

外务部接到张人骏的电报，复电责令张人骏与日本驻广州领事进行交涉。张人骏约见日本驻广州领事赖川浅之进。初步询问后，在张人骏看来，西泽吉次组建公司，在东沙群岛挖掘磷矿，乃是个人行为，日本领事"毫无所闻"。但是很快接到日本领事的详细询问，意在强调该岛尽管此前不属于日本，但是个无主荒岛，日本人占据经营业是可以的。如果说是广东属地，中国官员应当拿出地方志书，加以证明。张人骏为此致电清外务部回报说："顷日领来署，谓该岛原不属日。彼政府亦无占领之意。惟当认为无主荒岛，倘中国认该岛为辖境，须有地方志书及该岛应归何官何营管辖确据，以便将此等证据，电归外部办理。至西泽经营该岛，本系商人合例营业，已费甚巨。日政府亦曾预闻，应有保护之责。"②

很快找到了证明东沙群岛属于中国的历史文献。3 月 35 日（闰二月初四），张人骏致电外务部说："查该岛向名东沙，与附近琼岛之西沙对举，沿海渔户倚为屯粮寄泊之所，海神庙建设多年，实为华民渔业陁要之区。青港有华商行店转输，该处渔业商民具控，以日人强暴为词。志书虽漏载，而遍查海图及舆地各书，列有此岛，均指粤辖，证据已足。"③ 3 月 27 日（闰二月初六），张人骏再次致电外务部，补充说：

---

① 《二月二十四日粤督张人骏致外部查明日商私据东沙岛电》，《清宣统朝外交史料》卷二，第 6—7 页。
② 《闰二月初一日粤督张人骏又致外部日领谓东沙岛原不属日电》，《清宣统朝外交史料》卷二，第 39—40 页。
③ 《闰二月初四日粤督张人骏致外部日人侵夺东沙岛证据电》，《清宣统朝外交史料》卷二，第 44 页。

"按东沙岛本系我国旧名,沿海渔民称谓相同。其名其地载在《柔远记》海图,甚非无据。建庙、屯粮、渔业,尤公法所特认。"① 此处的《柔远记》,即《国朝柔远记》,系清人王之春所撰。是书出版于1879年,主要介绍1644年至1874年中外交涉事件。在该书"广东杂澳"第十三中,明确列出东沙岛。人证、物证确凿无疑,日本人被迫承认东沙岛为中国固有领土。

此后不再谎称东沙是荒岛,但称西泽吉次为此已经"费资五十一万元",不能不予补偿。② 张人骏坚持,日本先撤出东沙群岛,赔偿中国渔民的损失,两国派员始可评估西泽吉次在东沙群岛所建各种设施的价值。日本公使则要求先赔偿西泽吉次的投资损失,然后再责令其撤出东沙群岛。当年10月,清朝官员与日本领事签订了东沙岛的有关条款,侵占该岛的日本商人西泽吉次撤离,并赔偿中国渔民的损失,补交侵占期间中国损失的税款。之后,清朝接收官员会同日本领事乘坐中国兵舰"广海"轮抵达东沙岛。经过清点,在岛上举行接收典礼,中国军舰鸣炮21响,岛上升起了清朝龙旗。

1909年6月14日(宣统元年四月二十七日),关于东沙群岛的谈判即将结束,张人骏对于此次交涉过程和基本观点做了如下总结。"英海部图载译称蒲拉他士,原名东沙岛。闽粤渔户倚为避风、屯泊之所,建有庙宇,积有余粮。丙午(1906年)秋被占于日本商人西泽吉次,经营逾年,改名西泽岛。拿磷捕鱼,视为己有。华民渔船,多遭驱逐。丁未(1907年)骏抵任,准外务部电询饬查。节经考核图籍,询访渔民,会商外务,总两江督臣,搜求我属实证。该岛孤立大洋,风涛极恶,粤无出海坚固大轮,商由南洋派到飞鹰猎舰,委员会往勘明,被占属实。遂向驻粤日本领事交涉。该领初以无主荒岛为言,迭与指证折辩,乃认为我国领土。而又以西泽经营该岛费资甚巨,欲求收回本息,意在久假不归,当列单。要以先将东沙交还我国,岛上西泽安设各物业经由两国派员公平估值,由我国收买。岛上庙宇被毁及沿海渔民被逐历

---

① 《闰二月初六日粤督张人骏覆外部东沙岛系我国旧名有各种图记可证电》,《清宣统朝外交史料》卷二,第47—49页。
② 《三月二十六日粤督张人骏致外部日认东沙岛为我属现正磋磨电》,《清宣统朝外交史料》卷三,第25—26页。

年损失利益,亦由两国派员公平估计,由西泽赔偿。所采岛产、海产应补纳我国正半各税。随据该领复以交还该岛,非中国收买。该岛物业之价额确定不能办理,其余赔偿损失补纳税项各节,多不认允。经骏面与反复磋磨,兹于本月二十四日接该领文开,以奉彼政府命令,谓此案中国亦有和平办理之意,今考出妥结办法,两国派员到岛,一估值西泽事业,以估收买之价;二查核庙宇存在之时,渔户被西泽驱逐之事实。有其事则须令调查西泽赔偿额。一、二两项协定后,所余出口税一事并允存其名义,由收买价额内割一小额支出。如此互相妥协结案,实合事实。"①

收复东沙群岛,乃是晚清反侵略斗争取得的一次外交胜利。在反对日本商人侵占东沙的斗争中,清朝外务部、两广总督府和广东水师密切配合,利用国际法,提出了历史权利,进行了有理有节的斗争,取得了令人比较满意的成果。

以上我们着重考察了西方领海观念的输入,并分别考察了日本远洋渔业团侵犯中国渔权案、"二辰丸"走私军火案和西泽吉次侵占东沙群岛案,分别说明在这三个案件中,参与谈判的外务部官员、盛京将军赵尔巽、两江总督张人骏、两江总督端方以及其他外交官员利用了西方输入的领海观念,据理力争。同时,我们也看到,在这些外交谈判中,清朝官员存在着共同的缺陷。

格劳秀斯在发表《海洋自由论》之后,立即受到一些学者的质疑和批评,迫使其对于之前的观点进行认真思考。稍后,他在《战争与和平法》中尽管仍坚持其海洋不得为任何国家占有,也不应为任何国家控制,而应为各国自由利用的基本观点。但他同时也承认可以从岸上控制的那部分海域属于沿岸国所有,可以用战船控制的那一部分海域属于沿岸国家所有。"利用其人员或者依托其领土,取得对部分海域的主权。例如,把一支舰队作为浮动的军队部署在海洋的某个重要地点,就是利用人员取得主权的方式。至于依托领土取得海域主权,只要国家能够像在陆地上一样,对在本国沿岸海域航行的船只及其人员实行有效控制,

---

① 《四月二十七日粤督张人骏致枢垣东沙岛正待勘估电》,《清宣统朝外交史料》卷四,第10—11页。

它就可以取得对这一部分海域的主权。"① 后人将格劳秀斯所说的海洋自由理论引申为公海制度，而将其修正后的部分海洋的有限主权主张引申为领海制度。换而言之，一个国家管辖的近海水域取决于它的有效控制。正是从这一原则，后来的法学家推导出一国的领海宽度应以大炮的射程为准。众所周知，另一位荷兰法学家平刻斯胡克（Corneliusvan Bynkershoek）也曾明确提出，武器力量终止之处，即陆地权力终止之处。当时大炮射程约一里格，即三海里。因此，国际法学家大多认为一国控制的沿岸海域的宽度应为三海里。但大炮的射程不断扩大，三海里的主张因而失去其理论根据。各国学者的意见以及各国利益所在，导致在领海宽度问题上，意见很不一致的。

清代前期中国的内外洋划分虽然不像西方各国领海主张那样确定距离海岸的绝对宽度界线，但是当年内外洋划分仍然遵循的理论依据——是国家管辖的海域范围取决于它的有效控制这一基本原理。中国很早就形成了内外洋水师巡缉会哨制度，类似于美国海岸警卫队的职能。与西方领海有所不同的是，中国强调的是兵船的有效控制范围，而西方强调的是海岸大炮的控制范围。在同日本交涉渤海"侵渔案"和南海"二辰丸"走私军火案时，完全可以按照自身对于近海控制的制度和历史，公开声明其管辖范围，至少可以加强其说服力。但是，很遗憾，他们虽然提及西方不同的领海宽度主张，也曾提及中国对于渤海的早期历史权利，却没有依据清初以来国家机关对于内外洋管辖条例，提出法理主张，显得苍白无力。这说明，清朝官员对于内洋和外洋的管辖主权或者已经模糊，或者已经失去政治和军事制度的自信，从而掉进日本人引述的西方领海观念的陷阱。他们做得不可能更多了，因为他们生活在19世纪与20世纪交替之际。

结 论

通过以上考察，我们可以的得到如下几点结论：

---

① ［荷］格劳秀斯著：《战争与和平法》第二卷，［美］弗朗西斯·W. 凯尔西英译，马呈元、谭睿中译，中国政法大学出版社2016年版，第60—61页。Hugo Grotius, *The Rights of War and Peace*, Book 2, Edited and With an Introduction by Richard tuck, p. 470.

(1) 搜索既往各种思想观念之间的内在联系，比较重要概念在不同时期和不同地域的异同，有利于我们认识历史。道光朝中后期正是中英冲突时期，"外洋"一词尽管开始比较多的指代外国，而在大多数情况下该词的涵义仍是中国近海水域。到了咸丰同治朝，中国与西方国家的外交和军事冲突明显加剧，中国管辖之"外洋"与外国同义之"外洋"使用频率逐渐接近。到了光绪和宣统朝，随着中外矛盾的加深和海防危机的加重，随着北洋水师新式海军的创建与覆灭，随着传统水师装备的更新换代和管辖职能之变化，尤其是随着西方领海观念的输入，内外洋做为中国传统近海管辖范围的代名词不再成为中外争执的标准。"外洋"一词绝大部分指代的是外国，中国管辖之"外洋"在官方文书中出现的频率逐渐消失。目前在文献中我们尚未发现"领海"在取代中国管辖之"外洋"方面存在激烈的概念博弈。

(2) 通过中外条约的考察，得到三点结论：其一，从1842年英国取得在五个通商口岸的兵船航行和驻泊权开始，到同治年间为止，法国、美国、俄国和奥地利等国相继取得了其兵船在中国沿江沿海水域任意航行和驻泊权。其二，美国从1858年的中美《天津条约》中进一步又获得了在中国海域攻击海匪的权利，这是对中国近海主权的又一次践踏。其三，在第一次和第二次鸦片战争之后，在缔结的中外条约中，西方列强并未对中国对内外洋的管辖主权提出质疑，在不同条约中出现的"中国所辖内洋""中国洋面""中国沿海地方""中国近岸地方"和"中国辖下海洋"，词义相近，均是指清朝前期划分的内洋、和外洋。这是二百年来形成的基本观点。尽管从以上三点结论中不能看到外国兵船的侵入直接影响了中国管辖之"外洋"词语使用的频率变化，但是通过演绎推理，可以想到由于无法将军事和行政的管理施诸外国兵船，清朝文武官员向北京发出的奏折，不再奏报外国兵船在中国内外洋活动的事实，以奏折和上谕为主要档案资料编成的《清德宗实录》和《宣统政纪》中关于中国之"外洋"词语的使用频率必然有所下降，似在情理之中。与此相反，自从19世纪60年代以后，清朝的对外关系方面的不幸遭遇一直伴随着清朝军事上的衰落而每况愈下，与外国同义之"外洋"使用频率自然大幅度提高。特定概念的习惯运用蕴含着惯常的思想。

(3) 随着洋务运动的兴起，随着中国轮船制造业的发展，随着近代海军的出现,以蒸汽为动力的各省水师,无论是创建的北洋水师,还是传统水师(江苏水师、浙江水师、福建水师和广东水师)装备的更新换代,对于中国沿海孳生的海匪都构成了绝对的机动作战优势。尽管沿海的社会矛盾并未解决,海匪的活动并未彻底消弭,但是沿海的海匪活动被机动兵船压缩限制在零星活动状态。海洋抢劫事件逐渐减少,沿海各省督、抚、提、镇关于追究内外洋失事责任的奏报相应减少,以辑录奏折和上谕为主的清实录反映的中国管辖之"外洋"语词频率自然减少。从同治、光绪时期水师改造、轮船配备以及巡洋章程来看,除了对于内洋、外洋水师的营数、人员、轮船进行调整更新之外,如同道光、咸丰时期一样,对于清代前期逐渐形成的水师巡洋制度只是继续坚持和微调,没有大的改变。从事实来看,同治、光绪和宣统时期,广东水师巡洋活动是一项近海持久的军事活动,除了1884年由于中法战争影响之外,一直没有中断。这种巡洋活动既是对于清代前期形成的近海管辖制度的良好传承,又是面临复杂多变国际形势下的一种近海管辖权的自我坚持。清朝官员之所以坚持这一制度原因可以归结为,既在于历史的继承性又在于现实的实用性。

(4)就在内外洋缉拿盗匪而言,除了同治朝之外,光绪和宣统朝各个奏报几乎千篇一律,不是说"巡历洋面,均皆安静,"就是讲"海岛、港澳并无盗艘藏匿。"虽然偶尔提及不无零星盗匪,无不奏明均已及时拿办。这些公文虽是形式化的体现,却也反映了丰富的内涵。光绪、宣统朝在清代历史上的确是海匪最少的时期。既没有形成比较大的海匪团伙,也没有漏网的江洋大盗。如前所说,道咸时期,活动在东南沿海的广东艇匪,凭借着艇船的优势,一度使沿海水师无可奈何,越剿越多。自从同治时期清军水师开始配备轮船之后,这种优势立即显现出来。无论是跟剿盗船还是围攻匪穴,其战绩明显提升。就此而言,洋务运动的轮船建造虽然在"求强"方面效果不佳,而在控制近海治安方面效果明显。正所谓失之东隅,收之桑榆。海匪的减少和海面抢劫活动的减少,使追究失事洋面的惩戒活动相应减少。厘清文武员弁内外洋职责的公文相对减少。这也是中国管辖"外洋"词义在光绪、宣统两朝实录中相应减少的原因之一。

(5)清朝前期外海水师的主要职能:一是巡缉盗匪,保护内外洋商船渔船安全生产和运输;二是在内外洋往来梭巡,救助中外海难船只和民人；三是监视和防范外国船只侵犯中国海域和城镇；四是查缉走私贸易船只，维护分口贸易制度，晚清的水师不仅丧失了对外防御和监视外国船只的职能，其查缉走私的职能在相当程度上也被海关取而代之。巡缉盗匪和救助海难两种职能逐渐成为晚清水师的一种常态，而这种新常态显然是对先前多种职能的一种背离。广东水师各镇总兵的奏报从未涉及第三、四两项职能。因此，传统水师职能的蜕变，不能不是中国之"外洋"在光绪、宣统两朝海匪活动减少的原因之一。

（6）欧洲各国法学家在讨论领海的管辖范围，对于领海的宽度各有不同主张，但无不认同一个国家管辖的海域范围取决于它的有效控制这一基本原则。清代前期中国的内外洋划分的理论依据与上述基本原则相同。与西方人强调大炮的射程不同，清朝人强调的是水师兵船的有效控制范围，因此最早形成一套严密的巡洋制度，并且一直坚持到清末为止。中国在同日本进行交涉"远洋渔业团侵渔案"和"二辰丸"军火走私案时，本来可以按照清代内外洋的划分和持久的巡洋制度，公开说明其近海管辖的合法权利和历史权利。但是，很遗憾，他们虽然提及西方不同的领海宽度主张，也曾提及中国对于渤海的历史权利，却没有依据清初以来国家机关对于内外洋管辖条例论证其合理性与合法性，既显得被动又显得苍白无力。有些西方学者概括中国历史说，中国人自大自傲，很少主动改变自己。即使改变，也是在自己历史框架下微调。这种概括显然不具有普适性。清末关于领海问题的彻底迅速改变，是值得注意的一种历史现象。

相比而言，在交涉"西泽吉次侵略东沙群岛"案件时，清朝官员利用了历史权利，取得了比较好的效果。由于在涉外案件中，没有提及国家机关对于内洋、外洋管辖的历史权利，自然没有引起关于"外洋"管辖范围和合法性的讨论，这也是中国管辖"外洋"词义在光绪和宣统朝相应减少的原因之一。由于清廷并没有公开声明要遵循哪一种宽度的领海主张，却同意按照领海观念讨论涉外事件。这是实用主义的暂时利用，还是对于国际法的自觉接受？值得进一步加以研究。

附论　清代南海帆船海道考

自古以来，海道的变迁是随着海内外贸易的对象和航海技术水平变化而变化的。就海外贸易对象而言，当两国之间的贸易处于繁荣阶段，探索便捷而安全的海道自然成为海商义不容辞的责任。在以海风为驱动力的风帆时代，东亚的海船在海上的航行必须考虑季风的影响。当轮船发明之后，航海者逐渐摆脱了季风的影响，开始利用蒸汽动力，自由驰骋于大海，但是，先前的航海经验必定成为重要的参考意见，继续探索便捷而安全的海道又成为驾驶轮船的海员重要使命。因此，清代海道几经变迁。笔者在阅读清代关于南海论著时，经常遇到关于海道语焉不详之处，甚至有的人将前后期或不同海道混为一谈。本文在前人研究基础上，拟对于清代南海国际帆船海道做一梳理。

一

清代前期人们把海上帆船航线称为"海道"，或"海路"。他们认为，海道既是社会经济命脉，又是海上军事行动的捷径。"夫海道之险不可不备，而海道之利不可不由，与时转移，是在救时之君子哉！"①是时，不仅渤海、黄海和东海早已天堑变通途，就是海况比较复杂的南海也开辟了多条国际帆船海道。

《海国闻见录》的作者对于清代前期南海帆船海道曾经做过下述简单介绍。"广之番舶、洋艘往东南洋吕宋、文莱、苏禄等国者，皆从长沙门而出，北风以南澳为准，南风以大星为准。惟江、浙、闽省往东南洋者，从台湾沙马崎头门过，而至吕宋诸国。西洋呷板从昆仑（即越南南部的

---

① 顾祖禹：《读史方舆纪要》卷三〇，中华书局1955年版，第1357页。

昆仑岛）、七州洋东、万里长沙外，过沙马崎头门而至闽浙、日本，以取弓弦直洋。中国往南洋者，以万里长沙之外渺茫无所取准，皆从沙内粤洋而至七州洋。此亦山川地脉联续之气，而于汪洋之中以限海国也。"①

又说，"厦门至广南，由南澳见广之鲁【老】万山，琼之大洲头，过七州洋，取广南外之占毕罗山（三字前均有口字旁，即占婆岛），而至广南计水程七十二更（每更约六十里）。交阯由七州西绕北而进，厦门至交阯水程七十四更。七州洋在琼岛万州之东南，凡往南洋者必经之所。"②

是书初次刊刻于雍正七年（1729年），作者陈伦炯，字次安，号资斋，清代同安高浦人。其父陈昂，于康熙二十一年随从靖海侯施琅平定台湾。施琅又使其搜捕郑氏余党，遂出入东、西洋五年。叙功授职，官至广东副都统。伦炯少年从其父出入东、西洋，熟悉中国周围海道形势。陈昂去世后，袭荫，由御前侍卫，历任澎湖副将、台湾镇总兵官，移广东高雷廉、江南崇明、狼山诸镇，又为浙江宁波水师提督，皆水师将领。故以平生闻见，著为此书。该书所记海道，尽管不是清代前期南海的全部海道，但已经记录了当时的主要海道。

由于我国人关于南海地名的命名时代不同，传闻不同，加之后世作者很少亲历考察，难免出现同名异处、同处异名等记录现象。要弄清上述两条资料所记载的国际帆船海道，首先需要弄清长沙门、七州洋和万里长沙的确切地理位置和涵义。

"长沙门"，在南海虽然只有一处，但没有明确的岛屿标志，它的具体位置应当在东沙群岛的南部海域。下面我们在研究万里长沙的位置时，将会看到证据，这里就不举证说明了。

"七州洋"，在南海共有两个：一个是《琼州志》所说的在文昌县东100里海中的七座小山峰，俗传古是七州，"沉而成海"，故名七州洋，又写作"七洲洋"，或"七洲列岛"，这是狭义的"七洲洋"。另一个是包括海南岛东部和南部的"七洲大洋"，其范围大致包括海南岛以东以南，越南海岸以西，东界西沙群岛（即《四海总图》中的"长沙"）和南沙群岛（即《四海总图》中的"石塘"），南到越南南部的一带广阔海域。

---

① 陈伦炯：《海国闻见录》卷上，南澳气，《文渊阁四库全书》本，第38页。
② 陈伦炯：《海国闻见录》卷上，南洋记，《文渊阁四库全书》本，第20页。

由于"七洲洋"同名异处，史地书籍记载自然不同，后世阅读者更是茫无头绪，如坠五里雾中。宋元时期关于"七洲洋"的记载，大致以文昌东七洲列岛为标志。如，南宋吴自牧在《梦粱录》中记载，中国海船自泉州或广州出发，经乌猪洋、七洲洋，而至占城。① 元代至元二十九年（1292），史弼率领水军远征爪哇，"十二月，弼以五千人合诸军，发泉州……过七洲洋、万里石塘，历交趾、占城界"②。然而，到了明代，开始有了另一个七洲洋的记载。例如，黄衷在《海语》中这样记载说："暹罗国在南海中，自东莞之南亭门放洋，南至乌潴、独潴、七洲，星盘坤未至外罗，坤申针四十五程至占城旧港。"③ 既然海船由中国海域出发，过了七洲洋，就到了越南的外罗山。此处的"七洲洋"显然是指海南岛以南的七洲洋。清代陈伦炯既记载了文昌东的"七州洋"，也明确指出在海南岛以南有一个"七洲大洋"。这个"七洲大洋"的方位，他在《四海总图》给予明确标记。

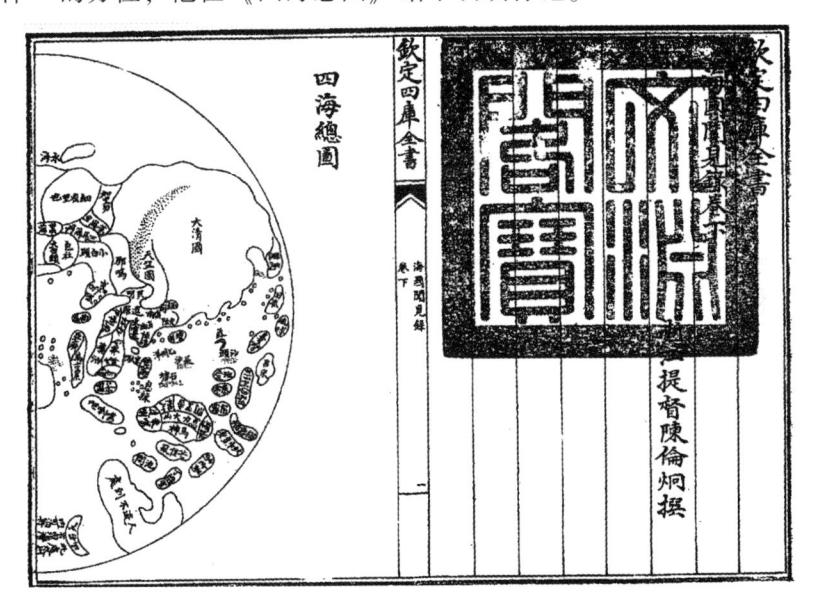

图 1　《四海总图》

图片来源：《海国闻见录》卷下，文渊阁《四库全书》本，第 1 页。

---

① 吴自牧：《梦粱录》，三秦出版社 2004 年版，第 184 页。
② 《元史》，中华书局 1976 年版，第 3802 页。
③ 黄衷：《海语》卷下，《文渊阁四库全书》本，第 3 页。

正是有了两个"七洲洋"的同时存在,《海录》的下述说法看似矛盾,又不矛盾。"自万山始,既出口,西南行,过七洲洋,有七洲浮海而故名。又行经陵水。"又说,"海舶由广东往者,走内沟,则出万山后,向西南行,经琼州、安南,至昆仑,又南行三四日到地盆山。万里长沙在其东……七洲洋正南则为千里石塘,万石林立,洪涛怒激,船若误经,立见破碎。"① 以下为了行文便利,我们将文昌东面的七洲洋仍称为"七洲洋",而将海南岛以南的七洲洋称为"七洲大洋"。

"万里长沙"有三个:第一个是指南沙群岛,在中沙群岛和西沙群岛之南,中国早期航海者将其命名为"万里长沙"。例如,明代黄衷说:"万里长沙在万里石塘东南,即西南夷之流沙河也。"②

第二个是指距离广东较近、横贯东西数千里的一条带状海域。陈伦炯这样记录说:"南澳气,居南澳之东南,屿小而平,四面挂脚,皆嶙古石……隔南澳水程七更,古为落漈,北浮沉皆沙垠,约长二百里,计水程三更余,尽北处有两山,名曰东狮象。与台湾沙马崎对峙,隔洋阔四更,洋名沙马崎头门。气悬海中,南续沙垠至粤海,为万里长沙头。南隔断一洋,名曰长沙门。又从南首复生沙垠至琼海万州,曰万里长沙。沙之南,又生嶙古石至七洲洋,名曰千里石塘。"③ 这里的"南澳气"是中国人对于东沙群岛的别称④。在陈伦炯看来,东沙群岛北部的沙垠向北延伸二百余里,以东山岛附近的狮、象二屿为尽处。由于此处与台湾沙马崎头东西互相对峙,中国古人将这两者之间的广阔海域称其为"沙马崎头门"。沙垠从东沙群岛继续向南延伸,突然被隔断。这一段延伸的海域,被称为"万里长沙头"。观察现在南海地形图,我们看到,在东经116°—118°之间,北纬19°—22°,出现了南海北部的海沟,将沙垠突然隔断。这一段海沟被清人称其为"长沙门"。然后,沙垠继续向南向西延伸,一直到达琼州万宁附近。正是由于沙垠自福建潮州象屿、狮屿起,到达琼州万宁止,绵延数千里,因此被称为"万里长

---

① 谢清高述,杨炳南笔录:《海录》,商务印书馆2002年版,127页。
② 黄衷:《海语》卷下,万里长沙,《文渊阁四库全书》本,第3页。
③ 陈伦炯:《海国闻见录》卷上,南澳气,《文渊阁四库全书》本,第38—39页。
④ 耶鲁大学藏清代中国《山形水势图》描绘了东沙群岛东西南北各个方向的沙礁形状,并用文字解释说:"南澳气有三屿,具【俱】有树木,东有澳,拖尾,似万里长沙样。过南看,一湖,甚好抛船,须子【仔】细。西北有沉礁,东北止有沙坛【滩】,似万里长沙。"

沙"。而东沙群岛南面的沙埂隔断处，则被称其为"长沙门"。

第三个是指越南名为"摆葛锁"的长沙。清初，广东大汕厂翁对此记录说："盖洋海中横亘沙碛，起东北直抵西南，高者壁立海上，低或水平，沙面粗硬如铁，船一触即成齑粉。阔百许里，长无算，名万里长沙，渺无草木人烟，一失风水漂至，纵不破坏，人无水米，亦成馁鬼矣。"① 经厦门大学南洋研究院李金明教授考订，此处的"万里长沙"与中国无关，是沿着越南海岸，外罗山以南一带海域。其范围北起大占海门，南止沙荣（沙兄海门）。②

经过上述的考证，我们知道，陈伦炯在南洋记中所说的"万里长沙"是指平行于中国海岸，东北到达东山岛附近，西到琼州万宁附近的这个"万里长沙"。"长沙门"，则是指东沙群岛西南面的一片比较深的海域。

通过以上考释，我们知道两条资料中记录了中国商船通过南海前往东南洋和西南洋六条海道：

（1）在东北季风时期，外国"番舶"和中国"洋艘"从广州出发，经过长沙门（东沙群岛南部长沙隔断处），到达吕宋马尼拉（A1）；而后从马尼拉出发，经过民都洛海峡，进入苏禄海，或到达棉兰老岛，或直航苏禄群岛（A2）；或跨越民都洛海峡，继续沿着巴拉望岛向西南航行，到达文莱（A3）。③ 这三条海道早在公元6世纪已经开辟。④

（2）在东北季风时期，江、浙、闽三省海船（事实上也有粤东海

---

① 大汕厂翁：《海外纪事》卷三，陈荆和编：《十七世纪广南之新史料》，台北中华丛书委员会1960年版。

② 李金明：《西沙群岛：中国领土不容置疑》，《世界知识》2014年第13期。

③ 从马尼拉前往文莱的海道是中国人开辟的传统海道。到达文莱斯里巴加湾之后，还可以沿岛岸继续向西南航行，经过加毋利马他海峡（即卡里马塔海峡），前往马六甲海峡。关于这条海道，《中国海方向书》记载如下："既离中国与马尼拉，滨岸绕转于汕打海峡。当西历三四月及五月之初，由中国海而下，取行特多。亦由铺庐沙巴株（婆罗洲之西一小岛）而行者，亦有于四月、五月十日之前，不由此而行者。若取越于吕宋滨岸，则必以怕拉湾，沿婆罗洲之滨，经方向岛穿入加毋利马他海峡。"[[英]伯特利主编，陈寿彭译：《新译中国江海险要图志》卷三，光绪三十三年（1907）广东广雅书局重印本，第16页]

④ "518年，他（文莱的统治者）曾经派遣使者访问中国，并送了特制地毯给中国皇帝。"（刘新生：《文莱》，社会科学文献出版社2005年版，第1页）明成祖永乐十五年，苏禄群岛上的三位国王，东王巴都葛叭哈喇，西王麻哈喇葛麻丁、峒王巴都葛叭喇卜率领家眷一行340人组成友好使团，曾来中国进行友好访问，受到了永乐皇帝的隆重接待。

船),分别从上海、宁波和漳州出发,经过台湾附近洋面,然后循海而行,到达鹅銮鼻海域,跨越巴士海峡,经过巴布延群岛,循吕宋岛西海岸到达马尼拉,与西班牙大帆船贸易海道实现完全对接。这一条海道显然是明末清初建立起来的,适应的是大帆船贸易。中国商船将大量的丝绸、瓷器和茶叶运到菲律宾马尼拉,经西班牙大帆船转运到南美洲,奠定了中国和西班牙贸易的基础。在西南季风时期,从马尼拉返回的中国帆船携带大量银元,并将玉米、土豆、番薯、西红柿、花生和烟草等农作物引种于福建、广东、浙江和江苏等地,进一步刺激了中国东南沿海的经济发展,改变了中国人的饮食结构。乾隆晚期,广东、福建等省大米产量不足,难以满足社会需求,于是朝廷制订优惠政策,免税鼓励大米进口。西班牙商人不失时机地抓住了这一贸易机会,他们的商船往返于马尼拉与澳门之间,将大米大量运送到中国。①

(3) 在西南季风时期,外国商船(可能是荷兰人)从昆仑山顺着中国商船开辟的西南洋传统海道(D3),到达琼州万宁附近的万里长沙,然后取弓弦直航巴士海峡,驶向中国江浙和日本。

(4) 在东北季风时期,中国各地商船经过广东海面,而至海南岛文昌县附近的七州洋,在此分为两条海道:一条穿越琼州海峡,经过涠洲岛、白龙尾岛,前往越南河内(D1);一条直接南下,穿过海南岛与西沙群岛之间的海域,到达越南占婆岛以东洋面,沿着长沙外面的外行海道行驶,到达昆仑山,继续前往柬埔寨、泰国、马来西亚、印度尼西亚、新加坡等西南洋各国(D2)。在西南季风时期,从西南洋返回的中国商船到达越南昆仑山之后,一般沿着越南海岸与占毕罗以东的长沙之间的内行海道行走(D3),经过海南岛南部的海域以及文昌县东面的七洲洋,返回广州②。所谓"内行"与"外行",是以越南占毕罗山以南的长沙为分界线的。明代黄衷的《海语》把这条天然的分界线称为"分水",将外行海道称为"东注",将内行海道称为"西注"。③ 这三条海道大致在宋元时期已经开辟。例如,元成宗元贞二年(1296),元朝廷曾经派遣周达观使团

---

① 有关大米与鸦片贸易之间的关联,可以参考 Van Dyke, The Canton 第六章 "Flag Boats, Silver, Contraband and Rice", pp. 117 – 141.
② 关于这一条海道,耶鲁大学收藏的《山形水势图》,对此做了比较详细的描绘。
③ 黄衷:《海语》卷下,分水,文渊阁《四库全书》本,第1页。

从海上前往真腊（柬埔寨）。① 所经海道如图2。

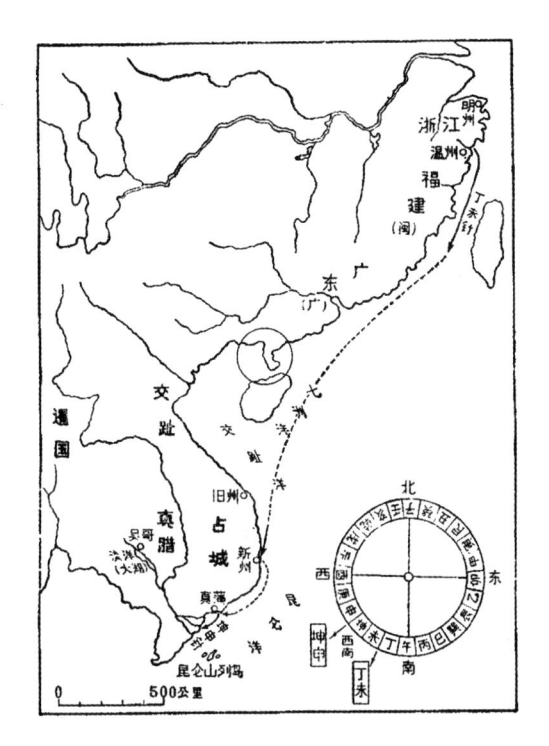

图2 《真腊风土记》所记海道示意

地图来源：《真腊风土记校注》，中华书局2000年版，第24页。

另外，1717年（康熙五十六年），康熙皇帝谕令禁止中国商人前往南洋贸易，要求福建和广东水师在南澳岛附近阻截中国商船。是时，福建水师提督施世骠（1667—1721）为此向朝廷进呈了一张《东洋南洋海道图》（图3）。在这张地图中他用实线作了如下明确标记。第一条海道，直通东洋日本；第二条海道自福建出发，到达吕宋岛后，或进入马尼拉湾，或经过民都洛海峡，前往棉兰老岛和苏禄，或经过巴拉望岛前往文莱；第三条海道仍是从福建沿海出发，经过七

---

① "自温州开洋，行丁未针，历闽广海外诸州、港口，过七洲洋，经交趾洋到占城，又自占城顺风可半月到真蒲，乃其境也。又自真蒲行坤申针，过昆仑洋入港。"（周达观：《真腊风土记校注》，中华书局2000年版，第15页）

洲洋，到达越南占毕罗，然后沿海岸前往西南洋诸国。上述三条海道有一个共同的明显的特点，就是尽可能近海岸而行。除了出发地与《海国闻见录》所记广州有所不同之外，所经地点和目的地基本一致。显然，这些海道均是中国商船开辟的，与陈伦炯描述的 A2、A3、B、D2、D3 等海道完全一致，可以互相印证。在这张地图中，唯一的疑问是，自福建出发的商船为什么要绕道海南岛前往交趾，而不是直接穿越琼州海峡，到达交趾。

总的来说，在 1750 年以前，中国南海的商船活动在很大程度上受季风控制。每年 6—9 月，西南季风将中外商船从西南刮到东北；1—5 月，又将中外商船送回返程。这一现象，在当时被称为"季风铁律"。这意思是说，季风变化规律决定着中国南海的商船走向。

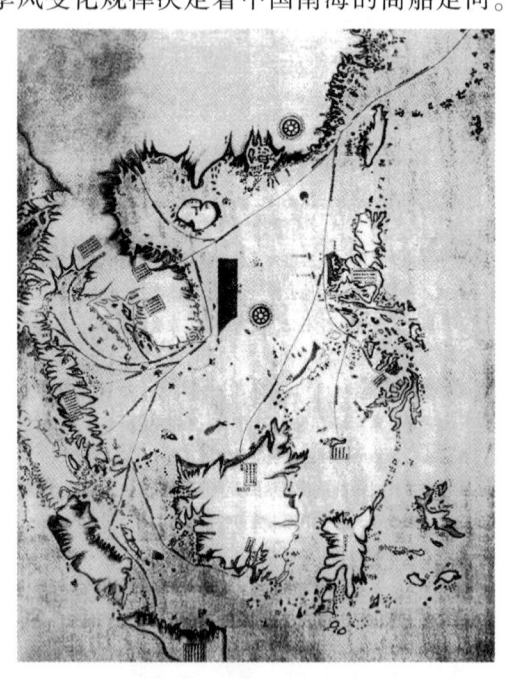

图 3 　东洋南洋海道图
地图来源：第一历史档案馆藏。

二

18 世纪后期，一些欧洲商船开始寻找新海道，试图在逆风季节，通过迂回途径，将货物提前运达目的地。大致说来，1779 年以前，往返于孟买和广州之间的英国东印度公司的商船主要是利用中国人早期开辟的近岸海道（D2 和 D3）。该公司商船认为，3—5 月从新加坡前往中国，通过近岸海道比较安全。"从新加坡海峡或东西竺出发，沿热浪岛行驶，穿过暹罗湾到达阿贝岛，再沿柬埔寨海岸和交趾支那一直航行到土伦角。不要半天时间从此处就可到海南西南部，沿海岸直到其东北角，经过七洲列岛，穿过此处到中国的电白，或更东处的海陵。船只这时可以随意沿岸行驶，在紧急情况时可以去澳门或其他避难所。"①

英国东印度公司的商船有时通过巴拉望海道前往中国。这一条海道大部分与 B 道重合。即从奥尔岛出发到达北阿南巴斯，然后向东驶过南通礁和皇路礁之间的海道。在此如果遇到南风，就前往都护暗沙；如果遇到西风，就前往巴拉巴克岛，然后转向东北海道。通过这条水道的最佳途径是离开巴拉望岛西南角后，与陆地之间保持 9—10 里格的距离。明确告诫说，在东风时，不可远离吕宋岛的海岸；在西风时，不可靠近吕宋岛航行。②

英国人开辟的海道，是指 19 世纪初期穿越中沙群岛和西沙群岛之间的海道（E）。罗斯是东印度公司孟买海军的水道测量家，也是孟买地理协会的创始人。他与海军中尉毛翰合作，于 1807 年至 1825 年间分别测绘了中国南部海岸、西沙群岛、越南沿海、巴拉望海岸和马六甲海峡等。在罗斯看来，6—10 月前往中国，穿过中沙群岛与西沙群岛之间的海道最为迅捷。因为是时西南季风已经盛行，风在开阔的海面比近岸海域更加稳定。过了 10 月份，选择这一海道航行将是危险的。因为，是时天气多变，不仅开始吹北风，而且洋流向南。帆船在此航行势必困难重重，甚至可能因风漂到南沙群岛。③ 商船若从广州返回新加坡，在 3—4 月份应选该海道，即从西沙群岛和中沙群岛之间穿过，最为迅速。其他时间，则应选择 D2 或 D3 海道，较为安全便捷。

---

① Horsburgh, J. "Directions for Sailing to and from the East Indies", *China*, *New Holland*, *Cape of Good Hope and the Interjacent Ports*, Vol. 2, pp. 197–198.

② Ibid., p. 200.

③ Ibid., p. 198.

关于英国人开辟的这条海道,中国文献也有记载。例如,汪文泰在《红毛番英吉利考略》中指出:"今夷船之出万山者,正南行约五日而至红毛浅,过浅南行五日少西到草鞋石,即万里长沙之尾也(尾在安南对海,头在琼州陵水县对海,凡数千里。草鞋石西北为万里长沙,东南为七洲大洋,全是大石,其中不知几千里)。又南行少西七日至地盆山。(华人则自万山西南行经外罗山、新仁、陆奈,乃向南行四日到昆仑山,是安南地方。又南行五日至地盆山,与夷船所行路合,以避草鞋石之险,少回远也)"①

《海录》也说:"噶喇叭(印度尼西亚首都雅加达),在南海中,为荷兰所辖地。海舶由广东往者,走内沟,则出万山后向南行,经琼州、安南,至昆仑,又南行约三四日,到地盆山。万里长沙在其东,走外沟,则出万山后,向南行,少西,约四五日过红毛浅,有沙坦在水中,约宽百余里,其极浅处止深四丈五尺。过浅又行三四日,到草鞋石;又四五日,到地盆山,与内沟道合。万里长沙在其西,沟之内外,以沙分也。"②

上面这两段资料中的"红毛浅",是指中沙群岛;"地盆山",是指潮满岛,又称茶盘山,位于马来半岛东侧。对此,中外学者均无异议。关键的问题是,"草鞋石"在哪里?有的认为"草鞋石"就是越南的"萨帕图岛"③,有的人认为是南沙群岛的苏威岛④。按照文意,"草鞋石"应是中沙群岛和西沙群岛西南方向的一个岛屿,而这个岛屿应在所谓万里长沙之尾或之西。只要确定了这个"万里长沙"的位置,草鞋石的位置,也就自然明确了。我们仔细阅读汪文泰的前后文,可以判断,这个"尾在安南对海,头在琼州陵水县对海"的万里长沙,应是北起越南岘港大占海门,南止沙荣(沙兄海门)一带海域,也就是前述第三个"万里长沙"。由于汪文泰没有亲历西洋,依据的资料均是前

---

① 汪文泰:《红毛番英吉利考略》,道光甲辰正月(1844)刻本,第11页。
② 谢清高述,杨炳南笔受,冯承钧注释:《海录注》,中华书局1955年版,第44页。
③ 潘蒙:《论九州石与七洲洋长沙石塘》,广州国民大学《文风学报》第二、三期合刊,1948年5月。
④ 曾昭璇、梁景芬、丘世钧:《中国珊瑚礁地貌研究》,广东人民出版社1997年版,第25页。

人著述,① 关于越南附近"万里长沙"规模的"不知几千里"描述,明显失实。

据《中国海方向书》记载:在沙荣对面的海域有三个小岛,名曰"萨帕图岛",又称"鞋岛",正好位于繁忙的帆船海道附近。"Pulo sapatu or shoe island, 347 feet, in lat. 9°58′N., long 109°6′E., is easiernmost of three islands named the catwieks。"② 这句话的大意是,波罗萨帕图岛,又名鞋岛。高347英尺,位于位于北纬9度58分,东经109度6分,由三个小岛组成,被称为catwieks。陈寿彭根据《中国海方向书》的记载,在《新译中国江海险要图志》中将Pulo Sapatu音译为"波庐沙巴株",又鞋岛(Shoe island)。这个"鞋岛"正好位于顺海省沙荣一带海域,即越南近海的万里长沙的末尾处(见图4)。因此,越南的这个位于北纬9°58′和东经109°6′的"鞋岛"(Pulo sapatu)应当就是汪文泰和谢清高所说的"草鞋石"。

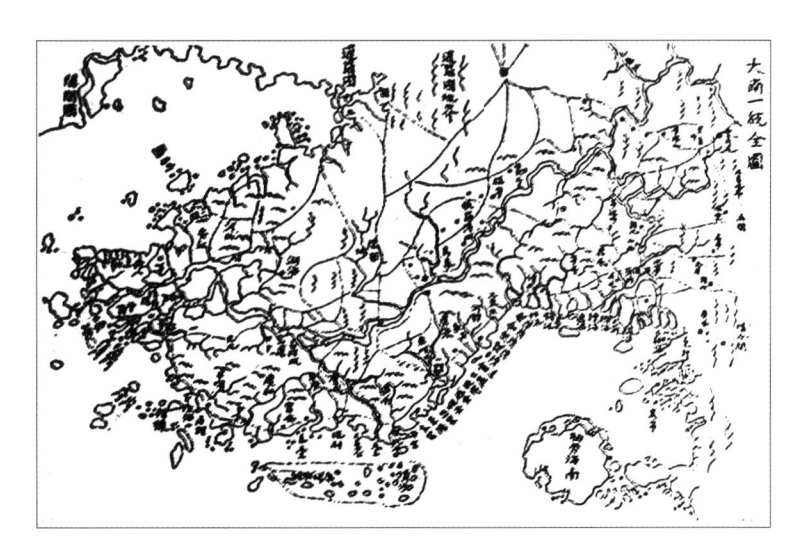

图4 《大南一统全图》

地图来源:19世纪阮朝国史馆刊行的《大南一统全图》。

---

① "因检案头书杂采辑之"。汪文泰:《红毛番英吉利考略》,道光二十三年(1843)刻本,第18页。

② *The China Sea Directory*, 4th ed. Vol. 2, London: The Hydrographic Office, Admiralty, 1899, p. 111.

在东北季风盛行时，外国海船从香港直航到达"红毛浅"（即中沙群岛），再从中沙群岛和西沙群岛穿过，向西南航行，经过草鞋石（萨帕图岛），前往马来半岛东侧的潮满岛（地盆山）。这显然是英国人在南海开辟的又一条新海道（E）。

1788 年，英国在悉尼建立了一个专门用来流放囚徒的殖民地（Penal colony），澳大利亚因此也加入了南中国海贸易圈。英国政府雇佣的商船每年把囚徒海运到悉尼，然后前往中国广州购买茶叶、丝绸和瓷器，运回欧洲。这类船只，需要在澳大利亚或沿途岛屿购买到中国人需要的商品（如丁香、肉豆蔻、胡椒等香料），然后经过菲律宾东面的海域，穿越巴士海峡，进入广州贸易（F）。18 世纪 80 年代，英国东印度公司的商船已经熟悉着一条海道，他们的船只不需要在巴达维亚停靠和补充给养，他们的航海日志不再提及马六甲和巴达维亚，而是径直驶向爪哇南部，并由此穿越一条海峡，到达新西兰，然后向北行驶，到达巴士海峡，再智行澳门和广州。美国人也很早就利用了这条海道。1787 年 12 月 30 日，在广州的英国人记录说："美国商船今日到达广州，船长兼指挥官为托马斯里德。该船 6 月中旬前后从费城启航，据说由此向东曾穿越新西兰—新荷兰（New Holland）之间的海峡。船长捎信说：'中国女皇'号单桅实验帆船已经抵达中国大陆。"①

很明显，上述 A1、A2、A3 和 B 等 4 条海道是往返于中国广州、漳州、宁波和东南洋国家之间的海道；C 海道是外国甲板船自占毕罗以东海域径直穿越中国南海北部万里长沙，经过东沙群岛，再穿过"沙马崎头门"，而至中国江浙和日本的海道；D1、D2、D3、E1、E2 等 5 条海道是中外帆船来往于中国和西南洋国家之间的海道。F 则是外国商船开辟的经由太平洋西部，前往澳大利亚，或英国、美国的海道。在这 11 条海道中，A1、A2、A3、B、D1、D2 和 D3 等 7 条海道应该是中国商船早期开辟的海道，C、E1、E2 和 F 等 4 条海道则是西洋（荷兰、西班牙、葡萄牙、英国和美国）甲板船行驶的海道。

---

① 大英图书馆印度事务部档案（BL: IOR）G/12/87, 1787.12.30, P.50；参考［法］范岱克《18 世纪广州的新航线与中国政府海上贸易的失控》, 载刘新成主编《全球史评论》, 2010 年第 3 辑, 中国社会科学出版社 2010 年版, 第 298—323 页。

中国商船开辟的海道有一个共同的特点，就是尽量循大陆海岸和外缘岛岸而行。海船这样行驶的好处有四：一是可以借助来自大陆海岸的季风；二是可以借助涨潮和退潮形成的海流；三是当海上突然出现暴风时，可以随时进入避风港；四是可以靠岸，寻求行船的必需品。但是，靠近海岸和外缘岛岸航行需要一段距离，应当保持在10里左右。因为，海船过于靠近海岸和外缘岛岸航行，一方面会受到海岸和岛屿影响形成的乱流影响，另一方面可能发生触礁搁浅的危险。对此，英国的航海家也有类似的看法，"距沿海不远而行，始有多益。凡夜间陆风力颇平匀，且深湾并可受退潮之益，设遇暴风突起，不能前进，亦多停泊处。然必距海岸十里以内为度，始免水性自流之力，迫令向南。究之，深夜行近沿海，终不免冒险。或稍停泊为妥。俟至中夜开行，则陆岸来风渐大，可推船斜向外行，即无迫岸误触之虞。"① 在不能循岸而行的情况下（例如A1道），中国海船凭借对指南针的熟料掌握，也可以深入大海航行。但是，只要发现有海岸，就一定会充分利用近岸航行的好处。所以，这一海道一接近吕宋岛，就尽可能近岸航行。

而欧洲人开辟的C和E海道，充分显示了他们的航海技术特点，不畏深海大洋，驾驶甲板船一般选择直线航行。

对于上述中西这些航海技术差异，陈伦炯在当时已经看得明明白白。他解释说："西洋呷【甲】板从昆仑、七州洋东、万里长沙外过沙马崎头门而至闽浙、日本，以取弓弦直洋。"② 又说，"中国往南洋者，以万里长沙之外渺茫无所取准，皆从沙内粤洋而至七州洋。中国洋艘不比西洋呷【甲】板用混天仪、量天尺较日所出，刻量时晨【辰】，离水分度，即知某处。中国用罗经，刻漏沙，以风大小、顺逆较更数，每更约程六十里，风大而顺则倍累之。潮顶风逆则减退之。亦知某处，心尚怀疑。又应见某处远山，分别上下山形，用绳驼探水深浅若干。驼底带蜡油以粘沙泥。各个配合，方为准确。独于七洲大洋大洲头而外，浩浩

---

① ［英］金约翰（John W. king）辑：《海道图说》卷一，傅兰雅（John W. Fryer）、金楷理（Carl Traugott Kreyer）和王德钧合译，江南机器制造局翻译馆光绪元年（1875）石印本，第7页。

② 陈伦炯：《海国闻见录》卷上，《文渊阁四库全书》本，第38页。

荡荡，罔有山形标识。风极顺利，对针亦必六七日始能渡过，而见广南占毕啰外洋之外啰山，方有准绳，偏东则犯万里长沙、千里石塘；偏西则恐溜入广南湾，无西风则不能外出。"①

三

第一次鸦片战争之后，随着中国五口通商口岸对西方各国的开放，尤其是随着中外贸易的扩展，南海的帆船海道又有新的变化。查阅陈寿彭《新译中国江海险要图志》，我们发现原来自广州出发前往马尼拉的 A 海道变化较大。首先，这一条海道的起点由广州变为香港。其次是海道发生了较大变化，由原来的一条变为三条。

现在，首先看一看在东北季风盛行情况下，自香港前往马尼拉的航行情况。"往马尼拉者，宜穿过利马海峡。如能沿吕宋西北滨，向东略远至伯都拉【夫】角（即所谓巴林德寺角是也），在纬线赤道北十六度半。此时下风之流甚猛，而近于吕宋滨之船恒破损。至是角纬线度数之略或将近于此角之滨，无论近岸与否皆危险。及至斯士题士岛，当距其地六至十二迷当而行，以防其岛之南向并加盆尼士角之险。至此，始可取道于马尼拉海湾矣。"② 其中"至是角纬线度数之略或将近于此角之滨"一语，令人费解。查阅原著，原文是："Having reached the latitude of this capa, or the coast near it"，③ 大意是到达与这个角相同的纬度附近。

"利马海峡"，就是香港南面的"担杆列岛水道"。"伯都拉【夫】角"或"巴林德寺角"，应是吕宋岛西南的"博利瑙"，位于东经119°31′，北纬16°18′。斯士题士岛，今名不详。"加盆尼士岛"，应为博利瑙与马尼拉之间的"卡邦岛"。"迷当"，就是海里。从上述地名可以看出，该海道就是清代前期由广州前往马尼拉的海道，中经东沙群岛南面的"长沙门"，而直达马尼拉，这可以视为 A1 海道。

---

① 陈伦炯：《海国闻见录》卷上，《文渊阁四库全书》本，第20页。
② [英]伯特利（H. Patley）主编，陈寿彭译：《新译中国江海险要图志》卷三，光绪三十三年（1907）广东广雅书局重印本，第4页。
③ The China Sea Directory, 4th ed. Vol. 2, London: The Hydrographic Office, Admiralty, 1899, p. 37.

当东北季风盛行时，从马尼拉返回香港，按照 A1 海道返回。"由马尼拉开驶，应离伯都拉夫之地稍远，乘准其风，入利马海峡，至香港之南。"① 当然，在东北季风盛行情况下，从马尼拉返回香港，既可以顺 A1 海道返回，也可以，循吕宋岛岸向北航行，经过伯都拉夫角，到达吕宋北端的博齐都角，再调整方向，直到香港。这一条海道可以视为 A4 海道。A4 海道虽然与 B 海道不同，但在吕宋西部海域，基本与中国商船行走的海道重合，可见也吸取了中国海船航行的经验。

在西南季风时期，欧洲人开辟了一条从广州前往马尼拉的海道。这条海道自香港出发，利用南海风向有时转向东，有时转向东南的变化，驾驶海船，利用侧风向南航行，到达中沙群岛以南的海面，然后利用西南季风到达马尼拉。这就是 E2 海道。《新译中国江海险要图志》的译文是："既入马尼拉界内，忽值西南风，则乘此风转入东南，或由其东，至于南向。有一船由马克力士非尔得岸滨，照此法径直抵于马尼拉。否则，因其风转入西南，至南而转入南东南，亦可得至马尼拉。若因风向，而过司加保毋洛沙礁，必须计算下风之流势，而提防之。其乘南风以抵埠也，若见庐邦，而庐邦或谓之高得岛，则到马尼拉海湾向矣。"② 这段话读起来太令人费解。查阅英文原著，原文如下：

If bound to Manila in the south-west monsoon, take every possible advantage of the wind veering to S. E. or East to make southing. From Macclesfield bank a vessel is sure of reaching Manila; indeed, if it were not for the wind backing from S. W. to South and S. S. E. Manila might be fetched on one tack. If passing to windward of Scarborough shoal, caution is necessary on account of the lee current. Making the land with the wind at South, Luban or Goat island should be sighted, and the land southward of Manila bay. ③

上面这段话可以直译为："如果在西南季风时【从广州】前往马尼拉，应尽量利用【中国南海】风向有时转向东南，或转向东的有利条

---

① [英]伯特利主编，陈寿彭译：《新译中国江海险要图志》卷三，光绪三十三年（1907）广东广雅书局重印本，第 5 页。
② [英]伯特利（H. Patley）主编，陈寿彭译：《新译中国江海险要图志》卷三，光绪三十三年（1907）广东广雅书局重印本，第 4 页。
③ *The China Sea Directory*, 4th ed. Vol. 2, London: The Hydrographic Office, Admiralty, 1899, p. 37.

件,向南航行。然后从中沙群岛(即马克力士非尔得)出发一定可以顺利到达马尼拉。事实上,如果不是因为有从西南到南,再从南到南、南、东的风向反复改变(即西南季风),那么,船舶可能只有一种方式到达马尼拉。迎风经过黄岩岛(即司加保毋洛沙礁),须格外谨慎。依靠南风到达吕宋海岸后,看见庐邦岛(即高得岛)之后,便可以进入马尼拉湾。"

另外,根据《中国海方向书》的记载,晚清时期,中国与苏禄之间的海道也有新的变化。"当西历四月向尽,至五月初旬,凡船既离香港,至铭都毋路海峡(即民都洛海峡),走越马克力士非尔特浅滩,宜距其南向遥远为善,不可径从滩上行也。若其风力顺利,则绕铭都毋路之西北尽处,勿随风漂入于西南。若近马克力士非尔特之东南处,得有是风,即拉满以达西南向,不可傍于加拉非特角,宜沿吕宋之滨亚朴滩东向之水道,可择而入于铭都毋路海峡也。风若不定,则距铭都毋路之滨输迷当以行。若系西南风,尤宜离以九迷当或十迷当。顺风之时,铭都毋路海峡渡之甚易。"① 由此可以看出,晚清时期,4—5月(东北季风最后时期)从中国香港前往苏禄,首先要经过西沙群岛与中沙群岛的海道,远离中沙群岛,到达吕宋之滨亚朴滩东向之水道之后,再穿越民都洛海峡,到达苏禄;从苏禄返回中国时,则要经过民都洛岛西北尽处,直达中沙群岛,在此处如果遇到西南风,可以满帆穿越西沙群岛与中沙群岛之间的海道,直达香港。这显然又是一条欧洲人新开辟的海道(E3)。此处,还应指出,从苏禄群岛出发向东北航行,穿越巴里巴克海峡,到达也可以到达斯里巴加湾(文莱)。②

从以上南海海道的开辟和航行情况来看,尽管中西航海家开辟的海道各有各的特色。但也互相学习,互相吸收和互相利用(例如,西洋甲

---

① [英]伯特利主编,陈寿彭译:《新译中国江海险要图志》卷三,光绪三十三年(1907)广东广雅书局重印本,第17页。

② "进入巴士莲海峡时恒值东南逆流,最好转舵于西南,依次以过苏禄群岛之西,而婆罗洲之东角与宴山及他毋亦他毋亦岛(此二者皆小岛也,在婆罗洲之东北。他毋亦他毋亦岛尚较大。纬线赤道北五度十八分,经线由英起算偏东百十七度二十五分。)"[英]伯特利主编,陈寿彭译:《新译中国江海险要图志》卷三,光绪三十三年(1907)广东广雅书局重印本,第17页。

板船就利用了中国人开辟的 A1、A2、A3 和 D2 海道）。由此可见，大海是人类共有的财产，海道的发现和利用是没有专利的。

结　论

经过以上考订，我们看到清代南海国际帆船海道共有如下 13 条（如图 5）：

A1 海道，在东北季风时期，从广州出发—经过东沙群岛—长沙门—吕宋伯都拉夫角—马尼拉海湾；在西南季风时期，再顺原道返回。

A2 海道，在东北季风时期，从马尼拉湾出发—民都洛岛—向西南航行到达苏禄海；在西南季风时期，再顺原道返回。

A3 海道，在东北季风时期，从马尼拉湾出发—经过巴拉望岛—巴拉巴克海峡—文莱；在西南季风时期，再顺原道返回。

A4 海道，在东北季风时期，中国商船从马尼拉出发循海岸北行—伯都拉夫角—至博齐都角—经东沙群岛北—直航香港。

B 海道，在东北季风时期，从上海或宁波、厦门出发—台湾鹅銮鼻—巴布延群岛—伯都拉夫角—马尼拉湾；在西南季风时期，顺原道返回。

C 海道，在西南季风时期，西洋甲板船从海南岛与西沙群岛之间穿越—东沙群岛—沙马崎头门—宁波—日本。

D1 海道，在东北季风时期，从广州出发—七州洋—琼州海峡—涠洲—白龙尾—河内；西南季风时期，顺原路返回。

D2 海道，在东北季风时期，从广州出发—七州洋—占毕罗附近长沙外行—昆仑岛—西南洋诸国。

D3 海道，在西南季风时期，中国商船从西南洋诸国返航—经越南昆仑山—循越南岸而行—占婆岛—穿越海南岛与西洋群岛之间—文昌东七州洋—广州。

E1 海道，东北季风时期，西洋商船从广州出发—从西沙群岛与中沙群岛之间穿越—草鞋石（萨帕图岛）—潮满岛（地盆山）。

E2 海道，在西南季风时期，西洋甲板船从香港出发—从西沙群岛与中沙群岛之间穿越—到达中沙群岛南面—转向黄岩岛—马尼拉海湾。

E3 海道，在西南季风时期，从苏禄出发—经民都洛海峡—（不必经过吕宋岛之滨）直接穿越中沙群岛与西沙群岛海道—返回香港。

F海道，在东北季风盛行季节，欧洲甲板船通常通过迂回的方法，前往中国广州。他们经由巽他海峡，进入爪哇海，或向东北航行，或经由澳大利亚、新西兰，再向北航行，到达北纬20°，再转向广州和澳门。这是为了贸易竞争的需要开通的，目的是在下一个西南季风季节到来之前，抢先到达广州。

在这13条海道中，A1、A2、A3、B、D1、D2和D3等7条海道应当是中国商船在清代以前就开辟的，而A4、C、E1、E2、E3和F等6条海道是西洋甲板船后来逐渐开辟的。

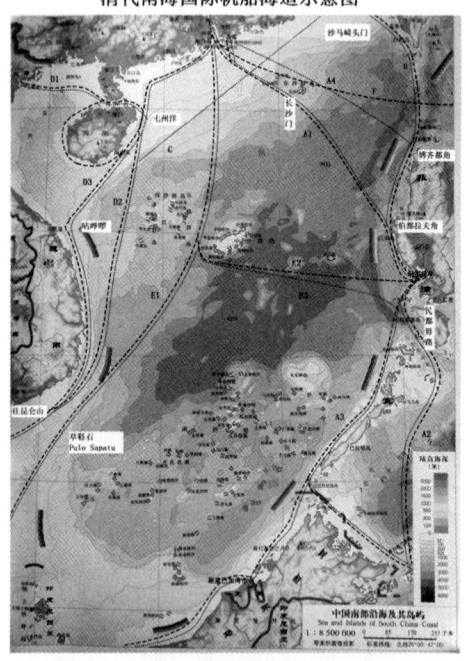

图5　清代南海国际帆船海道示意

地图来源：根据《中国南海地图》和本文引述的中外文资料绘制而成《清代南海国际帆船海道示意图》。

参考征引文献资料

一　官书档案

宝鋆等纂：《筹办夷务始末》（同治朝），北平故宫博物院1930年影印本。

伯麟等修：《钦定兵部处分则例》，道光朝刻印本。

伯琴编：《清光绪朝中日交涉史料选辑》，台湾银行1965年版。

《福建省例》，见《台湾文献丛刊》第199种，台湾大通书局、人民日报出版社2009年版。

故宫博物院编：《清代外交史料》（道光朝），北平故宫博物院1933年版。

故宫博物院辑：《清光绪朝中日交涉史料》，北平故宫博物院1932年版。

故宫文献特刊：《宫中档康熙朝奏折》，台北故宫博物院印行1976年版。

国家海洋局政策法规和规划司编：《中华人民共和国海洋法规选编》，海洋出版社2001年版。

贾桢等纂：《筹办夷务始末》（咸丰朝），中华书局1979年版。

蒋良骐编：《东华录》，中华书局1980年版。

李光涛等编：《明清史料》癸编，台北"中央"研究院历史语言研究所印行1975年版。

《联合国海洋法公约》，海洋出版社2014年版。

刘锦藻纂：《清朝续文献通考》，商务印书馆1955年版。

卢坤、邓廷桢等主编：《广东海防汇览》，道光十八年（1838）线装本。

乾隆朝《钦定大清会典则例》，全国图书馆文献缩微中心2005年版。

《清朝通志》，商务印书馆1935年版。

《清朝文献通考》，商务印书馆1936年版。

《清实录》，中华书局1985—1986年版。

《四国新档》，台北"中央"研究院近代史研究所1966年版。

王先谦编：《东华续录》，光绪十四年（1888）会稽籀三仓室刊本。

王彦威、王亮合编：《清季外交史料》，北平故宫博物院1931—1934年版

文庆等纂：《筹办夷务始末》（道光朝），北平故宫博物院1929年影印本。

席裕福、沈师徐合编：《皇朝政典类纂》，上海图书集成局印1902年版。

雍正朝《大清会典》，（台北）文海出版社影印本，1998年。

《谕折汇存》（1872—1911），撷华书局。

赵尔巽撰：《清史稿》，中华书局1977年版。

中国第一历史档案馆编：《光绪朝朱批奏折》，中华书局1995年版。

中国第一历史档案馆编：《康熙朝汉文朱批奏折汇编》，档案出版社1985年版。

中国第一历史档案馆编：《康熙统一台湾档案史料选辑》，福建人民出版社1985年版。

中国第一历史档案馆编：《乾隆朝上谕档》，档案出版社1991年版。

中国第一历史档案馆编：《鸦片战争档案史料》，中华书局1992年版。

中国第一历史档案馆编：《雍正朝汉文朱批奏折汇编》，档案出版社1985年版。

《中国海关与中法战争》，科学出版社1957年版。

朱寿朋编：《光绪朝东华录》，中华书局1958年版。

Grent Britain. Forreign Office. General Correspondena, China (Foreign Office series 17 and 233, Admiralty series 1) Manuscript archives filed at the Public Record Office, London. 英国外交部："有关中国的普通信件"，伦敦公共档案部收藏之手稿档案。

二 丛书类编

陈旭麓等编：《甲午中日战争》，上海人民出版社1982年版。

陈忠倚编：《皇朝经世文三编》，光绪壬寅（1902）上海书局本。
丁日昌、李鸿章撰左锡九辑编：《海防要览》，光绪甲申（1884）文宜书局刻本。
傅兰雅：《江南制造局翻译西书事略》，美国长老会出版社1880年版。
甘韩编：《皇朝经世文三编·增附时事洋务》，光绪丁酉（1897）扫叶山房石印本。
甘厚慈编：《北洋公牍类纂续编》，北洋官报印刷局印行，宣统二年（1910）。
贺长龄、魏源编辑：《皇朝经世文编》，光绪十二年（1886）思补楼重校本。
介子编：《葡萄牙侵占澳门史料》，上海人民出版社1961年版。
《近代中国对西方及列强认识资料汇编》，台北"中央"研究院近代史研究所1972年版。
聂宝璋编：《中国近代海运史资料》，上海人民出版社1983年版。
荣孟源编：《近代稗海》，中华书局1986年版。
邵之棠辑：《皇朝经世文统编》，光绪辛丑（1901）宝善斋石印本。
盛康编：《皇朝经世文续编》，光绪二十年（1894）思补楼刊本。
王铁崖编：《中外旧约章汇编》，生活·读书·新知三联书店1957年版。
王锡祺编：《小方壶斋舆地丛钞》，上海，光绪三年（1877）著易堂藏版。
魏源编：《海国图志》，道光丁未（1847年）古微堂本。
无名氏编：《海防策要》，光绪戊子（1888年）蜚印馆石印版。
谢忠岳编：《北洋海军资料汇编》，中华全国图书馆文献缩微复制中心1994年版。
徐珂编：《近代稗海》，中华书局1986年版。
薛传源编：《防海备览》，嘉庆六年（1801）山堂藏版。
严如煜编：《洋防辑览》，道光戊戌（1838）来鹿堂藏版。
俞昌会编：《防海辑要》，道光壬寅（1842）百甓山房藏版。
张海鹏主编：《中葡关系史资料集》，四川人民出版社1999年版。
中国史学会编：《第二次鸦片战争》，上海人民出版社1978年版。
中国史学会编：《洋务运动》，上海人民出版社1961年版。

中国史学会编:《中法战争》,新知识出版社1955年版。
中国史学会编:《中日战争》,新知识出版社1956年版。

三　中文论著

包遵彭:《中国海军史》,台北中华书局1974年版。
陈培桂、林豪编纂:《淡水厅志》,见台湾史料集成编辑委员会编《清代台湾方志汇刊》第28册,台北"行政院"文化建设委员会、远流出版事业股份有限公司2006年版。
《陈清端公(璸)文集》,乾隆三十年(1765)刻本。
大汕厂翁:《海外纪事》,江苏广陵古籍刻印出版社1984年版。
丁朝弼:《世界近代海战史》,海洋出版社1994年版。
丁日昌:《抚吴公牍》,宣统元年(1909)南洋官书局石印本。
《丁禹生政书》,海宝全电脑排版植字有限公司1987年版。
杜臻:《粤闽巡视纪略》,(台北)文海出版社影印1985年版。
樊百川:《中国轮船航运业的兴起》,四川人民出版社1985年版。
方濬师:《蕉轩随录》,中华书局1995年版。
顾炎武:《天下郡国利病书》,上海书店景印1985年版。
顾祖禹:《读史方舆纪要》,中华书局1955年版。
《国朝耆献类征选编》,(台北)文海出版社影印1987年版。
胡立人、王振华主编:《中国近代海军史》,大连出版社1990年版。
黄叔璥:《台海使槎录》,乾隆元年(1736)初刻本。
贾逸君:《中国国耻地理》,北平文化学社1930年版。
江日升:《台湾外记》,福建人民出版社1983年版。
蒋师辙:《台湾日记》,见《台湾文献史料丛刊》第6种,台湾大通书局、人民日报出版社2009年版。
蓝鼎元:《东征集》,雍正十年(1732)刻本。
蓝鼎元:《鹿洲初集》,(台北)文海出版社1987年版。
蓝鼎元:《平台纪略》,雍正十年(1732)刻本。
李鼎元:《使琉球记》,见《台湾文献史料丛刊》第292种,台湾大通书局、人民日报出版社2009年版。
李国祁:《中国早期的铁路经营》,台北"中央"研究院近代史研究所专刊之三,1976年。

李培志编译：《美国海岸警卫队》，社会科学文献出版社2005年版。
李绂等编：《世宗宪皇帝上谕内阁》，《文津阁四库全书》第414册，商务印书馆2006年版。
李元度编：《国朝先正事略》，岳麓书社1991年版。
李元度：《国朝先正事略》，岳麓书社1991年版。
梁廷枏著，邵循正校注：《夷氛闻纪》，中华书局1985年版。
林福祥：《平海心筹》，道光二十三年（1843）刻本。
《林文忠公政书》，商务印书馆1935年版。
刘璈：《巡台退思录》，台湾银行经济研究所编印1958年版。
刘锡鸿：《刘光禄遗稿》，《近代中国史料丛刊》三编第45种，（台北）文海出版社1991年版。
吕实强：《丁日昌与自强运动》，台北"中央"研究院近代史研究所1972年版。
吕实强：《中国早期的轮船经营》，台北"中央"研究院近代史研究所1962年版。
吕实强：《中国早期的轮船经营》，台北"中央"研究院近代史研究所专刊之四，1976年。
戚俊杰、刘玉明主编《北洋海军研究》，天津古籍出版社1999年版。
戚俊杰、王记华编《丁汝昌集》，山东大学出版社1997年版。
《清碑传合集》，上海书店1988年版。
《清史列传》，中华书局1962年版。
屈大钧：《广东新语》，康熙三十九年（1700）刻本。
芍唐居士：《防海纪略》，上海书店1985年版。
沈传经：《福州船政局》，四川人民出版社1987年版。
施琅：《靖海纪事》，福建人民出版社1983年版。
《台湾生熟番舆地考略》，《台湾文献史料丛刊》第51种，台湾大通书局、人民日报出版社2009年版。
《同文汇考》，首尔翰进印刷公社1978年版。
汪兆镛编：《碑传集三编》，上海书店1988年版。
王尔敏：《清季兵工业的兴起》，台北"中央"研究院近代史研究所1963年版。
王宏斌：《清代前期海防：思想与制度》，社会科学文献出版社2002

年版。

王宏斌：《晚清海防地理学发展史》，中国社会科学出版社 2012 年版。

王宏斌：《晚清海防：思想与制度研究》，商务印书馆 2005 年版。

王家俭：《中国海军史论集》，（台北）文史出版社 1984 年版。

王志毅：《中国近代造船史》，海洋出版社 1986 年版。

卫杰：《海口图说》，海疆史志编委会编：《海疆史志》第 24 册，全国图书馆文献缩微复制中心 2005 年版。

魏源：《圣武记》，申报馆铅印本 1878。

吴杰章：《中国近代海军史》，解放军出版社 1989 年版。

吴汝纶编：《李文忠公全集》，光绪三十一年至光绪三十四年（1905—1908）刻本。

吴元炳编：《沈文肃公政书》，光绪庚辰（1880）刻印本。

夏东元编：《郑观应集》，上海人民出版社 1982 年版。

夏燮：《中西纪事》，同治七年（1868）刻本。

夏燮：《中西纪事》，岳麓书社 1988 年版。

夏子阳：《使琉球录》，见《台湾文献史料丛刊》第 287 种，台湾大通书局、人民日报出版社 2009 年版。

萧崇业：《使琉球录》，见《台湾文献史料丛刊》第 287 种，台湾大通书局、人民日报出版社 2009 年版。

徐葆光：《中山传信录》，见《台湾文献史料丛刊》第 285 种，台湾大通书局、人民日报出版社 2009 年版。

徐继畬：《松龛先生奏疏》，民国四年（1915）刻本。

杨国宇：《近代中国海军》，海潮出版社 1994 年版。

杨书霖编：《左文襄公全集》，光绪十六年（1890）刻本。

姚楠、许钰编译：《古代南洋史地丛考》，北平：商务印书馆 1946 年版。

姚莹：《东溟后文后集》，同治丁卯（1867 年）八月安福县刻本。

姚莹：《中复堂全集》，《近代中国史料丛刊》续辑 51—55 辑，（台北）文海出版社 1991 年版。

袁枚：《小仓山房文集》，上海图书集成印书局，光绪十八年（1892 年）铅印本。

张墨：《中国古代海战水战史话》，海洋出版社 1980 年版。

张佩纶：《涧于集》，1918 年丰润涧于草堂珍藏本。

张天泽：《中葡早期通商史》，香港中华书局1988年版。
张天泽：《中葡早期通商史》，中华书局（香港）有限公司1988年版。
张炜、许华：《海权与兴衰》，海洋出版社1991年版。
张炜主编：《甲午海战与中国近代海军》，中国社会科学出版社1990年版。
张学礼：《使琉球记》，见《台湾文献史料丛刊》第292种，台湾大通书局、人民日报出版社2009年版。
张之洞：《广东海图说》，光绪十五年（1889）广雅书局刊印。
志拔：《中国舰船史》，海军出版社1989年版。
《中国人民保卫海疆斗争史》，北京出版社1979年版。
中华学术院中华战史研究协会主编：《中国军事思想史》，台北"国防"研究院1968年版。
周煌：《琉球国志略》，见《台湾文献史料丛刊》第293种，台湾大通书局、人民日报出版社2009年版。
驻闽海军军事编纂室编：《福建海防史》，厦门大学出版社1990年版。
《左宗棠全集》，岳麓书社1987年版。

四 地方史志

阿桂等纂修：《钦定盛京通志》，文渊阁《四库全书》第501册。
陈碧笙：《台湾地方史》，中国社会科学出版社1990年版。
陈昌齐等纂：《雷州府志》，嘉庆十六年（1811）刻本。
陈梦林编纂：《诸罗县志》，见《台湾文献史料丛刊》第141种，台湾大通书局、人民日报出版社2009年版。
陈寿祺纂：《重纂福建通志》，同治七年（1868）刻本。
陈淑均等纂：《噶玛兰厅志》，《台湾文献史料丛刊》第160种，台湾大通书局、人民日报出版社2009年版。
陈文达编修：《凤山县志》，见《台湾文献史料丛刊》第124种，台湾大通书局、人民日报出版社2009年版。
邓抡斌、陈新铨纂：《惠州府志》，光绪七年（1881）刻本。
范咸编：《重修台湾府志》，见《台湾文献史料丛刊》第105种，台湾大通书局、人民日报出版社2009年版。
高拱乾：《台湾府志》，见《台湾文献史料丛刊》第65种，台湾大通书局、人民出版社 2009 年版。

郝玉麟主修：《广东通志》，台北：商务印书馆 1983 年版。

嵇曾筠：《浙江通志》，光绪二十五年（1899）刻本。

嘉庆《直隶太仓州志》，嘉庆七年（1802）刻本。

金烈编：《广州府志》，乾隆二十四年（1759）刻本。

金廷烈：《澄海县志》，乾隆二十九年（1764）刻本。

连雅堂：《台湾通史》，商务印书馆 1946 年版。

梁廷枏：《粤海关志》，广东人民出版社 2002 年版。

刘敬纂：《金门县志》，见《中国地方志集成》（福建府县志辑）第 28 册，上海书店、巴蜀书社、江苏古籍出版社 2000 年影印。

刘良璧：《重修台湾府志》，见《台湾文献史料丛刊》第 74 种，台湾大通书局、人民日报出版社 2009 年版。

卢坤、邓廷桢主编：《广东海防汇览》，王宏斌等校点，河北人民出版社 2009 年版。

乾隆《莱州府志》，清乾隆五年（1740）刻本。

阮元主修：《广东通志》，上海古籍出版社 1988 年版。

邵祥龄纂：《电白县志》，光绪十八年（1892）刻本。

沈翼机等编：《浙江通志》，文渊阁四库全书本。

施闰章等修：《登州府志》，乾隆三十三年（1768）刻本。

《台湾兵备手钞》，见《台湾文献史料丛刊》第 222 种，台湾大通书局、人民出版社 2009 年版。

王必昌编：《重修台湾县志》，见《台湾文献史料丛刊》第 113 种，台湾大通书局、人民日报出版社 2009 年版。

王瑛曾纂：《重修凤山县志》，见《台湾文献史料丛刊》第 146 种，台湾大通书局、人民日报出版社 2009 年版。

无名氏：《台府舆图纂要》，见《台湾文献史料丛刊》第 181 种，台湾大通书局、人民出版社 2009 年版。

夏献纶：《台湾舆图》，光绪五年（1879）刻本。

徐景熹主修：《福州府志》卷十二，见《中国地方志集成》（福建府县志辑），上海书店、巴蜀书社、江苏古籍出版社 2000 年影印。

印光任、张汝霖撰《澳门纪略》，见《中国方志丛书》第 109 号，成文出版社 1966 年版。

余文仪编：《续修台湾府志》，见《台湾文献史料丛刊》第121种，台湾大通书局、人民日报出版社2009年版。

岳濬主修：《山东通志》，乾隆元年（1736）刻本。

张燮：《东西洋考》，中华书局1981年版。

张燮：《东西洋考》，中华书局1981年版。

钟元棣主修：《崖州志》，光绪二十七年（1901年）刻本。

周凯：《厦门志》，见《台湾文献史料丛刊》第95种，台湾大通书局、人民日报出版社2009年版。

周硕勋纂：《潮州府志》，光绪十九年（1893）重刻本。

周玺：《彰化县志》，见《台湾文献史料丛刊》第156种，台湾大通书局、人民日报出版社2009年版。

周元文：《重修台湾府志》，见《台湾文献史料丛刊》第66种，台湾大通书局、人民日报出版社2009年版。

朱珪修，李拔纂：《福宁府志》，台北：成文出版社据乾隆二十七年修光绪六年刻本影印，1967年。

朱奎扬、张志奇等编：《天津县志》，乾隆四年（1739）刻本。

五 外文译著论著

［美］E. B. 波特主编：《世界海军史》，李杰等译，解放军出版社1992年版。

［奥地利］阿达尔美阿：《海战新义》，李凤苞译，天津机器局刻印，1885年。

陈寿彭译编：《新译中国江海险要图说》，光绪丁未（1907）广雅书局刻印。

［德］H. 帕姆塞尔：《世界海战简史》，屠苏等合译，海洋出版社1986年版。

［德］施丢克尔：《十九世纪的德国与中国》，乔松译，生活·读书·新知三联书店1963年版。

［德］希理哈：《防海新论》傅兰雅与华衡芳合译，江南机器制造局翻译馆刻印本。

［俄］谢·格·戈尔科夫：《国家的海上威力》，济司二部译，生活·读书·新知三联书店1977年版。

［法］阿兰·佩雷菲特：《停滞的帝国——两个世界的撞击》，王国卿等译，生活·读书·新知三联书店1993年版。

广东文史研究馆编译：《鸦片战争史料选译》，中华书局1983年版。

广东文史研究馆编译：《鸦片战争与林则徐资料选译》，广东人民出版社1986年版。

［法］哈特：《台湾岛之历史与地志》，黎烈文译，台湾银行编印1958年版。

［荷］格劳秀斯（Hugo Grotius），马忠法译：《论海洋自由》（The Freedom of Seas），上海人民出版社2005年版。

［荷］格劳秀斯，马呈元、谭睿中译：《战争与和平法》，中国政法大学出版社2016年版。

黄宇和辑：《两次鸦片战争与香港的割让：史实与史料》，台北"国史馆"印行，1998年。

［美］T. L. 康念德：《李鸿章与中国军事近代化》，杨天宏等译，四川大学出版社1992年版。

［美］T. N. 杜普伊：《武器和战争的演变》，军事科学出版社1985年版。

［美］艾·塞·马汉：《海军战略》，蔡鸿幹等译，商务印书馆1996年版。

［美］丁韪良：《花甲忆记——一位美国传教士眼中的晚清帝国》，广西师范大学出版社2004年版。

［美］费正清编：《剑桥中国晚清史》，中国社会科学院历史研究所编译室译，中国社会科学出版社1985年版。

［美］惠顿（Henry Wheaton），［美］丁韪良（Martin, William）等译：《万国公法》（Elements of International Law），上海书店出版社2002年版。

［美］惠普尔：《英法海战》，秦祖祥等译，海洋出版社1986年版。

［美］拉铁摩尔，唐晓峰译：《中国的亚洲内陆边疆》，江苏人民出版社2010年版。

［美］马士：《东印度公司对华贸易编年史》，区宗华译，中山大学出版社1991年版。

［美］马士：《中华帝国对外关系史》，张汇文译，商务印书馆1963

年版。

[美] 约翰·罗林森:《中国发展海军的奋斗1839—1895》,苏小东译,海军军事学术研究所印,1993年。

[日] 村上卫,王诗伦译:《海洋史上的近代中国》,社会科学文献出版社2016年版。

[日] 森松俊夫:《日军大本营》,黄金鹏译,军事科学出版社1985年版。

[日] 外山三郎:《日本海军史》,龚建国等译,解放军出版社1988年版。

[日] 信夫清三郎:《日本政治史》,周启乾译,上海译文出版社1982年版。

[日] 宇田道隆:《海洋科学史》,金连缘译,海洋出版社1984年版。

[苏联] M. A. 米尔施泰因:《论资产阶级军事科学》,黄良羽等译,军事科学出版社1985年版。

[英] 格林堡:《鸦片战争前中英通商史》,康成译,商务印书馆1961年版。

《英国档案有关鸦片战争资料选译》,胡滨编译,中华书局1993年版。

[英] 欧内斯特·巴克《英国政治思想——从赫伯特·斯宾塞到现代》,黄维新等译,商务印书馆1987年版。

中国近代史研究所编译:《国外中国近代史研究》,中国社会科学出版社1982—2011年版。

A. M. Shepard, *Sea power in Ancient History*, Heinemann, London, 1925.

A. T. Mahan, *The Influence of Sea Power upon History*, *1660 – 1783*, Boston: Little Brow, and Company, 1918.

A. T. Mahan, *The Influence of Sea Power upon the French Revolution and Empire*, *1793 – 1812*, 3 Vols, Sampson Low, London, 1892.

Bennet Adrian, John Fryer, *The Introduction of Western Science and Technology into Nineteenth Century China Cambridge Mass*, East Asian Research Century Harvard University, 1967.

British Parliamentary Papers China, *31th*, *Opium War and Opium Trade*, *1840 – 1850*, Irish University Press Shannon Ireland.

Chinese Repository(《中国丛报》第1—5卷)。

D. F. Rennie, *The British Arms in North China and Japan Peking 1860. Kagosima 1862*, London, 1864.

Giquel Prosper Marie, *The Foochou Arsenal and its Results, from the Commencement in 1867 to the end of the Foreign Directorate*, on the 16th February, 1874, Shanghai, 1874.

H. N. Shoro, *The Flight of the Lapwing, a naval officer's jotting in China, Formosa and Japan London*, 1881.

Hugo Grotius, *The Rights of War and Peace*, Book 2, Edited and With an Introduction by Richard tuck.

Knight Biggerstaff, *The Earliest Modern Government School in China, 1861 – 1894*, New York: Cornell University Press, 1961.

Michie, *The Englishman in China*, Ⅱ, London.

R. C. Anderson, *Naval Wars in the Baltic, 1522 – 1850*, Edwards, London 1969.

Sessions Opium War and Opium Trade 1840 – 1885, British Parliamentary Papers, China 31, Irish University Press.

Smith Thomas C. , *Political Change and Industrial Development in Japan, Government Enterprise , 1868 – 1880*, Stanford: Stanford University Press, 1955.

W. James, *The Naval History of Great Britain*, 4th edition, 6 Vols, R. Bentley, London, 1847.

Wright Mary C. , *The Last Stand of Chinese Conservation, The T'ung-Chih Restoration, 1862 – 1874*, Stanford University Press, 1957.

主题词索引

A

阿部野利恭　512
阿里衮　242
阿林保　230，236
阿扬阿　351－353
澳门　9，35，37，38，47，50，69，120，122－124，132，134，135，156，160，277，279，283，285，311，381，433，447，513－518，532，535，538，544

B

八旗水师　15，219，324，349，354，356，370，380
巴富尔（George Balfour）　430，431
巴延三　106，125
鲅鱼圈　52，513
白龙尾　12，14，95，100，102，107，114，116，118，139，406，477，487，532，543
百龄　111，112，518
柏德罗（Martinho de Brederode）　515
包令（Sir John Bowring）　444，445，458，459
包遵彭　1
鲍起豹　311
北海镇　476，477，487－492，494－499，501，502
本间锭吉　512
璧昌　403，404，417，418，431
卞宝第　470，477，478

C

蔡攀龙　260，261
蔡牵　150，168，177，196，243，307，308
苍保　100
策楞　49，50，121，135，136
长福营　153，155－157
长麟　187，240，260，336
长门　320
长沙门　527，528，530，531，540
长沙头　530
长山　21，56，58，104，222，225，285，317，319－321，326，370，373，380
常安　29，213，214
潮州　54－61，81，104，106，129，461，463，486，530

车牛山　11，249，261，314，319，320
车万清　43，340
陈璸　187
陈弘谋　41，42
陈杰　286，291，297，298
陈伦炯　29，62，236，238，250，264，265，272-276，301，302，528-531，534，539，540
陈梦林　190
陈鸣夏　208，252，304
陈庆偕　372，388，420，422，423
陈世倌　317
陈寿祺　147，151，165，181，182，186，195，196
陈天培　263，264
陈悦　2
成山　11，21，30，43，192，241，244，245，255-260，319，321，323，325，327，328，332，333，342，370，377，388
澄海协　31，42，105，106，109，111，112，126，127
崇恩　336，422，443，444，457，458
崇禄　230
崇纶　389，390
崇明　11，21，32，43，145，187，192，236，245，249，250，252-257，263，264，268，269，271，273，279，281，282，291，292，294，299，304-306，309，314，332，371，403，405，425，430，431，474，528
川沙营　29，262，265，268-270，273-275，288，308，309
春江协　31，103，104，106，109，110

崔阿普　438

D

达濠营　105，106，109，112
大鹏营　31，103，109，111，113，514
大衢山　11，21，23，25，212
大洋山　207，217，239，251
岛岸　8，11，12，14-16，21，24-26，46，62，63，94，100，102，116，139，147，159，161，179，181，183，184，193，197-199，202，208，209，214，238-240，247-249，314，319，320，370，382，531，539，541
德庇时（John Francis Davis）　431
登州镇　32，260，261，303，304，321，324，325，328-331，334，337，339，340，348，394，395，400，421-423，444，458
邓廷桢　13，38，51，54-56，58，61，63，65，68，69，81，82，85，89，92，94，99，103，104，107，108，110，114-116，121，122，124-126，129，131-134，136，177，450，505
佃湖营　252，253，256，259
钓鱼岛　12，15，141，178，184，194-197，199
丁日昌　7，253，254，467，473-476
丁韪良（William Alexander Parsons Martin）　47，48，50，430，441，442，506，507
定海镇　22，24，25，29，32，42，145，207-213，215，217，219，221，224，225，238，250-252，395，396，402，

404，405，409，413，414，427，428，437，478

东海营 250，252，253，256，259，321，342，426，427

东沙群岛 13，512，518－522，526，528，530，531，538，540，543

都兴阿 469

窦振彪 385，396，397，415，416，433，434，436－438

督巡 17，27，29，40，113，119，125，145，155，167，169，208，221，249，252，264－266，268，271－275，277－282，284，291，298，300－303，306，312，314，395，396，481，482，486，490，494，495，499，501－503

杜文澜 253，473

端方 519，522

端华 389，390

E

额勒恒额 374，376－378

鄂恒 358，359

恩特黑默 260，261

二辰丸号 512，513

F

范时崇 14，148，201，246

范咸 172，174，176

方观承 374

方堃 7，8

方受畴 357，368

防海 27，48，149，161，162，166，167，169，170，187，192，204，205，209，217，219，224，227，229，232，245，250，325，334，347，364，403，409，410，446

放鸡山 56，85，86，90

分巡 17，27，29－34，36，37，40－43，62，103，104，108－110，112－116，119，123，125，126，140，141，144－146，149，155，160，169，172，173，176，198，201，202，221，224，242，249，267，270，271，277－279，284，288－294，296，297，300，301，306，309，314，321，322，330，338，342，374－376，380，396，400，403－405，473，474，477，478，503，505，514

烽火门营 519

冯建功 237，287

冯子材 470，486

弗兰茨·斯蒂芬 49

福建水师提督 150，164，166，168，243，385，396，397，415，427，428，433，434，436－438，470，471，478，533

福康安 100，133，134，174，175，197

福宁府 22，147－150，170，192，198，244

福宁镇 148，149，153，402，427，429

福山镇 396，404，405，417，468，473

福州 17，51，147，152－161，190，191，193，194，198，207，251，311，348，353，354，386，390，413，428－430，433，441，444，445，458，459，461，466，467，469

傅拉塔 207，251

富呢扬阿 37，391

G

赶缯船 152，153，217，221，222，224，263，265，272，304，324，326，328，348－351，355，421，422

高拱乾 173，190

高晋 204，205，269，270，287

高其倬 203，241，263

高新生 2

高州府 54，82，85，87－89

高州镇 109，110，476，477，488－490，492，498，500，502，503

格劳秀斯（Hugo Grotius） 20，44－47，522，523

公海 11，16，24，45－47，141，239，382，441，460，507，509，523

顾祖禹 95，118，244，527

关天培 311，312，318

广海寨 31，103，104，109－111，113，115，427

广州府 9，54，68－81，122，126

桂良 459，461

H

哈丰阿 308

海安营 31，85，100，103，104，106，110，114－116

海澄营 169，170

海盗 4，9，15－18，36，40－42，44，107，111，121，126，129，133，138，140，158，175，195－199，208，227，237，241，243，260，269，304，307，309，321，331，332，334，339，342，346，354，355，359，370，371，373，375，378，379，381，382，392，430－432，438，441，442，444，448，456，458，462，464，465，468，470，471

海道 12，14，15，47，48，91，107，116，118，129，139，171，175，187－199，204，205，240－248，250，253－258，267，268，273，308，311，313，317，322，323，325，326，332－334，341，342，347，352，358，363，371，379，399，407，446，527，528，531－544

海防 1－10，12－14，17，27，36，37，50，54－56，58－63，65－69，73－82，84－90，92－94，96－100，102－105，107，108，110，114－116，121，122，124－126，129，131－134，136－139，144，146－151，161－165，168，169，177，184，186，195，196，201，202，205，206，208，214－217，219，221，224，227，228，231，234－236，243，248，253，254，262，271，302，311，312，314，315，317，324－326，330，337，339，340，342，346，352，354，356，360，365，367，368，373，381，384，394，395，403，408－413，417，420－423，425，447，450，451，467，468，491，505，506，514，524

海匪 17，18，41，43，140，187，309，331，332，342，346，368，375，378，381－393，401，404，412，415，419，420，422－425，427－433，435－448，452，457－460，463，465，468－472，504，524－526

海口营 106，110，116，423，427，

477，479－486，488－490，492，493，498，500，502，503

海坛镇　32，145，146，153，155，157，161，167，385，409，428，430，478

韩封　111，112，136，518

杭州府　9，217，219

杭州协　217

郝玉麟　41，85，150，161，166，167，169，170，172，173

合巡　141，144，146，147，198

何桂清　443，444，458

何璟　469，470

黑水洋　11，24，253，257，258，260－262，341

恒福　366

洪名香　383

胡立人　2

胡夏米（Huyh Hamilton Lindsay）　311，318

虎门　9，31，36－38，48，51，81，82，103－105，111，113，115，119－121，123，124，154，160，192，193，244，394，406，408，436，447，486，504

花沙纳　459

黄富兴　419，420，423

黄冕　312

黄叔璥　191，194

黄岩镇　32，33，145，221，224，225，229，232，233，237，238，262，395，402，427－429，437

黄宗汉　365，366，429

隍城岛　11，21，43，319－322，324，325，328，332，340－342，362，372，373，379，400，401

会哨　8，11，14，16－19，27，28，30－34，102－116，119，125－127，139－141，144－146，155，157，167，177，187，188，193，198，203，208，209，241－243，247，251，252，262－266，270，271，276，277，288，292，293，311，312，314，315，321，322，324，328，337－339，342，347，348，362－364，374，376，380，382，395－407，413，419，421，446，452，467，472－503，505，514，518，523

惠州　54，62－68，81，366

J

基隆　173，191，196，519

基线　14－16，45，46，139，142，183，199，239，240，247－249，314

吉尔杭阿　443，457

吉庆　107，108，129，237，260，345，346，375

季芝昌　427，428

嘉兴　9，206，207，214，215，217，219，223，250

兼辖　9，27，30，34，36，40，42，43，105，125－127，133，160，161，166，167，170，172，176－179，183，201，207，212，215，219，224，226，232，236，246，251，321，330，355，375，380，422，428，450，474，476

江鸿升　393，394，401，403，405

姜鸣　2

蒋承锡　370

蒋廷锡　326

蒋攸铦　36，122，310，358，447

碣石镇　31，106，109－113，397，427，

481，486，488，490，491，493－502，514

金门　30，31，33，45，56，58，105，146，157，158，161，162，167，168，171，184，187，188，192，198，244，434

金门镇　31，32，41，145，155，161，164，167－169，184，398，434

金州　21，324，356，362，372，374，377，379，400，419－421

尽山　11，21，29，32，55，192，208，241，245，252，310－312，333

近海　4，6，12－16，18－20，24，26，34，46，47，54，55，62，82，86，94，102，116，121，127，138－140，146，163，179，183，184，192，200，202，205，207－209，214，219，223，224，226，229，238，247，250，252，253，255，256，302，312，313，316－318，325，330，333，334，336，337，341，342，344，346，362，370－373，381，407，441，445－447，451，456，459，460，463，500，504－506，512，515，518，523－526，534，537，539

经额布　339

九洲洋　501，513－515，518

韭山　25，222，223，238，246

掘港营　249，256，259，260，262，270，468

军机处　374，435

K

喀尔吉善　144，145，188，223，374

昆仑山　532，536，543

L

赖恩爵　383，394，504

赖信扬　386，429

赖英扬　42，126

拦江沙　344，357，359－361，368，464，507，508

蓝廷珍　237

蓝元枚　292－294

狼山镇　32，236，249，256，259－262，264，268，270，277，303，308，396，403－405，417，425，431，468，473，474

老万山　24，69，73，105，131

乐清营　232，233

乐善　51

雷琼镇　100，110，114－116

雷州　54，85，90－94，100，107，110，114，136，381，470

李邦汉　383，384

李福斯（Rehfues, Guido von）　507，508

李瀚章　472，485，489，491

李侍尧　104，105，450

李廷钰　413，417

李卫　213，215，219，223，227，228，233，248，302，351，352

李兴锐　497

李星沅　386，387，404，405，407，417，418，425，426，446

廉州　17，54，85，90，94－99，118，139，142，394，406，424，470，485，489，492，495

梁宝常　383，385，402，407，409，410，414－416，421，422

梁肯堂　345，346，354，375

主题词索引 563

梁章钜 311

林明瑞 311,312,387,396,425,426

林权助 514-517

林爽文 174,197

林则徐 271,311,312,318,332,393,408,409

领海 11,13,15,16,19,20,31,44-48,50-53,104,142,200,240,247,248,254,314,382,448,456,457,506,507,509-513,515,516,518,522-524,526

刘良璧 172,174,176

刘铭传 7,173,451,478

刘世明 135

刘永福 487,490,497-499

刘韵珂 384-386,393,397,398,402,407,412-416,433-437,440,442,443,446

刘仲民 2

龙门协 31,100,103,104,106,110,112,114-116,383,384,406,424,470,477,479,480,482,487,492,494-497,501

卢坤 13,37,39,42,54-56,58,61,63,65,68,69,81,82,85,89,92,94,99,103,104,107,108,110,114-116,121-127,129,131-134,136,447,450,505

陆建瀛 43,386,387,404,405,407,417-419,425-427,446

旅顺口 192,245,258,362,377,379

律劳卑(William John Napier) 123,124

罗欧 2

罗源营 153

M

马化龙 42,126,127

马戛尔尼(George Macartney) 47,48,306,345

马祖列岛 45,158,437

玛利亚·特蕾西娅 49

麦华陀(Walter Henry Medhurst) 445,459

满保 209,233

茅海健 2

艋舺营 174,179,183

米艇 107,111,114,188,410-412,418,420,423,427

庙湾营 252,256,259,426

闽安营 155,429

穆彰阿 362,363,399,403,413

N

那苏图 29

那彦成 129,130,358,359

南澳 12,21,31,41,54-56,62,69,73,103-105,107,112,113,118,169,179,183,184,187,188,191,198,244,311,383,398,405,406,467,497,527,528,530,533

南澳镇 31,32,41,42,55,56,62,105,109,111-113,126,145,146,167,169,183,184,397,398,406,424,479-482,486,487,490,493-495,497,499,501,502

南田 9,222,223,225

硇洲营 85, 103, 110, 113, 115, 425, 477

讷尔经额 312, 318, 331, 336, 339, 344, 347, 360–362, 399, 400, 423

内海 11, 14–16, 44–46, 118, 135, 141–143, 150, 160–162, 166, 167, 170–172, 175, 176, 181, 191, 193, 199, 206, 236, 237, 240, 253, 272, 288, 321, 346, 372, 375, 467, 484, 485

内洋 11–18, 20–24, 26, 27, 29, 34–38, 40, 41, 43, 44, 46, 48, 49, 51, 52, 54–58, 61–65, 68–73, 81–84, 86–88, 90–92, 94–96, 99, 100, 102, 120, 121, 123–125, 134, 135, 139–143, 147–151, 155–164, 167–169, 173, 174, 177–179, 181, 183, 184, 187, 196–207, 209–215, 217, 220–223, 225–227, 229, 230, 232, 234–240, 242, 243, 245–250, 252–255, 264–266, 268, 269, 271, 273, 275–280, 282, 286, 287, 291, 294–296, 298–301, 306–309, 313, 314, 316–322, 324, 326, 331, 334, 341, 344–346, 348, 358, 360, 361, 367, 370–374, 376, 378–382, 390, 396, 403, 404, 408, 417, 418, 425, 426, 441, 444, 446–448, 450, 456, 458, 460–464, 468, 472, 473, 475, 476, 480–484, 507, 508, 518, 523–526

鸟船 266, 302, 370, 388, 419

宁波 2, 22, 37, 47, 48, 55, 123, 192, 206, 214, 216, 219, 221–223, 236, 240, 243–245, 248, 257, 311, 339, 386, 391, 392, 408, 414, 427, 441–444, 457, 458, 461, 466, 469, 528, 532, 538, 543

宁海营 224–226

O

欧阳正焕 223

P

磐石营 233–235

炮台 6–11, 37, 38, 54, 56, 58, 69, 73, 86, 91, 92, 95, 96, 107, 111, 116, 124, 125, 129, 152, 154, 161, 166, 167, 169, 170, 172, 175, 178, 195, 208–210, 215, 217, 219, 221, 224–226, 229, 230, 301–303, 308, 312, 329, 330, 337, 342, 354, 356, 357, 364, 377, 384, 397, 436, 442, 447, 448, 467, 481, 486

彭楚汉 470, 478

澎湖协 168

平刻斯胡克（Corneliusvan Bynkershoek） 523

平潭 153, 155, 158, 159, 198

平阳营 232

蒲安臣（Anson Burlingame） 51

璞鼎查（Henry Pottinger） 432

Q

七洲洋 103, 118, 528–530, 532–534, 536

戚其章 1, 2

祁㙽 383, 405, 409, 410, 424

奇丰额 260, 261

耆英 372，379，396，401，403，405-407，410，411，417，418，425，431，432，456

琦善 262，270，310，311，318，346，347，359，360

千里石塘 530，540

浅沼彦之 519，520

清安泰 230，236

庆端 365，366，430

庆祺 366，421

琼州镇 103，406，427，439，450，477，479，480，482，487，488，490-492，494-499，501，502

泉州 103，147，161，164，168，170，191，192，195，198，244，348，384，392，433，435，446，529

Q

阮元 54，56，58，62-64，73，81-83，88，92，96，122，257，514

瑞安营 149，232-236，238

瑞麟 364，365，469，473，479

若逊（Jackson, Robert Belgrave） 433-435

S

塞楞额 326

僧格林沁 364

沙角山 11，12，21，32，33，145，402

沙马崎头门 527，528，530，538，539，543

善禄 415，416，437

邵永福 238

绍兴协 219

深沪 162，167，192，244，430，433，435，446

沈镇邦 42，383

盛京水师 21，328，331，370，372，373，375，380

施得高 385

施琅 171，190，528

书麟 260，261，306，307

崧骏 471

苏松镇 31，39，249，250，255，262-264，266，268-301，303，304，306，307，309，311，312，318，387，396，402-405，417，425，468，473，474

苏州府 192，245，254

孙全谋 39，40，108，238，300，306

孙玉庭 243，309

T

台费音 375

台湾 2，6，7，9，12，14，15，17，21，30，39，41，42，48，62，129，135，144，147，150，159，161，162，167，169-179，181-184，187-201，210，211，213，216，217，219，221，222，225，230，231，236，244，245，248，384，390，430，438，440，445，461，467，478，518-520，527，528，530，532，543

台州 22，150，206，219，222-227，236，237，240，245，262，263，391，392，414，469-471

谭钟麟 471，493

汤伦 428，429

陶澍 256，257，271，310-312，

318, 332
天津水师　12, 17, 344, 346 – 349, 351 – 369, 399, 423
天桥厂　15, 20, 21, 347, 362, 363, 367, 379, 380, 399 – 401
田文镜　21, 317, 326 – 328
铁保　308, 309
铁山　11, 15, 17, 21, 319, 324, 367, 372, 373, 377, 379, 380, 400
同安梭船　354, 356, 365, 412 – 414, 417, 418, 465
同知　9, 42, 49, 50, 120, 122, 143, 159, 228, 230, 306, 308, 348, 419, 469, 500
桐山营　148, 149
铜山营　154, 169, 170, 398, 406, 479, 480, 482, 493 – 495
统巡　14, 17, 27, 29, 30, 33, 34, 36, 39, 42, 102 – 110, 112 – 116, 119, 125, 126, 139, 140, 144, 271, 274, 307, 314, 321, 322, 330, 338, 342, 375, 380, 385, 394 – 398, 403 – 405, 409, 413, 425, 446, 472, 473, 477 – 505, 514, 518
托浑布　8, 340, 362, 363, 399, 400, 421, 422

W

外海　2, 19, 27, 105, 106, 113, 119, 129, 141 – 143, 149, 150, 155, 160 – 162, 166, 167, 170 – 172, 176, 181, 187, 188, 198, 199, 202, 206, 214, 236, 237, 253, 254, 262, 264 – 270, 273, 275, 276, 278, 279, 281, 284 – 287, 290, 304, 306, 335, 354, 355, 358, 376, 382, 386, 387, 398, 404, 405, 413, 416 – 418, 422, 425, 432, 448, 466 – 468, 471 – 476, 480 – 484, 505, 510, 525
外洋　11 – 29, 31, 32, 34 – 46, 48, 50 – 52, 54 – 59, 61 – 65, 68 – 73, 81 – 88, 90 – 92, 94 – 96, 99, 100, 102, 104, 105, 107, 118 – 124, 126 – 136, 139 – 144, 147 – 152, 154 – 164, 166 – 174, 177 – 179, 181, 183, 184, 187, 188, 193, 195 – 207, 209 – 215, 217, 219 – 223, 225 – 230, 232, 234 – 243, 245 – 250, 252 – 255, 259 – 314, 316 – 322, 324 – 326, 331 – 335, 338 – 342, 344 – 348, 352, 357 – 360, 363, 367, 368, 370 – 390, 393, 399, 401, 403 – 405, 408, 412, 415, 417, 418, 422, 424 – 427, 431, 437, 438, 441, 444 – 454, 456 – 465, 469, 470, 472, 475, 476, 478 – 481, 484, 485, 489, 492, 497, 500, 502 – 506, 508, 509, 511, 512, 514, 518, 523 – 526, 540
外缘线　14, 15, 139, 164, 183, 184, 199, 249, 255, 314, 322, 341
万里长沙　528, 530 – 532, 536 – 540
汪楫　194
王必昌　172, 174, 176, 194
王澂　279, 280, 303
王得禄　178, 243
王宏斌　2, 4, 5, 7, 9, 11 – 13, 37, 54 – 56, 58, 61, 63, 65, 68, 69, 81, 82, 85, 89, 92, 94, 99, 102 – 104, 107, 108, 110, 114 – 116, 121, 122, 124 – 126, 129, 131 –

134，136，142，148，178，200，249，262，314，344，411，450，457，461，468，473，505，518

王家俭 2，467

王懿德 365，366，428，429，444，445，458，459

王之春 521

威海卫 319，323

涠洲 91，92，94-96，100，110，114-116，118，119，477，479，480，482，487，488，490-492，494，496-499，501，502，532

委巡 17，27，36，40，140，144，201，289，290，296，306，308，309，314，375，380，503-505

魏元烺 146，155

魏元煜 309

温州府 223，226-228，230，231，233-236，238

温州镇 32，33，36，145，155，225，230，232-238，262，263，402，427-429，437

文登营 324，330，370

文翰（Bonham, Samuel George） 439，440

乌尔恭额 146

吴川营 31，103，104，106，110，113，115，427，477

吴宏洛 478

吴建勋 394，409，410，424

吴杰章 2

吴淞营 29，237，262，265，268-270，273-275，287，288，308

吴熊光 141，198，205

五条沙 192，245，253，431

伍拉纳 33，237

武隆阿 196，334

X

西泽吉次 518，520-522，526

厦门 2，4，7，10，11，17，30，161，162，164，166-168，171，173，183，190-192，194，198，199，243-245，257，311，332，339，348，390，391，433，434，439，444，445，458，461，470，471，528，531，543

咸龄 43

香港 2，6，69，73，81，439，440，444，458，493，497，514，519，538，540-544

香山协 39，50，105，106，109，110，113，123，127，383，405，514，515

小洋山 207，217，251，333

协巡 17，27，34，62，103，112-116，126，140，144，375，376，379，380，434，476，503，505

谢恩诏 308

兴化 147，152，157，161，164，167，170，177，190，198，384，391，392

兴永朝 207，251

徐葆光 193，194

徐广缙 427，439-441，446

徐继畬 415，416，435

徐泽醇 387，388，427

徐宗干 465

许毓良 2

巡洋 8，11，12，14，17-19，26-30，32-34，36，39，40，50，52，55，100，102-109，111-116，118，119，125-127，135，136，139，

140，144－147，150，154，155，
177，187，188，203，204，208，
224，241，242，247，249，252，
255，259，260，262－264，266－
303，305－310，312－316，322，
324，325，333，337－339，341，
342，344，346－348，362－364，
370，373－376，380，381，384，
386，387，393－407，409，414－
417，419－421，424，425，428－
430，434－436，438，445，446，
449，452，455，459，469，471－
473，476－506，518，525，526

Y

崖州营　110，114－116

盐城营　252，256，259，426

羊英科　424

阳江镇　111，113，115，470，473，476，479－486，514

杨昌濬　466

杨应琚　133

洋面　11－18，20，21，24，27－33，36－38，41－43，48，50－52，58，61，62，65，69，81，82，84，86，87，94，100，102－108，110－116，119－123，125，126，129，136，139，142，144－148，150，154，158，159，161，163，167－169，171，172，174－176，178，179，183，184，188，195，196，198－208，212－215，223－226，228－230，232－239，241－243，245－247，251，253－256，259－261，265－273，275－277，279－285，287－301，303，304，306－312，314，315，318－328，330－334，

336，338，339，341，342，344－348，352，356－363，370，372，373，375－391，393－404，406，407，409，414－417，419，420，422－448，450，451，453－466，469－472，474，477－505，507，508，513－515，518，524，525，532

姚莹　175，177，178

叶名琛　366，427，432

叶祖珪　10

怡良　384，385，409，428，443，457

奕䜣　507

奕山　361，409，410

奕兴　372，420，421

尹继善　31，143，263，266－269，278，281，282，303，304

印光任　49，50，120，121

应宝时　253，473

鹰游山　250

营口　316，321，325，461，463

有凤　386，429

于湘棻　430

余文仪　172，174，176

渔山　23，211，213，225，226，245，246，273，276，386，387，417，436－438

玉德　332

玉环山　192，213，227，228，233，245

玉环右营　229

玉明　394，395，421，422

裕瑞　427

袁世凯　512

袁玉麟　340，342

岳濬　136，317，337

主题词索引　569

云霄营　169，170

Z

曾国藩　51，52，253，254，465，466，468，473，476

札勒杭阿　334

战船　8，15，27－30，33，34，45，50，105－107，111－114，132，142，143，145，146，149，150，152－161，164，166，167，169－172，174－176，187，188，191，193，195，199，202，203，208，209，217，219，221，222，229，232，234－237，240，242，243，252，255，262，271，272，276，282，287－293，303，304，314－316，318，324－330，334，337，339－342，347，348，351－354，356，357，360－362，364－368，371，373，374，377－380，382，383，386，388，393，396，399，400，403，407，409－424，427－430，437，439，446，447，465，466，468，473，474，476，479，522

张灏　359

张謇　510，511

张建雄　2

张墨　2

张人骏　471，500，501，513，515－517，519－522

张廷枚　147，148，197

张廷玉　326

张玉田　2

章程　17，18，27，31，33，37，38，102，104，106－109，111，112，114，115，119，121，123－125，204，223，253，263，267－269，271，338，360，362，363，374，376－378，395，396，398，400－405，407，415－418，422，435，436，446，448，455，456，464，466－468，472，473，475－479，485，488，492，500，501，505，516，518，525

漳浦营　169，170

漳州　55，147，164，169，170，195，198，203，348，356，384，392，479，480，486，532，538

诏安营　169，170

赵尔巽　52，107，187，188，203，206，253，333，363，376，401，512，513，522

镇海营　217，233，413，469

徵瑞　345，346

郑祖琛　433－435

制度　2－4，6，8，12，13，17－20，26，30，34，45，47，52，55，102，106－108，111，114，119，122，125，127，140，144－147，174，179，198，200，208，242，247，249，252，262－264，266－268，270，271，301，302，312，314－316，324，330，337，339，343，344，370，380，381，393，394，398，403－405，407，409－411，446，449，452－454，463，465，466，468，472，476，478，504－506，518，523，525，526

钟祥　146，331，341

舟山　24，29，39，47，135，192，206，207，209，211，213，214，219，223，227，232，240，244－246，248－250，265，273，274，396，413，441

周馥　500，511
周煌　194
朱渥　159，160
专辖　42，269，508
专巡　27，31，62，103，119，144，221，270，271，321，322，338，395，434，468，476
专汛　27，30，33，34，36，40，42，43，125-127，140，144，149，201，217，222，330，338，375，380，400，450，474，477，503，505
庄有恭　204，205，305

总理衙门　8，99，489，507-509
总巡　17，27-34，36，40-43，62，103，104，106，108-110，112-116，119，125，140，141，144-146，172，176，187，198，201，222，242，249，270，271，281，284，287-297，299-301，307-309，312，314，321，322，330，338，342，374-376，380，400，403-405，427，474，477，479-486，493，494，503，505，514
左宗棠　451，466，468，472